2022 中国证券期货统计年鉴

贰零贰贰

贰零贰贰

China Securities and Futures Statistical YEARBOOK

中国证券监督管理委员会 编
CHINA SECURITIES REGULATORY COMMISSION

中国统计出版社
China Statistics Press

图书在版编目（CIP）数据

中国证券期货统计年鉴. 2022 = China Securities and Futures Statistical Yearbook 2022：汉英对照 / 中国证券监督管理委员会编. -- 北京 ： 中国统计出版社, 2022.12
ISBN 978-7-5037- 9994-5

Ⅰ. ①中… Ⅱ. ①中… Ⅲ. ①证券市场－统计资料－中国－2022－年鉴－汉、英②期货交易－统计资料－中国－2022－年鉴－汉、英 Ⅳ. ①F832.5-66

中国版本图书馆 CIP 数据核字(2022)第 180589 号

中国证券期货统计年鉴-2022

作　　者/中国证券监督管理委员会
责任编辑/郭　栋
执行编辑/吕仁睿
封面设计/张　冰
出版发行/中国统计出版社有限公司
通信地址/北京市丰台区西三环南路甲 6 号　邮政编码/100073
电　　话/邮购（010）63376909　书店（010）68783171
网　　址/ http://www.zgtjcbs.com
印　　刷/河北鑫兆源印刷有限公司
经　　销/新华书店
开　　本/880mm×1230mm　1/16
字　　数/1368 千字
印　　张/42.75
版　　别/2022 年 12 月第 1 版
版　　次/2022 年 12 月第 1 次印刷
定　　价/298.00 元

编委会

Editorial Committee

编 者 说 明

一、《中国证券期货统计年鉴（2022）》（中英文）收录了2021年证券期货市场的统计数据以及与证券期货市场相关的部分宏观经济数据，是一部全面反映中华人民共和国证券期货市场发展情况的资料性年刊。

二、年鉴分为概况、股票、债券、基金、期货、上市和挂牌公司、证券期货经营机构7个篇章，另附世界主要国家的证券化率，世界主要交易所业务量排名，全球主要经济体资本市场业务量排名，全球期货及期权市场交易所排名，上市公司名录和退市公司名录，证券期货经营机构名录以及上海证券交易所、深圳证券交易所、北京证券交易所、全国股转系统收费标准。

三、年鉴数据主要来自中国证监会各业务部门、交易所和中国证监会下属单位；宏观经济数据主要来自国家统计局、中国人民银行、世界交易所联合会（WFE）。

四、与2021年版《中国证券期货统计年鉴》相比，本年鉴稍有调整，增加了北京证券交易所情况、调整部分章节表格结构。为方便读者使用，每章末附有“主要统计指标解释”。

五、年鉴中部分数据合计数由于单位取舍不同而产生的计算误差，均未作机械调整。

六、年鉴各表中，度量单位均在该表上方，对表中部分指标的注释、资料来源、汇率换算标准等内容注释在该表的下方。凡带续表的资料，对部分指标的注释一律在第一张表的下方。

七、年鉴各表中的“—”表示该统计指标数据不详或无该项数据。

八、本年鉴由中证数据有限责任公司负责编制。

编 者

2022年9月

目 录

CONTENTS

一、概 况
Summary

二、股 票
Stocks

三、债 券
Bonds

四、基 金
Funds

五、期 货
Futures

六、上市和挂牌公司
Listed Companies

北交所上市公司

七、证券期货经营机构
Securities and Futures Institutions

附 录
Appendix

贰 零 贰 壹

一. 概况

Summary

贰 零 贰 壹

2021年证券期货市场综述

2021年，面对百年变局和世纪疫情，中国证监会坚持以习近平新时代中国特色社会主义思想为指导，认真贯彻党中央、国务院决策部署，坚持稳中求进工作总基调，深入贯彻新发展理念，坚持市场化法制化，坚持“建制度、不干预、零容忍”，抓改革、防风险、强监管、促稳定，全面提升证监会系统党的建设质量，资本市场实现“十四五”良好开局，服务构建新发展格局和高质量发展取得新成效。

一、市场交易情况

2021年，上证综指上涨4.80%，深证综指上涨8.62%。全年上证综指盘中振幅12.06%。沪深两市日均成交金额为10616.19亿元，较2020年增加2104.86亿元，增幅为24.73%；沪市和深市股票换手率较2020年分别上升22.21个百分点和下降49.81个百分点。2021年11月15日至2021年底，北交所股票累计成交667.17亿元。

2021年，交易所债券市场现券成交金额为28.93万亿元，同比增加43.36%；回购成交金额为350.19万亿元，同比增加21.84%。

2021年，以单边计算，期货市场合计成交72.69亿手，同比增加20.61%，成交金额580.71万亿元，同比增加32.79%。期权市场合计成交14.14亿手，同比增加591.72%，成交金额13936.16亿元，同比增加339.98%。

二、服务实体经济情况

2021年，证监会坚持服务实体经济发展的根本方向，科学合理保持IPO、再融资常态化，有力支持实体经济加快恢复发展。全年沪深交易所市场共实现融资10.20万亿元，同比增长3.03%。其中，481家企业在沪深交易所首发上市（IPO），融资5351亿元，同比增长12.84%。上市公司再融资约10049亿元。交易所债券市场发行各类债券8.66万亿元，同比增长2.12%。资本市场已成为并购重组主渠道，全年并购重组交易金额达1.78万亿元。2021年11月15日至2021年底，北交所累计11家公司公开发行，累计融资21.32亿元。

三、多层次资本市场建设情况

截至2021年底，沪深两市上市公司4615家，全年净增461家。其中主板3148家，创业板1090家，科创板377家。沪深两市总市值91.61万亿元，流通市值75.16万亿元，流通市值占总市值的82.04%，其中主板、创业板、科创板总市值分别为71.95万亿元、14.02万亿元和5.63万亿元。沪深两市总市值占2021年国内生产总值的80.10%，总市值位居全球第二位。北交所上市公司82家，总市值2722.75亿元，流通市值1073.82亿元。

截至2021年底，全国中小企业股份转让系统挂牌公司6932家，总市值约2.28万亿元，其中创新层1225家、基础层5707家。全年共有562家挂牌公司完成587次股票发行，融资259.67亿元。区域性股权市场规范发展，全国共设立35家区域性股权市场，共有挂牌企业3.80万家，展示企业13.79万家，全年累计为企业实现融资2448亿元。

交易所债券市场规模稳步扩张。截至2021年底，交易所债券市场托管面值达18.68万亿元，占全市场的14.16%，其中非金融公司债托管面值为11.13万亿元，占全市场的43.15%。

引导私募基金稳步发展。截至2021年底，基金业协会管理私募基金12.41万只，管理基金净资产为20.27万亿元，同比分别增长28%和20%。

四、资本市场经营机构情况

截至2021年底，140家证券公司总资产10.60

万亿元，净资产2.57万亿元，全年累计净利润1881.01亿元。150家期货公司总资产13815.76亿元，净资产1614.46亿元，净利润137.38亿元。137家基金管理公司总资产3248.34亿元，净资产2237.32亿元，管理资产合计37.05万亿元。已登记的私募基金管理人共24610家，平均管理基金规模8.24亿元。全国共有83家证券投资咨询机构、从事证券服务业务的会计师事务所有80家、从事证券服务业务的资产评估机构有221家。

五、对外开放情况

支持符合条件的境内企业境外上市融资。2021年，经中国证监会核准，27家境内企业实现境外融资约1207亿元，其中境外首发融资约322亿元，境外再融资约885亿元。

扩大资本市场对外开放。2021年全年，互联互通交易金额为353961亿元，沪港通、深港通交易金额分别为164252亿元、189709亿元。批准119家合格境外投资者资格，同意4家证券公司和基金管理公司在境外设立子公司。截至2021年底，共有670家合格境外投资者，35家证券公司在境外设立36家子公司，26家基金管理公司在境外设立27家子公司。

1-1 证券期货市场概况
Overview of Securities and Futures Market

年份 Year	股票 Stock					
	沪深交易所 SSE and SZSE					
	股票只数（只） Number of Stocks (unit)	上市公司家数（家） Number of Listed Companies (unit)	上市公司股本（亿股） Share Capital of Listed Companies (100 million shares)	流通股本（亿股） Negotiable Shares (100 million shares)	股票市值（亿元） Market Capitalization of Shares (100 million yuan)	流通市值（亿元） Negotiable Market Capitalization (100 million yuan)
1992	71	53	73.22	8.55	1048.15	170.64
1993	218	183	328.68	81.62	3531.01	832.28
1994	345	291	641.01	185.63	3690.62	968.90
1995	381	323	770.08	224.98	3474.28	938.22
1996	599	530	1110.73	345.57	9842.58	2867.03
1997	821	745	1771.43	560.82	17529.24	5204.42
1998	932	852	2346.69	741.70	19514.03	5750.35
1999	1031	949	2911.49	953.65	26485.15	8221.11
2000	1174	1088	3616.26	1234.35	48121.51	16098.00
2001	1248	1160	4851.88	1487.66	43582.90	14488.82
2002	1311	1224	5464.19	1680.26	38338.79	12487.20
2003	1374	1287	6003.34	1899.05	42477.63	13185.13
2004	1463	1377	6714.74	2194.15	37080.95	11701.20
2005	1467	1381	7163.54	2498.89	32446.02	10638.01
2006	1520	1434	12683.99	3444.50	89441.35	25021.11
2007	1636	1550	17000.45	4933.64	327291.31	93140.66
2008	1711	1625	18900.13	6964.97	121541.05	45303.02
2009	1804	1718	20606.26	14200.19	244103.91	151342.07
2010	2149	2063	26984.49	19442.15	265422.59	193110.41
2011	2428	2342	29745.11	22499.86	214758.09	164921.30
2012	2579	2494	31833.62	24778.22	230357.62	181658.26
2013	2574	2489	33822.04	29997.12	239077.19	199579.54
2014	2696	2613	36795.10	32289.25	372546.96	315624.31
2015	2909	2827	43024.14	37043.37	531462.70	417914.95
2016	3134	3052	48750.29	41136.05	507685.88	393401.68
2017	3567	3485	53746.67	45044.87	567086.08	449298.15
2018	3666	3584	57581.03	49047.57	434924.03	353794.20
2019	3857	3777	61719.92	52487.62	592934.57	483461.26
2020	4233	4154	65479.19	56353.50	797238.17	643605.29
2021	4693	4615	70694.39	60755.13	916088.18	751556.13

注：1.表中债券数据为全国债券市场，包括银行间市场和交易所市场，具体债券品种详见3-1；其中兑付金额仅包含本金兑付，成交金额包含现券和回购。

2.期货账户数和投资者个数2012年之前为总账户数和总投资者个数，2012年之后为有效账户数和有效投资者个数；沪深交易所及全国股转系统股票投资者个数历年均为有效投资者个数。

3.北交所成交量、成交金额统计区间为11月15日至12月31日。

数据来源：本书各章相关表

Source: Relative Tables followed

1-1 续表 1 continued

年份 Year	股票 Stock						
	沪深交易所 SSE and SZSE						
	成交量（亿股）Trading Volume (100 million shares)	成交金额（亿元）Trading Turnover (100 million yuan)	印花税（亿元）Stamp Tax (100 million yuan)	印花税在中央财政收入中的比重(%) The Percentage of Stamp Tax from Central Revenue(%)	市盈率（倍）P/E Ratio (times)	换手率(%) Turnover Rate (%)	股票投资者个数（万个）Number of Stock Investors (10 thousand units)
1992	36.90	683.04	—	—	—	—	—
1993	226.56	3627.21	22.00	2.30	—	—	—
1994	1013.34	8127.63	48.77	1.68	—	—	—
1995	705.31	4036.45	24.22	0.74	—	—	—
1996	2533.14	21332.18	127.99	3.50	—	—	—
1997	2560.02	30721.83	250.76	5.93	—	—	—
1998	2154.11	23544.25	225.75	4.62	—	—	—
1999	2932.90	31322.37	248.07	4.28	—	—	—
2000	4759.45	60835.19	485.89	6.41	—	491.19	—
2001	3155.93	38325.39	291.44	3.40	81.92	227.07	—
2002	3017.14	27993.91	111.95	1.02	62.51	195.86	—
2003	4163.08	32115.27	128.35	1.08	45.89	237.04	—
2004	5827.73	42333.95	169.08	1.17	32.16	303.45	—
2005	6623.73	31664.78	66.35	0.40	28.59	295.11	—
2006	16145.23	90468.89	180.94	1.05	29.72	547.40	—
2007	36403.75	460556.23	2062.00	7.43	44.13	817.95	—
2008	24131.39	267112.66	927.68	2.84	19.29	402.29	—
2009	51107.00	535986.77	510.38	1.42	29.78	582.88	—
2010	42151.98	545633.54	545.65	1.28	20.32	344.34	—
2011	33956.57	421644.58	421.66	0.82	14.18	214.16	—
2012	32860.54	314583.27	314.59	0.56	15.04	180.55	—
2013	48372.68	468728.61	468.27	0.78	15.53	245.49	—
2014	73383.09	742385.26	742.38	1.15	20.83	317.71	7294.36
2015	171039.47	2550541.31	2550.55	1.00	18.94	612.50	9910.54
2016	95525.43	1277680.32	1274.40	1.74	25.29	348.43	11811.04
2017	87780.84	1124625.11	1124.63	1.39	24.85	265.86	13398.29
2018	82037.25	901739.40	901.75	1.06	15.38	217.51	14650.44
2019	126624.29	1274158.80	1274.15	1.43	20.63	288.81	15975.24
2020	167451.86	2068252.52	2067.86	2.50	20.65	379.33	17777.49
2021	187426.00	2579734.12	2579.72	1.27	21.83	373.21	19740.85

1-1 续表 2 continued

年份 Year	股票 Stock				
	北交所 BSE				
	上市公司家数（家） Number of Listed Companies (unit)	上市公司股本（亿股） Share Capital of Listed Companies (100 million shares)	流通股本（亿股） Negotiable Shares (100 million shares)	股票市值（亿元） Market Capitalization of Shares (100 million yuan)	流通市值（亿元） Negotiable Market Capitalization (100 million yuan)
1992	—	—	—	—	—
1993	—	—	—	—	—
1994	—	—	—	—	—
1995	—	—	—	—	—
1996	—	—	—	—	—
1997	—	—	—	—	—
1998	—	—	—	—	—
1999	—	—	—	—	—
2000	—	—	—	—	—
2001	—	—	—	—	—
2002	—	—	—	—	—
2003	—	—	—	—	—
2004	—	—	—	—	—
2005	—	—	—	—	—
2006	—	—	—	—	—
2007	—	—	—	—	—
2008	—	—	—	—	—
2009	—	—	—	—	—
2010	—	—	—	—	—
2011	—	—	—	—	—
2012	—	—	—	—	—
2013	—	—	—	—	—
2014	—	—	—	—	—
2015	—	—	—	—	—
2016	—	—	—	—	—
2017	—	—	—	—	—
2018	—	—	—	—	—
2019	—	—	—	—	—
2020	—	—	—	—	—
2021	82	122.69	57.27	2722.75	1073.82

1-1 续表 3 continued

年份 Year	股票 Stock 北交所 BSE 成交量 (亿股) Trading Volume (100 million shares)	成交金额 (亿元) Trading Turnover (100 million yuan)	市盈率 (倍) P/E Ratio (times)	换手率 (%) Turnover Rate (%)	股票投资者个数 (万个) Number of Stock Investors (10 thousand units)
1992	—	—	—	—	—
1993	—	—	—	—	—
1994	—	—	—	—	—
1995	—	—	—	—	—
1996	—	—	—	—	—
1997	—	—	—	—	—
1998	—	—	—	—	—
1999	—	—	—	—	—
2000	—	—	—	—	—
2001	—	—	—	—	—
2002	—	—	—	—	—
2003	—	—	—	—	—
2004	—	—	—	—	—
2005	—	—	—	—	—
2006	—	—	—	—	—
2007	—	—	—	—	—
2008	—	—	—	—	—
2009	—	—	—	—	—
2010	—	—	—	—	—
2011	—	—	—	—	—
2012	—	—	—	—	—
2013	—	—	—	—	—
2014	—	—	—	—	—
2015	—	—	—	—	—
2016	—	—	—	—	—
2017	—	—	—	—	—
2018	—	—	—	—	—
2019	—	—	—	—	—
2020	—	—	—	—	—
2021	37.45	667.17	46.66	62.55	462.85

1-1 续表 4 continued

年份 Year	股票 Stock				
	全国股转系统 NEEQ				
	股票只数（只） Number of Stocks (unit)	挂牌公司家数（家） Number of Listed Companies (unit)	挂牌公司股本（亿股） Share Capital of Listed Companies (100 million shares)	股票市值（亿元） Market Capitalization of Shares (100 million yuan)	成交量（亿股） Trading Volume (100 million shares)
1992	—	—	—	—	—
1993	—	—	—	—	—
1994	—	—	—	—	—
1995	—	—	—	—	—
1996	—	—	—	—	—
1997	—	—	—	—	—
1998	—	—	—	—	—
1999	—	—	—	—	—
2000	—	—	—	—	—
2001	—	—	—	—	—
2002	—	—	—	—	—
2003	—	—	—	—	—
2004	—	—	—	—	—
2005	—	—	—	—	—
2006	—	—	—	—	—
2007	—	—	—	—	—
2008	—	—	—	—	—
2009	—	—	—	—	—
2010	—	—	—	—	—
2011	—	—	—	—	—
2012	200	200	55.27	336.10	1.15
2013	356	356	97.17	553.06	2.02
2014	1572	1572	658.35	4591.42	22.82
2015	5129	5129	2959.51	24584.42	278.91
2016	10163	10163	5851.55	40558.11	363.63
2017	11630	11630	6756.73	49404.56	433.22
2018	10691	10691	6324.53	34487.26	236.29
2019	8953	8953	5616.29	29399.60	220.20
2020	8187	8187	5335.28	26542.31	260.42
2021	6932	6932	4596.60	22845.40	309.08

1-1 续表 5 continued

年份 Year	股票 Stock 全国股转系统 NEEQ 成交金额 (亿元) Trading Turnover (100 million yuan)	市盈率 (倍) P/E Ratio (times)	换手率 (%) Turnover Rate (%)	股票投资者个数 (万个) Number of Stock Investors (10 thousand units)
1992	—	—	—	—
1993	—	—	—	—
1994	—	—	—	—
1995	—	—	—	—
1996	—	—	—	—
1997	—	—	—	—
1998	—	—	—	—
1999	—	—	—	—
2000	—	—	—	—
2001	—	—	—	—
2002	—	—	—	—
2003	—	—	—	—
2004	—	—	—	—
2005	—	—	—	—
2006	—	—	—	—
2007	—	—	—	—
2008	—	—	—	—
2009	—	—	—	—
2010	—	—	—	—
2011	—	—	—	—
2012	5.84	20.69	4.47	0.53
2013	8.14	21.44	4.47	0.85
2014	130.36	35.27	19.67	4.87
2015	1910.62	47.23	53.88	22.13
2016	1912.29	28.71	20.74	33.42
2017	2271.80	30.18	13.47	40.86
2018	888.01	20.86	5.31	43.38
2019	825.69	19.74	6.00	44.62
2020	1294.64	21.10	9.90	165.82
2021	2148.16	20.48	17.66	191.18

1-1 续表 6 continued

年份 Year	股票 Stock 区域性股权市场 Regional Equity Trading Platforms Market 挂牌公司家数（家） Number of Listed Companies (unit)	成交金额（亿元） Trading Turnover (100 million yuan)	展示企业家数（家） Number of Exhibiting Companies (Unit)	纯托管公司家数（家） Number of Companies' Equity Under Custody (Unit)	债券 Bond 债券发行额（亿元） Value of Bonds Issued (100 million yuan)	兑付金额（亿元） Amount of Payments (100 million yuan)	债券成交金额（亿元） Bond Trading Turnover (100 million yuan)	年末托管额（亿元） Value of Bonds under Custody at the End of Year (100 million yuan)
1992	—	—	—	—	—	—	—	—
1993	—	—	—	—	—	—	—	—
1994	—	—	—	—	—	—	—	—
1995	—	—	—	—	—	—	—	—
1996	—	—	—	—	—	—	—	—
1997	—	—	—	—	2084.62	—	16481.26	984.59
1998	—	—	—	—	6203.73	—	21677.39	9199.16
1999	—	—	—	—	4369.50	410.16	22301.82	12878.71
2000	—	—	—	—	4414.50	1629.16	35374.40	16077.61
2001	—	—	—	—	5848.53	1859.97	61043.42	18931.81
2002	—	—	—	—	9943.90	2841.35	138292.59	24680.66
2003	—	—	—	—	17647.17	7886.44	208124.89	36524.29
2004	—	—	—	—	27295.66	12548.65	169718.85	50112.52
2005	—	—	—	—	42182.07	22531.33	245976.01	71194.88
2006	—	—	—	—	57096.11	38597.83	384712.67	71744.70
2007	—	—	—	—	80163.36	49931.98	624720.03	114769.32
2008	—	—	—	—	71732.16	48265.29	981119.88	143463.06
2009	—	—	—	—	87286.22	67282.32	1216107.43	164714.14
2010	—	—	—	—	96408.63	73205.88	1592579.40	195029.82
2011	—	—	—	—	77275.52	64819.78	1847311.25	214757.10
2012	—	—	—	—	80261.89	47625.00	2572526.57	253868.31
2013	—	—	—	—	89127.69	63093.04	2677160.68	288073.12
2014	—	—	—	—	119380.02	72904.38	3591269.28	355504.40
2015	—	—	—	—	234604.73	117608.31	6783173.38	479217.27
2016	—	—	—	—	361548.66	204425.19	9708152.80	642245.80
2017	—	—	—	—	408256.35	298390.64	9879660.63	750209.90
2018	—	—	—	—	435968.07	315793.99	11138432.56	864033.11
2019	28831	391.87	—	—	448538.22	326387.66	12857900.70	981459.24
2020	34666	672.42	129292	10305	565951.32	385305.72	15080568.91	1155904.78
2021	37970	877.05	137896	10957	614808.08	440886.34	16386839.33	1319258.28

1-1 续表 7 continued

年份 Year	基金 Fund					
	公募基金 Public Fund				私募基金 Private Fund	
	基金只数（只）Number of Funds (unit)	基金份额（亿份）Fund Units (100 million units)	基金资产规模（亿元）Fund Asset Value (100 million yuan)	基金账户数（万户）Number of Fund Accounts (10 thousand units)	已备案私募基金数量（个）Number of Filed Private Fund (unit)	管理基金规模（亿元）Managed Fund Size (100 million dollar)
1992	—	—	—	—	—	—
1993	—	—	—	—	—	—
1994	—	—	—	—	—	—
1995	—	—	—	—	—	—
1996	—	—	—	—	—	—
1997	—	—	—	—	—	—
1998	5	100.00	107.00	—	—	—
1999	16	505.00	577.00	—	—	—
2000	34	562.00	847.35	—	—	—
2001	51	804.23	809.24	—	—	—
2002	71	1318.85	1185.56	—	—	—
2003	95	1614.67	1699.22	—	—	—
2004	161	3308.79	3246.34	—	—	—
2005	218	4714.18	4691.38	—	—	—
2006	307	6220.67	8565.05	—	—	—
2007	346	22339.84	32762.32	—	—	—
2008	439	25741.78	19403.25	16846.00	—	—
2009	547	23518.55	26024.80	17480.00	—	—
2010	704	23955.33	25040.86	19672.00	—	—
2011	914	26510.37	21918.55	22987.00	—	—
2012	1173	31708.41	28661.81	22948.00	—	—
2013	1551	31167.18	30011.54	28773.46	—	—
2014	1899	42032.72	45374.30	46409.34	—	—
2015	2723	76674.13	83971.83	67917.87	—	—
2016	3873	88428.32	91595.16	94303.67	—	—
2017	4848	110182.12	115989.13	134903.95	66418	114992.53
2018	5580	128961.33	130339.08	212638.47	74629	127064.20
2019	6111	136937.42	147672.51	294432.51	81710	140829.62
2020	7237	169974.29	198519.33	387155.04	96818	169578.29
2021	9152	218244.61	255637.78	468333.13	124098	202705.20

1-1 续表 8 continued

年份 Year	期货及衍生品 Futures and Options			
	期货 Futures			
	品种数量 (个) Number of Products (unit)	持仓金额 (亿元) Value of Positions (100 million yuan)	成交金额 (亿元) Trading Turnover (100 million yuan)	期货投资者个数 (万个) Number of Futures Investors (10 thousand units)
1992	—	—	—	—
1993	8	—	2761.00	—
1994	6	—	15800.71	—
1995	6	—	50282.65	—
1996	2	—	42059.58	—
1997	2	—	30885.33	—
1998	9	—	18483.62	—
1999	8	—	11171.51	—
2000	9	145.57	8041.14	—
2001	9	175.75	15071.76	—
2002	10	277.43	19745.30	—
2003	10	423.66	54194.67	—
2004	12	388.77	73465.27	—
2005	11	350.71	67224.19	—
2006	14	564.05	105023.16	24.46
2007	18	990.31	204861.23	39.55
2008	19	740.90	359570.98	61.64
2009	23	2775.49	652553.80	91.63
2010	24	3095.90	1545582.31	121.37
2011	27	2972.73	1375134.23	141.14
2012	32	4122.62	1711231.31	71.73
2013	40	6744.94	2674739.52	77.24
2014	46	6900.25	2919882.26	82.26
2015	51	6200.88	5542311.75	107.52
2016	51	7605.86	1956316.08	118.64
2017	53	8940.47	1878925.88	127.72
2018	57	8375.21	2107973.78	132.26
2019	64	15289.05	2905739.14	151.73
2020	68	21390.93	4372770.66	186.33
2021	69	26819.89	5806874.44	205.26

1-1 续表 9 continued

年份 Year	期货及衍生品 Futures and Options 期权 Options 成交金额（亿元）Trading Turnover (100 million yuan)	成交量（万手）Trading Volume (10 thousand lots)	持仓金额（亿元）Value of Positions (10 thousand lots)	持仓量（万手）Positions (10 thousand lots)	行权金额（亿元）Value of Delivery (100 million yuan)	行权量（万手）Delivery Quantity (10 thousand lots)
1992	—	—	—	—	—	—
1993	—	—	—	—	—	—
1994	—	—	—	—	—	—
1995	—	—	—	—	—	—
1996	—	—	—	—	—	—
1997	—	—	—	—	—	—
1998	—	—	—	—	—	—
1999	—	—	—	—	—	—
2000	—	—	—	—	—	—
2001	—	—	—	—	—	—
2002	—	—	—	—	—	—
2003	—	—	—	—	—	—
2004	—	—	—	—	—	—
2005	—	—	—	—	—	—
2006	—	—	—	—	—	—
2007	—	—	—	—	—	—
2008	—	—	—	—	—	—
2009	—	—	—	—	—	—
2010	—	—	—	—	—	—
2011	—	—	—	—	—	—
2012	—	—	—	—	—	—
2013	—	—	—	—	—	—
2014	—	—	—	—	—	—
2015	—	—	—	—	—	—
2016	—	—	—	—	—	—
2017	38.24	512.81	12.74	23.61	37.89	7.15
2018	210.16	1836.35	4.23	31.56	63.24	15.39
2019	346.29	4072.21	14.66	130.18	184.21	34.51
2020	3167.43	20448.83	48.76	231.58	923.68	128.07
2021	13936.16	141448.39	65.31	929.45	2053.07	311.61

1-2 证券市场指数运行情况
Securities-Market Indexes

年份 Year	上证综指 SSE Composite Index					深证综指 SZSE Composite Index				
	开盘 Opening Price	最高 Highest	最低 Lowest	收盘 Closing Price	涨跌幅(%) Change Rate (%)	开盘 Opening Price	最高 Highest	最低 Lowest	收盘 Closing Price	涨跌幅(%) Change Rate (%)
1992	293.74	1429.01	292.76	780.39	165.67	110.53	312.21	107.08	241.21	118.23
1993	802.14	1558.95	750.46	833.80	6.84	241.21	359.44	203.91	238.28	-1.21
1994	837.70	1052.94	325.89	647.87	-22.30	238.28	242.06	96.56	140.63	-40.98
1995	637.72	926.41	524.43	555.29	-14.29	139.62	169.66	112.63	113.25	-19.47
1996	550.26	1258.69	512.83	917.02	65.14	112.85	473.02	105.34	327.34	189.04
1997	914.06	1510.18	870.18	1194.10	30.22	326.33	517.91	305.81	381.29	16.48
1998	1200.95	1422.98	1043.02	1146.70	-3.97	382.85	441.04	317.10	343.85	-9.82
1999	1144.89	1756.18	1047.83	1366.58	19.18	343.29	525.14	310.65	402.18	16.96
2000	1368.69	2125.72	1361.21	2073.48	51.73	402.71	654.37	414.69	635.73	58.07
2001	2077.08	2245.44	1514.86	1645.97	-20.62	636.62	664.85	439.36	475.94	-25.13
2002	1643.49	1748.89	1339.20	1357.65	-17.52	475.14	512.38	371.79	388.76	-18.32
2003	1347.43	1649.60	1307.40	1497.04	10.27	386.61	449.42	350.74	378.63	-2.61
2004	1492.72	1783.01	1259.43	1266.50	-15.40	377.93	470.55	315.17	315.81	-16.59
2005	1260.78	1328.53	998.23	1161.06	-8.33	313.81	333.28	237.18	278.75	-11.73
2006	1163.88	2698.90	1161.91	2675.47	130.43	278.99	552.93	278.99	550.59	97.52
2007	2728.19	6124.04	2541.53	5261.56	96.66	555.26	1567.74	547.89	1447.02	162.81
2008	5265.00	5522.78	1664.93	1820.81	-65.39	1450.33	1584.40	452.33	553.30	-61.76
2009	1849.02	3478.01	1844.09	3277.13	79.98	560.09	1240.64	557.68	1201.34	117.12
2010	3289.75	3306.75	2319.73	2808.07	-14.31	1207.33	1412.63	890.23	1290.86	7.45
2011	2825.33	3067.46	2134.02	2199.42	-21.68	1298.59	1316.18	828.83	866.65	-32.86
2012	2212.00	2478.38	1949.46	2269.13	3.17	871.93	1020.29	724.97	881.17	1.68
2013	2289.51	2444.80	1849.65	2115.98	-6.75	887.36	1106.27	815.89	1057.67	20.03
2014	2112.13	3239.36	1974.38	3234.68	52.87	1055.88	1504.48	1004.93	1415.19	33.80
2015	3258.63	5178.19	2850.71	3539.18	9.41	1419.44	3156.96	1408.99	2308.91	63.15
2016	3536.59	3538.69	2638.30	3103.64	-12.31	2304.48	2304.49	1618.12	1969.11	-14.72
2017	3105.31	3450.49	3016.53	3307.17	6.56	1972.55	2054.02	1753.53	1899.34	-3.54
2018	3314.03	3587.03	2449.20	2493.90	-24.59	1903.49	1966.15	1212.23	1267.87	-33.25
2019	2497.88	3288.45	2440.91	3050.12	22.30	1270.50	1799.10	1231.83	1722.95	35.89
2020	3066.34	3474.92	2646.80	3473.07	13.87	1734.63	2340.89	1552.96	2329.37	35.20
2021	3474.68	3731.69	3312.72	3639.78	4.80	2335.16	2571.27	2130.09	2530.14	8.62

注：指数最高、最低点为盘中最高最低点。
数据来源：上海证券交易所、深圳证券交易所、全国中小企业股份转让系统
Source：SSE、SZSE、NEEQ

1-2 续表 1 continued

年份 Year	沪深300指数 CSI 300 Index					上证50指数 SSE 50 Index				
	开盘 Opening Price	最高 Highest	最低 Lowest	收盘 Closing Price	涨跌幅(%) Change Rate (%)	开盘 Opening Price	最高 Highest	最低 Lowest	收盘 Closing Price	涨跌幅(%) Change Rate (%)
1992	—	—	—	—	—	—	—	—	—	—
1993	—	—	—	—	—	—	—	—	—	—
1994	—	—	—	—	—	—	—	—	—	—
1995	—	—	—	—	—	—	—	—	—	—
1996	—	—	—	—	—	—	—	—	—	—
1997	—	—	—	—	—	—	—	—	—	—
1998	—	—	—	—	—	—	—	—	—	—
1999	—	—	—	—	—	—	—	—	—	—
2000	—	—	—	—	—	—	—	—	—	—
2001	—	—	—	—	—	—	—	—	—	—
2002	—	—	—	—	—	—	—	—	—	—
2003	—	—	—	—	—	—	—	—	—	—
2004	—	—	—	—	—	997.00	1141.99	833.09	842.73	-15.47
2005	984.66	1008.73	807.78	923.45	-7.65	836.99	889.98	693.53	796.40	-5.50
2006	926.56	2052.86	926.41	2041.05	121.02	801.41	1819.04	800.21	1805.31	126.69
2007	2073.25	5891.72	2030.76	5338.28	161.55	1842.63	4772.93	1791.64	4226.76	134.13
2008	5349.76	5756.92	1606.73	1817.72	-65.95	4230.81	4524.29	1269.29	1384.91	-67.24
2009	1848.33	3803.06	1837.84	3575.68	96.71	1411.08	2849.41	1402.05	2553.80	84.40
2010	3592.47	3597.75	2462.20	3128.26	-12.51	2565.11	2584.53	1771.49	1977.37	-22.57
2011	3155.56	3380.53	2267.11	2345.74	-25.01	1994.36	2214.84	1571.51	1617.61	-18.19
2012	2361.50	2717.83	2102.14	2522.95	7.55	1628.17	1877.43	1528.28	1857.68	14.84
2013	2551.81	2791.30	2023.17	2330.03	-7.65	1885.96	2088.45	1422.98	1574.78	-15.23
2014	2323.43	3542.34	2077.76	3533.71	51.66	1570.05	2590.09	1402.18	2581.57	63.93
2015	3566.09	5380.43	2952.01	3731.01	5.58	2612.85	3494.82	1874.22	2420.80	-6.23
2016	3725.86	3726.25	2821.22	3310.08	-11.28	2417.03	2455.43	1891.10	2286.90	-5.53
2017	3313.95	4260.64	3264.21	4030.85	21.78	2285.27	3038.28	2282.24	2860.44	25.08
2018	4045.21	4403.34	2964.88	3010.65	-25.31	2867.53	3202.47	2256.47	2293.10	-19.83
2019	3017.07	4126.09	2935.83	4096.58	36.07	2298.18	3065.93	2249.37	3063.22	33.58
2020	4121.35	5215.62	3503.19	5211.29	27.21	3073.93	3646.75	2517.30	3640.64	18.85
2021	5212.93	5930.91	4663.90	4940.37	-5.20	3632.69	4110.18	3044.88	3274.32	-10.06

1-2 续表 2 continued

年份 Year	深证成份指数 SZSE Component Index				
	开盘 Opening Price	最高 Highest	最低 Lowest	收盘 Closing Price	涨跌幅(%) Change Rate (%)
1992	966.22	2918.09	917.37	2309.77	139.71
1993	2424.00	3422.22	1688.18	2225.38	-3.65
1994	2221.95	2271.39	944.02	1271.05	-42.88
1995	1257.65	1473.29	980.25	987.75	-22.29
1996	987.07	4522.39	924.33	3217.54	225.74
1997	3195.52	6103.62	2985.40	4184.84	30.06
1998	4199.51	4336.32	2902.44	2949.32	-29.52
1999	2945.24	4896.04	2521.08	3369.61	14.25
2000	3374.11	5062.29	3360.21	4752.75	41.05
2001	4756.18	5091.46	3124.57	3325.66	-30.03
2002	3319.21	3586.06	2661.91	2759.30	-17.03
2003	2743.21	3557.89	2673.25	3479.80	26.11
2004	3473.35	4187.23	2996.08	3067.57	-11.85
2005	3051.24	3481.44	2590.53	2863.61	-6.65
2006	2873.54	6687.28	2873.54	6647.14	132.12
2007	6730.12	19600.03	6585.06	17700.62	166.29
2008	17731.84	19219.89	5577.23	6485.51	-63.36
2009	6557.42	14096.87	6514.49	13699.97	111.24
2010	13766.10	13936.88	8945.20	12458.55	-9.06
2011	12578.45	13233.02	8555.12	8918.82	-28.41
2012	8980.76	10616.28	7660.45	9116.48	2.22
2013	9204.11	10057.97	7045.60	8121.79	-10.91
2014	8083.77	11050.85	6959.25	11014.62	35.62
2015	11150.98	18211.76	9259.65	12664.89	14.98
2016	12650.72	12659.41	8986.52	10177.14	-19.64
2017	10205.14	11714.98	9482.84	11040.45	8.48
2018	11079.64	11633.46	7084.44	7239.79	-34.42
2019	7259.49	10541.19	7011.33	10430.77	44.08
2020	10509.12	14476.55	9578.87	14470.68	38.73
2021	14516.12	16293.09	13252.24	14857.35	2.67

1-2 续表 3 continued

年份 Year	科创板50指数					上证国债指数 SSE T-Bond Index				
	开盘 Opening Price	最高 Highest	最低 Lowest	收盘 Closing Price	涨跌幅(%) Change Rate (%)	开盘 Opening Price	最高 Highest	最低 Lowest	收盘 Closing Price	涨跌幅(%) Change Rate (%)
1992	—	—	—	—	—	—	—	—	—	—
1993	—	—	—	—	—	—	—	—	—	—
1994	—	—	—	—	—	—	—	—	—	—
1995	—	—	—	—	—	—	—	—	—	—
1996	—	—	—	—	—	—	—	—	—	—
1997	—	—	—	—	—	—	—	—	—	—
1998	—	—	—	—	—	—	—	—	—	—
1999	—	—	—	—	—	—	—	—	—	—
2000	—	—	—	—	—	—	—	—	—	—
2001	—	—	—	—	—	—	—	—	—	—
2002	—	—	—	—	—	—	—	—	—	—
2003	—	—	—	—	—	100.67	102.08	96.86	99.40	-1.27
2004	—	—	—	—	—	99.39	99.42	91.10	95.61	-3.81
2005	—	—	—	—	—	95.64	109.73	95.61	109.06	14.06
2006	—	—	—	—	—	109.11	111.63	109.07	111.39	2.14
2007	—	—	—	—	—	111.45	111.96	109.33	110.87	-0.46
2008	—	—	—	—	—	110.92	121.53	110.73	121.30	9.40
2009	—	—	—	—	—	121.35	122.99	119.62	122.35	0.87
2010	—	—	—	—	—	122.39	127.10	122.13	126.28	3.21
2011	—	—	—	—	—	126.32	131.39	126.31	131.39	4.05
2012	—	—	—	—	—	131.45	135.82	131.44	135.79	3.35
2013	—	—	—	—	—	135.84	139.91	135.84	139.52	2.75
2014	—	—	—	—	—	139.54	145.78	139.42	145.68	4.42
2015	—	—	—	—	—	145.75	154.67	145.75	154.54	6.09
2016	—	—	—	—	—	154.61	160.86	154.58	159.79	3.39
2017	—	—	—	—	—	159.85	161.07	159.59	160.85	0.67
2018	—	—	—	—	—	160.91	169.88	160.89	169.88	5.61
2019	—	—	—	—	—	169.97	177.28	169.96	177.27	4.35
2020	1005.62	1726.19	1005.62	1393.03	39.30	177.31	183.79	177.26	183.78	3.67
2021	1398.96	1639.19	1212.34	1398.19	0.37	183.84	191.63	183.79	191.57	4.24

1-2 续表 4 continued

年份 Year	上证企业债指数 SSE Corporate Bond Index					中证综合债指数 CSI Universal Bond Index				
	开盘 Opening Price	最高 Highest	最低 Lowest	收盘 Closing Price	涨跌幅(%) Change Rate (%)	开盘 Opening Price	最高 Highest	最低 Lowest	收盘 Closing Price	涨跌幅(%) Change Rate (%)
1992	—	—	—	—	—	—	—	—	—	—
1993	—	—	—	—	—	—	—	—	—	—
1994	—	—	—	—	—	—	—	—	—	—
1995	—	—	—	—	—	—	—	—	—	—
1996	—	—	—	—	—	—	—	—	—	—
1997	—	—	—	—	—	—	—	—	—	—
1998	—	—	—	—	—	—	—	—	—	—
1999	—	—	—	—	—	—	—	—	—	—
2000	—	—	—	—	—	—	—	—	—	—
2001	—	—	—	—	—	—	—	—	—	—
2002	—	—	—	—	—	—	—	—	—	—
2003	104.38	105.45	98.67	99.93	-4.27	99.91	102.66	99.87	101.34	1.34
2004	99.99	100.04	86.72	95.84	-4.09	100.95	101.34	97.75	100.38	-0.94
2005	95.84	118.98	90.90	118.92	24.08	100.43	108.90	100.43	108.68	8.26
2006	118.91	122.19	115.35	119.84	0.77	108.64	111.36	108.64	111.24	2.36
2007	119.84	121.65	112.68	113.27	-5.49	111.28	111.28	111.28	111.24	0.00
2008	113.27	132.80	112.25	132.64	17.11	—	—	—	124.50	11.92
2009	132.69	134.70	130.91	133.55	0.68	123.68	124.06	123.68	124.02	-0.39
2010	133.61	144.01	133.61	143.45	7.42	124.06	129.22	123.92	127.09	2.48
2011	143.52	148.51	143.24	148.48	3.50	127.23	134.14	126.60	134.14	5.54
2012	148.56	159.65	148.22	159.60	7.49	134.19	138.95	134.16	138.95	3.59
2013	159.70	167.41	159.63	166.56	4.36	138.92	142.58	137.71	138.36	-0.42
2014	166.61	181.54	166.05	181.10	8.73	138.33	152.34	138.18	151.84	9.74
2015	181.25	197.18	181.24	197.12	8.84	151.83	163.98	151.83	163.91	7.95
2016	197.24	209.43	197.23	209.03	6.04	163.85	170.75	163.70	167.39	2.12
2017	209.14	213.54	209.07	213.49	2.13	167.42	168.81	165.55	167.86	0.28
2018	213.61	225.78	213.61	225.75	5.74	168.00	181.49	167.99	181.49	8.12
2019	225.90	238.76	225.90	238.72	5.74	181.90	189.96	181.90	189.96	4.67
2020	238.78	249.46	238.78	249.44	4.49	189.97	197.62	189.96	195.59	2.97
2021	249.56	259.56	249.54	259.55	4.05	195.54	205.82	195.54	205.82	5.23

1-2 续表 5 continued

年份 Year	三板成指 NEEQ Component Index					三板做市 NEEQ Market Making Component Index				
	开盘 Opening Price	最高 Highest	最低 Lowest	收盘 Closing Price	涨跌幅(%) Change Rate (%)	开盘 Opening Price	最高 Highest	最低 Lowest	收盘 Closing Price	涨跌幅(%) Change Rate (%)
1992	—	—	—	—	—	—	—	—	—	—
1993	—	—	—	—	—	—	—	—	—	—
1994	—	—	—	—	—	—	—	—	—	—
1995	—	—	—	—	—	—	—	—	—	—
1996	—	—	—	—	—	—	—	—	—	—
1997	—	—	—	—	—	—	—	—	—	—
1998	—	—	—	—	—	—	—	—	—	—
1999	—	—	—	—	—	—	—	—	—	—
2000	—	—	—	—	—	—	—	—	—	—
2001	—	—	—	—	—	—	—	—	—	—
2002	—	—	—	—	—	—	—	—	—	—
2003	—	—	—	—	—	—	—	—	—	—
2004	—	—	—	—	—	—	—	—	—	—
2005	—	—	—	—	—	—	—	—	—	—
2006	—	—	—	—	—	—	—	—	—	—
2007	—	—	—	—	—	—	—	—	—	—
2008	—	—	—	—	—	—	—	—	—	—
2009	—	—	—	—	—	—	—	—	—	—
2010	—	—	—	—	—	—	—	—	—	—
2011	—	—	—	—	—	—	—	—	—	—
2012	—	—	—	—	—	—	—	—	—	—
2013	—	—	—	—	—	—	—	—	—	—
2014	—	—	—	—	—	—	—	—	—	—
2015	1019.30	2134.31	1019.30	1484.50	45.64	998.38	2673.17	991.47	1438.00	43.80
2016	1448.29	1448.29	1139.99	1243.61	-16.23	1438.00	1442.45	1073.47	1112.11	-22.66
2017	1237.74	1317.45	1184.61	1275.32	2.55	1112.11	1162.54	983.01	993.65	-10.65
2018	1270.17	1282.71	953.81	954.80	-25.13	993.65	993.65	713.01	718.94	-27.65
2019	955.97	968.73	897.37	928.78	-2.73	718.94	914.75	706.67	914.75	27.24
2020	935.08	1044.93	935.08	1010.77	8.83	914.67	1217.34	914.67	1073.18	17.32
2021	1010.82	1173.99	978.78	1138.22	12.61	1073.18	1596.30	1064.67	1455.68	35.64

1-3 境内外证券市场筹资情况

Proceeds Raised in Domestic and Foreign Capital Markets

年份 Year	境内股票筹资 Proceeds Raised in Domestic Capital Market by Offering of Shares 沪深交易所 SSE and SZSE 首发发行量(亿股) Number of Initial Public Offerings (100 million shares)	筹资金额(亿元) Proceeds Raised through Offering Shares(100 million yuan) 合计 Total	首发筹资金额 Proceeds Raised by IPO	再筹资 Proceeds Raised by Subsequent Offerings of Shares
1992	10.65	68.91	68.91	0.00
1993	51.07	245.02	184.83	60.19
1994	48.64	213.63	154.44	59.19
1995	18.01	99.78	42.37	57.41
1996	66.54	308.04	241.32	66.71
1997	129.64	859.98	651.56	208.42
1998	81.37	787.44	412.22	375.22
1999	86.87	873.63	494.71	378.93
2000	122.17	1515.82	862.56	653.26
2001	84.57	1238.14	614.03	624.11
2002	117.34	720.05	498.75	221.29
2003	89.34	665.51	472.42	193.08
2004	56.13	650.53	361.05	289.47
2005	13.92	339.03	57.63	281.40
2006	377.89	2374.50	1341.70	1032.80
2007	430.63	7814.74	4770.83	3043.91
2008	114.96	3312.39	1034.38	2278.01
2009	244.47	4834.34	1878.98	2955.36
2010	553.95	9799.80	4882.59	4917.21
2011	163.99	7154.43	2824.43	4330.00
2012	78.86	4542.40	1034.32	3508.08
2013	0.00	4131.46	0.00	4131.46
2014	70.10	8498.26	668.89	7829.38
2015	151.52	16361.62	1576.39	14785.23
2016	137.47	20297.39	1496.07	18801.32
2017	224.20	15534.98	2301.08	13233.90
2018	129.20	11377.88	1378.15	9999.73
2019	297.57	12538.82	2489.81	10049.01
2020	300.83	14221.61	4742.30	9479.31
2021	484.61	15400.13	5351.45	10048.67

注：1.股票筹资包括首发筹资和再筹资，均按股份上市日统计；再筹资包含公开增发、定向增发、配股、权证和优先股，其中权证为2008年之后开展的业务，优先股为2014年之后开展的业务。
2.北交所发行指在北交所上市发行。
3.境外股票筹资指在港交所上市的H股股票、伦交所发行的GDR筹资，不含可转债。
4.全国股转系统股票筹资金额中不含优先股。

数据来源：中国证券监督管理委员会、上海证券交易所、深圳证券交易所、北京证券交易所、全国中小企业股份转让系统、中央国债登记结算有限责任公司、上海清算所

Source:CSRC、SSE、SZSE、BSE、NEEQ、CCDC、SHCH

1-3 续表 1 continued

年份 Year	境内股票筹资 Proceeds Raised in Domestic Capital Market by Offering of Shares 北交所 BSE 发行量 (亿股) Number of Initial Public Offerings (100 million shares)	筹资金额(亿元) Proceeds Raised through Offering Shares(100 million yuan) 合计 Total	发行筹资金额 Proceeds Raised by IPO	再筹资 Proceeds Raised by Subsequent Offerings of Shares
1992	—	—	—	—
1993	—	—	—	—
1994	—	—	—	—
1995	—	—	—	—
1996	—	—	—	—
1997	—	—	—	—
1998	—	—	—	—
1999	—	—	—	—
2000	—	—	—	—
2001	—	—	—	—
2002	—	—	—	—
2003	—	—	—	—
2004	—	—	—	—
2005	—	—	—	—
2006	—	—	—	—
2007	—	—	—	—
2008	—	—	—	—
2009	—	—	—	—
2010	—	—	—	—
2011	—	—	—	—
2012	—	—	—	—
2013	—	—	—	—
2014	—	—	—	—
2015	—	—	—	—
2016	—	—	—	—
2017	—	—	—	—
2018	—	—	—	—
2019	—	—	—	—
2020	—	—	—	—
2021	2.29	21.32	21.32	0.00

1-3 续表 2 continued

年份 Year	境内股票筹资 Proceeds Raised in Domestic Capital Market by Offering of Shares			
	全国股转系统 NEEQ		区域性股权市场 Regional Equity Market	
	发行量 (亿股) Number of Shares (100 million shares)	筹资金额 (亿元) Proceeds Raised through Offering Shares (100 million yuan)	发行量 (亿股) Number of Shares (100 million shares)	筹资金额 (亿元) Proceeds Raised through Offering Shares (100 million yuan)
1992	—	—	—	—
1993	—	—	—	—
1994	—	—	—	—
1995	—	—	—	—
1996	—	—	—	—
1997	—	—	—	—
1998	—	—	—	—
1999	—	—	—	—
2000	—	—	—	—
2001	—	—	—	—
2002	—	—	—	—
2003	—	—	—	—
2004	—	—	—	—
2005	—	—	—	—
2006	—	—	—	—
2007	—	—	—	—
2008	—	—	—	—
2009	—	—	—	—
2010	—	—	—	—
2011	—	—	—	—
2012	1.93	8.59	—	—
2013	2.92	10.02	—	—
2014	26.52	132.09	—	—
2015	230.79	1216.17	—	—
2016	294.61	1390.89	—	—
2017	239.26	1336.25	—	—
2018	123.83	604.43	—	—
2019	73.73	264.63	—	2312.53
2020	74.54	338.50	—	2883.64
2021	52.69	259.67	—	2448.13

1-3 续表 3 continued

年份 Year	境内债券筹资 Proceeds Raised in Domestic Capital Market by Bond					
	全市场 Whole Market		银行间 Interbank Market		交易所 Stock Exchange	
	发行额（亿元）Value of Bonds Issued (100 million yuan)	兑付金额（亿元）Amount of Payments (100 million yuan)	发行额（亿元）Value of Bonds Issued (100 million yuan)	兑付金额（亿元）Amount of Payments (100 million yuan)	发行额（亿元）Value of Bonds Issued (100 million yuan)	兑付金额（亿元）Amount of Payments (100 million yuan)
1992	—	—	—	—	—	—
1993	—	—	—	—	—	—
1994	—	—	—	—	—	—
1995	—	—	—	—	—	—
1996	—	—	—	—	—	—
1997	2084.62	—	2084.62	—	—	—
1998	6203.73	—	6203.73	—	—	—
1999	4369.50	410.16	4369.50	410.16	—	—
2000	4414.50	1629.16	4414.50	1629.16	—	—
2001	5848.53	1859.97	5848.53	1859.97	—	—
2002	9943.90	2841.35	9943.90	2841.35	—	—
2003	17647.17	7886.44	17647.17	7886.44	—	—
2004	27295.66	12548.65	27295.66	12548.65	—	—
2005	42182.07	22531.33	42182.07	22531.33	—	—
2006	57096.11	38597.83	57096.11	38597.83	—	—
2007	80163.36	49931.98	79756.08	49931.98	407.28	—
2008	71732.16	48265.29	70734.11	48265.29	998.05	—
2009	87286.22	67282.32	86474.71	67282.32	811.51	—
2010	96408.63	73205.88	95088.33	73205.88	1320.30	—
2011	77275.52	64819.78	75501.82	64709.81	1773.70	109.97
2012	80261.89	47625.00	77474.98	47269.27	2786.91	355.73
2013	89127.69	63093.04	85248.00	62332.88	3879.69	760.16
2014	119380.02	72904.38	115112.62	71358.08	4267.40	1546.30
2015	234604.73	117608.31	210936.25	114140.25	23668.48	3468.07
2016	361548.66	204425.19	324880.30	199138.51	36668.36	5286.68
2017	408256.35	296374.85	369109.44	290020.83	39146.91	8369.81
2018	435968.07	310776.99	379090.36	302485.47	56877.70	13308.52
2019	448538.22	326387.66	376551.50	306774.83	71986.71	19612.84
2020	565951.32	385305.72	481173.97	362331.05	84777.35	22974.66
2021	614808.08	440886.34	528254.95	404978.39	86553.13	35907.96

1-3 续表 4 continued

年份 Year	境外股票筹资 Proceeds Raised in Foreign Capital Market by Offering of Shares			
	发行量 (亿股) Number of Shares (100 million shares)	筹资金额(亿元) Proceeds Raised through Offering Shares (100 million yuan)		
		合计 Total	首发筹资金额 Proceeds Raised by IPO	再筹资 Proceeds Raised by Subsequent Offerings of Shares
1992	—	—	—	—
1993	40.41	60.84	60.84	0.00
1994	69.89	188.75	188.75	0.00
1995	15.38	31.53	21.13	10.40
1996	31.77	100.57	72.94	27.63
1997	136.88	387.91	348.66	39.25
1998	12.86	37.83	22.10	15.73
1999	23.05	47.11	47.11	0.00
2000	359.26	562.08	562.08	0.00
2001	48.48	73.00	67.70	5.30
2002	157.54	192.28	191.12	1.16
2003	196.79	537.32	506.53	30.79
2004	171.51	647.72	433.44	214.28
2005	553.25	1666.25	1421.24	245.01
2006	936.66	3072.57	2925.30	147.27
2007	223.97	927.46	701.31	226.15
2008	65.38	311.38	259.92	51.46
2009	155.58	1067.66	999.51	68.15
2010	367.04	2343.11	1061.09	1282.02
2011	108.37	732.41	431.23	301.18
2012	220.95	997.83	515.54	482.29
2013	259.92	1060.24	691.57	368.67
2014	288.40	2253.40	914.51	1338.89
2015	444.15	7090.12	2053.15	5036.97
2016	—	1271.48	1091.46	180.02
2017	178.18	1829.19	487.26	1341.93
2018	652.67	1387.61	938.45	449.16
2019	119.82	781.65	449.40	332.24
2020	116.04	1443.04	774.12	668.92
2021	52.72	1035.33	332.55	702.78

1-4 证券期货市场投资者情况

Investor Accounts of Securities and Futures Market

年份 Year	股票 Stock					
	沪深交易所 SSE and SZSE					
	期末投资者个数(万个) Number of Investors at the End of the Year (10 thousand units)			新增投资者个数(万个) Number of New Investors (10 thousand units)		
	个人 Individual	机构 Institution	合计 Total	个人 Individual	机构 Institution	合计 Total
2003	—	—	—	—	—	—
2004	—	—	—	—	—	—
2005	—	—	—	—	—	—
2006	—	—	—	—	—	—
2007	—	—	—	—	—	—
2008	—	—	—	—	—	—
2009	—	—	—	—	—	—
2010	—	—	—	—	—	—
2011	—	—	—	—	—	—
2012	—	—	—	—	—	—
2013	—	—	—	—	—	—
2014	7270.95	23.42	7294.36	—	—	—
2015	9882.15	28.38	9910.54	2611.20	4.96	2616.18
2016	11778.42	32.62	11811.04	1896.27	4.24	1900.50
2017	13362.21	36.08	13398.30	1583.79	3.46	1587.26
2018	14615.11	35.33	14650.44	—	—	1252.14
2019	15937.22	38.02	15975.24	1322.11	2.69	1324.80
2020	17735.77	41.72	17777.49	1798.55	3.70	1802.25
2021	19693.91	46.94	19740.85	1958.14	5.22	1963.36

注：1.期末投资者数量指持有未注销、未休眠的A股、B股账户的一码通账户数量。
2.新增投资者数量=本期期末投资者数量-上期期末投资者数量。
3.2018年底，按照《关于加强私募投资基金等产品账户管理有关事项的通知》要求，部分历史遗留已到期账户集中完成了注销。
4.期货账户数和投资者个数2012年之前为总账户数和总投资者个数，2012年之后为有效账户数和有效投资者个数。
5.豁免投资者是指在企业来区域性股权市场挂牌前已经持有该企业股票或股权的投资者。该类投资者只能卖出所持公司股份或股权，如要参与其他其他公司股份买卖或其他产品买卖，须通过合格投资者适当性认可。

数据来源：中国证券监督管理委员会、中国证券登记结算公司、中国期货市场监控中心、全国中小企业股份转让系统
Source:CSRC、CSDC、CFMMC、NEEQ

1-4 续表 1 continued

年份 Year	股票 Stock					
	北交所 BSE					
	期末投资者个数(万个) Number of Investors at the End of the Year (10 thousand units)			新增投资者个数(万个) Number of New Investors (10 thousand units)		
	个人 Individual	机构 Institution	合计 Total	个人 Individual	机构 Institution	合计 Total
2003	—	—	—	—	—	—
2004	—	—	—	—	—	—
2005	—	—	—	—	—	—
2006	—	—	—	—	—	—
2007	—	—	—	—	—	—
2008	—	—	—	—	—	—
2009	—	—	—	—	—	—
2010	—	—	—	—	—	—
2011	—	—	—	—	—	—
2012	—	—	—	—	—	—
2013	—	—	—	—	—	—
2014	—	—	—	—	—	—
2015	—	—	—	—	—	—
2016	—	—	—	—	—	—
2017	—	—	—	—	—	—
2018	—	—	—	—	—	—
2019	—	—	—	—	—	—
2020	—	—	—	—	—	—
2021	455.41	7.45	462.86	455.41	7.44	462.85

1-4 续表 2 continued

年份 Year	股票 Stock					
	全国股转系统 NEEQ					
	期末投资者个数(万个) Number of Investors at the End of the Year (10 thousand units)			新增投资者个数(万个) Number of New Investors (10 thousand units)		
	个人 Individual	机构 Institution	合计 Total	个人 Individual	机构 Institution	合计 Total
2003	—	—	—	—	—	—
2004	—	—	—	—	—	—
2005	—	—	—	—	—	—
2006	—	—	—	—	—	—
2007	—	—	—	—	—	—
2008	—	—	—	—	—	—
2009	—	—	—	—	—	—
2010	—	—	—	—	—	—
2011	—	—	—	—	—	—
2012	0.43	0.09	0.53	—	—	—
2013	0.74	0.11	0.85	0.31	0.02	0.33
2014	4.40	0.47	4.87	3.65	0.36	4.02
2015	19.86	2.27	22.13	15.46	1.80	17.26
2016	29.57	3.85	33.42	9.71	1.58	11.29
2017	35.74	5.12	40.86	6.17	1.27	7.44
2018	37.75	5.63	43.38	2.01	0.51	2.52
2019	38.73	5.89	44.62	0.98	0.26	1.24
2020	156.64	5.38	162.03	137.84	1.27	139.11
2021	185.23	5.94	191.18	28.59	0.56	29.15

1-4 续表 3 continued

年份 Year	股票 Stock 区域性股权市场 Regional Equity Trading Platforms Market 期末投资者数(万个) Number of Investors at the End of the Year (10 thousand units)				基金 Fund
	个人 Individual	机构 Institution	豁免投资者 Exempt	合计 Total	基金账户数(万户) Number of Fund Accounts (10 thousand units)
2003	—	—	—	—	—
2004	—	—	—	—	—
2005	—	—	—	—	—
2006	—	—	—	—	—
2007	—	—	—	—	—
2008	—	—	—	—	16846.00
2009	—	—	—	—	17480.00
2010	—	—	—	—	19672.00
2011	—	—	—	—	22987.00
2012	—	—	—	—	22948.00
2013	—	—	—	—	28773.46
2014	—	—	—	—	46409.34
2015	—	—	—	—	67917.87
2016	—	—	—	—	94303.67
2017	—	—	—	—	134903.95
2018	6.86	0.94	29.12	36.91	212638.47
2019	8.44	1.18	29.29	38.90	294432.51
2020	9.85	1.5	33.36	44.71	387155.04
2021	10.85	1.69	45.97	58.51	466904.75

1-4 续表 4 continued

年份 Year	期货 Futures			
	期货账户数 (万户) Number of Futures Accounts (10 thousand units)	期货投资者个数(万个) Number of Futures Investors (10 thousand units)		
		个人 Individual	单位 Institution	合计 Total
2003	—	—	—	—
2004	—	—	—	—
2005	—	—	—	—
2006	27.74	—	—	24.46
2007	44.77	—	—	39.55
2008	71.28	59.54	2.10	61.64
2009	110.61	88.76	2.86	91.63
2010	150.55	117.82	3.55	121.37
2011	179.34	137.06	4.08	141.14
2012	89.69	69.74	1.99	71.73
2013	97.72	75.17	2.07	77.24
2014	99.35	79.52	2.74	82.26
2015	126.88	104.62	2.90	107.52
2016	138.53	115.06	3.58	118.64
2017	151.14	123.81	3.91	127.72
2018	158.70	128.34	3.92	132.26
2019	183.21	147.15	4.57	151.73
2020	227.64	180.45	5.88	186.33
2021	257.90	198.01	7.25	205.26

1-5 证券期货市场参与主体情况

Participant of Securities and Futures Market

年份 Year	沪深交易所上市公司 Listed Company		北交所上市公司 Listed Company		全国股转系统挂牌公司 NEEQ	
	家数(家) Number of Companies (unit)	总资产(亿元) Total Assets (100 million yuan)	家数(家) Number of Companies (unit)	总资产(亿元) Total Assets (100 million yuan)	家数(家) Number of Companies (unit)	总资产(亿元) Total Assets (100 million yuan)
1993	183	1821.00	—	—	—	—
1994	291	3309.00	—	—	—	—
1995	323	4301.61	—	—	—	—
1996	530	6346.68	—	—	—	—
1997	745	9681.16	—	—	—	—
1998	851	12404.86	—	—	—	—
1999	949	16174.41	—	—	—	—
2000	1088	21676.39	—	—	—	—
2001	1160	30457.30	—	—	—	—
2002	1224	41539.86	—	—	—	—
2003	1287	53302.61	—	—	—	—
2004	1377	63277.29	—	—	—	—
2005	1381	72769.33	—	—	—	—
2006	1434	221069.33	—	—	—	—
2007	1550	414286.97	—	—	—	—
2008	1625	487007.21	—	—	—	—
2009	1718	617738.72	—	—	—	—
2010	2063	862290.24	—	—	—	—
2011	2342	1028873.51	—	—	—	—
2012	2494	1193598.71	—	—	200	239.65
2013	2489	1330017.51	—	—	356	345.13
2014	2613	1501082.96	—	—	1572	3232.85
2015	2827	1724649.05	—	—	5129	11608.91
2016	3052	2019170.62	—	—	10163	28266.63
2017	3485	2205062.02	—	—	11630	30805.51
2018	3584	2412856.04	—	—	10691	28220.69
2019	3777	2807826.22	—	—	8953	26906.24
2020	4154	3134275.88	—	—	8187	22606.06
2021	4615	3461538.93	82	983.56	6932	21817.64

注：1.证券公司、期货公司总资产包含客户资金。
2.新三板挂牌公司总资产统计样本为截至2021年12月31日披露2021年年报的6041家公司。

数据来源：中国证券监督管理委员会、上海证券交易所、深圳证券交易所、中国期货业协会、全国中小企业股份转让系统、中国证券投资基金业协会

Source:CSRC、SSE、SZSE、BSE、CFA、NEEQ、AMAC

1-5 续表 1 continued

年份 Year	区域性股权市场服务企业 Regional Equity Trading Platforms Market			证券公司 Securities Company	
	挂牌企业家数(家) Number of Listed Companies (unit)	展示企业家数(家) Number of Exhibiting Companies (Unit)	纯托管企业家数(家) Number of Companies' Equity Under Custody(Unit)	家数(家) Number of Companies (unit)	总资产(亿元) Total Assets (100 million yuan)
1993	—	—	—	—	—
1994	—	—	—	91	—
1995	—	—	—	97	—
1996	—	—	—	94	—
1997	—	—	—	90	—
1998	—	—	—	90	—
1999	—	—	—	90	—
2000	—	—	—	100	—
2001	—	—	—	109	—
2002	—	—	—	127	—
2003	—	—	—	133	—
2004	—	—	—	133	—
2005	—	—	—	116	—
2006	—	—	—	104	—
2007	—	—	—	106	17313.39
2008	—	—	—	107	11912.23
2009	—	—	—	106	20286.91
2010	—	—	—	106	19686.13
2011	—	—	—	109	15722.53
2012	—	—	—	114	17209.32
2013	—	—	—	115	20803.46
2014	—	—	—	121	40340.65
2015	—	—	—	125	64170.00
2016	—	—	—	129	57934.47
2017	—	—	—	131	61413.53
2018	—	—	—	131	62648.96
2019	28831	—	—	133	72586.78
2020	34666	129292	10305	138	89018.09
2021	37970	137896	10957	140	105981.39

1-5 续表 2 continued

年份 Year	基金管理公司 Fund Management Company		期货公司 Futures Company		已登记私募基金管理人 Registered Private Fund Manager	
	家数(家) Number of Companies (unit)	总资产(亿元) Total Assets (100 million yuan)	家数(家) Number of Companies (unit)	总资产(亿元) Total Assets (100 million yuan)	家数(家) Number of Companies (unit)	总规模(亿元) Total Assets (100 million yuan)
1993	—	—	—	—	—	—
1994	—	—	—	—	—	—
1995	—	—	—	—	—	—
1996	—	—	329	—	—	—
1997	—	—	294	—	—	—
1998	6	—	278	—	—	—
1999	10	—	213	—	—	—
2000	10	—	178	—	—	—
2001	15	—	200	—	—	—
2002	21	—	179	—	—	—
2003	33	79.98	186	—	—	—
2004	44	79.95	188	—	—	—
2005	52	81.16	183	—	—	—
2006	57	128.66	183	—	—	—
2007	58	366.53	177	—	—	—
2008	60	365.96	171	—	—	—
2009	60	442.29	167	—	—	—
2010	63	486.72	163	—	—	—
2011	69	493.73	163	—	—	—
2012	77	536.63	161	2318.48	—	—
2013	89	655.86	156	2569.82	—	—
2014	95	1047.26	152	3431.99	—	—
2015	101	1177.39	150	4749.67	—	—
2016	109	1332.01	149	5438.31	—	—
2017	113	1659.93	149	5247.48	22446	114992.53
2018	120	1820.44	149	5142.50	24448	127064.20
2019	128	2095.58	149	6452.46	24471	140829.62
2020	133	2576.44	149	9845.14	24561	169578.29
2021	137	3248.34	150	13815.76	24610	202705.20

主要统计指标解释

Explanatory Notes on Main Statistical Indicators

上市公司家数 指在统计期末其发行的股票在交易所上市的股份有限公司的数量。以股票上市日进行统计，同时发行A、B股的上市公司，按一家计算。

上市公司股本 也称上市公司总股本，是指统计期末上市公司在境内发行的全部股份数量合计，包括A股股本、B股股本和其他不流通的境内股本。

流通股本 也即非限售股本，计算公式为：上市公司股本-限售股本。

股票市值 指统计期末根据上市公司股票价格和对应股票数量计算的股权价值合计。具体统计口径和计算方法如下：如当日无交易价格，采用最后交易日的收盘价；暂停上市股票的价格以零计算；未股改公司的非流通股以流通A股价格计算市值；仅发行B股的上市公司，其非流通股不进行股票市值计算；对当日除权股票进行市值计算时需要包含在途股份（已登记未上市）的市值。

流通市值 指根据股票价格与其非限售股本计算出的股权价值合计，也即A股流通市值和B股流通市值的合计。

成交量 指统计期内全部股票成交数量的合计，包含竞价交易和协议交易（大宗交易）。

成交金额 指在统计期内全部股票成交金额合计，包含竞价交易和协议交易（大宗交易）。

市盈率（静态） 指上市公司每股股价与每股收益的比率，通常用上市公司股票市值与其对应的归属母公司股东净利润的比率进行计算。需要注意事项如下：每股收益和净利润数据在财务报告公告截止日的次日集中更新，且每股收益根据期末股本计算；如截止日未公布财务报告，在计算个股市盈率时采用向前追溯的净利润数据，在计算市场市盈率时剔除该股票；对单个股票计算市盈率时仅考虑每股收益为正的股票；对多个股票计算平均市盈率时通常采用上市公司股票市值合计与其对应的归属母公司股东的净利润合计的比率进行计算（剔除暂停上市公司股票，含净利润为负的股票）；对于发行多种类型股份的公司，根据各类性质股份股本按比例分配该公司归属母公司股东净利润。首发市盈率为股票首发价格与每股收益的比率，其中每股收益按照最新年度财务报告中对应的归属母公司股东净利润除以发行后总股本计算。

公式：市盈率（静态）=Σ股票市值/Σ该股份对应的归属母公司股东净利润

换手率（股本） 换手率可采用股票成交量/相应股票股本，通常称为股本换手率。对于某一区间换手率的计算，通常采用统计期内全部交易日的股本换手率合计进行计算。通常对单只股票采用股本换手率，对一组股票采用市值换手率；在计算一组股票换手率时，暂停上市股票不纳入计算。

公式：换手率（股本）=（当日成交股数/流通股本）×100%

换手率（市值） 换手率可采用股票成交金额/股票市值，通常称为市值换手率。对于某一区间换手率的计算，通常采用统计期内全部交易日的市值换手率合计进行计算。通常对单只股票采用股本换手率，对一组股票采用市值换手率；在计算一组股票换手率时，暂停上市股票不纳入计算。

公式：换手率（市值）=（当日成交金额/流通市值）×100%

股票投资者数 指统计期末已开立股票账户的投资者数量。统计时按照“投资者全称相同且证件代码相同”合并。

涨跌幅 指统计期内股票期末价格相对期初价格的变化幅度。统计区间如果包含上市首日则统计期内股票期末价格相对首发价格的变化幅度。指数涨跌幅参照股票涨跌幅处理；对股票区间涨跌幅的计算需要对股票价格进行复权处理，复权因素包括分红、送股、配股等，复权价格的公式为：复权价格=当前价格×（1+送股比例+配股比例）+每股红利-配股价格×配股比例，若统计期内存在多次分红、送股、配股事件，复权价格采用递归方式进行计算。在计算复权价时，通常采用区间分段涨跌幅连乘或复权因子连乘进行速算。

公式：涨跌幅=（期末收盘价/期初前收盘价-1）×100%

股票筹资金额 指统计期内通过发行股票筹集的资金总额，以股份上市日作为统计指标的计算日。

首发筹资金额 指统计期内首次公开发行股票（IPO）筹集的资金总额，计算公式：首发筹资金额=Σ（每股发行价格×发行股份数）；

其中，对于发行股份吸收合并已上市公司的筹资金额，计算公式为：首发筹资金额=每股发行价格×（发行股份数-换股股份数）；

对于存在超额配售权的 IPO，根据超额配售权的实际行使情况对统计期内的 IPO 募集资金进行回溯调整。

再筹资金额 指统计期内上市公司通过增发（公开增发和定向增发）、配股、行权、优先股等方式筹集的资金总额。

其中增发筹资金额是指统计期内上市公司增发股份筹集的资金总额。

根据股份认购对象的不同，增发筹资金额指标可分为公开增发筹资金额和定向增发筹资金额。

根据增发时是否以现金认购，增发筹资金额指标可分为增发筹资金额（现金）和增发筹资金额（资产）；增发筹资金额=Σ增发每股价格×发行股份数。

配股筹资金额指统计期内上市公司通过向原股东配售股份筹集的资金总额；配股筹资金额=Σ配股价格×配售股份数=Σ配股价格×股份数量×配售比例。

行权筹资金额包括权证（期权）行权筹资金额和可转债转股金额；行权筹资金额=Σ行权价格×行权认购股份数+Σ转股价格×可转债转股数量。

优先股筹资金额包括统计期内通过发行优先股筹集的资金总额。

公式：再筹资金额=增发筹资金额+配股筹资金额+行权筹资金额+优先股筹资金额。

债券发行额 指统计期内各类债券发行票面金额合计。按发行首日口径计算。

债券兑付金额 指统计期内债券发行人按照约定向债券投资者偿还本金和支付利息的金额合计。

债券成交金额 指统计期内各类债券成交金额合计，包括债券现货成交金额和债券回购成交金额。

公式：现货成交金额=Σ（成交价格×成交量〔现货〕）；回购成交金额=Σ（成交量〔回购〕×1000）

债券托管额 指统计期末托管在债券登记结算机构的各类债券面额合计。

债券筹资金额 也即债券融资金额，是指统计期内债券发行所募集到的资金总额。通常统计范围包括中国证监会审批的公司债券（含证券交易所备案的中小企业私募债）；以发行首日计算。

基金只数 指统计期末基金市场上基金产品的只数。自基金合同生效日（基金成立日）纳入统计，自基金合同终止日从统计中剔除。一般根据证监会主代码（基金主合同）口径统计。

基金份额 指统计期末基金市场基金份额的合计。

基金资产规模 指在统计期末市场上基金产品资产的合计。

基金账户数 基金账户通常称基金 TA 账户，基金账户数是指统计期末注册登记人为投资人建立的用于管理和记录基金持有的账户数量。

私募基金只数 指统计期末已在中国证券投资基金业协会备案的正在运作私募基金产品只数。

私募基金管理人家数 指统计期末在中国证券投资基金业协会登记的未注销从事私募基金管理人数量。

私募基金管理规模 指统计期末正在运作的私募基金净资产规模。

期货持仓金额 指统计期末未平仓期货合约的金额合计。除备注中注明双边口径外，其余均按单边口径统计。

期货成交金额 指统计期内全部期货合约成交金额合计。除备注中注明双边口径外，其余均按单边口径统计。

期货客户数 统计期末已在期货市场开户，按照“客户全称相同且证件代码相同”原则合并的客户数量。

证券公司家数 统计期末已获得中国证监会颁发经营证券期货业务许可证的证券公司数量合计，以获得经营证券期货业务许可证为标准，已办理机构注销的证券公司从统计中剔除。

基金管理公司家数 统计期末经中国证监会批准，并获得经营证券期货业务许可证的基金管理公司的数量合计，以获得经营证券期货业务许可证为标准，已办理取消经营证券期货业务许可证的基金管理公司从统计中剔除。

期货公司家数 统计期末经中国证监会批准，并获得中国证监会颁发经营期货业务许可证的期货公司的数量合计，以获得经营期货业务许可证为标准，已办理机构注销的期货公司从统计中剔除。

总资产 统计期末证券期货机构全部资产总额合计。

贰零贰壹

二. 股票

Stocks

贰零贰壹

2021 年股票市场综述

一、沪深交易所股票市场基本情况

市场规模。截至 2021 年底，沪深两市上市公司共 4615 家。其中，沪市 2037 家，深市 2578 家。全年净增上市公司 461 家，其中沪市净增 237 家，深市净增 224 家。此外，主板上市公司共 3148 家，创业板 1090 家，科创板 377 家。沪深两市总市值 91.61 万亿元，流通市值 75.16 万亿元，流通市值占总市值的 82.04%。沪市总市值、流通市值分别为 51.97 万亿元、43.55 万亿元；深市分别为 39.64 万亿元、31.61 万亿元。沪深两市总市值相当于 2021 年国内生产总值（GDP）的 80.10%。境内总市值位居全球第二位，仅次于美国。2021 年底，世界交易所联合会（WFE）市值、成交金额和筹资额排名[1]中，上交所分列第 3、第 4、第 3 名，深交所分列第 6、第 3、第 4 名。

发行情况。2021 年，沪深两市合计融资金额 15400.13 亿元（其中首发 5351.45 亿元，再筹资 10048.67 亿元），同比上升 8.29%。沪深两市发行 A 股股票 481 只，融资 5351.45 亿元，沪市发行股票 249 只，融资 3654.26 亿元，深市发行股票 232 只，融资 1697.19 亿元，两市首发融资金额同比上升 12.85%。此外，2021 年，沪深两市定向增发融资 9555.32 亿元（含资产认购 1865.70 亿元），配股融资 493.35 亿元，再融资金额同比上升 6.01%。

交易情况。2021 年，上证综指上涨 4.80%，深证成指上涨 2.67%，创业板指上涨 12.02%，科创 50 指数上涨 0.37%。沪深两市累计成交金额为 257.97 万亿元（日均 10616.19 亿元），同比增加 24.73%，其中主板 193.10 万亿元（日均 7946.54 亿元），创业板 54.33 万亿元（日均 2235.82 亿元），科创板 10.54 万亿元（日均 433.83 亿元）。沪市换手率较 2020 年上升 22.21 个百分点，深市换手率较 2020 年下降 49.81 个百分点。

估值情况。截至 2021 年底，沪市市盈率为 18.02 倍，较 2020 年上升 7.52%；深市市盈率为 33.03 倍，较 2020 年下降 4.29%。

融资融券及转融通业务情况。2021 年，沪深两市融资买入金额为 216560.22 亿元，同比上升 10.58%；融券卖出金额为 12184.22 亿元，同比上升 49.62%。截至 2021 年底，沪深两市融资余额为 17120.06 亿元，同比上升 15.52%；融券余额为 1201.47 亿元，同比下降 12.28%。2021 年，沪深两市转融资交易金额为 3517.00 亿元，同比上升 102.23%；转融券交易金额为 22351.11 亿元，同比上升 176.96%。截至 2021 年底，沪深两市转融资余额为 918.43 亿元，同比上升 38.71%；转融券余额为 1441.37 亿元，同比下降 1.15%。

沪深港通情况。2021 年，沪深股通投资者净买入 4321.69 亿元，同比增加 2232.37 亿元；其中沪股通投资者净买入 1937.27 亿元，同比增加 1082.14 亿元；深股通投资者净买入 2384.42 亿元，同比增加 1150.23 亿元。南向港股通投资者净买入 3783.15 亿元，同比减少 2181.43 亿元；其中港股通（沪市）投资者净买入 926.54 亿元，同比减少 2043.67 亿元；港股通（深市）投资者净买入 2856.61 亿元，同比增减少 137.76 亿元。

二、北交所股票市场基本情况

截至 2021 年 12 月 31 日，北交所上市公司 82 家，总股本 122.69 亿股，总市值 2722.75 亿元，流

[1] 排名剔除电子交易所 BATS GLOBAL 和 CBOE EUROPE。

通市值 1073.82 亿元，市盈率 46.66 倍。股票发行方面，2021 年 11 月 15 日至 2021 年末，累计 11 家公司公开发行，累计融资 21.32 亿元，发行市盈率均值为 21.25 倍。股票交易方面，2021 年 11 月 15 日至 2021 年末，北交所股票累计成交 37.45 亿股，667.17 亿元，换手率 62.55%。投资者方面，2021 年末，合格投资者账户合计 462.85 万个，其中个人和机构合格投资者分别为 455.41 万个和 7.44 万个，占比分别为 98%和 2%。

三、全国股转系统市场基本情况

2021 年末，全国股转系统存量挂牌公司 6932 家，其中创新层 1225 家、基础层 5707 家；全市场总市值 2.28 万亿元，市盈率 20.48 倍。2021 年 10 只三板指数均上涨；其中涨幅最大的三板活跃上涨 46.18%，涨幅最小的三板消费上涨 6.46%。股票发行方面，2021 年共有 562 家挂牌公司完成 587 次普通股发行，融资 259.67 亿元，其中 532 家挂牌公司完成 557 次定向发行，融资 205.78 亿元；30 家挂牌公司完成公开发行进入精选层，融资 53.89 亿元。非金融企业融资 242.66 亿元，占比 93.45%。2021 年，共有 9 家挂牌公司完成优先股发行，募集资金 2.08 亿元。股票交易方面，2021 年，全国股转系统股票成交 309.08 亿股，成交金额 2148.16 亿元。其中精选层股票成交 942.63 亿元，创新层股票成交 898.29 亿元，基础层股票成交 307.24 亿元，占比分别为 43.88%、41.82%、14.30%。投资者方面，2021 年末，合格投资者账户合计 191.18 万个，较上年末增加 29.15 万个。其中个人和机构合格投资者分别为 185.23 万个和 5.94 万个，占比分别为 97%和 3%。

四、区域性股权市场基本情况

区域性股权市场是主要服务于所在省级行政区域内中小微企业的私募股权市场，是多层次资本市场体系的重要组成部分，在拓宽中小微企业融资渠道、支持创新创业等方面发挥了积极作用。截至 2021 年底，全国共设立 35 家区域性股权市场，共服务企业 18.68 万家，其中挂牌企业 3.80 万家，展示企业 13.79 万家，纯托管企业 1.10 万家；历年累计为企业实现各类融资 1.66 万亿元，其中 2021 年全年融资 2448 亿元。区域性股权市场提供服务的企业中，累计转交易所上市 69 家，转新三板挂牌 737 家。

2-1 沪深股票市场概况

Overview of SSE & SZSE Stock Market

年份 Year	股票只数(只) Number of Stocks (unit)		上市公司家数(家) Number of Listed Companies(unit)		上市公司股本(亿股) Share Capital of Listed Companies(100 million shares)	
	上交所 SSE	深交所 SZSE	上交所 SSE	深交所 SZSE	上交所 SSE	深交所 SZSE
1992	38	33	29	24	46.94	26.28
1993	123	95	106	77	206.62	122.06
1994	203	142	171	120	419.06	221.95
1995	220	161	188	135	498.25	271.83
1996	329	270	293	237	671.19	439.54
1997	422	399	383	362	975.57	795.86
1998	477	455	438	414	1280.35	1066.34
1999	525	506	484	465	1580.15	1331.34
2000	614	560	572	516	2032.42	1583.84
2001	690	558	646	514	3164.44	1687.44
2002	759	552	715	509	3727.84	1736.35
2003	824	550	780	507	4170.39	1832.95
2004	881	582	837	540	4700.55	2014.19
2005	878	589	834	547	5023.05	2140.49
2006	886	634	842	592	10279.54	2404.45
2007	904	732	860	690	14173.10	2827.35
2008	908	803	864	761	15410.39	3489.74
2009	914	890	870	848	16659.96	3946.30
2010	938	1211	894	1169	21939.51	5044.98
2011	975	1453	931	1411	23466.65	6278.46
2012	998	1581	954	1540	24617.62	7216.00
2013	997	1577	953	1536	25751.69	8070.35
2014	1039	1657	995	1618	27085.17	9709.93
2015	1125	1784	1081	1746	30244.86	12779.28
2016	1226	1908	1182	1870	32707.76	16042.53
2017	1440	2127	1396	2089	35288.35	18458.32
2018	1494	2172	1450	2134	37708.96	19872.07
2019	1615	2242	1572	2205	40199.42	21520.50
2020	1843	2390	1800	2354	42623.77	22855.42
2021	2079	2614	2037	2578	46237.02	24457.37

注：存在同一家上市公司在A股、B股同时上市的情况。
数据来源：上海证券交易所、深圳证券交易所
Source:SSE、SZSE

2-1 续表 1 continued

年份 Year	流通股本(亿股) Negotiable Shares (100 million shares)		股票市值(亿元) Market Capitalization of Shares(100 million yuan)		流通市值(亿元) Negotiable Market Capitalization(100 million yuan)	
	上交所 SSE	深交所 SZSE	上交所 SSE	深交所 SZSE	上交所 SSE	深交所 SZSE
1992	—	8.55	558.40	489.75	—	170.64
1993	45.43	36.19	2195.69	1335.32	423.94	408.34
1994	108.06	77.57	2600.13	1090.49	586.96	381.94
1995	119.85	105.13	2525.66	948.62	587.00	351.22
1996	186.81	158.76	5478.01	4364.57	1408.74	1458.29
1997	285.76	275.06	9218.07	8311.17	2513.47	2690.95
1998	379.73	361.97	10625.91	8888.12	2947.45	2802.90
1999	494.41	459.24	14580.47	11904.68	4249.69	3971.42
2000	648.99	585.36	26930.86	21190.65	8481.33	7616.67
2001	837.53	650.13	27590.57	15992.33	8382.11	6106.71
2002	992.53	687.73	25363.72	12975.07	7467.30	5019.90
2003	1157.10	741.95	29804.92	12672.71	8201.14	4983.99
2004	1366.58	827.57	26014.34	11066.61	7350.88	4350.32
2005	1561.21	937.68	23096.13	9349.89	6754.61	3883.40
2006	2254.48	1190.02	71612.38	17828.97	16428.33	8592.78
2007	3399.30	1534.34	269838.87	57452.44	64532.17	28608.49
2008	4916.04	2048.93	97251.91	24289.14	32305.91	12997.11
2009	11578.56	2621.63	184655.23	59448.68	114805.00	36537.07
2010	16031.30	3410.85	179007.24	86415.35	142337.44	50772.97
2011	17993.80	4506.06	148376.22	66381.87	122851.36	42069.94
2012	19521.33	5256.89	158698.44	71659.18	134294.45	47363.81
2013	23731.13	6265.99	151165.27	87911.92	136526.38	63053.16
2014	24914.59	7374.66	243974.02	128572.94	220495.87	95128.44
2015	27417.77	9625.60	295386.90	236110.00	254117.39	163797.56
2016	29372.25	11763.80	284607.63	223078.25	240006.24	153395.44
2017	31119.45	13925.42	331324.82	235761.26	281365.67	167932.47
2018	33497.24	15550.33	269515.01	165409.02	232698.75	121095.45
2019	35170.22	17317.40	355519.70	237414.87	301254.52	182206.74
2020	37501.48	18852.02	455321.59	341916.58	380012.99	263592.30
2021	40422.36	20332.77	519698.34	396389.84	435466.31	316089.82

2-1 续表 2 continued

年份 Year	成交量(亿股) Trading Volume (100 million shares)		日均成交量(亿股) Average Daily Volume (100 million shares)		成交金额(亿元) Trading Turnover (100 million yuan)	
	上交所 SSE	深交所 SZSE	上交所 SSE	深交所 SZSE	上交所 SSE	深交所 SZSE
1992	17.78	19.12	0.07	0.07	248.96	434.08
1993	147.42	79.15	0.57	0.31	2340.54	1286.67
1994	656.76	356.58	2.61	1.41	5735.07	2392.56
1995	513.83	191.48	2.03	0.76	3103.46	932.99
1996	1101.88	1431.26	4.46	5.79	9114.82	12217.36
1997	1215.68	1344.34	5.00	5.53	13763.17	16958.66
1998	1127.95	1026.15	4.59	4.17	12386.11	11158.14
1999	1560.38	1372.52	6.53	5.74	16965.79	14356.58
2000	2437.65	2321.80	10.20	9.71	31373.86	29461.33
2001	1819.95	1335.97	7.58	5.57	22709.38	15616.01
2002	1781.10	1236.05	7.52	5.22	16959.09	11034.82
2003	2692.73	1470.36	11.17	6.10	20824.14	11291.13
2004	3607.74	2219.99	14.85	9.14	26470.60	15863.35
2005	3986.59	2637.14	16.47	10.90	19240.21	12424.57
2006	10283.93	5861.29	42.67	24.32	57816.60	32652.29
2007	24325.38	12078.37	100.52	49.91	305434.29	155121.94
2008	16311.60	7819.79	66.31	31.79	180429.95	86682.71
2009	33679.64	17427.36	138.03	71.42	346511.91	189474.86
2010	25964.43	16187.55	107.29	66.89	304312.01	241321.53
2011	21192.91	12763.66	86.86	52.31	237555.30	184089.28
2012	18928.43	13932.12	77.89	57.33	164460.86	150122.41
2013	26718.86	21653.82	112.26	90.98	230266.02	238462.58
2014	42567.36	30815.73	173.74	125.78	375634.40	366750.86
2015	101701.68	69337.80	413.42	284.17	1325590.45	1224950.01
2016	45718.62	49806.81	187.37	204.13	501700.42	775979.90
2017	43799.31	43981.53	179.51	180.25	507770.10	616855.01
2018	37234.65	44802.60	153.23	184.37	401965.01	499774.39
2019	53792.15	72832.14	220.46	298.49	543844.01	730314.79
2020	68360.89	99090.97	281.32	407.78	839860.86	1228391.66
2021	86295.55	101130.45	355.13	416.17	1140006.46	1439727.66

2-1 续表 3 continued

年份 Year	日均成交金额(亿元) Average Daily Turnover (100 million yuan)		市值换手率(%) Turnover Ratio of Market Capitalization(%)		市盈率(倍) P/E Ratio (times)		股息率(%) Dividend Yield Ratio(%)	
	上交所 SSE	深交所 SZSE	上交所 SSE	深交所 SZSE	上交所 SSE	深交所 SZSE	上交所 SSE	深交所 SZSE
1992	0.97	1.69	—	329.78	—	33.81	—	—
1993	9.04	4.97	—	459.54	42.48	33.36	—	—
1994	22.76	9.49	1134.65	579.90	23.45	10.29	—	—
1995	12.27	3.69	528.72	241.55	15.70	9.48	—	—
1996	36.90	49.46	913.43	1173.86	31.32	34.85	—	—
1997	56.64	69.79	701.81	746.40	39.86	39.86	—	—
1998	50.35	45.36	453.63	379.34	34.38	30.62	—	—
1999	70.99	60.07	471.46	386.79	38.13	36.32	—	—
2000	131.27	123.27	498.80	483.10	58.22	56.03	—	0.44
2001	94.62	65.07	243.60	206.30	37.71	39.80	—	0.95
2002	71.56	46.56	202.68	186.14	34.43	36.99	—	1.02
2003	86.41	46.85	252.07	213.29	36.54	36.19	—	0.95
2004	108.93	65.28	304.69	301.36	24.23	24.64	—	1.41
2005	79.51	51.34	283.49	315.18	16.33	16.36	—	2.19
2006	239.90	135.49	544.39	552.01	33.30	32.72	—	1.09
2007	1262.13	641.00	817.72	818.67	59.24	69.75	—	0.46
2008	733.46	352.37	384.11	447.24	17.99	16.73	2.23	1.48
2009	1420.13	776.54	523.12	747.76	27.04	46.01	1.21	0.50
2010	1257.49	997.20	259.25	587.29	16.71	44.69	1.42	0.56
2011	973.59	754.46	163.75	353.48	12.08	23.11	2.18	1.01
2012	676.79	617.79	128.19	325.84	12.59	22.02	2.49	1.14
2013	967.50	1001.94	169.22	423.79	10.99	34.05	2.96	0.89
2014	1533.20	1496.94	242.01	471.99	15.99	41.91	2.04	0.91
2015	5388.58	5020.29	489.63	825.65	17.63	52.75	1.72	0.49
2016	2056.15	3180.25	158.43	541.76	15.94	41.21	1.79	0.72
2017	2081.02	2528.09	180.47	412.88	16.30	36.21	1.86	0.81
2018	1654.18	2056.68	150.91	356.92	12.49	20.00	2.69	1.47
2019	2228.87	2993.09	157.59	456.16	14.55	26.15	2.16	1.07
2020	3456.22	5055.11	258.50	555.88	16.76	34.51	1.89	0.85
2021	4691.38	5924.81	280.71	506.08	18.02	33.03	1.86	0.93

2-2 沪深股票市场历史记录情况
Historical Records of SSE & SZSE Stock Market

年份 Year	日收市综合指数 Daily Closing Composite Index							
	最高 Highest				最低 Lowest			
	上证综指 SSE Composite Index	日期 Date	深证综指 SZSE Composite Index	日期 Date	上证综指 SSE Composite Index	日期 Date	深证综指 SZSE Composite Index	日期 Date
1992	1421.57	1992-05-25	312.21	1992-05-26	293.75	1992-01-02	107.08	1992-01-16
1993	1536.82	1993-02-15	359.44	1993-02-22	778.33	1993-10-27	203.91	1993-07-21
1994	1033.47	1994-09-13	242.06	1994-01-07	333.92	1994-07-29	96.56	1994-07-29
1995	897.42	1995-05-22	169.66	1995-05-22	532.49	1995-02-07	112.63	1995-12-28
1996	1247.66	1996-12-09	473.02	1996-12-11	516.46	1996-01-22	105.34	1996-01-22
1997	1500.40	1997-05-12	517.91	1997-05-12	876.50	1997-01-06	305.81	1997-01-06
1998	1420.00	1998-06-03	441.04	1998-06-03	1070.41	1998-08-17	317.10	1998-08-18
1999	1739.21	1999-06-29	525.14	1999-06-29	1059.87	1999-05-18	310.65	1999-05-18
2000	2119.44	2000-11-23	654.37	2000-11-23	1406.37	2000-01-04	414.69	2000-01-04
2001	2242.42	2001-06-13	664.85	2001-06-13	1520.67	2001-10-22	439.36	2001-10-22
2002	1732.93	2002-07-08	512.38	2002-06-24	1357.65	2002-12-31	371.79	2002-01-22
2003	1631.47	2003-04-15	449.42	2003-04-15	1316.56	2003-11-18	350.74	2003-11-18
2004	1777.52	2004-04-06	470.55	2004-04-07	1260.32	2004-09-13	315.17	2004-09-13
2005	1317.27	2005-03-08	333.28	2005-03-09	1011.50	2005-07-11	237.18	2005-07-18
2006	2675.47	2006-12-29	552.93	2006-12-29	1180.96	2006-01-04	278.99	2006-01-04
2007	6092.06	2007-10-16	1567.74	2007-10-08	2612.54	2007-02-05	547.89	2007-01-05
2008	5497.90	2008-01-14	1584.40	2008-01-15	1706.70	2008-11-04	452.33	2008-11-04
2009	3471.44	2009-08-04	1240.64	2009-12-04	1863.37	2009-01-13	557.69	2009-01-05
2010	3306.75	2010-01-05	1412.64	2010-11-11	2319.74	2010-07-05	890.24	2010-07-02
2011	3057.33	2011-04-18	1311.34	2011-03-09	2166.21	2011-12-27	849.76	2011-12-28
2012	2460.69	2012-03-02	1010.46	2012-03-13	1959.77	2012-12-03	734.28	2012-12-03
2013	2434.48	2013-02-06	1101.59	2013-10-21	1950.01	2013-06-27	877.76	2013-01-04
2014	3234.68	2014-12-31	1503.58	2014-12-16	1991.25	2014-01-20	1007.27	2014-04-28
2015	5166.35	2015-06-12	3140.66	2015-06-12	2927.29	2015-08-26	1428.37	2015-01-19
2016	3361.84	2016-01-06	2137.88	2016-11-22	2655.66	2016-01-28	1618.12	2016-01-27
2017	3447.84	2017-11-13	2046.74	2017-03-24	3052.79	2017-05-10	1773.61	2017-06-01
2018	3587.03	2018-01-29	1966.15	2018-01-25	2449.20	2018-10-19	1212.23	2018-10-19
2019	3270.80	2019-04-19	1799.10	2019-04-08	2464.36	2019-01-03	1231.83	2019-01-04
2020	3473.07	2020-12-31	2333.46	2020-11-09	2660.17	2020-03-23	1609.00	2020-02-03
2021	3715.37	2021-09-13	2561.91	2021-12-13	3357.74	2021-03-10	2160.91	2021-03-09

注：指数最高、最低价分别为收盘最高、最低价，最大涨幅、最大跌幅按年最高价、最低价计算。
数据来源：上海证券交易所、深圳证券交易所
Source:SSE、SZSE

2-2 续表 1 continued

年份 Year	日收市综合指数 Daily Closing Composite Index							
	最大涨幅(%) Maximum Change of Increment(%)				最大跌幅(%) Maximum Change of Decrement(%)			
	上证综指 SSE Composite Index	日期 Date	深证综指 SZSE Composite Index	日期 Date	上证综指 SSE Composite Index	日期 Date	深证综指 SZSE Composite Index	日期 Date
1992	105.27	1992-05-21	12.02	1992-04-13	-11.18	1992-10-27	-10.04	1992-11-16
1993	16.44	1993-06-02	12.43	1993-08-24	-13.08	1993-12-20	-11.80	1993-08-17
1994	33.46	1994-08-01	31.29	1994-08-01	-12.68	1994-08-09	-12.66	1994-10-05
1995	30.99	1995-05-18	28.28	1995-05-18	-16.39	1995-05-23	-17.21	1995-05-23
1996	9.83	1996-12-02	11.04	1996-04-26	-9.91	1996-12-16	-10.00	1996-12-16
1997	7.58	1997-02-19	6.55	1997-06-20	-8.91	1997-02-18	-9.75	1997-02-18
1998	5.11	1998-08-19	5.87	1998-08-19	-8.36	1998-08-17	-8.32	1998-08-17
1999	6.59	1999-09-09	7.03	1999-07-20	-7.61	1999-07-01	-7.99	1999-07-01
2000	9.05	2000-02-14	9.07	2000-02-14	-4.40	2000-03-16	-4.75	2000-03-16
2001	9.86	2001-10-23	9.68	2001-10-23	-5.27	2001-07-30	-5.50	2001-07-30
2002	9.25	2002-06-24	9.05	2002-06-24	-6.33	2002-01-28	-6.59	2002-01-28
2003	5.81	2003-01-14	4.65	2003-01-14	-3.04	2003-05-13	-2.90	2003-05-13
2004	4.22	2004-09-15	4.68	2004-09-15	-3.88	2004-10-14	-4.99	2004-10-14
2005	8.21	2005-06-08	7.92	2005-06-08	-3.76	2005-08-18	-3.38	2005-08-18
2006	4.26	2006-05-12	4.42	2006-05-15	-5.34	2006-06-07	-5.79	2006-06-07
2007	5.33	2007-08-20	5.26	2007-01-15	-8.84	2007-02-27	-8.54	2007-02-27
2008	9.46	2008-09-19	8.89	2008-09-19	-7.73	2008-06-10	-8.02	2008-06-10
2009	6.12	2009-03-04	6.18	2009-03-04	-6.75	2009-08-31	-7.14	2009-08-31
2010	3.48	2010-05-24	4.28	2010-05-24	-5.16	2010-11-12	-6.12	2010-11-12
2011	3.04	2011-10-12	3.50	2011-10-12	-3.79	2011-08-08	-4.43	2011-08-08
2012	4.33	2012-12-14	5.14	2012-01-17	-2.73	2012-06-04	-4.09	2012-03-14
2013	3.39	2013-09-09	3.63	2013-01-14	-5.30	2013-06-24	-6.10	2013-06-24
2014	4.31	2014-12-04	3.50	2014-12-10	-5.43	2014-12-09	-4.31	2014-12-09
2015	5.76	2015-07-09	6.52	2015-09-16	-8.49	2015-08-24	-7.87	2015-06-26
2016	4.26	2016-03-02	4.70	2016-03-02	-7.04	2016-01-07	-8.24	2016-01-07
2017	1.83	2017-08-25	2.19	2017-06-07	-2.29	2017-11-23	-4.28	2017-07-17
2018	4.09	2018-10-22	4.90	2018-10-22	-5.22	2018-10-11	-6.45	2018-10-11
2019	5.60	2019-02-25	5.42	2019-02-25	-5.58	2019-05-06	-7.38	2019-05-06
2020	5.71	2020-07-06	3.90	2020-07-06	-7.72	2020-02-03	-8.41	2020-02-03
2021	7.45	2021-02-18	3.07	2021-07-29	-4.62	2021-07-28	-3.33	2021-07-27

2-2 续表 2 continued

年份 Year	日成交金额(亿元) Daily Turnover(100 million yuan)							
	最大 Maximum				最小 Minimum			
	上交所 SSE	日期 Date	深交所 SZSE	日期 Date	上交所 SSE	日期 Date	深交所 SZSE	日期 Date
1992	5.96	1992-12-08	5.06	1992-12-01	0.00	1992-01-15	0.11	1992-02-02
1993	38.24	1993-12-07	22.71	1993-11-18	0.98	1993-07-22	0.02	1993-07-17
1994	157.54	1994-09-06	74.49	1994-09-06	1.60	1994-07-12	0.03	1994-07-07
1995	114.30	1995-05-22	42.15	1995-05-22	1.14	1995-02-15	0.02	1995-06-17
1996	192.74	1996-12-03	189.57	1996-11-20	1.53	1996-02-09	0.51	1996-02-07
1997	159.83	1997-05-12	215.81	1997-05-07	11.51	1997-10-14	11.59	1997-10-07
1998	119.00	1998-04-09	101.37	1998-05-11	16.48	1998-12-21	14.77	1998-12-31
1999	404.43	1999-06-25	353.36	1999-06-25	11.62	1999-01-04	10.51	1999-01-04
2000	472.62	2000-02-17	408.34	2000-02-17	42.92	2000-09-27	46.73	2000-09-25
2001	234.13	2001-10-24	187.97	2001-03-23	27.27	2001-11-15	14.41	2001-11-15
2002	494.80	2002-06-24	325.87	2002-06-24	26.60	2002-10-08	16.15	2002-12-09
2003	330.15	2003-04-16	189.41	2003-04-16	27.24	2003-01-03	17.59	2003-09-22
2004	286.68	2004-09-24	185.24	2004-09-24	31.67	2004-09-07	17.45	2004-09-07
2005	221.57	2005-08-18	137.72	2005-08-18	36.75	2005-07-07	24.74	2005-01-04
2006	626.89	2006-12-06	341.23	2006-05-16	67.63	2006-03-13	37.05	2006-03-14
2007	2712.94	2007-05-30	1358.40	2007-05-30	502.08	2007-11-23	241.00	2007-11-23
2008	1896.84	2008-04-24	921.64	2008-01-08	217.96	2008-09-09	89.79	2008-11-03
2009	2969.29	2009-07-29	1781.92	2009-11-24	461.01	2009-01-05	246.16	2009-01-05
2010	3076.92	2010-11-02	2317.56	2010-11-02	432.14	2010-07-05	403.31	2010-07-05
2011	2080.93	2011-03-07	1459.64	2011-02-22	364.74	2011-12-29	307.93	2011-10-10
2012	1709.83	2012-03-14	1542.85	2012-03-14	331.30	2012-11-26	299.30	2012-11-26
2013	1954.28	2013-09-11	1590.18	2013-10-22	522.23	2013-07-09	525.53	2013-04-15
2014	7933.59	2014-12-09	4418.26	2014-12-09	482.99	2014-01-20	583.55	2014-05-19
2015	13107.85	2015-04-20	11150.06	2015-05-28	1565.69	2015-09-30	1672.18	2015-02-10
2016	3808.23	2016-03-21	5947.67	2016-03-21	799.82	2016-01-07	1577.30	2016-01-07
2017	3287.49	2017-04-11	4324.64	2017-09-12	1080.67	2017-02-03	1323.21	2017-02-03
2018	3190.81	2018-02-06	3608.24	2018-03-12	862.11	2018-12-24	1201.17	2018-09-17
2019	5261.03	2019-03-07	6601.46	2019-03-08	979.19	2019-01-02	1290.81	2019-01-02
2020	7949.18	2020-07-07	9985.79	2020-07-14	1842.26	2020-04-13	2625.04	2020-02-03
2021	8434.74	2021-09-01	8816.37	2021-08-30	2711.62	2021-04-14	3656.70	2021-04-01

2-3 沪深股票市场分板块规模
Dimensions of SSE & SZSE Stock Market by Board

年份 Year	股票只数(只) Number of Stocks (unit)					上市公司家数(家) Number of Listed Companies (unit)				
	主板 Main Board	中小板 SME Board	创业板 ChiNext Board	科创板 STAR Market	总体 Total	主板 Main Board	中小板 SME Board	创业板 ChiNext Board	科创板 STAR Market	总体 Total
1992	71	—	—	—	71	53	—	—	—	53
1993	218	—	—	—	218	183	—	—	—	183
1994	345	—	—	—	345	291	—	—	—	291
1995	381	—	—	—	381	323	—	—	—	323
1996	599	—	—	—	599	530	—	—	—	530
1997	821	—	—	—	821	745	—	—	—	745
1998	932	—	—	—	932	852	—	—	—	852
1999	1031	—	—	—	1031	949	—	—	—	949
2000	1174	—	—	—	1174	1088	—	—	—	1088
2001	1248	—	—	—	1248	1160	—	—	—	1160
2002	1311	—	—	—	1311	1224	—	—	—	1224
2003	1374	—	—	—	1374	1287	—	—	—	1287
2004	1425	38	—	—	1463	1339	38	—	—	1377
2005	1417	50	—	—	1467	1331	50	—	—	1381
2006	1418	102	—	—	1520	1332	102	—	—	1434
2007	1434	202	—	—	1636	1348	202	—	—	1550
2008	1438	273	—	—	1711	1352	273	—	—	1625
2009	1441	327	36	—	1804	1355	327	36	—	1718
2010	1465	531	153	—	2149	1379	531	153	—	2063
2011	1501	646	281	—	2428	1415	646	281	—	2342
2012	1523	701	355	—	2579	1438	701	355	—	2494
2013	1518	701	355	—	2574	1433	701	355	—	2489
2014	1558	732	406	—	2696	1475	732	406	—	2613
2015	1641	776	492	—	2909	1559	776	492	—	2827
2016	1742	822	570	—	3134	1660	822	570	—	3052
2017	1954	903	710	—	3567	1872	903	710	—	3485
2018	2005	922	739	—	3666	1923	922	739	—	3584
2019	2053	943	791	70	3857	1973	943	791	70	3777
2020	2132	994	892	215	4233	2053	994	892	215	4154
2021	3226	—	1090	377	4693	3148	—	1090	377	4615

数据来源：上海证券交易所、深圳证券交易所
Source:SSE、SZSE

2-3 续表 1 continued

年份 Year	上市公司股本(亿股) Share Capital of Listed Companies (100 million shares)					流通股本(亿股) Negotiable Shares (100 million shares)				
	主板 Main Board	中小板 SME Board	创业板 ChiNext Board	科创板 STAR Market	总体 Total	主板 Main Board	中小板 SME Board	创业板 ChiNext Board	科创板 STAR Market	总体 Total
1992	—	—	—	—	—	—	—	—	—	—
1993	328.68	—	—	—	328.68	81.62	—	—	—	81.62
1994	641.01	—	—	—	641.01	185.63	—	—	—	185.63
1995	770.08	—	—	—	770.08	224.98	—	—	—	224.98
1996	1110.73	—	—	—	1110.73	345.57	—	—	—	345.57
1997	1771.43	—	—	—	1771.43	560.82	—	—	—	560.82
1998	2346.69	—	—	—	2346.69	741.70	—	—	—	741.70
1999	2911.49	—	—	—	2911.49	953.66	—	—	—	953.66
2000	3616.26	—	—	—	3616.26	1234.35	—	—	—	1234.35
2001	4851.88	—	—	—	4851.88	1487.66	—	—	—	1487.66
2002	5464.19	—	—	—	5464.19	1680.27	—	—	—	1680.27
2003	6003.34	—	—	—	6003.34	1899.05	—	—	—	1899.05
2004	6682.50	32.23	—	—	6714.74	2184.56	9.59	—	—	2194.15
2005	7107.40	56.14	—	—	7163.54	2476.69	22.20	—	—	2498.89
2006	12540.78	143.21	—	—	12683.99	3389.82	54.68	—	—	3444.50
2007	16660.81	339.64	—	—	17000.45	4806.99	126.66	—	—	4933.64
2008	18308.52	591.60	—	—	18900.13	6704.75	260.22	—	—	6964.97
2009	19777.53	794.13	34.60	—	20606.26	13813.22	380.49	6.48	—	14200.19
2010	25442.68	1366.74	175.06	—	26984.48	18686.62	705.15	50.38	—	19442.15
2011	27402.08	1943.50	399.53	—	29745.11	21232.99	1124.65	142.22	—	22499.86
2012	28822.47	2410.25	600.89	—	31833.62	23049.78	1486.39	242.05	—	24778.22
2013	30242.00	2818.48	761.56	—	33822.04	27514.12	2052.99	430.01	—	29997.12
2014	32247.25	3470.59	1077.26	—	36795.10	29049.51	2552.05	687.69	—	32289.25
2015	36329.75	4853.94	1840.45	—	43024.14	32373.83	3500.65	1168.89	—	37043.37
2016	39696.00	6423.69	2630.61	—	48750.30	34969.72	4465.89	1700.44	—	41136.05
2017	42875.95	7612.24	3258.49	—	53746.67	37276.99	5581.40	2186.49	—	45044.87
2018	45492.75	8360.10	3728.17	—	57581.03	40025.09	6375.03	2647.45	—	49047.57
2019	48058.99	9322.12	4097.12	241.69	61719.92	42223.57	7166.28	3061.87	35.91	52487.62
2020	50403.58	9923.58	4510.43	641.59	65479.19	44815.09	7886.08	3482.30	170.02	56353.50
2021	64317.63	—	5165.26	1211.50	70694.39	56405.36	—	3935.86	413.90	60755.13

2-3 续表 2 continued

年份 Year	股票市值(亿元) Market Capitalization of Shares (100 million yuan)					流通市值(亿元) Negotiable Market Capitalization (100 million yuan)				
	主板 Main Board	中小板 SME Board	创业板 ChiNext Board	科创板 STAR Market	总体 Total	主板 Main Board	中小板 SME Board	创业板 ChiNext Board	科创板 STAR Market	总体 Total
1992	1048.15	—	—	—	1048.15	—	—	—	—	—
1993	3531.01	—	—	—	3531.01	832.28	—	—	—	832.28
1994	3690.62	—	—	—	3690.62	968.90	—	—	—	968.90
1995	3474.28	—	—	—	3474.28	938.23	—	—	—	938.23
1996	9842.58	—	—	—	9842.58	2867.03	—	—	—	2867.03
1997	17529.24	—	—	—	17529.24	5204.42	—	—	—	5204.42
1998	19514.03	—	—	—	19514.03	5750.35	—	—	—	5750.35
1999	26485.15	—	—	—	26485.15	8221.11	—	—	—	8221.11
2000	48121.51	—	—	—	48121.51	16098.00	—	—	—	16098.00
2001	43582.89	—	—	—	43582.89	14488.82	—	—	—	14488.82
2002	38338.80	—	—	—	38338.80	12487.20	—	—	—	12487.20
2003	42477.63	—	—	—	42477.63	13185.13	—	—	—	13185.13
2004	36667.51	413.43	—	—	37080.95	11581.24	119.96	—	—	11701.20
2005	31964.46	481.55	—	—	32446.02	10452.71	185.29	—	—	10638.01
2006	87426.06	2015.30	—	—	89441.35	24297.49	723.63	—	—	25021.11
2007	316644.48	10646.84	—	—	327291.31	89317.00	3823.66	—	—	93140.66
2008	115271.36	6269.68	—	—	121541.05	42630.34	2672.68	—	—	45303.02
2009	225621.27	16872.55	1610.08	—	244103.90	143539.53	7503.57	298.97	—	151342.07
2010	222692.76	35364.61	7365.22	—	265422.59	174954.45	16150.32	2005.64	—	193110.41
2011	179894.98	27429.32	7433.79	—	214758.10	148073.70	14343.52	2504.08	—	164921.30
2012	192822.39	28804.03	8731.21	—	230357.62	162078.83	16244.15	3335.29	—	181658.26
2013	186821.47	37163.74	15091.98	—	239077.19	165817.01	25543.70	8218.83	—	199579.54
2014	299637.81	51058.20	21850.95	—	372546.96	266533.42	36017.99	13072.90	—	315624.31
2015	371595.98	103950.47	55916.25	—	531462.70	316065.04	69737.04	32078.68	—	417880.76
2016	357317.41	98113.98	52254.50	—	507685.89	298776.00	64088.77	30536.90	—	393401.67
2017	411805.24	103992.02	51288.81	—	567086.08	347648.30	71155.07	30494.77	—	449298.14
2018	324342.44	70122.00	40459.59	—	434924.03	278772.38	50478.88	24542.95	—	353794.20
2019	424268.00	98681.32	61347.62	8637.64	592934.58	368280.20	73661.29	40231.74	1288.04	483461.27
2020	519031.32	135377.58	109338.54	33490.72	797238.17	457867.76	106105.00	69630.42	10002.11	643605.29
2021	719542.32	—	140240.30	56305.56	916088.18	630847.23	—	98118.03	22590.87	751556.13

2-4 沪深股票市场分股份类型规模
Dimensions of SSE & SZSE Stock Market by Type of Share

年份 Year	股票只数(只) Number of Stocks (unit)		上市公司家数(家) Number of Listed Companies (unit)		
	A股 A-shares	B股 B-shares	发行A股上市公司家数 A-shares	发行B股上市公司家数 B-shares	同时发行A、B股上市公司家数 A-shares and B-shares
1992	53	18	53	18	18
1993	177	41	177	41	35
1994	287	58	287	58	54
1995	311	70	311	70	58
1996	514	85	514	85	69
1997	720	101	720	101	76
1998	826	106	826	106	80
1999	923	108	923	108	82
2000	1060	114	1060	114	86
2001	1136	112	1136	112	88
2002	1200	111	1200	111	87
2003	1263	111	1263	111	87
2004	1353	110	1353	110	86
2005	1358	109	1358	109	86
2006	1411	109	1411	109	86
2007	1527	109	1527	109	86
2008	1602	109	1602	109	86
2009	1696	108	1696	108	86
2010	2041	108	2041	108	86
2011	2320	108	2320	108	86
2012	2472	107	2472	107	85
2013	2468	106	2468	106	85
2014	2592	104	2592	104	83
2015	2808	101	2808	101	82
2016	3034	100	3034	100	82
2017	3467	100	3467	100	82
2018	3567	99	3567	99	82
2019	3760	97	3760	97	80
2020	4140	93	4140	93	79
2021	4603	90	4603	90	78

注：发A股公司包括既发A股又发B股的公司，发B股公司包括既发A股又发B股的公司。
数据来源：上海证券交易所、深圳证券交易所
Source:SSE、SZSE

2-4 续表 continued

年份 Year	上市公司股本(亿股) Share Capital of Listed Companies (100 million shares)		流通股本(亿股) Negotiable Shares (100 million shares)		股票市值(亿元) Market Capitalization of Shares (100 million yuan)		流通市值(亿元) Negotiable Market Capitalization (100 million yuan)	
	A股 A-shares	B股 B-shares	A股 A-shares	B股 B-shares	A股 A-shares	B股 B-shares	A股 A-shares	B股 B-shares
1992	—	—	—	—	—	—	—	—
1993	300.19	28.49	57.14	24.48	3318.67	212.35	653.68	178.60
1994	594.71	46.30	144.41	41.22	3516.04	174.58	813.88	155.02
1995	708.00	62.09	178.98	46.00	3310.58	163.71	790.94	147.28
1996	1025.24	85.49	267.15	78.42	9448.56	394.03	2514.02	353.02
1997	1646.13	125.30	443.25	117.58	17154.19	375.04	4856.09	348.34
1998	2205.30	141.38	607.78	133.92	19307.68	206.35	5554.78	195.58
1999	2760.52	150.97	811.77	141.89	26181.61	303.54	7944.61	276.50
2000	3442.26	174.00	1079.15	155.21	47486.10	635.41	15534.47	563.53
2001	4662.36	189.53	1320.37	167.30	42303.22	1279.68	13367.52	1121.31
2002	5284.85	179.34	1508.76	171.51	37536.23	802.57	11721.40	765.81
2003	5813.72	189.62	1719.66	179.39	41540.40	937.23	12312.53	872.60
2004	6505.83	208.91	1996.65	197.50	36334.72	746.22	11011.02	690.17
2005	6936.08	227.47	2280.84	218.05	31826.28	619.73	10035.93	602.08
2006	12445.65	238.34	3215.54	228.96	88151.42	1289.94	23748.73	1272.38
2007	16746.63	253.84	4682.77	250.87	324738.16	2553.15	90602.83	2537.83
2008	18629.78	270.35	6696.76	268.21	120741.17	799.88	44508.22	794.80
2009	20332.77	273.49	13928.71	271.48	242291.80	1812.11	149539.38	1802.69
2010	26701.52	282.97	19160.47	281.68	263220.54	2202.05	190917.10	2193.31
2011	29448.60	296.52	22204.54	295.32	213309.84	1448.26	163479.07	1442.24
2012	31551.24	282.38	24497.05	281.18	228775.33	1582.29	180082.94	1575.32
2013	33538.25	283.79	29714.53	282.59	237403.27	1673.92	197915.96	1663.57
2014	36517.75	277.35	32013.11	276.14	370823.17	1723.79	313910.42	1713.89
2015	42753.16	270.98	36773.67	269.70	529251.65	2211.05	415680.99	2199.76
2016	48468.16	282.13	40855.20	280.85	505772.76	1913.12	391498.97	1902.70
2017	53461.94	284.74	44761.43	283.45	565254.86	1831.21	447476.33	1821.82
2018	57290.35	291.08	48758.19	289.38	433547.91	1376.13	352428.06	1366.14
2019	61427.79	292.13	52196.79	290.83	591623.19	1311.38	482157.73	1303.53
2020	65173.71	305.47	56072.58	280.92	796024.47	1213.70	642395.81	1209.49
2021	70390.26	304.13	60474.55	280.58	914670.51	1417.67	750255.17	1300.95

2-5 沪深股票市场分监管辖区规模
Dimensions of SSE & SZSE Stock Market by Regulatory Jurisdiction

辖区	Jurisdiction	上市公司家数(家) Number of Listed Companies (unit)		上市公司股本(亿股) Share Capital of Listed Companies (100 million shares)		股票市值(亿元) Market Capitalization of Shares (100 million yuan)	
		2020	2021	2020	2021	2020	2021
北京	Beijing	379	411	21297.42	23026.40	151436.37	162726.54
天津	Tianjin	60	63	828.25	910.55	9203.03	12288.63
河北	Hebei	61	66	1070.21	1133.50	10754.69	13836.25
山西	Shanxi	39	40	916.23	958.89	7685.62	10242.61
内蒙古	Inner Mongolia	26	28	989.22	1028.01	6335.93	9446.40
辽宁	Liaoning	49	50	581.98	531.93	3787.16	4971.52
吉林	Jilin	45	46	515.80	525.10	4992.68	5199.52
黑龙江	Heilongjiang	39	38	579.40	572.27	3585.57	3639.77
上海	Shanghai	342	385	5363.25	5896.62	71107.14	79323.79
江苏	Jiangsu	481	557	4101.67	4404.19	60867.22	73680.17
浙江	Zhejiang	425	496	3814.81	4193.28	55379.45	70572.97
安徽	Anhui	126	144	1269.57	1392.74	18772.08	21774.83
福建	Fujian	93	99	1293.35	1333.32	24540.08	31694.41
江西	Jiangxi	55	65	436.91	504.11	6286.33	8448.48
山东	Shandong	185	207	1923.60	2118.95	26219.66	32074.55
河南	Henan	87	95	1099.18	1179.69	14659.53	15520.81
湖北	Hubei	114	125	1228.06	1270.63	15764.68	18293.42
湖南	Hunan	117	130	1127.41	1277.58	17514.39	19916.24
广东	Guangdong	344	383	3356.28	3683.29	59316.53	63835.40
广西	Guangxi	38	38	474.50	475.55	2913.56	3093.10
海南	Hainan	32	34	512.95	772.93	2500.92	3867.34
重庆	Chongqing	57	61	897.88	955.43	9766.41	11342.04
四川	Sichuan	136	152	1437.11	1499.37	30559.95	34271.54
贵州	Guizhou	31	33	309.64	330.32	28280.48	30615.51
云南	Yunnan	37	40	639.79	680.74	7558.55	10951.06
西藏	Tibet	20	21	145.47	146.51	2089.69	2798.97
陕西	Shaanxi	59	64	858.00	1032.66	12690.45	15844.10
甘肃	Gansu	34	33	488.86	482.22	2499.42	3143.74
青海	Qinghai	12	11	166.56	163.03	1352.08	3507.59
宁夏	Ningxia	14	15	206.15	211.53	1357.41	2111.09
新疆	Xinjiang	59	58	996.03	1083.11	6045.30	9246.87
深圳	Shenzhen	333	369	4294.03	4430.60	91195.66	90884.79
大连	Dalian	27	29	617.02	714.99	4342.01	4569.55
宁波	Ningbo	93	106	783.34	832.62	10926.47	14681.18
厦门	Xiamen	58	62	360.95	388.51	6324.34	7081.61
青岛	Qingdao	44	56	459.71	487.41	6143.79	7295.70
其他	Others	3	5	38.58	65.80	2483.55	3296.17

注：上市公司辖区按公司注册地划分，以沪深交易所股东大会公告为准。
数据来源：上海证券交易所、深圳证券交易所
Source:SSE、SZSE

2-6 沪深股票市场筹资情况
Proceeds Raised in SSE & SZSE Stock Market

年份 Year	首发 发行数量(亿股) Number of Initial Public Offerings (100 million shares)	筹资金额(亿元) Proceeds Raised by Offering of Shares (100 million yuan)					
		小计 Subtotal	首发筹资金额 (IPO) Proceeds Raised by IPO	增发筹资金额 Proceeds Raised by Following on Offering	配股筹资金额 Proceeds Raised by Rights Issues	行权筹资金额 Proceeds Raised by Warrant Exercise	优先股 Proceeds Raised by Preference Stock
1992	10.65	68.91	68.91	0.00	0.00	—	—
1993	51.07	245.02	184.83	0.00	60.19	—	—
1994	48.64	213.63	154.44	7.68	51.51	—	—
1995	18.01	99.78	42.37	1.16	56.25	—	—
1996	66.54	308.04	241.32	0.00	66.71	—	—
1997	129.64	859.98	651.56	0.00	208.42	—	—
1998	81.37	787.44	412.22	30.46	344.76	—	—
1999	86.87	873.63	494.71	59.95	318.98	—	—
2000	122.17	1515.82	862.56	143.73	509.53	—	—
2001	84.57	1238.14	614.03	193.48	430.64	—	—
2002	117.34	720.05	498.75	164.68	56.61	—	—
2003	89.34	665.51	472.42	116.56	76.52	—	—
2004	56.13	650.53	361.05	184.71	104.77	—	—
2005	13.92	339.03	57.63	278.78	2.62	—	—
2006	377.89	2374.50	1341.70	1028.48	4.32	—	—
2007	430.63	7814.74	4770.83	2816.24	227.68	—	—
2008	114.96	3312.39	1034.38	2095.68	151.57	30.76	—
2009	244.47	4834.34	1878.98	2818.99	105.97	30.40	—
2010	553.95	9799.80	4882.59	3394.71	1438.22	84.28	—
2011	163.99	7154.43	2824.43	3878.54	421.96	29.49	—
2012	78.86	4542.40	1034.32	3387.07	121.00	0.00	—
2013	0.00	4131.46	0.00	3655.74	475.73	0.00	0.00
2014	70.10	8498.26	668.89	6661.41	137.97	0.00	1030.00
2015	151.52	16361.62	1576.39	12741.29	36.44	0.00	2007.50
2016	137.47	20297.39	1496.07	16879.80	298.51	0.00	1623.00
2017	224.20	15534.98	2301.08	12870.94	162.96	0.00	200.00
2018	129.20	11377.88	1378.15	8421.66	228.32	0.00	1349.76
2019	297.57	12538.83	2489.81	7365.14	133.88	0.00	2550.00
2020	300.83	14221.61	4742.30	8778.99	512.97	0.00	187.35
2021	484.61	15400.13	5351.45	9555.32	493.35	0.00	0.00

注：本表筹资情况包含首发上市及再筹资。再筹资包含公开增发、定向增发、配股、权证和优先股筹资，其中权证筹资仅指期权行权筹资(不包括可转债转股)，为2008年之后开展的业务，优先股为2014年之后开展的业务。

数据来源：上海证券交易所、深圳证券交易所

Source: SSE、SZSE

2-7 2021年沪深股票市场分行业筹资情况
Summary of SSE & SZSE Stock Market Financing by Industry in 2021

单位：亿元 (100 million yuan)

行业 Industry	A股 A-Shares			
	主板 Main Board	创业板 ChiNext Board	科创板 STAR Market	合计 Total
农、林、牧、渔 Agriculture, Forestry, Animal Husbandry and Fishery	67.69	16.92	0.00	84.61
采矿业 Mining	54.53	0.00	0.00	54.53
制造业 Manufacturing	5613.29	2304.49	1963.86	9881.64
电力、热力、燃气及水生产和供应业 Production and Supply of Electricity, Gas and Water	616.09	0.00	0.00	616.09
建筑业 Construction	244.14	12.04	0.00	256.18
批发和零售业 Wholesale and Retail Trades	260.87	133.85	0.00	394.72
交通运输、仓储和邮政业 Transport, Storage and Post	610.97	0.00	0.00	610.97
住宿和餐饮业 Hotels and Catering Services	80.00	2.46	0.00	82.46
信息传输、软件和信息技术服务业 Information Transmission, Computer Services and Software	780.32	224.75	171.65	1176.72
金融业 Financial Intermediation	1423.19	0.00	0.00	1423.19
房地产业 Real Estate	2.99	0.00	0.00	2.99
租赁和商务服务业 Leasing and Business Services	99.79	20.22	0.00	120.01
科学研究和技术服务业 Scientific Research, Technical Service	36.41	267.24	74.88	378.54
水利、环境和公共设施管理业 Management of Water Conservancy, Environment and Public Facilities	60.75	95.46	5.02	161.23
居民服务、修理和其他服务业 Resident Services, Repairs and Other Services	0.00	0.00	0.00	0.00
教育 Education	17.53	0.00	0.00	17.53
卫生和社会工作 Health and Social Works	13.36	12.96	0.00	26.32
文化、体育和娱乐业 Culture, Sports and Entertainment	40.27	72.11	0.00	112.38
综合 Others	0.00	0.00	0.00	0.00

注：1.本表筹资情况包含沪深首发上市及再筹资。再筹资包含公开增发、定向增发、配股、权证和优先股筹资，其中权证筹资仅指期权行权筹资(不包括可转债转股)，为2008年之后开展的业务，优先股为2014年之后开展的业务。
2.募集资金以股票上市日口径统计。

数据来源：上海证券交易所、深圳证券交易所
Source:SSE、SZSE

2-8 2021年沪深股票市场分监管辖区筹资情况
Summary of SSE & SZSE Stock Market Financing by Jurisdiction in 2021

单位：亿元 (100 million yuan)

辖区	Jurisdiction	A股 A-Shares			
		主板 Main Board	创业板 ChiNext Board	科创板 STAR Market	合计 Total
北京	Beijing	2232.05	343.37	124.56	2699.98
天津	Tianjin	218.97	17.74	0.00	236.72
河北	Hebei	217.56	40.07	0.00	257.63
山西	Shanxi	154.32	0.00	0.00	154.32
内蒙古	Inner Mongolia	159.04	4.07	0.00	163.11
辽宁	Liaoning	65.70	25.86	48.38	139.94
吉林	Jilin	37.59	8.30	15.01	60.90
黑龙江	Heilongjiang	32.75	0.00	0.00	32.75
上海	Shanghai	824.36	161.53	467.81	1453.70
江苏	Jiangsu	715.57	517.39	261.32	1494.28
浙江	Zhejiang	868.51	200.13	210.78	1279.42
安徽	Anhui	373.97	81.01	41.26	496.24
福建	Fujian	65.53	43.37	28.85	137.76
江西	Jiangxi	143.23	74.33	2.51	220.07
山东	Shandong	419.68	106.20	58.51	584.39
河南	Henan	152.59	58.11	14.19	224.89
湖北	Hubei	223.89	97.04	47.67	368.59
湖南	Hunan	220.02	292.43	159.12	671.57
广东	Guangdong	418.25	337.35	221.19	976.79
广西	Guangxi	18.97	11.78	0.00	30.75
海南	Hainan	8.40	0.01	4.30	12.71
重庆	Chongqing	167.96	12.86	0.00	180.82
四川	Sichuan	112.34	55.41	89.35	257.10
贵州	Guizhou	116.68	50.00	17.03	183.71
云南	Yunnan	153.94	30.10	0.00	184.04
西藏	Tibet	0.79	5.82	0.00	6.61
陕西	Shaanxi	165.60	17.52	31.55	214.67
甘肃	Gansu	64.30	0.08	0.00	64.38
青海	Qinghai	8.52	0.00	0.00	8.52
宁夏	Ningxia	1.10	2.13	0.00	3.23
新疆	Xinjiang	1042.97	3.00	64.47	1110.44
深圳	Shenzhen	465.99	467.31	0.00	933.30
大连	Dalian	1.33	2.03	0.00	3.36
宁波	Ningbo	119.66	53.00	0.00	172.66
厦门	Xiamen	20.55	5.24	0.00	25.79
青岛	Qingdao	9.50	37.93	0.00	47.44
其他	Others	0.00	0.00	307.55	307.55

注：1.本表筹资情况包含沪深首发上市及再筹资。再筹资包含公开增发、定向增发、配股、权证和优先股筹资，其中权证筹资仅指期权行权筹资(不包括可转债转股)，为2008年之后开展的业务，优先股为 2014年之后开展的业务。
2.募集资金以股票上市日口径统计。
3.上市公司辖区按公司注册地划分，以沪深交易所股东大会公告为准。

数据来源：上海证券交易所、深圳证券交易所
Source:SSE、SZSE

2-9 沪深股票市场分板块首发筹资情况(IPO)
Statistics for SSE & SZSE Stock Market IPO Financing by Board

年份 Year	首发筹资公司家数(家) Number of Listed Companies Financing by IPO(unit)					首发筹资金额(IPO)(亿元) Proceeds Raised by IPO(100 million yuan)				
	主板 Main Board	中小板 SME Board	创业板 ChiNext Board	科创板 STAR Market	合计 Total	主板 Main Board	中小板 SME Board	创业板 ChiNext Board	科创板 STAR Market	合计 Total
1990	8	—	—	—	8	2.11	—	—	—	2.11
1991	5	—	—	—	5	1.03	—	—	—	1.03
1992	41	—	—	—	41	68.91	—	—	—	68.91
1993	134	—	—	—	134	184.83	—	—	—	184.83
1994	117	—	—	—	117	154.44	—	—	—	154.44
1995	36	—	—	—	36	42.37	—	—	—	42.37
1996	212	—	—	—	212	241.32	—	—	—	241.32
1997	222	—	—	—	222	651.56	—	—	—	651.56
1998	111	—	—	—	111	412.22	—	—	—	412.22
1999	100	—	—	—	100	494.71	—	—	—	494.71
2000	143	—	—	—	143	862.56	—	—	—	862.56
2001	79	—	—	—	79	614.03	—	—	—	614.03
2002	71	—	—	—	71	498.75	—	—	—	498.75
2003	67	—	—	—	67	472.42	—	—	—	472.42
2004	62	38	—	—	100	269.97	91.08	—	—	361.05
2005	3	12	—	—	15	28.55	29.09	—	—	57.63
2006	14	52	—	—	66	1180.23	161.46	—	—	1341.70
2007	26	100	—	—	126	4379.92	390.91	—	—	4770.83
2008	5	71	—	—	76	733.54	300.84	—	—	1034.38
2009	9	54	36	—	99	1251.25	423.64	204.09	—	1878.98
2010	26	204	117	—	347	1891.51	2027.73	963.34	—	4882.59
2011	39	115	128	—	282	1014.01	1018.95	791.47	—	2824.43
2012	25	55	74	—	154	333.57	349.25	351.49	—	1034.32
2013	0	0	0	—	0	0.00	0.00	0.00	—	0.00
2014	43	31	51	—	125	311.77	197.66	159.45	—	668.89
2015	89	44	86	—	219	1086.90	181.86	307.62	—	1576.39
2016	103	46	78	—	227	1017.23	221.21	257.64	—	1496.07
2017	214	81	141	—	436	1376.56	402.68	521.84	—	2301.08
2018	57	19	29	—	105	864.93	226.33	286.89	—	1378.15
2019	53	26	52	70	201	1019.66	344.67	301.21	824.27	2489.81
2020	88	54	107	145	394	1250.85	372.29	892.95	2226.22	4742.30
2021	110	10	199	162	481	1800.22	47.07	1475.11	2029.04	5351.45

注：1.股票首发筹资以上市日口径统计。

2.对同一年份发行A股和B股的上市公司在主板算作1家；筹资金额包含A、B股首发筹资金额。

3.对不同年份发行A、B股的公司筹资家数和筹资金额分别计入当年筹资家数和筹资金额。

数据来源：上海证券交易所、深圳证券交易所

Source: SSE、SZSE

2-10 沪深股票市场分股份类型首发筹资情况(IPO)
Statistics for SSE & SZSE Stock Market IPO Financing by Type of Shares

年份 Year	首发筹资公司家数(家) Number of Listed Companies Financing by IPO(unit)		首发筹资金额(IPO)(亿元) Proceeds Raised by IPO(100 million yuan)	
	发行A股的公司 Listed Companies Issued the A-shares	发行B股的公司 Listed Companies Issued the B-shares	A股 A-shares	B股 B-shares
1990	8	0	2.11	0.00
1991	5	0	1.03	0.00
1992	40	18	20.46	48.45
1993	124	23	143.50	41.34
1994	110	17	143.23	11.21
1995	24	12	21.90	20.47
1996	203	15	211.68	29.65
1997	206	16	613.97	37.59
1998	106	5	404.14	8.08
1999	98	2	494.20	0.51
2000	137	6	852.05	10.51
2001	79	0	614.03	0.00
2002	71	0	498.75	0.00
2003	67	0	472.42	0.00
2004	100	0	361.05	0.00
2005	15	0	57.63	0.00
2006	66	0	1341.70	0.00
2007	126	0	4770.83	0.00
2008	76	0	1034.38	0.00
2009	99	0	1878.98	0.00
2010	347	0	4882.59	0.00
2011	282	0	2824.43	0.00
2012	154	0	1034.32	0.00
2013	0	0	0.00	0.00
2014	125	0	668.89	0.00
2015	219	0	1576.39	0.00
2016	227	0	1496.07	0.00
2017	436	0	2301.08	0.00
2018	105	0	1378.15	0.00
2019	201	0	2489.81	0.00
2020	394	0	4742.30	0.00
2021	481	0	5351.45	0.00

注：1.股票首发筹资以上市日口径统计。
2.对A、B股同年首发的公司分别计入A、B股公司家数和筹资金额。
3.对不同年份发行A、B股的公司筹资家数和筹资金额分别计入当年筹资家数和筹资金额。
数据来源：上海证券交易所、深圳证券交易所
Source: SSE、SZSE

2-11 沪深A股市场新股首发及上市首日情况

Issue-Day Statistics of the SSE & SZSE A-Share Market IPO

年份 Year	平均超募比率(%) Average Oversubscription Rate(%)					上市首日平均换手率(%) Average Turnover Ratio of Issue-day(%)				
	总体 Total	主板 Main Board	中小板 SME Board	创业板 ChiNext Board	科创板 STAR Market	总体 Total	主板 Main Board	中小板 SME Board	创业板 ChiNext Board	科创板 STAR Market
1995	0.00	0.00	0.00	0.00	—	31.57	31.57	0.00	0.00	—
1996	0.00	0.00	0.00	0.00	—	57.67	57.67	0.00	0.00	—
1997	0.00	0.00	0.00	0.00	—	58.53	58.53	0.00	0.00	—
1998	0.00	0.00	0.00	0.00	—	58.96	58.96	0.00	0.00	—
1999	0.00	0.00	0.00	0.00	—	58.84	58.84	0.00	0.00	—
2000	0.00	0.00	0.00	0.00	—	57.99	57.99	0.00	0.00	—
2001	0.00	0.00	0.00	0.00	—	64.31	64.31	0.00	0.00	—
2002	0.00	0.00	0.00	0.00	—	62.57	62.57	0.00	0.00	—
2003	0.00	0.00	0.00	0.00	—	51.99	51.99	0.00	0.00	—
2004	0.00	0.00	0.00	0.00	—	54.80	52.15	59.05	0.00	—
2005	0.00	0.00	0.00	0.00	—	58.03	72.35	55.64	0.00	—
2006	2.20	2.41	1.31	0.00	—	71.12	61.54	73.52	0.00	—
2007	67.70	84.29	9.64	0.00	—	65.59	58.28	66.71	0.00	—
2008	18.96	25.19	6.07	0.00	—	80.74	71.46	81.39	0.00	—
2009	56.42	35.46	96.09	144.88	—	79.31	73.02	76.44	85.18	—
2010	124.36	37.81	150.23	234.59	—	72.14	67.18	72.80	72.11	—
2011	93.88	57.99	96.48	154.23	—	68.42	61.31	68.32	70.62	—
2012	43.46	4.75	65.96	84.59	—	62.72	65.53	60.74	63.24	—
2013	0.00	0.00	0.00	0.00	—	0.00	0.00	0.00	0.00	—
2014	0.00	0.00	0.00	0.00	—	5.25	6.00	4.39	5.14	—
2015	0.00	0.00	0.00	0.00	—	0.07	0.08	0.09	0.05	—
2016	0.00	0.00	0.00	0.00	—	0.05	0.06	0.05	0.04	—
2017	0.00	0.00	0.00	0.00	—	0.04	0.04	0.04	0.03	—
2018	0.00	0.00	0.00	0.00	—	0.14	0.19	0.09	0.10	—
2019	0.00	0.00	0.00	0.00	0.00	27.42	3.09	0.28	0.30	76.06
2020	17.00	-0.12	0.00	8.88	37.86	38.88	5.25	0.60	39.39	73.18
2021	-3.33	-7.58	-0.42	0.48	-2.40	53.78	7.29	0.91	65.94	74.46

注：1.股票首发以上市日口径统计。
2.以上数据除超募比率使用整体法计算外，其他均为算数平均。
3.首日破发指的是首日收盘破发。
4.首发市盈率指的摊薄后的市盈率。
数据来源：上海证券交易所、深圳证券交易所
Source:SSE、SZSE

2-11 续表 1 continued

年份 Year	首日破发率(%) the Ratio of Breaking Issue Price(%)					平均首发价格(元) Average IPO Price(yuan)				
	总体 Total	主板 Main Board	中小板 SME Board	创业板 ChiNext Board	科创板 STAR Market	总体 Total	主板 Main Board	中小板 SME Board	创业板 ChiNext Board	科创板 STAR Market
1995	11.11	11.11	0.00	0.00	—	4.06	4.06	0.00	0.00	—
1996	1.38	1.38	0.00	0.00	—	5.57	5.57	0.00	0.00	—
1997	1.35	1.35	0.00	0.00	—	5.87	5.87	0.00	0.00	—
1998	2.70	2.70	0.00	0.00	—	5.28	5.28	0.00	0.00	—
1999	0.00	0.00	0.00	0.00	—	6.15	6.15	0.00	0.00	—
2000	0.00	0.00	0.00	0.00	—	7.95	7.95	0.00	0.00	—
2001	0.00	0.00	0.00	0.00	—	9.49	9.49	0.00	0.00	—
2002	0.00	0.00	0.00	0.00	—	7.23	7.23	0.00	0.00	—
2003	0.00	0.00	0.00	0.00	—	7.33	7.33	0.00	0.00	—
2004	3.00	1.61	5.26	0.00	—	8.45	7.61	9.80	0.00	—
2005	0.00	0.00	0.00	0.00	—	6.87	5.03	7.18	0.00	—
2006	0.00	0.00	0.00	0.00	—	8.15	5.77	8.75	0.00	—
2007	0.00	0.00	0.00	0.00	—	11.47	12.17	11.40	0.00	—
2008	0.00	0.00	0.00	0.00	—	12.04	10.36	12.16	0.00	—
2009	0.00	0.00	0.00	0.00	—	23.32	10.77	23.56	26.11	—
2010	7.49	19.23	7.84	4.27	—	29.83	12.52	28.02	36.84	—
2011	27.40	39.47	27.83	23.44	—	26.33	19.87	25.96	28.58	—
2012	26.62	32.00	29.09	22.97	—	18.84	10.88	18.00	22.17	—
2013	0.00	0.00	0.00	0.00	—	0.00	0.00	0.00	0.00	—
2014	0.00	0.00	0.00	0.00	—	17.56	13.08	15.25	22.74	—
2015	0.00	0.00	0.00	0.00	—	14.05	12.53	13.90	15.70	—
2016	0.00	0.00	0.00	0.00	—	13.80	12.66	13.99	15.22	—
2017	0.00	0.00	0.00	0.00	—	14.45	13.49	15.29	15.43	—
2018	0.00	0.00	0.00	0.00	—	17.75	17.06	15.30	20.71	—
2019	0.50	0.00	0.00	0.00	1.43	22.84	14.45	16.40	21.78	32.36
2020	0.00	0.00	0.00	0.00	0.00	27.53	18.34	20.76	25.73	36.96
2021	3.31	0.00	0.00	3.02	6.17	27.55	18.51	10.43	28.25	34.11

2-11 续表 2 continued

年份 Year	首日平均涨跌幅(%) Average Price Change Rate on the First Trading Day of IPO (%)					平均网上发行中签率(%) Average Lot Winning Rate for Online Subscription(%)					平均首发市盈率(倍) Average IPO P/E Ratio(times)				
	总体 Total	主板 Main Board	中小板 SME Board	创业板 ChiNext Board	科创板 STAR Market	总体 Total	主板 Main Board	中小板 SME Board	创业板 ChiNext Board	科创板 STAR Market	总体 Total	主板 Main Board	中小板 SME Board	创业板 ChiNext Board	科创板 STAR Market
1995	102.99	102.99	0.00	0.00	—	0.00	0.00	0.00	0.00	—	0.00	0.00	0.00	0.00	—
1996	111.08	111.08	0.00	0.00	—	0.00	0.00	0.00	0.00	—	0.00	0.00	0.00	0.00	—
1997	151.59	151.59	0.00	0.00	—	2.05	2.05	0.00	0.00	—	0.00	0.00	0.00	0.00	—
1998	142.36	142.36	0.00	0.00	—	0.60	0.60	0.00	0.00	—	0.00	0.00	0.00	0.00	—
1999	110.97	110.97	0.00	0.00	—	0.71	0.71	0.00	0.00	—	0.00	0.00	0.00	0.00	—
2000	147.35	147.35	0.00	0.00	—	0.50	0.50	0.00	0.00	—	28.55	28.55	0.00	0.00	—
2001	137.43	137.43	0.00	0.00	—	0.58	0.58	0.00	0.00	—	30.54	30.54	0.00	0.00	—
2002	135.48	135.48	0.00	0.00	—	0.00	0.00	0.00	0.00	—	19.12	19.12	0.00	0.00	—
2003	72.03	72.03	0.00	0.00	—	0.00	0.00	0.00	0.00	—	17.92	17.92	0.00	0.00	—
2004	70.78	72.50	68.02	0.00	—	0.00	0.00	0.04	0.00	—	17.25	17.32	17.14	0.00	—
2005	47.53	106.42	37.72	0.00	—	0.00	0.00	0.06	0.00	—	20.69	20.83	20.67	0.00	—
2006	84.81	37.90	96.54	0.00	—	0.50	1.52	0.24	0.00	—	23.23	18.61	24.38	0.00	—
2007	191.09	113.40	209.05	0.00	—	0.34	0.87	0.21	0.00	—	30.10	38.36	28.33	0.00	—
2008	115.82	49.94	120.46	0.00	—	0.11	0.47	0.08	0.00	—	26.94	31.43	26.63	0.00	—
2009	74.15	55.95	64.83	92.67	—	0.56	1.05	0.35	0.73	—	51.73	46.45	45.37	62.60	—
2010	41.42	28.52	45.13	37.83	—	0.88	2.33	0.78	0.73	—	58.77	39.09	54.59	70.45	—
2011	20.91	16.10	20.65	22.59	—	2.27	4.52	2.27	1.61	—	47.40	39.35	43.85	52.98	—
2012	26.71	40.05	28.15	21.13	—	1.84	3.08	1.77	1.48	—	30.18	23.35	28.71	33.58	—
2013	0.00	0.00	0.00	0.00	—	0.00	0.00	0.00	0.00	—	0.00	0.00	0.00	0.00	—
2014	43.52	42.72	44.27	43.74	—	1.07	0.94	1.17	1.11	—	23.82	21.32	23.45	26.16	—
2015	44.00	44.00	44.00	44.00	—	0.49	0.57	0.42	0.43	—	21.87	22.13	21.87	21.62	—
2016	44.00	44.00	44.00	44.00	—	0.05	0.06	0.03	0.03	—	21.44	20.64	21.48	22.48	—
2017	44.00	44.00	44.00	44.00	—	0.03	0.04	0.02	0.02	—	27.57	25.22	29.84	29.84	—
2018	44.00	44.01	44.00	44.00	—	0.06	0.07	0.06	0.04	—	24.75	21.12	29.52	28.76	—
2019	65.06	42.07	44.00	44.00	115.06	0.07	0.11	0.08	0.03	0.05	33.73	20.32	19.21	20.18	59.33
2020	125.64	43.44	44.00	157.87	182.15	0.04	0.05	0.03	0.02	0.04	40.47	22.57	20.72	27.25	71.68
2021	164.07	42.62	44.03	218.70	188.24	0.03	0.07	0.04	0.02	0.03	37.77	21.70	22.25	29.64	60.90

2-12 2021年沪深A股市场首发及上市首日表现

序号 Number	股票代码 Stock Code	股票简称 Stock Abbreviation	所属辖区 Jurisdiction	行业分类 Industry Classification	上市日期 Listing Date	首发数量（万股） Number of IPO Shares (10 thousand shares)
1	605277	新亚电子	浙江	制造业	2021-1-6	3336.00
2	688617	惠泰医疗	广东	制造业	2021-1-7	1667.00
3	688656	浩欧博	江苏	制造业	2021-1-13	1576.46
4	688317	之江生物	上海	制造业	2021-1-18	4867.61
5	688819	天能股份	浙江	制造业	2021-1-18	11660.00
6	605005	合兴股份	浙江	制造业	2021-1-19	4010.00
7	605228	神通科技	浙江	制造业	2021-1-20	8000.00
8	605398	新炬网络	上海	信息传输、软件和信息技术服务业	2021-1-21	1487.46
9	688680	海优新材	上海	制造业	2021-1-22	2101.00
10	688669	聚石化学	广东	制造业	2021-1-25	2333.33
11	688689	银河微电	江苏	制造业	2021-1-27	3210.00
12	688350	富淼科技	江苏	制造业	2021-1-28	3055.00
13	605055	迎丰股份	浙江	制造业	2021-1-29	8000.00
14	605368	蓝天燃气	河南	电力、热力、燃气及水生产和供应业	2021-1-29	6550.00
15	688607	康众医疗	江苏	制造业	2021-2-1	2203.23
16	688628	优利德	广东	制造业	2021-2-1	2750.00
17	600916	中国黄金	北京	批发和零售业	2021-2-5	18000.00
18	601963	重庆银行	重庆	金融业	2021-2-5	34745.05
19	605337	李子园	浙江	制造业	2021-2-8	3870.00
20	688059	华锐精密	湖南	制造业	2021-2-8	1100.20
21	688687	凯因科技	北京	制造业	2021-2-8	4246.00
22	605077	华康股份	浙江	制造业	2021-2-9	2914.00
23	605081	太和水	上海	水利、环境和公共设施管理业	2021-2-9	1953.00
24	688665	四方光电	湖北	制造业	2021-2-9	1750.00
25	688070	纵横股份	四川	制造业	2021-2-10	2190.00
26	688619	罗普特	福建	信息传输、软件和信息技术服务业	2021-2-23	4683.00
27	605133	嵘泰股份	江苏	制造业	2021-2-24	4000.00
28	605268	王力安防	浙江	制造业	2021-2-24	6700.00
29	688183	生益电子	广东	制造业	2021-2-25	16636.40
30	688677	海泰新光	山东	制造业	2021-2-26	2178.00
31	605060	联德股份	浙江	制造业	2021-3-1	6000.00
32	605298	必得科技	江苏	制造业	2021-3-1	2700.00
33	605303	园林股份	浙江	建筑业	2021-3-1	4030.94
34	688079	美迪凯	浙江	制造业	2021-3-2	10033.33
35	688696	极米科技	四川	制造业	2021-3-3	1250.00
36	605208	永茂泰	上海	制造业	2021-3-8	4700.00
37	688328	深科达	广东	制造业	2021-3-9	2026.00
38	688676	金盘科技	海南	制造业	2021-3-9	4257.00
39	605122	四方新材	重庆	制造业	2021-3-10	3090.00
40	688083	中望软件	广东	信息传输、软件和信息技术服务业	2021-3-11	1548.60
41	688667	菱电电控	湖北	制造业	2021-3-12	1290.00
42	688316	青云科技	北京	信息传输、软件和信息技术服务业	2021-3-16	1200.00
43	688456	有研粉材	北京	制造业	2021-3-17	3000.00
44	688616	西力科技	浙江	制造业	2021-3-18	3750.00
45	688092	爱科科技	浙江	制造业	2021-3-19	1478.96
46	605286	同力日升	江苏	制造业	2021-3-22	4200.00
47	605389	长龄液压	江苏	制造业	2021-3-22	2433.34
48	688609	XD九联科	广东	制造业	2021-3-23	10000.00
49	688633	星球石墨	江苏	制造业	2021-3-24	1818.33
50	688606	奥泰生物	浙江	制造业	2021-3-25	1350.00
51	603759	海天股份	四川	电力、热力、燃气及水生产和供应业	2021-3-26	7800.00
52	688195	腾景科技	福建	制造业	2021-3-26	3235.00
53	688329	艾隆科技	江苏	制造业	2021-3-29	1930.00
54	688661	和林微纳	江苏	制造业	2021-3-29	2000.00

Issue-Day Statistics of IPO in the SSE & SZSE A-Share Stock Market in 2021

发行价格(元) IPO Price (yuan)	首发筹资金额(百万元) Proceeds Raised by IPO (million yuan)	上市首日涨跌幅(%) Price Change Rate on Issue Day of IPO (%)	超募比例(%) Oversubscription Rate(%)	网上发行中签率(%) Lot Winning Rate for Online Subscription(%)	首发市盈率(摊薄)(倍) IPO P/E Ratio (times)	上市交易所 Stock Exchange
16.95	565.45	44.01	0.00	0.03	22.98	上海证券交易所
74.46	1241.25	245.18	33.32	0.03	61.61	上海证券交易所
35.26	555.86	81.51	-16.81	0.03	36.42	上海证券交易所
43.22	2103.78	73.25	38.65	0.03	189.85	上海证券交易所
41.79	4872.71	47.12	30.37	0.04	30.98	上海证券交易所
6.38	255.84	44.04	0.00	0.03	22.96	上海证券交易所
5.89	471.20	43.97	0.00	0.05	22.98	上海证券交易所
37.61	559.43	44.00	0.00	0.01	22.98	上海证券交易所
69.94	1469.44	211.70	103.47	0.03	96.75	上海证券交易所
36.65	855.17	42.84	50.11	0.03	36.34	上海证券交易所
14.01	449.72	128.91	16.61	0.03	36.26	上海证券交易所
13.58	414.87	94.04	-35.97	0.03	20.14	上海证券交易所
4.82	385.60	43.98	0.00	0.04	22.99	上海证券交易所
14.96	979.88	43.98	0.00	0.04	21.72	上海证券交易所
23.21	511.37	266.22	0.31	0.03	58.24	上海证券交易所
19.11	525.53	274.67	10.96	0.03	39.79	上海证券交易所
4.99	898.20	44.09	-16.83	0.07	19.10	上海证券交易所
10.83	3762.89	44.04	0.00	0.11	8.97	上海证券交易所
20.04	775.55	44.01	0.00	0.03	17.75	上海证券交易所
37.09	408.06	132.41	-37.05	0.03	23.95	上海证券交易所
18.98	805.89	121.29	-31.23	0.03	60.19	上海证券交易所
51.63	1504.50	44.01	0.00	0.03	22.99	上海证券交易所
43.30	845.65	34.23	0.00	0.01	22.99	上海证券交易所
29.53	516.78	121.81	-17.98	0.03	36.22	上海证券交易所
23.16	507.20	137.52	-0.95	0.03	63.92	上海证券交易所
19.31	904.29	102.43	19.09	0.03	41.47	上海证券交易所
20.34	813.60	44.00	0.00	0.03	22.99	上海证券交易所
10.32	691.44	43.99	0.00	0.04	22.97	上海证券交易所
12.42	2066.24	72.62	-49.01	0.04	23.44	上海证券交易所
35.76	778.85	57.21	-17.82	0.03	45.54	上海证券交易所
15.59	935.40	44.00	0.00	0.03	22.99	上海证券交易所
15.99	431.73	44.03	0.00	0.03	16.15	上海证券交易所
16.38	660.27	44.02	0.00	0.03	19.74	上海证券交易所
10.19	1022.40	154.66	21.05	0.03	62.15	上海证券交易所
133.73	1671.63	296.33	27.68	0.03	72.81	上海证券交易所
13.40	629.80	44.03	0.00	0.03	22.99	上海证券交易所
16.49	334.09	216.56	-17.80	0.03	32.00	上海证券交易所
10.10	429.96	141.09	-30.72	0.03	21.08	上海证券交易所
42.88	1324.99	32.88	0.00	0.03	22.99	上海证券交易所
150.50	2330.64	171.76	209.82	0.03	119.49	上海证券交易所
75.42	972.92	65.08	52.23	0.03	26.10	上海证券交易所
63.70	764.40	28.93	-39.57	0.03	—	上海证券交易所
10.62	318.60	290.49	-27.47	0.03	24.67	上海证券交易所
7.35	275.63	150.07	-37.30	0.03	20.47	上海证券交易所
19.11	282.63	128.21	-45.44	0.03	26.78	上海证券交易所
15.08	633.36	44.03	0.00	0.03	22.99	上海证券交易所
39.40	958.74	44.01	0.00	0.03	22.99	上海证券交易所
3.99	399.00	239.35	-43.55	0.04	17.82	上海证券交易所
33.62	611.32	84.12	41.71	0.03	19.97	上海证券交易所
133.67	1804.55	30.13	222.44	0.03	101.92	上海证券交易所
11.21	874.38	43.98	0.00	0.04	22.98	上海证券交易所
13.60	439.96	54.78	13.60	0.03	42.24	上海证券交易所
16.81	324.43	68.35	-38.44	0.03	25.52	上海证券交易所
17.71	354.20	86.90	-4.03	0.03	109.25	上海证券交易所

2-12 续表 1

序号 Number	股票代码 Stock Code	股票简称 Stock Abbreviation	所属辖区 Jurisdiction	行业分类 Industry Classification	上市日期 Listing Date	首发数量 （万股） Number of IPO Shares (10 thousand shares)
55	688109	品茗股份	浙江	信息传输、软件和信息技术服务业	2021-3-30	1360.00
56	688626	翔宇医疗	河南	制造业	2021-3-31	4000.00
57	688659	元琛科技	安徽	制造业	2021-3-31	4000.00
58	688630	芯碁微装	安徽	制造业	2021-4-1	3020.24
59	688662	富信科技	广东	制造业	2021-4-1	2206.00
60	688260	昀冢科技	江苏	制造业	2021-4-6	3000.00
61	603324	盛剑环境	上海	制造业	2021-4-7	3098.70
62	688191	智洋创新	山东	信息传输、软件和信息技术服务业	2021-4-8	3826.15
63	688636	智明达	四川	制造业	2021-4-8	1250.00
64	688468	科美诊断	北京	制造业	2021-4-9	4100.00
65	605378	野马电池	浙江	制造业	2021-4-12	3334.00
66	688611	杭州柯林	浙江	制造业	2021-4-12	1397.50
67	688683	莱尔科技	广东	制造业	2021-4-12	3714.00
68	688315	诺禾致源	北京	科学研究和技术服务业	2021-4-13	4020.00
69	688663	新风光	山东	制造业	2021-4-13	3499.00
70	601279	英利汽车	吉林	制造业	2021-4-15	14942.53
71	605086	龙高股份	福建	采矿业	2021-4-16	3200.00
72	688533	上声电子	江苏	制造业	2021-4-19	4000.00
73	605117	德业股份	浙江	制造业	2021-4-20	4266.70
74	688682	霍莱沃	上海	信息传输、软件和信息技术服务业	2021-4-20	925.00
75	605016	百龙创园	山东	制造业	2021-4-21	3180.00
76	605098	行动教育	上海	教育	2021-4-21	2109.00
77	688201	信安世纪	北京	信息传输、软件和信息技术服务业	2021-4-21	2328.19
78	688639	华恒生物	安徽	制造业	2021-4-22	2700.00
79	605289	罗曼股份	上海	建筑业	2021-4-26	2167.00
80	605089	味知香	江苏	制造业	2021-4-27	2500.00
81	688323	瑞华泰	广东	制造业	2021-4-28	4500.00
82	688383	新益昌	广东	制造业	2021-4-28	2553.36
83	688395	正弦电气	广东	制造业	2021-4-29	2150.00
84	605180	华生科技	浙江	制造业	2021-4-30	2500.00
85	605300	佳禾食品	江苏	制造业	2021-4-30	4001.00
86	605080	浙江自然	浙江	制造业	2021-5-6	2528.09
87	605305	中际联合	北京	制造业	2021-5-6	2750.00
88	688113	联测科技	江苏	制造业	2021-5-6	1600.00
89	600906	财达证券	河北	金融业	2021-5-7	50000.00
90	605196	华通线缆	河北	制造业	2021-5-11	7600.00
91	688655	迅捷兴	广东	制造业	2021-5-11	3339.00
92	688097	博众精工	江苏	制造业	2021-5-12	4100.00
93	688355	明志科技	江苏	制造业	2021-5-12	3077.00
94	605488	福莱新材	浙江	制造业	2021-5-13	3000.00
95	688565	力源科技	浙江	水利、环境和公共设施管理业	2021-5-13	2675.00
96	688685	迈信林	江苏	制造业	2021-5-13	2796.67
97	688217	睿昂基因	上海	制造业	2021-5-17	1390.00
98	688575	亚辉龙	广东	制造业	2021-5-17	4100.00
99	605339	南侨食品	上海	制造业	2021-5-18	6352.94
100	688314	康拓医疗	陕西	制造业	2021-5-18	1451.00
101	688660	电气风电	上海	制造业	2021-5-19	53333.34
102	688076	诺泰生物	江苏	制造业	2021-5-20	5329.60
103	688359	三孚新科	广东	制造业	2021-5-21	2304.64
104	688613	奥精医疗	北京	制造业	2021-5-21	3333.33
105	600032	浙江新能	浙江	电力、热力、燃气及水生产和供应业	2021-5-25	20800.00
106	605090	九丰能源	江西	电力、热力、燃气及水生产和供应业	2021-5-25	8296.99
107	603836	海程邦达	山东	租赁和商务服务业	2021-5-26	5131.00
108	605499	东鹏饮料	广东	制造业	2021-5-27	4001.00
109	605189	富春染织	安徽	制造业	2021-5-28	3120.00

continued

发行价格(元) IPO Price (yuan)	首发筹资金额(百万元) Proceeds Raised by IPO (million yuan)	上市首日涨跌幅(%) Price Change Rate on Issue Day of IPO (%)	超募比例(%) Oversubscription Rate(%)	网上发行中签率(%) Lot Winning Rate for Online Subscription(%)	首发市盈率(摊薄)(倍) IPO P/E Ratio (times)	上市交易所 Stock Exchange
50.05	680.68	78.82	2.33	0.03	42.50	上海证券交易所
28.82	1152.80	55.45	42.12	0.03	45.15	上海证券交易所
6.50	260.00	160.77	-26.54	0.03	19.82	上海证券交易所
15.23	459.98	189.56	-11.03	0.03	39.76	上海证券交易所
15.61	344.36	129.98	-36.19	0.03	19.11	上海证券交易所
9.63	288.90	196.26	-71.85	0.03	22.28	上海证券交易所
19.87	615.71	43.99	0.00	0.03	22.99	上海证券交易所
11.38	435.42	116.61	7.10	0.03	22.61	上海证券交易所
34.50	431.25	212.99	-11.22	0.03	30.03	上海证券交易所
7.15	293.15	248.81	-56.84	0.03	22.77	上海证券交易所
17.62	587.45	43.98	0.00	0.03	22.98	上海证券交易所
33.44	467.32	68.36	-20.64	0.03	19.00	上海证券交易所
9.51	353.20	85.70	-42.29	0.03	26.28	上海证券交易所
12.76	512.95	114.73	-9.56	0.03	231.51	上海证券交易所
14.48	506.66	53.66	-22.48	0.03	20.53	上海证券交易所
2.07	309.31	43.96	0.00	0.07	22.98	上海证券交易所
12.86	411.52	44.01	0.00	0.03	21.82	上海证券交易所
7.72	308.80	316.84	-37.86	0.03	15.92	上海证券交易所
32.74	1396.92	44.01	0.00	0.03	22.99	上海证券交易所
45.72	422.91	126.40	1.73	0.03	53.59	上海证券交易所
14.62	464.92	43.98	0.00	0.03	22.99	上海证券交易所
27.58	581.66	44.02	0.00	0.02	22.99	上海证券交易所
26.78	623.49	53.73	-16.86	0.03	28.80	上海证券交易所
23.16	625.32	52.20	-1.77	0.03	21.21	上海证券交易所
27.27	590.94	44.00	0.00	0.02	22.99	上海证券交易所
28.53	713.25	43.99	0.00	0.02	22.99	上海证券交易所
5.97	268.65	354.27	-40.34	0.03	24.38	上海证券交易所
19.58	499.95	234.53	-17.98	0.03	19.51	上海证券交易所
15.95	342.93	124.58	-17.99	0.03	20.59	上海证券交易所
22.38	559.50	44.01	0.00	0.02	21.00	上海证券交易所
11.25	450.11	44.00	0.00	0.03	22.99	上海证券交易所
31.16	787.75	44.00	0.00	0.02	22.99	上海证券交易所
37.94	1043.35	43.99	0.00	0.02	22.99	上海证券交易所
19.14	306.24	251.93	-51.87	0.03	17.31	上海证券交易所
3.76	1880.00	43.88	0.00	0.14	22.94	上海证券交易所
5.05	383.80	43.96	0.00	0.04	21.09	上海证券交易所
7.59	253.43	197.23	-49.65	0.03	20.35	上海证券交易所
11.27	462.07	85.27	-60.35	0.03	15.97	上海证券交易所
17.65	543.09	54.11	-3.25	0.03	22.95	上海证券交易所
20.43	612.90	44.00	0.00	0.02	22.99	上海证券交易所
9.39	251.18	176.89	-39.02	0.03	19.48	上海证券交易所
9.02	252.26	240.02	-38.11	0.03	22.83	上海证券交易所
18.42	256.04	477.74	-70.83	0.03	29.89	上海证券交易所
14.80	606.80	332.43	-24.01	0.03	31.96	上海证券交易所
16.98	1078.73	43.99	0.00	0.04	22.99	上海证券交易所
17.34	251.60	430.85	-55.61	0.03	22.17	上海证券交易所
5.44	2901.33	115.99	-9.57	0.06	23.99	上海证券交易所
15.57	829.82	397.75	26.76	0.03	35.13	上海证券交易所
11.03	254.20	253.58	-18.35	0.03	22.30	上海证券交易所
16.43	547.67	478.27	-34.46	0.03	26.60	上海证券交易所
3.51	730.08	43.87	0.00	0.08	30.03	上海证券交易所
34.57	2868.27	24.53	0.00	0.05	20.00	上海证券交易所
16.84	864.06	44.00	0.00	0.03	22.99	上海证券交易所
46.27	1851.26	44.00	0.00	0.03	22.99	上海证券交易所
19.95	622.44	44.01	0.00	0.02	22.99	上海证券交易所

2-12 续表 2

序号 Number	股票代码 Stock Code	股票简称 Stock Abbreviation	所属辖区 Jurisdiction	行业分类 Industry Classification	上市日期 Listing Date	首发数量（万股） Number of IPO Shares (10 thousand shares)
110	605296	神农集团	云南	农、林、牧、渔业	2021-5-28	4003.00
111	688538	和辉光电	上海	制造业	2021-5-28	308366.07
112	603511	爱慕股份	北京	制造业	2021-5-31	4001.00
113	688117	圣诺生物	四川	制造业	2021-6-3	2000.00
114	605319	无锡振华	江苏	制造业	2021-6-7	5000.00
115	688625	呈和科技	广东	制造业	2021-6-7	3333.34
116	688131	皓元医药	上海	科学研究和技术服务业	2021-6-8	1860.00
117	688319	欧林生物	四川	制造业	2021-6-8	4053.00
118	601156	东航物流	上海	租赁和商务服务业	2021-6-9	15875.56
119	688269	凯立新材	陕西	制造业	2021-6-9	2336.00
120	600905	三峡能源	北京	电力、热力、燃气及水生产和供应业	2021-6-10	857100.00
121	688345	博力威	广东	制造业	2021-6-11	2500.00
122	603529	爱玛科技	天津	制造业	2021-6-15	6500.00
123	605259	绿田机械	浙江	制造业	2021-6-15	2200.00
124	688700	东威科技	江苏	制造业	2021-6-15	3680.00
125	688067	XD爱威科	湖南	制造业	2021-6-16	1700.00
126	688681	科汇股份	山东	制造业	2021-6-16	2617.00
127	688597	煜邦电力	北京	制造业	2021-6-17	4411.83
128	601665	齐鲁银行	山东	金融业	2021-6-18	45808.33
129	688517	金冠电气	河南	制造业	2021-6-18	3402.73
130	688621	阳光诺和	北京	科学研究和技术服务业	2021-6-21	2000.00
131	688425	铁建重工	湖南	制造业	2021-6-22	147795.70
132	688216	气派科技	广东	制造业	2021-6-23	2657.00
133	688690	纳微科技	江苏	制造业	2021-6-23	4400.00
134	601528	瑞丰银行	浙江	金融业	2021-6-25	15093.55
135	688276	百克生物	吉林	制造业	2021-6-25	4128.41
136	688367	工大高科	安徽	制造业	2021-6-28	2169.00
137	688601	力芯微	江苏	制造业	2021-6-28	1600.00
138	603171	税友股份	浙江	信息传输、软件和信息技术服务业	2021-6-30	4059.00
139	605011	杭州热电	浙江	电力、热力、燃气及水生产和供应业	2021-6-30	4010.00
140	688161	威高骨科	山东	制造业	2021-6-30	4141.42
141	688499	利元亨	广东	制造业	2021-7-1	2200.00
142	688239	航宇科技	贵州	制造业	2021-7-5	3500.00
143	605287	德才股份	山东	建筑业	2021-7-6	2500.00
144	605162	新中港	浙江	电力、热力、燃气及水生产和供应业	2021-7-7	8009.02
145	688226	威腾电气	江苏	制造业	2021-7-7	3900.00
146	688789	宏华数科	浙江	制造业	2021-7-8	1900.00
147	605020	永和股份	浙江	制造业	2021-7-9	6667.00
148	688087	英科再生	山东	制造业	2021-7-9	3325.81
149	688305	科德数控	辽宁	制造业	2021-7-9	2268.00
150	605028	世茂能源	浙江	电力、热力、燃气及水生产和供应业	2021-7-12	4000.00
151	688038	中科通达	湖北	信息传输、软件和信息技术服务业	2021-7-13	2909.34
152	688799	华纳药厂	湖南	制造业	2021-7-13	2350.00
153	688793	倍轻松	广东	制造业	2021-7-15	1541.00
154	688501	青达环保	山东	制造业	2021-7-16	2367.00
155	605056	咸亨国际	浙江	批发和零售业	2021-7-20	4001.00
156	605365	立达信	福建	制造业	2021-7-20	5000.00
157	688303	大全能源	新疆	制造业	2021-7-22	30000.00
158	688800	瑞可达	江苏	制造业	2021-7-22	2700.00
159	601921	浙版传媒	浙江	文化、体育和娱乐业	2021-7-23	22222.22
160	605167	利柏特	江苏	制造业	2021-7-26	11226.89
161	688768	容知日新	安徽	制造业	2021-7-26	1372.00
162	688296	和达科技	浙江	信息传输、软件和信息技术服务业	2021-7-27	2684.83
163	688718	唯赛勃	上海	制造业	2021-7-28	4343.86

continued

发行价格(元) IPO Price (yuan)	首发筹资金额(百万元) Proceeds Raised by IPO (million yuan)	上市首日涨跌幅(%) Price Change Rate on Issue Day of IPO (%)	超募比例(%) Oversubscription Rate(%)	网上发行中签率(%) Lot Winning Rate for Online Subscription(%)	首发市盈率(摊薄)(倍) IPO P/E Ratio (times)	上市交易所 Stock Exchange
56.08	2244.88	12.91	0.00	0.03	19.76	上海证券交易所
2.65	8171.70	58.49	-19.65	0.30	—	上海证券交易所
20.99	839.81	44.02	0.00	0.03	21.98	上海证券交易所
17.90	358.00	265.98	-15.03	0.03	27.70	上海证券交易所
11.22	561.00	44.03	0.00	0.03	22.98	上海证券交易所
16.48	549.33	147.45	6.45	0.03	19.95	上海证券交易所
64.99	1208.81	382.27	61.04	0.03	40.73	上海证券交易所
9.88	400.44	303.85	-50.08	0.03	146.45	上海证券交易所
15.77	2503.58	44.01	0.00	0.06	10.93	上海证券交易所
18.94	442.44	320.22	-36.20	0.03	18.01	上海证券交易所
2.65	22713.15	44.15	0.00	1.28	28.87	上海证券交易所
25.91	647.75	228.44	27.48	0.03	22.15	上海证券交易所
27.86	1810.90	44.01	0.00	0.04	21.90	上海证券交易所
27.10	596.20	43.99	0.00	0.02	22.99	上海证券交易所
9.41	346.29	339.21	-44.39	0.03	17.55	上海证券交易所
14.71	250.07	160.37	-40.52	0.03	37.89	上海证券交易所
9.56	250.19	157.43	-16.19	0.03	18.91	上海证券交易所
5.88	259.42	144.56	-39.01	0.03	17.46	上海证券交易所
5.36	2455.33	44.03	0.00	0.12	10.28	上海证券交易所
7.71	262.35	101.69	-46.70	0.03	15.28	上海证券交易所
26.89	537.80	346.60	-3.06	0.03	29.72	上海证券交易所
2.87	4241.74	186.41	-46.09	0.15	10.93	上海证券交易所
14.82	393.77	386.64	-27.28	0.03	21.11	上海证券交易所
8.07	355.08	1273.98	-13.85	0.03	51.04	上海证券交易所
8.12	1225.60	43.97	0.00	0.06	11.12	上海证券交易所
36.35	1500.68	226.00	-15.96	0.03	37.34	上海证券交易所
11.53	250.09	108.15	-22.27	0.03	26.21	上海证券交易所
36.48	583.68	327.63	-14.73	0.03	44.31	上海证券交易所
13.33	541.06	44.04	0.00	0.03	19.80	上海证券交易所
6.17	247.42	43.92	0.00	0.03	12.65	上海证券交易所
36.22	1500.02	192.79	-24.94	0.03	26.88	上海证券交易所
38.85	854.70	358.69	-4.10	0.02	27.44	上海证券交易所
11.48	401.80	240.77	-46.65	0.03	22.86	上海证券交易所
31.56	789.00	44.01	0.00	0.02	18.45	上海证券交易所
6.07	486.15	43.99	0.00	0.04	16.18	上海证券交易所
6.42	250.38	196.73	-44.37	0.03	23.33	上海证券交易所
30.28	575.32	446.57	-41.81	0.03	14.48	上海证券交易所
6.93	462.02	44.01	0.00	0.03	22.99	上海证券交易所
21.96	730.35	255.28	-23.15	0.03	23.33	上海证券交易所
11.03	250.16	853.04	-75.83	0.03	48.77	上海证券交易所
14.18	567.20	44.01	0.00	0.02	20.46	上海证券交易所
8.60	250.20	263.02	-41.99	0.03	22.77	上海证券交易所
30.82	724.27	75.21	-50.08	0.03	22.74	上海证券交易所
27.40	422.23	524.74	-24.61	0.03	26.92	上海证券交易所
10.57	250.19	134.91	-33.29	0.03	24.21	上海证券交易所
13.65	546.14	44.03	0.00	0.03	22.99	上海证券交易所
16.97	848.50	44.02	0.00	0.03	22.99	上海证券交易所
21.49	6447.00	184.36	19.82	0.04	39.71	上海证券交易所
15.02	405.54	535.82	-24.45	0.03	24.49	上海证券交易所
10.28	2284.44	43.97	0.00	0.07	22.98	上海证券交易所
4.84	543.38	44.01	0.00	0.05	22.97	上海证券交易所
18.23	250.12	251.23	-57.34	0.03	19.92	上海证券交易所
12.46	334.53	161.72	-43.82	0.03	18.63	上海证券交易所
5.85	254.12	586.84	-57.95	0.03	24.63	上海证券交易所

2-12 续表 3

序号 Number	股票代码 Stock Code	股票简称 Stock Abbreviation	所属辖区 Jurisdiction	行业分类 Industry Classification	上市日期 Listing Date	首发数量（万股） Number of IPO Shares (10 thousand shares)
164	688071	华依科技	上海	制造业	2021-7-29	1821.12
165	688509	正元地信	北京	科学研究和技术服务业	2021-7-30	17000.00
166	688511	天微电子	四川	制造业	2021-7-30	2000.00
167	605507	国邦医药	浙江	制造业	2021-8-2	8382.35
168	688670	金迪克	江苏	制造业	2021-8-2	2200.00
169	688385	复旦微电	上海	制造业	2021-8-4	12000.00
170	688778	厦钨新能	福建	制造业	2021-8-5	6289.31
171	688148	芳源股份	广东	制造业	2021-8-6	8000.00
172	605589	圣泉集团	山东	制造业	2021-8-10	8106.00
173	688779	长远锂科	湖南	制造业	2021-8-11	48230.16
174	605588	冠石科技	江苏	制造业	2021-8-12	1827.50
175	688787	海天瑞声	北京	信息传输、软件和信息技术服务业	2021-8-13	1070.00
176	605069	正和生态	北京	水利、环境和公共设施管理业	2021-8-16	4071.11
177	688798	艾为电子	上海	制造业	2021-8-16	4180.00
178	688733	壹石通	安徽	制造业	2021-8-17	4554.11
179	688728	格科微	境外	制造业	2021-8-18	24988.87
180	601825	沪农商行	上海	金融业	2021-8-19	96444.44
181	605580	恒盛能源	浙江	电力、热力、燃气及水生产和供应业	2021-8-19	5000.00
182	601728	中国电信	北京	信息传输、软件和信息技术服务业	2021-8-20	1057477.04
183	688766	普冉股份	上海	制造业	2021-8-23	905.72
184	605577	龙版传媒	黑龙江	文化、体育和娱乐业	2021-8-24	4444.44
185	688786	悦安新材	江西	制造业	2021-8-26	2136.02
186	688776	国光电气	四川	制造业	2021-8-31	1935.49
187	688711	宏微科技	江苏	制造业	2021-9-1	2462.33
188	688121	卓然股份	上海	制造业	2021-9-6	5066.67
189	688187	时代电气	湖南	制造业	2021-9-7	24076.03
190	688767	博拓生物	浙江	制造业	2021-9-8	2666.67
191	605599	菜百股份	北京	批发和零售业	2021-9-9	7777.78
192	688091	上海谊众	上海	制造业	2021-9-9	2645.00
193	688103	国力股份	江苏	制造业	2021-9-10	2389.00
194	688622	禾信仪器	广东	制造业	2021-9-13	1750.00
195	688707	振华新材	贵州	制造业	2021-9-14	11073.37
196	600955	维远股份	山东	制造业	2021-9-15	13750.00
197	605033	美邦股份	陕西	制造业	2021-9-16	3380.00
198	688701	卓锦股份	浙江	水利、环境和公共设施管理业	2021-9-16	3356.93
199	605598	上海港湾	上海	建筑业	2021-9-17	4319.35
200	688697	纽威数控	江苏	制造业	2021-9-17	8166.67
201	605567	春雪食品	山东	制造业	2021-10-13	5000.00
202	688772	珠海冠宇	广东	制造业	2021-10-15	15571.36
203	688272	富吉瑞	北京	制造业	2021-10-18	1900.00
204	688722	同益中	北京	制造业	2021-10-19	5616.67
205	688285	高铁电气	陕西	制造业	2021-10-20	9410.00
206	605555	德昌股份	浙江	制造业	2021-10-21	5000.00
207	688737	中自科技	四川	制造业	2021-10-22	2150.87
208	605566	福莱蒽特	浙江	制造业	2021-10-25	3334.00
209	688255	凯尔达	浙江	制造业	2021-10-25	1960.37
210	688211	中科微至	江苏	制造业	2021-10-26	3300.00
211	688553	汇宇制药	四川	制造业	2021-10-26	6360.00
212	605138	盛泰集团	浙江	制造业	2021-10-27	5556.00
213	688257	新锐股份	江苏	制造业	2021-10-27	2320.00
214	688280	精进电动	北京	制造业	2021-10-27	14755.50
215	688739	成大生物	辽宁	制造业	2021-10-28	4165.00
216	688162	巨一科技	安徽	制造业	2021-11-10	3425.00
217	603213	镇洋发展	浙江	制造业	2021-11-11	6526.00

continued

发行价格（元）IPO Price (yuan)	首发筹资金额（百万元）Proceeds Raised by IPO (million yuan)	上市首日涨跌幅(%) Price Change Rate on Issue Day of IPO (%)	超募比例(%) Oversubscription Rate(%)	网上发行中签率(%) Lot Winning Rate for Online Subscription(%)	首发市盈率(摊薄)(倍) IPO P/E Ratio (times)	上市交易所 Stock Exchange
13.73	250.04	213.18	-44.17	0.02	24.98	上海证券交易所
1.97	334.90	321.83	-48.10	0.04	27.86	上海证券交易所
28.09	561.80	268.46	-2.03	0.02	20.59	上海证券交易所
32.57	2730.13	44.00	0.00	0.04	22.99	上海证券交易所
55.18	1213.96	50.25	-27.67	0.03	31.33	上海证券交易所
6.23	747.60	797.27	12.03	0.03	127.14	上海证券交易所
24.50	1540.88	396.57	-3.32	0.03	25.27	上海证券交易所
4.58	366.40	659.83	-67.15	0.03	42.23	上海证券交易所
24.01	1946.25	43.98	0.00	0.04	22.99	上海证券交易所
5.65	2725.00	310.09	-2.54	0.05	136.31	上海证券交易所
27.42	501.10	43.98	0.00	0.01	22.99	上海证券交易所
36.94	395.26	277.59	-52.08	0.02	21.65	上海证券交易所
15.13	615.96	44.02	-59.99	0.03	22.24	上海证券交易所
76.58	3201.04	240.56	21.53	0.02	141.71	上海证券交易所
15.49	705.43	302.84	60.88	0.03	91.93	上海证券交易所
14.38	3593.40	145.13	-49.00	0.04	46.92	上海证券交易所
8.90	8583.56	20.22	0.00	0.21	10.65	上海证券交易所
8.38	419.00	44.03	0.00	0.03	16.37	上海证券交易所
4.53	47903.71	34.88	-11.55	0.96	20.18	上海证券交易所
148.90	1348.61	225.79	200.68	0.03	67.14	上海证券交易所
5.99	266.22	44.07	0.00	0.03	26.07	上海证券交易所
11.76	251.20	527.04	-20.74	0.03	24.94	上海证券交易所
51.44	995.62	166.64	-0.19	0.03	43.24	上海证券交易所
27.51	677.39	179.53	6.15	0.02	118.05	上海证券交易所
18.16	920.11	116.02	36.74	0.03	17.52	上海证券交易所
31.38	7555.06	83.24	-4.10	0.04	23.73	上海证券交易所
34.55	921.33	123.24	-6.31	0.02	8.58	上海证券交易所
10.00	777.78	44.00	0.00	0.04	22.87	上海证券交易所
38.10	1007.75	28.58	-8.80	0.03	—	上海证券交易所
12.04	287.64	516.28	-45.78	0.02	24.74	上海证券交易所
17.70	309.75	425.42	-14.73	0.03	23.95	上海证券交易所
11.75	1301.12	299.74	2.78	0.03	—	上海证券交易所
29.56	4064.50	44.01	0.00	0.05	22.99	上海证券交易所
12.69	428.92	43.97	0.00	0.02	22.99	上海证券交易所
7.48	251.10	127.27	-32.19	0.02	24.96	上海证券交易所
13.87	599.09	43.98	0.00	0.03	22.98	上海证券交易所
7.55	616.58	197.62	-33.95	0.03	26.09	上海证券交易所
11.80	590.00	43.98	0.00	0.03	22.99	上海证券交易所
14.43	2246.95	133.19	-33.76	0.03	20.56	上海证券交易所
22.56	428.64	104.39	-23.29	0.03	20.18	上海证券交易所
4.51	253.31	262.08	-29.65	0.03	26.02	上海证券交易所
7.18	675.64	48.33	-17.97	0.03	20.29	上海证券交易所
32.35	1617.50	29.74	0.00	0.03	22.99	上海证券交易所
70.90	1524.97	-6.87	-3.34	0.03	27.94	上海证券交易所
32.21	1073.88	24.81	0.00	0.02	22.99	上海证券交易所
47.11	923.53	10.76	127.73	0.03	59.66	上海证券交易所
90.20	2976.60	-12.63	89.90	0.03	61.31	上海证券交易所
38.87	2472.13	1.90	22.46	0.03	50.70	上海证券交易所
9.97	553.93	44.03	0.00	0.03	22.98	上海证券交易所
62.30	1445.36	-14.04	93.82	0.03	52.52	上海证券交易所
13.78	2033.31	28.45	-6.68	0.03	—	上海证券交易所
110.00	4581.50	-27.27	100.93	0.03	54.24	上海证券交易所
46.00	1575.50	94.57	-25.02	0.03	70.87	上海证券交易所
5.99	390.91	44.07	0.00	0.04	22.97	上海证券交易所

2-12 续表 4

序号 Number	股票代码 Stock Code	股票简称 Stock Abbreviation	所属辖区 Jurisdiction	行业分类 Industry Classification	上市日期 Listing Date	首发数量（万股） Number of IPO Shares (10 thousand shares)
218	688107	安路科技	上海	制造业	2021-11-12	5010.00
219	688105	诺唯赞	江苏	科学研究和技术服务业	2021-11-15	4001.00
220	688212	澳华内镜	上海	制造业	2021-11-15	3334.00
221	603048	浙江黎明	浙江	制造业	2021-11-16	3672.00
222	688182	灿勤科技	江苏	制造业	2021-11-16	10000.00
223	688232	新点软件	江苏	信息传输、软件和信息技术服务业	2021-11-17	8250.00
224	688075	安旭生物	浙江	制造业	2021-11-18	1533.34
225	688082	盛美上海	上海	制造业	2021-11-18	4335.58
226	603219	富佳股份	浙江	制造业	2021-11-22	4100.00
227	600935	华塑股份	安徽	制造业	2021-11-26	38599.00
228	688190	云路股份	山东	制造业	2021-11-26	3000.00
229	688049	炬芯科技	广东	制造业	2021-11-29	3050.00
230	688112	鼎阳科技	广东	制造业	2021-12-1	2666.67
231	688230	芯导科技	上海	制造业	2021-12-1	1500.00
232	688151	华强科技	湖北	制造业	2021-12-6	8620.62
233	688110	东芯股份	上海	制造业	2021-12-10	11056.24
234	688192	迪哲医药	江苏	制造业	2021-12-10	4000.01
235	688246	嘉和美康	北京	信息传输、软件和信息技术服务业	2021-12-14	3446.94
236	603216	梦天家居	浙江	制造业	2021-12-15	5536.00
237	688235	百济神州	境外	制造业	2021-12-15	11505.53
238	603071	物产环能	浙江	批发和零售业	2021-12-16	10043.18
239	688032	禾迈股份	浙江	制造业	2021-12-20	1000.00
240	688248	南网科技	广东	科学研究和技术服务业	2021-12-22	8470.00
241	600927	永安期货	浙江	金融业	2021-12-23	14555.56
242	603230	内蒙新华	内蒙古	文化、体育和娱乐业	2021-12-24	8838.10
243	688167	炬光科技	陕西	制造业	2021-12-24	2249.00
244	688210	统联精密	广东	制造业	2021-12-27	2000.00
245	688206	概伦电子	上海	信息传输、软件和信息技术服务业	2021-12-28	4338.04
246	688265	南模生物	上海	科学研究和技术服务业	2021-12-28	1949.09
247	688227	品高股份	广东	信息传输、软件和信息技术服务业	2021-12-30	2826.38
248	688236	春立医疗	北京	制造业	2021-12-30	3842.80
249	603176	汇通集团	河北	建筑业	2021-12-31	11666.00
250	003031	中瓷电子	河北	制造业	2021-1-4	2666.67
251	003030	祖名股份	浙江	制造业	2021-1-6	3120.00
252	300928	华安鑫创	北京	科学研究和技术服务业	2021-1-6	2000.00
253	300926	博俊科技	江苏	制造业	2021-1-7	3553.34
254	300927	江天化学	江苏	制造业	2021-1-7	2005.00
255	003033	征和工业	山东	制造业	2021-1-11	2045.00
256	003032	传智教育	江苏	教育	2021-1-12	4024.48
257	003035	南网能源	广东	科学研究和技术服务业	2021-1-19	75757.58
258	300929	华骐环保	安徽	水利、环境和公共设施管理业	2021-1-20	2065.00
259	300935	盈建科	北京	信息传输、软件和信息技术服务业	2021-1-20	1413.00
260	300930	屹通新材	浙江	制造业	2021-1-21	2500.00
261	300931	通用电梯	江苏	制造业	2021-1-21	6004.00
262	300932	三友联众	广东	制造业	2021-1-22	3150.00
263	300933	中辰股份	江苏	制造业	2021-1-22	9170.00
264	300936	中英科技	江苏	制造业	2021-1-26	1880.00
265	300937	药易购	四川	批发和零售业	2021-1-27	2391.67
266	300938	信测标准	广东	科学研究和技术服务业	2021-1-27	1627.50
267	003036	泰坦股份	浙江	制造业	2021-1-28	5400.00
268	300939	秋田微	广东	制造业	2021-1-28	2000.00
269	300940	南极光	广东	制造业	2021-2-3	2960.64
270	003037	三和管桩	广东	制造业	2021-2-4	6800.00
271	300946	恒而达	福建	制造业	2021-2-8	1667.00

continued

发行价格(元) IPO Price (yuan)	首发筹资金额(百万元) Proceeds Raised by IPO (million yuan)	上市首日涨跌幅(%) Price Change Rate on Issue Day of IPO (%)	超募比例(%) Oversubscription Rate(%)	网上发行中签率(%) Lot Winning Rate for Online Subscription(%)	首发市盈率(摊薄)(倍) IPO P/E Ratio (times)	上市交易所 Stock Exchange
26.00	1302.60	170.19	18.21	0.03	—	上海证券交易所
55.00	2200.55	55.18	70.12	0.04	27.02	上海证券交易所
22.50	750.15	71.16	2.62	0.03	244.08	上海证券交易所
17.37	637.83	43.98	0.00	0.03	22.99	上海证券交易所
10.50	1050.00	85.71	-73.16	0.03	15.77	上海证券交易所
48.49	4000.43	-4.50	30.17	0.03	40.75	上海证券交易所
78.28	1200.30	13.44	98.91	0.03	7.44	上海证券交易所
85.00	3685.24	52.65	83.98	0.04	398.67	上海证券交易所
9.56	391.96	44.04	0.00	0.03	22.98	上海证券交易所
3.94	1520.80	43.91	0.00	0.11	22.95	上海证券交易所
46.63	1398.90	182.22	54.18	0.03	63.51	上海证券交易所
42.98	1310.89	93.11	180.37	0.03	217.73	上海证券交易所
46.60	1242.67	128.22	188.77	0.03	98.77	上海证券交易所
134.81	2022.15	39.92	218.24	0.03	112.96	上海证券交易所
35.09	3024.98	24.25	56.17	0.03	182.41	上海证券交易所
30.18	3336.77	54.90	226.11	0.04	760.38	上海证券交易所
52.58	2103.21	-21.83	10.69	0.03	—	上海证券交易所
39.50	1361.54	8.23	56.36	0.03	259.60	上海证券交易所
16.86	933.37	44.01	0.00	0.03	22.99	上海证券交易所
192.60	22159.64	-16.42	7.69	0.04	—	上海证券交易所
15.42	1548.66	43.97	-0.56	0.05	17.70	上海证券交易所
557.80	5578.00	29.98	664.59	0.03	225.94	上海证券交易所
12.24	1036.73	124.67	80.48	0.03	79.38	上海证券交易所
17.97	2615.63	44.02	0.00	0.06	22.98	上海证券交易所
11.15	985.45	44.04	0.00	0.04	22.99	上海证券交易所
78.69	1769.74	145.14	54.25	0.03	362.33	上海证券交易所
42.76	855.20	7.93	-12.76	0.03	53.55	上海证券交易所
28.28	1226.80	51.03	-7.19	0.03	575.28	上海证券交易所
84.62	1649.32	-18.02	186.53	0.03	201.59	上海证券交易所
37.09	1048.31	-11.51	49.68	0.03	111.34	上海证券交易所
29.81	1145.54	-3.99	-44.88	0.03	41.41	上海证券交易所
1.70	198.32	44.12	-2.30	0.05	8.24	上海证券交易所
15.27	407.20	44.01	0.00	0.02	21.33	深圳证券交易所
15.18	473.62	44.01	0.00	0.02	21.00	深圳证券交易所
38.05	761.00	128.73	0.00	0.01	37.16	深圳证券交易所
10.76	382.34	189.50	-15.81	0.02	24.02	深圳证券交易所
13.39	268.47	207.92	-23.99	0.02	19.99	深圳证券交易所
23.28	476.08	43.99	0.00	0.02	20.69	深圳证券交易所
8.46	340.47	43.97	0.00	0.03	18.88	深圳证券交易所
1.40	1060.61	44.29	0.00	0.18	19.18	深圳证券交易所
13.87	286.42	243.11	-39.33	0.02	16.13	深圳证券交易所
56.96	804.84	188.80	0.00	0.01	48.85	深圳证券交易所
13.11	327.75	178.26	-38.96	0.02	22.18	深圳证券交易所
4.31	258.77	275.87	-73.52	0.02	16.64	深圳证券交易所
24.69	777.74	117.74	-23.49	0.02	30.82	深圳证券交易所
3.37	309.03	284.57	29.67	0.03	15.90	深圳证券交易所
30.39	571.33	119.61	0.00	0.01	47.93	深圳证券交易所
12.25	292.98	226.04	-66.74	0.02	18.12	深圳证券交易所
37.28	606.73	48.07	0.00	0.01	32.50	深圳证券交易所
5.72	308.88	44.06	0.00	0.03	20.80	深圳证券交易所
37.18	743.60	67.40	0.00	0.01	34.36	深圳证券交易所
12.76	377.78	730.96	-49.86	0.02	18.93	深圳证券交易所
6.38	433.84	44.04	-1.10	0.04	20.85	深圳证券交易所
29.45	490.93	380.81	0.00	0.01	27.27	深圳证券交易所

2-12 续表 5

序号 Number	股票代码 Stock Code	股票简称 Stock Abbreviation	所属辖区 Jurisdiction	行业分类 Industry Classification	上市日期 Listing Date	首发数量（万股） Number of IPO Shares (10 thousand shares)
272	300941	创识科技	福建	信息传输、软件和信息技术服务业	2021-2-9	3412.50
273	300942	易瑞生物	广东	制造业	2021-2-9	4086.00
274	003038	鑫铂股份	安徽	制造业	2021-2-10	2661.00
275	300943	春晖智控	浙江	制造业	2021-2-10	3400.00
276	300945	曼卡龙	浙江	批发和零售业	2021-2-10	5100.00
277	300947	德必集团	上海	租赁和商务服务业	2021-2-10	1347.40
278	300948	冠中生态	山东	水利、环境和公共设施管理业	2021-2-25	2334.00
279	300949	奥雅设计	广东	科学研究和技术服务业	2021-2-26	1500.00
280	300951	博硕科技	广东	制造业	2021-2-26	2000.00
281	300950	德固特	山东	制造业	2021-3-3	2500.00
282	003039	顺控发展	广东	电力、热力、燃气及水生产和供应业	2021-3-8	6200.00
283	300952	恒辉安防	江苏	制造业	2021-3-11	3623.20
284	300953	震裕科技	浙江	制造业	2021-3-18	2327.00
285	003040	楚天龙	广东	制造业	2021-3-22	7839.31
286	300959	线上线下	江苏	信息传输、软件和信息技术服务业	2021-3-22	2000.00
287	300955	嘉亨家化	福建	制造业	2021-3-24	2520.00
288	300957	贝泰妮	云南	制造业	2021-3-25	6360.00
289	300956	英力股份	安徽	制造业	2021-3-26	3300.00
290	300958	建工修复	北京	水利、环境和公共设施管理业	2021-3-29	3566.41
291	300960	通业科技	广东	制造业	2021-3-29	2560.00
292	300961	深水海纳	广东	水利、环境和公共设施管理业	2021-3-30	4432.45
293	300965	恒宇信通	北京	制造业	2021-4-2	1500.00
294	003041	真爱美家	浙江	制造业	2021-4-6	2500.00
295	003042	中农联合	山东	制造业	2021-4-6	2740.00
296	003043	华亚智能	江苏	制造业	2021-4-6	2000.00
297	300962	中金辐照	广东	制造业	2021-4-9	6600.05
298	300963	中洲特材	上海	制造业	2021-4-9	3000.00
299	300966	共同药业	湖北	制造业	2021-4-9	2900.00
300	300969	恒帅股份	浙江	制造业	2021-4-12	2000.00
301	300970	华绿生物	江苏	农、林、牧、渔业	2021-4-12	1459.00
302	300967	晓鸣股份	宁夏	农、林、牧、渔业	2021-4-13	4700.00
303	300968	格林精密	广东	制造业	2021-4-15	10338.00
304	300971	博亚精工	湖北	制造业	2021-4-15	2100.00
305	300973	立高食品	广东	制造业	2021-4-15	4234.00
306	300972	万辰生物	福建	农、林、牧、渔业	2021-4-19	3837.50
307	300976	达瑞电子	广东	制造业	2021-4-19	1305.37
308	300977	深圳瑞捷	广东	科学研究和技术服务业	2021-4-20	1120.00
309	300983	尤安设计	上海	科学研究和技术服务业	2021-4-20	2000.00
310	300975	商络电子	江苏	批发和零售业	2021-4-21	5040.00
311	300980	祥源新材	湖北	制造业	2021-4-21	1797.45
312	300978	东箭科技	广东	制造业	2021-4-26	4250.00
313	300979	华利集团	广东	制造业	2021-4-26	11700.00
314	300981	中红医疗	河北	制造业	2021-4-27	4167.00
315	300982	苏文电能	江苏	建筑业	2021-4-27	3507.96
316	001201	东瑞股份	广东	农、林、牧、渔业	2021-4-28	3167.00
317	001202	炬申股份	广东	交通运输、仓储和邮政业	2021-4-29	3224.20
318	300985	致远新能	吉林	制造业	2021-4-29	3333.34
319	300986	志特新材	江西	制造业	2021-4-30	2926.67
320	300989	蕾奥规划	广东	科学研究和技术服务业	2021-5-7	1500.00
321	001203	大中矿业	内蒙古	采矿业	2021-5-10	21894.00
322	300987	川网传媒	四川	信息传输、软件和信息技术服务业	2021-5-11	3336.00
323	300988	津荣天宇	天津	制造业	2021-5-12	1847.68
324	300990	同飞股份	河北	制造业	2021-5-12	1300.00
325	001205	盛航股份	江苏	交通运输、仓储和邮政业	2021-5-13	3006.67

continued

发行价格(元) IPO Price (yuan)	首发筹资金额(百万元) Proceeds Raised by IPO (million yuan)	上市首日涨跌幅(%) Price Change Rate on Issue Day of IPO (%)	超募比例(%) Oversubscription Rate(%)	网上发行中签率(%) Lot Winning Rate for Online Subscription(%)	首发市盈率(摊薄)(倍) IPO P/E Ratio (times)	上市交易所 Stock Exchange
21.31	727.20	179.49	30.56	0.02	29.03	深圳证券交易所
5.31	216.97	578.72	-17.57	0.02	23.09	深圳证券交易所
18.08	481.11	44.03	0.00	0.02	21.15	深圳证券交易所
9.79	332.86	269.77	-34.01	0.02	17.58	深圳证券交易所
4.56	232.56	380.70	-81.63	0.02	14.34	深圳证券交易所
51.47	693.51	68.84	0.00	0.01	24.37	深圳证券交易所
13.00	303.42	451.46	-64.84	0.02	17.91	深圳证券交易所
54.23	813.45	101.00	0.00	0.01	29.05	深圳证券交易所
75.18	1503.60	79.84	0.00	0.01	52.76	深圳证券交易所
8.41	210.25	629.96	-132.14	0.02	13.56	深圳证券交易所
5.86	363.32	44.03	-4.10	0.03	15.34	深圳证券交易所
11.72	424.64	456.74	-44.39	0.02	17.54	深圳证券交易所
28.77	669.48	233.75	-4.07	0.02	34.58	深圳证券交易所
4.62	362.18	43.94	0.00	0.04	20.44	深圳证券交易所
41.00	820.00	191.46	0.00	0.01	54.30	深圳证券交易所
16.53	416.56	323.47	-15.59	0.02	26.32	深圳证券交易所
47.33	3010.19	244.01	44.82	0.02	48.69	深圳证券交易所
12.85	424.05	243.81	-34.01	0.02	15.30	深圳证券交易所
8.53	304.21	603.40	-106.08	0.02	15.57	深圳证券交易所
12.08	309.25	241.97	-37.85	0.02	16.66	深圳证券交易所
8.48	375.87	483.02	-75.43	0.02	15.67	深圳证券交易所
61.72	925.80	108.00	0.00	0.01	47.70	深圳证券交易所
18.00	450.00	44.00	0.00	0.02	17.70	深圳证券交易所
21.56	590.74	44.02	0.00	0.02	22.86	深圳证券交易所
19.81	396.20	44.02	0.00	0.01	22.06	深圳证券交易所
3.40	224.40	920.59	-125.00	0.02	15.38	深圳证券交易所
12.13	363.90	313.11	16.47	0.02	22.76	深圳证券交易所
8.24	238.96	591.63	-190.75	0.02	13.02	深圳证券交易所
20.68	413.60	176.89	0.00	0.01	25.37	深圳证券交易所
44.77	653.19	87.36	0.00	0.01	21.65	深圳证券交易所
4.54	213.38	581.72	-213.01	0.02	7.64	深圳证券交易所
6.87	710.22	217.47	4.94	0.03	24.02	深圳证券交易所
18.24	383.04	148.14	-14.69	0.02	21.09	深圳证券交易所
28.28	1197.38	264.22	-15.21	0.02	26.41	深圳证券交易所
7.19	275.92	279.69	-134.62	0.02	11.96	深圳证券交易所
168.00	2193.02	37.50	0.00	0.01	38.71	深圳证券交易所
89.66	1004.19	13.76	0.00	0.01	28.92	深圳证券交易所
120.80	2416.00	7.67	0.00	0.01	33.06	深圳证券交易所
5.48	276.19	449.64	-37.50	0.02	23.22	深圳证券交易所
32.77	589.02	66.43	0.00	0.01	42.50	深圳证券交易所
8.42	357.85	258.43	-55.63	0.02	17.58	深圳证券交易所
33.22	3886.74	201.02	-4.51	0.02	21.29	深圳证券交易所
48.59	2024.75	148.82	65.03	0.02	90.65	深圳证券交易所
15.83	555.31	127.29	-43.98	0.02	17.45	深圳证券交易所
63.38	2007.24	44.00	0.00	0.02	11.79	深圳证券交易所
15.09	486.53	44.00	0.00	0.02	21.53	深圳证券交易所
24.90	830.00	80.64	-4.74	0.02	14.77	深圳证券交易所
14.79	432.85	225.22	-162.15	0.02	10.28	深圳证券交易所
51.62	774.30	47.81	0.00	0.01	32.84	深圳证券交易所
8.98	1966.08	43.99	0.00	0.07	22.97	深圳证券交易所
6.79	226.51	655.38	-68.61	0.02	15.06	深圳证券交易所
23.73	438.45	161.27	0.00	0.01	28.12	深圳证券交易所
85.50	1111.50	20.96	0.00	0.01	35.64	深圳证券交易所
16.52	496.70	44.01	-2.22	0.02	17.76	深圳证券交易所

2-12 续表 6

序号 Number	股票代码 Stock Code	股票简称 Stock Abbreviation	所属辖区 Jurisdiction	行业分类 Industry Classification	上市日期 Listing Date	首发数量（万股） Number of IPO Shares (10 thousand shares)
326	001206	依依股份	天津	制造业	2021-5-18	2358.34
327	300991	创益通	广东	制造业	2021-5-20	2250.00
328	300993	玉马遮阳	山东	制造业	2021-5-24	3292.00
329	300614	百川畅银	河南	水利、环境和公共设施管理业	2021-5-25	4011.00
330	300992	泰福泵业	浙江	制造业	2021-5-25	2270.00
331	300995	奇德新材	广东	制造业	2021-5-26	2104.00
332	301000	肇民科技	上海	制造业	2021-5-28	1333.35
333	301001	凯淳股份	上海	信息传输、软件和信息技术服务业	2021-5-28	2000.00
334	301003	江苏博云	江苏	制造业	2021-6-1	1456.67
335	301005	超捷股份	上海	制造业	2021-6-1	1428.17
336	300997	欢乐家	广东	制造业	2021-6-2	9000.00
337	300998	宁波方正	浙江	制造业	2021-6-2	2660.00
338	300996	普联软件	山东	信息传输、软件和信息技术服务业	2021-6-3	2210.00
339	301002	崧盛股份	广东	制造业	2021-6-7	2363.00
340	301006	迈拓股份	江苏	制造业	2021-6-7	3482.00
341	301008	宏昌科技	浙江	制造业	2021-6-11	1666.67
342	301007	德迈仕	辽宁	制造业	2021-6-16	3834.00
343	301009	可靠股份	浙江	制造业	2021-6-17	6797.00
344	301011	华立科技	广东	制造业	2021-6-17	2170.00
345	300984	金沃股份	浙江	制造业	2021-6-18	1200.00
346	301010	晶雪节能	江苏	制造业	2021-6-18	2700.00
347	301012	扬电科技	江苏	制造业	2021-6-22	2100.00
348	001207	联科科技	山东	制造业	2021-6-23	4550.00
349	001208	华菱线缆	湖南	制造业	2021-6-24	13360.60
350	301004	嘉益股份	浙江	制造业	2021-6-25	2500.00
351	301019	宁波色母	浙江	制造业	2021-6-28	2000.00
352	301013	利和兴	广东	制造业	2021-6-29	3895.72
353	301015	百洋医药	山东	批发和零售业	2021-6-30	5260.00
354	301016	雷尔伟	江苏	制造业	2021-6-30	3000.00
355	301022	海泰科	山东	制造业	2021-7-2	1600.00
356	301017	漱玉平民	山东	批发和零售业	2021-7-5	4054.00
357	301020	密封科技	山东	制造业	2021-7-6	3660.00
358	301021	英诺激光	广东	制造业	2021-7-6	3800.00
359	301018	申菱环境	广东	制造业	2021-7-7	6001.00
360	301023	江南奕帆	江苏	制造业	2021-7-7	933.35
361	301039	中集车辆	广东	制造业	2021-7-8	25260.00
362	301027	华蓝集团	广西	科学研究和技术服务业	2021-7-15	3680.00
363	301031	中熔电气	陕西	制造业	2021-7-15	1657.00
364	301026	浩通科技	江苏	制造业	2021-7-16	2833.33
365	301025	读客文化	上海	文化、体育和娱乐业	2021-7-19	4001.00
366	301028	东亚机械	福建	制造业	2021-7-20	9500.00
367	301030	仕净科技	江苏	制造业	2021-7-22	3333.33
368	301032	新柴股份	浙江	制造业	2021-7-22	6028.34
369	001209	洪兴股份	广东	制造业	2021-7-23	2348.65
370	301029	怡合达	广东	制造业	2021-7-23	4001.00
371	301033	迈普医学	广东	制造业	2021-7-26	1651.58
372	301024	霍普股份	上海	科学研究和技术服务业	2021-7-28	1060.00
373	301035	润丰股份	山东	制造业	2021-7-28	6905.00
374	001210	金房节能	北京	电力、热力、燃气及水生产和供应业	2021-7-29	2269.00
375	301036	双乐股份	江苏	制造业	2021-7-29	2500.00
376	301037	保立佳	上海	制造业	2021-7-30	2252.50
377	301040	中环海陆	江苏	制造业	2021-8-3	2500.00
378	300774	倍杰特	北京	水利、环境和公共设施管理业	2021-8-4	4087.64
379	301038	深水规院	广东	科学研究和技术服务业	2021-8-4	3300.00

continued

发行价格（元）IPO Price (yuan)	首发筹资金额（百万元）Proceeds Raised by IPO (million yuan)	上市首日涨跌幅（%）Price Change Rate on Issue Day of IPO (%)	超募比例（%）Oversubscription Rate(%)	网上发行中签率(%) Lot Winning Rate for Online Subscription(%)	首发市盈率（摊薄)(倍) IPO P/E Ratio (times)	上市交易所 Stock Exchange
44.60	1051.82	43.99	0.00	0.02	21.64	深圳证券交易所
13.06	293.85	295.79	-118.15	0.02	15.72	深圳证券交易所
12.10	398.33	187.11	-85.33	0.02	14.74	深圳证券交易所
9.19	368.61	290.64	-88.05	0.02	11.81	深圳证券交易所
9.36	212.47	433.97	-102.91	0.02	12.33	深圳证券交易所
14.72	309.71	223.44	-18.13	0.02	14.73	深圳证券交易所
64.31	857.48	46.18	0.00	0.01	32.86	深圳证券交易所
25.54	510.80	137.55	0.00	0.01	24.14	深圳证券交易所
55.88	813.99	32.59	0.00	0.01	29.36	深圳证券交易所
36.45	520.57	61.37	0.00	0.01	25.61	深圳证券交易所
4.94	444.60	527.53	-206.49	0.02	12.44	深圳证券交易所
6.02	160.13	644.19	-140.46	0.02	13.56	深圳证券交易所
20.81	459.90	227.73	22.48	0.02	22.00	深圳证券交易所
18.71	442.12	449.87	-13.07	0.02	17.77	深圳证券交易所
14.42	502.10	120.18	-102.45	0.02	11.53	深圳证券交易所
37.60	626.67	93.27	0.00	0.01	30.59	深圳证券交易所
5.29	202.82	471.83	-73.00	0.02	15.98	深圳证券交易所
12.54	852.34	106.14	-3.10	0.02	15.93	深圳证券交易所
14.20	308.14	333.10	-43.58	0.01	26.74	深圳证券交易所
30.97	371.64	83.18	0.00	0.01	25.74	深圳证券交易所
7.83	211.41	289.78	-91.20	0.02	14.06	深圳证券交易所
8.05	169.05	506.83	-159.35	0.02	13.78	深圳证券交易所
14.27	649.29	44.01	0.00	0.02	21.92	深圳证券交易所
3.67	490.33	43.87	0.00	0.05	20.97	深圳证券交易所
7.81	195.25	308.32	-133.81	0.02	12.05	深圳证券交易所
28.94	578.80	100.17	0.00	0.01	22.18	深圳证券交易所
8.72	339.71	297.36	-88.51	0.02	16.03	深圳证券交易所
7.64	401.86	635.08	-89.47	0.02	14.72	深圳证券交易所
13.75	412.50	213.75	-62.77	0.02	14.41	深圳证券交易所
32.29	516.64	80.46	0.00	0.01	30.23	深圳证券交易所
8.86	359.18	233.52	-72.53	0.02	16.59	深圳证券交易所
10.64	389.42	213.25	-46.29	0.02	15.42	深圳证券交易所
9.46	359.48	383.09	-49.19	0.02	21.90	深圳证券交易所
8.29	497.48	241.62	-41.62	0.02	15.97	深圳证券交易所
58.31	544.24	78.70	0.00	0.01	32.07	深圳证券交易所
6.96	1758.10	128.88	-23.67	0.03	12.41	深圳证券交易所
11.45	421.36	156.59	-60.77	0.02	13.86	深圳证券交易所
26.78	443.74	378.38	0.00	0.01	32.03	深圳证券交易所
18.03	510.85	440.49	-35.84	0.02	16.85	深圳证券交易所
1.55	62.02	1942.58	-332.63	0.02	12.02	深圳证券交易所
5.31	504.45	215.82	-51.85	0.02	13.90	深圳证券交易所
6.10	203.33	345.41	-158.08	0.01	13.23	深圳证券交易所
4.97	299.61	189.34	-81.42	0.02	12.78	深圳证券交易所
29.88	701.78	44.01	0.00	0.02	21.00	深圳证券交易所
14.14	565.74	676.52	-113.41	0.02	20.86	深圳证券交易所
15.14	250.05	369.15	-162.82	0.01	27.04	深圳证券交易所
48.52	514.31	49.05	0.00	0.01	28.21	深圳证券交易所
22.04	1521.86	73.59	5.68	0.02	13.91	深圳证券交易所
28.01	635.55	43.98	0.00	0.02	19.96	深圳证券交易所
23.38	584.50	116.68	-22.84	0.01	14.79	深圳证券交易所
14.82	333.82	109.18	-49.71	0.01	14.86	深圳证券交易所
13.57	339.25	238.69	-54.79	0.01	10.13	深圳证券交易所
4.57	186.81	289.28	-242.52	0.02	12.52	深圳证券交易所
6.68	220.44	257.34	-125.25	0.02	9.44	深圳证券交易所

2-12 续表 7

序号 Number	股票代码 Stock Code	股票简称 Stock Abbreviation	所属辖区 Jurisdiction	行业分类 Industry Classification	上市日期 Listing Date	首发数量（万股） Number of IPO Shares (10 thousand shares)
380	001211	双枪科技	浙江	制造业	2021-8-5	1800.00
381	300964	本川智能	江苏	制造业	2021-8-5	1932.46
382	301042	安联锐视	广东	制造业	2021-8-5	1720.00
383	301041	金百泽	广东	制造业	2021-8-11	2668.00
384	301043	绿岛风	广东	制造业	2021-8-11	1700.00
385	300814	中富电路	广东	制造业	2021-8-12	4396.00
386	300994	久祺股份	浙江	制造业	2021-8-12	4856.00
387	300844	山水比德	广东	科学研究和技术服务业	2021-8-13	1010.00
388	301045	天禄科技	江苏	制造业	2021-8-13	2579.00
389	301047	义翘神州	北京	科学研究和技术服务业	2021-8-16	1700.00
390	301046	能辉科技	上海	科学研究和技术服务业	2021-8-17	3737.00
391	301048	金鹰重工	湖北	制造业	2021-8-18	13333.34
392	001212	中旗新材	广东	制造业	2021-8-23	2267.00
393	301049	超越科技	安徽	水利、环境和公共设施管理业	2021-8-24	2356.33
394	301050	雷电微力	四川	制造业	2021-8-24	2420.00
395	301051	信濠光电	广东	制造业	2021-8-27	2000.00
396	301052	果麦文化	浙江	文化、体育和娱乐业	2021-8-30	1801.00
397	301053	远信工业	浙江	制造业	2021-9-1	2044.00
398	001215	千味央厨	河南	制造业	2021-9-6	2128.00
399	301055	张小泉	浙江	制造业	2021-9-6	3900.00
400	301056	森赫股份	浙江	制造业	2021-9-7	6669.67
401	001213	中铁特货	北京	交通运输、仓储和邮政业	2021-9-8	44444.44
402	301057	汇隆新材	浙江	制造业	2021-9-9	2730.00
403	301058	中粮工科	江苏	科学研究和技术服务业	2021-9-9	10196.00
404	301059	金三江	广东	制造业	2021-9-13	3043.00
405	301060	兰卫医学	上海	批发和零售业	2021-9-13	4806.20
406	301061	匠心家居	江苏	制造业	2021-9-13	2000.00
407	301062	上海艾录	上海	制造业	2021-9-14	4850.00
408	301065	本立科技	浙江	制造业	2021-9-14	1768.00
409	300854	中兰环保	广东	水利、环境和公共设施管理业	2021-9-16	2480.00
410	301066	万事利	浙江	制造业	2021-9-22	3363.43
411	301067	显盈科技	广东	制造业	2021-9-22	1351.00
412	301070	开勒股份	上海	制造业	2021-9-23	1618.00
413	301063	海锅股份	江苏	制造业	2021-9-24	2106.00
414	301071	力量钻石	河南	制造业	2021-9-24	1509.30
415	301069	凯盛新材	山东	制造业	2021-9-27	6000.00
416	301068	大地海洋	浙江	制造业	2021-9-28	2100.00
417	001217	华尔泰	安徽	制造业	2021-9-29	8297.00
418	301072	中捷精工	江苏	制造业	2021-9-29	2626.37
419	301075	多瑞医药	西藏	制造业	2021-9-29	2000.00
420	301073	君亭酒店	浙江	住宿和餐饮业	2021-9-30	2013.50
421	301077	星华反光	浙江	制造业	2021-9-30	1500.00
422	301076	新瀚新材	江苏	制造业	2021-10-11	2000.00
423	301078	孩子王	江苏	批发和零售业	2021-10-14	10890.67
424	001218	丽臣实业	湖南	制造业	2021-10-15	2250.00
425	301080	百普赛斯	北京	科学研究和技术服务业	2021-10-18	2000.00
426	301085	亚康股份	北京	批发和零售业	2021-10-18	2000.00
427	001216	华瓷股份	湖南	制造业	2021-10-19	6296.67
428	301079	邵阳液压	湖南	制造业	2021-10-19	2097.33
429	301081	严牌股份	浙江	制造业	2021-10-20	4267.00
430	301086	鸿富瀚	广东	制造业	2021-10-20	1500.00
431	001219	青岛食品	山东	制造业	2021-10-21	2220.00

continued

发行价格(元) IPO Price (yuan)	首发筹资金额(百万元) Proceeds Raised by IPO (million yuan)	上市首日涨跌幅(%) Price Change Rate on Issue Day of IPO (%)	超募比例(%) Oversubscription Rate(%)	网上发行中签率(%) Lot Winning Rate for Online Subscription(%)	首发市盈率(摊薄)(倍) IPO P/E Ratio (times)	上市交易所 Stock Exchange
26.40	475.20	44.02	0.00	0.01	21.17	深圳证券交易所
32.12	620.71	113.57	0.00	0.01	30.05	深圳证券交易所
41.91	720.85	56.76	0.00	0.01	35.94	深圳证券交易所
7.31	195.03	423.53	-174.87	0.01	13.82	深圳证券交易所
26.75	454.75	51.70	0.00	0.01	25.80	深圳证券交易所
8.40	369.26	265.48	-116.15	0.02	14.33	深圳证券交易所
11.90	577.86	189.92	1.02	0.02	14.75	深圳证券交易所
80.23	810.32	16.79	0.00	0.01	31.76	深圳证券交易所
15.81	407.74	149.34	-51.65	0.01	14.73	深圳证券交易所
292.92	4979.64	68.41	0.00	0.01	17.66	深圳证券交易所
8.34	311.67	524.10	-31.50	0.02	13.83	深圳证券交易所
4.13	550.67	335.84	-135.72	0.02	11.73	深圳证券交易所
31.67	717.96	43.98	0.00	0.02	21.03	深圳证券交易所
19.34	455.71	118.72	-45.55	0.01	12.88	深圳证券交易所
60.64	1467.49	365.19	49.62	0.01	48.43	深圳证券交易所
98.80	1976.00	38.69	0.00	0.01	36.11	深圳证券交易所
8.11	146.06	387.67	-167.21	0.01	14.28	深圳证券交易所
11.87	242.62	210.70	-86.97	0.01	15.01	深圳证券交易所
15.71	334.31	43.98	0.00	0.02	17.46	深圳证券交易所
6.90	269.10	394.06	-93.10	0.02	13.94	深圳证券交易所
3.93	262.12	277.10	-47.01	0.02	14.83	深圳证券交易所
3.96	1760.00	43.94	0.00	0.10	50.13	深圳证券交易所
8.03	219.22	216.19	-101.02	0.01	13.12	深圳证券交易所
3.55	361.96	283.10	-28.50	0.02	14.09	深圳证券交易所
8.09	246.18	267.12	-108.71	0.02	15.86	深圳证券交易所
4.17	200.42	338.13	-33.63	0.02	15.11	深圳证券交易所
72.69	1453.80	18.52	0.00	0.01	28.28	深圳证券交易所
3.31	160.54	588.82	-127.30	0.02	11.91	深圳证券交易所
42.50	751.40	84.40	0.00	0.01	32.74	深圳证券交易所
9.96	247.01	262.35	-147.72	0.01	9.97	深圳证券交易所
5.24	176.24	285.50	-114.67	0.01	11.13	深圳证券交易所
47.58	642.81	53.36	0.00	0.01	38.71	深圳证券交易所
27.55	445.76	70.05	0.00	0.01	28.11	深圳证券交易所
17.40	366.44	196.44	-33.62	0.01	13.91	深圳证券交易所
20.62	311.22	1112.42	0.00	0.01	17.06	深圳证券交易所
5.17	310.20	547.97	-86.41	0.02	13.53	深圳证券交易所
13.98	293.58	158.44	-56.04	0.01	14.84	深圳证券交易所
10.46	867.87	43.98	0.00	0.03	20.67	深圳证券交易所
7.46	195.93	225.20	-95.45	0.01	14.92	深圳证券交易所
27.27	545.40	64.69	0.00	0.01	23.71	深圳证券交易所
12.24	246.45	133.99	-62.95	0.01	28.14	深圳证券交易所
61.46	921.90	20.08	0.00	0.01	37.54	深圳证券交易所
31.00	620.00	51.29	0.00	0.01	34.52	深圳证券交易所
5.77	628.39	303.81	-310.81	0.02	16.07	深圳证券交易所
45.51	1023.98	43.99	0.00	0.02	18.43	深圳证券交易所
112.50	2250.00	50.06	0.00	0.01	77.64	深圳证券交易所
21.44	428.80	65.35	0.00	0.01	17.30	深圳证券交易所
9.37	590.00	43.97	0.00	0.03	20.02	深圳证券交易所
11.92	250.00	170.05	-37.02	0.01	18.12	深圳证券交易所
12.95	552.58	61.39	-18.19	0.02	26.92	深圳证券交易所
96.66	1449.90	15.86	0.00	0.01	44.14	深圳证券交易所
17.20	381.84	44.01	0.00	0.02	19.30	深圳证券交易所

2-12 续表 8

序号 Number	股票代码 Stock Code	股票简称 Stock Abbreviation	所属辖区 Jurisdiction	行业分类 Industry Classification	上市日期 Listing Date	首发数量 （万股） Number of IPO Shares (10 thousand shares)
432	301083	百胜智能	江西	制造业	2021-10-21	4446.67
433	301087	可孚医疗	湖南	制造业	2021-10-25	4000.00
434	301090	华润材料	江苏	制造业	2021-10-26	22191.25
435	301082	久盛电气	浙江	制造业	2021-10-27	4041.24
436	301089	拓新药业	河南	制造业	2021-10-27	3150.00
437	301088	戎美股份	江苏	批发和零售业	2021-10-28	5700.00
438	301091	深城交	广东	科学研究和技术服务业	2021-10-29	4000.00
439	001288	运机集团	四川	制造业	2021-11-1	4000.00
440	301093	华兰股份	江苏	制造业	2021-11-1	3366.67
441	301092	争光股份	浙江	制造业	2021-11-2	3333.33
442	301129	瑞纳智能	安徽	制造业	2021-11-2	1842.00
443	301169	零点有数	北京	租赁和商务服务业	2021-11-3	1805.99
444	301128	强瑞技术	广东	制造业	2021-11-10	1847.17
445	301149	隆华新材	山东	制造业	2021-11-10	7000.00
446	301188	力诺特玻	山东	制造业	2021-11-11	5810.98
447	301098	金埔园林	江苏	建筑业	2021-11-12	2640.00
448	301178	天亿马	广东	信息传输、软件和信息技术服务	2021-11-12	1177.80
449	301180	万祥科技	江苏	制造业	2021-11-16	4001.00
450	301118	恒光股份	湖南	制造业	2021-11-18	2667.00
451	301185	鸥玛软件	山东	信息传输、软件和信息技术服务	2021-11-19	3836.00
452	301099	雅创电子	上海	批发和零售业	2021-11-22	2000.00
453	301119	正强股份	浙江	制造业	2021-11-22	2000.00
454	301155	海力风电	江苏	制造业	2021-11-24	5434.80
455	301133	金钟股份	广东	制造业	2021-11-26	2653.00
456	001317	三羊马	重庆	交通运输、仓储和邮政业	2021-11-30	2001.00
457	301198	喜悦智行	浙江	制造业	2021-12-2	2500.00
458	301108	洁雅股份	安徽	制造业	2021-12-3	2030.25
459	301167	建研设计	安徽	科学研究和技术服务业	2021-12-6	2000.00
460	301213	观想科技	四川	信息传输、软件和信息技术服务	2021-12-6	2000.00
461	301111	粤万年青	广东	制造业	2021-12-7	4000.00
462	301126	达嘉维康	湖南	批发和零售业	2021-12-7	5162.64
463	301199	迈赫股份	山东	制造业	2021-12-7	3334.00
464	301179	泽宇智能	江苏	信息传输、软件和信息技术服务	2021-12-8	3300.00
465	301193	家联科技	浙江	制造业	2021-12-9	3000.00
466	301168	通灵股份	江苏	制造业	2021-12-10	3000.00
467	301138	华研精机	广东	制造业	2021-12-15	3000.00
468	301177	迪阿股份	广东	批发和零售业	2021-12-15	4001.00
469	301101	明月镜片	江苏	制造业	2021-12-16	3358.54
470	301100	风光股份	辽宁	制造业	2021-12-17	5000.00
471	301096	百诚医药	浙江	科学研究和技术服务业	2021-12-20	2704.17
472	301113	雅艺科技	浙江	制造业	2021-12-22	1750.00
473	301211	亨迪药业	湖北	制造业	2021-12-22	6000.00
474	301221	光庭信息	湖北	信息传输、软件和信息技术服务	2021-12-22	2315.56
475	301182	凯旺科技	河南	制造业	2021-12-23	2396.00
476	301186	超达装备	江苏	制造业	2021-12-23	1820.00
477	001296	长江材料	重庆	制造业	2021-12-24	2055.00
478	301190	善水科技	江西	制造业	2021-12-24	5366.00
479	301166	优宁维	上海	批发和零售业	2021-12-28	2166.67
480	301189	奥尼电子	广东	制造业	2021-12-28	3000.00
481	301127	天源环保	湖北	水利、环境和公共设施管理业	2021-12-30	10250.00

continued

发行价格（元）IPO Price (yuan)	首发筹资金额（百万元）Proceeds Raised by IPO (million yuan)	上市首日涨跌幅（%）Price Change Rate on Issue Day of IPO (%)	超募比例（%）Oversubscription Rate(%)	网上发行中签率(%) Lot Winning Rate for Online Subscription(%)	首发市盈率（摊薄）(倍) IPO P/E Ratio (times)	上市交易所 Stock Exchange
9.08	403.76	85.90	-62.51	0.02	24.41	深圳证券交易所
93.09	3723.60	-4.43	67.67	0.02	35.13	深圳证券交易所
10.45	2318.99	81.53	36.26	0.03	24.59	深圳证券交易所
15.48	625.58	69.32	6.35	0.02	30.71	深圳证券交易所
19.11	601.97	50.81	24.56	0.01	21.35	深圳证券交易所
33.16	1890.12	-13.18	59.90	0.02	46.64	深圳证券交易所
36.50	1460.00	-7.97	33.73	0.02	39.16	深圳证券交易所
14.55	582.00	37.46	0.00	0.02	22.99	深圳证券交易所
58.08	1955.36	-10.09	64.13	0.02	96.16	深圳证券交易所
36.31	1210.33	-0.61	59.74	0.02	37.98	深圳证券交易所
55.66	1025.26	16.62	0.00	0.01	31.50	深圳证券交易所
19.39	350.18	141.46	0.00	0.01	27.58	深圳证券交易所
29.82	550.83	88.13	0.00	0.01	34.28	深圳证券交易所
10.07	704.90	146.28	53.12	0.02	40.60	深圳证券交易所
13.00	755.43	108.62	19.32	0.02	33.25	深圳证券交易所
12.36	326.30	175.08	-47.49	0.02	17.19	深圳证券交易所
48.66	573.12	62.15	0.00	0.01	42.09	深圳证券交易所
12.20	488.12	205.98	-37.91	0.02	41.50	深圳证券交易所
22.70	605.41	159.91	-13.16	0.02	22.81	深圳证券交易所
11.88	455.72	165.82	-34.54	0.02	30.15	深圳证券交易所
21.99	439.80	179.90	-37.00	0.01	29.56	深圳证券交易所
17.88	357.60	193.18	0.00	0.01	27.05	深圳证券交易所
60.66	3296.75	175.31	53.24	0.02	21.43	深圳证券交易所
14.33	380.17	297.28	7.65	0.02	31.22	深圳证券交易所
16.00	320.16	44.00	0.00	0.02	20.13	深圳证券交易所
21.76	544.00	166.08	14.77	0.02	37.01	深圳证券交易所
57.27	1162.72	44.37	56.43	0.02	25.89	深圳证券交易所
26.33	526.60	53.93	0.00	0.01	27.09	深圳证券交易所
31.50	630.00	85.08	0.00	0.01	44.55	深圳证券交易所
10.48	419.20	214.69	2.17	0.02	26.80	深圳证券交易所
12.37	638.62	91.59	9.30	0.02	39.39	深圳证券交易所
29.28	976.20	40.03	42.20	0.02	39.57	深圳证券交易所
43.99	1451.67	32.92	52.34	0.02	37.37	深圳证券交易所
30.73	921.90	32.74	0.00	0.02	32.25	深圳证券交易所
39.08	1172.40	57.40	18.61	0.02	48.67	深圳证券交易所
26.17	785.10	210.20	47.27	0.02	39.95	深圳证券交易所
116.88	4676.37	41.18	67.58	0.02	83.01	深圳证券交易所
26.91	903.78	149.31	24.89	0.02	51.65	深圳证券交易所
27.81	1390.50	94.82	28.72	0.02	38.73	深圳证券交易所
79.60	2152.52	26.98	56.35	0.02	149.91	深圳证券交易所
31.18	545.65	113.79	0.00	0.01	25.81	深圳证券交易所
25.80	1548.00	44.65	13.59	0.02	36.86	深圳证券交易所
69.89	1618.34	25.94	67.43	0.02	88.69	深圳证券交易所
27.12	649.80	78.24	43.30	0.02	63.81	深圳证券交易所
28.12	511.78	117.28	0.00	0.01	31.18	深圳证券交易所
25.56	525.26	44.01	0.00	0.02	17.57	深圳证券交易所
27.85	1494.43	34.51	4.75	0.02	54.39	深圳证券交易所
86.06	1864.63	22.05	70.37	0.02	97.46	深圳证券交易所
66.18	1985.40	-12.07	49.95	0.02	39.46	深圳证券交易所
12.03	1233.08	93.43	40.75	0.03	33.98	深圳证券交易所

2-13 沪深股票市场分板块再筹资情况
Statistics for SSE & SZSE Stock Market Refinancing by Board

年份 Year	再筹资公司家数(家) Number of Listed Companies Financing by Subsequent Offerings of Shares(unit)					再筹资金额(亿元) Proceeds Raised by Subsequent Offerings of Shares (100 million yuan)				
	主板 Main Board	中小板 SME Board	创业板 ChiNext Board	科创板 STAR Market	合计 Total	主板 Main Board	中小板 SME Board	创业板 ChiNext Board	科创板 STAR Market	合计 Total
1992	0	—	—	—	0	0.00	—	—	—	0.00
1993	54	—	—	—	54	60.19	—	—	—	60.19
1994	53	—	—	—	53	59.19	—	—	—	59.19
1995	79	—	—	—	79	57.41	—	—	—	57.41
1996	40	—	—	—	40	66.71	—	—	—	66.71
1997	95	—	—	—	95	208.42	—	—	—	208.42
1998	167	—	—	—	167	375.22	—	—	—	375.22
1999	123	—	—	—	123	378.93	—	—	—	378.93
2000	177	—	—	—	177	653.26	—	—	—	653.26
2001	148	—	—	—	148	624.11	—	—	—	624.11
2002	50	—	—	—	50	221.29	—	—	—	221.29
2003	43	—	—	—	43	193.08	—	—	—	193.08
2004	36	0	—	—	36	289.47	0.00	—	—	289.47
2005	7	0	—	—	7	281.40	0.00	—	—	281.40
2006	55	3	—	—	58	1014.99	17.81	—	—	1032.80
2007	152	12	—	—	164	2986.24	57.67	—	—	3043.91
2008	129	17	—	—	146	2149.87	128.14	—	—	2278.01
2009	126	23	0	—	149	2801.88	153.48	0.00	—	2955.36
2010	140	45	0	—	185	4597.61	319.60	0.00	—	4917.21
2011	139	65	0	—	204	3874.16	455.84	0.00	—	4330.00
2012	119	39	4	—	162	3103.15	394.66	10.26	—	3508.08
2013	199	117	56	—	372	3510.18	536.64	84.64	—	4131.46
2014	252	190	103	—	545	5987.25	1501.52	340.61	—	7829.38
2015	330	245	195	—	770	10433.75	3094.98	1256.50	—	14785.23
2016	345	272	228	—	845	12336.78	4480.96	1983.58	—	18801.32
2017	320	238	210	—	768	9226.97	3033.60	973.33	—	13233.90
2018	285	173	196	—	654	7726.35	1573.87	699.51	—	9999.73
2019	233	121	150	0	504	7851.58	1582.05	615.38	0.00	10049.01
2020	300	158	147	6	611	6455.01	2119.80	893.36	11.14	9479.31
2021	584	58	241	52	935	7680.27	494.62	1687.42	186.37	10048.67

注：1.再筹资包含公开增发、定向增发、配股、权证和优先股筹资。其中权证筹资仅指期权行权筹资(不包括可转债转股)，为2008年之后开展的业务；优先股为2014年之后开展的业务。再筹资以上市日口径统计。
2.一家公司在当年以多种方式或多次进行再筹资的,相应筹资家数计为1，筹资金额为合计数。

数据来源：上海证券交易所、深圳证券交易所
Source: SSE、SZSE

2-14 沪深股票市场分股份类型再筹资情况

Statistics for SSE & SZSE Stock Market Refinancing by Type of Shares

年份 Year	再筹资公司家数(家) Number of Listed Companies Financing by Subsequent Offerings of Shares(unit)				
	A股 A-shares				B股 B-shares
	增发公司家数 Number of Companies Financing by Following on Offering	配股公司家数 Number of Companies Financing by Rights Issues	行权筹资家数 Number of Companies Financing by Warrant Exercise	优先股家数 Number of Companies Financing by Preference Stock	
1992	0	0	—	—	0
1993	0	53	—	—	1
1994	1	51	—	—	1
1995	0	78	—	—	1
1996	0	40	—	—	1
1997	0	93	—	—	3
1998	7	160	—	—	0
1999	6	116	—	—	1
2000	16	161	—	—	0
2001	22	126	—	—	0
2002	28	22	—	—	0
2003	17	25	—	—	1
2004	11	23	—	—	2
2005	5	2	—	—	0
2006	56	2	—	—	0
2007	157	7	—	—	0
2008	135	9	2	—	0
2009	131	10	8	—	0
2010	160	18	7	—	0
2011	188	15	1	—	0
2012	155	7	0	—	0
2013	360	13	0	0	0
2014	528	13	0	5	0
2015	756	5	0	11	0
2016	827	11	0	8	0
2017	761	7	0	1	0
2018	633	15	0	7	0
2019	489	9	0	6	0
2020	589	18	0	6	0
2021	928	7	0	0	0

注：1.再筹资包含公开增发、定向增发、配股、权证和优先股筹资。其中权证筹资仅指期权行权筹资(不包括可转债转股)，为2008年之后开展的业务；优先股为2014年之后开展的业务。再筹资以上市日口径统计。

2.同年以多种方式或者多次进行再筹资的，A股公司分别计入当年相应筹资家数和金额；B股公司的筹资家数计为1，筹资金额为合计数。

数据来源：上海证券交易所、深圳证券交易所

Source:SSE、SZSE

2-14 续表 continued

年份 Year	再筹资金额(亿元) Proceeds Raised by Subsequent Offerings of Shares (100 million yuan)				
	A股 A-shares				B股 B-shares
	增发筹资金额 Proceeds Raised by Following on Offering	配股筹资金额 Proceeds Raised by Rights Issues	行权筹资金额 Proceeds Raised by Warrant Exercise	优先股 Proceeds Raised by Overview Preference Stock	
1992	0.00	0.00	—	—	0.00
1993	0.00	60.10	—	—	0.09
1994	7.68	51.36	—	—	0.15
1995	0.00	56.25	—	—	1.16
1996	0.00	64.64	—	—	2.07
1997	0.00	205.68	—	—	2.74
1998	30.46	344.76	—	—	0.00
1999	59.75	318.98	—	—	0.20
2000	143.73	509.53	—	—	0.00
2001	193.48	430.64	—	—	0.00
2002	164.68	56.61	—	—	0.00
2003	116.13	76.52	—	—	0.43
2004	159.73	104.77	—	—	24.98
2005	278.78	2.62	—	—	0.00
2006	1028.48	4.32	—	—	0.00
2007	2816.24	227.68	—	—	0.00
2008	2095.68	151.57	30.76	—	0.00
2009	2818.99	105.97	30.40	—	0.00
2010	3394.71	1438.22	84.28	—	0.00
2011	3878.54	421.96	29.49	—	0.00
2012	3387.07	121.00	0.00	—	0.00
2013	3655.74	475.73	0.00	0.00	0.00
2014	6661.41	137.97	0.00	1030.00	0.00
2015	12741.29	36.44	0.00	2007.50	0.00
2016	16879.80	298.51	0.00	1623.00	0.00
2017	12870.94	162.96	0.00	200.00	0.00
2018	8421.66	228.32	0.00	1349.76	0.00
2019	7365.13	133.88	0.00	2550.00	0.00
2020	8778.99	512.97	0.00	187.35	0.00
2021	9555.32	493.35	0.00	0.00	0.00

2-15 股票市场优先股情况
Overview of Preference Stock in Stock Market

年份 Year	A 股 A-Shares				
	证券代码 Stock Code	证券简称 Stock Abbreviation	上市日 Offering Day	优先股股本合计（万股） Share Capital of Preference Stock (10 thousand shares)	优先股筹资金额（亿元） Proceeds Raised (100 million yuan)
2014	360001.SH	农行优1	2014-11-28	40000.00	400.00
	360002.SH	中行优1	2014-12-08	32000.00	320.00
	360003.SH	浦发优1	2014-12-18	15000.00	150.00
	360005.SH	兴业优1	2014-12-19	13000.00	130.00
	360006.SH	康美优1	2014-12-30	3000.00	30.00
2015	360007.SH	中建优1	2015-03-20	15000.00	150.00
	360008.SH	浦发优2	2015-03-26	15000.00	150.00
	360009.SH	农行优2	2015-03-27	40000.00	400.00
	360010.SH	中行优2	2015-03-31	28000.00	280.00
	360012.SH	兴业优2	2015-07-17	13000.00	130.00
	360013.SH	光大优1	2015-07-21	20000.00	200.00
	360014.SH	中原优1	2015-08-10	3400.00	34.00
	360015.SH	中交优1	2015-09-22	9000.00	90.00
	360016.SH	电建优1	2015-10-26	2000.00	20.00
	360017.SH	中交优2	2015-11-06	5500.00	55.00
	360011.SH	工行优1	2015-12-11	45000.00	450.00
	140001.SZ	宁行优01	2015-12-09	4850.00	48.50
2016	360018.SH	北银优1	2016-01-04	4900.00	49.00
	360019.SH	南银优1	2016-01-11	4900.00	49.00
	360020.SH	华夏优1	2016-04-20	20000.00	200.00
	360023.SH	北银优2	2016-08-26	13000.00	130.00
	360022.SH	光大优2	2016-08-26	10000.00	100.00
	360024.SH	南银优2	2016-09-26	5000.00	50.00
	360021.SH	交行优1	2016-09-29	45000.00	450.00
	360025.SH	中信优1	2016-11-21	35000.00	350.00
	140002.SZ	平银优01	2016-03-25	20000.00	200.00
	140003.SZ	晨鸣优01	2016-04-08	2250.00	22.50
	140004.SZ	晨鸣优02	2016-09-12	1000.00	10.00
	140005.SZ	晨鸣优03	2016-10-24	1250.00	12.50

注：优先股以上市日口径统计。
数据来源：上海证券交易所、深圳证券交易所
Source:SSE、SZSE

2-15 续表 continued

年份 Year	A 股 A-Shares				
	证券代码 Stock Code	证券简称 Stock Abbreviation	上市日 Offering Day	优先股股本合计（万股）Share Capital of Preference Stock (10 thousand shares)	优先股筹资金额（亿元）Proceeds Raised (100 million yuan)
2017	360026.SH	苏银优1	2017-12-21	20000.00	200.00
2018	360027.SH	杭银优1	2018-01-04	10000.00	100.00
	360028.SH	招银优1	2018-01-12	27500.00	275.00
	360029.SH	上银优1	2018-01-12	20000.00	200.00
	360030.SH	建行优1	2018-01-15	60000.00	600.00
	360031.SH	贵银优1	2018-12-12	5000.00	50.00
	140006.SZ	牧原优01	2018-02-06	2475.93	24.76
	140007.SZ	宁行优02	2018-11-28	10000.00	100.00
2019	360032.SH	兴业优3	2019-04-26	30000.00	300.00
	360033.SH	中行优3	2019-07-17	73000.00	730.00
	360034.SH	光大优3	2019-08-05	35000.00	350.00
	360035.SH	中行优4	2019-09-17	27000.00	270.00
	360036.SH	工行优2	2019-10-16	70000.00	700.00
	360037.SH	民生优1	2019-11-08	20000.00	200.00
2020	360038.SH	长银优1	2020-01-21	6000.00	60.00
	360039.SH	九州优1	2020-08-21	1200.00	12.00
	360040.SH	阳煤优1	2020-09-16	1000.00	10.00
	360041.SH	九州优2	2020-11-26	800.00	8.00
	360042.SH	五矿优1	2020-11-30	5000.00	50.00
	360043.SH	五矿优2	2020-12-29	3000.00	30.00
	140008.SZ	铁汉优01	2020-02-26	935.00	9.35
	140009.SZ	蒙草优01	2020-02-26	800.00	8.00

2-16 沪深股票市场分板块交易情况
Statistics for SSE & SZSE Stock Market Transaction by Board

年份 Year	交易天数(天) Number of Trading Days (day)	成交量(亿股) Trading Volume(100 million shares)				
		主板 Main Board	中小板 SME Board	创业板 ChiNext Board	科创板 STAR Market	合计 Total
1992	257	36.90	—	—	—	36.90
1993	259	226.56	—	—	—	226.56
1994	252	1013.34	—	—	—	1013.34
1995	253	705.31	—	—	—	705.31
1996	247	2533.14	—	—	—	2533.14
1997	243	2560.02	—	—	—	2560.02
1998	246	2154.11	—	—	—	2154.11
1999	239	2932.90	—	—	—	2932.90
2000	239	4759.45	—	—	—	4759.45
2001	240	3155.93	—	—	—	3155.93
2002	237	3017.14	—	—	—	3017.14
2003	241	4163.08	—	—	—	4163.08
2004	243	5768.57	59.16	—	—	5827.73
2005	242	6493.43	130.30	—	—	6623.73
2006	241	15848.45	296.78	—	—	16145.23
2007	242	35588.19	815.56	—	—	36403.76
2008	246	22942.14	1189.26	—	—	24131.39
2009	244	47784.81	3283.65	38.55	—	51107.00
2010	242	37696.10	4055.35	400.53	—	42151.98
2011	244	29465.14	3729.74	761.69	—	33956.57
2012	243	26306.55	5075.85	1478.14	—	32860.54
2013	238	37090.93	8245.92	3035.84	—	48372.68
2014	245	58405.71	11313.55	4035.30	—	73754.56
2015	244	135690.64	25409.95	9938.88	—	171039.47
2016	244	64602.50	20578.13	9509.90	—	94690.53
2017	244	61541.52	17409.44	8829.88	—	87780.84
2018	243	52108.58	18286.37	11642.30	—	82037.25
2019	244	75338.20	31971.44	19009.23	305.42	126624.28
2020	243	93785.58	42243.89	30218.85	1203.53	167451.86
2021	243	156415.35	—	29060.09	1950.55	187426.00

数据来源：上海证券交易所、深圳证券交易所
Source:SSE、SZSE

2-16 续表 1 continued

年份 Year	日均成交量(亿股) Average Daily Volume (100 million shares)	成交金额(亿元) Trading Turnover(100 million yuan)				
		主板 Main Board	中小板 SME Board	创业板 ChiNext Board	科创板 STAR Market	合计 Total
1992	0.14	683.04	—	—	—	683.04
1993	0.87	3627.20	—	—	—	3627.21
1994	4.02	8127.63	—	—	—	8127.63
1995	2.79	4036.45	—	—	—	4036.45
1996	10.26	21332.17	—	—	—	21332.18
1997	10.54	30721.83	—	—	—	30721.83
1998	8.76	23527.31	—	—	—	23544.25
1999	12.27	31319.60	—	—	—	31322.37
2000	19.91	60826.65	—	—	—	60835.19
2001	13.15	38305.18	—	—	—	38325.39
2002	12.73	27990.46	—	—	—	27993.91
2003	17.27	32115.27	—	—	—	32115.27
2004	23.98	41511.32	822.63	—	—	42333.95
2005	27.37	30460.85	1203.92	—	—	31664.78
2006	66.99	87397.34	3071.55	—	—	90468.89
2007	150.43	444382.56	16173.66	—	—	460556.22
2008	98.10	250475.38	16637.28	—	—	267112.66
2009	209.45	485885.13	48273.52	1828.11	—	535986.76
2010	174.18	444083.25	85832.43	15717.87	—	545633.54
2011	139.17	333739.00	69026.46	18879.12	—	421644.58
2012	135.23	229387.19	61891.45	23304.63	—	314583.27
2013	203.25	317322.27	100224.40	51181.94	—	468728.61
2014	301.04	513705.37	152166.57	78041.34	—	743912.98
2015	700.98	1767632.33	497556.18	285352.81	—	2550541.31
2016	388.08	712848.18	344164.94	216831.62	—	1273844.74
2017	359.76	699223.72	259879.80	165521.59	—	1124625.11
2018	337.60	539251.39	203625.83	158862.19	—	901739.41
2019	518.95	718584.29	310656.51	231604.19	13313.81	1274158.80
2020	689.10	1033503.65	501795.70	466722.99	66230.17	2068252.52
2021	771.30	1931009.04	—	543303.17	105421.90	2579734.12

2-16 续表 2 continued

年份 Year	日均成交金额 (亿元) Average Daily Turnover (100 million yuan)	市值换手率(%) Turnover Ratio of Market Capitalization(%)			
		主板 Main Board	中小板 SME Board	创业板 ChiNext Board	科创板 STAR Market
1992	2.66	—	—	—	—
1993	14.00	—	—	—	—
1994	32.25	—	—	—	—
1995	15.95	—	—	—	—
1996	86.37	—	—	—	—
1997	126.43	—	—	—	—
1998	95.71	—	—	—	—
1999	131.06	—	—	—	—
2000	254.54	491.19	—	—	—
2001	159.69	227.07	—	—	—
2002	118.12	195.86	—	—	—
2003	133.26	237.04	—	—	—
2004	174.21	298.15	862.32	—	—
2005	130.85	287.77	811.53	—	—
2006	375.39	540.03	918.62	—	—
2007	1903.12	815.84	875.60	—	—
2008	1085.82	394.80	549.73	—	—
2009	2196.67	558.47	1030.48	723.60	—
2010	2254.68	302.98	789.10	1739.37	—
2011	1728.05	187.22	410.88	750.91	—
2012	1294.58	147.19	394.46	792.21	—
2013	1969.45	191.74	467.71	855.08	—
2014	3036.38	363.19	478.76	685.04	—
2015	10453.04	533.73	813.95	1068.84	—
2016	5220.68	254.45	567.69	760.10	—
2017	4609.12	215.32	417.91	590.07	—
2018	3710.86	167.04	351.20	574.12	—
2019	5221.96	210.69	470.37	690.32	1531.29
2020	8511.33	262.89	556.98	822.03	1741.39
2021	10616.19	320.37	—	655.12	671.60

2-17 沪深股票市场分股份类型交易情况
Statistics for SSE & SZSE Stock Market Transaction by Type of Shares

年份 Year	成交量(亿股) Trading Volume (100 million shares)		成交金额(亿元) Trading Turnover (100 million yuan)		市值换手率(%) Turnover Ratio of Market Capitalization (%)	
	A股 A-shares	B股 B-shares	A股 A-shares	B股 B-shares	A股 A-shares	B股 B-shares
1992	32.88	4.02	651.81	31.23	—	—
1993	209.17	17.40	3522.55	104.65	—	—
1994	988.02	25.32	8003.08	124.55	—	—
1995	681.07	24.24	3958.58	77.86	—	—
1996	2464.93	68.22	21052.29	279.87	—	—
1997	2471.30	88.72	30295.21	426.62	—	—
1998	2092.50	61.60	23417.72	126.52	—	—
1999	2810.26	122.64	31052.33	270.04	—	—
2000	4559.06	200.40	60287.20	547.97	501.50	133.27
2001	2466.14	689.79	33260.08	5063.13	211.54	438.72
2002	2860.21	156.94	27145.06	848.41	203.38	88.87
2003	3992.28	170.80	31269.96	845.30	131.25	40.94
2004	5672.91	154.83	41576.19	757.76	321.58	139.88
2005	6470.87	152.86	31099.38	565.40	309.87	79.86
2006	15808.62	336.61	89217.11	1251.78	572.37	135.48
2007	35683.93	719.82	454771.30	5784.93	840.22	264.98
2008	23912.78	218.62	265890.43	1222.23	409.26	85.70
2009	50648.91	458.09	533889.40	2097.37	589.30	153.54
2010	41806.42	345.56	543465.92	2167.63	347.12	114.48
2011	33748.72	207.85	420339.19	1305.40	215.62	67.23
2012	32681.93	178.61	313715.14	868.13	181.65	56.37
2013	47953.66	263.89	466632.02	1439.32	244.30	86.88
2014	73188.22	194.87	741378.07	1007.19	315.85	130.72
2015	170541.00	498.48	2546837.74	3703.57	612.68	167.69
2016	94480.50	210.03	1272358.71	1486.02	346.84	77.95
2017	87628.57	152.27	1123647.88	977.23	265.86	56.17
2018	81926.96	110.30	901103.16	636.24	217.50	40.70
2019	126508.50	115.79	1273572.03	586.78	288.90	41.00
2020	167323.96	127.90	2067631.86	620.66	379.33	50.76
2021	187279.61	146.39	2579050.24	683.88	322.94	52.47

数据来源：上海证券交易所、深圳证券交易所
Source:SSE、SZSE

2-18 上海证券交易所股票市场交易情况
Statistics of Stock Market Transaction of Shanghai Stock Exchange

年份 Year	成交量(亿股) Trading Volume(100 million shares)			日均成交量 (亿股) Average Daily Volume (100 million shares)
	A股 A-shares	B股 B-shares	合计 Total	
1992	15.21	2.56	17.78	0.07
1993	133.68	13.74	147.42	0.57
1994	634.33	22.43	656.76	2.61
1995	494.50	19.33	513.83	2.05
1996	1074.00	27.88	1101.88	4.46
1997	1166.01	49.67	1215.68	5.00
1998	1085.42	42.54	1127.95	4.59
1999	1488.25	72.13	1560.38	6.53
2000	2310.88	126.78	2437.65	10.20
2001	1429.69	390.26	1819.95	7.58
2002	1693.53	87.56	1781.10	7.52
2003	2632.63	60.09	2692.73	11.17
2004	3550.88	56.86	3607.74	14.85
2005	3926.89	59.70	3986.59	16.47
2006	10124.28	159.66	10283.93	42.67
2007	23931.39	393.99	24325.38	100.52
2008	16207.24	104.36	16311.60	66.31
2009	33476.72	202.92	33679.64	138.03
2010	25812.40	152.03	25964.43	107.29
2011	21078.72	114.19	21192.91	86.86
2012	18850.54	77.89	18928.43	77.90
2013	26432.16	131.57	26563.73	111.61
2014	42471.35	96.01	42567.36	173.74
2015	101396.17	305.51	101701.68	413.42
2016	44751.80	131.92	44883.72	183.95
2017	43719.05	80.26	43799.31	179.51
2018	37173.54	61.12	37234.65	153.23
2019	53726.50	65.65	53792.15	220.46
2020	68289.34	71.55	68360.89	281.32
2021	86216.83	78.72	86295.55	355.13

数据来源：上海证券交易所
Source:SSE

2-18 续表 1 continued

年份 Year	成交金额(亿元) Trading Turnover (100 million yuan)			日均成交金额(亿元) Average Daily Turnover (100 million yuan)
	A股 A-shares	B股 B-shares	合计 Total	
1992	234.37	14.60	248.96	0.97
1993	2261.68	78.86	2340.54	9.11
1994	5626.73	108.35	5735.07	22.76
1995	3042.63	60.83	3103.46	12.36
1996	9020.24	94.57	9114.82	36.90
1997	13550.24	212.93	13763.17	56.64
1998	12304.23	81.88	12386.11	50.35
1999	16826.20	139.59	16965.79	70.99
2000	31029.69	344.17	31373.86	131.27
2001	19876.84	2832.54	22709.38	94.62
2002	16441.71	517.38	16959.09	71.56
2003	20541.25	282.89	20824.14	86.41
2004	26229.30	241.30	26470.60	108.93
2005	19061.49	178.72	19240.21	79.51
2006	57245.11	571.49	57816.60	239.90
2007	301960.29	3473.99	305434.29	1262.13
2008	179762.44	667.51	180429.95	733.46
2009	345443.26	1068.65	346511.91	1420.13
2010	303215.93	1096.08	304312.01	1257.49
2011	236809.12	746.19	237555.30	973.59
2012	164047.38	413.48	164460.86	676.79
2013	228918.82	689.69	229608.51	964.74
2014	375149.95	480.70	375630.66	1533.19
2015	1323231.16	2359.28	1325590.45	5388.58
2016	496880.34	984.49	497864.83	2040.42
2017	507214.81	555.30	507770.10	2081.03
2018	401575.27	389.75	401965.02	1654.18
2019	543463.81	380.21	543844.01	2228.87
2020	839470.30	390.56	839860.86	3456.22
2021	1139595.19	411.27	1140006.46	4691.38

2-18 续表 2 continued

年份 Year	市值换手率(%) Turnover Ratio of Market Capitalization(%)		
	A股 A-shares	B股 B-shares	合计 Total
1992	—	—	—
1993	—	—	—
1994	—	—	—
1995	—	—	—
1996	—	—	—
1997	—	—	—
1998	—	—	—
1999	—	—	—
2000	509.34	145.34	498.80
2001	228.79	447.12	243.60
2002	210.38	92.84	202.68
2003	262.82	63.31	252.07
2004	316.44	60.18	304.69
2005	292.40	65.93	283.49
2006	559.07	151.79	544.39
2007	830.76	333.62	817.72
2008	388.58	94.58	384.11
2009	526.69	165.31	523.12
2010	260.25	125.57	259.25
2011	164.28	80.88	163.75
2012	128.60	56.51	128.26
2013	169.72	84.70	169.22
2014	235.59	63.46	234.76
2015	490.77	203.38	489.60
2016	222.73	92.51	222.12
2017	180.91	55.67	180.47
2018	151.27	43.93	150.91
2019	193.90	43.98	193.44
2020	258.95	54.79	258.50
2021	281.11	56.59	280.71

2-19 深圳证券交易所股票市场交易情况

Statistics of Stock Market Transaction of Shenzhen Stock Exchange

年份 Year	成交量(亿股) Trading Volume(100 million shares)			日均成交量 (亿股) Average Daily Volume (100 million shares)
	A股 A-shares	B股 B-shares	合计 Total	
1992	17.66	1.46	19.12	0.07
1993	75.49	3.66	79.15	0.32
1994	353.70	2.88	356.58	1.42
1995	186.57	4.91	191.48	0.79
1996	1390.93	40.33	1431.26	5.80
1997	1305.29	39.05	1344.34	5.53
1998	1007.08	19.07	1026.15	4.17
1999	1322.01	50.51	1372.52	5.74
2000	2248.18	73.62	2321.80	9.72
2001	1036.45	299.53	1335.97	5.57
2002	1166.68	69.37	1236.05	5.22
2003	1359.65	110.71	1470.36	6.10
2004	2122.03	97.96	2219.99	9.14
2005	2543.98	93.16	2637.14	10.90
2006	5684.34	176.95	5861.29	24.32
2007	11752.53	325.84	12078.37	49.91
2008	7705.54	114.26	7819.79	31.79
2009	17172.19	255.17	17427.36	71.42
2010	15994.02	193.52	16187.55	66.89
2011	12670.00	93.66	12763.66	52.31
2012	13831.39	100.72	13932.12	57.33
2013	21521.50	132.32	21653.82	90.98
2014	30716.87	98.86	30815.73	125.78
2015	69144.83	192.97	69337.80	281.86
2016	49728.70	78.11	49806.81	204.13
2017	43909.52	72.01	43981.53	180.25
2018	44753.42	49.18	44802.60	184.37
2019	72782.00	50.14	72832.14	298.49
2020	99034.62	56.35	99090.97	407.78
2021	101062.78	67.67	101130.45	416.17

数据来源：深圳证券交易所
Source:SZSE

2-19 续表 continued

年份 Year	成交金额(亿元) Trading Turnover(100 million yuan)			日均成交金额(亿元) Average Daily Turnover (100 million yuan)	市值换手率(%) Turnover Ratio of Market Capitalization(%)		
	A股 A-shares	B股 B-shares	合计 Total		A股 A-shares	B股 B-shares	合计 Total
1992	417.44	16.63	434.08	1.69	351.80	130.91	329.78
1993	1260.87	25.80	1286.67	5.13	494.01	86.80	459.54
1994	2376.35	16.20	2392.56	9.49	650.12	35.08	579.90
1995	915.96	17.04	932.99	3.82	268.10	37.28	241.55
1996	12032.05	185.30	12217.36	49.46	1295.32	139.26	1173.86
1997	16744.97	213.69	16958.66	69.79	813.95	99.88	746.40
1998	11113.50	44.65	11158.14	45.36	395.92	34.10	379.34
1999	14226.13	130.46	14356.58	60.07	398.52	86.63	386.79
2000	29257.50	203.83	29461.33	123.27	493.22	115.23	483.10
2001	13383.24	2232.77	15616.02	65.07	190.00	422.05	206.30
2002	10703.35	331.47	11034.82	46.56	193.41	83.13	186.14
2003	10728.72	562.41	11291.13	46.85	218.75	138.17	213.29
2004	15346.89	516.46	15863.35	65.28	319.76	110.57	301.36
2005	12037.89	386.68	12424.57	51.34	342.37	88.95	315.18
2006	31972.00	680.29	32652.29	135.49	596.64	124.10	552.01
2007	152811.01	2310.94	155121.94	641.00	859.48	203.27	818.67
2008	86127.99	554.72	86682.71	352.37	461.50	77.15	447.24
2009	188446.14	1028.72	189474.86	776.54	764.97	142.56	747.76
2010	240249.99	1071.55	241321.53	997.20	599.48	104.82	587.29
2011	183530.07	559.21	184089.28	754.46	359.38	55.06	353.48
2012	149667.76	454.65	150122.41	617.79	330.67	56.21	325.84
2013	237713.21	749.11	238462.31	1001.94	431.07	84.13	425.62
2014	366228.12	523.69	366751.81	1496.95	480.79	634.60	476.32
2015	1223606.58	1344.29	1224950.86	4979.48	829.30	163.77	852.02
2016	775478.37	501.53	775979.90	3180.25	508.36	59.00	505.87
2017	616433.07	421.94	616855.01	2528.09	414.78	53.82	412.88
2018	499527.90	246.49	499774.39	2056.68	358.41	37.92	356.93
2019	730108.22	206.57	730314.79	2993.09	457.61	37.13	456.16
2020	1228161.56	230.10	1228391.66	5055.11	557.02	47.80	555.88
2021	1439455.05	272.61	1439727.66	5924.81	506.94	50.41	506.08

2-20　沪深股票分行业成交情况
Statistics for SSE & SZSE Stock Transaction by Industry

行业 Industry	成交量(百万股) Trading Volume(million shares)		成交金额(百万元) Trading Turnover(million yuan)	
	2020	2021	2020	2021
农、林、牧、渔业 Agriculture, Forestry, Animal Husbandry and Fishery	256445.15	213015.69	3005827.91	2572560.22
采矿业 Mining	580879.35	940931.07	4056553.31	8418106.06
制造业 Manufacturing	9590816.18	10873851.14	133450801.39	179245892.63
电力、热力、燃气及水的生产和供应业 Production and Supply of Electricity, Gas and Water	402056.08	1102231.71	2111738.74	7485064.32
建筑业 Construction	432741.24	592734.31	2682524.31	3624267.23
批发和零售业 Wholesale and Retail Trades	607604.42	504681.70	5628921.22	4715116.06
交通运输、仓储和邮政业 Transport, Storage and Post	466831.31	465592.46	3494662.87	4145921.81
住宿和餐饮业 Hotels and Catering Services	24474.00	15819.15	245636.54	222537.04
信息传输、软件和信息技术服务业 Information Transmission, Computer Services and Software	1408364.43	1217968.49	19559854.00	15367338.51
金融业 Financial Intermediation	1514358.65	1374137.15	18419336.13	16461628.63
房地产业 Real Estate	546137.10	538148.09	4226714.92	3909689.83
租赁和商务服务业 Leasing and Business Services	311325.00	249336.42	2906307.55	2603292.07
科学研究和技术服务业 Scientific Research, Technical Service	87381.64	117259.97	1962939.19	3176363.02
水利、环境和公共设施管理业 Management of Water Conservancy, Environment and Public Facilities	156589.12	190620.99	1428769.93	1697943.05
居民服务、修理和其他服务业 Resident Services, Repairs and Other Services	939.05	667.09	10757.13	6890.30
教育 Education	12039.28	28869.29	183020.17	338248.60
卫生和社会工作业 Health and Social Works	47612.33	65985.61	1108921.50	1739598.72
文化、体育和娱乐业 Culture, Sports and Entertainment	211099.01	187747.93	1795122.18	1589133.67
综合 Others	87492.98	63001.29	546842.85	653819.81

数据来源：上海证券交易所、深圳证券交易所
Source:SSE、SZSE

2-21 沪深股票按监管辖区成交情况
Statistics for SSE & SZSE Stock Transaction by Regulatory Jurisdiction

辖区	Jurisdiction	成交量(百万股) Trading Volume(million shares)		成交金额(百万元) Trading Turnover(million yuan)	
		2020	2021	2020	2021
北京	Beijing	2264441.26	2668739.66	25103485.72	28256850.21
天津	Tianjin	254039.16	254861.22	2886428.72	3791586.63
河北	Hebei	293379.23	362375.48	3254060.15	4089843.65
山西	Shanxi	200392.88	413197.17	1349256.05	3933838.98
内蒙古	InnerMongolia	265786.96	578047.99	2144417.91	4498813.22
辽宁	Liaoning	145886.95	182153.44	1456874.30	1765933.32
吉林	Jilin	122910.80	228422.05	803518.30	2313489.45
黑龙江	Heilongjiang	221812.02	145044.08	2056531.82	1095578.91
上海	Shanghai	804371.82	1183796.88	11424499.59	17922360.45
江苏	Jiangsu	1075130.63	1665142.68	14730467.66	24504993.05
浙江	Zhejiang	1527630.98	1324356.69	19002391.71	20946059.10
安徽	Anhui	1054347.19	590040.24	12038287.10	8374416.85
福建	Fujian	308262.82	449582.11	4013580.92	7232323.62
江西	Jiangxi	342359.03	258964.29	4607581.60	4799930.62
山东	Shandong	498756.18	835692.76	5994564.78	11501020.09
河南	Henan	267024.52	519374.76	2519997.44	6111735.11
湖北	Hubei	331948.64	424938.83	5210449.53	6177320.76
湖南	Hunan	573343.72	507579.83	6999606.55	6927139.23
广东	Guangdong	344345.80	1343883.87	4373166.48	19036056.13
广西	Guangxi	276704.54	118596.58	3285032.09	801151.78
海南	Hainan	296694.18	196955.14	3085917.39	1410840.47
重庆	Chongqing	424247.65	309617.99	4698593.67	3903276.22
四川	Sichuan	1366696.09	654691.23	16367106.91	12542447.36
贵州	Guizhou	1245675.23	90068.08	20466525.50	3198727.17
云南	Yunnan	205700.15	257169.33	1356971.94	3783552.69
西藏	Tibet	153843.07	71224.29	1384194.50	1556773.40
陕西	Shaanxi	215642.71	319242.17	3304063.89	5719119.14
甘肃	Gansu	362106.03	263741.37	5643071.38	1868886.99
青海	Qinghai	88234.15	73311.21	794264.87	1133321.08
宁夏	Ningxia	129084.06	105211.94	1820468.17	691936.11
新疆	Xinjiang	152394.06	375207.66	1327827.60	3502803.72
深圳	Shenzhen	327775.23	1285862.75	6339555.56	24028506.08
大连	Dalian	172325.04	127340.88	1555628.41	929326.69
宁波	Ningbo	148173.41	250387.67	1797044.80	4359046.67
厦门	Xiamen	82376.71	159334.31	861856.79	2460355.56
青岛	Qingdao	189636.84	134543.57	2050607.01	1950593.14
其他	Others	11706.55	13899.34	717355.01	853457.96

注：上市公司辖区按公司注册地划分，以沪深交易所股东大会公告为准。
数据来源：上海证券交易所、深圳证券交易所
Source:SSE、SZSE

2-22　2021年沪深A股总市值前50只股票交易情况

排名 Ranking	股票代码 Stock Code	股票简称 Stock Abbreviation	股票市值（亿元） Market Capitalization of Shares (100 million yuan)	占比（%） Proportion (%)	流通市值（亿元） Negotiable Market Capitalization (100 million yuan)
1	600519	贵州茅台	25752.05	2.81	25752.05
2	300750	宁德时代	13705.41	1.50	11987.30
3	601398	工商银行	12483.05	1.36	12483.05
4	600036	招商银行	10048.36	1.10	10048.36
5	601288	农业银行	9385.78	1.02	8798.97
6	000858	五粮液	8642.79	0.94	8642.54
7	601857	中国石油	7950.37	0.87	7950.37
8	601988	中国银行	6428.35	0.70	6428.35
9	601628	中国人寿	6265.80	0.68	6265.80
10	601318	中国平安	5460.75	0.60	5460.75
11	600900	长江电力	5162.40	0.56	5162.40
12	000333	美的集团	5156.59	0.56	5041.05
13	002415	海康威视	4884.49	0.53	4771.84
14	002594	比亚迪	4861.40	0.53	3096.94
15	601012	隆基绿能	4665.97	0.51	4665.86
16	300760	迈瑞医疗	4629.35	0.51	4629.35
17	603288	海天味业	4427.84	0.48	4427.84
18	601888	中国中免	4283.93	0.47	4283.93
19	600028	中国石化	4042.09	0.44	4042.09
20	601166	兴业银行	3955.41	0.43	3734.74
21	600809	山西汾酒	3852.88	0.42	3837.84
22	300059	东方财富	3846.94	0.42	3188.79
23	000568	泸州老窖	3718.57	0.41	3717.94
24	601088	中国神华	3713.78	0.41	3713.78

注：1.按年末股票市值进行排名。
　　2.占比为个股市值占A股股票总市值的比重。
数据来源：上海证券交易所、深圳证券交易所
Source:SSE、SZSE

Statistics of Top 50 SSE & SZSE A-share Stock Transaction Ranked by Stock Market Capitalization in 2021

成交量 (亿股) Trading Volume (100 million shares)	成交金额 (亿元) Trading Turnover (100 million yuan)	市盈率 (倍) P/E Ratio (times)	市净率 (倍) P/B Ratio (times)	涨跌幅 (%) Price Change Rate (%)	股本换手率 (%) Turnover Ratio of Share Capital (%)
10.19	19969.62	55.15	15.96	3.57	81.14
36.71	16831.15	245.33	18.85	67.55	229.52
513.87	2587.32	5.22	0.57	-2.13	19.06
155.48	8017.64	12.62	1.70	13.65	75.37
509.84	1587.44	4.77	0.47	-0.59	17.24
61.36	15622.44	43.31	9.29	-22.97	159.44
396.41	1986.30	47.29	0.74	23.03	24.48
317.30	1002.98	4.66	0.44	2.00	15.05
39.64	1313.86	16.92	1.89	-19.98	19.04
183.91	12098.08	6.44	1.21	-40.00	169.77
121.73	2467.40	19.63	3.00	22.71	53.53
86.77	6813.31	19.11	4.35	-23.52	126.39
96.04	5526.14	36.52	8.49	9.21	114.11
76.04	17919.47	172.75	9.46	38.06	658.76
197.65	18250.86	54.56	13.29	31.19	429.06
12.86	5078.94	69.53	17.94	-10.16	231.59
15.99	2140.95	69.15	22.06	-31.45	41.55
29.44	8119.04	69.77	19.20	-22.04	150.81
415.88	1808.76	15.55	0.69	11.80	43.52
272.40	5687.42	5.94	0.64	-5.01	138.87
18.38	6304.42	125.12	39.41	17.85	178.51
537.17	17761.92	80.27	9.35	43.88	683.36
37.80	8592.96	61.92	14.11	13.57	258.14
104.41	2094.48	11.42	1.24	37.50	63.31

2-22 续表

排名 Ranking	股票代码 Stock Code	股票简称 Stock Abbreviation	股票市值 (亿元) Market Capitalization of Shares (100 million yuan)	占比 (%) Proportion (%)	流通市值 (亿元) Negotiable Market Capitalization (100 million yuan)
25	601658	邮储银行	3698.92	0.40	575.00
26	002475	立讯精密	3479.09	0.38	3476.06
27	300999	金龙鱼	3411.81	0.37	341.49
28	002352	顺丰控股	3381.36	0.37	3103.82
29	601728	中国电信	3361.37	0.37	190.75
30	600276	恒瑞医药	3243.42	0.35	3234.79
31	000001	平安银行	3198.10	0.35	3198.03
32	600309	万华化学	3171.14	0.35	1437.99
33	603259	药明康德	3040.06	0.33	3020.08
34	601633	长城汽车	2978.47	0.33	2951.13
35	600030	中信证券	2812.26	0.31	2592.05
36	002714	牧原股份	2807.99	0.31	1894.32
37	603501	韦尔股份	2721.30	0.30	2454.97
38	600887	伊利股份	2653.49	0.29	2471.13
39	600436	片仔癀	2637.40	0.29	2637.40
40	002142	宁波银行	2527.85	0.28	2497.17
41	600000	浦发银行	2503.74	0.27	2503.74
42	002304	洋河股份	2482.46	0.27	2064.45
43	600104	上汽集团	2410.30	0.26	2410.30
44	601816	京沪高铁	2371.84	0.26	1319.98
45	601138	工业富联	2367.92	0.26	2353.31
46	601919	中远海控	2366.03	0.26	2117.81
47	300015	爱尔眼科	2285.70	0.25	1885.15
48	300014	亿纬锂能	2243.45	0.24	2172.53
49	002812	恩捷股份	2234.59	0.24	1858.02
50	600406	国电南瑞	2219.84	0.24	2206.38

continued

成交量 (亿股) Trading Volume (100 million shares)	成交金额 (亿元) Trading Turnover (100 million yuan)	市盈率 (倍) P/E Ratio (times)	市净率 (倍) P/B Ratio (times)	涨跌幅 (%) Price Change Rate (%)	股本换手率 (%) Turnover Ratio of Share Capital (%)
366.02	1968.10	7.34	0.70	11.40	324.64
199.06	8400.46	47.91	10.59	-12.12	283.24
56.54	5095.86	56.86	3.94	-41.82	1400.22
56.45	4129.59	46.16	5.86	-21.49	125.35
244.52	1135.13	19.00	1.09	-4.42	455.57
107.16	7155.16	51.25	10.63	-45.28	179.43
239.98	4883.08	11.77	0.82	-14.12	123.66
52.91	5882.99	31.58	6.50	12.25	371.65
56.97	8147.54	118.40	10.79	5.84	277.14
79.55	3601.46	83.60	7.82	30.26	131.36
270.83	7043.67	22.91	1.88	-8.69	275.94
97.60	6532.19	10.29	5.00	-1.56	309.43
18.92	5345.86	100.56	24.21	34.61	240.93
159.98	6407.87	37.49	8.73	-4.57	269.49
11.72	4330.18	157.78	33.55	63.76	194.31
67.64	2570.87	17.68	1.91	14.90	113.71
120.53	1197.50	4.29	0.39	-7.43	41.06
24.76	4675.21	33.18	5.89	-29.13	197.96
118.38	2516.99	11.80	0.93	-12.80	101.32
137.41	727.16	73.46	1.29	-14.14	71.20
79.29	1026.68	13.58	2.28	-11.01	249.79
612.30	11547.65	30.15	6.82	99.02	623.95
91.25	5419.84	131.10	20.75	-26.67	230.57
76.46	7924.68	135.12	13.12	45.03	420.76
20.11	4133.47	199.16	17.36	76.84	316.48
66.94	2257.50	45.76	6.50	83.49	129.79

2-23　2021年沪深A股流通市值前50只股票交易情况

排名 Ranking	股票代码 Stock Code	股票简称 Stock Abbreviation	流通市值(亿元) Negotiable Market Capitalization (100 million yuan)	占比(%) Proportion (%)	股票市值(亿元) Market Capitalization of Shares (100 million yuan)
1	600519	贵州茅台	25752.05	3.43	25752.05
2	601398	工商银行	12483.05	1.66	12483.05
3	300750	宁德时代	11987.30	1.59	13705.41
4	600036	招商银行	10048.36	1.34	10048.36
5	601288	农业银行	8798.97	1.17	9385.78
6	000858	五 粮 液	8642.54	1.15	8642.79
7	601857	中国石油	7950.37	1.06	7950.37
8	601988	中国银行	6428.35	0.86	6428.35
9	601628	中国人寿	6265.80	0.83	6265.80
10	601318	中国平安	5460.75	0.73	5460.75
11	600900	长江电力	5162.40	0.69	5162.40
12	000333	美的集团	5041.05	0.67	5156.59
13	002415	海康威视	4771.84	0.63	4884.49
14	601012	隆基绿能	4665.86	0.62	4665.97
15	300760	迈瑞医疗	4629.35	0.62	4629.35
16	603288	海天味业	4427.84	0.59	4427.84
17	601888	中国中免	4283.93	0.57	4283.93
18	600028	中国石化	4042.09	0.54	4042.09
19	600809	山西汾酒	3837.84	0.51	3852.88
20	601166	兴业银行	3734.74	0.50	3955.41
21	000568	泸州老窖	3717.94	0.49	3718.57
22	601088	中国神华	3713.78	0.49	3713.78
23	002475	立讯精密	3476.06	0.46	3479.09
24	600276	恒瑞医药	3234.79	0.43	3243.42

注：1.按年末股票流通市值进行排名。
2.占比为个股流通市值占A股股票总流通市值的比重。

数据来源：上海证券交易所、深圳证券交易所

Source:SSE、SZSE

Statistics of Top 50 SSE & SZSE A-share Stock Transaction Ranked by Stock Free Float Market Capitalization in 2021

成交量（亿股） Trading Volume (100 million shares)	成交金额（亿元） Trading Turnover (100 million yuan)	市盈率（倍） P/E Ratio (times)	市净率（倍） P/B Ratio (times)	涨跌幅（%） Price Change Rate (%)	股本换手率（%） Turnover Ratio of Share Capital (%)
10.19	19969.62	55.15	15.96	3.57	81.14
513.87	2587.32	5.22	0.57	-2.13	19.06
36.71	16831.15	245.33	18.85	67.55	229.52
155.48	8017.64	12.62	1.70	13.65	75.37
509.84	1587.44	4.77	0.47	-0.59	17.24
61.36	15622.44	43.31	9.29	-22.97	159.44
396.41	1986.30	47.29	0.74	23.03	24.48
317.30	1002.98	4.66	0.44	2.00	15.05
39.64	1313.86	16.92	1.89	-19.98	19.04
183.91	12098.08	6.44	1.21	-40.00	169.77
121.73	2467.40	19.63	3.00	22.71	53.53
86.77	6813.31	19.11	4.35	-23.52	126.39
96.04	5526.14	36.52	8.49	9.21	114.11
197.65	18250.86	54.56	13.29	31.19	429.06
12.86	5078.94	69.53	17.94	-10.16	231.59
15.99	2140.95	69.15	22.06	-31.45	41.55
29.44	8119.04	69.77	19.20	-22.04	150.81
415.88	1808.76	15.55	0.69	11.80	43.52
18.38	6304.42	125.12	39.41	17.85	178.51
272.40	5687.42	5.94	0.64	-5.01	138.87
37.80	8592.96	61.92	14.11	13.57	258.14
104.41	2094.48	11.42	1.24	37.50	63.31
199.06	8400.46	47.91	10.59	-12.12	283.24
107.16	7155.16	51.25	10.63	-45.28	179.43

2-23 续表

排名 Ranking	股票代码 Stock Code	股票简称 Stock Abbreviation	流通市值(亿元) Negotiable Market Capitalization (100 million yuan)	占比(%) Proportion (%)	股票市值(亿元) Market Capitalization of Shares (100 million yuan)
25	000001	平安银行	3198.03	0.43	3198.10
26	300059	东方财富	3188.79	0.42	3846.94
27	002352	顺丰控股	3103.82	0.41	3381.36
28	002594	比亚迪	3096.94	0.41	4861.40
29	603259	药明康德	3020.08	0.40	3040.06
30	601633	长城汽车	2951.13	0.39	2978.47
31	600436	片仔癀	2637.40	0.35	2637.40
32	600030	中信证券	2592.05	0.34	2812.26
33	600000	浦发银行	2503.74	0.33	2503.74
34	002142	宁波银行	2497.17	0.33	2527.85
35	600887	伊利股份	2471.13	0.33	2653.49
36	603501	韦尔股份	2454.97	0.33	2721.30
37	600104	上汽集团	2410.30	0.32	2410.30
38	601138	工业富联	2353.31	0.31	2367.92
39	600406	国电南瑞	2206.38	0.29	2219.84
40	000651	格力电器	2173.25	0.29	2190.13
41	300014	亿纬锂能	2172.53	0.29	2243.45
42	601919	中远海控	2117.81	0.28	2366.03
43	002304	洋河股份	2064.45	0.27	2482.46
44	601668	中国建筑	2032.23	0.27	2097.41
45	600438	通威股份	2023.90	0.27	2023.90
46	601899	紫金矿业	1987.98	0.26	1997.54
47	600031	三一重工	1936.31	0.26	1936.31
48	000792	盐湖股份	1921.28	0.26	1922.70
49	000002	万科A	1920.19	0.26	1921.50
50	002714	牧原股份	1894.32	0.25	2807.99

continued

成交量 (亿股) Trading Volume (100 million shares)	成交金额 (亿元) Trading Turnover (100 million yuan)	市盈率 (倍) P/E Ratio (times)	市净率 (倍) P/B Ratio (times)	涨跌幅 (%) Price Change Rate (%)	股本换手率 (%) Turnover Ratio of Share Capital (%)
239.98	4883.08	11.77	0.82	-14.12	123.66
537.17	17761.92	80.27	9.35	43.88	683.36
56.45	4129.59	46.16	5.86	-21.49	125.35
76.04	17919.47	172.75	9.46	38.06	658.76
56.97	8147.54	118.40	10.79	5.84	277.14
79.55	3601.46	83.60	7.82	30.26	131.36
11.72	4330.18	157.78	33.55	63.76	194.31
270.83	7043.67	22.91	1.88	-8.69	275.94
120.53	1197.50	4.29	0.39	-7.43	41.06
67.64	2570.87	17.68	1.91	14.90	113.71
159.98	6407.87	37.49	8.73	-4.57	269.49
18.92	5345.86	100.56	24.21	34.61	240.93
118.38	2516.99	11.80	0.93	-12.80	101.32
79.29	1026.68	13.58	2.28	-11.01	249.79
66.94	2257.50	45.76	6.50	83.49	129.79
125.07	6035.79	10.05	2.37	-36.38	210.16
76.46	7924.68	135.12	13.12	45.03	420.76
612.30	11547.65	30.15	6.82	99.02	623.95
24.76	4675.21	33.18	5.89	-29.13	197.96
475.36	2342.23	4.67	0.70	5.12	116.82
232.06	10106.07	56.10	6.63	17.67	527.09
812.49	8834.50	39.24	4.52	5.72	405.51
352.39	10617.87	12.55	3.42	-33.40	415.38
134.19	4610.00	72.43	22.28	300.34	247.18
216.85	5277.53	5.53	1.01	-27.20	223.16
97.60	6532.19	10.29	5.00	-1.56	309.43

2-24　2021年沪深A股成交金额前50股票交易情况

排名 Ranking	股票代码 Stock Code	股票简称 Stock Abbreviation	成交金额 (亿元) Trading Turnover (100 million yuan)	占比 (%) Proportion (%)	股票市值(亿元) Market Capitalization of Shares (100 million yuan)
1	600519	贵州茅台	19969.62	0.77	25752.05
2	601012	隆基绿能	18250.86	0.71	4665.97
3	002594	比亚迪	17919.47	0.69	4861.40
4	300059	东方财富	17761.92	0.69	3846.94
5	300750	宁德时代	16831.15	0.65	13705.41
6	000858	五粮液	15622.44	0.61	8642.79
7	002466	天齐锂业	15094.06	0.59	1580.50
8	600111	北方稀土	13939.01	0.54	1663.94
9	601318	中国平安	12098.08	0.47	5460.75
10	002460	赣锋锂业	11909.08	0.46	1641.65
11	601919	中远海控	11547.65	0.45	2366.03
12	000725	京东方A	11061.95	0.43	1894.24
13	600031	三一重工	10617.87	0.41	1936.31
14	300274	阳光电源	10545.46	0.41	2165.44
15	600438	通威股份	10106.07	0.39	2023.90
16	601899	紫金矿业	8834.50	0.34	1997.54
17	603799	华友钴业	8654.23	0.34	1347.14
18	000568	泸州老窖	8592.96	0.33	3718.57
19	002475	立讯精密	8400.46	0.33	3479.09
20	002340	格林美	8189.02	0.32	495.09
21	603259	药明康德	8147.54	0.32	3040.06
22	601888	中国中免	8119.04	0.31	4283.93
23	600036	招商银行	8017.64	0.31	10048.36
24	300014	亿纬锂能	7924.68	0.31	2243.45

注：1.按全年股票成交金额进行排名。
　　2.占比为个股成交金额占A股股票总成交金额的比重。
数据来源：上海证券交易所、深圳证券交易所
Source:SSE、SZSE

Statistics of Top 50 SSE & SZSE A-share Stock Transaction Ranked by Stock Trading Turnover in 2021

流通市值(亿元) Negotiable Market Capitalization (100 million yuan)	成交量(亿股) Trading Volume (100 million shares)	市盈率 (倍) P/E Ratio (times)	市净率 (倍) P/B Ratio (times)	涨跌幅 (%) Price Change Rate(%)	股本换手率(%) Turnover Ratio of Share Capital (%)
25752.05	10.19	55.15	15.96	3.57	81.14
4665.86	197.65	54.56	13.29	31.19	429.06
3096.94	76.04	172.75	9.46	38.06	658.76
3188.79	537.17	80.27	9.35	43.88	683.36
11987.30	36.71	245.33	18.85	67.55	229.52
8642.54	61.36	43.31	9.29	-22.97	159.44
1576.99	207.76	0.00	11.97	172.47	1409.77
1663.94	422.41	199.84	15.96	251.10	1162.69
5460.75	183.91	6.44	1.21	-40.00	169.77
1227.73	84.66	189.03	10.62	41.41	1000.79
2117.81	612.30	30.15	6.82	99.02	623.95
1693.64	1801.46	38.55	1.40	-14.47	537.15
1936.31	352.39	12.55	3.42	-33.40	415.38
1598.18	98.52	110.81	13.99	102.04	903.62
2023.90	232.06	56.10	6.63	17.67	527.09
1987.98	812.49	39.24	4.52	5.72	405.51
1335.59	84.57	115.65	13.58	39.41	730.57
3717.94	37.80	61.92	14.11	13.57	258.14
3476.06	199.06	47.91	10.59	-12.12	283.24
492.86	810.24	120.07	3.54	48.23	1701.52
3020.08	56.97	118.40	10.79	5.84	277.14
4283.93	29.44	69.77	19.20	-22.04	150.81
10048.36	155.48	12.62	1.70	13.65	75.37
2172.53	76.46	135.12	13.12	45.03	420.76

2-24 续表

排名 Ranking	股票代码 Stock Code	股票简称 Stock Abbreviation	成交金额(亿元) Trading Turnover (100 million yuan)	占比(%) Proportion (%)	股票市值(亿元) Market Capitalization of Shares (100 million yuan)
25	002241	歌尔股份	7861.09	0.30	1848.23
26	600703	三安光电	7258.02	0.28	1682.44
27	000625	长安汽车	7246.43	0.28	967.51
28	600010	包钢股份	7241.52	0.28	1271.82
29	600276	恒瑞医药	7155.16	0.28	3243.42
30	300142	沃森生物	7144.92	0.28	899.96
31	000100	TCL科技	7078.56	0.27	865.69
32	600030	中信证券	7043.67	0.27	2812.26
33	600460	士兰微	7013.44	0.27	767.51
34	600905	三峡能源	6827.13	0.26	2145.68
35	000333	美的集团	6813.31	0.26	5156.59
36	600893	航发动力	6672.48	0.26	1691.59
37	002714	牧原股份	6532.19	0.25	2807.99
38	600887	伊利股份	6407.87	0.25	2653.49
39	600089	特变电工	6358.00	0.25	802.04
40	600809	山西汾酒	6304.42	0.24	3852.88
41	603986	兆易创新	6181.43	0.24	1173.69
42	600196	复星医药	6117.55	0.24	984.16
43	300122	智飞生物	6114.52	0.24	1993.60
44	000651	格力电器	6035.79	0.23	2190.13
45	002129	中环股份	5964.91	0.23	1349.25
46	600309	万华化学	5882.99	0.23	3171.14
47	601166	兴业银行	5687.42	0.22	3955.41
48	000723	美锦能源	5606.82	0.22	693.07
49	002074	国轩高科	5606.35	0.22	853.16
50	600392	盛和资源	5568.58	0.22	344.36

continued

流通市值(亿元) Negotiable Market Capitalization (100 million yuan)	成交量(亿股) Trading Volume (100 million shares)	市盈率 (倍) P/E Ratio (times)	市净率 (倍) P/B Ratio (times)	涨跌幅 (%) Price Change Rate(%)	股本换手率(%) Turnover Ratio of Share Capital (%)
1589.14	195.36	64.90	7.04	45.52	663.42
1531.86	221.29	165.55	5.67	39.75	542.58
888.55	364.52	34.80	2.09	-1.65	759.81
883.79	3004.18	313.29	2.41	138.46	948.37
3234.79	107.16	51.25	10.63	-45.28	179.43
867.31	117.92	87.61	10.96	45.85	777.02
827.92	857.63	19.73	2.22	-11.64	663.18
2592.05	270.83	22.91	1.88	-8.69	275.94
711.14	154.74	1135.42	22.26	116.89	1179.36
643.68	1041.93	59.42	5.12	184.99	1469.47
5041.05	86.77	19.11	4.35	-23.52	126.39
1478.00	115.65	147.61	4.69	7.18	539.11
1894.32	97.60	10.29	5.00	-1.56	309.43
2471.13	159.98	37.49	8.73	-4.57	269.49
802.04	356.52	32.25	2.13	112.57	956.19
3837.84	18.38	125.12	39.41	17.85	178.51
1085.62	35.71	133.27	10.98	25.05	634.23
984.16	101.99	34.24	3.39	-8.82	507.17
1148.70	36.45	60.39	12.58	-15.52	395.50
2173.25	125.07	10.05	2.37	-36.38	210.16
1265.56	158.36	123.89	6.28	64.07	543.84
1437.99	52.91	31.58	6.50	12.25	371.65
3734.74	272.40	5.94	0.64	-5.01	138.87
644.37	501.46	98.48	5.84	142.96	1290.97
603.99	116.65	570.08	7.59	31.01	989.85
344.36	276.11	106.51	4.55	121.17	1573.10

2–25 2021年沪深A股涨幅前50股票交易情况

排名 Ranking	股票代码 Stock Code	股票简称 Stock Abbreviation	涨幅(%) Price Increase Rate (%)	股票市值(亿元) Market Capitalization of Shares (100 million yuan)	流通市值(亿元) Negotiable Market Capitalization (100 million yuan)
1	301025	读客文化	1306.45	87.20	8.19
2	301071	力量钻石	1290.40	173.09	43.27
3	688690	纳微科技	889.10	319.40	30.77
4	688305	科德数控	870.08	97.07	20.01
5	301069	凯盛新材	843.33	205.15	27.47
6	688800	瑞可达	827.30	150.42	31.07
7	688789	宏华数科	764.63	198.98	40.77
8	605117	德业股份	742.07	467.27	116.82
9	301060	兰卫医学	732.85	139.10	14.10
10	688385	复旦微电	708.03	266.89	41.29
11	003031	中瓷电子	670.89	125.13	31.28
12	688148	芳源股份	663.97	179.05	26.15
13	688499	利元亨	655.20	257.84	53.46
14	688700	东威科技	627.75	100.24	24.25
15	688533	上声电子	623.70	89.39	20.11
16	000422	湖北宜化	565.94	191.34	191.32
17	688269	凯立新材	563.44	116.70	28.13
18	301029	怡合达	551.49	368.49	31.14
19	688323	瑞华泰	545.39	69.35	15.37
20	301012	扬电科技	529.07	42.54	10.63
21	688383	新益昌	516.65	123.32	29.56
22	688768	容知日新	511.63	61.18	12.58
23	688665	四方光电	509.39	125.45	27.19
24	301046	能辉科技	507.91	75.79	17.97
25	688239	航宇科技	493.82	95.44	19.65

数据来源：上海证券交易所、深圳证券交易所
Source:SSE、SZSE

Statistics of Top 50 SSE & SZSE A-share Stock Transaction Ranked by Stock Price Increase Rate in 2021

成交量 (亿股) Trading Volume (100 million shares)	成交金额 (亿元) Trading Turnover (100 million yuan)	市盈率 (倍) P/E Ratio (times)	市净率 (倍) P/B Ratio (times)	股本换手率(%) Turnover Ratio of Share Capital (%)
10.67	210.01	168.99	14.51	2840.28
1.46	400.15	237.14	19.67	964.20
3.08	305.50	439.38	59.69	793.95
1.81	210.80	275.50	17.71	948.90
6.20	297.85	127.67	16.77	1101.27
1.69	164.81	204.30	28.19	746.68
0.68	156.17	116.24	26.78	413.63
6.10	903.60	122.18	53.88	1429.74
9.63	266.65	125.83	9.04	2370.28
6.87	338.85	308.59	21.24	830.04
6.15	405.93	127.50	11.30	2004.24
7.66	250.45	301.80	19.31	1023.69
1.64	418.88	183.57	24.59	888.00
4.19	233.43	114.16	28.00	1211.27
7.17	204.33	118.36	12.53	2095.94
129.80	2480.30	165.19	10.12	1445.71
1.50	165.17	110.80	34.91	686.22
1.65	164.57	135.87	16.99	487.71
4.54	144.30	118.48	11.41	1155.77
6.68	296.60	86.71	7.73	3347.26
2.68	316.49	114.69	21.44	1120.90
0.84	83.75	82.21	17.13	688.59
2.08	202.76	148.51	56.59	1394.00
5.50	315.72	84.08	9.89	1552.40
4.00	217.61	131.29	17.26	1359.98

2-25 续表

排名 Ranking	股票代码 Stock Code	股票简称 Stock Abbreviation	涨幅(%) Price Increase Rate (%)	股票市值(亿元) Market Capitalization of Shares (100 million yuan)	流通市值(亿元) Negotiable Market Capitalization (100 million yuan)
26	003035	南网能源	492.71	314.02	62.80
27	300967	晓鸣股份	490.35	49.99	12.53
28	300343	联创股份	488.93	195.56	160.07
29	300962	中金辐照	486.86	52.35	13.09
30	688103	国力股份	478.65	66.46	13.72
31	300987	川网传媒	471.43	51.74	12.88
32	003040	楚天龙	471.16	121.37	20.63
33	603098	森特股份	470.84	253.07	253.07
34	688661	和林微纳	468.36	80.45	17.10
35	301031	中熔电气	468.04	100.82	25.21
36	688639	华恒生物	462.08	139.59	32.41
37	002176	江特电机	456.57	354.23	354.08
38	300998	宁波方正	455.94	35.46	8.18
39	301058	中粮工科	451.55	100.30	18.75
40	301062	上海艾录	444.71	72.19	7.42
41	300942	易瑞生物	444.26	115.69	11.79
42	002432	九安医疗	440.87	238.51	238.51
43	603032	德新交运	439.45	134.32	128.44
44	001317	三羊马	435.88	68.63	17.16
45	688359	三孚新科	431.82	54.07	12.99
46	003039	顺控发展	430.87	191.62	19.24
47	301030	仕净科技	430.00	43.11	9.41
48	300614	百川畅银	422.31	77.01	19.25
49	688733	壹石通	414.91	145.29	31.47
50	000408	藏格矿业	411.86	808.08	194.13

continued

成交量 (亿股) Trading Volume (100 million shares)	成交金额 (亿元) Trading Turnover (100 million yuan)	市盈率 (倍) P/E Ratio (times)	市净率 (倍) P/B Ratio (times)	股本换手率(%) Turnover Ratio of Share Capital (%)
213.65	2110.95	78.80	5.44	2820.18
16.98	391.07	99.48	6.09	3725.85
239.76	3258.44	0.00	23.41	2587.04
12.27	311.09	85.07	6.23	1945.09
1.20	82.72	48.04	11.28	576.60
10.20	406.59	86.03	6.90	3268.85
24.91	751.28	116.51	9.02	3178.03
28.69	853.73	138.70	11.85	554.75
3.56	273.64	131.03	49.57	2123.59
1.67	261.59	181.96	14.42	1007.92
2.30	128.06	115.27	28.50	913.95
304.06	5170.45	2471.43	19.49	1782.72
7.66	272.34	75.07	6.60	3140.25
15.95	215.93	77.70	5.96	1666.50
4.56	78.16	64.86	7.31	1089.45
10.50	311.75	176.73	12.84	2699.21
35.88	730.52	97.87	11.82	770.21
7.98	193.07	—	19.95	498.59
1.01	64.44	107.85	12.78	504.65
2.63	121.00	108.19	18.93	1213.46
23.23	934.20	71.51	8.85	3746.05
5.62	186.81	70.13	4.32	1866.69
7.93	413.56	61.70	5.29	2071.21
3.26	249.78	322.24	30.00	813.55
63.59	1515.42	357.14	9.19	1343.05

2-26　2021年沪深A股跌幅前50股票交易情况

排名 Ranking	股票代码 Stock Code	股票简称 Stock Abbreviation	跌幅(%) Price Decrease Rate (%)	股票市值(亿元) Market Capitalization of Shares (100 million yuan)	流通市值(亿元) Negotiable Market Capitalization (100 million yuan)
1	600086	退市金钰	-81.40	0.00	0.00
2	002607	中公教育	-77.63	484.76	125.97
3	600340	华夏幸福	-72.16	140.89	140.16
4	600260	*ST凯乐	-71.56	30.84	30.84
5	600093	退市易见	-68.66	28.17	28.17
6	600891	退市秋林	-68.07	0.00	0.00
7	300064	*ST金刚	-67.70	21.34	12.32
8	600634	退市富控	-65.85	0.00	0.00
9	300869	康泰医学	-65.81	162.93	62.18
10	300526	中潜股份	-65.57	44.65	44.65
11	600614	退市鹏起	-64.86	0.00	0.00
12	300313	ST天山	-64.69	24.07	14.16
13	000526	学大教育	-63.75	22.36	21.22
14	300495	*ST美尚	-61.95	17.40	13.14
15	600701	退市工新	-61.54	0.00	0.00
16	603317	天味食品	-60.66	202.20	49.75
17	002773	康弘药业	-57.55	187.11	140.56
18	300010	豆神教育	-57.07	36.38	31.08
19	605009	豪悦护理	-56.61	87.90	30.89
20	600466	蓝光发展	-55.94	61.91	61.91
21	300178	*ST腾邦	-55.90	11.28	10.75
22	000667	美好置业	-55.15	42.93	42.44
23	300464	星徽股份	-54.66	29.42	25.07
24	002781	奇信股份	-53.82	15.64	15.56
25	603976	正川股份	-53.08	51.59	51.59

数据来源：上海证券交易所、深圳证券交易所
Source:SSE、SZSE

Statistics of Top 50 SSE & SZSE A-share Stock Transaction Ranked by Stock Price Decrease Rate in 2021

成交量 (亿股) Trading Volume (100 million shares)	成交金额 (亿元) Trading Turnover (100 million yuan)	市盈率 (倍) P/E Ratio (times)	市净率 (倍) P/B Ratio (times)	股本换手率(%) Turnover Ratio of Share Capital (%)
8.79	1.66	—	—	83.14
91.13	1466.23	21.04	14.32	589.99
143.97	808.79	3.84	0.23	369.79
86.75	428.02	6.80	0.46	874.38
49.77	186.88	—	—	443.40
2.38	0.85	—	—	61.88
121.53	295.18	0.00	0.00	1745.53
3.85	1.15	—	—	66.94
11.50	654.44	26.56	9.28	1531.10
24.38	689.78	0.00	13.94	1193.95
10.64	2.50	—	—	70.41
25.54	304.69	569.63	18.78	1386.90
8.18	191.76	51.19	2.22	791.40
31.13	129.72	0.00	0.76	626.11
3.48	1.11	—	—	41.75
14.58	496.61	55.51	5.42	886.49
27.90	638.24	0.00	2.96	403.03
126.94	737.63	0.00	6.19	1707.29
3.75	355.63	14.60	3.15	991.40
124.39	343.19	1.87	0.33	409.86
55.11	183.48	0.00	0.00	940.51
214.95	403.92	45.31	0.65	879.57
20.86	240.62	13.89	1.52	696.77
16.59	132.15	0.00	1.22	760.40
7.42	322.52	97.25	4.96	491.01

2-26 续表

排名 Ranking	股票代码 Stock Code	股票简称 Stock Abbreviation	跌幅(%) Price Decrease Rate (%)	股票市值(亿元) Market Capitalization of Shares (100 million yuan)	流通市值(亿元) Negotiable Market Capitalization (100 million yuan)
26	002869	金溢科技	-51.53	28.00	24.12
27	300877	金春股份	-51.14	30.49	14.43
28	601696	中银证券	-51.10	373.64	195.25
29	600890	退市中房	-50.84	13.61	13.61
30	002618	*ST丹邦	-50.68	13.97	13.97
31	603658	安图生物	-50.34	322.80	322.80
32	300312	*ST邦讯	-50.27	8.96	8.70
33	000671	阳光城	-50.08	125.04	122.37
34	300888	稳健医疗	-49.60	351.64	112.18
35	300572	安车检测	-49.36	47.29	36.38
36	002796	世嘉科技	-49.32	20.80	17.95
37	300023	*ST宝德	-49.22	19.54	15.96
38	300044	*ST赛为	-49.16	25.57	22.19
39	000710	贝瑞基因	-49.03	68.79	57.76
40	600191	*ST华资	-48.86	17.41	17.41
41	300038	*ST数知	-48.80	22.50	22.34
42	002127	南极电商	-48.74	169.39	137.63
43	600121	郑州煤电	-48.71	58.24	58.24
44	300669	沪宁股份	-48.28	23.75	18.64
45	000961	中南建设	-48.15	158.42	157.78
46	688229	博睿数据	-47.84	24.46	11.45
47	600189	泉阳泉	-47.45	55.21	53.14
48	300677	英科医疗	-47.37	318.13	221.98
49	603416	信捷电气	-47.36	66.92	66.92
50	688289	圣湘生物	-47.32	236.00	140.63

continued

成交量 (亿股) Trading Volume (100 million shares)	成交金额 (亿元) Trading Turnover (100 million yuan)	市盈率 (倍) P/E Ratio (times)	市净率 (倍) P/B Ratio (times)	股本换手率(%) Turnover Ratio of Share Capital (%)
9.26	192.79	4.45	1.19	600.13
3.46	131.98	11.04	1.89	1024.36
64.14	1087.93	42.30	2.49	620.84
24.33	80.10	—	5.93	420.00
73.91	262.60	0.00	1.42	1348.89
10.17	823.58	43.17	4.98	192.56
46.82	193.28	0.00	0.00	1862.86
108.69	449.51	2.40	0.40	268.23
5.44	682.82	9.23	3.29	1002.44
7.70	214.30	25.03	2.18	517.68
9.27	107.36	55.12	2.17	427.12
8.87	79.54	0.00	3.67	343.36
47.70	165.10	0.00	1.52	717.38
10.77	313.13	32.65	2.78	361.82
31.03	120.30	—	1.03	639.81
103.12	251.28	0.00	0.92	886.19
195.26	1816.59	14.26	3.54	993.62
169.73	1017.83	—	3.22	1393.06
4.91	113.79	43.80	4.09	488.63
101.23	572.62	2.24	0.53	265.67
0.59	47.99	78.56	2.91	457.20
54.11	650.67	66.57	3.71	864.25
30.12	3687.62	4.36	2.07	1098.85
3.43	225.41	20.18	4.43	374.62
4.16	331.29	9.02	4.97	647.01

2-27 2021年沪深B股总市值前50股票交易情况

排名 Ranking	股票代码 Stock Code	股票简称 Stock Abbreviation	股票市值(亿元) Market Capitalization of Shares (100 million yuan)	占比 (%) Proportion (%)	流通市值(亿元) Negotiable Market Capitalization (100 million yuan)
1	900948	伊泰B股	162.81	11.48	73.84
2	900926	宝信B股	118.88	8.39	118.88
3	200596	古井贡B	108.78	7.67	108.78
4	900933	华新B股	86.10	6.07	86.10
5	900932	陆家B股	63.87	4.51	63.87
6	900936	鄂资B股	55.00	3.88	55.00
7	200625	长安B	44.97	3.17	44.97
8	900905	老凤祥B	44.73	3.16	44.73
9	200771	杭汽轮B	36.23	2.56	33.83
10	900947	振华B股	35.33	2.49	35.33
11	200012	南玻B	30.17	2.13	30.17
12	200725	京东方B	26.68	1.88	26.68
13	200869	张裕B	26.32	1.86	26.31
14	200550	江铃B	21.46	1.51	21.46
15	200581	苏威孚B	21.29	1.50	21.29
16	200488	晨鸣B	20.19	1.42	20.19
17	900934	锦江B股	19.47	1.37	19.47
18	900925	机电B股	18.79	1.33	18.79
19	900908	氯碱B股	17.53	1.24	17.53
20	200429	粤高速B	17.09	1.21	17.08
21	200539	粤电力B	16.69	1.18	16.69
22	900911	金桥B股	15.71	1.11	15.71
23	200016	深康佳B	15.64	1.10	15.64
24	900903	大众B股	14.94	1.05	14.94

注：1.按年末股票市值进行排名。
2.占比为个股市值占B股股票总市值的比重。
数据来源：上海证券交易所、深圳证券交易所
Source:SSE、SZSE

Statistics of Top 50 SSE & SZSE B-share Stock Transaction Ranked by Stock Market Capitalization in 2021

成交量 (亿股) Trading Volume (100 million shares)	成交金额 (亿元) Trading Turnover (100 million yuan)	市盈率 (倍) P/E Ratio (times)	市净率 (倍) P/B Ratio (times)	涨跌幅(%) Price Change Rate (%)	股本换手率(%) Turnover Ratio of Share Capital (%)
9.75	46.71	—	0.56	64.23	73.43
3.82	99.51	36.81	6.59	59.84	107.22
0.31	27.85	26.37	2.96	4.53	26.09
2.37	29.44	4.47	1.07	-7.85	32.29
3.34	19.54	5.98	1.18	26.86	30.39
2.77	28.60	12.54	1.41	131.45	65.95
8.93	44.78	8.41	0.49	-19.60	86.27
1.25	27.14	7.34	1.46	24.40	60.59
0.86	9.74	22.35	1.17	44.58	31.60
3.79	6.57	23.20	0.69	12.40	19.49
7.22	21.93	11.04	0.73	14.94	65.05
7.90	25.56	22.19	0.79	9.47	84.43
0.58	7.32	17.02	0.75	-9.74	25.05
0.59	4.68	10.08	0.64	54.73	17.29
0.63	8.08	4.63	0.66	13.83	36.56
10.80	42.59	6.64	0.41	29.16	152.90
0.71	9.27	124.17	1.08	0.35	45.72
1.25	11.42	8.06	0.76	-4.43	57.87
3.54	13.92	8.42	1.00	52.41	86.96
1.60	6.77	12.17	1.18	48.06	46.01
2.68	5.50	6.48	0.41	17.10	33.52
0.74	4.44	5.99	0.62	4.41	27.17
2.31	4.72	10.01	0.58	0.53	28.46
1.39	2.63	8.44	0.48	-2.00	17.35

2-27 续表

排名 Ranking	股票代码 Stock Code	股票简称 Stock Abbreviation	股票市值(亿元) Market Capitalization of Shares (100 million yuan)	占比(%) Proportion (%)	流通市值(亿元) Negotiable Market Capitalization (100 million yuan)
25	900957	凌云B股	14.03	0.99	7.39
26	900953	凯马B	13.82	0.97	5.18
27	900920	动力B股	13.11	0.92	13.11
28	201872	招港B	12.27	0.87	12.27
29	900929	锦旅B股	12.05	0.85	6.00
30	900906	中毅达B	11.59	0.82	11.59
31	900912	外高B股	11.52	0.81	11.52
32	900909	华谊B股	11.38	0.80	11.38
33	900917	海欣B股	10.69	0.75	10.69
34	900923	百联B股	10.07	0.71	10.07
35	900942	黄山B股	9.85	0.70	9.85
36	900910	海立B股	9.43	0.67	9.43
37	900928	临港B股	9.30	0.66	9.30
38	200726	鲁泰B	9.19	0.65	9.19
39	200028	一致B	9.05	0.64	9.05
40	900941	东信B股	8.94	0.63	8.94
41	200761	本钢板B	8.62	0.61	8.62
42	900902	市北B股	8.55	0.60	8.55
43	200055	方大B	8.47	0.60	8.47
44	900901	云赛B股	8.37	0.59	8.37
45	200541	粤照明B	7.60	0.54	7.39
46	900939	汇丽B	7.29	0.51	3.54
47	900924	上工B股	6.74	0.48	6.74
48	200512	闽灿坤B	6.57	0.46	6.57
49	900953	凯马B	6.02	0.50	6.02
50	900924	上工B股	5.88	0.48	5.88

continued

成交量（亿股）Trading Volume (100 million shares)	成交金额（亿元）Trading Turnover (100 million yuan)	市盈率（倍）P/E Ratio (times)	市净率（倍）P/B Ratio (times)	涨跌幅(%) Price Change Rate (%)	股本换手率(%) Turnover Ratio of Share Capital (%)
1.13	4.81	65.89	2.89	25.25	61.53
1.02	2.37	86.80	1.81	-11.46	42.65
2.28	7.67	31.26	1.61	41.04	66.03
0.88	5.85	6.54	0.34	24.20	49.17
0.17	1.70	225.71	1.65	-12.09	26.22
4.92	15.27	77.48	39.69	175.66	136.52
0.40	2.43	9.26	0.61	0.60	19.94
1.56	6.55	24.13	0.55	62.90	64.07
1.42	3.19	23.62	0.68	6.19	30.36
0.92	5.54	12.85	0.56	11.85	51.03
0.85	4.02	—	0.80	-3.63	39.50
0.63	2.10	22.70	0.82	4.74	22.04
0.52	4.01	13.22	1.29	9.60	43.87
0.99	3.17	28.21	0.34	-1.14	47.81
0.19	3.48	5.19	0.48	-5.98	35.26
1.25	3.81	37.04	1.21	9.34	41.54
5.49	11.31	22.43	0.37	114.29	137.24
1.52	2.98	20.02	0.55	-14.47	32.60
0.72	1.72	6.30	0.41	-13.20	18.02
1.15	3.29	16.08	0.94	2.56	39.07
0.85	2.25	10.74	0.57	-6.76	27.12
0.44	2.23	43.23	7.66	-19.33	49.88
1.20	2.91	23.91	0.85	15.68	49.37
0.44	1.76	4.85	0.70	-14.68	23.98
1.20	3.54	55.73	2.23	-19.67	50.10
0.66	1.82	16.51	0.61	-19.43	27.16

2-28 2021年沪深B股成交金额前50股票交易情况

排名 Ranking	股票代码 Stock Code	股票简称 Stock Abbreviation	成交金额 (亿元) Trading Turnover (100 million yuan)	占比 (%) Proportion (%)	股票市值(亿元) Market Capitalization of Shares (100 million yuan)
1	900926	宝信B股	99.51	14.55	118.88
2	900948	伊泰B股	46.71	6.83	162.81
3	200625	长安B	44.78	6.55	44.97
4	200488	晨鸣B	42.59	6.23	20.19
5	900933	华新B股	29.44	4.30	86.10
6	900936	鄂资B股	28.60	4.18	55.00
7	200596	古井贡B	27.85	4.07	108.78
8	900905	老凤祥B	27.14	3.97	44.73
9	200725	京东方B	25.56	3.74	26.68
10	200012	南玻B	21.93	3.21	30.17
11	900932	陆家B股	19.54	2.86	63.87
12	900906	中毅达B	15.27	2.23	11.59
13	900908	氯碱B股	13.92	2.04	17.53
14	900925	机电B股	11.42	1.67	18.79
15	200761	本钢板B	11.31	1.65	8.62
16	200771	杭汽轮B	9.74	1.42	36.23
17	900934	锦江B股	9.27	1.36	19.47
18	200581	苏威孚B	8.08	1.18	21.29
19	900920	动力B股	7.67	1.12	13.11
20	200869	张裕B	7.32	1.07	26.32
21	200429	粤高速B	6.77	0.99	17.09
22	900947	振华B股	6.57	0.96	35.33
23	900909	华谊B股	6.55	0.96	11.38
24	201872	招港B	5.85	0.86	12.27

注：1.按2019全年股票成交金额进行排名。
2.占比为个股成交金额占B股股票总成交金额的比重。
数据来源：上海证券交易所、深圳证券交易所
Source:SSE、SZSE

Statistics of Top 50 SSE & SZSE B-share Stock Transaction Ranked by Stock Trading Turnover in 2021

流通市值(亿元) Negotiable Market Capitalization (100 million yuan)	成交量(亿股) Trading Volume (100 million shares)	市盈率(倍) P/E Ratio (times)	市净率(倍) P/B Ratio (times)	涨跌幅(%) Price Change Rate (%)	股本换手率(%) Turnover Ratio of Share Capital (%)
118.88	3.82	36.81	6.59	59.84	107.22
73.84	9.75		0.56	64.23	73.43
44.97	8.93	8.41	0.49	-19.60	86.27
20.19	10.80	6.64	0.41	29.16	152.90
86.10	2.37	4.47	1.07	-7.85	32.29
55.00	2.77	12.54	1.41	131.45	65.95
108.78	0.31	26.37	2.96	4.53	26.09
44.73	1.25	7.34	1.46	24.40	60.59
26.68	7.90	22.19	0.79	9.47	84.43
30.17	7.22	11.04	0.73	14.94	65.05
63.87	3.34	5.98	1.18	26.86	30.39
11.59	4.92	77.48	39.69	175.66	136.52
17.53	3.54	8.42	1.00	52.41	86.96
18.79	1.25	8.06	0.76	-4.43	57.87
8.62	5.49	22.43	0.37	114.29	137.24
33.83	0.86	22.35	1.17	44.58	31.60
19.47	0.71	124.17	1.08	0.35	45.72
21.29	0.63	4.63	0.66	13.83	36.56
13.11	2.28	31.26	1.61	41.04	66.03
26.31	0.58	17.02	0.75	-9.74	25.05
17.08	1.60	12.17	1.18	48.06	46.01
35.33	3.79	23.20	0.69	12.40	19.49
11.38	1.56	24.13	0.55	62.90	64.07
12.27	0.88	6.54	0.34	24.20	49.17

2-28 续表

排名 Ranking	股票代码 Stock Code	股票简称 Stock Abbreviation	成交金额（亿元） Trading Turnover (100 million yuan)	占比(%) Proportion (%)	股票市值(亿元) Market Capitalization of Shares (100 million yuan)
25	900923	百联B股	5.54	0.81	10.07
26	200539	粤电力B	5.50	0.80	16.69
27	900938	海科B	5.39	0.79	5.53
28	900957	凌云B股	4.81	0.70	14.03
29	200016	深康佳B	4.72	0.69	15.64
30	200550	江铃B	4.68	0.69	21.46
31	900911	金桥B股	4.44	0.65	15.71
32	900937	*ST华电B	4.25	0.62	5.59
33	200986	粤华包B	4.03	0.59	7.89
34	900942	黄山B股	4.02	0.59	9.85
35	900928	临港B股	4.01	0.59	9.30
36	900941	东信B股	3.81	0.56	8.94
37	200028	一致B	3.48	0.51	9.05
38	900921	丹科B股	3.40	0.50	2.81
39	900901	云赛B股	3.29	0.48	8.37
40	900919	退市庭B	3.27	0.48	4.17
41	900917	海欣B股	3.19	0.47	10.69
42	200726	鲁泰B	3.17	0.46	9.19
43	900946	天雁B股	3.04	0.44	3.71
44	900902	市北B股	2.98	0.44	8.55
45	900924	上工B股	2.91	0.42	6.74
46	200152	山航B	2.83	0.41	4.69
47	900903	大众B股	2.63	0.38	14.94
48	200011	深物业B	2.48	0.36	3.37
49	900903	大众B股	3.07	0.49	15.70
50	900918	耀皮B股	3.07	0.49	5.82

continued

流通市值(亿元) Negotiable Market Capitalization (100 million yuan)	成交量(亿股) Trading Volume (100 million shares)	市盈率(倍) P/E Ratio (times)	市净率(倍) P/B Ratio (times)	涨跌幅(%) Price Change Rate (%)	股本换手率(%) Turnover Ratio of Share Capital (%)
10.07	0.92	12.85	0.56	11.85	51.03
16.69	2.68	6.48	0.41	17.10	33.52
5.53	3.35	—	1.33	11.72	102.85
7.39	1.13	65.89	2.89	25.25	61.53
15.64	2.31	10.01	0.58	0.53	28.46
21.46	0.59	10.08	0.64	54.73	17.29
15.71	0.74	5.99	0.62	4.41	27.17
5.59	4.05	—	4.27	44.68	93.82
7.89	0.89	16.81	1.06	16.43	51.83
9.85	0.85	—	0.80	-3.63	39.50
9.30	0.52	13.22	1.29	9.60	43.87
8.94	1.25	37.04	1.21	9.34	41.54
9.05	0.19	5.19	0.48	-5.98	35.26
2.81	2.18	—	1.15	20.74	112.69
8.37	1.15	16.08	0.94	2.56	39.07
4.17	2.92	—	1.33	-31.27	84.76
10.69	1.42	23.62	0.68	6.19	30.36
9.19	0.99	28.21	0.34	-1.14	47.81
3.71	2.13	172.23	2.23	61.59	92.51
8.55	1.52	20.02	0.55	-14.47	32.60
6.74	1.20	23.91	0.85	15.68	49.37
4.69	0.71	0.00	0.00	-33.01	51.02
14.94	1.39	8.44	0.48	-2.00	17.35
3.37	0.50	3.84	0.70	24.04	74.36
15.70	1.27	5.05	0.53	-28.01	15.90
5.82	0.97	14.89	0.94	-8.37	51.61

2-29 沪深股票市场估值水平概况
Level of SSE & SZSE Stock Market Valuation

单位：倍 (times)

	市盈率 P/E Ratio		市净率 P/B Ratio	
	2020	2021	2020	2021
主板 Main Board	16.29	17.36	1.58	1.75
中小板 SME Board	35.81	—	3.27	—
创业板 ChiNext Board	64.91	59.99	5.58	5.58
科创板 STAR Market	94.63	71.64	11.05	8.61
A股 A-Shares	20.15	20.31	2.02	2.07
B股 B-Shares	9.88	11.69	0.80	0.83
沪深300指数 CSI 300 Index	16.34	17.68	1.73	1.89
上证综指 SSE Composite Index	16.76	18.02	1.76	1.76
深证综指 SZSE Composite Index	34.14	33.03	3.23	3.32
深证成指 SZSE Component Index	34.51	31.52	3.60	3.50
中小板指 SZSE SME Price Index	40.41	—	4.56	—
创业板指 ChiNext Price Index	77.25	65.45	7.95	7.93
上证50指数 SSE 50 Index	13.56	14.35	1.56	1.51
上证180指数 SSE 180 Index	14.05	14.57	1.55	1.47

数据来源：上海证券交易所、深圳证券交易所
Source:SSE、SZSE、CSINDEX

2-30 沪深股票市场行业估值水平情况
Level of SSE & SZSE Stock Market Valuation by Industry

单位：倍 (times)

行业 Industry	A 股 A-Shares			
	市盈率 P/E Ratio		市净率 P/B Ratio	
	2020	2021	2020	2021
农、林、牧、渔业 Agriculture, Forestry, Animal Husbandry and Fishery	16.75	51.32	3.70	4.00
采矿业 Mining	18.69	10.30	0.98	1.11
制造业 Manufacturing	34.73	30.52	3.77	3.90
电力、热力、燃气及水的生产和供应业 Production and Supply of Electricity, Gas and Water	15.13	22.95	1.29	1.82
建筑业 Construction	7.30	8.43	0.73	0.88
批发和零售业 Wholesale and Retail Trades	20.45	17.88	1.62	1.82
交通运输、仓储和邮政业 Transport, Storage and Post	21.74	11.97	1.65	1.60
住宿和餐饮业 Hotels and Catering Services	151.23	220.35	2.85	3.09
信息传输、软件和信息技术服务业 Information Transmission, Computer Services and Software	43.75	42.23	3.77	3.07
金融业 Financial Intermediation	9.18	7.45	0.92	0.74
房地产业 Real Estate	8.12	11.05	1.08	1.03
租赁和商务服务业 Leasing and Business Services	32.81	27.31	3.98	3.19
科学研究和技术服务业 Scientific Research, Technical Service	51.53	49.13	5.63	5.31
水利、环境和公共设施管理业 Management of Water Conservancy, Environment and Public Facilities	21.40	24.85	1.75	1.99
居民服务、修理和其他服务业 Residential Services, Repairs and Other Services	—	232.74	6.56	9.44
教育 Education	93.42	54.51	19.25	6.85
卫生和社会工作业 Health and Social Works	100.82	61.68	12.82	9.54
文化、体育和娱乐业 Culture, Sports and Entertainment	22.28	26.30	2.32	2.35
综合 Others	25.78	30.81	1.97	2.73

注：1.行业分类使用2021年第四季度证监会行业分类结果。
2.市盈率和市净率计算剔除净利润为负的公司。

数据来源：中证指数有限公司
Source:CSINDEX

2-31 沪深股票市场股息率情况
Dividend Yield Ratio of SSE & SZSE Stock Market

单位：% (%)

年份 Year	主板 Main Board	中小板 SME Board	创业板 ChiNext Board	科创板 STAR Market	上证综指 SSE Composite Index	深证综指 SZSE Composite Index	上证50指数 SSE 50 Index	上证180指数 SSE 180 Index	深证成份指数 SZSE Component Index
2008	2.14	0.85	—	—	2.23	1.49	2.70	2.52	2.07
2009	1.08	0.48	—	—	1.21	0.50	1.59	1.43	0.67
2010	1.29	0.39	0.19	—	1.43	0.56	2.10	1.79	0.91
2011	1.99	0.99	0.73	—	2.18	1.02	2.73	2.58	1.39
2012	2.25	1.20	1.00	—	2.49	1.14	3.17	2.91	1.38
2013	2.62	0.92	0.54	—	2.96	0.89	4.06	3.66	1.68
2014	2.56	0.69	0.40	—	2.03	0.91	2.86	2.50	1.40
2015	1.53	0.41	0.19	—	1.73	0.48	2.93	2.41	0.68
2016	1.66	0.57	0.37	—	1.79	0.72	2.96	2.50	1.09
2017	2.05	1.98	0.47	—	1.86	0.81	2.58	2.25	0.99
2018	1.58	1.26	0.71	—	2.69	1.39	3.50	3.20	1.64
2019	2.08	1.04	0.55	0.00	2.16	1.07	2.79	2.62	1.23
2020	1.91	0.82	0.39	0.23	1.89	0.85	2.46	2.34	0.93
2021	2.07	—	0.37	0.30	1.86	0.93	2.59	2.38	1.05

数据来源：上海证券交易所、深圳证券交易所
Source:SSE、SZSE、CSINDEX

2-32 融资融券业务情况
Statistics of Margin Transactions

年份 Year	标的证券数量(只) Number of Designated Securities for Margin Transactions(unit)			融资融券交易金额(亿元) Turnover of Margin Transactions (100 million yuan)		
	股票 Stock	ETF	合计 Total	股票 Stock	其中：融资买入额 Margin Purchase	其中：融券卖出额 Short Selling
2014	899	15	914	101824.43	92962.43	8862.01
2015	891	22	913	345664.31	319749.23	25915.08
2016	950	22	972	114825.92	114206.26	619.66
2017	949	21	970	103603.57	102066.28	1537.29
2018	949	45	994	74277.92	72782.17	1495.75
2019	1669	69	1738	111619.08	109269.26	2349.82
2020	1878	114	1992	194004.84	186796.43	7208.41
2021	2239	168	2407	219854.88	208608.51	11246.37

注：1.融资融券交易额=融资买入额+融券卖出额。
2.融券余额=融券余量*统计日收盘价格。
3.平均维持担保比例=全市场有融资融券负债的客户资产总额/全市场客户负债总额。
4.ETF自2011年12月开始被纳入融资融券标的证券。

数据来源：中国证券金融公司
Source:CSF

2-32 续表 1 continued

年份 Year	融资融券交易金额(亿元) Turnover of Margin Transactions (100 million yuan)					
	ETF	其中：融资买入额 Margin Purchase	其中：融券卖出额 Short Selling	合计 Total	其中：融资买入额 Margin Purchase	其中：融券卖出额 Short Selling
2014	4700.82	2295.28	2405.53	106525.25	95257.71	11267.54
2015	7316.31	4003.14	3313.17	352980.62	323752.37	29228.25
2016	822.10	605.56	216.53	115648.01	114811.82	836.19
2017	2182.36	1843.28	339.08	105785.93	103909.56	1876.37
2018	3365.20	2953.30	411.91	77643.12	75735.47	1907.66
2019	4843.41	4279.77	563.64	116462.49	113549.03	2913.46
2020	9981.50	9046.50	935.00	203986.34	195842.93	8143.41
2021	8889.56	7951.71	937.85	228744.44	216560.22	12184.22

2-32 续表 2 continued

年份 Year	融资融券余额(亿元) Outstanding Balance of Margin Transactions (100 million yuan)					
	股票 Stock	其中：融资余额 Margin Purchase	其中：融券余额 Short Selling	ETF	其中：融资余额 Margin Purchase	其中：融券余额 Short Selling
2014	9419.54	9369.43	50.11	854.02	822.41	31.61
2015	11220.55	11205.07	15.48	531.16	517.03	14.13
2016	9003.04	8980.41	22.62	395.15	382.92	12.23
2017	9431.11	9405.18	25.93	836.59	817.44	19.15
2018	6719.94	6693.17	26.77	842.56	801.47	41.09
2019	9020.03	8926.75	93.29	1177.63	1133.54	44.09
2020	14340.20	13179.01	1161.19	1849.48	1640.94	208.54
2021	16585.42	15624.13	961.29	1736.11	1495.93	240.18

2-32 续表 3 continued

年份 Year	融资融券余额(亿元) Outstanding Balance of Margin Transactions (100 million yuan)			开展融资融券业务证券公司及营业部(家) Security Companies Operating Margin Transactions(unit)	
	合计 Total	其中: 融资余额 Margin Purchase	其中: 融券余额 Short Selling	证券公司数量 Number of Security Companies	营业部数量 Number of Branches
2014	10273.56	10191.84	81.72	91	5805
2015	11751.71	11722.11	29.60	93	7529
2016	9398.19	9363.33	34.85	93	8635
2017	10267.70	10222.62	45.08	93	10024
2018	7562.51	7494.64	67.86	94	10768
2019	10197.66	10060.28	137.38	93	11287
2020	16189.68	14819.95	1369.73	93	11404
2021	18321.52	17120.06	1201.47	93	11582

2-32 续表 4 continued

年份 Year	担保物(亿元) Margin(100 million yuan)					客户平均维持担保比例(%) Average Maintenance Ratio(%)
	证券市值 Market Value of Securities Used as Margin			现金 Cash	合计 Total	
	小计 Subtotal	股票 Stock	债券、基金及其它 Bond、Fund and Others			
2014	25974.51	25763.16	211.35	1339.27	27313.79	240.44
2015	35941.93	35798.53	143.40	2442.97	38384.90	277.30
2016	28712.68	28617.32	95.36	1394.26	30106.94	269.81
2017	30176.28	30013.99	162.29	1110.09	31286.37	261.84
2018	19855.74	19556.67	299.06	1060.33	20916.07	230.53
2019	31450.15	31056.44	393.71	1441.09	32891.25	276.56
2020	48938.31	46999.31	1939.00	1986.89	50925.20	277.30
2021	58458.65	56461.96	1996.69	2217.58	60677.75	289.07

2-33 转融通业务情况
Statistics of Refinancing Securities

项目 Items	指标 Index		2020	2021
借入人数量（家） Number of Borrowers(unit)	证券公司 Security Company		93	93
转融券标的证券数量（只）Number of Margin Securities（unit）			1878	2239
交易金额（亿元） Turnover(100 million yuan)	转融资 Margin Funds	转融资交易金额 Margin Funds Loans	1739.14	3517.00
		其中：新合约融出 New Loans	1739.14	3517.00
		展期融出 Rollover	0.00	0.00
	转融券 Magin Securities	转融券交易金额 Margin Securities Loans	8070.15	22351.11
		其中：新合约融出 New Loans	4030.86	7207.79
		展期融出 Rollover	4039.29	15143.30
	合计 Total		9809.29	25868.10
归还金额（亿元） Redemption Value (100 million yuan)	转融资归还金额 Repaid Margin Funds Loans		1798.73	3260.69
	转融券归还金额 Returned Margin Securities Loans		3283.82	7238.77
	合计 Total		5082.55	10499.46
余额（亿元） Outstanding Loans (100 million yuan)	转融资余额 Outstanding Margin Funds Loans		662.12	918.43
	转融券余额 Outstanding Margin Securities Loans		1458.11	1441.37
	合计 Total		2120.23	2359.80
负债（亿元） Liability(100 million yuan)	转融资总负债 Total Liabilities of Margin Funds		667.35	924.85
	转融券总负债 Total Liabilities of Margin Securities		1467.84	1449.96
	合计 Total		2135.19	2374.81
保证金（亿元） Collateral Value (100 million yuan)	货币资金金额 Cash		260.86	248.63
	可充抵保证金证券价值 Securities		198.44	276.16
	合计 Total		459.30	524.79
保证金比例（%） Collateral Ratio（%）	市场平均 Average		23.03	24.44
	市场最低 Lowest		20.24	20.29
保证金比例分布（家） Distribution of Collateral Ratio(unit)	>=50%		10	11
	[24%，50%）		31	42
	[20%，24%）		26	23
	<20%		0	0

注：1.转融通交易额=转融资交易额+转融券交易额=转融资新融出额+转融资展期融出额+转融券新融出额+转融券展期融出额。
2.归还额指归还转融通本金金额以及证券出借期间因发生证券权益分派而产生的权益补偿金额，不包含息费。
3.证券公司数量、转融资余额、保证金、保证金比例及分布为截至当年12月31日数据。
4.可充抵保证金证券价值是指折算后的可充抵保证金证券市值。
5.市场平均保证金比例=有转融通余额的证券公司保证金总额/证券公司总负债。
6.转融资业务开始于2012年8月30日，转融券业务开始于2013年2月28日。

数据来源：中国证券金融公司
Source:CSF

2-34 开立信用证券账户的投资者情况
Investors with Credit Security Accounts

单位：万 (10,000)

	个人 Individual		机构 Institution	
	2020	2021	2020	2021
一、期初开立的信用证券账户的投资者数 Number of Investors with Credit Security Accounts, Beginning of Year	507.65	554.93	2.25	3.14
二、本年新开信用证券账户的投资者数 Number of Investors with New Credit Security Accounts, Opening this Year	50.31	51.15	1.13	1.23
三、本年新销信用证券账户的投资者数 Number of Investors with Credit Security Accounts, Closed this Year	3.03	3.05	0.23	0.37
四、期末开立的信用证券账户的投资者数 Number of Investors with Credit Security Accounts, End of Year	554.93	603.03	3.14	4.00

注：1.开立信用证券账户的投资者数以信用证券账户对应的一码通账户数统计。
2.信用证券账户不同于普通证券账户，是投资者为参与融资融券交易而向证券公司申请开立的证券账户。该账户是证券公司在我公司开立的“客户信用交易担保证券账户”的二级账户，用于记录投资者委托证券公司持有的担保证券的明细数据。

数据来源：中国证券登记结算公司
Source:CSDC

2-35 证券及股票期权投资者的资金余额及变动情况
Outstanding Fund and Its Change of Securities and Stock Options

年份 Year	资金类别 Type of Fund	资金余额(亿元) Outstanding Fund Value (100 million yuan)		投资者银证转账/银衍转账引起的资金变动金额(亿元) Change of Fund Caused by Bank-stock Transaction/ Bank-derivative Transaction (100 million yuan)		
		期末金额 Ending Value	日平均金额 Daily Turnover	转入额 Input	转出额 Output	净转入额 Net Input
2014	证券交易结算资金 Securities Transaction Settlement Fund	10977.14	7387.01	138105.05	129501.48	8603.57
	股票期权保证金 Stock Option Margin	—	—	—	—	—
	融资融券担保资金 Collateral Value of Margin Transaction	—	—	—	—	—
2015	证券交易结算资金 Securities Transaction Settlement Fund	17648.83	22148.81	429831.51	402942.06	26889.45
	股票期权保证金 Stock Option Margin	—	—	—	—	—
	融资融券担保资金 Collateral Value of Margin Transaction	—	—	—	—	—

注：1.“证券交易结算资金”是指“证券市场交易结算资金监控系统”获取的有经纪业务的证券公司全部经纪业务客户(含部分采取证券公司结算模式的资产管理计划)从事证券交易等的人民币交易结算资金，不包括投资者从事B股交易、融资融券业务等的资金，也不包括证券公司自营、QFII以及采用托管人结算模式的证券公司资产管理计划和公开募集证券投资基金等从事证券交易的资金。

2.“股票期权保证金”是指“证券市场交易结算资金监控系统”获取的证券公司的客户用于证券交易所股票期权交易、行权结算和履约保证的资金(包括权利金、保证金及行权资金)，不包括证券公司自营及做市业务、QFII及采用托管人结算模式的证券公司资产管理计划和公开募集证券投资基金等从事股票期权交易、行权结算和履约保证的资金。

3.“银证转账”是指在客户交易结算资金第三方存管制度下投资者在银行结算账户和证券资金账户之间的资金划转方式，是引起“证券交易结算资金”变动的重要方式之一。“投资者银证转账引起的资金变动金额”项下的“转入额”是指投资者从银行结算账户转入资金账户的金额；“转出额”是指投资者从资金账户转出到银行结算账户的金额；“净转入(转出)额”=“转入额”-“转出额”，其中，正数为净转入，负数为净转出。

4.“银行转账”是指投资者在银行结算账户和衍生品资金账户之间的资金划转方式，是引起“股票期权保证金”变动的重要方式之一。“投资者银衍转账引起的资金变动金额”项下的“转入额”是指投资者从银行结算账户转入衍生品资金账户的金额(入金)；“转出额”是指投资者从衍生品资金账户转出到银行结算账户的金额(出金)；“净转入(转出)额”(即出入金净额)=“转入额”-“转出额”，其中，正数为净转入，负数为净转出。

5.证券市场交易结算资金监控系统自2015年2月9日对股票期权保证金实施监控，自2015年9月11日对融资融券担保资金实施监控。

数据来源：中国证券投资者保护基金有限责任公司

Source:SIPF

2-35 续表 continued

年份 Year	资金类别 Type of Fund	资金余额(亿元) Outstanding Fund Value (100 million yuan)		投资者银证转账/银衍转账引起的资金变动金额(亿元) Change of Fund Caused by Bank-stock Transaction/Bank-derivative Transaction (100 million yuan)		
		期末金额 Ending Value	日平均金额 Daily Turnover	转入额 Input	转出额 Output	净转入额 Net Input
2016	证券交易结算资金 Securities Transaction Settlement Fund	12678.46	15680.03	248810.27	248937.20	-126.93
	股票期权保证金 Stock Option Margin	47.56	38.45	248.94	214.92	34.02
	融资融券担保资金 Collateral Value of Margin Transaction	1392.32	2047.98	30346.46	33091.00	-2744.54
2017	证券交易结算资金 Securities Transaction Settlement Fund	9217.16	12347.80	226998.03	227630.27	-632.24
	股票期权保证金 Stock Option Margin	50.82	57.36	291.03	277.75	13.28
	融资融券担保资金 Collateral Value of Margin Transaction	1107.46	1459.59	22276.43	23876.18	-1599.75
2018	证券交易结算资金 Securities Transaction Settlement Fund	8048.41	10287.32	205626.82	210187.31	-4560.49
	股票期权保证金 Stock Option Margin	71.40	57.06	425.39	378.62	46.78
	融资融券担保资金 Collateral Value of Margin Transaction	1057.00	1333.57	18943.25	19433.90	-490.65
2019	证券交易结算资金 Security Transaction Settlement Fund	11201.26	11811.63	232217.38	240598.30	-8380.92
	股票期权保证金 Stock Option Margin	166.45	130.68	1179.36	1055.41	123.95
	融资融券担保资金 Collateral Value of Margin Transaction	1438.41	1657.98	25420.91	26125.38	-704.47
2020	证券交易结算资金 Security Transaction Settlement Fund	14209.06	15394.79	322743.82	315107.51	7636.31
	股票期权保证金 Stock Option Margin	191.15	183.78	1572.59	1495.96	76.63
	融资融券担保资金 Collateral Value of Margin Transaction	1977.46	2308.60	34783.62	36285.03	-1501.41
2021	证券交易结算资金 Security Transaction Settlement Fund	16432.42	17231.25	376320.14	374787.92	1532.22
	股票期权保证金 Stock Option Margin	190.18	218.90	1652.33	1578.63	73.70
	融资融券担保资金 Collateral Value of Margin Transaction	2197.44	2403.77	31650.31	35419.82	-3769.51

2-36 沪深港通情况

Statistics of Shanghai and Shenzhen-Hong Kong Stock Connect

年份 Year	标的股票数量(只) Number of Underlying Stocks (unit)			
	沪股通标的股 Underlying Stocks of Shanghai Stock Connect	港股通(沪市)标的股 Underlying Stocks of Hong Kong Stock Connect (Shanghai)	深股通标的股 Underlying Stocks of Shenzhen Stock Connect	港股通(深市)标的股 Underlying Stocks of Hong Kong Stock Connect (Shenzhen)
2014	569	273	—	—
2015	569	296	—	—
2016	574	316	881	418
2017	576	311	944	445
2018	577	323	859	479
2019	916	328	708	476
2020	574	325	886	498
2021	591	376	894	526

注：1.标的股依据年末时点划分。
2.买卖净额为全年净买卖金额。
3.市盈率和市净率计算剔除净利润、净资产为负的数据。
数据来源：上海证券交易所、深圳证券交易所
Source:SSE、SZSE

2-36 续表 1 continued

年份 Year	总市值(亿元) Market Capitalization of Shares (100 million yuan)			
	沪股通标的股 Underlying Stocks of Shanghai Stock Connect	港股通(沪市)标的股 Underlying Stocks of Hong Kong Stock Connect (Shanghai)	深股通标的股 Underlying Stocks of Shenzhen Stock Connect	港股通(深市)标的股 Underlying Stocks of Hong Kong Stock Connect (Shenzhen)
2014	220286.28	162323.13	—	—
2015	247931.89	164209.39	—	—
2016	229989.62	182001.69	161650.98	146.27
2017	275797.96	238803.66	175824.12	1983.83
2018	229521.23	212627.94	121840.23	213503.46
2019	322529.02	256990.22	177247.23	269025.42
2020	360598.75	279170.87	278110.86	358538.11
2021	394520.88	250279.20	313752.96	257319.61

2-36 续表 2 continued

年份 Year	流通市值(亿元) Negotiable Market Capitalization (100 million yuan)		市盈率(倍) P/E Ratio (times)	
	沪股通标的股 Underlying Stocks of Shanghai Stock Connect	深股通标的股 Underlying Stocks of Shenzhen Stock Connect	沪股通标的股 Underlying Stocks of Shanghai Stock Connect	深股通标的股 Underlying Stocks of Shenzhen Stock Connect
2014	202746.98	—	13.21	—
2015	221572.57	—	14.55	—
2016	206064.03	128133.03	13.25	34.64
2017	244770.84	132881.85	13.51	32.94
2018	202207.78	93986.54	11.63	17.98
2019	282579.56	138879.37	13.79	24.40
2020	319480.39	218473.55	14.86	33.97
2021	349189.52	257319.61	15.72	32.28

2-36 续表 3 continued

年份 Year	市净率(倍) P/B Ratio (times)		买卖净额(亿元) Net Amount of Buy and Sell Trade (100 million yuan)			
	沪股通标的股 Underlying Stocks of Shanghai Stock Connect	深股通标的股 Underlying Stocks of Shenzhen Stock Connect	沪股通投资者买卖净额(亿元) Shanghai Stock Connect	港股通(沪市)投资者买卖净额(亿元) Hong Kong Stock Connect (Shanghai)	深股通投资者买卖净额(亿元) Shenzhen Stock Connect	港股通(深市)投资者买卖净额(亿元) Hong Kong Stock Connect (Shenzhen)
2014	1.75	—	685.70	103.97	—	—
2015	1.65	—	185.29	1016.21	—	—
2016	1.39	2.81	455.11	2051.88	151.68	59.95
2017	1.50	2.68	629.73	1968.06	1367.64	978.78
2018	1.31	1.67	1810.94	103.42	1131.24	567.07
2019	1.50	2.49	1566.33	1331.81	1951.10	886.39
2020	1.61	3.51	855.13	2970.21	1234.19	2994.37
2021	1.58	3.78	1937.27	926.54	2384.42	2856.61

2-37 北交所市场概况
Overview of BSE Market

年份 Year	上市公司家数(家) Number of Listed Companies(unit)	上市公司股本(亿股) Share Capital of Listed Companies(100 million shares)	流通股本(亿股) Negotiable Shares (100 million shares)	股票市值(亿元) Market Capitalization of Shares(100 million yuan)	流通市值(亿元) Negotiable Market Capitalization(100 million yuan)
2021	82	122.69	57.27	2722.75	1073.82

注：成交量、成交金额统计区间为11月15日至12月31日。
数据来源：北京证券交易所
Source:BSE

2-37 续表 1 continued

年份 Year	成交量(亿股) Trading Volume (100 million shares)	日均成交量(亿股) Average Daily Volume (100 million shares)	成交金额(亿元) Trading Turnover (100 million yuan)	日均成交金额(亿元) Average Daily Turnover (100 million yuan)	市值换手率(%) Turnover Ratio of Market Capitalization(%)
2021	37.45	1.07	667.17	19.06	62.55

2-37 续表 2 continued

年份 Year	市盈率(倍) P/E Ratio (times)	股息率(%) Dividend Yield Ratio(%)
2021	46.66	0.76

2-38 北交所市场分监管辖区规模
Dimensions of BSE Market by Regulatory Jurisdiction

辖区	Jurisdiction	上市公司家数(家) Number of Listed Companies (unit)	上市公司股本(亿股) Share Capital of Listed Companies (100 million shares)	股票市值(亿元) Market Capitalization of Shares (100 million yuan)
		2021	2021	2021
北京	Beijing	11	28.49	302.09
天津	Tianjin	—	—	—
河北	Hebei	3	4.54	35.04
山西	Shanxi	1	0.73	14.37
内蒙古	Inner Mongolia	1	1.45	16.55
辽宁	Liaoning	—	—	—
吉林	Jilin	2	4.21	200.42
黑龙江	Heilongjiang	—	—	—
上海	Shanghai	3	3.21	70.42
江苏	Jiangsu	13	15.85	281.91
浙江	Zhejiang	2	1.86	22.05
安徽	Anhui	5	4.35	93.99
福建	Fujian	1	1.15	22.17
江西	Jiangxi	1	0.82	9.16
山东	Shandong	5	4.79	72.63
河南	Henan	3	3.24	29.79
湖北	Hubei	3	3.59	41.49
湖南	Hunan	2	2.69	31.54
广东	Guangdong	7	9.01	127.94
广西	Guangxi	1	0.85	18.27
海南	Hainan	—	—	—
重庆	Chongqing	2	4.60	25.85
四川	Sichuan	4	3.77	146.61
贵州	Guizhou	—	—	—
云南	Yunnan	1	1.28	18.76
西藏	Tibet	—	—	—
陕西	Shaanxi	2	6.40	85.60
甘肃	Gansu	—	—	—
青海	Qinghai	—	—	—
宁夏	Ningxia	1	2.35	14.98
新疆	Xinjiang	—	—	—
深圳	Shenzhen	3	6.22	739.56
大连	Dalian	2	3.21	250.82
宁波	Ningbo	1	2.08	14.68
厦门	Xiamen	—	—	—
青岛	Qingdao	2	1.94	36.06

注：所属辖区按上市公司注册地划分，注册地为境外的上市公司，以其实际办公地为口径统计上市公司家数，以注册地(境外)为口径统计IPO家数。

数据来源：北京证券交易所

Source:BSE

2-39 北交所市场筹资情况
Proceeds Raised in BSE Market

年份 Year	发行数量(亿股) Number of Offerings (100 million shares)	筹资金额(亿元) Proceeds Raised by Offering of Shares (100 million yuan)					
		小计 Subtotal	发行筹资金额 Proceeds Raised	增发筹资金额 Proceeds Raised by Following on Offering	配股筹资金额 Proceeds Raised by Rights Issues	行权筹资金额 Proceeds Raised by Warrant Exercise	优先股 Proceeds Raised by Preference Stock
2021	2.29	21.32	21.32	0.00	0.00	0.00	0.00

注：本表发行指在北交所上市发行融资。再筹资包含公开增发、定向增发、配股、权证和优先股筹资，其中权证筹资仅指期权行权筹资(不包括可转债转股)，为2008年之后开展的业务，优先股为2014年之后开展的业务。
数据来源：北京证券交易所
Source: BSE

2-40 北交所市场发行及上市首日情况
Issue-Day Statistics of the BSE Market

年份 Year	平均超募比率(%) Average Oversubscription Rate (%)	上市首日平均换手率(%) Average Turnover Ratio of Issue-day (%)	首日破发率(%) the Ratio of Breaking Issue Price (%)	平均首发价格(元) Average IPO Price (yuan)	首日平均涨跌幅(%) Average Price Change Rate on the First Trading Day of IPO (%)	平均网上发行中签率(%) Average Lot Winning Rate for Online Subscription (%)	平均首发市盈率(倍) Average IPO P/E Ratio (times)
2021	-1.51	60.70	0.00	10.50	199.52	0.64	21.25

注：1.发行指在北交所上市发行，以上市日口径统计。
2.以上数据除超募比率使用整体法计算外，其他均为算数平均。
3.首日破发指的是首日收盘破发。
4.首发市盈率指的摊薄后的市盈率。
数据来源：北京证券交易所
Source:BSE

2-41　2021年北交所市场分行业筹资情况
Summary of BSE Market Financing by Industry in 2021

单位：亿元　　(100 million yuan)

行业 Industry	合计 Total
农、林、牧、渔 Agriculture, Forestry, Animal Husbandry and Fishery	—
采矿业 Mining	—
制造业 Manufacturing	10.33
电力、热力、燃气及水生产和供应业 Production and Supply of Electricity, Gas and Water	—
建筑业 Construction	—
批发和零售业 Wholesale and Retail Trades	—
交通运输、仓储和邮政业 Transport, Storage and Post	—
住宿和餐饮业 Hotels and Catering Services	—
信息传输、软件和信息技术服务业 Information Transmission, Computer Services and Software	7.60
金融业 Financial Intermediation	—
房地产业 Real Estate	—
租赁和商务服务业 Leasing and Business Services	—
科学研究和技术服务业 Scientific Research, Technical Service	1.83
水利、环境和公共设施管理业 Management of Water Conservancy, Environment and Public Facilities	1.56
居民服务、修理和其他服务业 Resident Services, Repairs and Other Services	—
教育 Education	—
卫生和社会工作 Health and Social Works	—
文化、体育和娱乐业 Culture, Sports and Entertainment	—
综合 Others	—

注：1.本表筹资情况包含境内首发上市及再筹资。再筹资包含公开增发、定向增发、配股、权证和优先股筹资，其中权证筹资仅指期权行权筹资(不包括可转债转股)，为2008年之后开展的业务，优先股为2014年之后开展的业务。
2.募集资金以股票上市日口径统计。

数据来源：北京证券交易所
Source:BSE

2-42 2021年北交所市场分监管辖区筹资情况
Summary of BSE Market Financing by Jurisdiction in 2021

单位：亿元

辖区	Jurisdiction	合计 Total
北京	Beijing	1.56
天津	Tianjin	—
河北	Hebei	1.14
山西	Shanxi	2.69
内蒙古	Inner Mongolia	—
辽宁	Liaoning	—
吉林	Jilin	—
黑龙江	Heilongjiang	—
上海	Shanghai	0.47
江苏	Jiangsu	4.64
浙江	Zhejiang	0.11
安徽	Anhui	2.50
福建	Fujian	—
江西	Jiangxi	—
山东	Shandong	1.62
河南	Henan	1.14
湖北	Hubei	—
湖南	Hunan	—
广东	Guangdong	0.37
广西	Guangxi	—
海南	Hainan	—
重庆	Chongqing	1.73
四川	Sichuan	1.31
贵州	Guizhou	—
云南	Yunnan	—
西藏	Tibet	—
陕西	Shaanxi	—
甘肃	Gansu	—
青海	Qinghai	—
宁夏	Ningxia	—
新疆	Xinjiang	—
深圳	Shenzhen	2.05
大连	Dalian	—
宁波	Ningbo	—
厦门	Xiamen	—
青岛	Qingdao	—
其他	Others	—

注：1.本表筹资情况包含境内首发上市及再筹资。再筹资包含公开增发、定向增发、配股、权证和优先股筹资，其中权证筹资仅指期权行权筹资(不包括可转债转股)，为2008年之后开展的业务，优先股为 2014年之后开展的业务。
2.募集资金以股票上市日口径统计。
3.上市公司辖区按公司注册地划分。

数据来源：北京证券交易所
Source:BSE

2-43 北交所市场分行业成交情况
Statistics for BSE Transaction by Industry

行业 Industry	成交量(百万股) Trading Volume(million shares)	成交金额(百万元) Trading Turnover(million yuan)
	2021	2021
农、林、牧、渔业 Agriculture, Forestry, Animal Husbandry and Fishery	—	—
采矿业 Mining	—	—
制造业 Manufacturing	2327.31	50914.22
电力、热力、燃气及水的生产和供应业 Production and Supply of Electricity, Gas and Water	188.13	1291.02
建筑业 Construction	—	—
批发和零售业 Wholesale and Retail Trades	59.07	394.28
交通运输、仓储和邮政业 Transport, Storage and Post	—	—
住宿和餐饮业 Hotels and Catering Services	—	—
信息传输、软件和信息技术服务业 Information Transmission, Computer Services and Software	826.64	10820.81
金融业 Financial Intermediation	—	—
房地产业 Real Estate	—	—
租赁和商务服务业 Leasing and Business Services	9.97	136.59
科学研究和技术服务业 Scientific Research, Technical Service	182.77	1631.37
水利、环境和公共设施管理业 Management of Water Conservancy, Environment and Public Facilities	151.19	1529.01
居民服务、修理和其他服务业 Resident Services, Repairs and Other Services	—	—
教育 Education	—	—
卫生和社会工作业 Health and Social Works	—	—
文化、体育和娱乐业 Culture, Sports and Entertainment	—	—
综合 Others	—	—

数据来源：北京证券交易所
Source:BSE

2-44 北交所市场按监管辖区成交情况

Statistics for Stock Transaction by Regulatory Jurisdiction

辖区	Jurisdiction	成交量(百万股) Trading Volume(million shares)	成交金额(百万元) Trading Turnover(million yuan)
		2021	2021
北京	Beijing	913.69	9517.69
天津	Tianjin	—	—
河北	Hebei	158.32	1955.92
山西	Shanxi	62.47	1467.86
内蒙古	InnerMongolia	57.47	604.87
辽宁	Liaoning	—	—
吉林	Jilin	94.92	4350.36
黑龙江	Heilongjiang	—	—
上海	Shanghai	50.14	1230.94
江苏	Jiangsu	617.37	10172.51
浙江	Zhejiang	58.34	675.49
安徽	Anhui	125.20	3176.25
福建	Fujian	20.96	468.98
江西	Jiangxi	9.77	111.24
山东	Shandong	162.69	3169.69
河南	Henan	169.94	2410.80
湖北	Hubei	66.30	533.30
湖南	Hunan	83.00	945.49
广东	Guangdong	188.53	3905.36
广西	Guangxi	14.58	340.59
海南	Hainan	—	—
重庆	Chongqing	214.69	1590.73
四川	Sichuan	102.83	4077.66
贵州	Guizhou	—	—
云南	Yunnan	30.63	412.01
西藏	Tibet	—	—
陕西	Shaanxi	86.78	1297.44
甘肃	Gansu	—	—
青海	Qinghai	—	—
宁夏	Ningxia	188.13	1291.02
新疆	Xinjiang	—	—
深圳	Shenzhen	113.31	8672.61
大连	Dalian	80.95	3475.60
宁波	Ningbo	44.51	327.79
厦门	Xiamen	—	—
青岛	Qingdao	29.55	535.10
其他	OThers	—	—

注：上市公司辖区按公司注册地划分。
数据来源：北京证券交易所
Source:BSE

2-45 2021年北交所总市值前50只股票交易情况

排名 Ranking	股票代码 Stock Code	股票简称 Stock Abbreviation	股票市值 (百万元) Market Capitalization of Shares (million yuan)	占比 (%) Proportion (%)	流通市值 (百万元) Negotiable Market Capitalization (million yuan)
1	835185	贝特瑞	71846.86	26.39	21512.01
2	835368	连城数控	23785.04	8.74	12260.14
3	836077	吉林碳谷	18273.80	6.71	5195.09
4	836239	长虹能源	10733.44	3.94	4067.67
5	830946	森萱医药	7513.76	2.76	1429.60
6	833819	颖泰生物	7268.99	2.67	7163.86
7	430047	诺思兰德	6824.85	2.51	3920.84
8	832317	观典防务	5196.72	1.91	2458.22
9	834599	同力股份	4448.32	1.63	2062.18
10	839729	永顺生物	4127.59	1.52	1211.69
11	835640	富士达	4111.24	1.51	3656.98
12	833994	翰博高新	4089.14	1.50	2306.78
13	837344	三元基因	3335.16	1.22	871.48
14	831961	创远仪器	2863.30	1.05	1636.06
15	430510	丰光精密	2802.68	1.03	852.88
16	836720	吉冈精密	2499.71	0.92	574.74
17	835305	云创数据	2447.63	0.90	796.44
18	871981	晶赛科技	2353.03	0.86	547.55
19	833523	德瑞锂电	2232.53	0.82	1057.33
20	831445	龙竹科技	2217.32	0.81	1297.35
21	830799	艾融软件	2188.96	0.80	553.48
22	833509	同惠电子	2179.29	0.80	722.98
23	839167	同享科技	2170.75	0.80	1241.85
24	832278	鹿得医疗	2140.16	0.79	689.46

注：1.按年末股票市值进行排名。

2.占比为个股市值占北交所总市值的比重。

数据来源：北京证券交易所

Source:BSE

Statistics of Top 50 BSE Stock Transaction Ranked by Stock Market Capitalization in 2021

成交量（百万股）Trading Volume (million shares)	成交金额（百万元）Trading Turnover (million yuan)	市盈率（倍）P/E Ratio (times)	市净率（倍）P/B Ratio (times)	涨跌幅（%）Price Change Rate (%)	股本换手率（%）Turnover Ratio of Share Capital (%)
47.77	7185.42	145.29	11.22	-21.21	32.87
27.23	2771.87	62.60	11.64	-16.63	22.85
69.03	3954.81	131.24	47.01	24.08	76.20
18.77	2578.56	66.29	12.35	-17.06	60.94
272.74	3016.76	52.34	7.48	98.20	335.77
172.05	1012.82	22.35	1.58	-19.65	15.06
172.80	3725.13	—	21.71	46.74	129.93
0.00	0.00	97.21	5.88	0.00	0.00
57.39	589.74	13.32	3.75	-16.55	27.21
13.01	201.35	51.45	5.96	-15.17	16.21
29.39	707.70	60.04	7.09	-17.08	17.60
0.00	0.00	26.77	3.00	0.00	0.00
18.67	478.74	92.74	6.30	3.13	58.66
18.93	476.62	58.92	4.32	-4.58	30.15
19.58	398.50	83.86	8.49	-7.99	48.90
52.77	1546.13	57.49	25.68	160.00	250.64
21.54	425.06	34.12	4.95	-22.15	50.00
43.61	2205.43	75.49	11.98	135.15	343.13
72.16	2360.20	64.86	10.98	-12.68	211.49
20.96	468.98	33.09	5.97	-28.01	31.13
13.30	213.66	45.02	5.95	-14.23	37.31
21.41	363.82	68.56	8.26	22.22	60.76
21.42	490.70	36.09	7.47	-17.38	36.24
32.90	385.09	39.39	5.79	5.46	57.98

2-45 续表

排名 Ranking	股票代码 Stock Code	股票简称 Stock Abbreviation	股票市值 (百万元) Market Capitalization of Shares (million yuan)	占比 (%) Proportion (%)	流通市值 (百万元) Negotiable Market Capitalization (million yuan)
25	835174	五新隧装	2028.80	0.75	597.43
26	833874	泰祥股份	2010.99	0.74	502.75
27	831305	海希通讯	1989.59	0.73	498.09
28	870436	大地电气	1942.43	0.71	503.33
29	834021	流金岁月	1918.35	0.70	1114.18
30	833266	生物谷	1876.48	0.69	972.78
31	832885	星辰科技	1826.73	0.67	518.09
32	835670	数字人	1807.09	0.66	884.57
33	837212	智新电子	1803.70	0.66	501.70
34	831726	朱老六	1767.71	0.65	436.61
35	832735	德源药业	1657.61	0.61	503.94
36	836433	大唐药业	1654.58	0.61	797.41
37	836675	秉扬科技	1572.10	0.58	421.27
38	831370	新安洁	1562.03	0.57	762.94
39	832089	禾昌聚合	1526.05	0.56	634.02
40	831010	凯添燃气	1498.46	0.55	576.32
41	834682	球冠电缆	1468.48	0.54	564.33
42	831832	科达自控	1437.41	0.53	754.99
43	833454	同心传动	1433.56	0.53	404.00
44	839680	广道高新	1402.98	0.52	736.07
45	871642	通易航天	1369.93	0.50	612.93
46	831039	国义招标	1365.92	0.50	390.88
47	831768	拾比佰	1364.93	0.50	628.32
48	832566	梓橦宫	1353.49	0.50	710.80
49	830964	润农节水	1342.61	0.49	879.21
50	837092	汉鑫科技	1342.52	0.49	312.11

continued

成交量（百万股）Trading Volume (million shares)	成交金额（百万元）Trading Turnover (million yuan)	市盈率（倍）P/E Ratio (times)	市净率（倍）P/B Ratio (times)	涨跌幅(%) Price Change Rate (%)	股本换手率(%) Turnover Ratio of Share Capital (%)
23.93	551.21	29.24	5.76	-27.29	90.28
0.00	0.00	28.57	3.79	0.00	0.00
17.91	540.66	21.68	5.56	-22.06	102.03
92.04	2320.67	30.68	7.09	136.87	375.96
174.88	930.90	30.38	3.17	0.50	95.59
30.63	412.01	25.04	1.84	-4.56	46.16
14.58	340.59	47.53	9.63	-14.92	60.52
59.10	1254.76	62.16	7.46	37.66	190.77
33.22	595.45	45.49	9.03	-17.48	124.42
25.89	395.55	35.64	8.90	-7.49	113.78
13.76	328.56	25.89	4.99	-2.35	71.36
57.47	604.87	27.19	3.20	13.67	82.08
25.64	246.05	26.54	3.35	-23.97	56.00
63.80	355.12	16.76	1.86	-25.87	42.95
30.52	462.08	22.15	2.70	-19.93	68.26
188.13	1291.02	23.98	2.64	0.31	208.59
44.51	327.79	17.99	1.59	-18.66	55.69
62.47	1467.86	49.46	4.99	51.92	163.42
118.40	2026.00	48.42	8.67	245.32	399.73
55.53	1381.26	29.60	4.18	70.94	139.81
21.17	389.70	37.18	8.21	-6.99	63.89
13.85	126.42	18.64	2.86	-25.88	31.45
33.99	433.10	24.77	3.61	-30.90	66.54
24.20	436.84	21.46	3.55	-8.34	62.88
73.57	374.09	24.29	1.71	-16.83	43.01
27.19	928.59	34.42	6.97	75.19	244.20

2-46　2021年北交所流通市值前50只股票交易情况

排名 Ranking	股票代码 Stock Code	股票简称 Stock Abbreviation	流通市值(百万元) Negotiable Market Capitalization (million yuan)	占比(%) Proportion (%)	股票市值(百万元) Market Capitalization of Shares (million yuan)
1	835185	贝特瑞	21512.01	20.03	71846.86
2	835368	连城数控	12260.14	11.42	23785.04
3	833819	颖泰生物	7163.86	6.67	7268.99
4	836077	吉林碳谷	5195.09	4.84	18273.80
5	836239	长虹能源	4067.67	3.79	10733.44
6	430047	诺思兰德	3920.84	3.65	6824.85
7	835640	富士达	3656.98	3.41	4111.24
8	832317	观典防务	2458.22	2.29	5196.72
9	833994	翰博高新	2306.78	2.15	4089.14
10	834599	同力股份	2062.18	1.92	4448.32
11	831961	创远仪器	1636.06	1.52	2863.30
12	830946	森萱医药	1429.60	1.33	7513.76
13	831445	龙竹科技	1297.35	1.21	2217.32
14	839167	同享科技	1241.85	1.16	2170.75
15	839729	永顺生物	1211.69	1.13	4127.59
16	834021	流金岁月	1114.18	1.04	1918.35
17	833523	德瑞锂电	1057.33	0.98	2232.53
18	833266	生物谷	972.78	0.91	1876.48
19	830832	齐鲁华信	915.24	0.85	1161.45
20	835670	数字人	884.57	0.82	1807.09
21	830964	润农节水	879.21	0.82	1342.61
22	837344	三元基因	871.48	0.81	3335.16
23	430510	丰光精密	852.88	0.79	2802.68
24	430489	佳先股份	820.57	0.76	1336.45

注：1.按年末股票流通市值进行排名。
　　2.占比为个股流通市值占北交所总流通市值的比重。
数据来源：北京证券交易所
Source:BSE

Statistics of Top 50 BSE Stock Transaction Ranked by Stock Free Float Market Capitalization in 2021

成交量 (百万股) Trading Volume (million shares)	成交金额 (百万元) Trading Turnover (million yuan)	市盈率 (倍) P/E Ratio (times)	市净率 (倍) P/B Ratio (times)	涨跌幅 (%) Price Change Rate (%)	股本换手率 (%) Turnover Ratio of Share Capital (%)
47.77	7185.42	145.29	11.22	-21.21	32.87
27.23	2771.87	62.60	11.64	-16.63	22.85
172.05	1012.82	22.35	1.58	-19.65	15.06
69.03	3954.81	131.24	47.01	24.08	76.20
18.77	2578.56	66.29	12.35	-17.06	60.94
172.80	3725.13	—	21.71	46.74	129.93
29.39	707.70	60.04	7.09	-17.08	17.60
0.00	0.00	97.21	5.88	0.00	0.00
0.00	0.00	26.77	3.00	0.00	0.00
57.39	589.74	13.32	3.75	-16.55	27.21
18.93	476.62	58.92	4.32	-4.58	30.15
272.74	3016.76	52.34	7.48	98.20	335.77
20.96	468.98	33.09	5.97	-28.01	31.13
21.42	490.70	36.09	7.47	-17.38	36.24
13.01	201.35	51.45	5.96	-15.17	16.21
174.88	930.90	30.38	3.17	0.50	95.59
72.16	2360.20	64.86	10.98	-12.68	211.49
30.63	412.01	25.04	1.84	-4.56	46.16
19.78	171.75	18.26	2.58	-13.53	18.09
59.10	1254.76	62.16	7.46	37.66	190.77
73.57	374.09	24.29	1.71	-16.83	43.01
18.67	478.74	92.74	6.30	3.13	58.66
19.58	398.50	83.86	8.49	-7.99	48.90
32.36	489.36	48.60	2.96	-15.34	61.78

2-46 续表

排名 Ranking	股票代码 Stock Code	股票简称 Stock Abbreviation	流通市值(百万元) Negotiable Market Capitalization (million yuan)	占比(%) Proportion (%)	股票市值(百万元) Market Capitalization of Shares (million yuan)
25	836433	大唐药业	797.41	0.74	1654.58
26	835305	云创数据	796.44	0.74	2447.63
27	831370	新安洁	762.94	0.71	1562.03
28	831832	科达自控	754.99	0.70	1437.41
29	839680	广道高新	736.07	0.69	1402.98
30	833509	同惠电子	722.98	0.67	2179.29
31	430090	同辉信息	716.76	0.67	1249.67
32	832566	梓橦宫	710.80	0.66	1353.49
33	832278	鹿得医疗	689.46	0.64	2140.16
34	430198	微创光电	642.57	0.60	1233.81
35	430418	苏轴股份	636.65	0.59	1289.60
36	832089	禾昌聚合	634.02	0.59	1526.05
37	831768	拾比佰	628.32	0.59	1364.93
38	871642	通易航天	612.93	0.57	1369.93
39	835174	五新隧装	597.43	0.56	2028.80
40	831010	凯添燃气	576.32	0.54	1498.46
41	836720	吉冈精密	574.74	0.54	2499.71
42	834682	球冠电缆	564.33	0.53	1468.48
43	830799	艾融软件	553.48	0.52	2188.96
44	871981	晶赛科技	547.55	0.51	2353.03
45	835184	国源科技	538.12	0.50	1206.79
46	832885	星辰科技	518.09	0.48	1826.73
47	832735	德源药业	503.94	0.47	1657.61
48	870436	大地电气	503.33	0.47	1942.43
49	833874	泰祥股份	502.75	0.47	2010.99
50	837212	智新电子	501.70	0.47	1803.70

continued

成交量 (百万股) Trading Volume (million shares)	成交金额 (百万元) Trading Turnover (million yuan)	市盈率 (倍) P/E Ratio (times)	市净率 (倍) P/B Ratio (times)	涨跌幅 (%) Price Change Rate (%)	股本换手率 (%) Turnover Ratio of Share Capital (%)
57.47	604.87	27.19	3.20	13.67	82.08
21.54	425.06	34.12	4.95	-22.15	50.00
63.80	355.12	16.76	1.86	-25.87	42.95
62.47	1467.86	49.46	4.99	51.92	163.42
55.53	1381.26	29.60	4.18	70.94	139.81
21.41	363.82	68.56	8.26	22.22	60.76
237.03	1763.13	45.53	5.01	-15.98	269.52
24.20	436.84	21.46	3.55	-8.34	62.88
32.90	385.09	39.39	5.79	5.46	57.98
23.65	242.56	20.53	2.35	-16.26	36.59
12.86	204.47	20.21	2.50	-11.01	32.32
30.52	462.08	22.15	2.70	-19.93	68.26
33.99	433.10	24.77	3.61	-30.90	66.54
21.17	389.70	37.18	8.21	-6.99	63.89
23.93	551.21	29.24	5.76	-27.29	90.28
188.13	1291.02	23.98	2.64	0.31	208.59
52.77	1546.13	57.49	25.68	160.00	250.64
44.51	327.79	17.99	1.59	-18.66	55.69
13.30	213.66	45.02	5.95	-14.23	37.31
43.61	2205.43	75.49	11.98	135.15	343.13
14.66	131.91	28.98	1.59	-8.89	24.57
14.58	340.59	47.53	9.63	-14.92	60.52
13.76	328.56	25.89	4.99	-2.35	71.36
92.04	2320.67	30.68	7.09	136.87	375.96
0.00	0.00	28.57	3.79	0.00	0.00
33.22	595.45	45.49	9.03	-17.48	124.42

2-47 2021年北交所成交金额前50股票交易情况

排名 Ranking	股票代码 Stock Code	股票简称 Stock Abbreviation	成交金额 (百万元) Trading Turnover (million yuan)	占比 (%) Proportion (%)	股票市值(百万元) Market Capitalization of Shares (million yuan)
1	835185	贝特瑞	7185.42	10.77	71846.86
2	836077	吉林碳谷	3954.81	5.93	18273.80
3	430047	诺思兰德	3725.13	5.58	6824.85
4	830946	森萱医药	3016.76	4.52	7513.76
5	835368	连城数控	2771.87	4.15	23785.04
6	836239	长虹能源	2578.56	3.86	10733.44
7	833523	德瑞锂电	2360.20	3.54	2232.53
8	870436	大地电气	2320.67	3.48	1942.43
9	871981	晶赛科技	2205.43	3.31	2353.03
10	833454	同心传动	2026.00	3.04	1433.56
11	430090	同辉信息	1763.13	2.64	1249.67
12	836720	吉冈精密	1546.13	2.32	2499.71
13	832171	志晟信息	1487.97	2.23	1135.31
14	831832	科达自控	1467.86	2.20	1437.41
15	839680	广道高新	1381.26	2.07	1402.98
16	831010	凯添燃气	1291.02	1.94	1498.46
17	835670	数字人	1254.76	1.88	1807.09
18	833873	中设咨询	1235.62	1.85	1023.09
19	832145	恒合股份	1031.15	1.55	913.62
20	833819	颖泰生物	1012.82	1.52	7268.99
21	834021	流金岁月	930.90	1.40	1918.35
22	837092	汉鑫科技	928.59	1.39	1342.52
23	836260	中寰股份	816.20	1.22	1001.85
24	835640	富士达	707.70	1.06	4111.24

注：1.按全年股票成交金额进行排名。
2.占比为个股成交金额占北交所总成交金额的比重。
数据来源：北京证券交易所
Source:BSE

Statistics of Top BSE Stock Transaction Ranked by Stock Trading Turnover in 2021

流通市值(百万元) Negotiable Market Capitalization (million yuan)	成交量(百万股) Trading Volume (million shares)	市盈率(倍) P/E Ratio (times)	市净率(倍) P/B Ratio (times)	涨跌幅(%) Price Change Rate(%)	股本换手率(%) Turnover Ratio of Share Capital (%)
21512.01	47.77	145.29	11.22	-21.21	32.87
5195.09	69.03	131.24	47.01	24.08	76.20
3920.84	172.80	—	21.71	46.74	129.93
1429.60	272.74	52.34	7.48	98.20	335.77
12260.14	27.23	62.60	11.64	-16.63	22.85
4067.67	18.77	66.29	12.35	-17.06	60.94
1057.33	72.16	64.86	10.98	-12.68	211.49
503.33	92.04	30.68	7.09	136.87	375.96
547.55	43.61	75.49	11.98	135.15	343.13
404.00	118.40	48.42	8.67	245.32	399.73
716.76	237.03	45.53	5.01	-15.98	269.52
574.74	52.77	57.49	25.68	160.00	250.64
348.59	73.58	26.51	4.51	149.85	358.60
754.99	62.47	49.46	4.99	51.92	163.42
736.07	55.53	29.60	4.18	70.94	139.81
576.32	188.13	23.98	2.64	0.31	208.59
884.57	59.10	62.16	7.46	37.66	190.77
500.66	150.89	40.01	3.64	48.22	201.03
278.52	64.65	29.76	6.06	61.88	300.61
7163.86	172.05	22.35	1.58	-19.65	15.06
1114.18	174.88	30.38	3.17	0.50	95.59
312.11	27.19	34.42	6.97	75.19	244.20
310.67	34.22	22.45	4.12	43.87	213.13
3656.98	29.39	60.04	7.09	-17.08	17.60

2-47 续表

排名 Ranking	股票代码 Stock Code	股票简称 Stock Abbreviation	成交金额（百万元） Trading Turnover (million yuan)	占比 (%) Proportion (%)	股票市值(百万元) Market Capitalization of Shares (million yuan)
25	836826	盖世食品	703.73	1.05	1297.32
26	836433	大唐药业	604.87	0.91	1654.58
27	837212	智新电子	595.45	0.89	1803.70
28	834599	同力股份	589.74	0.88	4448.32
29	835174	五新隧装	551.21	0.83	2028.80
30	831305	海希通讯	540.66	0.81	1989.59
31	839167	同享科技	490.70	0.74	2170.75
32	430489	佳先股份	489.36	0.73	1336.45
33	837344	三元基因	478.74	0.72	3335.16
34	831961	创远仪器	476.62	0.71	2863.30
35	831445	龙竹科技	468.98	0.70	2217.32
36	832089	禾昌聚合	462.08	0.69	1526.05
37	838924	广脉科技	451.29	0.68	1017.58
38	832566	梓橦宫	436.84	0.65	1353.49
39	831768	拾比佰	433.10	0.65	1364.93
40	835305	云创数据	425.06	0.64	2447.63
41	833266	生物谷	412.01	0.62	1876.48
42	872925	锦好医疗	408.48	0.61	1230.07
43	430510	丰光精密	398.50	0.60	2802.68
44	831726	朱老六	395.55	0.59	1767.71
45	838030	德众汽车	394.28	0.59	1124.90
46	871642	通易航天	389.70	0.58	1369.93
47	832278	鹿得医疗	385.09	0.58	2140.16
48	830964	润农节水	374.09	0.56	1342.61
49	833509	同惠电子	363.82	0.55	2179.29
50	831370	新安洁	355.12	0.53	1562.03

continued

流通市值(百万元) Negotiable Market Capitalization (million yuan)	成交量(百万股) Trading Volume (million shares)	市盈率 (倍) P/E Ratio (times)	市净率 (倍) P/B Ratio (times)	涨跌幅 (%) Price Change Rate(%)	股本换手率(%) Turnover Ratio of Share Capital (%)
463.31	53.72	48.71	7.63	-6.87	169.85
797.41	57.47	27.19	3.20	13.67	82.08
501.70	33.22	45.49	9.03	-17.48	124.42
2062.18	57.39	13.32	3.75	-16.55	27.21
597.43	23.93	29.24	5.76	-27.29	90.28
498.09	17.91	21.68	5.56	-22.06	102.03
1241.85	21.42	36.09	7.47	-17.38	36.24
820.57	32.36	48.60	2.96	-15.34	61.78
871.48	18.67	92.74	6.30	3.13	58.66
1636.06	18.93	58.92	4.32	-4.58	30.15
1297.35	20.96	33.09	5.97	-28.01	31.13
634.02	30.52	22.15	2.70	-19.93	68.26
423.58	40.04	33.58	6.59	-11.35	115.89
710.80	24.20	21.46	3.55	-8.34	62.88
628.32	33.99	24.77	3.61	-30.90	66.54
796.44	21.54	34.12	4.95	-22.15	50.00
972.78	30.63	25.04	1.84	-4.56	46.16
374.40	16.76	29.72	10.24	-1.71	113.27
852.88	19.58	83.86	8.49	-7.99	48.90
436.61	25.89	35.64	8.90	-7.49	113.78
490.64	59.07	23.58	2.46	-16.02	118.06
612.93	21.17	37.18	8.21	-6.99	63.89
689.46	32.90	39.39	5.79	5.46	57.98
879.21	73.57	24.29	1.71	-16.83	43.01
722.98	21.41	68.56	8.26	22.22	60.76
762.94	63.80	16.76	1.86	-25.87	42.95

2-48 2021年北交所涨幅前50股票交易情况

排名 Ranking	股票代码 Stock Code	股票简称 Stock Abbreviation	涨幅(%) Price Increase Rate (%)	股票市值(百万元) Market Capitalization of Shares (million yuan)	流通市值(百万元) Negotiable Market Capitalization (million yuan)
1	833454	同心传动	245.32	1433.56	404.00
2	836720	吉冈精密	160.00	2499.71	574.74
3	832171	志晟信息	149.85	1135.31	348.59
4	870436	大地电气	136.87	1942.43	503.33
5	871981	晶赛科技	135.15	2353.03	547.55
6	830946	森萱医药	98.20	7513.76	1429.60
7	837092	汉鑫科技	75.19	1342.52	312.11
8	839680	广道高新	70.94	1402.98	736.07
9	832145	恒合股份	61.88	913.62	278.52
10	831832	科达自控	51.92	1437.41	754.99
11	833873	中设咨询	48.22	1023.09	500.66
12	430047	诺思兰德	46.74	6824.85	3920.84
13	836260	中寰股份	43.87	1001.85	310.67
14	835670	数字人	37.66	1807.09	884.57
15	836077	吉林碳谷	24.08	18273.80	5195.09
16	833509	同惠电子	22.22	2179.29	722.98
17	836433	大唐药业	13.67	1654.58	797.41
18	832278	鹿得医疗	5.46	2140.16	689.46
19	837344	三元基因	3.13	3335.16	871.48
20	834021	流金岁月	0.50	1918.35	1114.18
21	831010	凯添燃气	0.31	1498.46	576.32
22	832317	观典防务	0.00	5196.72	2458.22
23	833874	泰祥股份	0.00	4089.14	2306.78
24	833994	翰博高新	0.00	2010.99	502.75
25	872925	锦好医疗	-1.71	1230.07	374.40

数据来源：北京证券交易所
Source:BSE

Statistics of Top 50 BSE Stock Transaction Ranked by Stock Price Increase Rate in 2021

成交量（百万股） Trading Volume (million shares)	成交金额（百万元） Trading Turnover (million yuan)	市盈率（倍） P/E Ratio (times)	市净率（倍） P/B Ratio (times)	股本换手率(%) Turnover Ratio of Share Capital (%)
118.40	2026.00	48.42	8.67	399.73
52.77	1546.13	57.49	25.68	250.64
73.58	1487.97	26.51	4.51	358.60
92.04	2320.67	30.68	7.09	375.96
43.61	2205.43	75.49	11.98	343.13
272.74	3016.76	52.34	7.48	335.77
27.19	928.59	34.42	6.97	244.20
55.53	1381.26	29.60	4.18	139.81
64.65	1031.15	29.76	6.06	300.61
62.47	1467.86	49.46	4.99	163.42
150.89	1235.62	40.01	3.64	201.03
172.80	3725.13	—	21.71	129.93
34.22	816.20	22.45	4.12	213.13
59.10	1254.76	62.16	7.46	190.77
69.03	3954.81	131.24	47.01	76.20
21.41	363.82	68.56	8.26	60.76
57.47	604.87	27.19	3.20	82.08
32.90	385.09	39.39	5.79	57.98
18.67	478.74	92.74	6.30	58.66
174.88	930.90	30.38	3.17	95.59
188.13	1291.02	23.98	2.64	208.59
0.00	0.00	97.21	5.88	0.00
0.00	0.00	28.57	3.79	0.00
0.00	0.00	26.77	3.00	0.00
16.76	408.48	29.72	10.24	113.27

2-48 续表

排名 Ranking	股票代码 Stock Code	股票简称 Stock Abbreviation	涨幅(%) Price Increase Rate (%)	股票市值(百万元) Market Capitalization of Shares (million yuan)	流通市值(百万元) Negotiable Market Capitalization (million yuan)
26	832735	德源药业	-2.35	1657.61	503.94
27	833266	生物谷	-4.56	1876.48	972.78
28	831961	创远仪器	-4.58	2863.30	1636.06
29	836826	盖世食品	-6.87	1297.32	463.31
30	871642	通易航天	-6.99	1369.93	612.93
31	831726	朱老六	-7.49	1767.71	436.61
32	430510	丰光精密	-7.99	2802.68	852.88
33	832566	梓橦宫	-8.34	1353.49	710.80
34	835184	国源科技	-8.89	1206.79	538.12
35	430418	苏轴股份	-11.01	1289.60	636.65
36	836149	旭杰科技	-11.33	704.39	379.65
37	838924	广脉科技	-11.35	1017.58	423.58
38	833523	德瑞锂电	-12.68	2232.53	1057.33
39	838275	驱动力	-12.73	1165.22	323.20
40	832000	安徽凤凰	-13.21	886.30	319.72
41	830832	齐鲁华信	-13.53	1161.45	915.24
42	830799	艾融软件	-14.23	2188.96	553.48
43	839946	华阳变速	-14.54	904.44	330.62
44	832885	星辰科技	-14.92	1826.73	518.09
45	839729	永顺生物	-15.17	4127.59	1211.69
46	430489	佳先股份	-15.34	1336.45	820.57
47	832225	利通科技	-15.73	767.21	389.99
48	830839	万通液压	-15.91	1148.40	284.65
49	430090	同辉信息	-15.98	1249.67	716.76
50	838030	德众汽车	-16.02	1124.90	490.64

continued

成交量 (百万股) Trading Volume (million shares)	成交金额 (百万元) Trading Turnover (million yuan)	市盈率 (倍) P/E Ratio (times)	市净率 (倍) P/B Ratio (times)	股本换手率(%) Turnover Ratio of Share Capital (%)
13.76	328.56	25.89	4.99	71.36
30.63	412.01	25.04	1.84	46.16
18.93	476.62	58.92	4.32	30.15
53.72	703.73	48.71	7.63	169.85
21.17	389.70	37.18	8.21	63.89
25.89	395.55	35.64	8.90	113.78
19.58	398.50	83.86	8.49	48.90
24.20	436.84	21.46	3.55	62.88
14.66	131.91	28.98	1.59	24.57
12.86	204.47	20.21	2.50	32.32
19.82	177.41	35.83	2.74	49.80
40.04	451.29	33.58	6.59	115.89
72.16	2360.20	64.86	10.98	211.49
30.52	217.73	29.07	5.91	68.65
35.19	345.72	18.70	1.97	104.14
19.78	171.75	18.26	2.58	18.09
13.30	213.66	45.02	5.95	37.31
42.65	290.74	17.10	4.65	86.43
14.58	340.59	47.53	9.63	60.52
13.01	201.35	51.45	5.96	16.21
32.36	489.36	48.60	2.96	61.78
16.79	158.30	18.46	2.74	40.60
23.39	219.15	19.01	2.89	78.61
237.03	1763.13	45.53	5.01	269.52
59.07	394.28	23.58	2.46	118.06

2-49 2021年北交所跌幅前50股票交易情况

排名 Ranking	股票代码 Stock Code	股票简称 Stock Abbreviation	跌幅(%) Price Decrease Rate (%)	股票市值(百万元) Market Capitalization of Shares (million yuan)	流通市值(百万元) Negotiable Market Capitalization (million yuan)
1	836892	广咨国际	-32.06	1307.34	311.10
2	831768	拾比佰	-30.90	1364.93	628.32
3	831445	龙竹科技	-28.01	2217.32	1297.35
4	835174	五新隧装	-27.29	2028.80	597.43
5	834415	恒拓开源	-26.14	778.02	441.28
6	831039	国义招标	-25.88	1365.92	390.88
7	831370	新安洁	-25.87	1562.03	762.94
8	836675	秉扬科技	-23.97	1572.10	421.27
9	833427	华维设计	-23.43	916.31	221.31
10	834765	美之高	-22.95	705.88	180.65
11	834475	三友科技	-22.93	1187.13	327.86
12	835305	云创数据	-22.15	2447.63	796.44
13	831305	海希通讯	-22.06	1989.59	498.09
14	835185	贝特瑞	-21.21	71846.86	21512.01
15	832089	禾昌聚合	-19.93	1526.05	634.02
16	837242	建邦科技	-19.81	802.93	311.80
17	833819	颖泰生物	-19.65	7268.99	7163.86
18	871396	常辅股份	-18.89	749.96	342.61
19	834682	球冠电缆	-18.66	1468.48	564.33
20	835508	殷图网联	-18.65	632.50	228.33
21	836263	中航泰达	-18.53	806.17	365.25
22	831856	浩淼科技	-17.64	734.43	221.63
23	838163	方大股份	-17.53	1025.64	268.23
24	837212	智新电子	-17.48	1803.70	501.70
25	839167	同享科技	-17.38	2170.75	1241.85

数据来源：北京证券交易所
Source:BSE

Statistics of Top 50 BSE Stock Transaction Ranked by Stock Price Decrease Rate in 2021

成交量 (百万股) Trading Volume (million shares)	成交金额 (百万元) Trading Turnover (million yuan)	市盈率 (倍) P/E Ratio (times)	市净率 (倍) P/B Ratio (times)	股本换手率(%) Turnover Ratio of Share Capital (%)
8.26	158.10	21.38	6.90	81.63
33.99	433.10	24.77	3.61	66.54
20.96	468.98	33.09	5.97	31.13
23.93	551.21	29.24	5.76	90.28
34.75	226.50	37.72	1.60	44.49
13.85	126.42	18.64	2.86	31.45
63.80	355.12	16.76	1.86	42.95
25.64	246.05	26.54	3.35	56.00
9.77	111.24	19.68	5.39	49.05
10.01	105.92	11.54	3.15	56.19
18.31	224.21	31.08	3.75	64.37
21.54	425.06	34.12	4.95	50.00
17.91	540.66	21.68	5.56	102.03
47.77	7185.42	145.29	11.22	32.87
30.52	462.08	22.15	2.70	68.26
9.97	136.59	21.44	2.05	41.17
172.05	1012.82	22.35	1.58	15.06
4.43	62.04	22.43	3.22	18.20
44.51	327.79	17.99	1.59	55.69
12.57	157.92	40.89	2.84	69.66
22.75	142.74	27.61	1.73	35.87
14.04	135.74	27.84	1.88	60.01
11.17	93.87	21.79	2.74	33.90
33.22	595.45	45.49	9.03	124.42
21.42	490.70	36.09	7.47	36.24

2-49 续表

排名 Ranking	股票代码 Stock Code	股票简称 Stock Abbreviation	跌幅(%) Price Decrease Rate (%)	股票市值(百万元) Market Capitalization of Shares (million yuan)	流通市值(百万元) Negotiable Market Capitalization (million yuan)
26	871553	凯腾精工	-17.11	856.40	368.13
27	835640	富士达	-17.08	4111.24	3656.98
28	836239	长虹能源	-17.06	10733.44	4067.67
29	830964	润农节水	-16.83	1342.61	879.21
30	835368	连城数控	-16.63	23785.04	12260.14
31	834599	同力股份	-16.55	4448.32	2062.18
32	430198	微创光电	-16.26	1233.81	642.57
33	838030	德众汽车	-16.02	1124.90	490.64
34	430090	同辉信息	-15.98	1249.67	716.76
35	830839	万通液压	-15.91	1148.40	284.65
36	832225	利通科技	-15.73	767.21	389.99
37	430489	佳先股份	-15.34	1336.45	820.57
38	839729	永顺生物	-15.17	4127.59	1211.69
39	832885	星辰科技	-14.92	1826.73	518.09
40	839946	华阳变速	-14.54	904.44	330.62
41	830799	艾融软件	-14.23	2188.96	553.48
42	830832	齐鲁华信	-13.53	1161.45	915.24
43	832000	安徽凤凰	-13.21	886.30	319.72
44	838275	驱动力	-12.73	1165.22	323.20
45	833523	德瑞锂电	-12.68	2232.53	1057.33
46	838924	广脉科技	-11.35	1017.58	423.58
47	836149	旭杰科技	-11.33	704.39	379.65
48	430418	苏轴股份	-11.01	1289.60	636.65
49	835184	国源科技	-8.89	1206.79	538.12
50	832566	梓橦宫	-8.34	1353.49	710.80

continued

成交量 (百万股) Trading Volume (million shares)	成交金额 (百万元) Trading Turnover (million yuan)	市盈率 (倍) P/E Ratio (times)	市净率 (倍) P/B Ratio (times)	股本换手率(%) Turnover Ratio of Share Capital (%)
23.62	143.24	24.97	2.74	38.25
29.39	707.70	60.04	7.09	17.60
18.77	2578.56	66.29	12.35	60.94
73.57	374.09	24.29	1.71	43.01
27.23	2771.87	62.60	11.64	22.85
57.39	589.74	13.32	3.75	27.21
23.65	242.56	20.53	2.35	36.59
59.07	394.28	23.58	2.46	118.06
237.03	1763.13	45.53	5.01	269.52
23.39	219.15	19.01	2.89	78.61
16.79	158.30	18.46	2.74	40.60
32.36	489.36	48.60	2.96	61.78
13.01	201.35	51.45	5.96	16.21
14.58	340.59	47.53	9.63	60.52
42.65	290.74	17.10	4.65	86.43
13.30	213.66	45.02	5.95	37.31
19.78	171.75	18.26	2.58	18.09
35.19	345.72	18.70	1.97	104.14
30.52	217.73	29.07	5.91	68.65
72.16	2360.20	64.86	10.98	211.49
40.04	451.29	33.58	6.59	115.89
19.82	177.41	35.83	2.74	49.80
12.86	204.47	20.21	2.50	32.32
14.66	131.91	28.98	1.59	24.57
24.20	436.84	21.46	3.55	62.88

2-50 全国股转系统市场概况
Overview of NEEQ Market

年份 Year	挂牌公司家数（家） Number of Listed NEEQ Companies (unit)	挂牌公司股本（亿股） Share Capital of Listed NEEQ Companies (100 million shares)	挂牌公司流通股本（亿股） Negotiable Shares (100 million shares)	挂牌公司股票市值（亿元） Market Capitalization of Shares (100 million yuan)	成交量（亿股） Trading Volume (100 million shares)
2014	1572	658.35	236.88	4591.42	22.82
2015	5129	2959.51	1023.63	24584.42	278.91
2016	10163	5851.55	2386.81	40558.11	363.63
2017	11630	6756.73	3416.92	49404.56	433.22
2018	10691	6324.53	3564.27	34487.26	236.29
2019	8953	5616.29	3365.26	29399.60	220.20
2020	8187	5335.28	3208.11	26542.31	260.42
2021	6932	4596.60	2832.83	22845.40	309.08

注：挂牌公司数量以挂牌日口径统计。
数据来源：全国中小企业股份转让系统
Source:NEEQ

2-50 续表 continued

年份 Year	日均成交量（亿股） Average Daily Volume (100 million shares)	成交金额（亿元） Trading Turnover (100 million yuan)	日均成交金额（亿元） Average Daily Turnover (100 million yuan)	市值换手率（%） Turnover Ratio of Market Capitalization (%)	市盈率（倍） P/E Ratio (times)
2014	0.09	130.36	0.53	19.67	35.27
2015	1.14	1910.62	7.83	53.88	47.23
2016	1.49	1912.29	7.84	20.74	28.71
2017	1.78	2271.80	9.31	13.47	30.18
2018	0.97	888.01	3.65	5.31	20.86
2019	0.90	825.69	3.38	6.00	19.74
2020	1.07	1294.64	5.33	9.90	21.10
2021	1.27	2148.16	8.84	17.66	20.48

注：挂牌公司数量以挂牌日口径统计。
数据来源：全国中小企业股份转让系统
Source:NEEQ

2-51 2021年全国股转系统分行业规模情况
Dimensions of Listed Companies in NEEQ by Industry in 2021

行业 Industry	挂牌公司家数(家) Number of Listed NEEQ Companies (unit)	挂牌公司股本(亿股) Share Capital of Listed NEEQ Companies (100 million shares)	挂牌公司流通股本(亿股) Negotiable Shares (100 million shares)
农、林、牧、渔业 Agriculture, Forestry, Animal Husbandry and Fishery	159	133.99	85.68
采矿业 Mining	23	34.54	28.34
制造业 Manufacturing	3410	1992.13	1071.57
电力、热力、燃气及水生产和供应业 Production and Supply of Electricity, Gas and Water	85	145.30	91.48
建筑业 Construction	238	182.91	97.46
批发和零售业 Wholesale and Retail Trades	293	147.10	81.30
交通运输、仓储和邮政业 Transport, Storage and Post	130	85.45	58.62
住宿和餐饮业 Hotels and Catering Services	24	9.56	6.31
信息传输、软件和信息技术服务业 Information Transmission, Computer Services and Software	1351	593.86	362.60
金融业 Financial Intermediation	84	621.47	544.05
房地产业 Real Estate	51	23.67	12.96
租赁和商务服务业 Leasing and Business Services	364	262.97	186.16
科学研究和技术服务业 Scientific Research, Technical Service	336	148.17	79.53
水利、环境和公共设施管理业 Management of Water Conservancy, Environment and Public Facilities	138	95.52	50.99
居民服务、修理和其他服务业 Residential Services, Repairing and Other Services	16	5.21	2.91
教育 Education	57	18.50	10.71
卫生和社会工作 Health and Social Works	28	13.51	7.92
文化、体育和娱乐业 Culture, Sports and Entertainment	145	82.73	54.23

注：挂牌公司数量以挂牌日口径统计。
数据来源：全国中小企业股份转让系统
Source:NEEQ

2-52　2021年全国股转系统分行业规模情况
Dimensions of Listed Companies in NEEQ by Industry in 2021

行业 Industry	挂牌公司家数(家) Number of Listed NEEQ Companies (unit)	挂牌公司股本(亿股) Share Capital of Listed NEEQ Companies (100 million shares)	挂牌公司流通股本(亿股) Negotiable Shares (100 million shares)
农、林、牧、渔业 Agriculture, Forestry, Animal Husbandry and Fishery	159	133.99	85.68
采矿业 Mining	23	34.54	28.34
制造业 Manufacturing	3410	1992.13	1071.57
电力、热力、燃气及水生产和供应业 Production and Supply of Electricity, Gas and Water	85	145.30	91.48
建筑业 Construction	238	182.91	97.46
批发和零售业 Wholesale and Retail Trades	293	147.10	81.30
交通运输、仓储和邮政业 Transport, Storage and Post	130	85.45	58.62
住宿和餐饮业 Hotels and Catering Services	24	9.56	6.31
信息传输、软件和信息技术服务业 Information Transmission, Computer Services and Software	1351	593.86	362.60
金融业 Financial Intermediation	84	621.47	544.05
房地产业 Real Estate	51	23.67	12.96
租赁和商务服务业 Leasing and Business Services	364	262.97	186.16
科学研究和技术服务业 Scientific Research, Technical Service	336	148.17	79.53
水利、环境和公共设施管理业 Management of Water Conservancy, Environment and Public Facilities	138	95.52	50.99
居民服务、修理和其他服务业 Residential Services, Repairing and Other Services	16	5.21	2.91
教育 Education	57	18.50	10.71
卫生和社会工作 Health and Social Works	28	13.51	7.92
文化、体育和娱乐业 Culture, Sports and Entertainment	145	82.73	54.23

注：挂牌公司数量以挂牌日口径统计。
数据来源：全国中小企业股份转让系统
Source:NEEQ

2-53 2021年全国股转系统分辖区规模情况

Dimensions of Listed Companies in NEEQ by Jurisdiction in 2021

辖区	Jurisdiction	挂牌公司家数(家) Number of Listed NEEQ Companies(unit)	挂牌公司股本(亿股) Share Capital of Listed NEEQ Companies (100 million shares)	挂牌公司流通股本(亿股) Negotiable Shares (100 million shares)
北京	Beijing	898	858.90	614.84
天津	Tianjin	132	58.33	33.48
河北	Hebei	186	124.65	71.32
山西	Shanxi	82	51.04	25.87
内蒙古	Inner Mongolia	44	37.61	25.60
辽宁	Liaoning	93	67.03	37.57
吉林	Jilin	54	29.32	17.55
黑龙江	Heilongjiang	58	39.30	25.31
上海	Shanghai	516	306.42	209.41
江苏	Jiangsu	840	499.63	271.62
浙江	Zhejiang	526	303.93	177.31
安徽	Anhui	247	165.19	84.98
福建	Fujian	143	128.93	79.95
江西	Jiangxi	97	64.57	31.74
山东	Shandong	369	214.09	124.75
河南	Henan	250	149.18	78.44
湖北	Hubei	253	139.06	83.57
湖南	Hunan	133	85.49	52.14
广东	Guangdong	628	369.43	196.06
广西	Guangxi	54	37.91	23.25
海南	Hainan	28	37.95	31.44
重庆	Chongqing	84	48.88	31.01
四川	Sichuan	203	113.11	66.27
贵州	Guizhou	41	57.71	47.70
云南	Yunnan	63	54.00	38.48
西藏	Tibet	12	12.63	8.93
陕西	Shaanxi	128	83.81	48.37
甘肃	Gansu	28	36.69	28.39
青海	Qinghai	3	3.51	1.31
宁夏	Ningxia	41	28.53	19.34
新疆	Xinjiang	51	36.46	25.91
深圳	Shenzhen	347	193.75	119.36
大连	Dalian	55	23.74	14.25
宁波	Ningbo	86	74.01	53.44
厦门	Xiamen	94	35.78	21.37
青岛	Qingdao	65	26.02	12.49

注：1.挂牌公司数量以挂牌日口径统计。
2.辖区按挂牌公司注册地统计。

数据来源：全国中小企业股份转让系统

Source:NEEQ

2-54 全国股转系统挂牌公司股票发行情况
Directional Issuance of Listed Companies in NEEQ

年份 Year	发行次数(次) Number of Issuance (times)	发行股数(亿股) Number of Shares Issued (100 million shares)	筹资金额(亿元) Proceeds Raised (100 million yuan)	均价(元) Average Price (yuan)
2012	24	1.93	8.59	4.45
2013	60	2.92	10.02	3.43
2014	329	26.52	132.09	4.98
2015	2565	230.79	1216.17	5.27
2016	2940	294.61	1390.89	4.72
2017	2725	239.26	1336.25	5.58
2018	1402	123.83	604.43	4.88
2019	637	73.73	264.63	3.59
2020	716	74.54	338.50	4.54
2021	587	52.69	259.67	4.93

注：发行统计中不包含优先股。
数据来源：全国中小企业股份转让系统
Source:NEEQ

2-55 2021年全国股转系统挂牌公司分行业股票发行情况

Directional Issuance of Listed Companies in NEEQ by Industry in 2021

行业 Industry	发行次数(次) Number of Issuance (times)	发行股数(亿股) Number of Shares Issued (100 million shares)	筹资金额(亿元) Proceeds Raised (100 million yuan)	均价(元) Average Price (yuan)
农、林、牧、渔业 Agriculture, Forestry, Animal Husbandry and Fishery	13	0.69	2.75	3.98
采矿业 Mining	1	0.13	0.13	1.00
制造业 Manufacturing	333	29.77	153.14	5.14
电力、热力、燃气及水生产和供应业 Production and Supply of Electricity, Gas and Water	5	0.26	1.41	5.41
建筑业 Construction	14	1.76	4.14	2.35
批发和零售业 Wholesale and Retail Trades	22	2.63	9.59	3.65
交通运输、仓储和邮政业 Transport, Storage and Post	10	0.61	3.37	5.55
住宿和餐饮业 Hotels and Catering Services	—	—	—	—
信息传输、软件和信息技术服务业 Information Transmission, Computer Services and Software	98	5.03	37.25	7.41
金融业 Financial Intermediation	3	4.08	17.02	4.18
房地产业 Real Estate	1	0.26	0.89	3.50
租赁和商务服务业 Leasing and Business Services	23	2.90	9.42	3.25
科学研究和技术服务业 Scientific Research, Technical Service	41	1.88	10.50	5.59
水利、环境和公共设施管理业 Management of Water Conservancy, Environment and Public Facilities	9	1.92	6.35	3.32
居民服务、修理和其他服务业 Residential Services, Repairing and Other Services	2	0.07	0.27	3.60
教育 Education	2	0.15	0.41	2.70
卫生和社会工作 Health and Social Works	2	0.12	1.79	14.92
文化、体育和娱乐业 Culture, Sports and Entertainment	8	0.45	1.25	2.77

注：发行统计中不包含优先股。
数据来源：全国中小企业股份转让系统
Source:NEEQ

2-56 2021年全国股转系统挂牌公司分辖区股票发行情况
Directional Issuance of Listed Companies in NEEQ by Jurisdiction in 2021

辖区	Jurisdiction	发行次数(次) Number of Issuance (times)	发行股数(亿股) Number of Shares Issued (100 million shares)	筹资金额(亿元) Proceeds Raised (100 million yuan)	均价(元) Average Price (yuan)
北京	Beijing	51	6.07	41.93	6.91
天津	Tianjin	10	0.45	2.40	5.36
河北	Hebei	12	0.44	2.11	4.85
山西	Shanxi	12	0.97	2.83	2.92
内蒙古	Inner Mongolia	3	0.42	2.26	5.37
辽宁	Liaoning	3	0.44	0.59	1.34
吉林	Jilin	5	0.57	4.04	7.11
黑龙江	Heilongjiang	3	0.28	0.42	1.49
上海	Shanghai	45	3.92	16.86	4.30
江苏	Jiangsu	71	6.36	41.32	6.50
浙江	Zhejiang	48	4.52	17.39	3.85
安徽	Anhui	16	1.67	5.38	3.21
福建	Fujian	8	0.65	2.03	3.13
江西	Jiangxi	17	1.12	6.19	5.54
山东	Shandong	49	5.61	16.99	3.03
河南	Henan	21	0.90	3.73	4.15
湖北	Hubei	17	1.01	4.89	4.86
湖南	Hunan	16	1.17	3.35	2.86
广东	Guangdong	55	3.72	23.10	6.21
广西	Guangxi	10	2.51	8.68	3.45
海南	Hainan	1	0.01	0.13	10.00
重庆	Chongqing	5	0.15	0.56	3.85
四川	Sichuan	19	1.09	11.56	10.65
贵州	Guizhou	2	0.05	0.26	5.06
云南	Yunnan	4	0.07	0.14	2.12
西藏	Tibet	—	—	—	—
陕西	Shaanxi	14	2.11	9.94	4.72
甘肃	Gansu	2	0.23	0.56	2.43
青海	Qinghai	—	—	—	—
宁夏	Ningxia	5	0.20	1.96	9.60
新疆	Xinjiang	3	0.81	2.19	2.72
深圳	Shenzhen	29	2.59	15.66	6.05
大连	Dalian	8	0.42	2.01	4.83
宁波	Ningbo	13	1.49	6.02	4.05
厦门	Xiamen	6	0.24	0.74	3.04
青岛	Qingdao	4	0.45	1.44	3.20

注：1.发行统计中不包含优先股。
2.挂牌公司辖区按挂牌公司注册地划分。
数据来源：全国中小企业股份转让系统
Source: NEEQ

2-57 全国股转系统优先股情况
Overview of Preference Stock in NEEQ

年份 Year	证券代码 Stock Code	证券简称 Stock Abbreviation	挂牌日 Offering Day	优先股股本合计(万股) Share Capital of Preference Stock (10 thousand shares)	优先股筹资金额(亿元) Proceeds Raised (100 million yuan)
2016	820002	中视优1	2016-08-08	10.00	0.10
	820003	高峰优1	2016-08-16	10.45	0.10
	820004	齐鲁优1	2016-11-14	2000.00	20.00
2017	820005	贝融优1	2017-01-23	15.00	0.15
	820006	中视优2	2017-03-21	10.00	0.10
	820007	钢泓优1	2017-03-23	20.00	0.20
	820008	时代优1	2017-05-22	7.50	0.08
	820009	晖速优1	2017-07-04	15.00	0.15
	820010	肇庆优1	2017-08-02	47.00	0.47
	820011	裕丰优1	2017-10-09	24.00	0.24
	820012	通力优1	2017-10-17	10.00	0.10
	820014	海帝优1	2017-12-25	9.70	0.10
	820013	中导优1	2017-12-29	22.00	0.22
2018	820015	荣昌优1	2018-01-29	18.00	0.18
	820016	云叶优1	2018-02-08	20.00	0.20
	820017	通海优1	2018-06-22	30.00	0.30
	820018	肇庆优2	2018-08-07	61.00	0.61
	820020	丁香优1	2018-09-12	10.00	0.10
	820019	鑫辉优1	2018-09-13	10.22	0.10
	820022	纬视优1	2018-12-03	15.00	0.15
	820023	远东优1	2018-12-17	80.00	0.80
	820021	美味优1	2018-12-24	15.00	0.15
2019	820026	顺兴优1	2019-01-09	37.00	0.37
	820024	绿湖优1	2019-01-11	30.00	0.30
	820027	晓鸣优1	2019-01-17	29.00	0.29
	820025	润生优1	2019-02-01	30.00	0.30
	820028	信友优1	2019-04-09	16.00	0.16
	820029	宝石优1	2019-06-25	26.00	0.26
	820032	安瑞优1	2019-07-16	80.00	0.80
	820031	航饮优1	2019-07-29	11.50	0.12
	820030	南海优1	2019-08-05	10.00	0.10
	820033	肇庆优3	2019-12-09	74.78	0.75
	820034	恒鑫优1	2019-12-31	16.00	0.16
2020	820035	新剑优1	2020-01-22	10.00	0.10
	820036	天鸿优1	2020-01-22	14.00	0.14
2021	820037	新剑优2	2021-06-25	5.00	0.05
	820038	骏驰优1	2021-02-23	11.00	0.11
	820039	凯旋优1	2021-01-26	84.00	0.84
	820040	鸿泰优1	2021-02-03	17.50	0.18
	820041	天石优1	2021-02-10	30.00	0.30
	820042	恒嘉优1	2021-02-18	10.00	0.10
	820043	群智优1	2021-05-28	10.00	0.10
	820044	康威优1	2021-07-12	20.00	0.20
	820045	南海优2	2021-11-30	20.00	0.20

注：优先股以挂牌日口径统计。
数据来源：全国中小企业股份转让系统
Source:NEEQ

2-58 全国股转系统分行业股票成交情况
Stock Transaction of Listed Companies in NEEQ by Industry

行业 Industry	成交量(百万股) Trading Volume(million shares)		成交金额(百万元) Trading Turnover(million yuan)	
	2020	2021	2020	2021
农、林、牧、渔业 Agriculture, Forestry, Animal Husbandry and Fishery	445.89	473.55	1271.23	1152.76
采矿业 Mining	56.89	44.01	171.15	75.79
制造业 Manufacturing	11781.47	15777.45	71070.63	147476.94
电力、热力、燃气及水生产和供应业 Production and Supply of Electricity, Gas and Water	356.01	796.26	972.10	2913.93
建筑业 Construction	515.20	443.44	1215.59	719.41
批发和零售业 Wholesale and Retail Trades	631.27	864.34	4374.87	4430.28
交通运输、仓储和邮政业 Transport, Storage and Post	466.86	587.50	1262.46	1482.52
住宿和餐饮业 Hotels and Catering Services	25.74	10.78	26.00	14.77
信息传输、软件和信息技术服务业 Information Transmission, Computer Services and Software	4704.12	4808.40	27244.41	26531.37
金融业 Financial Intermediation	4321.69	3944.12	6983.41	7730.37
房地产业 Real Estate	62.10	36.29	301.58	127.68
租赁和商务服务业 Leasing and Business Services	724.05	743.01	1910.94	1989.72
科学研究和技术服务业 Scientific Research, Technical Service	703.92	879.76	4439.47	6377.88
水利、环境和公共设施管理业 Management of Water Conservancy, Environment and Public Facilities	377.06	537.76	1920.13	2724.00
居民服务、修理和其他服务业 Residential Services, Repair and Other Services	11.05	37.10	33.54	63.51
教育 Education	228.45	50.15	253.38	115.96
卫生和社会工作 Health and Social Works	223.59	248.61	4356.71	8312.81
文化、体育和娱乐业 Culture, Sports and Entertainment	407.03	625.30	1656.07	2576.50
综合 Others	0.00	0.00	0.00	0.00

数据来源：全国中小企业股份转让系统
Source:NEEQ

2-59 全国股转系统分辖区股票成交情况

Stock Transaction of Listed Companies in NEEQ by Jurisdiction

辖区	Jurisdiction	成交量(百万股) Trading Volume(million shares)		成交金额(百万元) Trading Turnover(million yuan)	
		2020	2021	2020	2021
北京	Beijing	6760.06	6998.28	26641.44	35325.21
天津	Tianjin	129.38	105.34	376.25	569.81
河北	Hebei	710.47	885.51	2698.49	3884.90
山西	Shanxi	153.05	167.47	546.30	1311.22
内蒙古	Inner Mongolia	242.74	312.88	1290.20	1974.04
辽宁	Liaoning	272.83	470.38	3268.74	1592.82
吉林	Jilin	92.67	228.55	410.19	3535.92
黑龙江	Heilongjiang	72.75	121.98	263.25	380.16
上海	Shanghai	2436.10	2226.47	13996.92	14476.50
江苏	Jiangsu	2600.71	3368.67	15354.26	27400.93
浙江	Zhejiang	1533.91	1612.34	8024.71	11248.56
安徽	Anhui	480.12	606.42	3065.61	4806.40
福建	Fujian	638.81	620.94	1934.96	2553.94
江西	Jiangxi	153.72	287.34	552.41	1328.85
山东	Shandong	1204.97	1579.23	5395.27	9440.46
河南	Henan	1022.26	1105.88	3099.44	4922.94
湖北	Hubei	560.08	848.57	3189.13	5108.61
湖南	Hunan	229.77	493.53	642.64	3451.92
广东	Guangdong	2668.05	2912.99	9851.51	15174.37
广西	Guangxi	163.80	319.32	276.96	1526.56
海南	Hainan	147.44	146.13	597.94	361.13
重庆	Chongqing	156.02	265.92	651.71	1320.07
四川	Sichuan	408.69	559.78	2148.72	9640.52
贵州	Guizhou	173.93	654.41	426.92	6715.84
云南	Yunnan	233.04	173.33	1122.19	952.50
西藏	Tibet	59.06	47.39	202.49	146.11
陕西	Shaanxi	283.25	456.71	2625.75	4344.66
甘肃	Gansu	130.08	123.03	318.47	357.98
青海	Qinghai	9.76	1.46	56.04	6.14
宁夏	Ningxia	194.34	348.60	636.44	1169.93
新疆	Xinjiang	93.58	171.59	306.22	349.10
深圳	Shenzhen	1084.04	1207.72	12465.46	22291.38
大连	Dalian	165.35	261.26	3546.75	12558.64
宁波	Ningbo	490.69	896.20	1804.23	2524.52
厦门	Xiamen	163.14	158.21	926.82	690.68
青岛	Qingdao	123.70	163.99	748.81	1372.89

注：挂牌公司辖区按挂牌公司注册地划分。
数据来源：全国中小企业股份转让系统
Source:NEEQ

2-60 全国股转系统估值水平概况
Level of NEEQ Market Valuation

单位：倍 (times)

项目 Item	市盈率 P/E Ratio		市净率 P/B Ratio	
	2020	2021	2020	2021
三板成指	23.44	22.46	2.56	2.69
三板做市	16.88	18.77	1.62	2.13
全国股转系统市场	21.1	20.48	2.35	2.42
全国股转系统精选层	28.59	—	4.03	—
创新成指	21.56	21.47	2.58	2.60

注：受交易制度改革及样本股变动影响，2019年市盈率、市净率指标下降幅度较大。
数据来源：全国中小企业股份转让系统
Source:NEEQ

2-61 2021年全国股转系统精选层挂牌公司分行业公开发行情况
Directional Issuance of Listed Companies in NEEQ Select by Indusrty in 2021

行业 Industry	发行次数(次) Number of Issuance (times)	发行股数(亿股) Number of Shares Issued (100 million shares)	筹资金额(亿元) Proceeds Raised (100 million yuan)	均价(元) Average Price (yuan)
农、林、牧、渔业 Agriculture, Forestry, Animal Husbandry and Fishery	—	—	—	—
采矿业 Mining	—	—	—	—
制造业 Manufacturing	24	4.98	45.54	9.15
电力、热力、燃气及水生产和供应业 Production and Supply of Electricity, Gas and Water	—	—	—	—
建筑业 Construction	—	—	—	—
批发和零售业 Wholesale and Retail Trades	—	—	—	—
交通运输、仓储和邮政业 Transport, Storage and Post	—	—	—	—
住宿和餐饮业 Hotels and Catering Services	—	—	—	—
信息传输、软件和信息技术服务业 Information Transmission, Computer Services and Software	3	0.56	5.06	9.10
金融业 Financial Intermediation	—	—	—	—
房地产业 Real Estate	—	—	—	—
租赁和商务服务业 Leasing and Business Services	—	—	—	—
科学研究和技术服务业 Scientific Research, Technical Service	3	0.40	3.29	8.21
水利、环境和公共设施管理业 Management of Water Conservancy, Environment and Public Facilities	—	—	—	—
居民服务、修理和其他服务业 Residential services, Repairing and other services	—	—	—	—
教育 Education	—	—	—	—
卫生和社会工作 Health and Social Works	—	—	—	—
文化、体育和娱乐业 Culture, Sports and Entertainment	—	—	—	—

注：1.发行统计中不包含优先股。
2.精选层统计范围为全国股转系统原精选层公司，统计时间区间为2021年1月1日至2021年11月12日。

数据来源：全国中小企业股份转让系统

Source:NEEQ

2-62 2021年全国股转系统精选层挂牌公司分辖区公开发行情况

Directional Issuance of Listed Companies in NEEQ Select by Jurisdiction in 2021

辖区	Jurisdiction	发行次数(次) Number of Issuance (times)	发行股数(亿股) Number of Shares Issued (100 million shares)	筹资金额(亿元) Proceeds Raised (100 million yuan)	均价(元) Average Price (yuan)
北京	Beijing	3	0.49	4.04	8.20
天津	Tianjin	—	—	—	—
河北	Hebei	—	—	—	—
山西	Shanxi	—	—	—	—
内蒙古	Inner Mongolia	—	—	—	—
辽宁	Liaoning	—	—	—	—
吉林	Jilin	2	0.48	3.74	7.71
黑龙江	Heilongjiang	—	—	—	—
上海	Shanghai	1	0.14	3.11	21.88
江苏	Jiangsu	5	0.86	10.71	12.50
浙江	Zhejiang	1	0.12	0.71	5.80
安徽	Anhui	0	0.02	0.11	6.27
福建	Fujian	—	—	—	—
江西	Jiangxi	1	0.21	1.89	9.16
山东	Shandong	2	0.59	4.10	6.89
河南	Henan	1	0.16	1.04	6.60
湖北	Hubei	1	0.34	1.43	4.20
湖南	Hunan	1	0.14	0.98	7.18
广东	Guangdong	6	1.00	8.37	8.34
广西	Guangxi	1	0.21	1.68	8.00
海南	Hainan	—	—	—	—
重庆	Chongqing	—	—	—	—
四川	Sichuan	2	0.28	4.93	17.31
贵州	Guizhou	—	—	—	—
云南	Yunnan	—	—	—	—
西藏	Tibet	—	—	—	—
陕西	Shaanxi	1	0.50	5.00	10.00
甘肃	Gansu	—	—	—	—
青海	Qinghai	—	—	—	—
宁夏	Ningxia	—	—	—	—
新疆	Xinjiang	—	—	—	—
深圳	Shenzhen	1	0.14	1.21	8.70
大连	Dalian	1	0.25	0.85	3.48
宁波	Ningbo	—	—	—	—
厦门	Xiamen	—	—	—	—
青岛	Qingdao	—	—	—	—

注：1.发行统计中不包含优先股。
2.挂牌公司辖区按挂牌公司注册地划分。
3.精选层统计范围为全国股转系统原精选层公司，统计时间区间为2021年1月1日至2021年11月12日。
4.安徽辖区发行股数、金额为浩森科技(831856)、安徽凤凰(832000)超额配售发行股数、金额。

数据来源：全国中小企业股份转让系统

Source: NEEQ

2-63 2021年全国股转系统精选层分行业股票成交情况
Stock Transaction of Listed Companies in NEEQ Select by Industry in 2021

行业 Industry	成交量(百万股) Trading Volume (million shares)	成交金额(百万元) Trading Turnover (million yuan)
农、林、牧、渔业 Agriculture, Forestry, Animal Husbandry and Fishery	—	—
采矿业 Mining	—	—
制造业 Manufacturing	4243.85	80503.14
电力、热力、燃气及水生产和供应业 Production and Supply of Electricity, Gas and Water	186.72	948.26
建筑业 Construction	—	—
批发和零售业 Wholesale and Retail Trades	118.95	576.77
交通运输、仓储和邮政业 Transport, Storage and Post	—	—
住宿和餐饮业 Hotels and Catering Services	—	—
信息传输、软件和信息技术服务业 Information Transmission, Computer Services and Software	771.27	6359.92
金融业 Financial Intermediation	—	—
房地产业 Real Estate	—	—
租赁和商务服务业 Leasing and Business Services	21.39	297.46
科学研究和技术服务业 Scientific Research, Technical Service	247.45	4072.50
水利、环境和公共设施管理业 Management of Water Conservancy, Environment and Public Facilities	250.91	1504.53
居民服务、修理和其他服务业 Residential Services, Repair and Other Services	—	—
教育 Education	—	—
卫生和社会工作 Health and Social Works	—	—
文化、体育和娱乐业 Culture, Sports and Entertainment	—	—
综合 Others	—	—

注：精选层统计范围为全国股转系统原精选层公司，统计时间区间为2021年1月1日至2021年11月12日。
数据来源：全国中小企业股份转让系统
Source:NEEQ

2-64 2021年全国股转系统精选层分辖区股票成交情况
Stock Transaction of Listed Companies in NEEQ by Jurisdiction in 2021

辖区	Jurisdiction	成交量(百万股) Trading Volume (million shares)	成交金额(百万元) Trading Turnover (million yuan)
北京	Beijing	1353.61	11696.13
天津	Tianjin	—	—
河北	Hebei	218.82	1128.40
山西	Shanxi	—	—
内蒙古	Inner Mongolia	100.67	929.16
辽宁	Liaoning	—	—
吉林	Jilin	150.26	3287.28
黑龙江	Heilongjiang	—	—
上海	Shanghai	132.93	3399.97
江苏	Jiangsu	600.28	7490.21
浙江	Zhejiang	78.78	1181.36
安徽	Anhui	180.68	3554.03
福建	Fujian	63.79	1056.42
江西	Jiangxi	41.56	456.98
山东	Shandong	316.70	3273.04
河南	Henan	149.48	1045.88
湖北	Hubei	241.12	2459.93
湖南	Hunan	190.85	2076.14
广东	Guangdong	441.82	6169.37
广西	Guangxi	55.95	1198.65
海南	Hainan	—	—
重庆	Chongqing	180.18	1109.06
四川	Sichuan	232.41	7393.34
贵州	Guizhou	—	—
云南	Yunnan	39.49	502.01
西藏	Tibet	—	—
陕西	Shaanxi	221.45	3208.62
甘肃	Gansu	—	—
青海	Qinghai	—	—
宁夏	Ningxia	186.72	948.26
新疆	Xinjiang	—	—
深圳	Shenzhen	230.04	16386.53
大连	Dalian	232.03	12330.45
宁波	Ningbo	129.92	1019.32
厦门	Xiamen	—	—
青岛	Qingdao	70.99	962.04

注：1.挂牌公司辖区按挂牌公司注册地划分。
2.精选层统计范围为全国股转系统原精选层公司，统计时间区间为2021年1月1日至2021年11月12日。
数据来源：全国中小企业股份转让系统
Source:NEEQ

2-65 2021年区域性股权市场概况
Overview of Regional Equity Trading Platforms Market in 2021

年份 Year	挂牌企业 公司家数(家) Number of Listed Companies (unit)	展示企业 公司家数(家) Number of Exhibiting Companies (unit)	纯托管企业 公司家数(家) Number of Companies' Equity under Custody (unit)	筹资金额 (亿元) Proceeds Raised (100 million yuan)	成交金额 (亿元) Trading Turnover (100 million yuan)	日均成交金额 (亿元) Average Daily Turnover (100 million yuan)	期末投资者账户数 (万个) Number of Investors at the End of the Year (10 thousand units)
2018	24808	—	—	1783.88	133.044	0.55	36.91
2019	28831	—	—	2312.53	391.87	1.61	38.90
2020	34666	129292	10305	2883.64	672.42	2.76	44.71
2021	37970	137896	10957	2448.13	877.05	3.61	58.51

注：1.本表中的纯托管企业指仅在区域性股权市场进行股份或股权登记存管，不挂牌、不展示、不发布融资或转让信息，区域性股权市场为其提供股权过户服务。
2.本表中筹资及成交统计的是各区域股权市场中挂牌企业、展示企业及纯托管企业的筹资及成交总额。

数据来源：中国证券监督管理委员会

Source:CSRC

2-66 2021年区域性股权市场分辖区股票情况

Statistics of Regional Equity Trading Platforms Market by Jurisdiction in 2021

辖区	Jurisdiction	挂牌企业 公司家数（家） Number of Listed Companies (unit)	展示企业 公司家数（家） Number of Exhibiting Companies (unit)	纯托管企业 公司家数（家） Number of Companies' Equity under Custody (unit)	筹资金额（亿元） Trading Turnover (100 million yuan)	成交金额（亿元） Trading Turnover (100 million yuan)
北京	Beijing	461	5181	1316	31.89	70.05
天津	Tianjin	1002	3838	32	64.80	15.47
河北	Hebei	825	1414	720	159.83	67.41
山西	Shanxi	898	1847	208	25.42	15.38
内蒙古	Inner Mongolia	312	1856	271	17.16	78.56
辽宁	Liaoning	1179	1197	180	206.53	24.27
吉林	Jilin	102	617	67	4.38	1.66
黑龙江	Heilongjiang	0	1222	430	18.52	0.00
上海	Shanghai	818	9986	250	107.63	91.50
江苏	Jiangsu	168	11208	140	69.24	31.23
浙江	Zhejiang	1388	8277	391	30.90	23.66
安徽	Anhui	8085	0	327	372.22	101.43
福建	Fujian	378	7444	132	33.53	10.95
江西	Jiangxi	130	6738	248	188.08	31.21
山东	Shandong	4841	10467	532	164.25	50.25
河南	Henan	316	9665	154	23.87	13.53
湖北	Hubei	5748	0	652	154.67	45.25
湖南	Hunan	935	2836	413	112.70	50.69
广东	Guangdong	3240	15501	133	126.06	0.68
广西	Guangxi	203	2689	337	20.41	37.43
海南	Hainan	86	1661	49	28.47	5.23
重庆	Chongqing	1899	0	935	39.37	4.03
四川	Sichuan	0	10020	112	75.63	7.66
贵州	Guizhou	355	2282	153	215.04	7.88
云南	Yunnan	15	3	24	0.00	0.00
陕西	Shaanxi	1489	921	213	0.67	20.51
甘肃	Gansu	258	2266	1849	43.98	3.03
青海	Qinghai	50	411	36	0.16	0.00
宁夏	Ningxia	216	1054	39	0.31	9.87
新疆	Xinjiang	59	797	80	0.00	1.52
深圳	Shenzhen	12	7302	97	4.28	18.66
大连	Dalian	14	640	99	0.00	0.00
宁波	Ningbo	177	2668	20	21.82	0.00
厦门	Xiamen	295	4672	177	13.48	7.12
青岛	Qingdao	2016	1216	141	72.85	30.92

注：1.本表中的挂牌公司辖区按挂牌公司注册地划分。
2.本表中的纯托管企业指仅在区域性股权市场进行股份或股权登记存管，不挂牌、不展示、不发布融资或转让信息，区域性股权市场为其提供股权过户服务。
3.本表中筹资及成交统计的是各区域股权市场中挂牌企业、展示企业及纯托管企业的筹资及成交总额。

数据来源：中国证券监督管理委员会
Source:CSRC

2-67 2021年区域性股权市场分辖区投资者情况

Investors in Regional Equity Trading Platforms Market by Jurisdiction in 2021

辖区	Jurisdiction	合格投资者账户数（个）Number of Accredited Investor Accounts (unit)	豁免投资者账户数（个）Number of Exempt Investor Accounts (unit)	合计投资者账户数（个）Number of Total Investor Accounts (unit)
北京	Beijing	639	245	884
天津	Tianjin	2288	13717	16005
河北	Hebei	796	56	852
山西	Shanxi	352	1996	2348
内蒙古	Inner Mongolia	399	72531	72930
辽宁	Liaoning	211	33885	34096
吉林	Jilin	55	0	55
黑龙江	Heilongjiang	0	0	0
上海	Shanghai	8898	5656	14554
江苏	Jiangsu	2483	74934	77417
浙江	Zhejiang	3331	43596	46927
安徽	Anhui	5641	0	5641
福建	Fujian	156	903	1059
江西	Jiangxi	78	0	78
山东	Shandong	2000	16055	18055
河南	Henan	80	17	97
湖北	Hubei	3594	83696	87290
湖南	Hunan	38	2248	2286
广东	Guangdong	1115	10702	11817
广西	Guangxi	1007	617	1624
海南	Hainan	24305	3776	28081
重庆	Chongqing	11458	37846	49304
四川	Sichuan	3889	2562	6451
贵州	Guizhou	49040	0	49040
云南	Yunnan	2	203	205
陕西	Shaanxi	584	17113	17697
甘肃	Gansu	357	0	357
青海	Qinghai	589	0	589
宁夏	Ningxia	111	14	125
新疆	Xinjiang	552	26304	26856
深圳	Shenzhen	124	5969	6093
大连	Dalian	0	0	0
宁波	Ningbo	6	0	6
厦门	Xiamen	10	0	10
青岛	Qingdao	1175	5068	6243

注：豁免投资者是指满足《区域性股权市场监督管理试行办法》第十八条规定，且在区域性股权市场运营机构开立账户的投资者。该类投资者只能卖出所持公司股份或股权，如要参与其他其他公司股份买卖或其他产品买卖，须通过合格投资者适当性认可。

数据来源：中国证券监督管理委员会

Source: CSRC

主要统计指标解释

Explanatory Notes on Main Statistical Indicators

上市公司家数 指在统计期末其发行的股票在交易所上市的股份有限公司的数量。以股票上市日进行统计，同时发行A、B股的上市公司，按一家计算。

上市公司股本 也称上市公司总股本，是指统计期末上市公司在境内发行的全部股份数量合计，包括A股股本、B股股本和其他不流通的境内股本。

流通股本 也即非限售股本，计算公式为：流通股本=上市公司股本-限售股本。

首发筹资公司家数 指在统计期内首次公开发行股份（IPO）进行筹资的公司数量。以吸收合并、分拆等方式且未公开发行新股筹资的公司，不计入首发筹资公司家数。

再筹资公司家数 指通过增发（公开增发和定向增发），配股，行权，优先股筹资等方式进行筹资的上市公司家数。以股份上市日期或发行日期作为统计指标的计算日；同一家公司在统计期内多次筹资时，筹资公司家数计为1家。

其中，增发公司家数是指统计期内通过增发股份进行筹资的上市公司数量。根据增发对象不同，增发公司家数可分为公开增发公司家数和定向增发公司家数两个指标。配股公司家数是指统计期内通过向原股东配售股份进行筹资的上市公司数量。行权筹资公司是指统计期内权证（期权）行权筹资的上市公司数量，这里的权证（期权）行权筹资是指权证（期权）持有人根据约定向上市公司认购股份从而增加上市公司股份的行为。优先股公司家数是指统计期末发行优先股筹资的上市公司数量。

股票筹资金额 指统计期内通过发行股票筹集的资金总额，以股份上市日作为统计指标的计算日。

首发筹资金额 指统计期内首次公开发行股票（IPO）筹集的资金总额，计算公式为：首发筹资金额=Σ（每股发行价格×发行股份数）。

其中，对于发行股份吸收合并已上市公司的筹资金额，计算公式为：首发筹资金额=每股发行价格×（发行股份数-换股股份数）。

对于存在超额配售权的IPO，根据超额配售权的实际行使情况对统计期内的IPO募集资金进行回溯调整。

再筹资金额 指统计期内上市公司通过增发（公开增发和定向增发）、配股、行权、优先股等方式筹集的资金总额。以优先股方式筹集资金以股份发行日为统计指标的计算日，以其它方式筹集资金以股份上市日为统计指标的计算日。

其中，增发筹资金额是指统计期内上市公司增发股份筹集的资金总额，增发筹资金额=Σ（增发每股价格×发行股份数）。

根据股份认购对象的不同，增发筹资金额指标可分为公开增发筹资金额和定向增发筹资金额。

根据增发时是否以现金认购，增发筹资金额指标可分为增发筹资金额（现金）和增发筹资金额（资产）。

配股筹资金额指统计期内上市公司通过向原股东配售股份筹集的资金总额，配股筹资金额=Σ（配股价格×配售股份数）=Σ（配股价格×股份数量×配售比例）。

行权筹资金额指统计期内权证（期权）行权筹集的资金总额，行权筹资金额=Σ（行权价格×行权认购股份数）。

优先股筹资金额包括统计期内通过发行优先股筹集的资金总额。

公式：再筹资金额=增发筹资金额+配股筹资金额+行权筹资金额+优先股筹资金额。

股票市值 指统计期末根据上市公司股票价格和

对应股票数量计算的股权价值合计。具体统计口径和计算方法如下：如当日无交易价格，采用最后交易日的收盘价；暂停上市股票的价格以零计算；未股改公司的非流通股以流通A股价格计算市值；仅发行B股的上市公司，其非流通股不进行股票市值计算；对当日除权股票进行市值计算时需要包含在途股份（已登记未上市）的市值。

流通市值 指根据股票价格与其流通股本计算出的股权价值合计，也即A股流通市值和B股流通市值的合计。

涨跌幅 指统计期内股票期末价格相对期初价格的变化幅度。统计区间如果包含上市首日则统计期内股票期末价格相对首发价格的变化幅度。指数涨跌幅参照股票涨跌幅处理。对股票区间涨跌幅的计算需要对股票价格进行复权处理，复权因素包括分红、送股、配股等，复权价格的公式为：复权价格=当前价格×（1+送股比例+配股比例）+每股红利-配股价格×配股比。若统计期内存在多次分红、送股、配股事件，复权价格采用递归方式进行计算。在计算复权价时，通常采用区间分段涨跌幅连乘或复权因子连乘进行速算。

公式：涨跌幅=（期末收盘价/期初前收盘价-1）×100%

振幅 指股票价格在统计期内的波动程度，采用区间内最大差价与最低价格的比率来进行计算 。

成交量 指统计期内全部股票成交数量的合计，包含竞价交易和协议交易（大宗交易）。

成交金额 指在统计期内全部股票成交金额合计，包含竞价交易和协议交易（大宗交易）。

换手率（股本） 指当日股票成交量与其流通股本的比率。对于某一区间换手率的计算，通常采用统计期内全部交易日的股本换手率合计进行计算。

公式：换手率（股本）=（当日成交股数/流通股本）×100%

换手率（市值） 指当日股票成交金额与其流通市值的比率。对于某一区间换手率的计算，通常采用统计期内全部交易日的市值换手率合计进行计算。通常对单只股票采用股本换手率，对一组股票采用市值换手率；在计算一组股票换手率时，暂停上市股票不纳入计算。

公式：换手率（市值）=（当日成交金额/流通市值）×100%

市盈率（静态） 指上市公司每股股价与每股收益的比率，通常用上市公司股票市值与其对应的归属母公司股东净利润的比率进行计算。需要注意事项如下：每股收益和净利润数据在财务报告公告截止日的次日集中更新，且每股收益根据期末股本计算；如截止日未公布财务报告，在计算个股市盈率时采用向前追溯的净利润数据，在计算市场市盈率时剔除该股票；对单个股票计算市盈率时仅考虑每股收益为正的股票；对多个股票计算平均市盈率时通常采用上市公司股票市值合计与其对应的归属母公司股东的净利润合计的比率进行计算（剔除暂停上市公司股票，含净利润为负的股票）；对于发行多种类型股份的公司，根据各类性质股份股本按比例分配该公司归属母公司股东净利润。首发市盈率为股票首发价格与每股收益的比率，其中每股收益按照最新年度财务报告中对应的归属母公司股东净利润除以发行后总股本计算。

公式：市盈率（静态）=Σ股票市值/Σ该股份对应的归属母公司股东净利润

市净率 指上市公司每股股价与每股净资产的比率，通常用股票市值与对应的归属母公司股东权益的比率进行计算。需要注意事项如下：每股净资产数据在财务报告公告截止日的次日集中更新；通常用最新财务报告中的每股净资产数据进行市净率计算；对单个股票计算市净率时仅考虑每股净资产为正的股票；对多个股票计算平均市净率时通常采用上市公司股票市值合计与其对应的归属母公司股东的权益合计的比率进行计算（剔除暂停上市公司股票，含权宜为负的股票）。

公式：市净率=Σ股票市值/Σ该股份对应的归属母公司股东权益

股息率 指每股现金分红与股票价格之间的比率，通常用对应的实际分红总额与期末股票市值的比率来计算。统计时剔出暂停上市公司；对一组股票的平均股息率通常用总体法计算。

公式：股息率=（Σ统计期内的对应现金分红合计/Σ样本股票期末市值）×100%

融资融券交易金额 指统计期内通过融资融券方式在市场上进行证券交易的金额。

公式：融资融券交易金额=融资买入金额+融券卖出金额

融资融券余额 指统计期末投资者未了结的融资交易和融券交易的金额。

公式：融资融券余额=融资余额+融券余额=Σ(融资买入额–融资偿还额)+Σ(融券卖出量–融券偿还量)×标的的证券统计日收盘价格

融资买入金额 指统计期内投资者从证券公司借入资金买入标的证券的金额。融资买入以交易系统中申报指令的标签为计算基准。

融券卖出金额 指统计期内投资者从证券公司借入证券并卖出的金额。融券卖出以交易系统中申报指令的标签为计算基准。

维持担保比例 指统计期末客户担保物价值与融资融券债务之间的比例。

计算公式为：

维持担保比例=担保物价值/融资融券业务负债*100%=（现金+Σ信用账户证券价值+其他担保物）/（融资余额+融券余额+利息和费用）*100%

转融通交易金额 指统计期内中国证券金融公司将自有或者依法筹集的资金和证券出借给证券公司的金额。

公式：转融通交易金额=转融资交易额+转融券交易额=转融资新融出额+转融资展期融出额+转融券新融出额+转融券展期融出额

转融通归还金额 指统计期内证券公司到期需归还给中国证券金融公司的转融通本金金额以及证券出借期间发生证券权益分派而产生的权益补偿金额，不包含息费。

公式：转融通归还金额=转融资归还金额+转融券归还金额=转融资归还金额+Σ(转融券融出归还量×标的证券到期日收盘价）+转融券权益补偿资金归还金额

转融通期末余额 指统计期末证券公司未了结的转融资合约和转融券合约的金额。

公式：转融通期末余额=转融资期末余额+转融券期末余额=Σ（业务开展以来转融资借入总额–业务开展以来转融资归还总额）+Σ[（转融券融出量–转融券融出归还量+未了结转融券合约的权益补偿量）×标的证券统计日收盘价+未了结转融券合约的权益补偿资金金额]

转融通保证金余额 指统计期末证券公司在中国证券金融公司交存的转融通担保物的余额。担保物包括资金和中国证券金融公司认可的证券。

公式：转融通保证金余额=现金+未到账现金权益+Σ可充抵保证金证券市值×证券转融通折算率+Σ未到账证券权益市值×证券转融通折算率

其中：

现金=转融通担保资金账户余额–被异常冻结的保证金+被临时使用的保证金等

可充抵保证金证券市值=(转融通担保证券账户余额–被异常冻结的证券+被临时使用的证券等）×证券最近成交价格或公允价格

平均超募比率 指统计期内全部 IPO 公司的超募资金与预计募集资金的比率。

平均首发价格 指统计期内 IPO 股票的平均发行价格。

平均网上发行中签率 指统计期内 IPO 股票的网上发行发行中签率的平均值。

新股破发率 指统计期内破发的 IPO 股票占全部 IPO 股票的比例。

证券交易结算资金 指有经纪业务的证券公司全部经纪业务客户（含部分采取证券公司结算模式的资产管理计划）从事证券交易等的人民币交易结算资金。

股票期权保证金 指统计期末，股票期权交易者按照规定标准缴纳的资金或者证券，用于结算和担保期权合约履行。

银证转账 指投资者在银行结算账户和证券资金账户之间的资金划转方式。“转入额”是指投资者从银行结算账户转入资金账户的金额；“转出额”是指投资者从资金账户转出到银行结算账户的金额;“转入（转出）额” = “转入额” - “转出额”，其中，正数为净转入，负数为净转出。

银行转账 指投资者在银行结算账户和衍生品资金账户之间的资金划转方式。“转入额”是指投资者从银行结算账户转入衍生品资金账户的金额(入金);“转出额”是指投资者从衍生品资金账户转出到银行结算账户的金额（出金);“净转入（转出）额”(即出入金净额) = “转入额” - “转出额”,其中，正数为净转入，负数为净转出。

挂牌公司家数 指统计期末其股票在全国股转公司挂牌的股份有限公司的数量。

挂牌公司股本 也称挂牌公司总股本，是指统计期末挂牌公司全部股份数量合计。

挂牌公司股票市值 指统计期末根据挂牌公司股票价格和总股本计算的股权价值合计。

挂牌公司股票发行次数 指统计期内挂牌公司在境内发行股票筹集资金的次数。

挂牌公司股票筹资金额 指统计期内挂牌公司通过在境内发行股票筹集的资金总额。

区域性股权市场 指为其所在省级行政区域内中小微企业证券非公开发行、转让及相关活动提供设施与服务的场所。

贰零贰壹

三· 债　券

Bonds

贰零贰壹

2021 年债券市场综述

一、交易所债券市场总体情况

市场规模。交易所债券市场规模稳步扩张，已成为支持实体经济直接融资的重要渠道。截至 2021 年底，交易所债券市场托管面值达 18.68 万亿元，占全市场的 14.16%。其中，非金融公司债（包含公司债、可转债、可交换债，不含资产证券化产品和企业债）托管量为 11.13 万亿元，占全市场的 43.15%。

融资情况。2021 年，交易所债券市场累计发行各类债券（含公司债、资产证券化产品、地方政府债券和政策性金融债券）8.66 万亿元，同比增长 2.09%，本年累计净融资 5.06 万亿元。分品种看，2021 年，交易所债券市场发行公司债 4.86 万亿元，同比增长 7.25%；其中发行可转债 2813.77 亿元，同比增长 2.91%。发行资产支持证券 1.55 万亿元，同比增长 5.86%。发行地方政府债券 2.19 万亿元，同比减少 9.43%。发行政策性金融债券 586.10 亿元，同比减少 13.17%。发行绿色债券（含 ABS）1235.31 亿元，同比增长 36.37%。

成交情况。2021 年，交易所债券市场累计成交额为 28.93 万亿元，同比增长 43.36%；累计回购金额 350.19 万亿元，同比增长 21.84%。

二、交易所债券市场发展情况

（一）发布《公司债券发行与交易管理办法》

为贯彻落实修订后的《证券法》和《国务院办公厅关于贯彻实施修订后的证券法有关工作的通知》，进一步夯实公司债券注册制的制度基础，加强事中事后监管，压实发行人、中介机构责任，证监会修订完善《公司债券发行与交易管理办法》，并于 2021 年 2 月 26 日正式发布实施。同时，证监会相应修订《公开发行证券的公司信息披露内容与格式准则第 24 号——公开发行公司债券申请文件》，对注册制下公开发行公司债券申请文件的具体内容与格式进行完善，并于 2021 年 12 月 23 日发布实施。

（二）有序推进评级机构业务转型

落实新《证券法》要求，2021 年 2 月，我会修订发布了《证券市场资信评级业务管理办法》，取消了证券评级业务行政许可，改为备案管理。2021 年 7 月，联合五部委发布《关于促进债券市场信用评级行业健康发展的通知》，从加强评级方法体系建设、完善公司治理和内部控制、加强信息披露、优化评级生态等方面对评级机构提出全方位监管要求。

（三）推动基础设施 REITs 试点落地

为贯彻落实党中央、国务院关于防风险、去杠杆、稳投资、补短板的决策部署，积极支持国家重大战略实施，证监会、发展改革委联合发布《关于推进基础设施领域不动产投资信托基金（REITs）试点相关工作的通知》，推动基础设施 REITs 试点。2021 年 6 月 21 日，首批基础设施 REITs 在沪深交易所挂牌上市，标志着基础设施公募 REITs 正式落地。

截至 2021 年底，11 只基础设施 REITs 共计募集金额 364 亿元，涉及高速公路、水务环保、垃圾处理、仓储物流、产业园区等大类资产，募集资金重点用于科技创新、绿色发展和民生补短板领域。基础设施 REITs 上市后，成交价格总体上行，收盘价格较发行价平均上涨 25%，日均成交量 5707 万份，日均成交金额 2.95 亿元，日均换手率为 2.58%，市场运行平稳，试点效果良好，基本符合预期。

（四）健全市场化、法治化的债券违约处置制度

一是指导沪深交易所出台募集说明书投资人保护条款示范文本，在募集说明书中增加对资产转让、

过度负债、股东分红等行为的约束性条款，保护债券持有人合法权益。二是配合银保监会出台金融机构债权人委员会工作规程，畅通处置渠道，结合个案实践研究完善相关制度安排。

三、依法从严全面监管

（一）强化日常监管

加强债券发行人监管。发挥好现场检查工作对债券违约风险预防预警的重要作用，全年开展公司债券发行人现场检查近 140 家次，走访调研 180 余家次。强化发行人履行信息披露责任义务，对 47 家未及时披露年报的发行人采取行政监管措施。强化科技对监管的有效支撑，做好系统内中央监管信息平台债券监管系统二期的培训推广，推进债券发行人“画像”功能初步上线。

组织开展中介机构现场检查。2021 年对公司债券承销、受托管理人及相关责任人采取行政监管措施 9 次；对评级机构及其从业人员采取行政监管措施 5 次，其中对大公国际、安融评级采取责令改正监管措施，同步协调交易所分别予以停业整顿三个月、一年的自律处分。

（二）压实中介机构责任

完善债券承销与受托管理制度体系。指导证券业协会修订《公司债券承销业务规范》《公司债券受托管理人执业行为准则》《公司债券承销业务尽职调查指引》《公司债券业务工作底稿细则》，细化自律监管要求，引导中介机构规范执业。

落实债券业务分类评价制度。指导证券业协会修订发布《证券公司公司债券业务执业能力评价办法（试行)》，增加规范承销报价的市场秩序维护指标、监管情况指标等，进一步提升以自律促监管的引导作用。指导沪深交易所落实“负面清单管理”相关自律规则，2021 年共对 12 家次证券公司采取自查整改措施，其间不予出具上市/挂牌确认文件。

强化债券市场稽查执法。截至 2021 年末，共对 11 家市场主体作出处罚，13 家市场主体开展立案调查，其中 2021 年新增处罚 7 家，新增立案 8 家，新增案件查处数量超过往年之和，对首家商业银行立案调查，对首家私募公司债券主承销商立案调查；落实债券市场统一执法机制，配合稽查局对永煤、康得新等 6 起案件启动跨市场执法程序；推动五洋建设案终审判决。

四、深化对外开放

拓展境外机构投资者进入交易所债券市场的渠道。与人民银行、外汇局等相关部门进一步沟通协调，积极拓宽境外投资者投资交易所债券市场的渠道，稳步推进境外机构投资者参与交易所债券市场的相关工作。

3-1 全国债券市场概况
Overview of Bond Market

年份 Year	发行金额(亿元) Value of Bonds Issued(100 million yuan)			兑付金额(亿元) Amount of Payments(100 million yuan)		
	全市场 Whole Market	银行间 Interbank Market	交易所 Stock Exchange	全市场 Whole Market	银行间 Interbank Market	交易所 Stock Exchange
1998	6203.73	6203.73	—	—	—	—
1999	4369.50	4369.50	—	410.16	410.16	—
2000	4414.50	4414.50	—	1629.16	1629.16	—
2001	5848.53	5848.53	—	1859.97	1859.97	—
2002	9943.90	9943.90	—	2841.35	2841.35	—
2003	17647.17	17647.17	—	7886.44	7886.44	—
2004	27295.66	27295.66	—	12548.65	12548.65	—
2005	42182.07	42182.07	—	22531.33	22531.33	—
2006	57096.11	57096.11	—	38597.83	38597.83	—
2007	80163.36	79756.08	407.28	49931.98	49931.98	—
2008	71732.16	70734.11	998.05	48265.29	48265.29	—
2009	87286.22	86474.71	811.51	67282.32	67282.32	—
2010	96408.63	95088.33	1320.30	73205.88	73205.88	—
2011	77275.52	75501.82	1773.70	64819.78	64709.81	109.97
2012	80261.89	77474.98	2786.91	47625.00	47269.27	355.73
2013	89127.69	85248.00	3879.69	63093.04	62332.88	760.16
2014	119380.02	115112.62	4267.40	72904.38	71358.08	1546.30
2015	234604.73	210936.25	23668.48	117608.31	114140.25	3468.07
2016	361548.66	324880.30	36668.36	204425.19	199138.51	5286.68
2017	408256.35	369109.44	39146.91	298390.64	290020.83	8369.81
2018	435968.07	379090.36	56877.71	315793.99	302485.47	13308.52
2019	448538.22	376551.50	71986.72	326387.66	306774.83	19612.84
2020	565951.32	481173.97	84777.35	385305.72	362331.05	22974.66
2021	614808.08	528254.95	86553.13	440886.34	404978.39	35907.96

注：1.“发行金额”“兑付金额”中的“交易所”统计数据包括由中国证监会审批或备案的公司债、可转债、可交换债、可分离债、企业资产支持证券，以及交易所招标发行的地方政府债、政策性金融债；“发行金额”“兑付金额”中的“银行间”统计数据是包括国债、央行票据、金融债券、企业债、短期融资券、超短期融资券、中期票据、中小企业集合票据、非公开定向债务融资工具和资产支持票据等；本章所有“发行额”均按照发行首日口径统计。

2.“兑付金额”仅包含本金兑付。

3.“成交金额”中的“交易所”统计数据包括在沪深交易所交易的债券的成交金额，“银行间”统计数据包括在银行间市场交易的债券的成交金额。

4.“托管金额”中的“银行间”统计数据包括柜台和其他市场，“发行金额”“兑付金额”“成交金额”均不包括柜台和其他市场。

5.自2019年起，将初步测算的企业资产支持证券兑付数据纳入统计，并对历史数据做追溯调整。

数据来源：上海证券交易所、深圳证券交易所、中国证券投资基金业协会、中国证券业协会、中央国债登记结算有限责任公司、上海清算所

Source:SSE、SZSE、AMAC、SAC、CCDC

3-1 续表 continued

年份 Year	成交金额(亿元) Trading Turnover(100 million yuan)				托管金额(亿元) Value of Bonds under Custody(100 million yuan)		
	银行间现券 Interbank Market Spot Transaction	银行间回购 Interbank Market Repo Transaction	交易所现券 Stock Exchange Spot Transaction	交易所回购 Stock Exchange Repo Transaction	全市场 Whole Market	银行间 Interbank Market	交易所 Stock Exchange
1998	15.62	—	6120.94	15540.84	9199.16	9199.16	—
1999	60.77	3956.93	5393.59	12890.53	12878.71	12878.71	—
2000	541.03	15714.21	4385.48	14733.68	16077.61	16077.61	—
2001	416.67	40208.99	4930.13	15487.64	18931.81	18931.81	—
2002	4098.47	100918.61	8852.71	24422.80	24680.66	24680.66	—
2003	29866.33	116122.20	6783.11	55353.25	36524.29	32436.51	4087.78
2004	22451.93	96943.42	3717.09	46606.41	50112.52	45326.44	4786.08
2005	58310.02	159297.65	3449.30	24919.05	71194.88	66483.70	4711.18
2006	100461.68	265914.42	2035.09	16301.48	71744.70	68277.56	3467.14
2007	156043.39	447951.18	2109.99	18615.47	114769.32	111355.62	3413.70
2008	371157.70	581331.15	4324.26	24306.77	143463.06	138972.54	4490.52
2009	472655.00	702779.16	4698.08	35975.19	164714.14	159766.72	4947.42
2010	640422.10	875936.00	5847.54	70373.76	195029.82	188751.50	6278.32
2011	636422.90	994534.80	6843.93	209509.62	214757.10	206328.71	8428.39
2012	751952.80	1417140.30	9882.53	393550.94	253868.31	241412.03	12456.28
2013	416106.00	1581639.00	17411.83	662003.84	288073.12	268618.45	19454.67
2014	403565.00	2244226.00	28191.38	915286.90	355504.40	329783.92	25720.48
2015	867370.20	4577637.50	34464.32	1303701.36	479217.27	439214.81	40002.46
2016	1270918.30	6013024.72	53294.20	2370915.58	642245.80	563329.21	78916.59
2017	1028351.73	6163673.24	55441.79	2632193.87	750209.90	654265.95	95943.95
2018	1507367.33	7226761.42	63821.94	2340481.87	864033.11	756752.74	107280.38
2019	2137448.26	8196298.22	83530.20	2440624.02	981459.24	854495.09	126964.15
2020	2327679.15	9597515.72	201785.82	2953588.22	1155904.78	992630.35	163274.43
2021	2143702.30	10451935.24	289275.35	3501926.44	1319258.28	1132502.01	186756.27

3-2 交易所市场债券发行、兑付、余额情况
Statistics of Bond Issuance, Payment, Balance in Exchange Market

单位：亿元 (100 million yuan)

年份 Year	金融机构发行的债券 Financial Bonds					
	公司债(金融) Corporate Bonds(Financial)			可转债(金融) Convertible Bonds(Financial)		
	发行额 Value of Bonds Issued	兑付金额 Amount of Payments	期末余额 Ending Balance	发行额 Value of Bonds Issued	兑付金额 Amount of Payments	期末余额 Ending Balance
2009	—	—	—	—	—	—
2010	—	—	—	650.00	—	—
2011	44.00	—	—	—	—	—
2012	—	—	—	—	—	—
2013	1663.96	376.86	1794.60	460.00	0.00	1018.04
2014	2184.25	428.67	3063.25	25.00	0.00	537.02
2015	12525.50	2288.23	8180.28	0.00	35.10	0.00
2016	5435.30	3053.70	12939.18	0.00	0.00	0.00
2017	6735.80	3966.58	15781.15	370.00	0.00	470.00
2018	5530.36	4147.44	15908.06	180.00	0.00	622.67
2019	5353.35	4367.47	16495.28	1395.00	3.87	1640.43
2020	10446.26	5177.27	21226.67	326.50	0.64	1794.79
2021	12168.34	6763.16	26338.72	1308.00	0.00	2928.35

3-2 续表 1 continued

单位：亿元 (100 million yuan)

年份 Year	金融机构发行的债券 Financial Bonds					
	可交换债(金融) Exchangeable Corporate Bonds(Financial)			可分离债(金融) Warrant Bonds(Financial)		
	发行额 Value of Bonds Issued	兑付金额 Amount of Payments	期末余额 Ending Balance	发行额 Value of Bonds Issued	兑付金额 Amount of Payments	期末余额 Ending Balance
2009	—	—	—	—	—	—
2010	—	—	—	—	—	—
2011	—	—	—	—	—	—
2012	—	—	—	—	—	—
2013	—	—	—	—	—	—
2014	—	—	—	—	—	—
2015	30.00	0.00	30.00	—	—	—
2016	0.00	0.00	30.00	—	—	—
2017	15.00	3.20	45.00	—	—	—
2018	1.50	16.97	19.81	—	—	—
2019	5.00	0.00	18.57	—	—	—
2020	60.00	8.83	10.00	—	—	—
2021	0.00	0.00	0.00	—	—	—

3-2 续表 2 continued

单位：亿元 (100 million yuan)

年份 Year	非金融企业发行的债券 Non-financial Bonds					
	公司债(非金融) Corporate Bonds(Non-financial)			可转债(非金融) Convertible Bonds(Non-financial)		
	发行额 Value of Bonds Issued	兑付金额 Amount of Payments	期末余额 Ending Balance	发行额 Value of Bonds Issued	兑付金额 Amount of Payments	期末余额 Ending Balance
2009	734.90	—	1134.90	46.61	—	0.00
2010	603.00	—	1641.40	67.30	—	1942.11
2011	1252.50	51.05	2842.85	445.20	58.92	2328.39
2012	2623.31	186.99	5532.71	163.60	42.05	636.62
2013	1670.92	191.40	6981.58	84.81	38.10	568.01
2014	1302.09	562.13	7543.04	295.99	1.29	586.73
2015	8890.24	889.55	15242.84	98.00	20.15	132.74
2016	25485.12	1194.61	41196.31	212.52	0.00	344.10
2017	10067.16	2363.35	48324.71	422.20	0.37	651.61
2018	15472.98	4053.99	55352.62	607.49	0.40	1254.37
2019	23936.50	8974.96	66217.26	1024.83	6.39	2083.69
2020	31783.22	8967.10	86453.02	2407.71	19.14	3510.51
2021	33204.80	19195.67	96717.72	1505.77	62.40	3895.70

3-2 续表 3 continued

单位：亿元 (100 million yuan)

年份 Year	非金融企业发行的债券 Non-financial Bonds					
	可交换债(非金融) Exchangeable Corporate Bonds(Non-financial)			可分离债(非金融) Warrant Bonds(Non-financial)		
	发行额 Value of Bonds Issued	兑付金额 Amount of Payments	期末余额 Ending Balance	发行额 Value of Bonds Issued	兑付金额 Amount of Payments	期末余额 Ending Balance
2009	—	—	—	30.00	0.00	0.00
2010	—	—	—	0.00	0.00	0.00
2011	—	—	—	32.00	0.00	0.00
2012	—	—	—	0.00	126.69	752.15
2013	—	—	—	0.00	153.80	598.35
2014	40.00	0.00	40.00	0.00	500.35	98.00
2015	78.00	0.00	108.00	0.00	30.00	68.00
2016	579.81	16.42	771.06	0.00	68.00	0.00
2017	1033.84	20.52	1675.97	0.00	0.00	0.00
2018	408.20	72.72	1829.88	0.00	0.00	0.00
2019	813.64	150.59	2267.43	0.00	0.00	0.00
2020	289.36	565.62	1786.82	0.00	0.00	0.00
2021	411.60	259.53	1563.45	0.00	0.00	0.00

3-2 续表 4 continued

单位：亿元 (100 million yuan)

年份 Year	上市公司发行的债券 Financial Bonds					
	公司债(上市公司) Corporate Bonds(Listed company)			可转债(上市公司) Convertible Bonds(Listed company)		
	发行额 Value of Bonds Issued	兑付金额 Amount of Payments	期末余额 Ending Balance	发行额 Value of Bonds Issued	兑付金额 Amount of Payments	期末余额 Ending Balance
2009	669.40	24.98	—	46.61	1.70	—
2010	498.00	64.63	—	717.30	1.22	—
2011	1295.40	97.88	—	413.20	4.31	—
2012	2398.27	206.98	—	163.55	41.93	—
2013	2413.41	482.86	—	544.81	40.30	—
2014	2952.78	968.33	—	320.99	16.35	—
2015	9168.51	2602.65	—	98.00	12.34	—
2016	10439.51	3779.74	46386.20	212.52	0.49	688.97
2017	7293.54	5998.07	25084.58	946.21	1.32	1120.70
2018	7772.59	6587.62	24904.52	787.49	4.12	1796.47
2019	6825.15	6405.02	24871.55	2419.83	10.25	3494.22
2020	11059.70	5953.10	28612.66	2728.21	19.78	5305.30
2021	11936.51	9258.13	30645.36	2813.77	62.40	6824.05

3-2 续表 5 continued

单位：亿元 (100 million yuan)

年份 Year	上市公司发行的债券 Financial Bonds					
	可交换债(上市公司) Exchangeable Corporate Bonds(Listed company)			可分离债(上市公司) Warrant Bonds(Listed company)		
	发行额 Value of Bonds Issued	兑付金额 Amount of Payments	期末余额 Ending Balance	发行额 Value of Bonds Issued	兑付金额 Amount of Payments	期末余额 Ending Balance
2009	—	—	—	30.00	7.08	—
2010	—	—	—	—	7.32	—
2011	—	—	—	—	86.82	—
2012	—	—	—	—	18.40	—
2013	—	—	—	—	142.99	—
2014	—	—	—	—	505.32	—
2015	—	—	—	—	30.92	—
2016	—	—	—	—	68.68	—
2017	11.39	—	11.39	—	—	—
2018	1.76	0.01	13.15	—	—	—
2019	1.50	0.01	13.14	—	—	—
2020	—	—	13.04	—	—	—
2021	4.00	4.25	5.40	—	—	—

3–2 续表 6 continued

单位：亿元 (100 million yuan)

年份 Year	非上市公司发行的债券 Non-financial Bonds					
	公司债(非上市公司) Corporate Bonds(Non-listed)			可转债(非上市公司) Convertible Bonds(Non-listed)		
	发行额 Value of Bonds Issued	兑付金额 Amount of Payments	期末余额 Ending Balance	发行额 Value of Bonds Issued	兑付金额 Amount of Payments	期末余额 Ending Balance
2009	59.50	—	—	—	—	—
2010	19.50	3.95	—	—	—	—
2011	39.80	5.18	—	—	—	—
2012	223.71	7.94	—	—	—	—
2013	1058.40	99.37	—	—	—	—
2014	1449.78	132.21	—	—	—	—
2015	9009.61	658.06	—	—	—	—
2016	22036.87	1269.89	58997.74	—	—	—
2017	10198.26	3286.94	38353.27	—	—	0.91
2018	13236.25	5458.29	44813.01	—	—	—
2019	22464.70	6580.75	55601.69	—	—	0.11
2020	31169.78	8113.62	78505.32	—	8.42	—
2021	33436.63	16700.70	92411.07	—	—	—

3–2 续表 7 continued

单位：亿元 (100 million yuan)

年份 Year	非上市公司发行的债券 Non-financial Bonds					
	可交换债(非上市公司) Exchangeable Corporate Bonds(Non-listed)			可分离债(非上市公司) Warrant Bonds(Non-listed)		
	发行额 Value of Bonds Issued	兑付金额 Amount of Payments	期末余额 Ending Balance	发行额 Value of Bonds Issued	兑付金额 Amount of Payments	期末余额 Ending Balance
2009	—	—	—	—	0.90	—
2010	—	—	—	—	0.90	—
2011	—	—	—	—	0.90	—
2012	—	—	—	—	75.90	—
2013	—	—	—	—	—	—
2014	—	—	—	—	—	—
2015	269.37	27.14	—	—	—	—
2016	671.29	53.75	1507.51	—	—	—
2017	1152.45	72.19	1699.08	—	—	—
2018	402.44	125.58	1840.35	—	—	—
2019	817.144	150.59	2253.52	—	—	—
2020	349.357	574.45	1783.78	—	—	—
2021	407.60	255.28	1558.05	—	—	—

3-2 续表 8 continued

单位：亿元 (100 million yuan)

年份 Year	企业资产支持证券 Asset-based Securities			REITs Real Estate Investment Trusts		
	发行额 Value of Bonds Issued	兑付金额 Amount of Payments	期末余额 Ending Balance	发行额 Value of Bonds Issued	兑付金额 Amount of Payments	期末余额 Ending Balance
2009	—	—	—	—	—	—
2010	—	—	—	—	—	—
2011	—	—	—	—	—	—
2012	—	—	—	—	—	—
2013	—	—	—	—	—	—
2014	120.07	53.86	337.09	—	—	—
2015	2046.74	205.04	1597.66	—	—	—
2016	4955.61	748.95	5419.11	—	—	—
2017	9460.93	2015.79	9482.87	—	—	—
2018	8869.18	5016.99	13708.68	—	—	—
2019	10034.93	5765.77	18014.78	388.52	—	—
2020	14634.35	7886.07	23111.22	360.14	—	—
2021	15491.97	9510.03	25039.87	526.95	—	—

3-2 续表 9 continued

单位：亿元 (100 million yuan)

年份 Year	地方政府债 Local Treasury Bonds			政策性金融债 Policy Bank Bond		
	发行额 Value of Bonds Issued	兑付金额 Amount of Payments	期末余额 Ending Balance	发行额 Value of Bonds Issued	兑付金额 Amount of Payments	期末余额 Ending Balance
2009	—	—	—	—	—	—
2010	—	—	—	—	—	—
2011	—	—	—	—	—	—
2012	—	—	—	—	—	—
2013	—	—	—	—	—	—
2014	0.00	—	17.10	300.00	0.00	300.00
2015	0.00	—	367.16	0.00	0.00	95.00
2016	0.00	—	2283.08	0.00	205.00	95.00
2017	10241.98	—	2482.69	800.00	0.00	895.00
2018	25567.99	—	3753.27	240.00	0.00	858.30
2019	28338.46	—	4603.67	1085.00	343.80	1479.50
2020	24154.95	—	7044.42	675.00	350.00	1395.00
2021	21876.55	—	9907.88	586.10	40.00	1731.10

3-3 交易所市场债券发行额按监管辖区分布

单位：亿元

辖区	Jurisdiction	合计 Total	公司债 Corporate Bonds	可转债 Convertible Bonds
安徽	Anhui	1467.94	761.56	25.82
北京	Beijing	10505.11	6041.84	54.38
大连	Dalian	390.98	128.80	0.00
福建	Fujian	2922.47	1256.10	519.00
甘肃	Gansu	622.23	42.00	0.00
广东	Guangdong	6530.47	2734.49	180.22
广西	Guangxi	1004.19	628.15	30.00
贵州	Guizhou	1961.99	459.37	21.60
海南	Hainan	252.32	79.00	8.50
河北	Hebei	1175.98	455.51	50.00
河南	Henan	2046.65	895.70	117.51
黑龙江	Heilongjiang	415.58	92.20	0.00
湖北	Hubei	1437.02	927.92	146.90
湖南	Hunan	1997.83	1254.21	30.90
吉林	Jilin	332.63	130.84	9.60
江苏	Jiangsu	9587.78	6921.01	518.37
江西	Jiangxi	1956.41	1000.51	34.00
辽宁	Liaoning	807.69	19.60	0.00
内蒙古	Inner Mongolia	645.45	62.20	0.00
宁波	Ningbo	720.65	570.50	52.36
宁夏	Ningxia	45.83	12.50	0.00
青岛	Qingdao	1157.92	794.00	25.19
青海	Qinghai	541.44	21.10	0.00
厦门	Xiamen	669.90	325.28	0.00
山东	Shandong	3105.73	2312.16	9.40
山西	Shanxi	646.99	372.08	8.00
陕西	Shaanxi	948.27	567.10	9.04
上海	Shanghai	7993.28	4609.73	451.09
深圳	Shenzhen	7478.19	4135.59	53.71
四川	Sichuan	4282.47	1501.66	96.50
天津	Tianjin	2500.40	537.58	7.12
西藏	Tibet	211.42	128.00	3.79
新疆	Xinjiang	416.31	359.85	1.50
云南	Yunnan	911.90	122.45	2.85
浙江	Zhejiang	5547.76	3687.52	342.37
重庆	Chongqing	3105.94	1217.03	4.05
其他	Others	208.00	208.00	0.00

注："其他"包含熊猫债以及无法判断辖区的债券。
数据来源：上海证券交易所、深圳证券交易所、中国证券投资基金业协会
Source:SSE、SZSE、AMAC

Regulatory Jurisdiction Distribution of Stock Exchange Market Bond Issuance

(100 million yuan)

可分离债 Warrant Bonds	可交换债 Exchangeable Corporate Bonds	政策性金融债 Policy Bank Bonds	地方政府债 Local Treasury Bonds	企业资产支持证券 Asset-based Securities
0.00	0.00	0.00	590.59	89.98
0.00	12.70	586.10	0.00	3810.09
0.00	0.00	0.00	262.18	0.00
0.00	0.00	0.00	1055.63	91.74
0.00	6.00	0.00	361.55	212.69
0.00	0.00	0.00	2530.73	1085.04
0.00	0.00	0.00	322.60	23.44
0.00	0.00	0.00	287.22	1193.79
0.00	5.00	0.00	159.82	0.00
0.00	0.00	0.00	635.35	35.12
0.00	11.61	0.00	980.73	41.10
0.00	0.00	0.00	323.38	0.00
0.00	0.00	0.00	290.91	71.29
0.00	8.00	0.00	632.37	72.35
0.00	0.00	0.00	187.19	5.00
0.00	120.00	0.00	1611.21	417.18
0.00	0.00	0.00	298.59	623.32
0.00	30.00	0.00	751.34	6.75
0.00	0.00	0.00	558.25	25.00
0.00	0.00	0.00	80.00	17.79
0.00	0.00	0.00	33.33	0.00
0.00	0.00	0.00	297.64	41.09
0.00	0.00	0.00	311.34	209.00
0.00	0.00	0.00	279.72	64.90
0.00	42.90	0.00	622.97	118.30
0.00	0.00	0.00	251.17	15.74
0.00	0.00	0.00	146.43	225.70
0.00	13.76	0.00	522.50	2396.21
0.00	96.52	0.00	262.65	2929.72
0.00	0.00	0.00	2463.36	220.95
0.00	0.00	0.00	1270.91	684.79
0.00	0.00	0.00	79.63	0.00
0.00	19.40	0.00	0.00	35.56
0.00	0.00	0.00	758.45	28.15
0.00	36.00	0.00	1201.14	280.73
0.00	9.71	0.00	1455.68	419.47
0.00	0.00	0.00	0.00	0.00

3-4 交易所市场债券现券交易情况

成交量(亿张)

年份 Year	合计 Total	国债 T-Bonds	地方政府债 Local Treasury Bonds	公司债 Corporate Bonds	企业债 Enterprise Bonds
1997	32.77	32.61	—	—	0.15
1998	46.30	45.97	—	—	0.15
1999	38.84	38.21	—	—	0.22
2000	39.99	38.02	—	—	0.35
2001	46.46	45.47	—	—	0.50
2002	85.28	83.96	—	—	0.64
2003	66.66	57.39	—	—	3.44
2004	38.15	31.36	—	—	1.16
2005	34.53	28.21	—	—	1.49
2006	20.03	15.35	—	—	0.90
2007	20.25	12.73	—	—	0.58
2008	46.18	21.26	—	3.91	1.12
2009	46.32	20.56	—	6.03	6.28
2010	56.50	16.42	0.00	8.58	11.30
2011	67.75	12.57	0.00	13.07	15.54
2012	97.98	9.04	0.00	31.91	29.47
2013	169.32	8.03	0.01	44.28	64.88
2014	269.71	12.64	0.00	58.68	123.78
2015	313.28	41.00	2.13	101.22	101.67
2016	525.85	56.67	20.02	346.84	73.65
2017	562.47	17.66	7.48	422.26	66.81
2018	646.42	12.46	13.80	481.80	48.31
2019	812.05	16.15	8.29	561.56	42.29
2020	1623.22	57.84	730.77	294.41	15.01
2021	2257.80	67.89	9.72	1089.53	85.36

数据来源：上海证券交易所、深圳证券交易所
Source: SSE、SZSE

Bond Trading in Stock Exchange

Trading Volume(100 million units)

可转债 Convertible Bonds	可交换债 Exchange Corporate Bonds	可分离债 Warrant Bonds	政策性银行债 Policy Bank Bonds	企业资产支持证券 Asset-based Securities
—	—	—	—	—
—	—	—	—	—
0.41	—	—	—	—
1.62	—	—	—	—
0.48	—	—	—	—
0.69	—	—	—	—
5.83	—	—	—	—
5.63	—	—	—	—
4.82	—	—	—	—
2.37	—	—	—	0.59
2.42	—	3.88	—	0.61
3.83	—	15.72	—	0.34
4.79	—	8.26	—	0.40
13.44	—	6.60	—	0.16
20.67	—	5.85	—	0.04
22.14	—	5.34	—	0.07
45.65	—	6.22	—	0.24
67.68	0.23	2.75	—	1.56
53.84	2.73	1.23	4.55	4.92
11.10	4.63	0.58	0.31	12.06
19.79	9.79	0.00	2.72	15.96
41.02	13.39	0.00	11.05	24.59
116.28	13.06	0.00	22.48	31.94
406.66	37.28	9.20	6.08	65.98
909.87	14.09	—	8.83	71.68

3-4 续表

年份 Year	合计 Total	国债 T-Bonds	地方政府债 Local Treasury Bonds	公司债 Corporate Bonds	企业债 Enterprise Bonds
					成交金额(亿元)
1997	3600.82	3582.75	—	—	18.08
1998	6120.94	6059.95	—	—	18.40
1999	5393.59	5300.87	—	—	26.58
2000	4385.48	4157.49	—	—	40.49
2001	4930.13	4815.60	—	—	57.25
2002	8852.71	8708.68	—	—	70.33
2003	6783.11	5756.11	—	—	363.61
2004	3717.09	2966.46	—	—	113.36
2005	3449.30	2780.63	—	—	154.71
2006	2035.09	1540.71	—	—	94.44
2007	2109.99	1267.28	—	3.74	58.12
2008	4324.26	2122.52	—	404.41	113.60
2009	4698.08	2085.11	0.60	631.31	639.55
2010	5847.54	1661.64	0.01	877.51	1164.67
2011	6843.93	1252.93	0.21	1301.81	1538.71
2012	9882.53	914.18	0.01	3217.86	2970.10
2013	17411.83	803.75	0.50	4422.74	6602.34
2014	28191.38	1260.27	0.00	5751.53	12511.63
2015	34464.32	4134.49	213.19	10239.97	10339.95
2016	53294.20	5794.89	2015.36	35053.72	7335.84
2017	55441.79	1747.87	731.25	41858.83	5986.00
2018	63821.55	1225.39	1369.90	47874.95	4076.64
2019	83530.18	1606.99	837.06	56339.84	3497.14
2020	201143.24	4776.45	73085.43	38451.01	1579.85
2021	289275.34	6771.78	979.44	108279.14	7049.52

continued

Trading Turnover(100 million yuan)

可转债 Convertible Bonds	可交换债 Exchange Corporate Bonds	可分离债 Warrant Bonds	政策性银行债 Policy Bank Bonds	企业资产支持证券 Asset-based Securities
—	—	—	—	—
42.59	—	—	—	—
66.14	—	—	—	—
187.50	—	—	—	—
57.28	—	—	—	—
73.70	—	—	—	—
663.39	—	—	—	—
637.26	—	—	—	—
513.46	—	—	—	0.50
274.50	—	68.19	—	57.25
409.24	—	313.37	—	58.25
442.13	—	1212.06	—	29.54
636.41	—	666.90	—	38.21
1560.61	—	567.83	—	15.27
2217.95	—	528.29	—	4.03
2275.32	—	498.11	—	6.96
4960.13	1.11	597.05	—	24.22
7972.97	28.11	265.88	243.88	157.11
8093.92	365.21	120.09	467.84	489.65
1317.03	500.88	57.82	34.20	1184.46
2261.29	1037.62	0.00	272.23	1546.69
4473.82	1374.38	0.00	1107.97	2318.50
14510.18	1373.26	0.00	2271.77	3093.95
71454.00	3876.48	934.62	611.62	6373.79
156936.86	1599.19	—	890.37	6769.04

3-5 上海证券交易所债券现券交易情况

成交量(亿张)

年份 Year	合计 Total	国债 T-Bonds	地方政府债 Local Treasury Bonds	公司债 Corporate Bonds	企业债 Enterprise Bonds
1997	31.65	31.52	—	—	0.13
1998	46.03	45.86	—	—	0.07
1999	38.29	37.99	—	—	0.21
2000	33.86	33.07	—	—	0.34
2001	41.85	41.23	—	—	0.50
2002	61.51	60.83	—	—	0.45
2003	61.72	54.84	—	—	2.99
2004	35.26	31.31	—	—	0.98
2005	32.37	28.13	—	—	1.20
2006	18.08	15.32	—	—	0.72
2007	17.76	12.68	—	0.04	0.45
2008	40.71	20.79	—	2.36	0.68
2009	38.68	20.25	0.01	4.16	3.65
2010	47.88	15.70	0.00	5.78	8.85
2011	60.65	12.47	0.00	9.67	13.71
2012	83.78	8.95	0.00	21.27	27.50
2013	148.58	7.70	0.01	27.95	62.70
2014	242.42	12.51	0.00	37.10	121.79
2015	279.18	40.84	2.13	74.05	100.52
2016	433.89	56.54	19.79	262.44	73.05
2017	453.99	17.58	7.31	324.32	66.32
2018	523.04	12.41	13.42	389.14	47.93
2019	637.35	16.11	7.74	468.43	41.80
2020	1067.23	57.71	730.46	171.70	13.37
2021	1492.52	67.35	9.54	930.90	82.98

数据来源：上海证券交易所
Source: SSE

Bond Trading in Shanghai Stock Exchange

Trading Volume(100 million units)

可转债 Convertible Bonds	可交换债 Exchange Corporate Bonds	可分离债 Warrant Bonds	政策性银行债 Policy Bank Bonds	企业资产支持证券 Asset-based Securities
—	—	—	—	—
0.10	—	—	—	—
0.09	—	—	—	—
0.45	—	—	—	—
0.11	—	—	—	—
0.23	—	—	—	—
3.89	—	—	—	—
2.97	—	—	—	—
3.04	—	—	—	—
1.46	—	0.58	—	—
1.33	—	3.26	—	—
2.64	—	14.24	—	—
3.11	—	7.51	—	—
11.57	—	5.99	—	—
19.30	—	5.51	—	—
21.23	—	4.83	—	—
44.21	—	5.96	—	0.05
65.08	0.18	2.75	2.38	0.63
50.32	2.60	1.23	4.55	2.93
8.80	3.80	0.58	0.31	8.58
16.27	7.47	0.00	1.60	13.13
21.22	11.50	0.00	8.76	18.67
59.23	11.03	0.00	13.56	19.45
0.00	35.03	9.20	6.08	43.68
336.88	11.09	—	5.04	48.75

3-5 续表

成交金额(亿元)

年份 Year	合计 Total	国债 T-Bonds	地方政府债 Local Treasury Bonds	公司债 Corporate Bonds	企业债 Enterprise Bonds
1997	3483.90	3468.40	—	—	15.50
1998	6078.02	6046.70	—	—	9.03
1999	5322.62	5276.77	—	—	24.43
2000	3748.61	3657.06	—	—	39.13
2001	4451.06	4383.06	—	—	56.40
2002	6454.69	6380.83	—	—	51.04
2003	6261.71	5500.36	—	—	316.04
2004	3395.92	2961.50	—	—	95.88
2005	3219.36	2772.79	—	—	124.88
2006	1831.03	1537.40	—	—	76.69
2007	1790.45	1262.20	—	3.74	44.90
2008	3783.86	2075.90	—	243.81	67.65
2009	3877.09	2054.90	0.60	435.57	365.56
2010	4896.84	1590.03	0.01	585.43	909.13
2011	6093.58	1242.90	0.21	960.61	1352.62
2012	8442.99	905.56	0.01	2141.16	2770.67
2013	15312.48	771.10	0.50	2792.32	6378.26
2014	25446.42	1247.47	0.00	3632.44	12309.55
2015	30681.10	4117.52	213.19	7473.93	10223.31
2016	43823.28	5780.50	1992.51	26399.60	7275.06
2017	44431.20	1740.33	713.48	31959.14	5937.67
2018	51252.14	1220.33	1331.83	38552.95	4038.10
2019	64086.85	1602.53	781.04	46928.42	3447.82
2020	114502.25	4764.24	73054.59	26072.20	1415.27
2021	169107.13	6718.35	960.93	92405.95	6810.00

continued

Trading Turnover(100 million yuan)

可转债 Convertible Bonds	可交换债 Exchange Corporate Bonds	可分离债 Warrant Bonds	政策性银行债 Policy Bank Bonds	企业资产支持证券 Asset-based Securities
—	—	—	—	—
—	—	—	—	—
21.41	—	—	—	—
52.43	—	—	—	—
11.60	—	—	—	—
22.82	—	—	—	—
445.31	—	—	—	—
338.55	—	—	—	—
321.68	—	—	—	—
169.03	—	—	—	—
211.83	—	267.77	—	—
301.59	—	1094.92	—	—
418.32	—	602.13	—	—
1300.20	—	512.04	—	—
2041.14	—	496.10	—	—
2177.36	—	448.24	—	—
4793.97	—	571.53	—	4.80
7661.18	22.78	265.88	243.88	63.25
7426.80	351.94	120.09	467.84	286.47
1034.95	415.02	57.82	34.20	833.64
1858.70	795.55	0.00	160.06	1266.27
2314.82	1180.23	0.00	878.58	1735.29
6967.13	1129.34	0.00	1374.06	1856.52
0.00	3493.25	934.62	611.62	4156.45
55865.14	1247.47	—	510.71	4588.59

3-6 深圳证券交易所债券现券交易情况

成交量(亿张)

年份 Year	合计 Total	国债 T-Bonds	地方政府债 Local Treasury Bonds	公司债 Corporate Bonds	企业债 Enterprise Bonds
1997	1.12	1.10	—	—	—
1998	0.28	0.12	—	—	0.08
1999	0.55	0.22	—	—	0.02
2000	6.13	4.94	—	—	0.01
2001	4.61	4.24	—	—	0.01
2002	23.77	23.12	—	—	0.18
2003	4.94	2.55	—	—	0.45
2004	2.89	0.05	—	—	0.18
2005	2.16	0.08	—	—	0.29
2006	1.95	0.03	—	—	0.17
2007	2.49	0.05	—	—	0.13
2008	5.47	0.47	—	—	0.44
2009	7.64	0.30	—	1.87	2.63
2010	8.62	0.72	—	2.81	2.45
2011	7.10	0.10	—	3.40	1.84
2012	14.20	0.09	—	10.64	1.98
2013	20.74	0.33	—	16.32	2.18
2014	27.29	0.13	—	21.59	1.99
2015	34.10	0.17	—	27.16	1.14
2016	91.96	0.14	0.23	84.40	0.60
2017	108.48	0.08	0.18	97.95	0.49
2018	123.37	0.05	0.38	92.67	0.38
2019	174.70	0.04	0.55	93.13	0.49
2020	562.38	0.13	0.31	122.71	1.64
2021	764.45	0.54	0.18	158.63	2.38

数据来源：深圳证券交易所
Source: SZSE

Bond Trading in Shenzhen Stock Exchange

Trading Volume(100 million units)

可转债 Convertible Bonds	可交换债 Exchange Corporate Bonds	可分离债 Warrant Bonds	政策性银行债 Policy Bank Bonds	企业资产支持证券 Asset-based Securities
—	—	—	—	—
—	—	—	—	—
0.31	—	—	—	—
1.17	—	—	—	—
0.37	—	—	—	—
0.46	—	—	—	—
1.94	—	—	—	—
2.66	—	—	—	—
1.79	—	—	—	—
0.91	—	—	—	0.59
1.08	—	0.62	—	0.61
1.19	—	1.48	—	0.34
1.69	—	0.75	—	0.40
1.87	—	0.61	—	0.16
1.37	—	0.35	—	0.04
0.92	—	0.51	—	0.07
1.44	0.01	0.26	—	0.19
2.60	0.05	—	—	0.93
3.51	0.13	—	—	1.99
2.30	0.82	—	—	3.48
3.52	2.32	—	1.12	2.82
19.80	1.89	—	2.29	5.92
57.05	2.03	—	8.92	12.49
406.66	2.24	—	6.39	22.30
572.99	3.00	—	3.79	22.93

3-6 续表

成交金额(亿元)

年份 Year	合计 Total	国债 T-Bonds	地方政府债 Local Treasury Bonds	公司债 Corporate Bonds	企业债 Enterprise Bonds
1997	116.92	114.35	—	—	2.58
1998	42.92	13.25	—	—	9.37
1999	70.98	24.09	—	—	2.15
2000	636.87	500.43	—	—	1.37
2001	479.07	432.55	—	—	0.84
2002	2398.02	2327.85	—	—	19.29
2003	521.40	255.75	—	—	47.57
2004	321.16	4.96	—	—	17.49
2005	229.94	7.84	—	—	29.83
2006	204.05	3.31	—	—	17.74
2007	319.54	5.08	—	—	13.22
2008	540.39	46.63	—	160.61	45.95
2009	820.99	30.20	—	195.74	273.98
2010	950.70	71.61	—	292.09	255.54
2011	750.35	10.02	—	341.20	186.09
2012	1439.54	8.62	—	1076.69	199.44
2013	2099.35	32.65	—	1630.42	224.08
2014	2744.96	12.80	—	2119.10	202.08
2015	3783.22	16.96	—	2766.04	116.65
2016	9470.92	14.39	22.86	8654.11	60.78
2017	11010.59	7.55	17.77	9899.69	48.33
2018	12569.41	5.06	38.07	9321.99	38.54
2019	18776.02	4.46	56.02	9411.42	49.32
2020	87283.60	12.21	30.84	12378.81	164.57
2021	120168.20	53.43	18.51	15873.19	239.52

continued

Trading Turnover(100 million yuan)

可转债 Convertible Bonds	可交换债 Exchange Corporate Bonds	可分离债 Warrant Bonds	政策性银行债 Policy Bank Bonds	企业资产支持证券 Asset-based Securities
0.00	—	—	—	—
20.30	—	—	—	—
44.73	—	—	—	—
135.07	—	—	—	—
45.68	—	—	—	—
50.88	—	—	—	—
218.08	—	—	—	—
298.72	—	—	—	—
191.78	—	—	—	—
105.47	—	—	—	57.25
197.40	—	45.60	—	58.25
140.54	—	117.13	—	29.54
218.08	—	64.77	—	38.21
260.41	—	55.79	—	15.27
176.81	—	32.19	—	4.03
97.96	—	49.87	—	6.96
166.16	1.11	25.51	—	19.42
311.79	5.34	0.00	—	93.85
667.12	13.27	0.00	—	203.18
282.08	85.87	0.00	—	350.82
402.59	242.08	0.00	112.17	280.43
2159.00	194.15	0.00	229.39	583.21
7543.05	243.92	0.00	230.39	1237.43
71454.00	383.22	0.00	642.61	2217.34
101071.72	351.72	—	379.66	2180.45

3-7 2021年上海证券交易所国债预发行情况
Bond Pre Issuance in Shanghai Stock Exchange in 2021

债券简称 Bond Name	交易起始日 Initial Trading Date	交易截止日 Trading deadline	基准价格 Bench mark price	收益率 Yield
20国债16	2021-1-14	2021-1-19	101.46	—
21国债01	2021-1-14	2021-1-19	—	2.21
21国债02	2021-3-4	2021-3-9	—	3.086
20国债16	2021-3-11	2021-3-16	101.28	—
21国债01	2021-3-11	2021-3-16	100.19	—
21国债02	2021-4-8	2021-4-13	100.30	—
20国债16	2021-4-15	2021-4-20	102.20	—
21国债06	2021-4-15	2021-4-20	—	2.55
21国债04	2021-5-7	2021-5-11	100.39	—
21国债07	2021-5-7	2021-5-11	—	3.13
21国债04	2021-5-27	2021-6-1	100.68	—
21国债07	2021-5-27	2021-6-1	100.00	—
21国债02	2021-6-3	2021-6-8	101.27	—
21国债06	2021-6-9	2021-6-15	100.28	—
21国债09	2021-6-9	2021-6-15	99.37	—
21国债02	2021-7-8	2021-7-13	101.42	—
21国债09	2021-7-15	2021-7-20	101.15	—
21国债10	2021-7-15	2021-7-20	—	2.30
21国债04	2021-7-29	2021-8-3	101.62	—
21国债07	2021-7-29	2021-8-3	101.34	—
21国债11	2021-8-5	2021-8-10	—	2.684
21国债09	2021-8-12	2021-8-17	101.91	—
21国债10	2021-8-12	2021-8-17	99.93	—
21国债07	2021-8-26	2021-8-31	101.75	—
21国债12	2021-8-26	2021-8-31	—	2.566
21国债11	2021-9-2	2021-9-7	100.17	—
21国债09	2021-9-9	2021-9-14	102.45	—
21国债10	2021-9-9	2021-9-14	100.06	—

数据来源：上海证券交易所
Source:SSE

3-8 交易所市场债券回购交易情况
Repo Trading in Stock Exchange

年份 Year	成交金额(亿元) Trading Turnover(100 million yuan)					
	合计 Total	质押式回购 Pledge-style Repo	报价回购 Quotation-based Repo	约定式购回 Pre-arranged Repo	质押式协议回购 Pledge agreement Repo	三方回购 Tri-party Repo
1997	12876.06	12876.06	—	—	—	—
1998	15540.84	15540.84	—	—	—	—
1999	12890.53	12890.53	—	—	—	—
2000	14733.68	14733.68	—	—	—	—
2001	15487.64	15487.64	—	—	—	—
2002	24422.80	24422.80	—	—	—	—
2003	55353.25	55353.25	—	—	—	—
2004	46606.41	46606.41	—	—	—	—
2005	24919.05	24919.05	—	—	—	—
2006	16301.48	16301.48	—	—	—	—
2007	18615.47	18615.47	—	—	—	—
2008	24306.77	24306.77	—	—	—	—
2009	35975.19	35521.81	453.39	—	—	—
2010	70373.76	66233.95	4139.81	—	—	—
2011	209509.62	204469.83	5039.77	0.02	—	—
2012	393550.94	368535.82	25012.26	2.87	—	—
2013	662003.84	630720.85	31069.18	213.81	—	—
2014	915286.90	878705.94	36484.69	96.28	—	—
2015	1303701.36	1250959.55	52512.09	68.83	160.90	—
2016	2370915.58	2297358.03	60832.98	36.71	12687.86	—
2017	2632193.87	2551470.62	48986.37	36.22	31700.66	—
2018	2340481.87	2259882.18	44161.52	20.09	34197.93	2220.16
2019	2440624.02	2331849.26	76365.60	15.64	24296.54	8096.98
2020	2953588.22	2805313.36	120401.68	9.51	22373.38	5490.30
2021	3622751.86	3415053.52	177025.55	54.31	29347.92	1270.54

数据来源：上海证券交易所、深圳证券交易所
Source: SSE、SZSE

3-9 上海证券交易所债券回购交易情况
Repo Trading in Shanghai Stock Exchange

年份 Year	成交金额(亿元) Trading Turnover(100 million yuan)					
	合计 Total	质押式回购 Pledge-style Repo	报价回购 Quotation-based Repo	约定式购回 Pre-arranged Repo	质押式协议回购 Pledge agreement Repo	三方回购 Tri-party Repo
1997	11912.16	11912.16	—	—	—	—
1998	15188.54	15188.54	—	—	—	—
1999	12124.12	12124.12	—	—	—	—
2000	13147.21	13147.21	—	—	—	—
2001	15342.98	15342.98	—	—	—	—
2002	24422.35	24422.35	—	—	—	—
2003	55334.68	55334.68	—	—	—	—
2004	46601.81	46601.81	—	—	—	—
2005	24919.05	24919.05	—	—	—	—
2006	16299.25	16299.25	—	—	—	—
2007	18608.92	18608.92	—	—	—	—
2008	24306.77	24306.77	—	—	—	—
2009	35929.25	35475.87	453.39	—	—	—
2010	70017.59	65877.79	4139.81	—	—	—
2011	204621.29	199581.50	5039.77	0.02	—	—
2012	371375.86	346360.74	25012.26	2.87	—	—
2013	610526.93	580224.78	30294.00	8.15	—	—
2014	841402.16	812941.84	28457.36	2.96	—	—
2015	1197852.61	1166704.67	30986.49	0.56	160.90	—
2016	2203351.93	2164883.84	26214.35	0.00	12253.74	—
2017	2428986.63	2378286.19	20535.74	0.00	30164.70	—
2018	2118206.00	2067540.25	17120.28	0.00	31325.44	2220.04
2019	2153748.51	2096845.92	25950.65	0.35	22854.61	8096.98
2020	2595999.34	2528235.02	41011.34	0.07	21262.62	5490.30
2021	3137598.18	3051748.63	56254.43	54.31	28270.26	1270.54

数据来源：上海证券交易所
Source: SSE

3-10 深圳证券交易所债券回购交易情况
Repo Trading in Shenzhen Stock Exchange

年份 Year	成交金额(亿元) Trading Turnover(100 million yuan)					
	合计 Total	质押式回购 Pledge-style Repo	报价回购 Quotation-based Repo	约定式购回 Pre-arranged Repo	质押式协议回购 Pledge agreement Repo	三方回购 Tri-party Repo
1997	963.91	963.91	—	—	—	—
1998	352.30	352.30	—	—	—	—
1999	766.41	766.41	—	—	—	—
2000	1586.47	1586.47	—	—	—	—
2001	144.66	144.66	—	—	—	—
2002	0.45	0.45	—	—	—	—
2003	18.58	18.58	—	—	—	—
2004	4.60	4.60	—	—	—	—
2005	0.00	0.00	—	—	—	—
2006	2.23	2.23	—	—	—	—
2007	6.54	6.54	—	—	—	—
2008	0.00	0.00	—	—	—	—
2009	45.94	45.94	—	—	—	—
2010	356.16	356.16	—	—	—	—
2011	4888.34	4888.34	—	—	—	—
2012	22175.08	22175.08	—	—	—	—
2013	51476.91	50496.07	775.18	205.66	—	—
2014	73884.74	65764.09	8027.32	93.32	—	—
2015	105848.75	84254.88	21525.60	68.27	—	—
2016	167563.66	132474.19	34618.63	36.71	434.12	—
2017	203207.24	173184.43	28450.62	36.22	1535.96	—
2018	222275.87	192341.93	27041.24	20.09	2872.49	0.12
2019	286875.51	235003.34	50414.95	15.29	1441.93	0.00
2020	357588.88	277078.34	79390.34	9.44	1110.76	0.00
2021	485153.68	363304.89	120771.12	8.80	1077.66	0.00

数据来源：深圳证券交易所
Source: SZSE

3-11 交易所市场债券发行额按行业分布

单位：亿元

行业 Industry	合计 Total	公司债 Corporate Bonds	可转债 Convertible Bonds
农、林、牧、渔 Agriculture, Forestry, Animal Husbandry and Fishery	294.57	80.00	188.47
采矿业 Mining	826.30	804.50	13.80
制造业 Manufacturing	2801.32	1406.36	1059.89
电力、热力、燃气及水生产和供应业 Production and Supply of Electricity, Gas and Water	2111.83	1900.60	79.30
建筑业 Construction	12236.98	11468.81	38.20
批发和零售业 Wholesale and Retail Trades	1190.81	811.30	51.57
交通运输、仓储和邮政业 Transport, Storage and Post	2783.56	2401.70	30.00
住宿和餐饮业 Hotels and Catering Services	3.50	3.50	0.00
信息传输、软件和信息技术服务业 Information Transmission, Computer Services and Software	168.37	65.00	33.65
金融业 Financial Intermediation	20537.94	12346.34	1308.00
房地产业 Real Estate	3826.67	2610.67	0.00
租赁和商务服务业 Leasing and Business Services	8014.45	1746.82	0.00
科学研究和技术服务业 Scientific Research, Technical Service	28.85	10.00	3.76
水利、环境和公共设施管理业 Management of Water Conservancy, Environment and Public Facilities	294.07	268.57	7.12
居民服务、修理和其他服务业 Resident Services, Repairs and Other Services	66.16	59.66	0.00
教育 Education	0.00	0.00	0.00
卫生和社会工作 Health and Social Works	10.00	10.00	0.00
文化、体育和娱乐业 Culture, Sports and Entertainment	64.80	64.80	0.00
综合 Synthesis	9385.19	9284.31	0.00
其他 Other	21901.75	24.20	0.00

数据来源：上海证券交易所、深圳证券交易所、中国证券投资基金业协会
Source:SSE、SZSE、AMAC

Industry Distribution of Exchange Market Bond Issuance

(100 million yuan)

可分离债 Warrant Bonds	可交换债 Exchangeable Corporate Bonds	政策性金融债 Policy Bank Bonds	地方政府债 Local Treasury Bonds	企业资产支持证券 Asset-based Securities
0.00	5.00	0.00	0.00	21.10
0.00	8.00	0.00	0.00	0.00
0.00	264.08	0.00	0.00	70.99
0.00	16.00	0.00	0.00	115.93
0.00	0.00	0.00	0.00	729.97
0.00	23.30	0.00	0.00	304.64
0.00	80.00	0.00	0.00	271.86
0.00	0.00	0.00	0.00	0.00
0.00	0.00	0.00	0.00	69.72
0.00	2.70	586.10	0.00	6294.80
0.00	0.00	0.00	0.00	1216.00
0.00	0.00	0.00	0.00	6267.63
0.00	0.00	0.00	0.00	15.09
0.00	0.00	0.00	0.00	18.38
0.00	0.00	0.00	0.00	6.50
0.00	0.00	0.00	0.00	0.00
0.00	0.00	0.00	0.00	0.00
0.00	0.00	0.00	0.00	0.00
0.00	11.52	0.00	0.00	89.36
0.00	1.00	0.00	21876.55	0.00

主要统计指标解释

Explanatory Notes on Main Statistical Indicators

债券发行额 指统计期内各类债券发行票面金额合计。按发行首日口径计算。

债券兑付金额 指统计期内债券发行人按照约定向债券投资者偿还本金和支付利息的金额合计。

债券成交金额 指统计期内各类债券成交金额合计，包括债券现货成交金额和债券回购成交金额。

公式：现券成交金额=Σ[成交价格×成交量(现货)]；回购成交金额=Σ[成交量(回购) ×1000]。

债券回购交易 是指债券交易的双方在进行债券交易的同时，约定在将来某一日期以约定的价格，由债券的卖方向买方再次购回该笔债券的交易行为。

债券托管额 指统计期末托管在债券登记结算机构的各类债券面额合计。

债券成交量 指统计期内各类债券成交数量合计，包括债券现货成交数量和债券回购成交数量。

国债 指国家为筹集财政资金，以其信用为基础，通过向社会筹集资金所形成的债权债务关系。

地方政府债 指地方政府、地方公共机构发行的债券，一般以当地政府的税收能力和其他收入作为还本付息的担保。

政策性银行金融债 指政策性银行（国家开发银行、中国农业发展银行和中国进出口银行）为筹集信贷资金，经国务院批准向银行金融机构及其他机构发行的金融债券。

公司债券 指公司依照法定程序发行，约定在一定期限内还本付息的有价证券。2015年证监会发布《公司债券发行与交易管理办法》，规定公司债发行按照大公募债、小公募债和私募债进行分类审核。

企业债 指根据《企业债券管理条例》的规定，企业依照法定程序发行、约定在一定期限内还本付息的有价证券，由国家发展与改革委员会作为主管机关负责发行核准工作。

可转债 指在一定时间内可以按照既定的转股价格转换为指定股票的债券。

可交换债 指上市公司的股东依法发行、在一定期限内依据约定的条件可以交换成该股东所持有的上市公司股份的债券品种。

资产支持证券 指以基础资产所产生的现金流作为偿付支持，通过结构化等方式进行信用增级，在此基础上发行的证券。

短期融资券 指具有法人资格的非金融企业在银行间债券市场发行的，约定在1年内还本付息的债务融资工具。

超短期融资券 指具有法人资格、信用评级较高的非金融企业在银行间债券市场发行的，期限在270天以内的短期融资券。

中期票据 指具有法人资格的非金融企业在银行间市场按照计划分期发行的，约定在一定期限内还本付息的债务融资工具。

非公开定向债务融资工具 指具有法人资格的非金融企业在银行间债券市场发行的、约定在一定期限内还本付息的、向银行间市场特定机构投资人发行的有价证券。

中小企业集合票据 指国家相关法律法规及政策界定为中小企业的非金融企业在银行间债券市场以统一产品设计、统一券种冠名、统一信用增进、统一发行注册方式共同发行的，约定在一定期限内还本付息的债务融资工具。

资产支持票据 指非金融企业在银行间债券市场发行的，由基础资产所产生的现金流作为还款支持的，约定在一定期限内还本付息的债务融资工具。

国债预发行 指以即将发行的记账式国债为标的进行的债券买卖行为。

贰零贰壹

四. 基金

Funds

贰零贰壹

2021 年基金情况综述

一、公募基金发展概况

截至 2021 年底，公募基金资产规模合计 25.56 万亿元，其中封闭式基金与开放式基金规模分别为 3.12 万亿元、22.44 万亿元。开放式基金中，股票型基金、混合型基金、债券型基金、货币基金、QDII 基金规模分别为 2.58 万亿元、6.05 万亿元、4.10 万亿元、9.47 万亿元、2,384.13 亿元。

2021 年，公募基金产品结构逐步优化，开放式基金中股票型、混合型基金规模分别增长 28.97%、38.79%，合计规模占比从 2020 年底的 32.05%上升到 33.77%。专业机构投资者作用进一步发挥，2021 年底公募基金持股市值 6.34 万亿元，占 A 股总市值比例约为 6.99%，较 2020 年底增长 1.48 万亿，增幅 30.37%。2021 年，证监会积极推动公募基金产品创新，进一步丰富基金产品体系。推动基础设施领域公募 REITs 试点平稳落地，完成 11 只公募 REITs 注册。增加改革主题基金产品供给，注册首批 5 只指数增强策略 ETF、8 只北交所主题基金、39 只科创创业主题基金、5 只 MOM、61 只普通 FOF、59 只养老 FOF。大力支持并规范绿色主题基金注册，支持基金管理人发展绿色金融业务。扩大基金投资顾问业务试点范围，2021 年完成 42 家基金投资顾问业务试点机构的资格备案，截至年底基金投资顾问机构服务资产规模 980 亿元。

二、私募基金发展概况

私募基金管理规模稳步增长，为发展直接融资、促进创新资本形成发挥了重要作用。截至 2021 年底，在中国证券投资基金业协会登记的私募基金管理人为 2.46 万家，管理私募基金 12.41 万只，同比增长 28.18%；净资产为 20.27 万亿元，同比增长 19.54%。备案的各类私募基金在投项目为 12.27 万个，在投本金为 8.67 万亿元。其中，在投中小企业项目 7.75 万个，在投本金 2.45 万亿元，在投高新技术企业 5.01 万个，在投本金 2.14 万亿元。半导体、医药生物、计算机运用、原材料、医疗器械与服务等产业升级及新经济代表领域成为私募基金布局重点，在投项目为 8.08 万个，在投本金为 3.87 万亿元。截至 2021 年底，在中国证券投资基金业协会登记的证券类私募基金管理人 9069 家，存续私募证券基金 76839 只，管理规模 6.12 万亿元。2021 年当年新备案私募证券基金 31596 只，备案规模 7852.41 亿元，同比分别增长 57.41%和 83.02%，创历年新高。私募证券行业整体集中度进一步提升，部分机构管理产品业绩较好，前 10%的证券类管理人管理了证券类基金 90%的规模。外资私募证券管理人方面，2021 年新增 6 家外商独资和合资私募证券管理人，总数达到 38 家。截至年底，外资私募证券管理规模 454.01 亿元。截至 2021 年底，私募基金累计投资于境内未上市未挂牌企业股权、新三板企业股权和再融资项目数量达 16.87 万个，为实体经济形成股权资本金 10.05 万亿元。

强化私募基金执业底线，行业加速优胜劣汰、规范发展。2021 年 1 月 8 日，中国证监会发布《关于加强私募投资基金监管的若干规定》，提出了私募基金管理人及从业人员等主体的“十不得”禁止性要求，重申和细化私募基金监管底线，推动行业真正回归“私募”和“投资”本源。1 月 15 日，国家市场监督管理总局发布《关于做好私募基金管理人经营范围登记工作的通知》，要求相关私募基金管理人在办理经营范围登记时，统一使用“私募证券投资基金管理服务（须在中国证券投资基金业协会完成登记备案后方可从事经营活动）”或“私募股权投资基金管理、创业投资基金管理服务（须在中国证券投资基金业协会完成登记备案后方可从事经营活动）”的表述。1 月 26 日，中国证券投资基金业协会发布《关于适用中国证监会<关于加强私募投资基金监管的若干规定>有关事项的通知》，对私募基金管理人的名称、经营范围、整改要求和时间等进行明确，实施“新老划断”，未备案基金整改过渡期为六个月。私募基金经营范围和登记备案等底线要求进一步细化、完备，行业不断迈向规范化。

私募基金信息报送工作进一步加强。为持续推动行业数据质量提升，强化私募基金信息报送，2021年2月9日，中国证券投资基金业协会发布《关于加强私募基金信息报送自律管理与优化行业服务的通知》，强调私募基金管理人应当持续履行信息报送义务，进行信息备份，建立健全信息报送内控管理机制，同时提升信息披露备份系统投资者账户开通情况透明度。持续信息报送是私募基金行政监管和自律管理体系中的一项重要基础性制度安排，对加强投资者保护、提升私募基金信用、规范私募基金持续运作有重要意义。

4-1 公募基金概况
Overview of Public Funds

年份 Year	基金只数(只) Number of Funds(unit)			基金份额(亿份) Fund Units (100 million units)		
	合计 Total	封闭式 Close-ended Funds	开放式 Open-ended Funds	合计 Total	封闭式 Close-ended Funds	开放式 Open-ended Funds
1998	5	5	—	100.00	100.00	—
1999	16	16	—	505.00	505.00	—
2000	34	34	—	562.00	562.00	—
2001	51	48	3	804.23	686.73	117.50
2002	71	54	17	1318.85	817.00	501.85
2003	95	54	41	1614.67	817.00	797.67
2004	161	54	107	3308.79	817.00	2491.79
2005	218	54	164	4714.18	817.00	3897.18
2006	307	53	254	6220.67	812.00	5408.67
2007	346	36	310	22339.84	844.14	21495.70
2008	439	33	406	25741.78	890.32	24851.46
2009	547	31	516	23518.55	945.02	22573.53
2010	704	39	665	23955.33	1119.80	22835.53
2011	914	57	857	26510.37	1371.32	25139.05
2012	1173	68	1105	31708.41	1424.85	30283.56
2013	1551	130	1421	31167.18	1953.94	29213.24
2014	1899	135	1764	42032.72	1256.71	40776.00
2015	2723	164	2559	76674.13	1669.54	75004.59
2016	3873	304	3569	88428.32	6181.24	82247.08
2017	4848	479	4369	110182.12	5862.57	104319.55
2018	5580	662	4918	128961.33	8707.02	120254.31
2019	6111	779	5332	136937.42	15214.30	121723.12
2020	7237	1024	6213	169974.29	23961.85	146012.44
2021	9152	1175	7977	218244.61	29005.26	189239.35

注：1.本章公募基金是指公开募集证券投资基金，不包括社保基金、基金专户等。
　　2.本表中封闭式基金分类以截至统计时点的基金运作模式划分，开放式基金以设立时点的基金运作模式划分。

数据来源：中国证券监督管理委员会、上海证券交易所、深圳证券交易所

Source: CSRC、SSE、SZSE

4-1 续表 continued

年份 Year	基金资产规模(亿元) Fund Asset Value (100 million yuan)			上市基金成交份额(亿份) Trading Volume of Listed Funds (100 million units)			上市基金成交金额(亿元) Trading Turnover of Listed Funds(100 million yuan)		
	合计 Total	封闭式 Close-ended Funds	开放式 Open-ended Funds	合计 Total	上交所 SSE	深交所 SZSE	合计 Total	上交所 SSE	深交所 SZSE
1998	107.00	107.00	—	555.33	329.58	225.75	1016.89	605.28	411.61
1999	577.00	577.00	—	1623.12	827.95	795.17	2485.48	1365.82	1119.66
2000	847.35	847.35	—	2180.62	995.32	1185.30	2801.84	1334.18	1467.66
2001	809.24	691.15	118.09	2208.62	1148.35	1060.27	2561.88	1348.92	1212.96
2002	1185.56	717.06	468.50	1218.60	573.69	644.91	1166.62	556.77	609.85
2003	1699.22	862.00	837.22	849.18	441.62	407.56	682.65	362.16	320.49
2004	3246.34	809.71	2436.63	589.72	297.78	291.94	479.47	249.10	230.37
2005	4691.38	822.17	3869.21	1098.41	778.73	319.68	773.15	576.78	196.37
2006	8565.05	1623.64	6941.41	2058.16	1042.85	1015.31	2002.65	1024.35	978.30
2007	32762.32	2442.17	30320.15	4330.52	1981.36	2349.16	8620.09	4298.24	4321.85
2008	19403.25	758.95	18644.30	3742.28	2001.43	1740.85	5831.05	3700.23	2130.82
2009	26024.80	1238.78	24786.02	6531.40	3690.94	2840.46	10340.02	6549.06	3790.96
2010	25040.86	1299.00	23741.86	6582.01	3580.37	3001.64	8996.44	4771.71	4224.73
2011	21918.55	1234.15	20684.40	6125.90	2370.84	3755.06	6365.81	2901.41	3464.40
2012	28661.81	1413.01	27248.80	9374.61	2540.73	6833.88	8123.61	3171.12	4952.49
2013	30011.54	1987.56	28023.98	11280.60	3743.85	7536.75	14785.47	8988.79	5796.68
2014	45374.30	1366.81	44007.49	13742.58	4547.41	9195.17	47230.89	37477.49	9753.40
2015	83971.83	1947.72	82024.11	50423.73	12103.62	38320.11	152684.59	103799.88	48884.71
2016	91595.16	6342.22	85252.94	24609.83	4577.78	20032.05	111444.32	89359.23	22085.09
2017	115989.13	6097.29	109891.84	13626.64	5773.00	7853.64	98051.89	78169.57	19882.32
2018	130339.08	8986.26	121352.82	17941.63	8897.92	9043.70	102704.59	71651.46	31053.13
2019	147672.51	16024.48	131648.03	25140.94	14364.59	10776.35	91679.38	68589.58	23089.80
2020	198519.33	25606.39	172912.94	51089.10	31560.17	19528.93	136238.63	107526.85	28711.79
2021	255637.78	31249.55	224388.23	67386.92	47173.90	20213.02	183234.05	153405.83	29828.22

4-2 公募基金规模
Dimensions of Public Funds

基金类型	Type of Funds	基金只数(只) Number of Funds (unit)		基金份额(亿份) Fund Units (100 million units)		基金资产规模(亿元) Fund Asset Value (100 million yuan)	
		2020	2021	2020	2021	2020	2021
封闭式基金合计	Close-ended Funds	1024	1175	23961.85	29005.26	25606.39	31249.55
开放式基金合计	Open-ended Funds	6213	7977	146012.44	189239.35	172912.94	224388.23
其中：股票型	Thereinto:Equity Funds	1268	1756	11746.07	15995.96	20017.48	25816.74
混合型	Blend Funds	3030	3879	27857.78	40872.30	43600.75	60513.68
其中：FOF	Thereinto:Fund of Funds	141	238	753.65	1985.89	899.38	2222.31
债券型	Bond Funds	1417	1810	24478.40	35604.09	27484.30	40996.01
货币市场型	Money Market Funds	332	333	80915.99	94976.72	80521.47	94677.67
QDII	Qualified Domestic Institutional Investor	166	199	1014.21	1790.27	1288.94	2384.13
合计	Total	7237	9152	169974.29	218244.61	198519.33	255637.78

注：本表中封闭式基金分类以截至统计时点的基金运作模式划分，开放式基金以设立时点的基金运作模式划分。
数据来源：中国证券监督管理委员会
Source: CSRC

4-3 合格境外投资者及QDII情况
Statistics of QFII、RQFII and QDII

年份 Year	QFII Qualified Foreign Institutional Investor 资产规模(亿美元) Asset Value(100 million USD)				
	合计 Total	股票 Stock	债券 Bond	现金 Cash	其他 Other
2003	—	—	—	—	—
2004	37.00	11.30	11.20	11.00	3.50
2005	47.80	28.90	7.80	3.70	7.40
2006	62.75	48.76	0.69	7.88	5.42
2007	296.22	157.34	5.63	113.30	19.96
2008	261.58	118.36	28.54	108.27	6.41
2009	424.57	311.22	24.88	77.40	11.07
2010	448.66	357.66	33.81	47.36	9.83
2011	401.56	282.13	57.60	49.98	11.84
2012	525.81	393.11	67.15	46.74	18.82
2013	693.64	496.39	100.05	70.55	26.65
2014	1027.89	723.63	95.32	134.10	74.84
2015	1049.07	626.52	124.99	154.90	142.66
2016	785.54	571.03	84.28	78.33	51.91
2017	997.12	794.90	82.52	63.05	56.64
2018	787.26	567.19	75.00	70.41	74.66
2019	1014.75	774.02	84.88	57.94	97.90
2020	13177.12	10577.39	1435.06	937.52	227.15
2021	15385.92	11742.29	1862.96	919.39	861.28

注：1.2019年9月，国家外汇管理局发布通知取消QFII、RQFII投资额度限制。
2.2020年QFII和RQFII资格制度规则合二为一，统一为“合格境外投资者”。
数据来源：中国证券监督管理委员会、国家外汇管理局
Source: CSRC、SAFE

4-3 续表 1 continued

年份 Year	RQFII RMB Qualified Foreign Institutional Investor 资产规模(亿元) Asset Value (100 million yuan)				
	合计 Total	股票 Stock	债券 Bond	现金 Cash	其他 Other
2003	—	—	—	—	—
2004	—	—	—	—	—
2005	—	—	—	—	—
2006	—	—	—	—	—
2007	—	—	—	—	—
2008	—	—	—	—	—
2009	—	—	—	—	—
2010	—	—	—	—	—
2011	0.00	0.00	0.00	0.00	0.00
2012	507.00	443.52	109.85	21.43	3.62
2013	532.26	430.53	74.01	8.96	18.76
2014	2195.40	1058.06	785.57	181.73	170.04
2015	1735.44	715.27	649.63	218.86	151.68
2016	1489.43	864.17	460.27	119.48	45.50
2017	1673.07	1204.24	312.93	74.61	81.30
2018	1340.52	932.63	298.55	74.79	34.55
2019	1920.06	1257.21	501.48	105.68	55.69

4-3 续表 2 continued

年份 Year	QDII Qualified Domestic Institutional Investor					
	成立的产品数量(只) Number of Products (unit)	累计批准额度(亿美元) Cumulative Approved Quota (100 million USD)	资产规模(亿元) Asset Value (100 million yuan)			
			合计 Total	股票 Stock	债券 Bond	其他 Other
2003	—	—	—	—	—	—
2004	—	98.90	—	—	—	—
2005	—	98.90	—	—	—	—
2006	1	206.65	—	—	—	—
2007	4	523.66	1081.73	799.56	0.00	282.17
2008	9	551.21	522.41	319.86	71.35	131.20
2009	10	668.00	742.24	542.07	4.93	195.24
2010	27	759.17	735.50	546.84	11.68	176.98
2011	51	783.97	576.02	358.83	9.51	207.68
2012	67	828.77	632.02	422.87	33.61	175.54
2013	83	842.32	597.60	390.70	28.73	178.17
2014	90	833.23	495.54	342.61	41.13	111.80
2015	101	899.93	662.53	412.46	38.98	211.09
2016	120	899.93	947.70	550.05	195.54	202.11
2017	142	899.93	913.59	499.21	144.63	269.75
2018	152	1032.33	705.73	549.00	75.55	81.18
2019	154	1039.83	930.83	708.37	135.71	86.75
2020	166	—	1288.94	991.84	122.12	174.98
2021	199	—	2384.13	1814.23	83.14	486.76

4-3 续表 3 continued

年份	合格境外投资者 QFII、RQFII 资产规模(亿元人民币) Asset Value (100 million yuan)				
	合计 Total	股票 Stock	债券 Bond	现金 Cash	其他 Other
2021	15385.92	11742.29	1862.96	919.39	861.28

年份	QDII Qualified Domestic Institutional Investor					
	成立的产品数量(只) Number of Products (unit)	累计批准额度(亿美元) Cumulative Approved Quota (100 million USD)	资产规模(亿元) Asset Value (100 million yuan)			
			合计 Total	股票 Stock	债券 Bond	其他 Other
2021	199	—	2384.13	1814.23	83.14	486.76

4-4 交易所基金市场指数情况
Fund Indexes

年份 Year	上交所 SSE 上证基金指数 SSE Fund Index					
	开市 Open	最高 Highest	最低 Lowest	收市 Close	涨跌幅(%) Change Rate(%)	振幅(%) Amplitude(%)
2000	996.69	1121.71	968.70	1121.71	12.17	15.80
2001	1133.17	1367.37	1077.73	1183.13	5.48	26.88
2002	1168.82	1237.98	934.54	942.33	-20.35	32.47
2003	933.96	1057.46	889.81	1016.96	7.92	18.84
2004	1012.37	1101.88	836.81	872.01	-14.25	31.68
2005	866.93	866.93	706.53	840.19	-3.65	22.70
2006	837.92	2091.30	837.82	2090.52	148.82	149.61
2007	2132.24	5112.83	2041.89	5070.79	142.56	150.40
2008	5088.47	5525.57	2214.27	2512.49	-50.45	149.54
2009	2541.64	4813.13	2528.83	4765.75	89.68	90.33
2010	4785.96	5038.23	3752.78	4557.66	-4.37	34.25
2011	4580.40	4854.30	3516.42	3592.26	-21.18	38.05
2012	3603.59	4014.86	3347.34	3921.09	9.15	19.94
2013	3956.37	4319.18	3398.71	3880.27	-1.04	27.08
2014	3874.76	5557.49	3624.31	5550.63	43.05	53.34
2015	5578.87	7670.68	5114.16	5904.92	6.38	49.99
2016	5901.84	5927.80	5443.92	5733.60	-2.90	8.89
2017	5732.11	6389.99	5704.18	6220.06	8.48	12.02
2018	6222.93	6502.37	5465.12	5499.31	-11.59	18.98
2019	5503.54	6482.18	5454.86	6425.03	16.83	18.83
2020	6446.91	7470.84	5860.29	7467.43	16.22	27.48
2021	7489.93	7832.23	7065.51	7572.49	1.41	10.85

数据来源：上海证券交易所、深圳证券交易所
Source:SSE、SZSE

4-4 续表 1 continued

年份 Year	深交所 SZSE 乐富基金指数 SZSE Lefu Fund Index 开市 Open	最高 Highest	最低 Lowest	收市 Close	涨跌幅(%) Change Rate(%)	振幅(%) Amplitude(%)
2000	—	—	—	—	—	—
2001	—	—	—	—	—	—
2002	—	—	—	—	—	—
2003	—	—	—	—	—	—
2004	—	—	—	—	—	—
2005	978.19	1011.17	834.20	1001.46	2.38	21.21
2006	1010.88	2536.73	990.67	2536.73	154.38	156.06
2007	2570.95	6251.41	2452.55	6251.41	146.44	154.89
2008	6364.67	6734.29	2817.53	3144.08	-49.71	139.01
2009	3198.83	5396.12	3198.83	5329.45	69.51	68.69
2010	5280.03	6023.94	4385.37	5597.02	5.02	37.36
2011	5651.64	5831.13	4223.39	4333.89	-22.57	38.07
2012	4349.06	4807.29	3988.10	4574.63	5.55	20.54
2013	4604.92	4948.94	4052.24	4470.05	-2.29	22.13
2014	4460.73	6154.83	4054.64	6152.11	37.63	51.80
2015	6174.36	9178.71	5353.76	6678.31	8.55	71.44
2016	6684.64	6685.60	5143.23	5856.94	-12.30	29.99
2017	5858.10	6405.68	5513.37	6032.25	2.99	16.18
2018	6035.82	6365.74	4547.49	4632.10	-23.21	39.98
2019	4639.35	6337.57	4530.98	6335.13	36.77	39.87
2020	6368.48	8312.98	5852.27	8312.10	31.21	42.05
2021	8323.25	9262.90	7749.02	8866.88	6.67	19.54

4-4 续表 2 continued

年份 Year	深交所 SZSE 深证ETF指数 SZSE ETF Index 开市 Open	最高 Highest	最低 Lowest	收市 Close	涨跌幅(%) Change Rate(%)	振幅(%) Amplitude(%)
2000	—	—	—	—	—	—
2001	—	—	—	—	—	—
2002	—	—	—	—	—	—
2003	—	—	—	—	—	—
2004	—	—	—	—	—	—
2005	—	—	—	—	—	—
2006	—	—	—	—	—	—
2007	—	—	—	—	—	—
2008	—	—	—	—	—	—
2009	—	—	—	—	—	—
2010	—	—	—	—	—	—
2011	1015.92	1045.28	663.34	690.36	-32.05	57.58
2012	694.11	814.51	612.29	729.70	5.70	33.03
2013	735.94	808.34	609.10	712.86	-2.31	32.71
2014	711.10	1045.12	640.67	1044.36	46.50	63.13
2015	1049.50	1646.03	919.03	1191.12	14.05	79.10
2016	1188.69	1189.60	897.41	1038.69	-12.80	32.56
2017	1038.92	1264.01	1006.60	1202.39	15.76	25.57
2018	1203.92	1288.05	898.75	908.97	-24.40	43.32
2019	911.05	1253.97	884.88	1253.54	37.91	41.71
2020	1259.24	1686.62	1159.19	1679.80	34.00	45.50
2021	1681.77	1868.88	1540.65	1788.94	6.50	21.30

4-5 上市基金成交情况
Transaction Data of Listed Fund

年份 Year	交易天数（天） Trading Days (day)	封闭式基金 Close-ended Funds			ETF		
		成交份额（亿份） Trading Volume (100 million units)	成交金额（亿元） Trading Turnover (100 million yuan)	日均成交金额（亿元） Daily Average Turnover (100 million yuan)	成交份额（亿份） Trading Volume (100 million units)	成交金额（亿元） Trading Turnover (100 million yuan)	日均成交金额（亿元） Daily Average Turnover (100 million yuan)
2005	242	562.07	341.10	1.41	525.01	420.92	1.98
2006	241	1723.59	1626.36	6.75	306.21	339.97	1.41
2007	242	3100.51	6027.21	24.91	475.87	1544.61	6.38
2008	246	1624.12	1986.23	8.07	1411.49	3178.58	12.92
2009	244	1803.58	1613.68	6.61	3452.19	7652.13	31.36
2010	242	1095.05	1136.12	4.69	4020.85	6450.80	26.66
2011	244	447.46	451.15	1.85	3933.13	4213.25	17.27
2012	243	363.60	284.34	1.17	4766.86	4781.75	19.68
2013	238	489.02	433.16	1.82	5976.80	11012.74	46.89
2014	245	403.47	383.45	1.57	6148.76	40388.83	164.85
2015	244	815.73	981.84	4.02	12705.32	113160.86	463.77
2016	244	303.67	327.15	1.34	5017.87	96495.94	395.48
2017	244	134.64	144.59	0.59	6460.75	92890.39	380.70
2018	243	87.60	89.06	0.37	13485.83	99448.25	409.25
2019	244	72.64	75.17	0.61	20102.74	87147.57	357.16
2020	243	0.03	3.23	0.01	45055.63	130472.10	536.92
2021	243	0.11	10.79	0.04	65103.93	180039.10	740.90

注：ETF中包含交易型货币基金；LOF中包含分级基金。
数据来源：上海证券交易所、深圳证券交易所
Source: SSE、SZSE

4-5 续表 continued

年份 Year	LOF			公募 Reits			合计 Total		
	成交份额（亿份） Trading Volume (100 million units)	成交金额（亿元） Trading Turnover (100 million yuan)	日均成交金额(亿元) Daily Average Turnover (100 million yuan)	成交份额（亿份） Trading Volume (100 million units)	成交金额（亿元） Trading Turnover (100 million yuan)	日均成交金额(亿元) Daily Average Turnover (100 million yuan)	成交份额（亿份） Trading Volume (100 million units)	成交金额（亿元） Trading Turnover (100 million yuan)	日均成交金额(亿元) Daily Average Turnover (100 million yuan)
2005	11.33	11.14	0.05	—	—	—	1098.40	773.15	3.43
2006	28.36	36.32	0.15	—	—	—	2058.17	2002.65	8.31
2007	701.87	989.68	4.09	—	—	—	4278.26	8561.50	35.38
2008	608.24	600.59	2.44	—	—	—	3643.84	5765.40	23.44
2009	1146.95	992.94	4.07	—	—	—	6402.72	10258.75	42.04
2010	1383.12	1338.94	5.53	—	—	—	6499.03	8925.86	36.88
2011	1682.48	1643.30	6.73	—	—	—	6063.07	6307.70	25.85
2012	4212.16	3032.54	12.48	—	—	—	9342.62	8098.63	33.33
2013	4811.85	3336.90	14.02	—	—	—	11277.67	14782.80	62.73
2014	7190.35	6458.60	26.36	—	—	—	13742.58	47230.89	192.78
2015	36902.67	38541.90	160.40	—	—	—	50423.73	152684.60	628.20
2016	19288.29	14621.23	59.92	—	—	—	24609.83	111444.31	456.74
2017	7031.25	5016.90	20.56	—	—	—	13626.65	98051.88	401.85
2018	4368.20	3167.28	13.03	—	—	—	17941.63	102704.59	422.65
2019	4965.55	4456.65	18.26	—	—	—	25140.94	91679.38	375.73
2020	6033.44	5763.30	23.72	—	—	—	51089.10	136238.63	560.66
2021	2234.06	2949.18	12.14	48.82	234.99	1.42	67386.92	183234.05	754.05

4-6 私募基金概况

Overview of Private Funds

年份 Year	已登记私募基金管理人家数(个) Number of Registered Private Fund Managers(unit)				
	合计 Total	私募证券投资基金管理人 Private Security Investment Fund Managers	私募股权、创业投资基金管理人 Private Equity Investment and Venture Capital Fund Managers	其他私募投资基金管理人 Other Private Investment Fund Managers	私募资产配置类管理人 Private Asset Allocation Fund Managers
2017	22446	8467	13200	779	—
2018	24448	8989	14683	776	—
2019	24471	8857	14882	727	5
2020	24561	8908	14986	658	9
2021	24610	9069	15012	520	9

注：私募基金是指在中国证券投资基金业协会备案的以非公开方式向投资者募集资金设立的投资基金。
数据来源：中国证券投资基金业协会
Source:AMAC

4-6 续表 1 continued

年份 Year	已备案私募基金数量(个) Number of Filed Private Funds(unit)					
	合计 Total	私募证券投资基金 Private Security Investment Funds	私募股权投资基金 Private Equity Investment Funds	创业投资基金 Venture Capital Funds	其他私募投资基金 Other Private Investment Funds	私募资产配置基金 Private Asset Allocation Funds
2017	66417	34097	21827	4372	6121	—
2018	74629	35675	27175	6508	5271	—
2019	81710	41392	28477	7978	3858	5
2020	96818	54324	29402	10398	2684	10
2021	124098	76818	30800	14511	1945	24

4-6 续表 2 continued

年份 Year	管理基金规模(亿元) Managed Fund Size(100 million dollar)					
	合计 Total	私募证券投资基金 Private Security Investment Funds	私募股权投资基金 Private Equity Investment Funds	创业投资基金 Venture Capital Funds	其他私募投资基金 Other Private Investment Funds	私募资产配置基金 Private Asset Allocation Funds
2017	114992.53	25671.95	62910.99	6076.68	20332.91	—
2018	127064.20	21385.06	78014.08	9094.61	18570.44	—
2019	140829.62	25610.41	88713.18	12088.26	14412.29	5.48
2020	169578.29	42979.27	98716.38	16904.05	10968.82	9.77
2021	202705.20	63090.38	107719.83	23706.71	8140.12	48.15

4-7 2021年私募基金按监管辖区分布概况
Regulatory Jurisdiction Distribution of Private Fund

辖区	Jurisdiction	管理人数量（家）Number of Private Fund Managers(unit)	管理基金数量（只）Number of Private Investment Funds(unit)	管理基金规模（亿元）Managed Fund Size (100 million yuan)
北京	Beijing	4296	19688	43965.20
天津	Tianjin	451	2100	8041.05
河北	Hebei	118	235	702.37
山西	Shanxi	67	153	1458.30
内蒙古	Inner Mongolia	55	150	337.23
辽宁	Liaoning	73	143	113.21
吉林	Jilin	62	119	332.08
黑龙江	Heilongjiang	60	100	123.62
上海	Shanghai	4531	35320	51702.71
江苏	Jiangsu	1220	4386	9827.58
浙江	Zhejiang	2035	10447	11295.42
安徽	Anhui	226	964	3028.19
福建	Fujian	250	1481	1838.16
江西	Jiangxi	273	860	1640.51
山东	Shandong	395	1134	1684.64
河南	Henan	158	493	1033.43
湖北	Hubei	402	1013	2164.42
湖南	Hunan	282	960	1202.69
广东	Guangdong	1819	9520	11386.90
广西	Guangxi	87	268	958.36
海南	Hainan	287	1254	1526.59
重庆	Chongqing	192	534	1611.10
四川	Sichuan	449	1292	2354.72
贵州	Guizhou	84	252	1493.03
云南	Yunnan	80	167	1107.53
西藏	Tibet	192	1429	3945.01
陕西	Shaanxi	264	835	1168.28
甘肃	Gansu	40	59	188.96
青海	Qinghai	14	38	126.70
宁夏	Ningxia	50	103	184.62
新疆	Xinjiang	116	342	1252.92
深圳	Shenzhen	4308	19781	23436.75
大连	Dalian	74	235	118.93
宁波	Ningbo	804	4827	8161.06
厦门	Xiamen	355	1684	1433.00
青岛	Qingdao	441	1732	1759.93

注：私募基金管理人按照公司注册地所在辖区统计。
数据来源：中国证券投资基金业协会
Source:AMAC

主要统计指标解释

Explanatory Notes on Main Statistical Indicators

基金只数 指统计期内基金市场上基金产品的只数。自基金合同生效日（基金成立日）纳入统计，自基金合同终止日从统计中剔除。一般根据中国证监会代码（基金主合同）口径统计。

基金份额 指统计期末基金市场基金份额的合计。

基金资产规模 指在统计期末市场上基金产品资产的合计。

上市基金成交金额 指统计期内在交易所上市的各类基金成交金额合计。

QDII 额度 指统计期末国家外汇管理局批准合格境内机构投资者进行境外证券投资的投资额度。

封闭式基金 采用封闭式运作方式的基金，是指经核准的基金份额总额在基金合同期限内固定不变，基金份额可以在依法设立的证券交易所交易，但基金份额持有人不得申请赎回的基金。

开放式基金 采用开放式运作方式的基金，是指基金份额总额不固定，基金份额可以在基金合同约定的时间和场所申购或者赎回的基金。

交易型货币市场基金 指符合上交所上市条件并在上交所交易系统以竞价方式进行交易，以基金净值申购或者赎回的货币市场基金，基金份额总额不固定且永久存续。

私募基金只数 指统计期末已在中国证券投资基金业协会备案的正在运作私募基金产品只数。

私募基金管理人家数 指统计期末在中国证券投资基金业协会登记的未注销从事私募基金管理人数量。

私募基金管理规模 指统计期末正在运作的私募基金净资产规模。

贰 零 贰 壹

五. 期 货

Futures

贰 零 贰 壹

2021 年期货市场综述

2021 年，期货市场规模稳步增长，运行质量稳中向好，市场建设持续推进，市场功能有效发挥，服务实体经济能力明显提升。

一、市场规模稳步增长

2021 年，期货市场成交 72.69 亿手，成交金额 580.69 万亿元，同比分别增加 20.61%和 32.80%。其中，商品期货成交 71.77 亿手，占全市场的 98.74%，成交金额 462.79 万亿元，占全市场的 79.69%；金融期货成交 0.92 亿手，同比减少 6.85%，成交金额 117.92 万亿元，同比增加 2.27%。期权市场合计成交 14.14 亿手（张），成交金额 13936.16 亿元，同比分别增加 591.72%和 339.98%。

二、运行质量稳中向好，市场功能有效发挥

2021 年，期货市场套期保值功能和价格发现功能均有所增强，服务实体经济能力明显提升。期货市场套期保值效率 94.31%，同比增加 4.93 个百分点。期现价格相关性 95.59%，同比增加 2.51 个百分点。全市场法人持仓占比（不含做市商）59.97%，同比增加 7.34 个百分点。到期期现价差率指标值 2.29%，近月合约活跃性为 1.56，活跃合约连续性为 86.64%，均与 2020 年基本持平。场内期权市场在品种创新扩容的同时，市场规模稳步提升，价格发现功能有效发挥，定价有效性较高，风险管理功能持续发挥。

三、持续推进期货市场建设，夯实服务实体经济能力

2021 年共上市生猪期货、花生期货、原油期权、棕榈油期权等 4 个新品种，重大民生品种取得突破。截至 2021 年底，期货与衍生品市场品种总数达到 94 个，包括 64 个商品期货，20 个商品期权，6 个金融期货和 4 个金融期权。积极推进期货和衍生品法立法工作。截至 2021 年底，期货和衍生品法已经通过全国人大常委会二读审议。持续完善期货市场规则体系，期货交易所修改完善业务细则 76 个。

四、加强日常监管，维护市场健康发展

2021 年，受供求关系和全球货币宽松等因素叠加影响，部分大宗商品期现货价格同步上涨，证监会坚决贯彻落实党中央、国务院决策部署，充分挥期货市场“五位一体”监管合力，及时有效强化期货市场监管，加强期现联动监管，服务国家宏观调控和大宗商品保供稳价大局，取得阶段性明显成效。开展对期货交易所的现场检查，督促期货交易所严格落实一线自律管理责任，促进期货市场稳定运行和高质量发展，提升防范化解市场风险的能力。加强期货公司风险监管指标日常监测。以问题和风险为导向，统筹开展期货公司治理专项行动和年度期货公司现场检查工作。持续推进期货公司监管综合系统（FISS）升级改造，促进监管效能提升。启动期货科技监管系统建设，推进科技与监管深度融合，提升监管效能和市场治理水平。

五、助力产业企业风险管理，服务实体经济发展

2021 年，证监会指导各期货交易所积极拓展产业企业参与期货市场，提升产业企业参与期货市场深度，通过降低交易费用、优化交割仓库布局等方式，助力产业企业利用期货市场进行风险管理，产业企业参与数量、成交量和持仓量均明显提升，产业企业利用期货市场进行风险管理取得积极成效。期货公司及风险管理公司积极助力产业企业通过期货市场进行

套期保值，并通过基差贸易、仓单约定购回、场外衍生品等多种形式，服务实体企业发展。

六、稳步推进“保险+期货”项目，服务脱贫攻坚和乡村振兴战略

2021年，上海期货交易所、郑州商品交易所、大连商品交易所在黑龙江、陕西、云南等29个省（市、区）开展322个“保险+期货”项目，涉及天然橡胶、白糖、棉花、苹果、红枣、大豆、玉米、鸡蛋、豆粕、生猪、花生等11个品种，保障现货规模456.87万吨，承保土地面积950.41万，服务农户68.33万户。

七、持续推动对外开放

新增核准原油期权、棕榈油期权作为国际化品种对外开放，引入境外交易者参与，是我国首批对外开放的期权品种，国际化品种数量扩至9个。支持6家期货公司的境外子公司完成增资9.6亿港元，期货公司境外子公司资本实力逐步提升，为境外实体企业提供综合金融服务的能力不断增强。

5-1 期货期权交易品种名录
List of Futures & Options Products

	交易品种 Futures & Options Products
农产品 Agricultural Products	天然橡胶、强麦、普麦、棉花、白糖、菜籽油、早籼稻、晚籼稻、油菜籽、菜籽粕、粳稻、棉纱、苹果、红枣、花生、玉米、玉米淀粉、黄大豆1号、黄大豆2号、豆粕、豆油、棕榈油、鸡蛋、胶合板、纤维板、粳米、生猪
能源、化工及其他 Energy & Chemical Products & Others	原油、燃料油、低硫燃料油、石油沥青、20号胶、纸浆、甲醇、PTA、玻璃、动力煤、尿素、纯碱、短纤、聚乙烯、聚氯乙烯、聚丙烯、焦炭、焦煤、乙二醇、苯乙烯、液化石油气
金属 Metal Products	铜、铜（BC）、铝、锌、铅、镍、锡、黄金、白银、螺纹钢、线材、热轧卷板、不锈钢、硅铁、锰硅、铁矿石
金融 Financial Futures	沪深300股指期货(IF)、中证500股指期货(IC)、上证50股指期货(IH)、沪深300股指期权(IO)、2年期国债期货(TS)、5年期国债期货(TF)、10年期国债期货(T)

数据来源：上海期货交易所、郑州商品交易所、大连商品交易所、中国金融期货交易所
Source：SHFE、ZCE、DCE、CFFEX

5-2 期货市场规模概况
Dimensions of Futures Market

年份 Year	市场资金 (亿元) Market Funds (100 million yuan)	期货账户数 (户) Number of Futures Accounts (unit)	客户数(个) Number of Futures Investors (unit)		
			个人 Individual Customers	单位 Corporate	合计 Total
2006	214.42	277390	—	—	244590
2007	395.40	447720	—	—	395533
2008	457.22	712773	595434	21001	616435
2009	1113.73	1106099	887627	28634	916261
2010	1696.31	1505530	1178225	35483	1213708
2011	1594.24	1793448	1370577	40804	1411381
2012	1904.68	896934	697442	19868	717310
2013	2069.06	977185	751665	20743	772408
2014	2923.84	993527	795210	27409	822619
2015	4138.50	1268765	1046190	29017	1075207
2016	4787.89	1385277	1150649	35771	1186420
2017	4441.88	1511380	1238117	39111	1277228
2018	4338.73	1587012	1283397	39161	1322558
2019	5561.49	1832128	1471541	45743	1517284
2020	8820.24	2276367	1804441	58833	1863274
2021	12607.04	2578973	1980147	72465	2052612

注：期货账户数和投资者个数2012年之前为总账户数和总投资者个数，2012年之后为有效账户数和有效投资者个数。
数据来源：中国期货市场监控中心有限责任公司
Source：CFMMC

5-3 期货会员机构数情况
Number of Futures Exchange Members

单位：家 (unit)

年份 Year	上海期货交易所 SHFE			上海国际能源交易中心 INE		
	合计 Total	期货公司会员 Members of Futures Companies	非期货公司会员 Non-Members of Futures Companies	合计 Total	期货公司会员 Members of Futures Companies	非期货公司会员 Non-Members of Futures Companies
1999	206	153	53	—	—	—
2000	216	165	51	—	—	—
2001	225	171	54	—	—	—
2002	215	178	37	—	—	—
2003	219	185	34	—	—	—
2004	224	184	40	—	—	—
2005	215	175	40	—	—	—
2006	209	172	37	—	—	—
2007	213	172	41	—	—	—
2008	207	167	40	—	—	—
2009	210	167	43	—	—	—
2010	209	164	45	—	—	—
2011	208	163	45	—	—	—
2012	208	161	47	—	—	—
2013	206	157	49	—	—	—
2014	203	151	52	—	—	—
2015	201	150	51	—	—	—
2016	199	149	50	—	—	—
2017	196	149	47	—	—	—
2018	197	149	48	155	149	6
2019	198	149	49	157	149	8
2020	196	149	47	158	149	9
2021	201	150	51	161	150	11

注：交易所合计会员数量中存在冻结会员账户。
数据来源：上海期货交易所、郑州商品交易所、大连商品交易所、中国金融期货交易所、上海国际能源交易中心
Source：SHFE、ZCE、DCE、CFFEX、INE

5-3 续表 1 continued

单位：家 (unit)

年份 Year	郑州商品交易所 ZCE 合计 Total	郑州商品交易所 ZCE 期货公司会员 Members of Futures Companies	郑州商品交易所 ZCE 非期货公司会员 Non-Members of Futures Companies	大连商品交易所 DCE 合计 Total	大连商品交易所 DCE 期货公司会员 Members of Futures Companies	大连商品交易所 DCE 非期货公司会员 Non-Members of Futures Companies
1999	—	—	—	—	—	—
2000	—	—	—	164	150	14
2001	208	159	49	185	170	15
2002	212	166	46	195	180	15
2003	218	176	42	199	186	13
2004	219	185	44	199	186	13
2005	222	179	43	196	181	15
2006	226	180	46	196	180	16
2007	226	183	43	193	177	16
2008	215	172	43	193	175	18
2009	215	173	42	189	173	16
2010	215	173	42	189	173	16
2011	213	171	42	187	172	15
2012	209	167	42	178	163	15
2013	205	163	42	175	160	15
2014	198	157	41	170	155	15
2015	196	155	41	168	152	16
2016	196	149	47	166	151	15
2017	164	149	15	165	150	15
2018	164	149	15	165	150	15
2019	164	149	15	163	149	14
2020	164	149	15	160	149	11
2021	164	150	14	161	150	11

5-3 续表 2 continued

单位：家 (unit)

年份 Year	中国金融期货交易所 CFFEX 合计 Total	期货公司会员 Members of Futures Companies 合计 Total	期货公司会员 全面结算会员 Full Clearing Members	期货公司会员 交易结算会员 Limited Clearing Members	期货公司会员 交易会员 Trading Members	非期货公司会员 Non-Members of Futures Companies
1999	—	—	—	—	—	—
2000	—	—	—	—	—	—
2001	—	—	—	—	—	—
2002	—	—	—	—	—	—
2003	—	—	—	—	—	—
2004	—	—	—	—	—	—
2005	—	—	—	—	—	—
2006	—	—	—	—	—	—
2007	—	—	—	—	—	—
2008	—	—	—	—	—	—
2009	—	—	—	—	—	—
2010	133	133	15	61	57	0
2011	146	146	15	61	70	0
2012	146	146	15	61	70	0
2013	150	150	15	68	67	0
2014	146	146	24	76	46	0
2015	146	146	25	78	43	0
2016	147	147	26	83	38	0
2017	147	147	26	88	33	0
2018	147	147	26	88	33	0
2019	147	147	27	89	31	0
2020	152	147	27	92	28	5
2021	153	148	27	95	26	5

5-4 期货交易概况
Overview of Futures Transaction

年份 Year	成交金额(亿元) Trading Turnover (100 million yuan)			成交量(万手) Trading Volume (10 thousand lots)			持仓金额(亿元) Value of Positions (100 million yuan)		
	合计 Total	商品期货 Commodity Futures	金融期货 Financial Futures	合计 Total	商品期货 Commodity Futures	金融期货 Financial Futures	合计 Total	商品期货 Commodity Futures	金融期货 Financial Futures
2000	8041.14	8041.14	—	2730.54	2730.54	—	145.57	145.57	—
2001	15071.76	15071.76	—	6022.54	6022.54	—	175.75	175.75	—
2002	19745.30	19745.30	—	6971.50	6971.50	—	277.43	277.43	—
2003	54194.67	54194.67	—	13993.32	13993.32	—	423.66	423.66	—
2004	73465.27	73465.27	—	15283.27	15283.27	—	388.77	388.77	—
2005	67224.19	67224.19	—	16142.38	16142.38	—	350.71	350.71	—
2006	105023.16	105023.16	—	22473.70	22473.70	—	564.05	564.05	—
2007	204861.23	204861.23	—	36421.34	36421.34	—	990.31	990.31	—
2008	359570.98	359570.98	—	68194.36	68194.36	—	740.90	740.90	—
2009	652553.80	652553.80	—	107871.49	107871.49	—	2775.49	2775.49	—
2010	1545582.31	1134883.54	410698.77	156676.46	152089.14	4587.33	3095.90	2812.04	283.86
2011	1375134.23	937475.68	437658.55	105408.87	100367.68	5041.19	2972.73	2629.90	342.83
2012	1711231.31	952824.54	758406.78	145046.24	134540.06	10506.18	4122.62	3279.94	842.68
2013	2674739.52	1264673.31	1410066.21	206177.33	186822.39	19354.93	6744.94	5867.87	877.07
2014	2919882.26	1279712.53	1640169.73	250585.57	228827.45	21758.11	6900.25	4356.81	2543.44
2015	5542311.75	1364707.05	4177604.71	357791.06	323704.12	34086.93	6200.88	4828.81	1372.07
2016	1956316.08	1774124.99	182191.10	413776.83	411943.25	1833.59	7605.86	5845.66	1760.20
2017	1878925.88	1633003.86	245922.02	307102.17	304642.57	2459.59	8940.47	6922.67	2017.79
2018	2107973.78	1846750.81	261222.97	301055.65	298334.65	2721.01	8375.21	6096.13	2279.08
2019	2905739.14	2209542.00	696197.14	392135.56	385507.22	6628.34	15289.05	10008.54	5280.52
2020	4372770.66	3219785.23	1152985.43	602691.01	592837.15	9853.86	21390.93	12280.39	9110.55
2021	5806874.44	4627708.97	1179165.47	726880.86	717701.69	9179.16	26819.89	15126.27	11693.62

注：1.表中数据均按单边口径统计。
2.交割金额、交割量中包含期转现。
3.上海期货交易所数据包含上海国际能源交易中心。
4.上海期货交易所铜期货数据不含自对冲。

数据来源：上海期货交易所、郑州商品交易所、大连商品交易所、中国金融期货交易所
Source: SHFE、ZCE、DCE、CFFEX

5-4 续表 continued

年份 Year	持仓量(万手) Positions (10 thousand lots)			交割金额(亿元) Delivery Amount (100 million yuan)			交割量(万手) Delivery Quantity (10 thousand lots)		
	合计 Total	商品期货 Commodity Futures	金融期货 Financial Futures	合计 Total	商品期货 Commodity Futures	金融期货 Financial Futures	合计 Total	商品期货 Commodity Futures	金融期货 Financial Futures
2000	111.67	111.67	—	65.16	65.16	—	8.40	8.40	—
2001	134.47	134.47	—	59.63	59.63	—	16.34	16.34	—
2002	101.58	101.58	—	100.99	100.99	—	23.32	23.32	—
2003	91.88	91.88	—	130.94	130.94	—	32.10	32.10	—
2004	106.95	106.95	—	183.21	183.21	—	32.70	32.70	—
2005	160.05	160.05	—	213.37	213.37	—	30.71	30.71	—
2006	345.31	345.31	—	225.47	225.47	—	30.66	30.66	—
2007	355.20	355.20	—	283.73	283.73	—	42.76	42.76	—
2008	162.55	162.55	—	339.26	339.26	—	54.94	54.94	—
2009	649.34	649.34	—	284.72	284.72	—	50.34	50.34	—
2010	580.63	577.65	2.98	586.49	516.89	69.60	74.04	73.25	0.80
2011	603.38	598.54	4.84	632.50	490.15	142.35	66.58	64.93	1.65
2012	757.68	746.64	11.04	695.48	528.04	167.44	61.30	58.96	2.34
2013	736.98	724.66	12.32	749.90	465.25	284.65	60.68	56.79	3.89
2014	909.94	886.24	23.70	712.29	451.58	260.70	67.19	63.50	3.69
2015	1178.32	1165.36	12.96	1426.65	641.76	784.89	122.14	115.36	6.78
2016	1190.48	1172.54	17.94	1478.12	783.34	694.78	136.23	129.19	7.04
2017	1194.06	1174.54	19.51	1528.47	881.94	646.53	130.69	124.51	6.18
2018	1168.73	1142.87	25.87	1767.47	1018.52	748.95	144.22	136.52	7.70
2019	1914.23	1866.18	48.04	2641.41	1055.55	1585.86	163.82	148.44	15.39
2020	2287.01	2215.85	71.16	3849.49	1515.04	2334.44	244.31	224.90	19.41
2021	2603.82	2513.90	89.92	5369.49	1646.19	3723.30	267.06	239.35	27.71

5-5 期货品种交易情况

交易所 Exchange	交易品种	Product	成交金额(亿元) Trading Turnover (100 million yuan)		成交量(万手) Trading Volume (10 thousand lots)	
			2020	2021	2020	2021
上海期货交易所 SHFE	铜	Copper	141334.75	219721.75	5716.42	6410.72
	铝	Aluminum	37207.44	127851.33	5286.47	13145.79
	锌	Zinc	55526.59	78249.36	6033.04	6934.13
	铅	Lead	8268.46	19397.73	1121.16	2526.98
	黄金	Gold	207184.99	170839.82	5240.55	4541.22
	白银	Silver	277895.30	184827.68	35723.21	23145.76
	螺纹钢	Steel Rebar	133532.24	322461.80	36604.34	65598.67
	线材	Steel Wire Rod	1.61	10.45	0.40	1.95
	热轧卷板	Hot Rolled Coils	31160.17	115119.06	8234.63	22071.59
	燃料油	Fuel Oil	84807.04	70455.63	47719.34	27699.38
	石油沥青	Bitumen	49796.60	43351.81	20475.68	14046.32
	天然橡胶	Natural Rubber	130967.09	174205.47	10094.28	12160.09
	锡	Tin	18491.77	59180.88	1331.43	2701.24
	镍	Nickel	199828.43	234346.91	17976.41	17216.56
	纸浆	Woodpulp	16388.00	76297.55	3436.29	11922.26
	原油	Crude Oil	119612.04	184959.00	4158.58	4264.52
	20号胶	TSR 20	4438.02	8588.35	442.79	759.74
	不锈钢	Stainless Steel	7383.03	33994.74	1083.13	4046.81
	低硫燃料油	Low Sulfur Fuel Oil	2377.31	6270.03	976.23	1859.48
	铜(BC)	Copper (BC)	1425.69	14779.02	55.60	483.33
	合计	Total	1527626.59	2144908.39	211709.98	241536.51

注：1.表中数据均按单边口径统计。
2.交割金额、交割量中包含期转现。
3.上海期货交易所数据包含上海国际能源交易中心。
4.上海期货交易所铜期货数据不含自对冲。

数据来源：上海期货交易所、郑州商品交易所、大连商品交易所、中国金融期货交易所

Source：SHFE、ZCE、DCE、CFFEX

Statistics for Futures Transaction by Futures Products

持仓金额(亿元) Value of Positions (100 million yuan)		持仓量(万手) Positions (10 thousand lots)		交割金额(亿元) Delivery Amount (100 million yuan)		交割量(万手) Delivery Quantity (10 thousand lots)	
2020	2021	2020	2021	2020	2021	2020	2021
912.95	1165.05	31.48	33.22	219.60	229.69	9.52	6.69
247.83	508.73	32.18	49.81	95.20	80.36	13.83	8.46
192.29	255.00	18.48	21.03	42.22	28.50	4.83	2.58
48.33	59.17	6.54	7.69	23.29	68.42	3.12	9.02
746.11	664.58	18.79	17.75	10.57	19.22	0.27	0.52
609.44	483.53	72.27	66.64	122.45	118.07	16.79	15.07
675.36	1089.57	157.54	255.33	6.52	19.23	1.82	3.85
0.02	0.04	0.00	0.01	0.00	0.00	0.00	0.00
298.22	447.65	66.56	101.58	12.70	35.32	3.54	6.76
91.34	140.73	44.13	49.35	12.26	9.45	7.05	4.09
168.07	223.15	66.17	67.88	12.19	25.30	5.00	8.68
387.01	464.66	28.01	31.28	18.01	14.95	1.54	1.14
79.62	224.40	5.25	7.72	18.45	43.15	1.29	2.05
387.74	447.73	31.19	29.63	113.95	43.52	10.35	3.19
165.02	230.05	28.89	38.35	10.33	46.39	2.27	7.23
262.92	333.84	8.47	6.75	249.36	101.42	9.05	2.61
44.95	65.05	4.40	5.57	10.29	10.49	1.16	0.95
114.73	95.95	17.16	11.34	4.33	46.09	0.62	5.96
37.17	27.75	14.06	7.57		13.40		4.11
53.75	35.03	2.08	1.12		70.20		2.27
5522.88	6961.65	653.66	809.62	981.72	1023.18	92.06	95.22

5-5 续表

交易所 Exchange	交易品种	Product	成交金额(亿元) Trading Turnover (100 million yuan) 2020	2021	成交量(万手) Trading Volume (10 thousand lots) 2020	2021
郑州商品交易所 ZCE	PTA	PTA	59125.44	133422.00	32199.00	55286.67
	硅铁	Ferrosilicon	9330.45	43708.51	3133.48	9523.51
	锰硅	Manganese Silicon	14908.01	32735.41	4528.46	8048.43
	棉纱	Cotton Yarn	2439.91	3739.00	240.03	293.90
	苹果	Apple	46761.66	68074.57	6300.93	10549.18
	尿素	Urea	5612.29	19064.72	1664.61	4123.11
	纯碱	Soda Ash	21701.50	99440.00	6840.49	20825.83
	红枣	Chinese Jujube	3279.91	15649.47	652.62	2432.75
	短纤	Polyester Staple Fiber	5133.18	19322.55	1641.39	5341.53
	棉花	Cotton	69536.41	98978.56	10803.98	11343.61
	玻璃	Glass	63570.48	—	18525.88	20743.52
	粳稻	Japonica Rice	6.77	—	1.18	0.26
	晚籼稻	Late Indica Rice	2.60	—	0.45	0.00
	甲醇	Methanol	68348.51	113592.15	34486.28	41530.20
	菜籽油	Rapeseed Oil	89966.59	123814.10	10544.34	11274.08
	花生	Peanut Kernel	0.00	7666.73	—	1684.70
	普麦	Wheat PM	0.88	0.49	0.08	0.04
	早籼稻	Early Rice	1.03	0.17	0.20	0.03
	菜籽粕	Rapeseed Meal	38616.02	77267.48	15989.38	26892.67
	油菜籽	Rapeseed	1.21	4.90	0.24	0.82
	白糖	White Sugar	65175.31	65800.27	12454.28	11643.15
	强麦	Wheat WH	16.72	7.51	3.21	1.34
	动力煤	Thermal Coal	37108.20	—	6116.02	8423.01
	合计	Total	600643.08	922288.59	166126.53	249962.34
大连商品交易所 DCE	玉米	Corn	41155.98	50439.36	17771.56	18928.71
	玉米淀粉	Corn Starch	7536.08	17615.77	2830.00	5662.51
	黄大豆1号	No.1 Soybean	27968.30	29263.78	5944.52	4955.84
	黄大豆2号	No.2 Soybean	6297.94	7539.24	1835.96	1764.44
	豆粕	Soybean Meal	106208.77	124013.84	35946.47	36038.82
	豆油	Soybean Oil	114196.29	201139.00	17311.65	22938.35
	棕榈油	RBD Palm Oil	179442.66	182921.87	31516.71	22661.40
	鸡蛋	Egg	46951.14	26734.20	13205.35	5939.80
	胶合板	Blockboard	1.86	0.43	0.19	0.03
	纤维板	Fiberboard	140.24	210.96	103.36	155.45
	粳米	Polished Round-grained Rice	1818.62	1918.75	516.10	538.37
	聚乙烯	LLDPE	33311.02	58816.10	9580.23	13885.89
	聚氯乙烯	PVC	19369.02	80326.90	5847.29	17735.02
	聚丙烯	PP	64746.17	90094.60	17337.45	20870.64
	焦炭	Coke	122588.39	161252.08	5746.40	5913.30
	焦煤	Coking Coal	21128.95	71189.63	2643.14	5830.59
	铁矿石	Iron Ore	215940.24	147872.51	28463.02	17441.20
	乙二醇	Ethylene Glycol	32124.98	64293.72	8332.04	12212.69
	苯乙烯	Ethenylbenzene	16786.86	37388.86	5244.07	8617.99
	液化石油气	Liquefied Petroleum Gas	33802.06	33307.22	4825.17	3506.03
	生猪	Live Hog	0.00	17146.45	0.00	605.78
	合计	Total	1091515.58	1403485.28	1091516.58	226202.85
中国金融期货交易所 CFFEX	2年期国债期货	2-Year Treasury Bond Futures	46664.49	52367.59	231.30	260.39
	5年期国债期货	5-Year Treasury Bond Futures	58698.73	60925.11	580.98	606.99
	10年期国债期货	10-Year Treasury Bond Futures	158326.03	161837.56	1591.23	1637.85
	沪深300股指期货	CSI 300 Index Futures	393924.28	452669.08	2999.87	2968.05
	上证50股指期货	SSE 50 Index Futures	110093.54	146580.12	1174.94	1433.59
	中证500股指期货	CSI 500 Index Futures	385278.36	304786.00	3275.54	2272.28
	合计	Total	1152985.43	1179165.47	9853.86	9179.16
全国期货市场 Forward Market	合计	Total	2845144.09	3504939.34	1267496.97	485344.35

continued

持仓金额(亿元) Value of Positions (100 million yuan)		持仓量(万手) Positions (10 thousand lots)		交割金额(亿元) Delivery Amount (100 million yuan)		交割量(万手) Delivery Quantity (10 thousand lots)	
2020	2021	2020	2021	2020	2021	2020	2021
591.34	487.29	310.53	195.38	67.11	139.82	35.73	57.78
33.46	53.75	10.07	12.84	13.33	12.68	4.53	2.89
50.92	66.73	15.04	16.19	9.21	20.55	2.79	5.14
9.01	4.04	0.83	0.29	0.79	2.51	0.09	0.22
218.51	189.52	32.92	23.27	0.53	1.54	0.08	0.20
20.25	52.19	5.57	10.85	1.28	4.30	0.39	0.96
64.54	226.21	20.37	50.92	4.10	19.77	1.39	4.33
13.71	60.65	2.69	8.57	0.37	2.24	0.08	0.36
36.32	61.60	11.41	17.47	0.00	9.93	0.00	2.84
479.78	592.24	63.57	57.36	252.59	116.08	39.76	13.50
176.79	141.52	47.93	40.95	1.75	2.33	0.65	0.52
0.00	0.00	0.00	0.00	0.00	0.00	0.00	0.00
0.00	0.00	0.00	0.00	0.00	0.00	0.00	0.00
248.78	338.08	104.34	134.92	10.45	5.65	5.89	2.05
155.06	316.35	16.14	25.81	10.28	36.32	1.19	3.11
—	72.18	—	17.58	—	0.54	—	0.13
0.03	0.00	0.00	0.00	0.00	0.00	0.00	0.00
0.00	0.00	0.00	0.00	0.00	0.00	0.00	0.00
135.32	172.89	47.90	59.69	1.40	4.85	0.62	1.71
0.00	0.01	0.00	0.00	0.00	0.00	0.00	0.00
293.90	310.33	55.90	53.88	7.58	29.73	1.40	5.33
0.30	0.06	0.06	0.01	0.01	0.12	0.00	0.02
156.49	22.51	22.95	3.35	41.96	14.68	7.62	1.92
2684.48	3168.14	768.22	729.35	422.75	423.64	102.21	103.01
425.35	390.35	155.62	146.42	27.52	39.05	12.88	14.42
53.75	73.46	17.44	24.44	1.74	3.90	0.73	1.22
61.97	145.63	10.75	24.77	4.50	15.61	1.16	2.62
20.90	16.15	5.09	3.86	2.14	2.67	0.67	0.62
790.67	713.29	230.49	221.45	5.94	14.72	2.05	4.18
461.38	708.96	58.75	80.22	12.80	13.90	2.07	1.50
290.75	523.97	41.64	60.82	5.97	10.47	1.04	1.22
135.88	97.47	33.34	23.88	0.47	0.99	0.15	0.22
0.00	0.00	0.00	0.00	0.00	0.00	0.00	0.00
0.11	0.13	0.08	0.10	0.08	0.17	0.07	0.13
17.01	11.99	4.68	3.56	0.44	1.41	0.14	0.40
100.66	241.43	26.48	56.48	2.50	5.48	0.69	1.29
145.49	270.46	41.00	64.56	4.50	19.36	1.37	4.46
119.52	250.04	30.03	61.45	2.89	6.92	0.74	1.56
594.86	94.17	21.11	3.25	2.15	9.92	0.11	0.34
125.30	63.71	12.89	4.84	4.28	12.29	0.58	0.96
598.91	721.17	60.69	107.41	16.67	11.87	1.98	1.07
117.38	201.04	27.20	40.85	5.98	6.11	1.63	1.16
32.10	92.12	10.16	21.62	5.56	8.67	1.82	1.92
48.97	137.65	6.52	14.90	2.97	15.75	0.41	1.81
0.00	243.28	0.00	10.07	0.00	0.14	0.00	0.01
4140.96	4996.48	793.97	974.93	109.11	199.38	30.28	41.11
461.46	1014.02	2.30	5.02	102.08	105.38	0.51	0.52
602.39	892.92	6.04	8.78	61.25	87.51	0.60	0.85
1157.96	1824.73	11.82	18.11	45.70	39.87	0.46	0.40
3175.31	2870.51	20.32	19.36	975.79	1623.42	7.47	10.74
853.46	1135.94	7.82	11.51	325.41	591.01	3.50	5.86
2859.97	3955.50	22.87	27.15	824.22	1276.10	6.87	9.34
9110.55	11693.62	71.16	89.92	2334.44	3723.30	19.41	27.71
15935.99	19858.24	1633.35	1794.19	2866.30	4346.32	151.91	171.83

5-6 按监管辖区划分的商品期货交易情况
Statistics for Futures Transaction by Regulatory Jurisdiction

辖区	Jurisdiction	成交金额(亿元) Trading Turnover (100 million yuan)		成交量(万手) Trading Volume (10 thousand lots)		持仓金额(亿元) Value of Positions (100 million yuan)	
		2020	2021	2020	2021	2020	2021
北京	Beijing	709729.53	960148.24	132638.01	154809.11	3986.78	4462.67
天津	Tianjin	73443.54	108610.43	14510.67	17827.32	543.28	615.31
河北	Hebei	9080.60	15486.17	1681.67	3005.83	16.03	27.31
山西	Shanxi	32865.42	36912.91	5876.00	6115.04	51.83	53.85
内蒙古	Inner Mongolia	0.00	0.00	0.00	0.00	0.00	0.00
辽宁	Liaoning	4128.55	3345.94	929.42	582.13	26.68	10.00
吉林	Jilin	18757.79	15958.81	2976.07	2372.90	20.72	37.70
黑龙江	Heilongjiang	1584.55	2466.28	347.05	436.35	11.50	1.34
上海	Shanghai	2792543.34	4100579.24	512272.56	647224.15	7848.55	9923.05
江苏	Jiangsu	181282.10	271652.83	35565.31	43510.03	673.04	741.63
浙江	Zhejiang	402951.08	561389.62	77591.51	87905.03	3231.92	3665.88
安徽	Anhui	280187.92	327330.99	54731.53	54093.47	533.50	514.52
福建	Fujian	149201.91	164418.25	31897.37	23684.67	331.71	502.30
江西	Jiangxi	10773.93	16331.82	1983.52	2522.96	26.49	68.39
山东	Shandong	88329.28	188170.92	16460.36	25880.41	536.38	830.03
河南	Henan	34993.56	46182.79	7227.85	7556.69	173.45	221.44
湖北	Hubei	83821.05	97962.50	15963.54	15733.57	334.97	288.15
湖南	Hunan	43362.47	61049.14	7279.26	8826.93	177.52	169.63
广东	Guangdong	498494.73	748824.38	121031.19	96469.27	1266.37	1591.51
广西	Guangxi	0.00	0.00	0.00	0.00	0.00	0.00
海南	Hainan	11114.30	17906.21	2052.95	2807.86	30.26	70.14
重庆	Chongqing	104270.11	145217.07	20754.36	23815.71	403.78	585.47
四川	Sichuan	72145.57	132621.05	14316.19	25045.98	141.80	164.02
贵州	Guizhou	0.00	0.00	0.00	0.00	0.00	0.00
云南	Yunnan	9142.49	11345.23	1567.80	1586.07	130.54	111.41
西藏	Tibet	0.00	0.00	0.00	0.00	0.00	0.00
陕西	Shaanxi	59255.00	60655.58	10819.12	9227.45	159.86	249.56
甘肃	Gansu	3674.60	4740.89	612.78	584.06	27.31	65.81
青海	Qinghai	961.38	1079.82	189.03	158.15	50.55	69.46
宁夏	Ningxia	0.00	0.00	0.00	0.00	0.00	0.00
新疆	Xinjiang	6579.83	10659.52	1149.41	1462.71	30.89	51.58
深圳	Shenzhen	655219.19	990508.59	80765.92	149306.21	3100.07	4222.59
大连	Dalian	622.10	2179.01	89.70	458.34	3.67	18.58
宁波	Ningbo	17660.04	23089.33	1901.30	2927.31	172.80	178.04
厦门	Xiamen	83394.48	128826.57	10492.84	19545.89	654.38	738.13
青岛	Qingdao	0.00	24.77	0.00	4.25	0.00	0.90
香港	Xianggang	0.00	136.38	0.00	3.14	0.00	2.12
合计	Total	6439570.45	9255674.91	1050761.65	1435485.85	22867.88	30250.43

注：1.成交金额、成交量、持仓金额、持仓量按双边口径统计。交割金额、交割量为买交割与卖交割之和。交割金额、交割量中包含期转现。
2.上海期货交易所数据包含上海国际能源交易中心。
3.期货公司按总部注册地所属的监管辖区划分。

数据来源：上海期货交易所、郑州商品交易所、大连商品交易所
Source：SHFE、ZCE、DCE

5-6 续表 continued

辖区	Jurisdiction	持仓量(万手) Positions (10 thousand lots)		交割金额(亿元) Delivery Amount (100 million yuan)		交割量(万手) Delivery Quantity (10 thousand lots)	
		2020	2021	2020	2021	2020	2021
北京	Beijing	719.16	738.88	434.05	541.61	77.69	89.07
天津	Tianjin	103.33	106.41	113.07	148.84	18.90	21.04
河北	Hebei	3.37	5.97	0.05	0.78	0.01	0.17
山西	Shanxi	9.44	10.47	0.30	1.94	0.02	0.06
内蒙古	Inner Mongolia	0.00	0.00	0.00	0.00	0.00	0.00
辽宁	Liaoning	5.39	1.83	0.29	0.76	0.09	0.15
吉林	Jilin	4.12	7.64	0.00	0.00	0.00	0.00
黑龙江	Heilongjiang	2.04	0.20	0.00	0.00	0.00	0.00
上海	Shanghai	1369.16	1667.35	1015.33	959.55	134.84	144.96
江苏	Jiangsu	135.24	142.29	48.54	94.45	10.86	19.75
浙江	Zhejiang	627.78	630.78	355.20	322.62	62.10	54.68
安徽	Anhui	108.81	97.91	21.73	16.18	5.63	4.26
福建	Fujian	60.57	84.73	18.71	26.49	2.61	6.54
江西	Jiangxi	5.17	12.86	0.26	0.00	0.03	0.00
山东	Shandong	109.34	143.10	30.39	48.00	6.40	7.42
河南	Henan	32.32	38.60	27.87	25.01	5.16	4.16
湖北	Hubei	56.31	48.21	13.76	11.05	1.66	1.45
湖南	Hunan	32.44	28.56	30.15	37.78	4.91	5.10
广东	Guangdong	231.01	261.02	161.03	130.12	26.90	19.08
广西	Guangxi	0.00	0.00	0.00	0.00	0.00	0.00
海南	Hainan	5.71	12.15	0.89	0.82	0.12	0.09
重庆	Chongqing	77.92	109.75	29.96	40.07	4.71	4.06
四川	Sichuan	27.02	31.72	12.95	2.78	1.64	0.24
贵州	Guizhou	0.00	0.00	0.00	0.00	0.00	0.00
云南	Yunnan	14.20	9.98	49.15	17.87	6.79	1.63
西藏	Tibet	0.00	0.00	0.00	0.00	0.00	0.00
陕西	Shaanxi	26.86	38.03	10.74	8.46	1.35	0.68
甘肃	Gansu	2.28	3.10	11.31	42.85	0.81	2.70
青海	Qinghai	8.71	8.53	0.00	0.00	0.00	0.00
宁夏	Ningxia	0.00	0.00	0.00	0.00	0.00	0.00
新疆	Xinjiang	4.99	7.66	0.34	0.46	0.05	0.06
深圳	Shenzhen	495.33	630.38	470.02	542.64	52.96	53.54
大连	Dalian	1.20	3.88	0.20	0.81	0.10	0.26
宁波	Ningbo	25.66	20.29	18.27	73.26	3.23	7.48
厦门	Xiamen	126.82	125.24	151.31	196.16	19.29	29.91
青岛	Qingdao	0.00	0.22	0.00	0.00	0.00	0.00
香港	Xianggang	0.00	0.04	0.00	0.21	0.00	0.01
合计	Total	4275.97	5027.75	2387.00	3291.38	386.23	478.55

5-7 2020年农产品期货交易情况
Futures Transaction of Agricultural Products in 2020

交易品种 Product	上市交易所 Listed Exchange	合约 Contract	年开盘价（元/吨） Opening Price of the Year (yuan/ton)	年最高价（元/吨） Highest Price of the Year (yuan/ton)	最高价日 Highest Day	年最低价（元/吨） Lowest Price of the Year (yuan/ton)	最低价日 Lowest Day	成交金额（万元） Trading Turnover (10 thousand yuan)	交易天数（天） Trading Days (day)	日均成交金额(万元) Daily Trading Turnover (10 thousand yuan)
天然橡胶 Natural Rubber	SHFE	ru2101	13955.00	14900.00	20210115	13810.00	20210112	128050.47	10	12805.05
		ru2103	13875.00	17160.00	20210225	13875.00	20210104	1614471.64	44	36692.54
		ru2104	14070.00	17260.00	20210225	12775.00	20210412	1550552.27	63	24611.94
		ru2105	14050.00	17335.00	20210225	12720.00	20210514	475138361.31	87	5461360.47
		ru2106	14010.00	17350.00	20210225	12250.00	20210615	4827797.52	106	45545.26
		ru2107	14145.00	17330.00	20210225	12305.00	20210701	2135144.82	127	16812.16
		ru2108	14195.00	17315.00	20210225	12500.00	20210615	3781624.48	148	25551.52
		ru2109	14200.00	17320.00	20210225	12360.00	20210909	587788068.00	173	3397618.89
		ru2110	14235.00	17320.00	20210225	12390.00	20210922	25070542.55	181	138511.28
		ru2111	14695.00	17380.00	20210225	12430.00	20210908	18832208.18	207	90976.85
		ru2201	15520.00	18015.00	20210225	13195.00	20210922	420987027.11	233	1806811.28
		ru2203	16300.00	16300.00	20210319	13315.00	20210922	18763433.34	177	106008.10
		ru2204	14875.00	16115.00	20211021	13360.00	20210922	10590881.23	142	74583.67
		ru2205	14785.00	16145.00	20211021	13400.00	20210909	159510912.86	156	1022505.85
		ru2206	14270.00	16750.00	20211124	12950.00	20210908	3399174.64	105	32373.09
		ru2207	14800.00	15780.00	20211126	13555.00	20210924	527540.20	64	8242.82
		ru2208	14715.00	16255.00	20211021	13515.00	20210909	402584.95	58	6941.12
		ru2209	14100.00	16240.00	20211021	13585.00	20210922	6775480.75	70	96792.58
		ru2210	15300.00	16010.00	20211020	14120.00	20211108	146028.63	46	3174.54
		ru2211	15030.00	16030.00	20211122	14500.00	20211220	84863.92	30	2828.80
玉米 Corn	DCE	c2101	2690.00	2926.00	20210113	2688.00	20210105	50055.14	10	5005.51
		c2103	2718.00	2916.00	20210111	2680.00	20210310	3386763.25	45	75261.41
		c2105	2755.00	2930.00	20210113	2593.00	20210402	110176585.79	89	1237939.17
		c2107	2765.00	2925.00	20210113	2570.00	20210630	21186067.91	128	165516.16
		c2109	2750.00	2887.00	20210512	2480.00	20210901	140659513.04	172	817787.87
		c2111	2628.00	2849.00	20210512	2439.00	20210916	30409994.77	208	146201.90
		c2201	2741.00	2858.00	20210512	2429.00	20210922	127510164.38	233	547253.92
		c2203	2634.00	2849.00	20210512	2452.00	20210922	24788877.27	198	125196.35
		c2205	2711.00	2756.00	20211215	2480.00	20210922	38073122.67	154	247228.07
		c2207	2650.00	2758.00	20211215	2489.00	20210922	6650591.21	115	57831.23
		c2209	2512.00	2741.00	20211108	2494.00	20210922	554635.73	71	7811.77
		c2211	2699.00	2740.00	20211115	2608.00	20211201	947268.05	35	27064.80

注：年开盘价和年最高价以自然年为统计周期。
数据来源：上海期货交易所、郑州商品交易所、大连商品交易所
Source: SHFE、ZCE、DCE

5-7 续表 1 continued

交易品种 Product	上市 交易所 Listed Exchange	合约 Contract	年开盘价 (元/吨) Opening Price of the Year (yuan/ton)	年最高价 (元/吨) Highest Price of the Year (yuan/ton)	最高价日 Highest Day	年最低价 (元/吨) Lowest Price of the Year (yuan/ton)	最低价日 Lowest Day	成交金额 (万元) Trading Turnover (10 thousand yuan)	交易天数 (天) Trading Days (day)	日均成交 金额(万元) Daily Trading Turnover (10 thousand yuan)
玉米淀粉 Corn Starch	DCE	cs2101	3010.00	3294.00	20210113	2976.00	20210104	4664.70	10	466.47
		cs2103	3023.00	3649.00	20210226	3020.00	20210104	843734.92	45	18749.66
		cs2105	3095.00	3362.00	20210225	3079.00	20210104	36925372.66	89	414891.83
		cs2107	3120.00	3381.00	20210423	2819.00	20210705	28861290.84	128	225478.83
		cs2109	3115.00	3395.00	20210512	2836.00	20210723	31794699.88	172	184852.91
		cs2111	3009.00	3433.00	20211112	2792.00	20210916	31890308.04	208	153318.79
		cs2201	3151.00	3498.00	20210512	2802.00	20210916	22407620.57	233	96170.05
		cs2203	3067.00	3358.00	20210512	2801.00	20210916	18246908.82	198	92156.11
		cs2205	3208.00	3232.00	20211108	2863.00	20210917	2233484.93	154	14503.15
		cs2207	3012.00	3351.00	20211108	2850.00	20210916	2917015.32	115	25365.35
		cs2209	2937.00	3215.00	20211108	2860.00	20210917	30654.37	71	431.75
		cs2211	3165.00	3165.00	20211115	2986.00	20211231	1986.67	35	56.76
黄大豆1号 No.1 Soybean	DCE	a2101	5723.00	5853.00	20210111	5687.00	20210105	9116.19	10	911.62
		a2103	5753.00	6160.00	20210303	5498.00	20210114	1089135.06	45	24203.00
		a2105	5800.00	6375.00	20210308	5436.00	20210412	70953123.36	89	797226.11
		a2107	5717.00	6243.00	20210513	5410.00	20210203	3883436.52	128	30339.35
		a2109	5632.00	6292.00	20210513	5307.00	20210203	80869332.58	172	470170.54
		a2111	5397.00	6486.00	20211105	5211.00	20210203	45321308.63	208	217890.91
		a2201	5353.00	6517.00	20211105	5221.00	20210203	50168092.45	233	215313.70
		a2203	5503.00	6610.00	20211026	5471.00	20210318	30523762.23	198	154160.42
		a2205	5910.00	6433.00	20211105	5609.00	20210629	4562675.97	154	29627.77
		a2207	5941.00	6750.00	20211111	5705.00	20210823	5211141.79	115	45314.28
		a2209	5893.00	6233.00	20211105	5479.00	20210927	36082.17	71	508.20
		a2211	6097.00	6097.00	20211115	5700.00	20211231	10544.36	35	301.27
黄大豆2号 No.2 Soybean	DCE	b2101	4554.00	4601.00	20210108	4300.00	20210115	192.61	10	19.26
		b2102	4163.00	4626.00	20210113	3987.00	20210125	2753634.04	30	91787.80
		b2103	4151.00	4830.00	20210301	4013.00	20210125	5500082.23	45	122224.05
		b2104	4091.00	4860.00	20210413	3930.00	20210203	4258852.26	68	62630.18
		b2105	4087.00	4449.00	20210510	3837.00	20210331	8389193.25	89	94260.60
		b2106	4080.00	4490.00	20210513	3804.00	20210125	6982759.09	107	65259.43
		b2107	4125.00	4563.00	20210513	—	20210701	7019284.96	128	54838.16
		b2108	4012.00	4658.00	20210730	—	20210802	6153688.60	150	41024.59
		b2109	4101.00	4621.00	20210901	3890.00	20210125	7459324.06	172	43368.16
		b2110	4032.00	4688.00	20210917	3904.00	20210210	7497575.49	192	39049.87
		b2111	4031.00	4756.00	20210917	3768.00	20210317	5072228.72	208	24385.72
		b2112	4163.00	4748.00	20211201	3851.00	20210203	4012263.99	230	17444.63
		b2201	4150.00	4544.00	20210512	3779.00	20210122	6533661.40	233	28041.47
		b2202	4019.00	4552.00	20210514	—	20210701	2179366.50	213	10231.77
		b2203	4233.00	4500.00	20210513	3744.00	20211109	907483.77	198	4583.25
		b2204	4100.00	4370.00	20210603	3717.00	20211109	477124.54	175	2726.43
		b2205	4141.00	4325.00	20210603	3664.00	20211109	120312.75	154	781.25
		b2206	—	4135.00	20211229	—	20210616	63526.82	136	467.11
		b2207	3995.00	4174.00	20210720	3710.00	20211109	8254.74	115	71.78
		b2208	—	4074.00	20210901	—	20210816	2937.77	93	31.59
		b2209	4024.00	4129.00	20211021	3720.00	20211109	582.61	71	8.21
		b2210	3853.00	4008.00	20211227	3755.00	20211110	85.64	51	1.68
		b2211	—	4044.00	20211227	—	20211115	19.71	35	0.56
		b2212	—	—	20211215	—	20211215	0.00	13	0.00

5-7 续表 2 continued

交易品种 Product	上市交易所 Listed Exchange	合约 Contract	年开盘价(元/吨) Opening Price of the Year (yuan/ton)	年最高价(元/吨) Highest Price of the Year (yuan/ton)	最高价日 Highest Day	年最低价(元/吨) Lowest Price of the Year (yuan/ton)	最低价日 Lowest Day	成交金额(万元) Trading Turnover (10 thousand yuan)	交易天数(天) Trading Days (day)	日均成交金额(万元) Daily Trading Turnover (10 thousand yuan)
豆粕 Soybean Meal	DCE	m2101	3433.00	3787.00	20210115	3398.00	20210104	4465.61	10	446.56
		m2103	3459.00	3850.00	20210113	3403.00	20210105	6401500.33	45	142255.56
		m2105	3477.00	3825.00	20210113	3153.00	20210311	273411039.67	89	3072034.15
		m2107	3448.00	3759.00	20210113	3150.00	20210315	36459369.36	128	284838.82
		m2108	3505.00	3850.00	20210802	3244.00	20210315	11596994.10	150	77313.29
		m2109	3518.00	4037.00	20210908	3249.00	20210315	415086586.46	172	2413294.11
		m2111	3500.00	3886.00	20210917	3144.00	20211110	21457676.54	208	103161.91
		m2112	3499.00	3775.00	20210917	3154.00	20211108	9363946.32	230	40712.81
		m2201	3579.00	3762.00	20210507	3023.00	20211108	308748572.76	233	1325101.17
		m2203	3228.00	3623.00	20210507	2920.00	20211108	31518624.19	198	159184.97
		m2205	3300.00	3480.00	20210630	2890.00	20211108	103738841.58	154	673628.84
		m2207	3333.00	3483.00	20210818	2897.00	20211108	9979586.56	115	86779.01
		m2208	3410.00	3494.00	20210817	2940.00	20211011	6901469.31	93	74209.35
		m2209	3326.00	3332.00	20211228	2973.00	20211108	3717457.97	71	52358.56
		m2211	3056.00	3333.00	20211228	3043.00	20211115	1750736.42	35	50021.04
		m2212	3193.00	3280.00	20211224	3175.00	20211231	1543.98	13	118.77
豆油 Soybean Oil	DCE	y2101	8750.00	8886.00	20210107	8296.00	20210115	44664.56	10	4466.46
		y2103	8460.00	9584.00	20210225	7768.00	20210118	2522860.29	45	56063.56
		y2105	7950.00	10000.00	20210517	7430.00	20210125	375536517.66	89	4219511.43
		y2107	7548.00	9616.00	20210607	7110.00	20210125	8498443.10	128	66394.09
		y2108	7476.00	9522.00	20210607	7022.00	20210125	2633222.59	150	17554.82
		y2109	7430.00	9720.00	20210908	6948.00	20210125	721628368.54	172	4195513.77
		y2111	7410.00	10748.00	20211021	6884.00	20210204	40227574.89	208	193401.80
		y2112	7344.00	10584.00	20211021	6904.00	20210125	19558291.34	230	85036.05
		y2201	7178.00	10406.00	20211021	6880.00	20210204	634068355.89	233	2721323.42
		y2203	8200.00	10004.00	20211021	7456.00	20210618	25697260.28	198	129784.14
		y2205	8358.00	9710.00	20211021	7400.00	20210618	158079005.33	154	1026487.05
		y2207	8248.00	9542.00	20211021	7940.00	20210804	13832481.25	115	120282.45
		y2208	8446.00	9496.00	20211021	7892.00	20211108	6284818.13	93	67578.69
		y2209	8200.00	9422.00	20211021	7866.00	20211108	1185960.78	71	16703.67
		y2211	8128.00	8532.00	20211229	7806.00	20211202	1589379.77	35	45410.85
		y2212	7802.00	8476.00	20211228	7802.00	20211215	2752.88	13	211.76
棕榈油 RBD Palm Oil	DCE	p2101	7480.00	8046.00	20210111	7000.00	20210107	16883.15	10	1688.32
		p2102	7406.00	7696.00	20210111	6856.00	20210122	1167419.87	30	38914.00
		p2103	7344.00	8268.00	20210308	6822.00	20210125	1730195.60	45	38448.79
		p2104	7102.00	8416.00	20210315	—	20210401	888319.34	68	13063.52
		p2105	6980.00	9928.00	20210513	6390.00	20210125	300700206.38	89	3378654.00
		p2106	6842.00	9644.00	20210513	5930.00	20210125	1442175.49	107	13478.28
		p2107	6736.00	9240.00	20210513	6156.00	20210204	98082.71	128	766.27
		p2108	6898.00	9612.00	20210802	6130.00	20210204	14550.02	150	97.00
		p2109	6450.00	9500.00	20210907	6010.00	20210204	622736938.30	172	3620563.59
		p2110	6654.00	10446.00	20211008	5896.00	20210204	21037716.72	192	109571.44
		p2111	6470.00	11208.00	20211108	5944.00	20210204	11509662.23	208	55334.91
		p2112	6462.00	10466.00	20211119	5946.00	20210203	15354621.81	230	66759.23
		p2201	6200.00	10106.00	20211021	5882.00	20210204	668681857.29	233	2869879.22
		p2202	6470.00	9868.00	20211021	6302.00	20210319	26324055.87	213	123587.12
		p2203	6756.00	9664.00	20211021	6310.00	20210331	11499039.63	198	58075.96
		p2204	7030.00	9468.00	20211021	6300.00	20210618	8160366.82	175	46630.67
		p2205	7264.00	9316.00	20211021	6406.00	20210618	135309027.35	154	878630.05
		p2206	7642.00	9280.00	20211021	6406.00	20210618	1694932.51	136	12462.74
		p2207	7352.00	9130.00	20211021	7086.00	20210803	32893.72	115	286.03
		p2208	7898.00	8976.00	20211021	7220.00	20210902	181288.81	93	1949.34
		p2209	7352.00	8816.00	20211021	7250.00	20211202	579228.33	71	8158.15
		p2210	8270.00	8448.00	20211027	7198.00	20211201	12203.39	51	239.28
		p2211	7780.00	7874.00	20211119	7082.00	20211203	42971.62	35	1227.76
		p2212	7236.00	7680.00	20211231	7102.00	20211224	4051.09	13	311.62

5-7 续表 3 continued

交易品种 Product	上市交易所 Listed Exchange	合约 Contract	年开盘价(元/吨) Opening Price of the Year (yuan/ton)	年最高价(元/吨) Highest Price of the Year (yuan/ton)	最高价日 Highest Day	年最低价(元/吨) Lowest Price of the Year (yuan/ton)	最低价日 Lowest Day	成交金额(万元) Trading Turnover (10 thousand yuan)	交易天数(天) Trading Days (day)	日均成交金额(万元) Daily Trading Turnover (10 thousand yuan)
鸡蛋(元/500千克) Egg (yuan/500kg)	DCE	jd2101	4290.00	5700.00	20210118	4256.00	20210105	4235.90	17	249.17
		jd2102	3628.00	4455.00	20210118	3523.00	20210105	2199378.20	32	68730.57
		jd2103	3699.00	4229.00	20210118	3583.00	20210105	4755468.72	55	86463.07
		jd2104	3983.00	4576.00	20210426	3885.00	20210406	2636354.97	76	34688.88
		jd2105	4200.00	4730.00	20210222	4094.00	20210105	86410848.52	94	919264.35
		jd2106	3976.00	4561.00	20210225	3688.00	20210623	7474931.81	115	64999.41
		jd2107	4215.00	4885.00	20210225	4006.00	20210707	4042545.41	137	29507.63
		jd2108	4749.00	5320.00	20210225	4400.00	20210825	6834128.94	159	42981.94
		jd2109	4497.00	5110.00	20210326	4240.00	20210901	83223794.94	179	464937.40
		jd2110	4222.00	5290.00	20211025	4127.00	20210826	4407904.73	195	22604.64
		jd2111	4199.00	5200.00	20211111	4131.00	20210104	2076832.09	217	9570.65
		jd2112	4354.00	5050.00	20211104	4291.00	20210105	1839686.02	240	7665.36
		jd2201	4505.00	5000.00	20210226	4037.00	20211222	48268067.87	226	213575.52
		jd2202	4100.00	4300.00	20210225	3686.00	20210827	1818284.81	211	8617.46
		jd2203	4182.00	4251.00	20210331	3731.00	20210913	1718656.47	188	9141.79
		jd2204	3936.00	4300.00	20211025	3888.00	20210823	354399.15	167	2122.15
		jd2205	4261.00	4450.00	20211025	4033.00	20211220	8547304.61	149	57364.46
		jd2206	3902.00	4310.00	20211123	3902.00	20210628	201538.97	128	1574.52
		jd2207	4230.00	4494.00	20211025	4152.00	20210823	105200.40	106	992.46
		jd2208	4655.00	4999.00	20211118	4655.00	20210827	130892.86	84	1558.25
		jd2209	4620.00	4786.00	20211118	4530.00	20210928	271630.04	64	4244.22
		jd2210	4488.00	4504.00	20211101	4294.00	20211220	11705.47	48	243.86
		jd2211	4450.00	4505.00	20211126	4363.00	20211227	6565.92	26	252.54
		jd2212	4550.00	4675.00	20211229	4500.00	20211229	1648.81	3	549.60

5-7 续表 4 continued

交易品种 Product	上市交易所 Listed Exchange	合约 Contract	年开盘价（元/吨） Opening Price of the Year (yuan/ton)	年最高价（元/吨） Highest Price of the Year (yuan/ton)	最高价日 Highest Day	年最低价（元/吨） Lowest Price of the Year (yuan/ton)	最低价日 Lowest Day	成交金额（万元） Trading Turnover (10 thousand yuan)	交易天数（天） Trading Days (day)	日均成交金额(万元) Daily Trading Turnover (10 thousand yuan)
纤维板(元/立方米) Fiberboard (yuan/cubic metres)	DCE	fb2101	1200.00	1335.00	20210104	1200.00	20210104	125.79	10	12.58
		fb2102	1310.50	1400.00	20210106	1200.00	20210209	78011.93	30	2600.40
		fb2103	1317.00	1365.50	20210125	1080.50	20210301	59453.57	45	1321.19
		fb2104	—	1498.50	20210316	—	20210104	2450.98	68	36.04
		fb2105	1330.50	1535.00	20210316	1213.00	20210430	637797.56	89	7166.26
		fb2106	—	1440.00	20210531	—	20210104	149118.96	107	1393.64
		fb2107	1399.50	1490.00	20210316	1194.50	20210121	1366.07	128	10.67
		fb2108	—	1429.50	20210226	—	20210104	81.49	150	0.54
		fb2109	1330.00	1501.50	20210608	1170.00	20210901	793848.75	172	4615.40
		fb2110	—	1445.00	20210930	—	20210104	64098.58	192	333.85
		fb2111	—	1540.50	20210712	—	20210104	861.10	208	4.14
		fb2112	—	1583.00	20210604	—	20210104	71.15	230	0.31
		fb2201	—	1508.00	20211019	—	20210118	311662.02	233	1337.61
		fb2202	1313.00	1435.50	20211123	—	20210301	3480.91	213	16.34
		fb2203	1350.00	1430.00	20211019	—	20210506	121.04	198	0.61
		fb2204	1333.00	1407.50	20210511	—	20210601	88.91	175	0.51
		fb2205	—	1480.00	20211019	—	20210520	6470.28	154	42.01
		fb2206	—	1404.50	20211231	—	20210616	26.81	136	0.20
		fb2207	—	1410.00	20211104	—	20210715	9.24	115	0.08
		fb2208	—	1365.00	20211221	—	20210816	5.27	93	0.06
		fb2209	1403.50	1490.00	20211026	1336.00	20211112	464.51	71	6.54
		fb2210	—	1353.50	20211214	—	20211022	5.30	51	0.10
		fb2211	—	—	20211115	—	20211115	0.00	35	0.00
		fb2212	1367.00	1385.00	20211217	1366.00	20211217	13.68	13	1.05
胶合板(元/张) Blockboard (yuan/piece)	DCE	bb2101	—	—	20210104	—	20210104	0.00	10	0.00
		bb2102	—	—	20210104	—	20210104	0.00	30	0.00
		bb2103	—	—	20210104	—	20210104	0.00	45	0.00
		bb2104	—	—	20210104	—	20210104	0.00	68	0.00
		bb2105	—	352.45	20210429	—	20210104	3078.84	89	34.59
		bb2106	—	220.00	20210430	—	20210104	178.39	107	1.67
		bb2107	—	250.00	20210427	—	20210104	24.38	128	0.19
		bb2108	—	—	20210104	—	20210104	0.00	150	0.00
		bb2109	—	228.25	20210604	—	20210104	22.20	172	0.13
		bb2110	—	256.00	20210929	—	20210104	948.54	192	4.94
		bb2111	—	—	20210104	—	20210104	0.00	208	0.00
		bb2112	—	—	20210104	—	20210104	0.00	230	0.00
		bb2201	—	—	20210118	—	20210118	0.00	233	0.00
		bb2202	—	—	20210222	—	20210222	0.00	213	0.00
		bb2203	—	—	20210315	—	20210315	0.00	198	0.00
		bb2204	—	—	20210416	—	20210416	0.00	175	0.00
		bb2205	—	—	20210520	—	20210520	0.00	154	0.00
		bb2206	—	—	20210616	—	20210616	0.00	136	0.00
		bb2207	—	—	20210715	—	20210715	0.00	115	0.00
		bb2208	—	—	20210816	—	20210816	0.00	93	0.00
		bb2209	—	—	20210915	—	20210915	0.00	71	0.00
		bb2210	—	—	20211022	—	20211022	0.00	51	0.00
		bb2211	—	—	20211115	—	20211115	0.00	35	0.00
		bb2212	—	—	20211215	—	20211215	0.00	13	0.00

5-7　续表 5　continued

交易品种 Product	上市交易所 Listed Exchange	合约 Contract	年开盘价(元/吨) Opening Price of the Year (yuan/ton)	年最高价(元/吨) Highest Price of the Year (yuan/ton)	最高价日 Highest Day	年最低价(元/吨) Lowest Price of the Year (yuan/ton)	最低价日 Lowest Day	成交金额(万元) Trading Turnover (10 thousand yuan)	交易天数(天) Trading Days (day)	日均成交金额(万元) Daily Trading Turnover (10 thousand yuan)
粳米 Polished Round-grained Rice	DCE	rr2101	3480.00	3500.00	20210104	3228.00	20210104	156.70	10	15.67
		rr2102	3630.00	3772.00	20210129	3580.00	20210204	147595.55	30	4919.85
		rr2103	3663.00	3730.00	20210111	3450.00	20210226	959449.50	45	21321.10
		rr2104	3649.00	3795.00	20210105	3459.00	20210331	2489669.93	68	36612.79
		rr2105	3658.00	3774.00	20210111	3449.00	20210331	1695282.99	89	19048.12
		rr2106	3673.00	3752.00	20210111	3494.00	20210601	1819902.02	107	17008.43
		rr2107	3679.00	3752.00	20210126	3463.00	20210628	1693353.73	128	13229.33
		rr2108	3697.00	3780.00	20210406	—	20210802	1469521.22	150	9796.81
		rr2109	3693.00	3775.00	20210118	3353.00	20210831	911298.82	172	5298.25
		rr2110	3676.00	3758.00	20210113	3232.00	20211008	1353236.86	192	7048.11
		rr2111	3652.00	3788.00	20210111	3133.00	20211101	1021393.28	208	4910.54
		rr2112	3727.00	3770.00	20210412	3000.00	20211203	1265017.52	230	5500.08
		rr2201	3768.00	3770.00	20210120	3130.00	20211229	1687086.78	233	7240.72
		rr2202	—	3825.00	20210319	—	20210222	1535126.57	213	7207.17
		rr2203	3778.00	3778.00	20210319	3355.00	20211229	716961.95	198	3621.02
		rr2204	3688.00	3727.00	20210427	3393.00	20211230	336676.54	175	1923.87
		rr2205	3710.00	3762.00	20210723	3431.00	20211230	78274.55	154	508.28
		rr2206	—	3702.00	20210714	—	20210616	885.40	136	6.51
		rr2207	3672.00	3762.00	20210818	3457.00	20211230	1113.06	115	9.68
		rr2208	3711.00	3724.00	20210816	3478.00	20211230	1007.24	93	10.83
		rr2209	3650.00	3672.00	20210922	3386.00	20211210	3016.30	71	42.48
		rr2210	—	3648.00	20211105	—	20211022	1022.73	51	20.05
		rr2211	3581.00	3665.00	20211214	3511.00	20211230	385.22	35	11.01
		rr2212	3569.00	3576.00	20211221	3510.00	20211231	106.01	13	8.15
棉花 Cotton No.1	ZCE	CF101	14920.00	15530.00	20210107	14910.00	20210112	502684.82	10	50268.48
		CF103	15030.00	16960.00	20210225	14670.00	20210129	3955664.76	45	87903.66
		CF105	15080.00	17080.00	20210225	14285.00	20210326	180652999.66	89	2029808.98
		CF107	15135.00	17120.00	20210225	14345.00	20210326	16740882.67	128	130788.15
		CF109	15255.00	18910.00	20210906	14485.00	20210326	276992227.51	172	1610419.93
		CF111	15500.00	23225.00	20211105	14600.00	20210326	20371454.46	208	97939.68
		CF201	15525.00	22960.00	20211018	14690.00	20210326	372661684.00	233	1599406.37
		CF203	15940.00	22330.00	20211018	15220.00	20210401	13279691.34	198	67069.15
		CF205	15930.00	22180.00	20211018	15725.00	20210527	102246141.76	154	663935.99
		CF207	17180.00	21830.00	20211018	16950.00	20210922	529088.87	115	4600.77
		CF209	17410.00	21600.00	20211018	17065.00	20210922	1838575.51	71	25895.43
		CF211	19955.00	20195.00	20211118	17985.00	20211201	14466.65	35	413.33
生猪Live Hog	DCE	lh2109	29500.00	30680.00	20210108	12650.00	20210902	65911344.12	175	376636.25
		lh2111	26500.00	28435.00	20210224	11415.00	20210930	4611868.05	213	21651.96
		lh2201	26200.00	28400.00	20210302	13365.00	20210924	72870337.82	239	304896.81
		lh2203	22290.00	24260.00	20210329	13100.00	20210924	17112344.12	188	91023.11
		lh2205	19510.00	19885.00	20210527	14210.00	20210924	8995320.32	149	60371.28
		lh2207	18165.00	18165.00	20210728	15040.00	20210910	877574.92	106	8279.01
		lh2209	16015.00	19000.00	20211025	16015.00	20210928	983951.56	64	15374.24
		lh2211	18200.00	18200.00	20211126	16600.00	20211222	101765.46	26	3914.06

5-7 续表 6 continued

交易品种 Product	上市交易所 Listed Exchange	合约 Contract	年开盘价(元/吨) Opening Price of the Year (yuan/ton)	年最高价(元/吨) Highest Price of the Year (yuan/ton)	最高价日 Highest Day	年最低价(元/吨) Lowest Price of the Year (yuan/ton)	最低价日 Lowest Day	成交金额(万元) Trading Turnover (10 thousand yuan)	交易天数(天) Trading Days (day)	日均成交金额(万元) Daily Trading Turnover (10 thousand yuan)
粳稻 Japonica Rice	ZCE	JR101	2460.00	2460.00	20210104	2460.00	20210104	14.76	10	1.48
		JR103	—	—	—	—	—	0.00	45	0.00
		JR105	2654.00	3049.00	20210107	2405.00	20210506	7543.08	89	84.75
		JR107	2601.00	2920.00	20210112	2601.00	20210107	27.95	128	0.22
		JR109	2850.00	2980.00	20210827	2389.00	20210901	3133.52	172	18.22
		JR111	2887.00	2897.00	20211029	2582.00	20210907	789.47	208	3.80
		JR201	2401.00	2889.00	20211102	2401.00	20211013	2897.56	233	12.44
		JR203	2337.00	2800.00	20210928	2337.00	20210928	10.27	198	0.05
		JR205	—	—	—	—	—	0.00	154	0.00
		JR207	2770.00	2770.00	20210917	2770.00	20210917	11.08	115	0.10
		JR209	—	—	—	—	—	0.00	71	0.00
		JR211	2800.00	2900.00	20211126	2700.00	20211201	27.90	35	0.80
晚籼稻 Late Indica Rice	ZCE	LR101	—	—	—	—	—	0.00	10	0.00
		LR103	—	—	—	—	—	0.00	45	0.00
		LR105	—	—	—	—	—	0.00	89	0.00
		LR107	—	—	—	—	—	0.00	128	0.00
		LR109	—	—	—	—	—	0.00	172	0.00
		LR111	—	—	—	—	—	0.00	208	0.00
		LR201	—	—	—	—	—	0.00	233	0.00
		LR203	—	—	—	—	—	0.00	198	0.00
		LR205	—	—	—	—	—	0.00	154	0.00
		LR207	—	—	—	—	—	0.00	115	0.00
		LR209	—	—	—	—	—	0.00	71	0.00
		LR211	—	—	—	—	—	0.00	35	0.00
菜籽油 Rapeseed Oil	ZCE	OI101	9700.00	10555.00	20210113	9450.00	20210104	14020.89	10	1402.09
		OI103	10070.00	11090.00	20210308	9914.00	20210203	7723774.94	45	171639.44
		OI105	9691.00	11829.00	20210506	9408.00	20210203	221310483.48	89	2486634.65
		OI107	9651.00	11414.00	20210512	9310.00	20210203	14643635.03	128	114403.40
		OI109	9300.00	11144.00	20210607	8902.00	20210204	371212448.23	172	2158211.91
		OI111	9180.00	12928.00	20211029	8761.00	20210204	26207403.24	208	125997.13
		OI201	9143.00	13063.00	20211207	8355.00	20210208	469077067.43	233	2013206.30
		OI203	9681.00	13010.00	20211208	8882.00	20210331	19919986.43	198	100605.99
		OI205	9890.00	12600.00	20211207	8908.00	20210621	106888332.86	154	694080.08
		OI207	10236.00	12225.00	20211208	9814.00	20210804	205703.97	115	1788.73
		OI209	10250.00	11809.00	20211021	10129.00	20210917	891319.73	71	12553.80
		OI211	11001.00	11342.00	20211122	10278.00	20211215	46843.72	35	1338.39

5-7 续表 7 continued

交易品种 Product	上市交易所 Listed Exchange	合约 Contract	年开盘价(元/吨) Opening Price of the Year (yuan/ton)	年最高价(元/吨) Highest Price of the Year (yuan/ton)	最高价日 Highest Day	年最低价(元/吨) Lowest Price of the Year (yuan/ton)	最低价日 Lowest Day	成交金额(万元) Trading Turnover (10 thousand yuan)	交易天数(天) Trading Days (day)	日均成交金额(万元) Daily Trading Turnover (10 thousand yuan)
普麦 Wheat PM	ZCE	PM101	—	—	—	—	—	0.00	10	0.00
		PM103	2588.00	2592.00	20210202	2373.00	20210225	174.81	45	3.88
		PM105	2378.00	2631.00	20210108	2371.00	20210218	1598.58	89	17.96
		PM107	2458.00	2687.00	20210601	2275.00	20210107	1396.53	128	10.91
		PM109	2311.00	2645.00	20210701	2311.00	20210524	848.79	172	4.93
		PM111	2873.00	2873.00	20210225	2489.00	20210225	474.60	208	2.28
		PM201	2364.00	2865.00	20210706	2364.00	20210706	386.26	233	1.66
		PM203	—	—	—	—	—	0.00	198	0.00
		PM205	—	—	—	—	—	0.00	154	0.00
		PM207	2708.00	2708.00	20210913	2486.00	20210913	25.97	115	0.23
		PM209	—	—	—	—	—	0.00	71	0.00
		PM211	—	—	—	—	—	0.00	35	0.00
早籼稻 Early Rice	ZCE	RI101	—	—	—	—	—	0.00	10	0.00
		RI103	—	—	—	—	—	0.00	45	0.00
		RI105	—	—	—	—	—	0.00	89	0.00
		RI107	—	—	—	—	—	0.00	128	0.00
		RI109	—	—	—	—	—	0.00	172	0.00
		RI111	2601.00	2809.00	20210108	2569.00	20210429	118.33	208	0.57
		RI201	2415.00	2898.00	20211104	2415.00	20210806	1539.85	233	6.61
		RI203	—	—	—	—	—	0.00	198	0.00
		RI205	—	—	—	—	—	0.00	154	0.00
		RI207	2494.00	2798.00	20211130	2494.00	20211116	42.73	115	0.37
		RI209	—	—	—	—	—	0.00	71	0.00
		RI211	—	—	—	—	—	0.00	35	0.00
菜籽粕 Rapeseed Meal	ZCE	RM101	2739.00	2873.00	20210104	2660.00	20210111	1772.93	10	177.29
		RM103	2787.00	3071.00	20210113	2679.00	20210203	2610717.56	45	58015.95
		RM105	2880.00	3166.00	20210115	2677.00	20210315	185775079.72	89	2087360.45
		RM107	2866.00	3149.00	20210507	2670.00	20210618	10779357.93	128	84213.73
		RM108	2888.00	3228.00	20210507	2713.00	20210315	6778949.99	150	45193.00
		RM109	2885.00	3287.00	20210831	2681.00	20210315	256541898.94	172	1491522.67
		RM111	2725.00	3100.00	20210716	2431.00	20211102	11830548.20	208	56877.64
		RM201	3018.00	3090.00	20211231	2476.00	20211105	233959977.89	233	1004120.08
		RM203	2552.00	3033.00	20211227	2457.00	20211105	9644838.24	198	48711.30
		RM205	2766.00	2998.00	20211228	2499.00	20211108	52395554.91	154	340230.88
		RM207	2880.00	2937.00	20210722	2461.00	20211108	224886.88	115	1955.54
		RM208	2868.00	2933.00	20211228	2521.00	20211108	108089.19	93	1162.25
		RM209	2860.00	2893.00	20211228	2507.00	20211108	1878664.69	71	26460.07
		RM211	2589.00	2645.00	20211228	2426.00	20211208	144418.24	35	4126.24

5-7 续表 8 continued

交易品种 Product	上市交易所 Listed Exchange	合约 Contract	年开盘价(元/吨) Opening Price of the Year (yuan/ton)	年最高价(元/吨) Highest Price of the Year (yuan/ton)	最高价日 Highest Day	年最低价(元/吨) Lowest Price of the Year (yuan/ton)	最低价日 Lowest Day	成交金额(万元) Trading Turnover (10 thousand yuan)	交易天数(天) Trading Days (day)	日均成交金额(万元) Daily Trading Turnover (10 thousand yuan)
油菜籽 Rapeseed	ZCE	RS107	5143.00	6479.00	20210112	5134.00	20210629	26049.25	128	203.51
		RS108	6300.00	6300.00	20210316	5600.00	20210412	29.66	150	0.20
		RS109	5999.00	6540.00	20210805	5549.00	20210517	15351.74	172	89.25
		RS111	4800.00	7010.00	20211027	4800.00	20210811	2807.19	208	13.50
		RS207	6179.00	6500.00	20211112	6102.00	20211214	279.73	115	2.43
		RS208	6070.00	6589.00	20211102	5603.00	20211215	4453.35	93	47.89
		RS209	6029.00	6029.00	20211011	5979.00	20211229	12.01	71	0.17
		RS211	7238.00	7238.00	20211115	6202.00	20211213	33.21	35	0.95
白糖 White Sugar	ZCE	SR101	5140.00	5360.00	20210115	5118.00	20210104	12149.60	10	1214.96
		SR103	5185.00	5491.00	20210225	5124.00	20210111	2966512.97	45	65922.51
		SR105	5230.00	5724.00	20210512	5160.00	20210111	124816751.83	89	1402435.41
		SR107	5268.00	5773.00	20210512	5188.00	20210111	15276717.87	128	119349.36
		SR109	5279.00	5822.00	20210512	5219.00	20210111	212635420.57	172	1236252.45
		SR111	5284.00	5898.00	20211105	5238.00	20210111	20525454.33	208	98680.07
		SR201	5633.00	6167.00	20211119	5390.00	20210129	196489192.80	233	843301.26
		SR203	5562.00	6196.00	20211119	5428.00	20210401	20365847.42	198	102857.82
		SR205	5873.00	6230.00	20211115	5558.00	20210618	63315307.33	154	411138.36
		SR207	5875.00	6266.00	20211115	5614.00	20210715	158436.23	115	1377.71
		SR209	5909.00	6280.00	20211115	5740.00	20211221	1434031.21	71	20197.62
		SR211	6151.00	6225.00	20211119	5782.00	20211221	6861.88	35	196.05
强麦 Wheat WH	ZCE	WH101	2601.00	2792.00	20210114	2601.00	20210104	1382.03	10	138.20
		WH103	2634.00	2759.00	20210219	2634.00	20210104	16.06	45	0.36
		WH105	2737.00	2920.00	20210118	2551.00	20210430	847.94	89	9.53
		WH107	2711.00	2751.00	20210223	2500.00	20210630	641.06	128	5.01
		WH109	2690.00	2910.00	20210817	2620.00	20210218	53732.17	172	312.40
		WH111	2965.00	2965.00	20210728	2629.00	20210728	38.82	208	0.19
		WH201	2689.00	2942.00	20210319	2689.00	20210316	344.39	233	1.48
		WH203	2710.00	2954.00	20210512	2710.00	20210512	16.94	198	0.09
		WH205	2911.00	3072.00	20211103	2721.00	20210907	18059.93	154	117.27
		WH207	2789.00	2789.00	20211231	2789.00	20211231	5.58	115	0.05
		WH209	3069.00	3069.00	20211109	2992.00	20211206	60.83	71	0.86
		WH211	—	—	—	—	—	0.00	35	0.00
棉纱 Cotton Yarn	ZCE	CY101	20850.00	22500.00	20210111	20830.00	20210104	1389.60	10	138.96
		CY102	—	—	—	—	—	0.00	30	0.00
		CY103	—	—	—	—	—	0.00	45	0.00
		CY104	—	—	—	—	—	0.00	68	0.00
		CY105	21835.00	25220.00	20210302	21075.00	20210326	8203649.88	89	92175.84
		CY106	21595.00	25990.00	20210521	21400.00	20210329	247.98	107	2.32
		CY107	21185.00	25510.00	20210513	21185.00	20210402	57.89	128	0.45
		CY108	21435.00	27275.00	20210317	21435.00	20210317	520.34	150	3.47
		CY109	22520.00	27600.00	20210831	21775.00	20210326	11366269.81	172	66082.96
		CY110	22715.00	27355.00	20210810	22715.00	20210810	336.51	192	1.75

5-7 续表 9 continued

交易品种 Product	上市交易所 Listed Exchange	合约 Contract	年开盘价(元/吨) Opening Price of the Year (yuan/ton)	年最高价(元/吨) Highest Price of the Year (yuan/ton)	最高价日 Highest Day	年最低价(元/吨) Lowest Price of the Year (yuan/ton)	最低价日 Lowest Day	成交金额(万元) Trading Turnover (10 thousand yuan)	交易天数(天) Trading Days (day)	日均成交金额(万元) Daily Trading Turnover (10 thousand yuan)
棉纱 Cotton Yarn	ZCE	CY111	28125.00	28300.00	20211026	26160.00	20210817	178.96	208	0.86
		CY112	28195.00	30795.00	20211018	28195.00	20211018	58.58	230	0.25
		CY201	22450.00	30510.00	20211015	22350.00	20210413	17498063.80	233	75098.99
		CY202	25480.00	29585.00	20211013	23950.00	20210714	469.47	213	2.20
		CY203	20430.00	30830.00	20211126	20430.00	20210428	267.64	198	1.35
		CY204	25100.00	28505.00	20211026	22815.00	20210518	114.48	175	0.65
		CY205	24420.00	30020.00	20211015	23440.00	20210621	316781.54	154	2057.02
		CY206	27145.00	29200.00	20211111	24070.00	20210624	1157.86	136	8.51
		CY207	25040.00	27430.00	20211215	25040.00	20210802	26.24	115	0.23
		CY208	—	—	—	—	—	0.00	93	0.00
		CY209	28695.00	28695.00	20211018	26095.00	20211217	381.22	71	5.37
		CY210	—	—	—	—	—	0.00	51	0.00
		CY211	27855.00	27855.00	20211228	26180.00	20211228	27.02	35	0.77
		CY212	—	—	—	—	—	0.00	13	0.00
苹果 Apple	ZCE	AP101	5850.00	5950.00	20210104	5120.00	20210112	4263.46	10	426.35
		AP103	6112.00	6135.00	20210104	4852.00	20210310	2024544.76	45	44989.88
		AP105	6630.00	6680.00	20210104	4916.00	20210322	124132709.28	89	1394749.54
		AP110	7076.00	7670.00	20211020	5263.00	20210909	288312423.37	192	1501627.21
		AP111	6915.00	8359.00	20211026	5253.00	20210909	4108066.01	208	19750.32
		AP112	6910.00	8538.00	20211213	5304.00	20210909	2513143.89	230	10926.71
		AP201	6599.00	8600.00	20211231	5394.00	20210909	208692164.20	233	895674.52
		AP203	6806.00	8939.00	20211026	5462.00	20210909	2892319.47	198	14607.67
		AP204	5624.00	9348.00	20211025	5466.00	20210419	1368738.82	175	7821.36
		AP205	6120.00	9666.00	20211025	5802.00	20210909	45132777.93	154	293069.99
		AP210	7056.00	8080.00	20211026	7056.00	20211022	1296954.97	51	25430.49
		AP211	7574.00	7780.00	20211122	7150.00	20211223	223965.33	35	6399.01
		AP212	7644.00	7788.00	20211217	7229.00	20211223	43644.12	13	3357.24
红枣 Chinese Jujube	ZCE	CJ101	9610.00	9995.00	20210111	9610.00	20210104	152.85	10	15.28
		CJ103	10010.00	10620.00	20210226	9690.00	20210210	16561.24	45	368.03
		CJ105	10190.00	10955.00	20210226	8400.00	20210513	7133431.96	89	80150.92
		CJ107	10130.00	11025.00	20210226	8065.00	20210628	57280.43	128	447.50
		CJ109	10200.00	11285.00	20210901	8225.00	20210621	26980263.56	172	156862.00
		CJ112	10260.00	15940.00	20210930	9785.00	20210621	2232504.33	230	9706.54
		CJ201	10680.00	16465.00	20211019	9870.00	20210621	90187136.20	233	387069.25
		CJ203	10990.00	17580.00	20211119	9925.00	20210621	2123015.88	198	10722.30
		CJ205	10520.00	18180.00	20211119	9935.00	20210621	23992968.26	154	155798.50
		CJ207	10560.00	18500.00	20211119	10555.00	20210715	1636026.88	115	14226.32
		CJ209	14510.00	18550.00	20211115	14095.00	20211223	2114125.02	71	29776.41
		CJ212	12060.00	13995.00	20211215	12060.00	20211215	21255.35	13	1635.03
花生 Peanut Kernel	ZCE	PK110	9866.00	11300.00	20210308	7288.00	20211008	33406526.40	172	194223.99
		PK111	9820.00	11026.00	20210301	8002.00	20211022	94612.01	188	503.26
		PK112	9950.00	10932.00	20210301	7584.00	20211201	73322.59	210	349.16
		PK201	10112.00	10814.00	20210223	7766.00	20211231	36296015.11	223	162762.40
		PK203	10270.00	10414.00	20210506	8012.00	20211230	93265.93	198	471.04
		PK204	10478.00	10532.00	20210528	8012.00	20211221	6641042.42	175	37948.81
		PK210	8810.00	9886.00	20211026	8376.00	20211220	60287.65	51	1182.11
		PK211	9072.00	9346.00	20211116	8550.00	20211220	2064.39	35	58.98
		PK212	8728.00	8888.00	20211229	8660.00	20211220	162.17	13	12.47

5-8　2020年金属期货交易情况
Futures Transaction of Metal Products in 2020

交易品种 Product	上市交易所 Listed Exchange	合约 Contract	年开盘价(元/吨) Opening Price of the Year (yuan/ton)	年最高价(元/吨) Highest Price of the Year (yuan/ton)	最高价日 Highest Day	年最低价(元/吨) Lowest Price of the Year (yuan/ton)	最低价日 Lowest Day	成交金额(万元) Trading Turnover (10 thousand yuan)	交易天数(天) Trading Days (day)	日均成交金额(万元) Daily Trading Turnover (10 thousand yuan)
铜 Copper	SHFE	cu2101	57700.00	60540.00	20210108	57700.00	20210104	4983452.55	10	498345.26
		cu2102	57750.00	60680.00	20210108	56730.00	20210205	42825445.40	25	1713017.82
		cu2103	57820.00	70570.00	20210225	56860.00	20210203	126110904.27	46	2741541.40
		cu2104	57830.00	70740.00	20210225	56870.00	20210203	203283716.31	68	2989466.42
		cu2105	57900.00	78990.00	20210514	56890.00	20210203	238258092.95	87	2738598.77
		cu2106	58000.00	78270.00	20210510	56900.00	20210203	255861257.23	107	2391226.70
		cu2107	58040.00	78470.00	20210510	56910.00	20210203	227224444.52	129	1761429.80
		cu2108	58230.00	78640.00	20210510	57080.00	20210203	168701215.59	151	1117226.59
		cu2109	58270.00	78850.00	20210510	57090.00	20210203	166801427.87	173	964170.10
		cu2110	58260.00	78860.00	20210510	57070.00	20210203	162360073.75	188	863617.41
		cu2111	58320.00	78890.00	20210510	57200.00	20210203	150126593.46	208	721762.47
		cu2112	58450.00	79130.00	20210510	57180.00	20210203	187887910.13	231	813367.58
		cu2201	58770.00	79060.00	20210510	57200.00	20210203	152966505.38	231	662192.66
		cu2202	58880.00	79000.00	20210510	58880.00	20210208	74963769.88	218	343870.50
		cu2203	67670.00	79020.00	20210510	65780.00	20210401	24062919.56	197	122146.80
		cu2204	68880.00	79130.00	20210510	65870.00	20210820	5050551.62	175	28860.29
		cu2205	76640.00	76960.00	20210518	65980.00	20210820	3348876.96	156	21467.16
		cu2206	70600.00	76430.00	20211018	66000.00	20210820	932160.75	136	6854.12
		cu2207	69350.00	76370.00	20211018	66080.00	20210820	325367.47	111	2931.24
		cu2208	70280.00	76290.00	20211018	66150.00	20210820	247446.26	88	2811.89
		cu2209	69480.00	76000.00	20211018	66820.00	20211216	280054.82	69	4058.77
		cu2210	74880.00	76060.00	20211018	66920.00	20211216	589667.56	55	10721.23
		cu2211	70210.00	71960.00	20211125	66970.00	20211216	18278.47	32	571.20
		cu2212	67900.00	70360.00	20211229	66770.00	20211216	7329.45	9	814.38
铝 Aluminum	SHFE	al2101	15610.00	15770.00	20210108	14650.00	20210114	822995.08	10	82299.51
		al2102	15430.00	15660.00	20210205	14600.00	20210114	15043296.24	25	601731.85
		al2103	15325.00	17890.00	20210304	14620.00	20210114	38636332.26	46	839920.27
		al2104	15190.00	18425.00	20210415	14650.00	20210114	66496170.40	68	977884.86
		al2105	15165.00	20435.00	20210510	14640.00	20210120	97209020.93	87	1117345.07
		al2106	15115.00	20445.00	20210510	14615.00	20210120	106559996.46	107	995887.82
		al2107	15035.00	20435.00	20210510	14600.00	20210114	105506933.51	129	817883.21
		al2108	15020.00	20400.00	20210816	14495.00	20210118	79416777.58	151	525938.92
		al2109	15015.00	23990.00	20210913	14520.00	20210114	83974256.24	173	485400.33
		al2110	15135.00	25245.00	20211015	14525.00	20210114	123105426.42	188	654816.10
		al2111	14955.00	24765.00	20211018	14585.00	20210120	144908625.17	208	696676.08
		al2112	14935.00	24820.00	20211018	14535.00	20210114	168097497.46	231	727694.79
		al2201	14825.00	24820.00	20211018	14565.00	20210120	156784844.74	231	678722.27
		al2202	15360.00	24820.00	20211018	15360.00	20210209	66761769.95	216	309082.27
		al2203	17175.00	24800.00	20211018	16305.00	20210323	17682896.41	194	91148.95
		al2204	17875.00	24785.00	20211018	17510.00	20210419	3744025.69	171	21894.89
		al2205	19205.00	24740.00	20211018	17555.00	20210524	2594462.30	155	16738.47
		al2206	18415.00	24555.00	20211018	18025.00	20210622	464335.23	134	3465.19
		al2207	19195.00	24670.00	20211015	18505.00	20211119	238185.47	113	2107.84
		al2208	19890.00	24785.00	20211018	18535.00	20211119	242154.57	89	2720.84
		al2209	22180.00	24565.00	20211018	18600.00	20211119	187192.38	70	2674.18
		al2210	24100.00	24750.00	20211022	18600.00	20211119	27862.83	54	515.98
		al2211	19430.00	20615.00	20211230	18605.00	20211119	5533.94	32	172.94
		al2212	19300.00	20650.00	20211230	19000.00	20211216	2753.75	11	250.34

注：1.年开盘价和年最高价以自然年为统计周期；

2.上海期货交易所铜期货数据不含自对冲。

数据来源：上海期货交易所、郑州商品交易所、大连商品交易所

Source：SHFE、ZCE、DCE

5-8 续表 1 continued

交易品种 Product	上市交易所 Listed Exchange	合约 Contract	年开盘价(元/吨) Opening Price of the Year (yuan/ton)	年最高价(元/吨) Highest Price of the Year (yuan/ton)	最高价日 Highest Day	年最低价(元/吨) Lowest Price of the Year (yuan/ton)	最低价日 Lowest Day	成交金额(万元) Trading Turnover (10 thousand yuan)	交易天数(天) Trading Days (day)	日均成交金额(万元) Daily Trading Turnover (10 thousand yuan)
锌 Zinc	SHFE	zn2101	20800.00	21790.00	20210108	20275.00	20210115	286346.52	10	28634.65
		zn2102	20875.00	21780.00	20210108	19340.00	20210128	16161876.46	25	646475.06
		zn2103	20890.00	22225.00	20210222	19325.00	20210128	40892645.74	46	888970.56
		zn2104	20850.00	22430.00	20210323	19335.00	20210128	51160373.97	68	752358.44
		zn2105	20745.00	23005.00	20210510	19315.00	20210202	62920704.69	87	723226.49
		zn2106	20685.00	23535.00	20210518	19285.00	20210202	67468789.22	107	630549.43
		zn2107	20800.00	23470.00	20210518	19270.00	20210202	74719504.79	129	579220.97
		zn2108	20905.00	23390.00	20210518	19270.00	20210128	66246385.02	149	444606.61
		zn2109	20600.00	23795.00	20210913	19220.00	20210202	58782064.31	170	345776.85
		zn2110	20390.00	26400.00	20211015	19250.00	20210128	65537625.88	184	356182.75
		zn2111	20615.00	27720.00	20211018	19190.00	20210128	77701318.41	199	390458.89
		zn2112	20535.00	27725.00	20211018	19140.00	20210128	73337123.03	226	324500.54
		zn2201	20005.00	27715.00	20211018	19165.00	20210202	79964307.97	226	353824.37
		zn2202	19705.00	27690.00	20211018	19705.00	20210209	37170049.61	196	189643.11
		zn2203	21190.00	27540.00	20211018	20880.00	20210318	8283398.00	164	50508.52
		zn2204	21285.00	27665.00	20211018	21040.00	20210421	1058801.19	134	7901.50
		zn2205	22555.00	27475.00	20211018	21165.00	20210621	582780.42	141	4133.19
		zn2206	21625.00	27515.00	20211018	21615.00	20210628	103628.74	97	1068.34
		zn2207	21925.00	27250.00	20211018	21925.00	20210721	37952.16	76	499.37
		zn2208	22295.00	27475.00	20211018	22055.00	20210820	31680.32	67	472.84
		zn2209	22460.00	27480.00	20211018	22285.00	20210916	36576.28	58	630.63
		zn2210	26180.00	28280.00	20211018	22410.00	20211119	6387.32	48	133.07
		zn2211	23430.00	24550.00	20211231	22705.00	20211129	1993.08	25	79.72
		zn2212	23265.00	24840.00	20211231	23265.00	20211216	1290.88	7	184.41

5-8 续表 2 continued

交易品种 Product	上市交易所 Listed Exchange	合约 Contract	年开盘价(元/吨) Opening Price of the Year (yuan/ton)	年最高价(元/吨) Highest Price of the Year (yuan/ton)	最高价日 Highest Day	年最低价(元/吨) Lowest Price of the Year (yuan/ton)	最低价日 Lowest Day	成交金额(万元) Trading Turnover (10 thousand yuan)	交易天数(天) Trading Days (day)	日均成交金额(万元) Daily Trading Turnover (10 thousand yuan)
铅 Lead	SHFE	pb2101	14650.00	15150.00	20210107	14380.00	20210112	58498.45	10	5849.85
		pb2102	14745.00	15840.00	20210205	14350.00	20210111	4305094.25	25	172203.77
		pb2103	14610.00	16050.00	20210223	14405.00	20210111	12462437.47	46	270922.55
		pb2104	14795.00	16145.00	20210225	14460.00	20210111	13619435.31	68	200285.81
		pb2105	14795.00	16170.00	20210225	14510.00	20210111	17653559.03	87	202914.47
		pb2106	14915.00	16185.00	20210225	14540.00	20210111	15328749.59	107	143259.34
		pb2107	15005.00	16200.00	20210225	14590.00	20210111	16245473.15	129	125933.90
		pb2108	15100.00	16680.00	20210726	14405.00	20210812	17822291.99	149	119612.70
		pb2109	15300.00	16420.00	20210726	14520.00	20210915	20124389.63	173	116325.95
		pb2110	15155.00	16480.00	20210726	14055.00	20210923	17118457.93	175	97819.76
		pb2111	15380.00	16510.00	20210726	14105.00	20210923	17320002.73	176	98409.11
		pb2112	15430.00	16515.00	20210723	14170.00	20210923	17878691.28	207	86370.49
		pb2201	15300.00	16560.00	20210723	14180.00	20210923	14852905.52	201	73895.05
		pb2202	15295.00	16590.00	20210723	14275.00	20210923	7599460.82	173	43927.52
		pb2203	14480.00	16620.00	20210723	14270.00	20210923	1226461.38	153	8016.09
		pb2204	15270.00	16895.00	20211115	14275.00	20210930	208651.98	138	1511.97
		pb2205	15615.00	16685.00	20210723	14265.00	20210923	65525.27	129	507.95
		pb2206	15895.00	16710.00	20210723	14260.00	20210930	12805.21	98	130.67
		pb2207	16275.00	16770.00	20210723	14315.00	20210923	46584.95	81	575.12
		pb2208	15790.00	16100.00	20211021	14270.00	20210929	7400.47	78	94.88
		pb2209	15040.00	16290.00	20211021	14080.00	20210917	9565.55	68	140.67
		pb2210	15995.00	16430.00	20211021	14680.00	20211122	5099.76	51	100.00
		pb2211	15095.00	15760.00	20211223	14670.00	20211122	4631.25	34	136.21
		pb2212	15550.00	15755.00	20211223	15280.00	20211227	1158.36	10	115.84
黄金(元/克) Gold (yuan/g)	SHFE	au2101	395.8	400.24	20210105	385	20210112	473.29	3	157.76
		au2102	398.98	404.96	20210106	378.20	20210111	45670433.93	24	1902934.75
		au2103	400.92	408.00	20210106	352.82	20210309	60248.39	38	1585.48
		au2104	400.00	405.36	20210106	353.74	20210305	45185110.14	66	684622.88
		au2105	380.38	386.58	20210210	354.86	20210305	108166.37	53	2040.87
		au2106	401.40	406.94	20210106	354.58	20210305	492404384.87	107	4601910.14
		au2107	370.88	402.86	20210527	360.16	20210630	149963.45	56	2677.92
		au2108	404.72	408.56	20210106	356.02	20210305	118070230.46	150	787134.87
		au2109	379.72	394.98	20210727	360.34	20210811	70863.00	57	1243.21
		au2110	406.12	410.20	20210105	355.88	20210930	80333309.39	186	431899.51

5-8 续表 3 continued

交易品种 Product	上市交易所 Listed Exchange	合约 Contract	年开盘价(元/吨) Opening Price of the Year (yuan/ton)	年最高价(元/吨) Highest Price of the Year (yuan/ton)	最高价日 Highest Day	年最低价(元/吨) Lowest Price of the Year (yuan/ton)	最低价日 Lowest Day	成交金额(万元) Trading Turnover (10 thousand yuan)	交易天数(天) Trading Days (day)	日均成交金额(万元) Daily Trading Turnover (10 thousand yuan)
黄金(元/克) Gold (yuan/g)	SHFE	au2111	374.10	381.28	20210906	362.94	20211029	33723.72	43	784.27
		au2112	407.98	412.00	20210105	347.40	20211210	601301655.31	230	2614355.02
		au2201	374.24	387.80	20211117	363.66	20211215	189881.47	55	3452.39
		au2202	390.66	398.90	20210601	360.54	20210305	218251442.70	220	992052.01
		au2203	365.6	375	20211231	365.6	20211216	3647.16	11	331.56
		au2204	371.50	400.54	20210526	362.52	20210811	71288311.65	171	416890.71
		au2206	389.52	400.20	20210526	363.66	20210811	34059847.83	156	218332.36
		au2208	384.62	390.64	20211117	366.56	20210811	1136986.99	97	11721.52
		au2210	370.20	391.84	20211117	368.54	20211215	17820.27	54	330.01
		au2212	388.64	391.54	20211116	369.00	20211216	61741.33	34	1815.92
白银(元/千克) Silver (yuan/kg)	SHFE	ag2101	5667.00	5768.00	20210105	5048.00	20210111	148057.71	10	14805.77
		ag2102	5680.00	6083.00	20210203	5051.00	20210112	130254450.99	25	5210178.04
		ag2103	5690.00	6013.00	20210202	5021.00	20210304	18865585.25	46	410121.42
		ag2104	5685.00	6032.00	20210202	4945.00	20210331	12047992.67	68	177176.36
		ag2105	5732.00	6062.00	20210202	4956.00	20210331	35389887.53	87	406780.32
		ag2106	5743.00	6085.00	20210202	4971.00	20210331	684070838.06	107	6393185.40
		ag2107	5768.00	6102.00	20210202	4992.00	20210331	60102650.27	129	465912.02
		ag2108	5825.00	6118.00	20210202	4551.00	20210816	29804014.37	151	197377.58
		ag2109	5838.00	6132.00	20210202	4867.00	20210915	26340509.17	173	152257.28
		ag2110	5840.00	6129.00	20210202	4529.00	20210930	16221828.00	187	86747.74
		ag2111	5891.00	6139.00	20210202	4588.00	20210930	8742439.19	207	42234.01
		ag2112	5823.00	6166.00	20210202	4463.00	20211210	622224103.12	231	2693610.84
		ag2201	5354.00	6330.00	20210510	4526.00	20211210	37007709.71	233	158831.37
		ag2202	5496.00	6106.00	20210518	4539.00	20211210	23986204.64	218	110028.46
		ag2203	5645.00	6116.00	20210518	4553.00	20211210	10425254.11	193	54016.86
		ag2204	5499.00	6108.00	20210518	4566.00	20211210	4798000.17	171	28058.48
		ag2205	5860.00	6098.00	20210518	4578.00	20211210	5179835.32	156	33204.07
		ag2206	5767.00	5845.00	20210616	4588.00	20211210	121774198.46	136	895398.52
		ag2207	5618.00	5630.00	20210716	4595.00	20211210	363308.84	109	3333.11
		ag2208	5245.00	5479.00	20211115	4619.00	20211210	195241.62	84	2324.31
		ag2209	4960.00	5377.00	20211112	4620.00	20211210	262213.56	68	3856.08
		ag2210	5043.00	5368.00	20211112	4640.00	20211210	38666.38	53	729.55
		ag2211	5288.00	5331.00	20211117	4649.00	20211210	24523.06	34	721.27
		ag2212	4741.00	4975.00	20211227	4692.00	20211216	9265.93	12	772.16
螺纹钢 Steel Rebar	SHFE	rb2101	4300.00	4300.00	20210104	4132.00	20210113	152469.72	10	15246.97
		rb2102	4203.00	4335.00	20210111	4001.00	20210203	172999.53	25	6919.98
		rb2103	4261.00	4750.00	20210304	4086.00	20210203	1999209.98	46	43461.09

5-8 续表 4 continued

交易品种 Product	上市交易所 Listed Exchange	合约 Contract	年开盘价(元/吨) Opening Price of the Year (yuan/ton)	年最高价(元/吨) Highest Price of the Year (yuan/ton)	最高价日 Highest Day	年最低价(元/吨) Lowest Price of the Year (yuan/ton)	最低价日 Lowest Day	成交金额(万元) Trading Turnover (10 thousand yuan)	交易天数(天) Trading Days (day)	日均成交金额(万元) Daily Trading Turnover (10 thousand yuan)
螺纹钢 Steel Rebar	SHFE	rb2104	4333.00	5050.00	20210414	4123.00	20210202	1246970.43	65	19184.16
		rb2105	4354.00	6198.00	20210511	4128.00	20210202	557978962.36	86	6488127.47
		rb2106	4338.00	6092.00	20210511	4120.00	20210202	9117197.10	103	88516.48
		rb2107	4358.00	6063.00	20210511	4100.00	20210202	9549973.72	128	74609.17
		rb2108	4390.00	6172.00	20210511	4106.00	20210203	4289903.82	151	28409.96
		rb2109	4250.00	6191.00	20210511	4093.00	20210203	11886032.95	173	68705.39
		rb2110	4255.00	6208.00	20210511	4066.00	20210203	1124493270.20	188	5981347.18
		rb2111	4164.00	6156.00	20210512	3985.00	20210210	9129308.79	209	43680.90
		rb2112	4170.00	6139.00	20210512	3951.00	20211130	13128056.78	225	58346.92
		rb2201	4154.00	6108.00	20210511	3982.00	20210203	1079509862.35	233	4633089.54
		rb2202	4167.00	6089.00	20210512	3869.00	20211110	7938507.25	214	37095.83
		rb2203	4480.00	6043.00	20210512	3836.00	20211119	5493789.61	197	27887.26
		rb2204	4848.00	6016.00	20210512	3834.00	20211110	2051206.80	175	11721.18
		rb2205	5369.00	5660.00	20210730	3765.00	20211119	365150150.01	156	2340706.09
		rb2206	5000.00	5620.00	20210730	3754.00	20211118	667669.16	136	4909.33
		rb2207	5320.00	5611.00	20210730	3759.00	20211119	521546.48	114	4574.97
		rb2208	5140.00	5348.00	20210913	3755.00	20211118	607911.31	91	6680.34
		rb2209	5152.00	5317.00	20211008	3735.00	20211119	1014830.87	70	14497.58
		rb2210	5160.00	5179.00	20211018	3680.00	20211119	18038237.65	55	327967.96
		rb2211	3785.00	4361.00	20211220	3679.00	20211119	454530.01	34	13368.53
		rb2212	4234.00	4338.00	20211220	4036.00	20211231	25373.21	12	2114.43
不锈钢 Stainless Steel	SHFE	ss2101	13360.00	14525.00	20210107	13025.00	20210115	19764.27	9	2196.03
		ss2102	13340.00	14945.00	20210108	13340.00	20210104	537689.44	25	21507.58
		ss2103	13445.00	15600.00	20210222	13260.00	20210310	17479056.45	46	379979.49
		ss2104	13475.00	15680.00	20210222	13400.00	20210415	15785243.85	68	232135.94
		ss2105	13500.00	15720.00	20210513	13460.00	20210104	27241698.93	84	324305.94
		ss2106	13420.00	16700.00	20210611	13420.00	20210104	23053411.95	107	215452.45
		ss2107	13420.00	18260.00	20210715	13420.00	20210104	33025508.64	129	256011.69
		ss2108	13380.00	20820.00	20210730	13380.00	20210104	42900356.65	150	286002.38
		ss2109	13350.00	20180.00	20210802	13350.00	20210104	45004593.70	172	261654.61
		ss2110	13385.00	22425.00	20210923	13385.00	20210104	40828163.90	188	217171.08
		ss2111	13430.00	21690.00	20210923	13425.00	20210104	26469433.58	193	137147.32
		ss2112	13530.00	21225.00	20210917	13440.00	20210112	23649106.49	217	108982.06
		ss2201	14160.00	20825.00	20210917	13505.00	20210319	26222069.31	211	124275.21
		ss2202	14360.00	20440.00	20210917	13580.00	20210422	13348506.02	194	68806.73
		ss2203	14035.00	20300.00	20210917	13550.00	20210422	3494587.44	168	20801.12
		ss2204	13805.00	19595.00	20210917	13500.00	20210422	332937.61	159	2093.95
		ss2205	14715.00	19830.00	20210917	13840.00	20210527	255990.39	146	1753.36

5-8 续表 5 continued

交易品种 Product	上市交易所 Listed Exchange	合约 Contract	年开盘价(元/吨) Opening Price of the Year (yuan/ton)	年最高价(元/吨) Highest Price of the Year (yuan/ton)	最高价日 Highest Day	年最低价(元/吨) Lowest Price of the Year (yuan/ton)	最低价日 Lowest Day	成交金额(万元) Trading Turnover (10 thousand yuan)	交易天数(天) Trading Days (day)	日均成交金额(万元) Daily Trading Turnover (10 thousand yuan)
不锈钢 Stainless Steel	SHFE	ss2206	14960.00	19615.00	20210917	14855.00	20210622	114497.03	121	946.26
		ss2207	17435.00	20085.00	20210922	15165.00	20211213	92686.29	101	917.69
		ss2208	16890.00	19565.00	20210917	15005.00	20211213	45870.52	79	580.64
		ss2209	17995.00	19430.00	20210917	15085.00	20211213	8183.48	69	118.60
		ss2210	18225.00	18920.00	20211026	14885.00	20211213	33332.72	53	628.92
		ss2211	15605.00	16125.00	20211124	14855.00	20211209	3378.11	31	108.97
		ss2212	15215.00	15780.00	20211231	15020.00	20211222	1318.43	11	119.86
线材 Steel Wire Rod	SHFE	wr2101	—	—	20210104	—	20210104	0.00	0	0.00
		wr2102	—	—	20210104	—	20210104	0.00	0	0.00
		wr2103	—	—	20210104	—	20210104	0.00	0	0.00
		wr2104	4370.00	5619.00	20210331	4370.00	20210122	102.41	7	14.63
		wr2105	4666.00	6299.00	20210430	4507.00	20210203	17352.35	78	222.47
		wr2106	4580.00	6182.00	20210521	4505.00	20210119	237.01	12	19.75
		wr2107	4266.00	5956.00	20210511	4266.00	20210205	441.17	20	22.06
		wr2108	4309.00	5549.00	20210412	4301.00	20210108	92.95	3	30.98
		wr2109	4200.00	6190.00	20210712	4200.00	20210106	699.13	50	13.98
		wr2110	4427.00	6995.00	20210930	4409.00	20210106	57856.19	143	404.59
		wr2111	3900.00	6667.00	20211011	3900.00	20210104	1409.09	32	44.03
		wr2112	5850.00	6449.00	20211011	5559.00	20210818	94.45	7	13.49
		wr2201	6400.00	6400.00	20210514	4351.00	20211116	1099.47	44	24.99
		wr2202	5080.00	6200.00	20211008	4143.00	20211110	23778.82	72	330.26
		wr2203	5400.00	5400.00	20211022	4210.00	20211108	63.92	9	7.10
		wr2204	5151.00	5360.00	20210603	5012.00	20210528	88.66	4	22.17
		wr2205	4999.00	6193.00	20211008	4016.00	20211105	1145.03	27	42.41
		wr2206	—	—	20210616	—	20210616	0.00	0	0.00
		wr2207	5249.00	5590.00	20210922	4190.00	20211118	23.42	4	5.86
		wr2208	—	—	20210817	—	20210817	0.00	0	0.00
		wr2209	—	—	20210916	—	20210916	0.00	0	0.00
		wr2210	5359.00	5359.00	20211021	4250.00	20211109	23.21	4	5.80
		wr2211	—	—	20211116	—	20211116	0.00	0	0.00
		wr2212	—	—	20211216	—	20211216	0.00	0	0.00
热轧卷板 Hot Rolled Coils	SHFE	hc2101	4577.00	4784.00	20210108	4455.00	20210104	107588.37	10	10758.84
		hc2102	4536.00	4696.00	20210107	4332.00	20210129	17773.01	22	807.86
		hc2103	4604.00	5045.00	20210303	4325.00	20210202	533165.65	46	11590.56
		hc2104	4520.00	5605.00	20210407	4314.00	20210202	586846.29	66	8891.61
		hc2105	4505.00	6733.00	20210512	4286.00	20210202	214868831.58	87	2469756.68
		hc2106	4468.00	6740.00	20210512	4255.00	20210203	7861201.84	107	73469.18

5-8 续表 6 continued

交易品种 Product	上市交易所 Listed Exchange	合约 Contract	年开盘价(元/吨) Opening Price of the Year (yuan/ton)	年最高价(元/吨) Highest Price of the Year (yuan/ton)	最高价日 Highest Day	年最低价(元/吨) Lowest Price of the Year (yuan/ton)	最低价日 Lowest Day	成交金额(万元) Trading Turnover (10 thousand yuan)	交易天数(天) Trading Days (day)	日均成交金额(万元) Daily Trading Turnover (10 thousand yuan)
热轧卷板 Hot Rolled Coils	SHFE	hc2107	4488.00	6730.00	20210512	4225.00	20210203	5705649.19	124	46013.30
		hc2108	4359.00	6734.00	20210512	4212.00	20210202	4434805.83	143	31012.63
		hc2109	4343.00	6724.00	20210512	4209.00	20210202	8252666.00	168	49123.01
		hc2110	4395.00	6727.00	20210512	4184.00	20210125	430725334.42	188	2291092.20
		hc2111	4255.00	6694.00	20210512	4093.00	20210125	10918595.77	187	58388.21
		hc2112	4281.00	6654.00	20210512	4127.00	20210125	12114551.40	198	61184.60
		hc2201	4250.00	6607.00	20210512	4095.00	20210125	336356766.47	233	1443591.27
		hc2202	4369.00	6574.00	20210512	4155.00	20211110	11651868.14	184	63325.37
		hc2203	4733.00	6363.00	20210511	4094.00	20211119	7878557.24	149	52876.22
		hc2204	4465.00	6507.00	20210512	4050.00	20211119	2814448.00	170	16555.58
		hc2205	5674.00	5949.00	20210730	3976.00	20211119	92676714.73	156	594081.50
		hc2206	5200.00	5950.00	20210730	3965.00	20211119	376948.79	110	3426.81
		hc2207	5574.00	5864.00	20210730	3948.00	20211119	182485.46	95	1920.90
		hc2208	5300.00	5565.00	20210910	3932.00	20211118	253047.13	73	3466.40
		hc2209	5231.00	5504.00	20211014	3918.00	20211118	343781.75	65	5288.95
		hc2210	5430.00	5459.00	20211018	3877.00	20211110	2385400.25	55	43370.91
		hc2211	3939.00	4591.00	20211220	3824.00	20211119	143487.27	32	4483.98
		hc2212	4485.00	4485.00	20211220	4230.00	20211231	39.53	4	9.88
锡 Tin	SHFE	sn2101	150740.00	158540.00	20210107	150250.00	20210104	19525.58	10	1952.56
		sn2102	150500.00	174970.00	20210129	150470.00	20210104	413117.28	24	17213.22
		sn2103	151870.00	198520.00	20210225	151000.00	20210104	32908286.74	46	715397.54
		sn2104	151410.00	199470.00	20210225	151410.00	20210104	52485909.29	68	771851.61
		sn2105	151700.00	199990.00	20210506	151700.00	20210104	44052346.44	87	506348.81
		sn2106	152860.00	213500.00	20210611	152860.00	20210111	37858072.08	101	374832.40
		sn2107	152950.00	224390.00	20210715	151460.00	20210104	55916737.38	122	458333.91
		sn2108	153690.00	258790.00	20210812	153650.00	20210112	59895812.90	111	539601.92
		sn2109	165740.00	263000.00	20210913	153880.00	20210111	63424465.53	163	389107.15
		sn2110	158090.00	290510.00	20210927	153800.00	20210113	53800589.53	162	332102.40
		sn2111	154330.00	301500.00	20211112	154330.00	20210113	46929544.64	140	335211.03
		sn2112	156780.00	295600.00	20211210	154010.00	20210111	63698153.74	179	355855.61
		sn2201	156880.00	312680.00	20211227	156880.00	20210118	49683114.28	220	225832.34
		sn2202	184010.00	296320.00	20211231	172500.00	20210309	25192222.15	120	209935.18
		sn2203	189990.00	291000.00	20211231	185950.00	20210428	1615278.93	88	18355.44
		sn2204	185810.00	285280.00	20211231	185810.00	20210426	398673.24	100	3986.73
		sn2205	197100.00	285000.00	20211019	192780.00	20210618	2739945.40	138	19854.68
		sn2206	202000.00	276000.00	20210927	201190.00	20210701	150951.50	65	2322.33
		sn2207	216270	282380	20211021	209000	20210729	228353.98	71	3216.25

5-8 续表 7 continued

交易品种 Product	上市交易所 Listed Exchange	合约 Contract	年开盘价(元/吨) Opening Price of the Year (yuan/ton)	年最高价(元/吨) Highest Price of the Year (yuan/ton)	最高价日 Highest Day	年最低价(元/吨) Lowest Price of the Year (yuan/ton)	最低价日 Lowest Day	成交金额(万元) Trading Turnover (10 thousand yuan)	交易天数(天) Trading Days (day)	日均成交金额(万元) Daily Trading Turnover (10 thousand yuan)
锡 Tin	SHFE	sn2208	218180.00	283000.00	20211019	205020.00	20210820	108042.25	65	1662.19
		sn2209	244880.00	281880.00	20211019	221900.00	20211105	171189.33	66	2593.78
		sn2210	275300.00	277780.00	20211019	220010.00	20211108	54145.70	49	1105.01
		sn2211	242510.00	259240.00	20211125	242510.00	20211123	64357.73	20	3217.89
		sn2212	—	—	20211216	—	20211216	0.00	0	—
镍 Nickel	SHFE	ni2101	122970.00	138500.00	20210115	122970.00	20210104	42028.24	10	4202.82
		ni2102	122110.00	136900.00	20210125	122110.00	20210104	4669796.77	25	186791.87
		ni2103	123500.00	149040.00	20210222	118500.00	20210315	184573015.96	45	4101622.58
		ni2104	123380.00	149350.00	20210222	118000.00	20210309	230762311.73	68	3393563.41
		ni2105	123150.00	149260.00	20210222	118170.00	20210319	36102370.14	87	414969.77
		ni2106	124390.00	149130.00	20210222	118000.00	20210319	494200225.71	107	4618693.70
		ni2107	128890.00	149130.00	20210222	113580.00	20210318	242778276.90	128	1896705.29
		ni2108	126270.00	150000.00	20210812	118660.00	20210319	167600983.56	148	1132439.08
		ni2109	123920.00	155340.00	20210910	118600.00	20210319	232729209.83	173	1345255.55
		ni2110	125680.00	155140.00	20210910	119000.00	20210319	233136831.16	186	1253423.82
		ni2111	125880.00	161600.00	20211021	119330.00	20210319	178980992.79	203	881679.77
		ni2112	126810.00	160170.00	20211021	119380.00	20210319	126573588.84	229	552723.10
		ni2201	134410.00	159900.00	20211021	119400.00	20210319	39978964.74	232	172323.12
		ni2202	134480.00	158280.00	20211021	119940.00	20210319	143473047.46	211	679967.05
		ni2203	122190.00	158000.00	20211021	119320.00	20210319	19378437.71	191	101457.79
		ni2204	123660.00	158330.00	20211021	120070.00	20210423	3615200.52	169	21391.72
		ni2205	132340.00	157770.00	20211021	123000.00	20210524	3718849.64	156	23838.78
		ni2206	127500.00	156530.00	20211021	122080.00	20210621	425055.94	135	3148.56
		ni2207	136790.00	158130.00	20211021	135010.00	20210721	167301.65	110	1520.92
		ni2208	142420.00	156000.00	20211021	135460.00	20210930	284557.60	90	3161.75
		ni2209	144830.00	157000.00	20211021	135220.00	20210930	143438.82	70	2049.13
		ni2210	148040.00	156800.00	20211021	138350.00	20211105	78091.82	53	1473.43
		ni2211	143980.00	153200.00	20211125	138570.00	20211119	55965.37	28	1998.76
		ni2212	143760.00	148710.00	20211231	139940.00	20211221	596.30	7	85.19
铜(BC) Copper (BC)	INE	bc2103	51380.00	63460.00	20210226	50610.00	20210203	5696338.33	39	146059.96
		bc2104	51510.00	63110.00	20210225	50640.00	20210203	5478630.96	59	92858.15
		bc2105	51740.00	67300.00	20210513	50610.00	20210203	20047733.91	84	238663.50
		bc2106	51790.00	69700.00	20210510	50760.00	20210203	11368269.59	100	113682.70
		bc2107	52600.00	69900.00	20210510	50720.00	20210203	13430457.02	109	123215.20
		bc2108	52540.00	69980.00	20210510	52540.00	20210126	11347265.02	113	100418.27
		bc2109	52550.00	70140.00	20210510	52550.00	20210208	12828405.53	117	109644.49
		bc2110	51920.00	70200.00	20210510	51920.00	20210104	11770688.02	111	106042.23
		bc2111	51250.00	68880.00	20211018	51250.00	20210204	11645343.25	118	98689.35
		bc2112	60060.00	71050.00	20211018	58410.00	20210820	16667579.17	112	148817.67
		bc2201	62440.00	68900.00	20211018	57430.00	20211231	13889954.70	108	128610.69
		bc2202	61690.00	67950.00	20211018	59210.00	20211216	9549470.94	85	112346.72
		bc2203	62860.00	68160.00	20211018	59230.00	20211216	3417640.78	69	49531.03
		bc2204	63420.00	66660.00	20211229	59310.00	20211216	564018.92	48	11750.39
		bc2205	63110.00	64220.00	20211126	59380.00	20211216	74149.29	24	3089.55
		bc2206	62810.00	63700.00	20211229	62460.00	20211229	14174.52	4	3543.63
		bc2207	—	—	20210716	—	20210716	0.00	0	0.00
		bc2208	62710.00	63190.00	20210914	62710.00	20210909	62.95	2	31.48
		bc2209	—	—	20210916	—	20210916	0.00	0	0.00
		bc2210	—	—	20211018	—	20211018	0.00	0	0.00
		bc2211	—	—	20211116	—	20211116	0.00	0	0.00
		bc2212	—	—	20211216	—	20211216	0.00	0	0.00

5-8 续表 8 continued

交易品种 Product	上市交易所 Listed Exchange	合约 Contract	年开盘价(元/吨) Opening Price of the Year (yuan/ton)	年最高价(元/吨) Highest Price of the Year (yuan/ton)	最高价日 Highest Day	年最低价(元/吨) Lowest Price of the Year (yuan/ton)	最低价日 Lowest Day	成交金额(万元) Trading Turnover (10 thousand yuan)	交易天数(天) Trading Days (day)	日均成交金额(万元) Daily Trading Turnover (10 thousand yuan)
铁矿石 Iron Ore	DCE	i2101	1083.50	1191.00	20210114	1077.00	20210107	138310.94	10	13831.09
		i2102	1080.00	1292.00	20210129	1063.50	20210104	877493.70	30	29249.79
		i2103	1050.00	1292.50	20210226	1042.00	20210104	4452005.40	45	98933.45
		i2104	1025.50	1279.00	20210401	982.50	20210202	4991525.77	68	73404.79
		i2105	990.00	1400.50	20210511	925.00	20210202	225082838.40	89	2529020.66
		i2106	973.00	1413.00	20210512	907.00	20210202	9000082.43	107	84112.92
		i2107	956.50	1423.00	20210629	889.50	20210202	835632.39	128	6528.38
		i2108	954.50	1390.00	20210512	873.50	20210322	204147.51	150	1360.98
		i2109	922.00	1358.00	20210512	732.00	20210909	441151934.69	172	2564836.83
		i2110	894.50	1400.00	20210511	607.00	20211020	5991219.48	192	31204.27
		i2111	888.50	1295.00	20210512	586.50	20211104	3272889.73	208	15735.05
		i2112	883.00	1304.50	20210511	511.00	20211118	3154185.26	230	13713.85
		i2201	930.00	1262.50	20210512	509.50	20211119	487847491.12	233	2093766.06
		i2202	930.50	1237.50	20210512	509.00	20211119	21732546.92	213	102030.74
		i2203	841.00	1221.50	20210512	512.50	20211119	21180761.23	198	106973.54
		i2204	882.50	1207.00	20210512	516.00	20211119	11353359.73	175	64876.34
		i2205	986.00	1033.00	20210716	512.00	20211119	215620066.56	154	1400130.30
		i2206	963.00	1019.50	20210716	509.50	20211119	3729319.04	136	27421.46
		i2207	949.50	1008.00	20210716	511.00	20211110	3492043.96	115	30365.60
		i2208	759.00	777.00	20210816	510.50	20211110	2092436.91	93	22499.32
		i2209	665.00	738.00	20211012	511.50	20211110	11360771.49	71	160010.87
		i2210	625.00	672.00	20211222	513.00	20211110	804182.13	51	15768.28
		i2211	540.50	669.00	20211222	516.00	20211119	358119.45	35	10231.98
		i2212	621.50	671.00	20211222	613.00	20211229	1746.64	13	134.36
硅铁 Ferrosilicon	ZCE	SF101	6618.00	9056.00	20210115	6586.00	20210106	4653.94	10	465.39
		SF102	6668.00	7784.00	20210113	6400.00	20210208	1851.03	30	61.70
		SF103	6664.00	8090.00	20210309	6584.00	20210104	1763034.93	45	39178.55
		SF104	6666.00	8318.00	20210310	6554.00	20210203	3686536.15	68	54213.77
		SF105	6670.00	8386.00	20210310	6540.00	20210414	74984713.91	89	842524.88
		SF106	6526.00	8900.00	20210615	6472.00	20210203	4371506.94	107	40855.21
		SF107	6692.00	8810.00	20210607	6414.00	20210104	8693468.56	128	67917.72
		SF108	7180.00	9132.00	20210812	6512.00	20210202	6388582.30	150	42590.55
		SF109	6492.00	11528.00	20210913	6466.00	20210104	120297669.99	172	699405.06
		SF110	6932.00	17676.00	20210930	6380.00	20210202	6128269.12	192	31918.07
		SF111	6666.00	18374.00	20211011	6528.00	20210202	7988582.02	208	38406.64
		SF112	7048.00	18214.00	20211011	6590.00	20210202	6199041.40	230	26952.35
		SF201	7232.00	17950.00	20211012	6522.00	20210204	174751029.50	233	750004.42
		SF202	7588.00	16862.00	20211012	6798.00	20210331	3219931.17	213	15117.05
		SF203	7062.00	16410.00	20211012	6734.00	20210414	3147207.91	198	15894.99
		SF204	7112.00	15502.00	20211011	7112.00	20210429	847713.76	175	4844.08
		SF205	7722.00	14858.00	20211012	7448.00	20210527	14479879.15	154	94025.19
		SF206	7838.00	14306.00	20211012	7838.00	20210705	13048.63	136	95.95
		SF207	8232.00	13736.00	20211011	8020.00	20211118	25022.32	115	217.59
		SF208	8946.00	13114.00	20211019	7998.00	20211118	14347.80	93	154.28
		SF209	9744.00	12920.00	20211019	7910.00	20211118	69487.80	71	978.70
		SF210	10036.00	10932.00	20211025	8096.00	20211119	3620.79	51	71.00
		SF211	8560.00	9196.00	20211125	7808.00	20211119	5904.45	35	168.70
		SF212	8344.00	8528.00	20211229	8184.00	20211222	41.50	13	3.19

5-8 续表 9 continued

交易品种 Product	上市交易所 Listed Exchange	合约 Contract	年开盘价(元/吨) Opening Price of the Year (yuan/ton)	年最高价(元/吨) Highest Price of the Year (yuan/ton)	最高价日 Highest Day	年最低价(元/吨) Lowest Price of the Year (yuan/ton)	最低价日 Lowest Day	成交金额(万元) Trading Turnover (10 thousand yuan)	交易天数(天) Trading Days (day)	日均成交金额(万元) Daily Trading Turnover (10 thousand yuan)
锰硅 Manganese Silicon	ZCE	SM101	6468.00	7600.00	20210108	6468.00	20210104	23545.66	10	2354.57
		SM102	6846.00	7518.00	20210113	6816.00	20210104	611.38	30	20.38
		SM103	6794.00	8184.00	20210304	6704.00	20210203	1923103.60	45	42735.64
		SM104	6802.00	7888.00	20210308	6684.00	20210203	4128421.68	68	60712.08
		SM105	6818.00	7948.00	20210308	6632.00	20210412	67849051.70	89	762348.90
		SM106	6730.00	8070.00	20210609	6604.00	20210203	5236192.85	107	48936.38
		SM107	6650.00	8086.00	20210609	6590.00	20210203	5034223.42	128	39329.87
		SM108	6700.00	8018.00	20210728	6696.00	20210412	5652487.23	150	37683.25
		SM109	6730.00	9248.00	20210914	6616.00	20210203	100271313.44	172	582972.75
		SM110	6776.00	12908.00	20211011	6584.00	20210204	3647822.88	192	18999.08
		SM111	7632.00	13546.00	20211011	6852.00	20210204	5587241.68	208	26861.74
		SM112	7492.00	13758.00	20211011	6890.00	20210209	4274519.39	230	18584.87
		SM201	7236.00	13400.00	20211011	6648.00	20210202	113723001.92	233	488081.55
		SM202	7550.00	13236.00	20211011	6754.00	20210401	2196029.97	213	10310.00
		SM203	7120.00	12494.00	20211011	6840.00	20210326	1087706.33	198	5493.47
		SM204	7326.00	11732.00	20210928	7036.00	20210430	133935.21	175	765.34
		SM205	7358.00	12100.00	20211011	7188.00	20210715	6506778.45	154	42251.81
		SM206	7532.00	11108.00	20211011	7244.00	20210714	16269.43	136	119.63
		SM207	7948.00	10880.00	20210928	7610.00	20210805	16567.80	115	144.07
		SM208	8336.00	10902.00	20210929	7902.00	20211216	9845.78	93	105.87
		SM209	8798.00	11492.00	20211011	7700.00	20211119	33394.56	71	470.35
		SM210	8898.00	9226.00	20211025	7694.00	20211119	1307.34	51	25.63
		SM211	7784.00	8306.00	20211229	7776.00	20211126	679.69	35	19.42
		SM212	8032.00	8300.00	20211229	8032.00	20211217	49.01	13	3.77

5–9 2020年能源、化工及其他期货交易情况

Futures Transaction of Energy & Chemical Products & Others in 2020

交易品种 Product	上市交易所 Listed Exchange	合约 Contract	年开盘价(元/吨) Opening Price of the Year (yuan/ton)	年最高价(元/吨) Highest Price of the Year (yuan/ton)	最高价日 Highest Day	年最低价(元/吨) Lowest Price of the Year (yuan/ton)	最低价日 Lowest Day	成交金额(万元) Trading Turnover (10 thousand yuan)	交易天数(天) Trading Days (day)	日均成交金额(万元) Daily Trading Turnover (10 thousand yuan)
聚乙烯 LLDPE	DCE	l2101	7650.00	7950.00	20210106	7430.00	20210114	25836.26	10	2583.63
		l2102	7720.00	8360.00	20210107	7370.00	20210112	301267.65	30	10042.25
		l2103	7685.00	9080.00	20210222	7385.00	20210112	1916457.69	45	42587.95
		l2104	7720.00	9230.00	20210304	7415.00	20210112	1407350.15	68	20696.33
		l2105	7725.00	9265.00	20210308	7395.00	20210112	125445592.62	89	1409501.04
		l2106	7675.00	9210.00	20210308	7395.00	20210112	3489590.92	107	32613.00
		l2107	7655.00	9100.00	20210308	—	20210701	380789.40	128	2974.92
		l2108	—	9045.00	20210316	—	20210104	8844.86	150	58.97
		l2109	7720.00	9105.00	20210316	7390.00	20210112	166475918.96	172	967883.25
		l2110	7590.00	10000.00	20211011	7370.00	20210112	8006270.66	192	41699.33
		l2111	7590.00	10280.00	20211011	7470.00	20210609	12092869.40	208	58138.80
		l2112	7520.00	10325.00	20211011	7460.00	20210609	8017116.74	230	34857.03
		l2201	7645.00	10325.00	20211011	7450.00	20210609	198935817.76	233	853801.79
		l2202	—	10305.00	20211011	—	20210222	15120348.04	213	70987.55
		l2203	—	10175.00	20211011	—	20210315	6424393.72	198	32446.43
		l2204	—	10075.00	20211011	—	20210416	5659013.78	175	32337.22
		l2205	7780.00	9800.00	20211008	7390.00	20210609	32210887.30	154	209161.61
		l2206	7850.00	9760.00	20211011	7850.00	20210623	2109713.12	136	15512.60
		l2207	—	9605.00	20211013	—	20210715	394.42	115	3.43
		l2208	8245.00	9710.00	20211011	7940.00	20210820	61000.08	93	655.91
		l2209	8435.00	9825.00	20211012	8030.00	20211203	60489.20	71	851.96
		l2210	9195.00	9200.00	20211022	8030.00	20211203	10027.77	51	196.62
		l2211	8446.00	8446.00	20211122	7914.00	20211215	1007.94	35	28.80
		l2212	—	—	20211215	—	20211215	0.00	13	—
聚氯乙烯 PVC	DCE	v2101	7025.00	7255.00	20210105	6850.00	20210112	31725.67	10	3172.57
		v2102	7085.00	8360.00	20210219	6910.00	20210112	321228.57	30	10707.62
		v2103	7090.00	8960.00	20210223	6895.00	20210112	2386060.60	45	53023.57
		v2104	7140.00	9230.00	20210316	6890.00	20210112	1680248.16	68	24709.53
		v2105	7150.00	9995.00	20210519	6875.00	20210112	117622893.37	89	1321605.54
		v2106	7070.00	9595.00	20210512	6865.00	20210112	2339564.47	107	21865.09
		v2107	7195.00	9565.00	20210512	7195.00	20210127	405523.20	128	3168.15
		v2108	7010.00	9945.00	20210805	7005.00	20210115	10340.80	150	68.94
		v2109	7130.00	10600.00	20210908	6865.00	20210112	189254026.07	172	1100314.11
		v2110	—	14790.00	20211012	—	20210104	10259391.59	192	53434.33
		v2111	—	14055.00	20211013	—	20210104	7462460.29	208	35877.21
		v2112	7255.00	13880.00	20211012	6940.00	20210112	5571040.54	230	24221.92
		v2201	7015.00	13380.00	20211012	6850.00	20210118	336475467.99	233	1444100.72
		v2202	7960.00	13075.00	20211012	7715.00	20210402	16700254.25	213	78404.95
		v2203	8625.00	12770.00	20211012	—	20210506	7395249.55	198	37349.75
		v2204	—	12490.00	20211012	—	20210416	6350543.90	175	36288.82

注：年开盘价和年最高价以自然年为统计周期。
数据来源：上海期货交易所、郑州商品交易所、大连商品交易所
Source：SHFE、ZCE、DCE

5-9 续表 1 continued

交易品种 Product	上市交易所 Listed Exchange	合约 Contract	年开盘价（元/吨） Opening Price of the Year (yuan/ton)	年最高价（元/吨） Highest Price of the Year (yuan/ton)	最高价日 Highest Day	年最低价（元/吨） Lowest Price of the Year (yuan/ton)	最低价日 Lowest Day	成交金额（万元） Trading Turnover (10 thousand yuan)	交易天数（天） Trading Days (day)	日均成交金额(万元) Daily Trading Turnover (10 thousand yuan)
聚氯乙烯 PVC	DCE	v2205	8515.00	12210.00	20211012	7780.00	20210622	96410773.35	154	626043.98
		v2206	—	11725.00	20211012	—	20210616	2274087.76	136	16721.23
		v2207	—	11970.00	20211012	—	20210715	33715.58	115	293.18
		v2208	8635.00	11765.00	20211012	7886.00	20211213	112053.22	93	1204.87
		v2209	8845.00	11730.00	20211012	7878.00	20211213	168488.52	71	2373.08
		v2210	8950.00	8955.00	20211028	7842.00	20211213	3342.12	51	65.53
		v2211	8195.00	8743.00	20211115	7839.00	20211213	477.48	35	13.64
		v2212	8230.00	8308.00	20211229	8005.00	20211229	82.39	13	6.34
聚丙烯 PP	DCE	pp2101	8006.00	8688.00	20210104	7815.00	20210112	34344.36	10	3434.44
		pp2102	8060.00	9000.00	20210208	7777.00	20210112	160834.74	30	5361.16
		pp2103	8037.00	9675.00	20210308	7763.00	20210112	5156143.24	45	114580.96
		pp2104	8079.00	9707.00	20210308	7739.00	20210112	7012544.24	68	103125.65
		pp2105	8041.00	9660.00	20210308	7715.00	20210112	182857390.39	89	2054577.42
		pp2106	7975.00	9527.00	20210308	7706.00	20210112	5581897.76	107	52167.27
		pp2107	7944.00	9366.00	20210308	7831.00	20210112	312557.45	128	2441.86
		pp2108	8083.00	9377.00	20210309	7898.00	20210113	18742.27	150	124.95
		pp2109	7966.00	9254.00	20210308	7710.00	20210112	239586335.61	172	1392943.81
		pp2110	7900.00	10488.00	20211011	7845.00	20210108	21523694.93	192	112102.58
		pp2111	7974.00	10589.00	20211008	7700.00	20210107	15095722.00	208	72575.59
		pp2112	8005.00	10617.00	20211011	—	20210201	19614314.84	230	85279.63
		pp2201	7900.00	10612.00	20211011	7801.00	20211203	318343246.87	233	1366280.03
		pp2202	—	10334.00	20211011	—	20210222	20068042.47	213	94216.16
		pp2203	8680.00	10258.00	20211011	7771.00	20211203	8154977.41	198	41186.75
		pp2204	8200.00	10128.00	20211011	7776.00	20211203	7433915.92	175	42479.52
		pp2205	8350.00	10130.00	20211011	7751.00	20211203	48132147.33	154	312546.41
		pp2206	—	10011.00	20211011	—	20210616	1377308.33	136	10127.27
		pp2207	—	9703.00	20211013	—	20210715	47122.50	115	409.76
		pp2208	—	9857.00	20211011	—	20210816	195014.39	93	2096.93
		pp2209	8479.00	9872.00	20211008	7747.00	20211203	222065.76	71	3127.69
		pp2210	—	8778.00	20211101	—	20211022	5767.68	51	113.09
		pp2211	8166.00	8341.00	20211124	7789.00	20211203	11906.57	35	340.19
		pp2212	8085.00	8085.00	20211223	8085.00	20211223	4.04	13	0.31
焦炭 Coke	DCE	j2101	3200.50	3200.50	20210104	2932.00	20210112	28245.83	10	2824.58
		j2102	3010.00	3256.50	20210106	2895.00	20210208	1988055.32	30	66268.51
		j2103	2942.50	3192.00	20210106	2440.50	20210226	5892952.49	45	130954.50
		j2104	2885.00	3103.00	20210106	2135.50	20210324	3947415.70	68	58050.23
		j2105	2835.00	3036.00	20210106	2096.50	20210324	453092017.58	89	5090921.55
		j2106	2816.00	2967.00	20210106	2113.00	20210324	4267055.15	107	39879.02
		j2107	2759.00	3033.00	20210623	—	20210701	405083.46	128	3164.71
		j2108	2660.00	3208.50	20210730	2145.50	20210322	123895.95	150	825.97
		j2109	2609.00	4649.00	20210910	2130.00	20210322	707405520.25	172	4112822.79
		j2110	2594.00	4774.00	20211019	2123.00	20210322	41320392.71	192	215210.38
		j2111	2550.00	4649.00	20211019	2094.00	20210322	40871583.20	208	196498.00

5-9 续表 2 continued

交易品种 Product	上市交易所 Listed Exchange	合约 Contract	年开盘价(元/吨) Opening Price of the Year (yuan/ton)	年最高价(元/吨) Highest Price of the Year (yuan/ton)	最高价日 Highest Day	年最低价(元/吨) Lowest Price of the Year (yuan/ton)	最低价日 Lowest Day	成交金额(万元) Trading Turnover (10 thousand yuan)	交易天数(天) Trading Days (day)	日均成交金额(万元) Daily Trading Turnover (10 thousand yuan)
焦炭 Coke	DCE	j2112	2538.50	4532.50	20211019	—	20210201	9620866.18	230	41829.85
		j2201	2401.00	4550.00	20211019	2102.50	20210322	294702436.85	233	1264817.33
		j2202	2320.50	4301.50	20211019	2174.00	20210326	1797578.53	213	8439.34
		j2203	2156.00	4106.50	20211019	2139.00	20210322	1628338.81	198	8223.93
		j2204	2612.00	3987.00	20211018	2364.00	20210714	459200.70	175	2624.00
		j2205	2458.50	3873.50	20211019	2201.00	20211102	44336547.47	154	287899.66
		j2206	2544.00	3543.50	20211018	—	20210701	13974.56	136	102.75
		j2207	—	3673.50	20211018	—	20210715	10935.72	115	95.09
		j2208	2751.00	3665.00	20211019	2190.00	20211102	14638.79	93	157.41
		j2209	2801.50	3560.00	20211018	2158.00	20211102	587447.65	71	8273.91
		j2210	2890.50	2890.50	20211025	2111.50	20211102	4555.77	51	89.33
		j2211	2249.50	2873.00	20211227	2218.00	20211116	1863.43	35	53.24
		j2212	2716.50	2716.50	20211215	2575.50	20211231	186.32	13	14.33
焦煤 Coking Coal	DCE	jm2101	1523.00	1700.00	20210112	1400.00	20210114	14697.04	10	1469.70
		jm2102	1530.00	1855.00	20210119	1523.50	20210104	414031.73	30	13801.06
		jm2103	1566.00	1797.50	20210118	1441.00	20210226	4759115.33	45	105758.12
		jm2104	1600.50	1858.00	20210401	1472.50	20210301	2045547.20	68	30081.58
		jm2105	1622.50	2034.50	20210519	1387.00	20210301	122758290.68	89	1379306.64
		jm2106	1646.50	1981.00	20210512	1378.00	20210302	8494771.24	107	79390.39
		jm2107	1706.50	2350.00	20210630	1379.00	20210301	4603745.38	128	35966.76
		jm2108	—	2300.00	20210811	—	20210104	3491011.71	150	23273.41
		jm2109	1535.00	3430.00	20210907	1398.50	20210203	272335505.57	172	1583345.96
		jm2110	1521.50	3995.00	20211015	1374.00	20210203	23356269.01	192	121647.23
		jm2111	1514.00	4036.00	20211018	1440.00	20210210	27887801.84	208	134075.97
		jm2112	—	3884.50	20211018	—	20210104	6680499.11	230	29045.65
		jm2201	1600.00	3878.50	20211019	1386.50	20210301	200245450.16	233	859422.53
		jm2202	1430.00	3767.50	20211018	1327.50	20210304	2179667.40	213	10233.18
		jm2203	1510.00	3610.00	20211018	1446.50	20210323	1723062.92	198	8702.34
		jm2204	—	3400.00	20211019	—	20210416	1422160.24	175	8126.63
		jm2205	1777.50	3252.50	20211019	1501.00	20211119	29192599.26	154	189562.33
		jm2206	1766.00	3091.00	20211019	1523.50	20211119	20640.85	136	151.77
		jm2207	1821.00	3031.50	20211018	1521.50	20211118	16941.77	115	147.32
		jm2208	1987.00	2986.50	20211018	1460.00	20211119	20462.78	93	220.03
		jm2209	2138.00	2916.00	20211018	1461.00	20211119	228714.89	71	3221.34
		jm2210	2188.50	2291.00	20211025	1485.00	20211118	3849.29	51	75.48
		jm2211	1670.00	2078.50	20211224	1452.00	20211119	1322.29	35	37.78
		jm2212	1893.50	2075.50	20211227	1893.50	20211215	107.94	13	8.30
乙二醇 Ethylene Glycol	DCE	eg2101	4280.00	4750.00	20210115	4264.00	20210104	13004.62	17	764.98
		eg2102	4380.00	4850.00	20210203	4222.00	20210204	152250.60	32	4757.83
		eg2103	4311.00	6600.00	20210301	4285.00	20210125	2844911.18	55	51725.66
		eg2104	4398.00	6537.00	20210301	4252.00	20210125	1000189.37	76	13160.39
		eg2105	4400.00	6280.00	20210301	4256.00	20210125	163894199.62	94	1743555.32
		eg2106	4390.00	5986.00	20210301	4274.00	20210125	2891786.61	115	25145.97

5-9　续表 3　continued

交易品种 Product	上市交易所 Listed Exchange	合约 Contract	年开盘价(元/吨) Opening Price of the Year (yuan/ton)	年最高价(元/吨) Highest Price of the Year (yuan/ton)	最高价日 Highest Day	年最低价(元/吨) Lowest Price of the Year (yuan/ton)	最低价日 Lowest Day	成交金额(万元) Trading Turnover (10 thousand yuan)	交易天数(天) Trading Days (day)	日均成交金额(万元) Daily Trading Turnover (10 thousand yuan)
乙二醇 Ethylene Glycol	DCE	eg2107	4380.00	5752.00	20210301	4380.00	20210122	226126.94	137	1650.56
		eg2108	4396.00	5607.00	20210722	—	20210802	13482.63	159	84.80
		eg2109	4514.00	5720.00	20210914	4266.00	20210125	181764647.25	179	1015444.96
		eg2110	4570.00	7196.00	20211014	4129.00	20210208	13201685.00	195	67700.95
		eg2111	4651.00	7533.00	20211019	4328.00	20210125	8756632.85	217	40353.15
		eg2112	4353.00	7582.00	20211019	4350.00	20210126	8299676.68	240	34581.99
		eg2201	4437.00	7566.00	20211019	4437.00	20210128	211601156.41	226	936288.30
		eg2202	5150.00	7480.00	20211019	4597.00	20210426	12258519.64	211	58097.25
		eg2203	—	7366.00	20211019	—	20210329	4044357.81	188	21512.54
		eg2204	—	7223.00	20211019	—	20210428	3268325.73	167	19570.81
		eg2205	4866.00	7094.00	20211019	4685.00	20211221	27393379.43	149	183848.18
		eg2206	—	6654.00	20211020	—	20210628	1081486.64	128	8449.11
		eg2207	—	6847.00	20211019	—	20210728	2893.66	106	27.30
		eg2208	—	6872.00	20211019	—	20210827	211321.27	84	2515.73
		eg2209	5778.00	6776.00	20211019	4715.00	20211203	15911.46	64	248.62
		eg2210	5272.00	5958.00	20211027	4460.00	20211229	454.06	48	9.46
		eg2211	—	4999.00	20211220	—	20211126	848.45	26	32.63
		eg2212	—	—	20211229	—	20211229	0.00	3	0.00
苯乙烯 Ethenylbenzene	DCE	eb2101	6244.00	6670.00	20210107	6200.00	20210104	7130.03	17	419.41
		eb2102	6375.00	9283.00	20210222	6233.00	20210104	11827654.66	32	369614.21
		eb2103	6406.00	10228.00	20210301	6296.00	20210104	30632217.72	55	556949.41
		eb2104	6500.00	10042.00	20210301	6382.00	20210104	4768081.31	76	62737.91
		eb2105	6522.00	10598.00	20210519	6441.00	20210104	61230658.75	94	651389.99
		eb2106	6539.00	10242.00	20210513	6454.00	20210104	31159624.01	115	270953.25
		eb2107	6560.00	9937.00	20210513	6560.00	20210104	28880704.95	137	210808.07
		eb2108	6757.00	9712.00	20210513	6700.00	20210105	32847567.18	159	206588.47
		eb2109	6632.00	9526.00	20210513	6599.00	20210104	32666724.79	179	182495.67
		eb2110	7128.00	9958.00	20211012	6995.00	20210128	38233122.34	195	196067.29
		eb2111	6807.00	10279.00	20211012	6580.00	20210105	26143786.58	217	120478.28
		eb2112	6736.00	10264.00	20211012	6736.00	20210120	29209789.72	240	121707.46
		eb2201	7262.00	10228.00	20211012	6944.00	20210127	26409069.02	226	116854.29
		eb2202	—	10173.00	20211012	—	20210224	16791332.02	211	79579.77
		eb2203	—	10066.00	20211012	—	20210329	2323242.41	188	12357.67
		eb2204	8889.00	9591.00	20211018	7634.00	20211201	415075.58	167	2485.48
		eb2205	8122.00	10042.00	20211012	7701.00	20211201	139818.94	149	938.38
		eb2206	—	9287.00	20211025	—	20210628	2476.98	128	19.35
		eb2207	8700.00	9958.00	20211012	7761.00	20211129	58319.39	106	550.18
		eb2208	—	9978.00	20211012	—	20210827	136446.85	84	1624.37
		eb2209	—	10376.00	20211011	—	20210928	4413.94	64	68.97
		eb2210	9359.00	9359.00	20211027	7888.00	20211130	1238.67	48	25.81
		eb2211	7650.00	8222.00	20211215	7650.00	20211130	64.87	26	2.50
		eb2212	—	—	20211229	—	20211229	0.00	3	0.00
液化石油气 Liquefied Petroleum Gas	DCE	pg2101	3798.00	4149.00	20210114	3576.00	20210122	5588.05	17	328.71
		pg2102	3866.00	4069.00	20210114	3299.00	20210201	8730831.58	32	272838.49
		pg2103	3868.00	4008.00	20210106	3050.00	20210301	14239237.95	55	258895.24
		pg2104	3886.00	4523.00	20210402	3488.00	20210126	16698823.69	76	219721.36
		pg2105	3750.00	4250.00	20210510	3451.00	20210125	13002327.25	94	138322.63

5-9 续表 4 continued

交易品种 Product	上市交易所 Listed Exchange	合约 Contract	年开盘价(元/吨) Opening Price of the Year (yuan/ton)	年最高价(元/吨) Highest Price of the Year (yuan/ton)	最高价日 Highest Day	年最低价(元/吨) Lowest Price of the Year (yuan/ton)	最低价日 Lowest Day	成交金额(万元) Trading Turnover (10 thousand yuan)	交易天数(天) Trading Days (day)	日均成交金额(万元) Daily Trading Turnover (10 thousand yuan)
液化石油气 Liquefied Petroleum Gas	DCE	pg2106	3650.00	4656.00	20210601	3405.00	20210125	14901432.86	115	129577.68
		pg2107	3600.00	5128.00	20210726	3380.00	20210125	14043264.83	137	102505.58
		pg2108	3747.00	5276.00	20210812	3470.00	20210126	22150428.26	159	139310.87
		pg2109	3880.00	5313.00	20210812	3523.00	20210129	24756282.00	179	138303.25
		pg2110	3882.00	6658.00	20211008	3609.00	20210126	23890941.37	195	122517.65
		pg2111	4000.00	6836.00	20211012	3671.00	20210129	43389343.97	217	199950.89
		pg2112	4043.00	6840.00	20211012	3730.00	20210428	63252114.94	240	263550.48
		pg2201	3770.00	6851.00	20211012	3750.00	20210203	42344368.48	226	187364.46
		pg2202	—	6699.00	20211012	—	20210224	25779758.77	211	122178.95
		pg2203	3850.00	6349.00	20211011	3675.00	20210429	4437883.29	188	23605.76
		pg2204	3744.00	6410.00	20211012	3700.00	20210429	703249.39	167	4211.07
		pg2205	4233.00	6196.00	20211011	4130.00	20211203	538896.71	149	3616.76
		pg2206	4520.00	6021.00	20211011	4161.00	20211206	2671.03	128	20.87
		pg2207	4737.00	5989.00	20211011	4050.00	20211203	189997.09	106	1792.43
		pg2208	4452.00	5919.00	20211011	4138.00	20211203	5604.06	84	66.72
		pg2209	—	5940.00	20211011	—	20210928	3389.11	64	52.95
		pg2210	—	5160.00	20211102	—	20211027	1811.81	48	37.75
		pg2211	4286.00	4485.00	20211231	4069.00	20211203	3795.78	26	145.99
		pg2212	4373.00	4411.00	20211230	4373.00	20211229	131.77	3	43.92
甲醇 Methanol	ZCE	MA101	2409.00	2545.00	20210112	2315.00	20210112	16947.22	10	1694.72
		MA102	2474.00	2532.00	20210106	2258.00	20210128	336927.75	30	11230.92
		MA103	2470.00	2549.00	20210106	2245.00	20210203	3616806.32	45	80373.47
		MA104	2439.00	2644.00	20210308	2198.00	20210401	1775547.73	68	26111.00
		MA105	2392.00	2915.00	20210517	2226.00	20210128	203078424.08	89	2281780.05
		MA106	2366.00	2850.00	20210528	2221.00	20210128	3824753.72	107	35745.36
		MA107	2346.00	2844.00	20210514	2199.00	20210128	5639000.13	128	44054.69
		MA108	2358.00	2832.00	20210514	2215.00	20210128	2696455.43	150	17976.37
		MA109	2334.00	2988.00	20210913	2204.00	20210128	294155623.18	172	1710207.11
		MA110	2365.00	4278.00	20211012	2242.00	20210128	8477212.22	192	44152.15
		MA111	2367.00	4231.00	20211012	2254.00	20210127	10589141.78	208	50909.34
		MA112	2419.00	4307.00	20211012	2271.00	20210127	12184579.04	230	52976.43
		MA201	2309.00	4235.00	20211012	2285.00	20210127	502199698.96	233	2155363.51
		MA202	2202.00	4069.00	20211012	2202.00	20210222	9471177.64	213	44465.62
		MA203	2548.00	3908.00	20211012	2279.00	20210322	6263624.07	198	31634.46
		MA204	2496.00	3805.00	20211012	2361.00	20210608	765374.25	175	4373.57
		MA205	2598.00	3649.00	20211012	2402.00	20211115	70027443.74	154	454723.66
		MA206	2625.00	3542.00	20211012	2412.00	20211119	48494.68	136	356.58
		MA207	2726.00	3513.00	20211012	2417.00	20211203	120930.16	115	1051.57
		MA208	2765.00	3472.00	20211012	2437.00	20211117	11590.40	93	124.63
		MA209	2812.00	3440.00	20211012	2395.00	20211203	617377.08	71	8695.45
		MA210	3072.00	3072.00	20211022	2408.00	20211203	3552.05	51	69.65
		MA211	2403.00	2641.00	20211220	2403.00	20211115	672.29	35	19.21
		MA212	2571.00	2624.00	20211224	2505.00	20211231	114.91	13	8.84
PTATA	ZCE	TA101	3806.00	3982.00	20210114	3690.00	20210104	146046.88	10	14604.69
		TA102	3742.00	4212.00	20210218	3718.00	20210104	214403.37	30	7146.78
		TA103	3766.00	4942.00	20210226	3740.00	20210104	6408909.64	45	142420.21
		TA104	3794.00	4988.00	20210226	3776.00	20210104	5642078.56	68	82971.74
		TA105	3824.00	5012.00	20210226	3804.00	20210104	221272138.01	89	2486203.80
		TA106	3854.00	5036.00	20210226	3836.00	20210104	19504720.98	107	182287.11
		TA107	3884.00	5440.00	20210706	3866.00	20210104	18048892.62	128	141006.97
		TA108	3912.00	5600.00	20210730	3912.00	20210104	9267231.96	150	61781.55
		TA109	3932.00	5658.00	20210802	3912.00	20210104	446747079.81	172	2597366.74

5-9 续表 5 continued

交易品种 Product	上市交易所 Listed Exchange	合约 Contract	年开盘价(元/吨) Opening Price of the Year (yuan/ton)	年最高价(元/吨) Highest Price of the Year (yuan/ton)	最高价日 Highest Day	年最低价(元/吨) Lowest Price of the Year (yuan/ton)	最低价日 Lowest Day	成交金额(万元) Trading Turnover (10 thousand yuan)	交易天数(天) Trading Days (day)	日均成交金额(万元) Daily Trading Turnover (10 thousand yuan)
PTATA	ZCE	TA110	4010.00	5588.00	20210802	3936.00	20210104	18501146.14	192	96360.14
		TA111	4038.00	5604.00	20211011	4016.00	20210104	19406949.15	208	93302.64
		TA112	4124.00	5626.00	20211015	4090.00	20210105	17318852.64	230	75299.36
		TA201	4240.00	5650.00	20211015	4142.00	20210125	442219372.24	233	1897937.22
		TA202	4678.00	5640.00	20211015	4372.00	20211203	12271366.29	213	57612.05
		TA203	4796.00	5608.00	20211015	4396.00	20211203	16008352.00	198	80850.26
		TA204	4878.00	5626.00	20211015	4426.00	20211203	1011925.98	175	5782.43
		TA205	4800.00	5642.00	20211015	4450.00	20211203	78790308.32	154	511625.38
		TA206	5006.00	5640.00	20211015	4456.00	20211202	89986.66	136	661.67
		TA207	5062.00	5646.00	20211015	4478.00	20211202	192000.79	115	1669.57
		TA208	5070.00	5638.00	20211015	4526.00	20211203	104278.25	93	1121.27
		TA209	4920.00	5640.00	20211015	4528.00	20211203	1048632.95	71	14769.48
		TA210	5572.00	5574.00	20211025	4624.00	20211201	1551.63	51	30.42
		TA211	5766.00	5766.00	20211118	4646.00	20211201	3735.23	35	106.72
		TA212	4720.00	5094.00	20211231	4720.00	20211220	47.39	13	3.65
动力煤 Thermal Coal	ZCE	ZC101	799.00	799.00	20210104	760.00	20210105	6405.60	5	1281.12
		ZC102	745.00	903.00	20210119	730.00	20210202	1065397.33	25	42615.89
		ZC103	695.00	838.00	20210118	565.00	20210304	2461712.34	40	61542.81
		ZC104	676.00	775.00	20210118	584.00	20210223	610131.91	63	9684.63
		ZC105	666.00	984.00	20210510	588.00	20210223	297850046.63	84	3545833.89
		ZC106	664.00	1000.00	20210511	596.00	20210218	12501046.17	102	122559.28
		ZC107	659.00	1022.00	20210630	593.00	20210202	36124269.70	123	293693.25
		ZC108	651.00	1073.00	20210802	591.00	20210202	2607343.43	145	17981.68
		ZC109	645.00	1120.00	20210902	589.00	20210202	201355662.29	167	1205722.53
		ZC110	643.00	1781.00	20211013	589.00	20210202	488081.40	187	2610.06
		ZC111	631.00	2359.00	20211019	588.00	20210202	1393987.30	203	6866.93
		ZC112	633.00	2150.00	20211019	590.00	20210202	629829.48	225	2799.24
		ZC201	660.00	1982.00	20211019	585.00	20210202	63056091.87	238	264941.56
		ZC202	614.00	1797.00	20211019	591.00	20210218	328766.94	218	1508.11
		ZC203	634.00	1534.00	20211019	610.00	20210310	316244.61	203	1557.86
		ZC204	660.00	1436.00	20211019	651.00	20211231	161460.55	180	897.00
		ZC205	826.00	1388.00	20211019	659.00	20211129	10193138.84	159	64107.79
		ZC206	716.00	1348.00	20211019	666.00	20211203	17318.99	141	122.83
		ZC207	728.00	1323.00	20211019	671.00	20211203	57056.31	120	475.47
		ZC208	713.00	1249.00	20211019	681.00	20211231	9132.66	98	93.19
		ZC209	836.00	1187.00	20211019	650.00	20211129	394631.43	76	5192.52
		ZC210	1005.00	1154.00	20211020	676.00	20211110	31084.05	56	555.07
		ZC211	764.00	764.00	20211108	682.00	20211231	904.44	40	22.61
		ZC212	715.00	749.00	20211221	700.00	20211229	161.16	18	8.95
玻璃 Glass	ZCE	FG101	1998.00	1998.00	20210104	1620.00	20210114	7563.85	10	756.38
		FG102	1909.00	1948.00	20210104	1668.00	20210115	5552.58	30	185.09
		FG103	1856.00	2105.00	20210309	1662.00	20210115	559937.82	45	12443.06
		FG104	1881.00	2307.00	20210331	1699.00	20210115	1747064.41	68	25692.12

5-9 续表 6 continued

交易品种 Product	上市交易所 Listed Exchange	合约 Contract	年开盘价(元/吨) Opening Price of the Year (yuan/ton)	年最高价(元/吨) Highest Price of the Year (yuan/ton)	最高价日 Highest Day	年最低价(元/吨) Lowest Price of the Year (yuan/ton)	最低价日 Lowest Day	成交金额(万元) Trading Turnover (10 thousand yuan)	交易天数(天) Trading Days (day)	日均成交金额(万元) Daily Trading Turnover (10 thousand yuan)
玻璃 Glass	ZCE	FG105	1850.00	2817.00	20210513	1683.00	20210115	242294662.16	89	2722411.93
		FG106	1840.00	3000.00	20210513	1702.00	20210115	3190195.14	107	29814.91
		FG107	1825.00	2981.00	20210513	1691.00	20210118	3238532.37	128	25301.03
		FG108	1851.00	3151.00	20210719	1736.00	20210115	3515090.59	150	23433.94
		FG109	1835.00	3175.00	20210901	1717.00	20210115	395070809.69	172	2296923.31
		FG110	1843.00	3139.00	20210719	1727.00	20210115	2422568.78	192	12617.55
		FG111	1798.00	3105.00	20210719	1666.00	20211111	1053652.16	208	5065.64
		FG112	1790.00	3113.00	20210723	1641.00	20211117	1277354.73	230	5553.72
		FG201	1693.00	3079.00	20210723	1572.00	20211110	233883477.30	233	1003791.75
		FG202	1852.00	3019.00	20210723	1618.00	20211110	542663.16	213	2547.71
		FG203	1872.00	2957.00	20210723	1590.00	20211111	531564.41	198	2684.67
		FG204	2006.00	2967.00	20210723	1648.00	20211110	195994.44	175	1119.97
		FG205	2388.00	2926.00	20210719	1625.00	20211110	45560538.04	154	295847.65
		FG206	2314.00	2885.00	20210719	1639.00	20211111	224603.63	136	1651.50
		FG207	2740.00	2878.00	20210719	1636.00	20211111	176424.52	115	1534.13
		FG208	2549.00	2644.00	20210819	1716.00	20211103	691858.37	93	7439.34
		FG209	2181.00	2288.00	20211019	1692.00	20211110	2353139.20	71	33142.81
		FG210	2165.00	2165.00	20211022	1725.00	20211110	21631.19	51	424.14
		FG211	1939.00	1939.00	20211115	1727.00	20211118	74548.47	35	2129.96
		FG212	1859.00	1860.00	20211220	1761.00	20211231	206.73	13	15.90
尿素 Urea	ZCE	UR101	1710.00	1960.00	20210115	1710.00	20210104	6009.86	10	600.99
		UR102	1771.00	2050.00	20210201	1748.00	20210105	260.23	30	8.67
		UR103	1769.00	2174.00	20210226	1769.00	20210104	1883.35	45	41.85
		UR104	1803.00	2102.00	20210223	1802.00	20210104	1604.16	68	23.59
		UR105	1821.00	2250.00	20210519	1808.00	20210104	39938748.52	89	448749.98
		UR106	1882.00	2500.00	20210604	1839.00	20210305	4120.43	107	38.51
		UR107	1767.00	2699.00	20210712	1767.00	20210104	31749175.17	128	248040.43
		UR108	1755.00	2780.00	20210728	1755.00	20210104	6526.26	150	43.51
		UR109	1742.00	2650.00	20210909	1728.00	20210104	29910300.37	172	173897.10
		UR110	1736.00	3019.00	20210930	1736.00	20210105	40734.71	192	212.16
		UR111	1755.00	3322.00	20211012	1755.00	20210105	39819.87	208	191.44
		UR112	1822.00	3353.00	20211012	1781.00	20210202	71942.69	230	312.79
		UR201	1860.00	3357.00	20211012	1777.00	20210401	78861818.39	233	338462.74
		UR202	1881.00	3214.00	20211019	1779.00	20210402	53476.20	213	251.06
		UR203	1830.00	3201.00	20211019	1801.00	20210401	141341.21	198	713.84
		UR204	1889.00	3133.00	20211012	1889.00	20210429	84499.74	175	482.86
		UR205	2058.00	3082.00	20211012	1995.00	20210618	9460613.76	154	61432.56
		UR206	2100.00	2859.00	20211019	2093.00	20210826	17509.66	136	128.75
		UR207	2270.00	2923.00	20211019	2079.00	20210826	34433.23	115	299.42
		UR208	2103.00	2786.00	20211011	2063.00	20211102	73655.35	93	791.99
		UR209	2250.00	2818.00	20211012	2024.00	20211102	131730.11	71	1855.35
		UR210	2273.00	2308.00	20211230	1982.00	20211208	9302.18	51	182.40
		UR211	2090.00	2292.00	20211228	1982.00	20211208	4389.56	35	125.42
		UR212	2244.00	2312.00	20211228	2155.00	20211215	3312.36	13	254.80

5-9 续表 7 continued

交易品种 Product	上市交易所 Listed Exchange	合约 Contract	年开盘价(元/吨) Opening Price of the Year (yuan/ton)	年最高价(元/吨) Highest Price of the Year (yuan/ton)	最高价日 Highest Day	年最低价(元/吨) Lowest Price of the Year (yuan/ton)	最低价日 Lowest Day	成交金额(万元) Trading Turnover (10 thousand yuan)	交易天数(天) Trading Days (day)	日均成交金额(万元) Daily Trading Turnover (10 thousand yuan)
纯碱 Soda Ash	ZCE	SA101	1361.00	1420.00	20210107	1298.00	20210114	12365.51	10	1236.55
		SA102	1450.00	1519.00	20210107	1387.00	20210114	40602.05	30	1353.40
		SA103	1474.00	1776.00	20210309	1403.00	20210113	739671.24	45	16437.14
		SA104	1604.00	2003.00	20210318	1495.00	20210113	3540263.84	68	52062.70
		SA105	1611.00	2010.00	20210318	1489.00	20210113	131202252.79	89	1474182.62
		SA106	1652.00	2142.00	20210513	1557.00	20210113	1727946.76	107	16149.04
		SA107	1665.00	2158.00	20210513	1565.00	20210113	2354372.07	128	18393.53
		SA108	1702.00	2542.00	20210811	1654.00	20210112	3618128.87	150	24120.86
		SA109	1726.00	2848.00	20210909	1662.00	20210112	251131783.22	172	1460068.51
		SA110	1735.00	3558.00	20211012	1692.00	20210113	2971080.82	192	15474.38
		SA111	1715.00	3582.00	20211012	1670.00	20210112	2549786.42	208	12258.59
		SA112	1733.00	3644.00	20211012	1694.00	20210113	4891531.02	230	21267.53
		SA201	1695.00	3648.00	20211012	1679.00	20210118	420066824.79	233	1802861.91
		SA202	1913.00	3592.00	20211012	1910.00	20210224	4390228.38	213	20611.40
		SA203	2099.00	3530.00	20211013	1973.00	20210415	3271483.04	198	16522.64
		SA204	2015.00	3500.00	20211013	1990.00	20210419	940280.79	175	5373.03
		SA205	2230.00	3477.00	20211013	2163.00	20210520	154687840.97	154	1004466.50
		SA206	2431.00	3434.00	20211013	2201.00	20211210	294789.02	136	2167.57
		SA207	2656.00	3386.00	20211013	2208.00	20211102	97762.63	115	850.11
		SA208	2900.00	3355.00	20211013	2214.00	20211102	121965.32	93	1311.46
		SA209	2951.00	3348.00	20211013	2141.00	20211102	5664890.70	71	79787.19
		SA210	2897.00	2897.00	20211022	2177.00	20211110	79197.61	51	1552.89
		SA211	2332.00	2632.00	20211207	2175.00	20211119	4773.51	35	136.39
		SA212	2386.00	2425.00	20211223	2310.00	20211231	193.82	13	14.91
短纤 Polyester Staple Fiber	ZCE	PF105	6400.00	8578.00	20210226	6256.00	20210506	50555176.79	89	568035.69
		PF106	6620.00	8612.00	20210226	6524.00	20210106	9399.21	107	87.84
		PF107	6634.00	8378.00	20210225	6528.00	20210126	22313707.86	128	174325.84
		PF108	6646.00	8298.00	20210225	6530.00	20210125	1593.90	150	10.63
		PF109	6478.00	8340.00	20210226	6442.00	20210104	47233450.22	172	274613.08
		PF110	6570.00	8250.00	20211015	6496.00	20210126	1137527.91	192	5924.62
		PF111	6700.00	8410.00	20211018	6416.00	20210205	4778436.48	208	22973.25
		PF112	6610.00	8518.00	20211015	6482.00	20211201	2396300.50	230	10418.70
		PF201	6956.00	8528.00	20211015	6456.00	20211203	51541874.15	233	221209.76
		PF202	8524.00	8524.00	20210303	6522.00	20211203	2758111.82	213	12948.88
		PF203	7338.00	8518.00	20211015	6540.00	20211203	2765295.82	198	13966.14
		PF204	7200.00	8432.00	20211018	6558.00	20211203	332269.29	175	1898.68
		PF205	7134.00	8474.00	20211015	6560.00	20211203	7371229.97	154	47865.13
		PF206	7746.00	8414.00	20211018	6752.00	20211210	1479.78	136	10.88
		PF207	7912.00	8398.00	20211018	6744.00	20211210	7290.98	115	63.40
		PF208	6996.00	8440.00	20211012	6788.00	20211215	6202.97	93	66.70
		PF209	7158.00	8432.00	20211015	6654.00	20211221	15285.67	71	215.29
		PF210	7852.00	7852.00	20211027	6840.00	20211215	164.82	51	3.23
		PF211	7242.00	7242.00	20211119	6832.00	20211215	729.74	35	20.85
		PF212	6954.00	6954.00	20211228	6954.00	20211228	3.48	13	0.27
燃料油 Fuel Oil	SHFE	fu2102	1915.00	2152.00	20210113	1894.00	20210127	19371.94	20	968.60
		fu2103	1974.00	2559.00	20210224	1939.00	20210104	690448.62	34	20307.31
		fu2104	2005.00	2646.00	20210308	2005.00	20210104	11722.57	57	205.66
		fu2105	2067.00	2657.00	20210315	2021.00	20210104	191992982.72	79	2430290.92
		fu2106	2064.00	2659.00	20210315	2058.00	20210104	504080.88	95	5306.11
		fu2107	2150.00	2725.00	20210625	2099.00	20210105	10659.68	113	94.33
		fu2108	2095.00	2768.00	20210727	2095.00	20210104	19460.39	136	143.09
		fu2109	2141.00	2811.00	20210827	2105.00	20210104	260734161.65	162	1609470.13
		fu2110	2172.00	3350.00	20210917	2155.00	20210105	304840.83	175	1741.95
		fu2111	2198.00	3770.00	20211011	2174.00	20210105	13708.30	195	70.30
		fu2112	2230.00	3566.00	20211019	2178.00	20210105	20157.86	218	92.47
		fu2201	2265.00	3291.00	20211013	2200.00	20210106	204756576.89	237	863951.80
		fu2202	2300.00	3243.00	20211018	2227.00	20210823	50175.48	196	256.00
		fu2203	2389.00	3242.00	20211011	2295.00	20210823	83698.25	194	431.43

5-9 续表 8 continued

交易品种 Product	上市交易所 Listed Exchange	合约 Contract	年开盘价(元/吨) Opening Price of the Year (yuan/ton)	年最高价(元/吨) Highest Price of the Year (yuan/ton)	最高价日 Highest Day	年最低价(元/吨) Lowest Price of the Year (yuan/ton)	最低价日 Lowest Day	成交金额(万元) Trading Turnover (10 thousand yuan)	交易天数(天) Trading Days (day)	日均成交金额(万元) Daily Trading Turnover (10 thousand yuan)
燃料油 Fuel Oil	SHFE	fu2204	2416.00	3207.00	20211011	2310.00	20210412	75938.08	171	444.08
		fu2205	2590.00	3189.00	20211013	2325.00	20210823	40256257.45	164	245464.98
		fu2206	2501.00	3165.00	20211011	2363.00	20210823	101313.48	133	761.76
		fu2207	2680.00	3139.00	20211012	2390.00	20210820	181512.20	112	1620.64
		fu2208	2550.00	3140.00	20211012	2373.00	20210820	167607.50	91	1841.84
		fu2209	2576.00	3144.00	20211011	2397.00	20211203	4181734.14	81	51626.35
		fu2210	2957.00	3175.00	20211008	2400.00	20211203	210131.06	63	3335.41
		fu2211	2858.00	2948.00	20211102	2420.00	20211203	93404.28	42	2223.91
		fu2212	2500.00	2950.00	20211228	2400.00	20211203	75758.24	23	3293.84
		fu2301	2789.00	2910.00	20211228	2706.00	20211227	636.54	6	106.09
纸浆 Woodpulp	SHFE	sp2101	5686.00	6220.00	20210108	5618.00	20210104	25270.56	10	2527.06
		sp2102	5652.00	6862.00	20210201	5636.00	20210104	322558.27	25	12902.33
		sp2103	5750.00	7790.00	20210301	5686.00	20210104	79887331.88	46	1736681.13
		sp2104	5888.00	7626.00	20210301	5722.00	20210104	12938417.14	68	190270.84
		sp2105	5818.00	7672.00	20210513	5752.00	20210104	192653225.79	87	2214404.89
		sp2106	5848.00	7634.00	20210301	5792.00	20210104	81461049.89	107	761318.22
		sp2107	5872.00	7696.00	20210304	5872.00	20210104	58701681.76	127	462217.97
		sp2108	6058.00	7544.00	20210303	5778.00	20210621	14426328.31	147	98138.29
		sp2109	5922.00	7516.00	20210303	5660.00	20210621	121879947.56	173	704508.37
		sp2110	6006.00	7460.00	20210303	5556.00	20211015	42068634.44	185	227398.02
		sp2111	6054.00	7382.00	20210303	4828.00	20211110	30556185.07	196	155898.90
		sp2112	5930.00	7348.00	20210303	4692.00	20211028	27358638.99	231	118435.67
		sp2201	6402.00	7300.00	20210303	4762.00	20211028	51429561.19	233	220727.73
		sp2202	5988.00	7266.00	20210303	4758.00	20211028	6419234.12	200	32096.17
		sp2203	6800.00	7326.00	20210324	4776.00	20211028	3367224.03	171	19691.37
		sp2204	6694.00	6878.00	20210507	4796.00	20211028	1205586.28	158	7630.29
		sp2205	6462.00	6586.00	20210519	4820.00	20211028	37132863.13	156	238031.17
		sp2206	5770.00	6220.00	20210719	4880.00	20211117	346539.36	112	3094.10
		sp2207	6102.00	6232.00	20210719	4920.00	20211115	103173.64	104	992.05
		sp2208	5998.00	6010.00	20210817	4920.00	20211117	47608.02	87	547.22
		sp2209	5588.00	6032.00	20211231	4918.00	20211028	533755.42	70	7625.08
		sp2210	5108.00	5990.00	20211231	4836.00	20211028	66236.82	54	1226.61
		sp2211	4970.00	5852.00	20211208	4970.00	20211117	32662.16	26	1256.24
		sp2212	5566.00	5992.00	20211231	5304.00	20211222	11743.83	11	1067.62
石油沥青 Bitumen	SHFE	bu2101	2366.00	2600.00	20210115	2352.00	20210104	16062.44	10	1606.24
		bu2102	2416.00	2826.00	20210205	2406.00	20210104	93766.46	25	3750.66
		bu2103	2466.00	3306.00	20210225	2424.00	20210104	2332483.35	45	51832.96
		bu2104	2492.00	3318.00	20210225	2456.00	20210104	1170125.44	66	17729.17
		bu2105	2516.00	3344.00	20210308	2480.00	20210104	2006863.43	85	23610.16
		bu2106	2540.00	3382.00	20210518	2504.00	20210104	149092084.28	106	1406529.10
		bu2107	2694.00	3522.00	20210706	2680.00	20210125	2264139.08	107	21160.18
		bu2108	2996.00	3576.00	20210706	2774.00	20210412	3836029.77	119	32235.54
		bu2109	2640.00	3618.00	20210706	2616.00	20210104	102351079.43	173	591624.74

5-9 续表 9 continued

交易品种 Product	上市交易所 Listed Exchange	合约 Contract	年开盘价(元/吨) Opening Price of the Year (yuan/ton)	年最高价(元/吨) Highest Price of the Year (yuan/ton)	最高价日 Highest Day	年最低价(元/吨) Lowest Price of the Year (yuan/ton)	最低价日 Lowest Day	成交金额(万元) Trading Turnover (10 thousand yuan)	交易天数(天) Trading Days (day)	日均成交金额(万元) Daily Trading Turnover (10 thousand yuan)
石油沥青 Bitumen	SHFE	bu2110	3024.00	3636.00	20210706	2802.00	20211014	1880705.22	109	17254.18
		bu2111	3236.00	3718.00	20211012	2862.00	20211109	1288571.51	104	12390.11
		bu2112	2728.00	3668.00	20210706	2608.00	20211213	109575222.34	231	474351.61
		bu2201	3282.00	3524.00	20211008	2716.00	20211203	12331796.45	114	108173.65
		bu2202	3100.00	3524.00	20211008	2732.00	20211203	3705325.52	87	42589.95
		bu2203	2766.00	3632.00	20210706	2748.00	20211203	2720159.74	235	11575.15
		bu2204	3232.00	3336.00	20211102	2760.00	20211203	525120.86	50	10502.42
		bu2205	3272.00	3324.00	20211231	2766.00	20211203	256396.23	34	7541.07
		bu2206	2832.00	3660.00	20210608	2778.00	20211203	37289935.61	243	153456.53
		bu2209	2870.00	3620.00	20210706	2814.00	20211203	245042.01	239	1025.28
		bu2212	2906.00	3562.00	20210628	2832.00	20211203	232802.42	242	961.99
		bu2303	3100.00	3578.00	20210706	2844.00	20211203	132875.13	155	857.26
		bu2306	3440.00	3594.00	20210719	2888.00	20211203	97606.11	129	756.64
		bu2309	3362.00	3582.00	20211008	2882.00	20211203	73344.22	63	1164.19
		bu2312	3098.00	3386.00	20211231	3054.00	20211216	551.92	12	45.99
原油 Crude Oil	INE	sc2102	302.90	345.70	20210113	301.60	20210104	36072118.68	19	1898532.56
		sc2103	310.00	411.40	20210223	309.00	20210104	94448634.86	35	2698532.42
		sc2104	315.20	444.60	20210308	314.30	20210104	125135519.04	57	2195359.98
		sc2105	320.20	450.30	20210308	319.00	20210104	197425996.71	79	2499063.25
		sc2106	325.00	453.30	20210308	323.90	20210104	135852720.20	97	1400543.51
		sc2107	334.60	466.00	20210628	328.30	20210105	148314317.04	118	1256900.99
		sc2108	340.30	479.00	20210706	332.10	20210105	162534185.40	140	1160958.47
		sc2109	346.70	481.00	20210706	336.10	20210105	152465999.11	160	952912.49
		sc2110	344.00	494.90	20210917	340.90	20210105	128168231.09	160	801051.44
		sc2111	351.50	546.70	20211018	344.00	20210108	121721764.01	147	828039.21
		sc2112	355.50	546.50	20211018	345.20	20210111	172288694.17	220	783130.43
		sc2201	355.00	542.10	20211018	350.20	20210128	193466869.39	170	1138040.41
		sc2202	359.10	537.40	20211018	359.10	20210203	154301340.90	183	843176.73
		sc2203	356.10	535.10	20211018	352.00	20210107	19666189.67	216	91047.17
		sc2204	432.80	532.10	20211018	406.60	20210820	5484530.52	99	55399.30
		sc2205	413.30	530.60	20211018	413.30	20210824	1676131.15	75	22348.42
		sc2206	369.50	529.30	20211018	357.10	20210107	418765.69	148	2829.50
		sc2207	454.20	513.90	20211027	419.40	20210810	31613.84	19	1663.89
		sc2208	504.20	510.00	20211027	458.20	20211201	14489.76	8	1811.22
		sc2209	375.00	506.00	20211102	366.50	20210126	14948.53	83	180.10
		sc2210	501.00	504.60	20211027	429.90	20211202	2314.59	17	136.15
		sc2211	463.90	483.30	20211116	463.90	20211116	94.72	1	94.72
		sc2212	379.00	515.10	20211018	369.00	20210113	28493.87	135	211.07
		sc2301	—	—	20211224	—	20211224	0.00	0	—
		sc2303	388.80	516.10	20211018	368.00	20210114	22587.03	104	217.18
		sc2306	396.20	498.00	20211020	379.00	20210204	3187.82	43	74.14
		sc2309	403.30	497.80	20211015	371.30	20210112	4508.48	48	93.93
		sc2312	411.00	494.00	20211015	382.00	20210122	12664.96	98	129.23
		sc2403	405.00	487.00	20211011	403.00	20210820	5834.68	56	104.19
		sc2406	434.00	494.10	20211015	403.00	20210820	3546.70	35	101.33
		sc2409	450.60	487.70	20211022	419.90	20211118	3383.85	36	94.00
		sc2412	384.80	456.10	20211228	384.80	20211202	343.51	7	49.07

5-9 续表 10 continued

交易品种 Product	上市交易所 Listed Exchange	合约 Contract	年开盘价(元/吨) Opening Price of the Year (yuan/ton)	年最高价(元/吨) Highest Price of the Year (yuan/ton)	最高价日 Highest Day	年最低价(元/吨) Lowest Price of the Year (yuan/ton)	最低价日 Lowest Day	成交金额(万元) Trading Turnover (10 thousand yuan)	交易天数(天) Trading Days (day)	日均成交金额(万元) Daily Trading Turnover (10 thousand yuan)
低硫燃料油 Low Sulfur Fuel Oil	INE	lu2102	2602.00	2830.00	20210113	2575.00	20210105	2482.65	12	206.89
		lu2103	2645.00	3368.00	20210223	2583.00	20210105	468542.44	31	15114.27
		lu2104	2673.00	3506.00	20210308	2566.00	20210111	3601449.22	56	64311.59
		lu2105	2669.00	3530.00	20210308	2631.00	20210105	5084792.82	75	67797.24
		lu2106	2684.00	3515.00	20210308	2658.00	20210105	4341105.10	93	46678.55
		lu2107	2720.00	3556.00	20210308	2599.00	20210105	4005557.94	115	34830.94
		lu2108	2729.00	3559.00	20210716	2729.00	20210104	5306662.74	124	42795.67
		lu2109	2813.00	3600.00	20210715	2740.00	20210105	6029117.72	160	37681.99
		lu2110	2923.00	3596.00	20210706	2887.00	20210114	4500304.53	135	33335.59
		lu2111	2950.00	4190.00	20211018	2894.00	20210125	4102599.10	115	35674.77
		lu2112	2900.00	4055.00	20211015	2900.00	20210104	4671512.24	119	39256.41
		lu2201	2983.00	4054.00	20211015	2860.00	20210125	8897021.90	134	66395.69
		lu2202	3203.00	4027.00	20211015	3121.00	20210820	6526960.85	97	67288.26
		lu2203	3367.00	3996.00	20211015	3153.00	20211203	3338201.68	72	46363.91
		lu2204	3500.00	3915.00	20211018	3130.00	20211203	1514794.35	53	28581.03
		lu2205	3391.00	3988.00	20211015	3120.00	20211203	261774.12	55	4759.53
		lu2206	3367.00	3977.00	20211018	3212.00	20211201	47331.32	34	1392.10
		lu2207	3318.00	3389.00	20211208	3127.00	20211201	22.91	4	5.73
		lu2208	3324.00	3900.00	20211022	3185.00	20210824	28.50	4	7.13
		lu2209	3928.00	3928.00	20211022	3183.00	20211203	49.82	6	8.30
		lu2210	3802.00	3964.00	20211020	3802.00	20211020	15.51	2	7.76
		lu2211	3543.00	3543.00	20211119	3325.00	20211129	13.77	3	4.59
		lu2212	—	—	20211201		20211201	0.00	0	—
		lu2301	—	—	20211224		20211224	0.00	0	—
20号胶 TSR 20	INE	nr2101	10450.00	10700.00	20210108	10270.00	20210105	449.74	4	112.44
		nr2102	10255.00	11055.00	20210111	9855.00	20210128	167868.71	23	7298.64
		nr2103	10455.00	12915.00	20210226	10285.00	20210128	3832550.42	43	89129.08
		nr2104	10475.00	13040.00	20210226	10385.00	20210128	6512349.02	66	98671.95
		nr2105	10605.00	13155.00	20210226	10225.00	20210412	11849333.31	85	139403.92
		nr2106	10740.00	13210.00	20210226	10000.00	20210615	7740999.03	107	72345.79
		nr2107	10850.00	13320.00	20210225	9830.00	20210701	7091282.97	114	62204.24
		nr2108	11160.00	13115.00	20210226	10090.00	20210701	6206612.56	117	53047.97
		nr2109	11580.00	13290.00	20210225	9890.00	20210910	5463412.23	135	40469.72
		nr2110	11035.00	12350.00	20211011	10325.00	20210908	4417070.39	115	38409.31
		nr2111	11945.00	12665.00	20211021	10015.00	20210908	3992871.97	115	34720.63
		nr2112	11860.00	12680.00	20211021	10220.00	20210908	4930270.24	118	41781.95
		nr2201	11165.00	12690.00	20211021	10440.00	20210908	9256003.07	119	77781.54
		nr2202	11865.00	12610.00	20211021	10575.00	20210909	8090272.80	87	92991.64
		nr2203	10885.00	12565.00	20211021	10885.00	20210913	4886753.79	68	71864.03
		nr2204	11750.00	12450.00	20211125	11090.00	20211227	1293355.25	53	24402.93
		nr2205	11070.00	12435.00	20211125	11070.00	20210917	142073.38	43	3304.03
		nr2206	11390.00	12335.00	20211125	11330.00	20211227	10007.29	10	1000.73
		nr2207	—	—	20210716	—	20210716	0.00	0	—
		nr2208	—	—	20210817	—	20210817	0.00	0	—
		nr2209	—	—	20210916	—	20210916	0.00	0	—
		nr2210	—	—	20211018	—	20211018	0.00	0	—
		nr2211	—	—	20211116	—	20211116	0.00	0	—
		nr2212	—	—	20211216	—	20211216	0.00	0	—

5-10 2021年金融期货交易情况
Futures Transaction of Financial Futures in 2021

交易品种 Product	上市交易所 Listed Exchange	合约 Contract	年开盘价(元) Opening Price of the Year (yuan)	年最高价(元) Highest Price of the Year (yuan)	最高价日 Highest Day	年最低价(元) Lowest Price of the Year (yuan)	最低价日 Lowest Day	成交金额(亿元) Trading Turnover (100 million yuan)	交易天数(天) Trading Days (day)	日均成交金额(亿元) Daily Trading Turnover (100 million yuan)
2年期国债期货 2-Year Treasury Bond Futures	CFFEX	TS2103	100.39	100.78	20210114	100.09	20210218	5180.11	45	115.11
		TS2106	100.28	100.68	20210524	99.82	20210218	10430.01	106	98.40
		TS2109	100.19	101.15	20210730	99.71	20210315	12946.14	170	76.15
		TS2112	99.57	100.90	20210901	99.55	20210315	13885.08	183	75.87
		TS2203	99.83	101.11	20211231	99.80	20210615	9691.17	137	70.74
		TS2206	100.42	101.03	20211231	100.31	20211018	181.28	73	2.48
		TS2209	100.74	100.95	20211231	100.68	20211221	53.80	15	3.59
5年期国债期货 5-Year Treasury Bond Futures	CFFEX	TF2103	99.80	100.41	20210114	99.02	20210218	7728.62	45	171.75
		TF2106	99.73	100.51	20210526	98.84	20210218	13763.58	106	129.85
		TF2109	99.61	101.53	20210901	98.75	20210218	14579.14	170	85.76
		TF2112	98.67	101.39	20211129	98.57	20210316	15886.28	183	86.81
		TF2203	99.19	101.77	20211231	99.03	20210615	8777.92	137	64.07
		TF2206	100.51	101.60	20211231	99.96	20211018	154.56	73	2.12
		TF2209	100.97	101.43	20211231	100.74	20211221	35.01	15	2.33
10年期国债期货 10-Year Treasury Bond Futures	CFFEX	T2103	97.95	98.44	20210125	96.68	20210218	16597.11	45	368.82
		T2106	97.83	99.06	20210526	96.33	20210218	35030.52	106	330.48
		T2109	97.74	100.67	20210802	96.24	20210218	44421.58	170	261.30
		T2112	96.33	100.58	20211129	96.19	20210316	41738.53	183	228.08
		T2203	97.39	100.88	20211230	97.02	20210617	23208.53	137	169.41
		T2206	99.36	100.66	20211230	98.07	20211019	806.75	73	11.05
		T2209	99.49	100.51	20211230	99.37	20211213	34.54	15	2.30
沪深300股指期货 CSI 300 Index Futures	CFFEX	IF2101	5230.00	5641.80	20210113	5192.00	20210104	14499.74	10	1449.97
		IF2102	5230.00	5928.80	20210218	5197.20	20210104	30354.16	30	1011.81
		IF2103	5232.60	5913.20	20210218	4923.00	20210309	56959.09	50	1139.18
		IF2104	5755.40	5755.40	20210222	4872.60	20210325	31167.47	39	799.17
		IF2105	4924.60	5217.80	20210521	4849.60	20210325	32067.98	41	782.15
		IF2106	5190.00	5849.00	20210218	4811.00	20210325	58998.42	110	536.35
		IF2107	5115.00	5347.80	20210527	4995.00	20210709	29741.68	39	762.61
		IF2108	5035.00	5226.40	20210628	4656.60	20210728	32845.66	45	729.90
		IF2109	5349.00	5784.40	20210218	4626.00	20210728	57302.25	165	347.29
		IF2110	4715.60	5031.40	20210910	4688.00	20210831	17152.77	33	519.78
		IF2111	4770.00	5013.60	20211026	4742.40	20211110	23225.31	38	611.19
		IF2112	4730.00	5279.80	20210527	4577.00	20210727	42028.14	164	256.27

注：年开盘价和年最高价以自然年为统计周期；出现相同最值，提供最值出现的第一个交易日；若自然年首个交易日无交易，则使用第一个交易日的开盘价作为年开盘价。

数据来源：中国金融期货交易所

Source：CFFEX

5-10 续表 continued

交易品种 Product	上市交易所 Listed Exchange	合约 Contract	年开盘价（元） Opening Price of the Year (yuan)	年最高价（元） Highest Price of the Year (yuan)	最高价日 Highest Day	年最低价（元） Lowest Price of the Year (yuan)	最低价日 Lowest Day	成交金额（亿元） Trading Turnover (100 million yuan)	交易天数（天） Trading Days (day)	日均成交金额(亿元) Daily Trading Turnover (100 million yuan)
沪深300股指期货 CSI 300 Index Futures	CFFEX	IF2201	4900.40	5164.80	20211213	4804.40	20211130	12174.13	30	405.80
		IF2202	4960.40	4997.40	20211228	4900.20	20211220	193.64	10	19.36
		IF2203	4979.60	5160.00	20211213	4563.00	20210728	11625.33	113	102.88
		IF2206	4855.60	5125.60	20211213	4694.60	20211110	2333.32	55	42.42
上证50股指期货 SSE 50 Index Futures	CFFEX	IH2101	3642.60	3938.20	20210113	3610.00	20210104	4085.79	10	408.58
		IH2102	3641.40	4115.00	20210218	3607.00	20210104	8399.49	30	279.98
		IH2103	3642.20	4126.00	20210218	3489.80	20210309	14691.58	50	293.83
		IH2104	4008.20	4008.20	20210222	3400.00	20210415	7972.49	39	204.42
		IH2105	3465.00	3586.60	20210406	3362.00	20210510	8483.88	41	206.92
		IH2106	3626.80	4060.40	20210218	3340.20	20210510	17238.08	110	156.71
		IH2107	3463.60	3682.00	20210527	3318.80	20210709	9465.22	39	242.70
		IH2108	3400.40	3523.00	20210625	3043.00	20210820	11317.88	45	251.51
		IH2109	3758.00	4024.20	20210218	3038.20	20210820	20175.52	165	122.28
		IH2110	3070.80	3320.00	20211011	3041.20	20210831	6984.02	33	211.64
		IH2111	3104.40	3345.80	20211022	3100.00	20210922	9510.65	38	250.28
		IH2112	3285.00	3630.40	20210527	3021.80	20210820	17421.15	164	106.23
		IH2201	3232.20	3444.00	20211213	3159.60	20211130	4838.76	30	161.29
		IH2202	3290.20	3335.60	20211229	3256.20	20211230	103.80	10	10.38
		IH2203	3326.00	3452.80	20211213	3006.00	20210820	4808.98	113	42.56
		IH2206	3272.60	3443.80	20211213	3118.00	20211110	1082.83	55	19.69
中证500股指期货 CSI 500 Index Futures	CFFEX	IC2101	6384.00	6598.00	20210108	6334.00	20210104	8778.17	10	877.82
		IC2102	6336.20	6685.80	20210218	6211.00	20210129	17516.47	30	583.88
		IC2103	6272.00	6744.00	20210222	6027.20	20210311	30435.53	50	608.71
		IC2104	6601.80	6676.00	20210222	5973.80	20210311	16559.31	39	424.60
		IC2105	6112.00	6615.20	20210517	6030.00	20210325	16907.32	41	412.37
		IC2106	6135.80	6766.00	20210611	5833.20	20210311	32334.31	110	293.95
		IC2107	6460.00	6985.20	20210716	6419.80	20210524	16718.47	39	428.68
		IC2108	6550.00	7088.00	20210813	6540.00	20210621	21678.48	45	481.74
		IC2109	5980.00	7680.20	20210914	5658.00	20210311	42068.86	165	254.96
		IC2110	6849.00	7623.80	20210914	6848.60	20210823	15690.40	33	475.47
		IC2111	7190.00	7384.80	20210923	6849.00	20211013	17525.24	38	461.19
		IC2112	5900.00	7476.00	20210914	5900.00	20210419	39831.14	164	242.87
		IC2201	7124.60	7404.00	20211231	7088.80	20211207	9577.64	30	319.25
		IC2202	7237.00	7374.00	20211231	7173.80	20211220	230.44	10	23.04
		IC2203	6562.20	7332.60	20211231	6268.20	20210728	14298.09	113	126.53
		IC2206	6679.00	7173.80	20211231	6535.40	20211028	4636.12	55	84.29

5-11 2021年期货市场主力合约情况

Statistics of Dominate Contract in 2021

交易所 Exchange	交易品种	Product	持仓量(手) Positions (lot)	上年末最后交易日结算价(元/吨) Last Trading Day Clearing Price of Last Year (yuan/ton)	本年末最后交易日结算价(元/吨) Last Trading Day Clearing Price of This Year (yuan/ton)	涨跌幅(%) Range of Fluctuation (%)
上海期货交易所 SHFE	铜	Copper	133670	57970.00	70120.00	20.96
	铝	Aluminum	207785	15475.00	20420.00	31.95
	锌	Zinc	89750	20835.00	24235.00	16.32
	铅	Lead	36978	14745.00	15370.00	4.24
	黄金(元/克)	Gold(yuan/g)	78637	397.62	375.16	-5.65
	白银 (元/千克)	Silver(yuan/kg)	454058	5661.00	4845.00	-14.41
	螺纹钢	Steel Rebar	1877654	4306.00	4301.00	-0.12
	线材	Steel Wire Rod	77	4689.00	4403.00	-6.10
	热轧卷板	Hot Rolled Coils	809214	4488.00	4418.00	-1.56
	燃料油	Fuel Oil	348312	2066.00	2854.00	38.14
	石油沥青	Bitumen	461495	2562.00	3298.00	28.73
	天然橡胶	Natural Rubber	230231	13800.00	14830.00	7.46
	锡	Tin	48203	151660.00	293770.00	93.70
	镍	Nickel	154950	124330.00	151580.00	21.92
	不锈钢	Stainless Steel	63234	13370.00	17125.00	28.09
	原油(元/桶)	Crude Oil	32206	303.30	496.70	63.77
	20号胶	TSR 20	25880	10190	11660.00	14.43
	纸浆	Woodpulp	209741	5698	6002.00	5.34
	低硫燃料油	Low Sulfur Fuel Oil	40961	2642	3666.00	38.76
	铜(BC)	copper (BC)	6802	51610	62660.00	21.41
郑州商品交易所 ZCE	强麦	Wheat WH	93	2615.00	2939.00	12.39
	普麦	Wheat PM	0	2648.00	2422.00	-8.53
	棉花	Cotton No.1	432215	15085.00	20570.00	36.36
	白糖	White Sugar	435654	5251.00	5759.00	9.67
	菜籽油	Rapeseed Oil	217299	9606.00	12254.00	27.57
	早籼稻	Early Rice	1	2656.00	2699.00	1.62
	甲醇	Menthanol	988671	2375.00	2506.00	5.52
	玻璃	Glass	249186	1844.00	1713.00	-7.10
	油菜籽	Rapeseed	9	5365.00	5945.00	10.81
	菜籽粕	Rapeseed Meal	463901	2831.00	2903.00	2.54

注：1.主力合约选用统计期末各期限合约中持仓量最大的合约，如持仓量相同则选取成交量最大合约为主力合约。
2.持仓量为2021年年末数据。
3.上海期货交易所数据包含上海国际能源交易中心。
4.上海期货交易所铜期货数据不含自对冲。
5.上年末最后交易日结算价指的是上年末最后交易日按持仓量最大来选取的主力合约结算价，本年末最后交易日结算价指的是本年末最后交易日按持仓量最大来选取的主力合约的结算价。
6.郑商所PM、RI、LR、RS品种在20211231出现多合约持仓量和成交量均相同的情况，取最近月份合约为主力合约。年末结算价取该合约结算价。

数据来源：上海期货交易所、郑州商品交易所、大连商品交易所、中国金融期货交易所

Source：SHFE、ZCE、DCE、CFFEX

5-11 续表 continued

交易所 Exchange	交易品种	Product	持仓量(手) Positions (lot)	上年末最后交易日结算价(元/吨) Last Trading Day Clearing Price of Last Year (yuan/ton)	本年末最后交易日结算价(元/吨) Last Trading Day Clearing Price of This Year (yuan/ton)	涨跌幅(%) Range of Fluctuation (%)
郑州商品交易所 ZCE	动力煤	Thermal Coal	28791	671.40	671.00	-0.06
	粳稻	Japonica Rice	5	2520.00	2702.00	7.22
	晚籼稻	Late Indica Rice	0	3011.00	2973.00	-1.26
	PTA	PTA	1146706	3802.00	5002.00	31.56
	硅铁	Ferrosilicon	74601	6654.00	8388.00	26.06
	锰硅	Manganese Silicon	102420	6778.00	8254.00	21.78
	棉纱	Cotton Yarn	2455	21865.00	27730.00	26.82
	苹果	Apple	137415	6627.00	8370.00	26.30
	尿素	Urea	86790	1829.00	2413.00	31.93
	纯碱	Soda Ash	458972	1605.00	2216.00	38.07
	红枣	Chinese Jujube	57811	10205.00	14175.00	38.90
	短纤	Polyester Staple Fiber	111385	6364.00	7066.00	11.03
大连商品交易所 DCE	玉米	Corn	507676	2737.00	2673.00	-2.34
	玉米淀粉	Corn Starch	71513	3095.00	2975.00	-3.88
	黄大豆1号	No.1 Soybean	90007	5772.00	5870.00	1.70
	黄大豆2号	No.2 Soybean	8905	4120.00	4273.00	3.71
	豆粕	Soybean Meal	694344	3423.00	3192.00	-6.75
	豆油	Soybean Oil	260537	7886.00	8840.00	12.10
	棕榈油	RBD Palm Oil	211254	6942.00	8470.00	22.01
	鸡蛋(元/500千克)	Egg(yuan/500kg)	57335	4141.00	4132.00	-0.22
	胶合板(元/张)	Blockboard(yuan/piece)	0	224.00	340.25	52.14
	纤维板(元/立方米)	Fiberboard(yuan/cubic metres)	319	1308.00	1288.00	-1.53
	粳米	Polished Round-grained Rice	6465	3642.00	3363.00	-7.66
	聚乙烯	LLDPE	126827	7605.00	8537.00	12.26
	聚氯乙烯	PVC	160079	7100.00	8384.00	18.08
	聚丙烯	PP	146679	7963.00	8136.00	2.17
	焦炭	Coke	14966	2805.00	2907.00	3.65
	焦煤	Coking Coal	21473	1638.00	2211.50	35.01
	铁矿石	Iron Ore	316258	987.00	674.00	-31.68
	乙二醇	Ethylene Glycol	111979	4324.00	4931.00	14.04
	苯乙烯	Ethenylbenzene	68633	6249.00	8534.00	36.57
	液化石油气	Liquefied Petroleum Gas	33678	3758	4637.00	23.39
中国金融期货交易所 CFFEX	2年期国债期货	2-Year Treasury Bond Futures	48863	100.39	101.08	0.69
	5年期国债期货	5-Year Treasury Bond Futures	86029	99.81	101.72	1.91
	10年期国债期货	10-Year Treasury Bond Futures	169952	97.97	100.76	2.85
	沪深300股指期货	CSI 300 Index Futures	79197	5216.20	4950.60	-5.09
	上证50股指期货	SSE 50 Index Futures	50789	3643.20	3284.60	-9.84
	中证500股指期货	CSI 500 Index Futures	93717	6343.80	7377.80	16.30

5-12 2021年农产品期货持仓情况

Positions of Agricultural Products Futures in 2021

交易品种 Product	上市交易所 Listed Exchange	合约 Contract	最高持仓量（手） Highest Positions (lot)	最高持仓日期 Highest Positions Day	最后持仓量（手） Last Positions (lot)	最后持仓日期 Last Positions Day	年末持仓量（手） Positions at the End of the Year (lot)
玉米 Corn	DCE	c2101	8442	20210107	188	20210114	—
		c2103	113780	20210128	11357	20210312	—
		c2105	1116754	20210108	589	20210518	—
		c2107	163305	20210205	—	20210712	—
		c2109	674463	20210722	3718	20210912	—
		c2111	300750	20210827	159	20211112	—
		c2201	1029494	20210916	30550	20211231	30550
		c2203	260506	20211229	254506	20211231	254506
		c2205	1034066	20211230	1015352	20211231	1015352
		c2207	112682	20211231	112682	20211231	112682
		c2209	32683	20211231	32683	20211231	32683
		c2211	18399	20211231	18399	20211231	18399
玉米淀粉 Corn Starch	DCE	cs2101	3168	20210104	1757	20210114	—
		cs2103	26469	20210104	1451	20210312	—
		cs2105	173673	20210119	550	20210518	—
		cs2107	137705	20210427	150	20210712	—
		cs2109	183250	20210722	2000	20210912	—
		cs2111	133636	20210915	340	20211112	—
		cs2201	132615	20211110	3926	20211231	3926
		cs2203	161289	20211229	143026	20211231	143026
		cs2205	59947	20211230	58295	20211231	58295
		cs2207	37333	20211231	37333	20211231	37333
		cs2209	1944	20211223	1756	20211231	1756
		cs2211	179	20211209	58	20211231	58
黄大豆1号 No.1 Soybean	DCE	a2101	3831	20210111	3461	20210114	—
		a2103	7775	20210111	416	20210312	—
		a2105	130604	20210305	139	20210518	—
		a2107	12208	20210426	30	20210712	—
		a2109	153662	20210629	247	20210912	—
		a2111	163193	20210923	958	20211112	—
		a2201	174753	20211105	3011	20211231	3011
		a2203	187861	20211230	180014	20211231	180014
		a2205	37671	20211231	37671	20211231	37671
		a2207	25340	20211231	25340	20211231	25340
		a2209	764	20211231	764	20211231	764
		a2211	883	20211231	883	20211231	883

注：1.若合约最后到期日在2021年内，则最后持仓日期为合约最后交易日的前一交易日；
2.若合约最后到期日在2021年12月31日之后，则最后持仓日期为2021年12月31日；
3.最后持仓量为最后持仓日期的持仓量；
4.数据为单边。

数据来源：上海期货交易所、郑州商品交易所、大连商品交易所

Source：SHFE、ZCE、DCE

5-12 续表 1 continued

交易品种 Product	上市 交易所 Listed Exchange	合约 Contract	最高持仓量 (手) Highest Positions (lot)	最高持仓 日期 Highest Positions Day	最后持仓量 (手) Last Positions (lot)	最后持仓 日期 Last Positions Day	年末持仓量 (手) Positions at the End of the Year (lot)
黄大豆2号 No.2 Soybean	DCE	b2101	41	20210104	1	20210114	—
		b2102	27654	20210104	1000	20210218	—
		b2103	24566	20210120	—	20210312	—
		b2104	21688	20210224	—	20210414	—
		b2105	33533	20210330	102	20210518	—
		b2106	38743	20210426	1100	20210612	—
		b2107	36997	20210526	—	20210712	—
		b2108	33043	20210618	—	20210812	—
		b2109	43110	20210719	200	20210912	—
		b2110	31106	20210818	100	20211020	—
		b2111	29824	20210923	604	20211112	—
		b2112	19475	20211025	—	20211212	—
		b2201	31075	20211123	501	20211231	501
		b2202	20142	20211229	17809	20211231	17809
		b2203	13109	20211229	12275	20211231	12275
		b2204	4484	20211214	3746	20211231	3746
		b2205	2830	20211223	2722	20211231	2722
		b2206	1058	20211231	1058	20211231	1058
		b2207	755	20211110	86	20211231	86
		b2208	484	20211209	410	20211231	410
		b2209	26	20211201	25	20211231	25
		b2210	5	20211209	4	20211231	4
		b2211	2	20211210	2	20211231	2
		b2212	—	20211215	—	20211231	—
豆粕 Soybean Meal	DCE	m2101	823	20210104	7	20210114	—
		m2103	56921	20210108	624	20210312	—
		m2105	1787399	20210113	110	20210518	—
		m2107	184428	20210329	722	20210712	—
		m2108	25776	20210224	—	20210812	—
		m2109	1672017	20210427	2335	20210912	—
		m2111	116336	20210922	2149	20211112	—
		m2112	92659	20211018	1450	20211212	—
		m2201	1306079	20211011	3200	20211231	3200
		m2203	364489	20210830	354835	20211231	354835
		m2205	1401816	20211230	1388687	20211231	1388687
		m2207	198514	20211231	198514	20211231	198514
		m2208	104938	20211231	104938	20211231	104938
		m2209	120995	20211230	120375	20211231	120375
		m2211	43695	20211231	43695	20211231	43695
		m2212	211	20211231	211	20211231	211

5-12 续表 2 continued

交易品种 Product	上市交易所 Listed Exchange	合约 Contract	最高持仓量(手) Highest Positions (lot)	最高持仓日期 Highest Positions Day	最后持仓量(手) Last Positions (lot)	最后持仓日期 Last Positions Day	年末持仓量(手) Positions at the End of the Year (lot)
豆油 Soybean Oil	DCE	y2101	8330	20210104	3258	20210114	—
		y2103	12277	20210104	469	20210312	—
		y2105	508626	20210112	1000	20210518	—
		y2107	38053	20210224	224	20210712	—
		y2108	6438	20210201	—	20210812	—
		y2109	546345	20210513	4445	20210912	—
		y2111	109568	20210826	996	20211112	—
		y2112	91618	20210830	—	20211212	—
		y2201	507804	20210924	1427	20211231	1427
		y2203	135125	20211224	127964	20211231	127964
		y2205	524732	20211228	521073	20211231	521073
		y2207	85800	20211231	85800	20211231	85800
		y2208	38068	20211224	34523	20211231	34523
		y2209	17820	20211231	17820	20211231	17820
		y2211	13415	20211229	13337	20211231	13337
		y2212	272	20211231	272	20211231	272
棕榈油 RBD Palm Oil	DCE	p2101	1395	20210104	391	20210114	—
		p2102	41692	20210104	5697	20210218	—
		p2103	27775	20210127	600	20210312	—
		p2104	9773	20210129	—	20210414	—
		p2105	403529	20210127	890	20210518	—
		p2106	22780	20210224	—	20210612	—
		p2107	2261	20210225	6	20210712	—
		p2108	392	20210331	—	20210812	—
		p2109	444414	20210723	861	20210912	—
		p2110	87704	20210824	446	20211020	—
		p2111	82469	20210830	1821	20211112	—
		p2112	82995	20210827	1624	20211212	—
		p2201	474893	20210924	4071	20211231	4071
		p2202	91229	20211223	60958	20211231	60958
		p2203	51462	20211231	51462	20211231	51462
		p2204	35982	20211118	35375	20211231	35375
		p2205	422507	20211231	422507	20211231	422507
		p2206	12763	20211231	12763	20211231	12763
		p2207	1232	20211103	782	20211231	782
		p2208	5459	20211230	4955	20211231	4955
		p2209	11694	20211231	11694	20211231	11694
		p2210	622	20211215	375	20211231	375
		p2211	2802	20211230	2747	20211231	2747
		p2212	465	20211231	465	20211231	465

5-12 续表 3 continued

交易品种 Product	上市交易所 Listed Exchange	合约 Contract	最高持仓量（手） Highest Positions (lot)	最高持仓日期 Highest Positions Day	最后持仓量（手） Last Positions (lot)	最后持仓日期 Last Positions Day	年末持仓量（手） Positions at the End of the Year (lot)
鸡蛋 Egg	DCE	jd2101	397	20210104	133	20210124	—
		jd2102	37043	20210104	170	20210222	—
		jd2103	47761	20210120	45	20210324	—
		jd2104	20588	20210127	21	20210426	—
		jd2105	211658	20210219	1	20210524	—
		jd2106	41391	20210318	24	20210624	—
		jd2107	34024	20210421	2	20210726	—
		jd2108	39799	20210617	14	20210824	—
		jd2109	207941	20210709	60	20210924	—
		jd2110	38702	20210820	—	20211024	—
		jd2111	19908	20210831	—	20211124	—
		jd2112	15271	20210827	—	20211228	—
		jd2201	163653	20211025	719	20211231	719
		jd2202	35228	20211027	18412	20211231	18412
		jd2203	45926	20211228	45610	20211231	45610
		jd2204	19650	20211215	17828	20211231	17828
		jd2205	144868	20211220	114669	20211231	114669
		jd2206	10605	20211231	10605	20211231	10605
		jd2207	6352	20211224	5107	20211231	5107
		jd2208	7804	20211230	6607	20211231	6607
		jd2209	16599	20211230	15796	20211231	15796
		jd2210	1921	20211231	1921	20211231	1921
		jd2211	1300	20211229	1300	20211231	1300
		jd2212	193	20211231	193	20211231	193
胶合板 Blockboard	DCE	bb2101	—	20210104	—	20210114	—
		bb2102	—	20210104	—	20210218	—
		bb2103	—	20210104	—	20210312	—
		bb2104	—	20210104	—	20210414	—
		bb2105	22	20210426	—	20210518	—
		bb2106	2	20210430	—	20210612	—
		bb2107	1	20210427	—	20210712	—
		bb2108	—	20210104	—	20210812	—
		bb2109	—	20210104	—	20210912	—
		bb2110	5	20210914	—	20211020	—
		bb2111	—	20210104	—	20211112	—
		bb2112	—	20210104	—	20211212	—
		bb2201	—	20210118	—	20211231	—
		bb2202	—	20210222	—	20211231	—
		bb2203	—	20210315	—	20211231	—
		bb2204	—	20210416	—	20211231	—
		bb2205	—	20210520	—	20211231	—

5-12 续表 4 continued

交易品种 Product	上市交易所 Listed Exchange	合约 Contract	最高持仓量（手） Highest Positions (lot)	最高持仓日期 Highest Positions Day	最后持仓量（手） Last Positions (lot)	最后持仓日期 Last Positions Day	年末持仓量（手） Positions at the End of the Year (lot)
胶合板 Blockboard	DCE	bb2206	—	20210616	—	20211231	—
		bb2207	—	20210715	—	20211231	—
		bb2208	—	20210816	—	20211231	—
		bb2209	—	20210915	—	20211231	—
		bb2210	—	20211022	—	20211231	—
		bb2211	—	20211115	—	20211231	—
		bb2212	—	20211215	—	20211231	—
纤维板 Fiberboard	DCE	fb2101	80	20210104	72	20210114	—
		fb2102	1920	20210113	51	20210218	—
		fb2103	1807	20210222	255	20210312	—
		fb2104	347	20210315	295	20210414	—
		fb2105	9292	20210315	185	20210518	—
		fb2106	2331	20210525	100	20210612	—
		fb2107	132	20210624	111	20210712	—
		fb2108	14	20210630	12	20210812	—
		fb2109	19595	20210623	290	20210912	—
		fb2110	1195	20210906	4	20211020	—
		fb2111	92	20211018	4	20211112	—
		fb2112	4	20210824	—	20211212	—
		fb2201	3639	20211216	296	20211231	296
		fb2202	638	20211231	638	20211231	638
		fb2203	13	20211231	13	20211231	13
		fb2204	30	20210422	1	20211231	1
		fb2205	114	20210910	46	20211231	46
		fb2206	3	20211105	1	20211231	1
		fb2207	3	20211102	1	20211231	1
		fb2208	1	20211216	1	20211231	1
		fb2209	22	20211103	6	20211231	6
		fb2210	1	20211209	—	20211231	—
		fb2211	—	20211115	—	20211231	—
		fb2212	5	20211217	1	20211231	1
粳米 Polished Round-grained Rice	DCE	rr2101	295	20210104	—	20210114	—
		rr2102	12565	20210104	—	20210218	—
		rr2103	18638	20210104	—	20210312	—
		rr2104	16358	20210203	—	20210414	—
		rr2105	15843	20210319	—	20210518	—
		rr2106	17803	20210422	—	20210612	—
		rr2107	15145	20210506	—	20210712	—
		rr2108	13313	20210601	—	20210812	—
		rr2109	13667	20210712	—	20210912	—
		rr2110	12859	20210813	—	20211020	—

5-12 续表 5 continued

交易品种 Product	上市交易所 Listed Exchange	合约 Contract	最高持仓量（手） Highest Positions (lot)	最高持仓日期 Highest Positions Day	最后持仓量（手） Last Positions (lot)	最后持仓日期 Last Positions Day	年末持仓量（手） Positions at the End of the Year (lot)
粳米 Polished Round-grained Rice	DCE	rr2111	12617	20210910	—	20211112	—
		rr2112	11526	20211014	—	20211212	—
		rr2201	16559	20211109	137	20211231	137
		rr2202	14284	20211210	10465	20211231	10465
		rr2203	12929	20211231	12929	20211231	12929
		rr2204	7938	20211231	7938	20211231	7938
		rr2205	3454	20211231	3454	20211231	3454
		rr2206	32	20211221	26	20211231	26
		rr2207	62	20211229	50	20211231	50
		rr2208	37	20211224	34	20211231	34
		rr2209	338	20211231	338	20211231	338
		rr2210	183	20211230	183	20211231	183
		rr2211	36	20211221	36	20211231	36
		rr2212	8	20211231	8	20211231	8
粳稻 Japonica Rice	ZCE	JR101	—	—	—	—	0
		JR103	—	—	—	—	0
		JR105	78	20210107	—	—	0
		JR107	1	20210107	—	—	0
		JR109	32	20210202	—	—	0
		JR111	5	20210917	—	—	0
		JR201	35	20211115	5	20211029	5
		JR203	—	—	—	—	0
		JR205	—	—	—	—	0
		JR207	—	—	—	—	0
		JR209	—	—	—	—	0
		JR211	1	20211126	—	—	0
棉花 Cotton No.1	ZCE	CF101	60483	20210104	12119	20210114	0
		CF103	19058	20210108	1843	20210311	0
		CF105	639039	20210225	9561	20210518	0
		CF107	22109	20210322	4153	20210713	0
		CF109	578129	20210428	12884	20210913	0
		CF111	65988	20210909	1859	20211111	0
		CF201	490175	20211019	30322	20211231	30322
		CF203	73538	20211231	73538	20211231	73538
		CF205	432215	20211231	432215	20211231	432215
		CF207	7543	20210928	3330	20211231	3330
		CF209	33727	20211230	33284	20211231	33284
		CF211	910	20211231	910	20211231	910
晚籼稻 Late Indica Rice	ZCE	LR101	—	—	—	—	0
		LR103	—	—	—	—	0
		LR105	—	—	—	—	0

5-12 续表 6 continued

交易品种 Product	上市交易所 Listed Exchange	合约 Contract	最高持仓量(手) Highest Positions (lot)	最高持仓日期 Highest Positions Day	最后持仓量(手) Last Positions (lot)	最后持仓日期 Last Positions Day	年末持仓量(手) Positions at the End of the Year (lot)
晚籼稻 Late Indica Rice	ZCE	LR107	—	—	—	—	0
		LR109	—	—	—	—	0
		LR111	—	—	—	—	0
		LR201	—	—	—	—	0
		LR203	—	—	—	—	0
		LR205	—	—	—	—	0
		LR207	—	—	—	—	0
		LR209	—	—	—	—	0
		LR211	—	—	—	—	0
菜籽油 Rapeseed Oil	ZCE	OI101	2118	20210104	1464	20210114	0
		OI103	11312	20210108	1215	20210311	0
		OI105	161157	20210308	6335	20210518	0
		OI107	10188	20210423	814	20210713	0
		OI109	193569	20210423	4795	20210913	0
		OI111	31040	20210908	2000	20211111	0
		OI201	234390	20211029	1410	20211231	1410
		OI203	27932	20211223	26236	20211231	26236
		OI205	220989	20211230	217299	20211231	217299
		OI207	2465	20211217	1832	20211231	1832
		OI209	9968	20211231	9968	20211231	9968
		OI211	1381	20211229	1374	20211231	1374
普麦 Wheat PM	ZCE	PM101	—	—	—	—	0
		PM103	5	20210126	—	—	0
		PM105	19	20210126	2	20210430	0
		PM107	20	20210223	10	20210630	0
		PM109	5	20210623	2	20210831	0
		PM111	10	20210412	—	—	0
		PM201	2	20211021	1	20210712	0
		PM203	—	—	—	—	0
		PM205	—	—	—	—	0
		PM207	—	—	—	—	0
		PM209	—	—	—	—	0
		PM211	—	—	—	—	0
早籼稻 Early Rice	ZCE	RI101	—	—	—	—	0
		RI103	—	—	—	—	0
		RI105	—	—	—	—	0
		RI107	—	—	—	—	0
		RI109	—	—	—	—	0
		RI111	—	—	—	—	0
		RI201	9	20211103	1	20211209	0
		RI203	—	—	—	—	0
		RI205	—	—	—	—	0
		RI207	1	20211125	1	20211129	1

5-12 续表 7 continued

交易品种 Product	上市交易所 Listed Exchange	合约 Contract	最高持仓量（手） Highest Positions (lot)	最高持仓日期 Highest Positions Day	最后持仓量（手） Last Positions (lot)	最后持仓日期 Last Positions Day	年末持仓量（手） Positions at the End of the Year (lot)
早籼稻 Early Rice	ZCE	RI209	—	—	—	—	0
		RI211	—	—	—	—	0
菜籽粕 Rapeseed Meal	ZCE	RM101	3531	20210104	3394	20210114	0
		RM103	24575	20210120	2302	20210311	0
		RM105	432576	20210113	2526	20210518	0
		RM107	41373	20210311	1639	20210713	0
		RM108	25557	20210416	1100	20210812	0
		RM109	472400	20210427	2951	20210913	0
		RM111	79696	20210922	2132	20211111	0
		RM201	510489	20210818	3315	20211231	3315
		RM203	81267	20211224	81013	20211231	81013
		RM205	536269	20211224	463901	20211231	463901
		RM207	7866	20211102	4342	20211231	4342
		RM208	6819	20210928	2504	20211231	2504
		RM209	36853	20211224	34591	20211231	34591
		RM211	7260	20211231	7260	20211231	7260
油菜籽 Rapeseed	ZCE	RS107	87	20210312	—	—	0
		RS108	—	—	—	—	0
		RS109	158	20210809	7	20210831	0
		RS111	19	20211012	—	—	0
		RS207	4	20211112	1	20211231	1
		RS208	48	20211214	9	20211231	9
		RS209	1	20211011	1	20211029	1
		RS211	1	20211213	1	20211231	1
白糖 White Sugar	ZCE	SR101	6244	20210104	4582	20210114	0
		SR103	13946	20210106	2195	20210311	0
		SR105	480281	20210118	10418	20210518	0
		SR107	19340	20210525	2801	20210713	0
		SR109	563530	20210512	6183	20210913	0
		SR111	69030	20210915	1845	20211111	0
		SR201	446085	20210817	13567	20211231	13567
		SR203	54088	20211221	50518	20211231	50518
		SR205	460923	20211221	435654	20211231	435654
		SR207	3869	20210928	1027	20211231	1027
		SR209	38783	20211230	37845	20211231	37845
		SR211	399	20211224	160	20211231	160
强麦 Wheat WH	ZCE	WH101	283	20210104	251	20210114	0
		WH103	2	20210104	—	—	0
		WH105	44	20210119	—	—	0

5-12　续表 8　continued

交易品种 Product	上市交易所 Listed Exchange	合约 Contract	最高持仓量（手） Highest Positions (lot)	最高持仓日期 Highest Positions Day	最后持仓量（手） Last Positions (lot)	最后持仓日期 Last Positions Day	年末持仓量（手） Positions at the End of the Year (lot)
强麦 Wheat WH	ZCE	WH107	38	20210106	1	20210630	0
		WH109	886	20210521	—	—	0
		WH111	1	20210728	—	—	0
		WH201	12	20210319	—	—	0
		WH203	—	—	—	—	0
		WH205	361	20211104	93	20211231	93
		WH207	1	20211231	1	20211231	1
		WH209	3	20211109	3	20211130	3
		WH211	—	—	—	—	0
苹果 Apple	ZCE	AP101	212	20210104	31	20210114	0
		AP103	32994	20210104	70	20210311	0
		AP105	374867	20210301	70	20210518	0
		AP110	470354	20210520	436	20211020	0
		AP111	20302	20210506	17	20211111	0
		AP112	15354	20211020	62	20211213	0
		AP201	311461	20210908	367	20211231	367
		AP203	25567	20211028	16787	20211231	16787
		AP204	17829	20211029	14495	20211231	14495
		AP205	174721	20211223	137415	20211231	137415
		AP210	42636	20211222	39308	20211231	39308
		AP211	19282	20211231	19282	20211231	19282
		AP212	5074	20211231	5074	20211231	5074
棉纱 Cotton Yarn	ZCE	CY101	1333	20210104	792	20210114	0
		CY102	—	—	—	—	0
		CY103	—	—	—	—	0
		CY104	—	—	—	—	0
		CY105	9035	20210114	349	20210518	0
		CY106	5	20210319	—	—	0
		CY107	1	20210402	—	—	0
		CY108	6	20210330	—	—	0
		CY109	13101	20210727	384	20210913	0
		CY110	1	20210825	—	—	0
		CY111	3	20210802	—	—	0
		CY112	1	20211025	—	—	0
		CY201	12407	20210902	462	20211231	462
		CY202	2	20210910	1	20210713	0
		CY203	1	20210518	1	20210531	1
		CY204	1	20210518	1	20210531	0
		CY205	2455	20211231	2455	20211231	2455
		CY206	3	20211213	2	20211130	2

5-12 续表 9 continued

交易品种 Product	上市交易所 Listed Exchange	合约 Contract	最高持仓量(手) Highest Positions (lot)	最高持仓日期 Highest Positions Day	最后持仓量(手) Last Positions (lot)	最后持仓日期 Last Positions Day	年末持仓量(手) Positions at the End of the Year (lot)
棉纱 Cotton Yarn	ZCE	CY207	1	20210802	1	20210831	0
		CY208	—	—	—	—	19000100
		CY209	8	20211229	8	20211231	8
		CY210	—	—	—	—	0
		CY211	—	—	—	—	0
		CY212	—	—	—	—	0
红枣 Chinese Jujube	ZCE	CJ101	101	20210104	16	20210114	0
		CJ103	1144	20210118	92	20210309	0
		CJ105	31531	20210301	20	20210518	0
		CJ107	1398	20210512	5	20210709	0
		CJ109	63196	20210719	9	20210913	0
		CJ112	12144	20210726	7	20211213	0
		CJ201	111894	20210915	1403	20211231	1403
		CJ203	11253	20211118	5285	20211231	5285
		CJ205	75894	20211203	57811	20211231	57811
		CJ207	9280	20211119	6027	20211231	6027
		CJ209	14349	20211227	13904	20211231	13904
		CJ212	1261	20211231	1261	20211231	1261
天然橡胶 Natural Rubber	SHFE	ru2101	3836	20210104	1198	20210115	—
		ru2103	2389	20210104	192	20210315	—
		ru2104	1715	20210104	65	20210415	—
		ru2105	221706	20210107	2186	20210517	—
		ru2106	9393	20210301	97	20210615	—
		ru2107	8590	20210302	168	20210715	—
		ru2108	8381	20210302	66	20210816	—
		ru2109	286979	20210602	4519	20210915	—
		ru2110	18436	20210602	431	20211015	—
		ru2111	26898	20210802	2443	20211115	—
		ru2201	226414	20210908	5748	20211231	5748
		ru2203	16491	20211122	6538	20211231	6538
		ru2204	14691	20211125	5072	20211231	5072
		ru2205	237547	20211221	230231	20211231	230231
		ru2206	13246	20211230	12923	20211231	12923
		ru2207	10767	20211231	10767	20211231	10767
		ru2208	9408	20211231	9408	20211231	9408
		ru2209	26789	20211231	26789	20211231	26789
		ru2210	3425	20211124	2930	20211231	2930
		ru2211	2419	20211231	2419	20211231	2419

5-13 2021年金属期货持仓情况
Positions of Metal Products Futures in 2021

交易品种 Product	上市交易所 Listed Exchange	合约 Contract	最高持仓量（手） Highest Positions (lot)	最高持仓日期 Highest Positions Day	最后持仓量（手） Last Positions (lot)	最后持仓日期 Last Positions Day	年末持仓量（手） Positions at the End of the Year (lot)
铜 Copper	SHFE	cu2101	29180	20210104	2445	20210115	—
		cu2102	97891	20210106	3215	20210205	—
		cu2103	128152	20210121	13865	20210315	—
		cu2104	154200	20210225	9510	20210415	—
		cu2105	157495	20210315	10245	20210517	—
		cu2106	189078	20210427	11960	20210615	—
		cu2107	143265	20210601	5930	20210715	—
		cu2108	124166	20210706	4040	20210816	—
		cu2109	138433	20210728	1455	20210915	—
		cu2110	136463	20210913	355	20211015	—
		cu2111	162564	20211015	1750	20211115	—
		cu2112	160201	20211103	875	20211215	—
		cu2201	188075	20211125	36280	20211231	36280
		cu2202	148144	20211228	133670	20211231	133670
		cu2203	97993	20211229	97163	20211231	97163
		cu2204	28981	20211231	28981	20211231	28981
		cu2205	15733	20211231	15733	20211231	15733
		cu2206	6732	20211231	6732	20211231	6732
		cu2207	3074	20211222	2702	20211231	2702
		cu2208	2538	20211227	2495	20211231	2495
		cu2209	3815	20211215	3814	20211231	3814
		cu2210	7953	20211214	4284	20211231	4284
		cu2211	181	20211231	181	20211231	181
		cu2212	145	20211230	145	20211231	145
铝 Aluminum	SHFE	al2101	34405	20210104	3165	20210115	—
		al2102	117458	20210106	4165	20210205	—
		al2103	174710	20210205	13820	20210315	—
		al2104	225681	20210225	6580	20210415	—
		al2105	259093	20210317	14440	20210517	—
		al2106	298682	20210423	3250	20210615	—
		al2107	244365	20210521	3950	20210715	—
		al2108	237245	20210705	2495	20210816	—
		al2109	288737	20210730	3275	20210915	—
		al2110	355280	20210830	4900	20211015	—
		al2111	306776	20210923	14020	20211115	—

注：1.若合约最后到期日在2021年内，则最后持仓日期为合约最后交易日的前一交易日；
2.若合约最后到期日在2021年12月31日之后，则最后持仓日期为2021年12月31日；
3.最后持仓量为最后持仓日期的持仓量；
4.数据为单边。

数据来源：上海期货交易所、郑州商品交易所、大连商品交易所

Source：SHFE、ZCE、DCE

5-13 续表 1 continued

交易品种 Product	上市交易所 Listed Exchange	合约 Contract	最高持仓量(手) Highest Positions (lot)	最高持仓日期 Highest Positions Day	最后持仓量(手) Last Positions (lot)	最后持仓日期 Last Positions Day	年末持仓量(手) Positions at the End of the Year (lot)
铝 Aluminum	SHFE	al2112	245067	20211019	10580	20211215	
		al2201	236229	20211118	60809	20211231	60809
		al2202	232640	20211223	207785	20211231	207785
		al2203	127860	20211231	127860	20211231	127860
		al2204	50225	20211231	50225	20211231	50225
		al2205	24990	20211231	24990	20211231	24990
		al2206	14484	20211229	14002	20211231	14002
		al2207	8068	20211104	3631	20211231	3631
		al2208	9075	20211129	4880	20211231	4880
		al2209	6320	20211201	2986	20211231	2986
		al2210	848	20211118	745	20211231	745
		al2211	130	20211227	116	20211231	116
		al2212	87	20211231	87	20211231	87
锌 Zinc	SHFE	zn2101	9600	20210104	2435	20210115	—
		zn2102	78301	20210104	1985	20210205	—
		zn2103	103381	20210128	4040	20210315	—
		zn2104	79155	20210303	4685	20210415	—
		zn2105	91081	20210322	2270	20210517	—
		zn2106	105444	20210429	1020	20210615	—
		zn2107	113629	20210602	450	20210715	—
		zn2108	102120	20210629	890	20210816	—
		zn2109	110860	20210802	425	20210915	—
		zn2110	116208	20210909	1445	20211015	—
		zn2111	113591	20210927	2315	20211115	—
		zn2112	89591	20211026	3785	20211215	—
		zn2201	93026	20211118	18576	20211231	18576
		zn2202	108499	20211223	89750	20211231	89750
		zn2203	63610	20211231	63610	20211231	63610
		zn2204	22672	20211231	22672	20211231	22672
		zn2205	10908	20211229	10650	20211231	10650
		zn2206	4817	20211110	3819	20211231	3819
		zn2207	1092	20211129	479	20211231	479
		zn2208	1126	20211201	233	20211231	233
		zn2209	1253	20211122	114	20211231	114
		zn2210	333	20211227	333	20211231	333
		zn2211	50	20211231	50	20211231	50
		zn2212	9	20211224	7	20211231	7
铅 Lead	SHFE	pb2101	6595	20210104	4205	20210115	—
		pb2102	29719	20210104	1855	20210205	—
		pb2103	48026	20210125	5850	20210315	—
		pb2104	44498	20210225	7995	20210415	—
		pb2105	51867	20210413	6470	20210517	—

5-13 续表 2 continued

交易品种 Product	上市交易所 Listed Exchange	合约 Contract	最高持仓量(手) Highest Positions (lot)	最高持仓日期 Highest Positions Day	最后持仓量(手) Last Positions (lot)	最后持仓日期 Last Positions Day	年末持仓量(手) Positions at the End of the Year (lot)
铅 Lead	SHFE	pb2106	55340	20210507	8140	20210615	—
		pb2107	79023	20210607	9360	20210715	—
		pb2108	73455	20210630	9075	20210816	—
		pb2109	84329	20210811	8770	20210915	—
		pb2110	100342	20210902	7885	20211015	—
		pb2111	75114	20210929	8650	20211115	—
		pb2112	57730	20211117	7125	20211215	—
		pb2201	49888	20211126	6155	20211231	6155
		pb2202	47774	20211223	36978	20211231	36978
		pb2203	20629	20211230	20376	20211231	20376
		pb2204	8214	20211231	8214	20211231	8214
		pb2205	2696	20211116	1909	20211231	1909
		pb2206	759	20211019	581	20211231	581
		pb2207	3536	20211116	1401	20211231	1401
		pb2208	248	20211217	241	20211231	241
		pb2209	315	20211220	265	20211231	265
		pb2210	297	20211203	294	20211231	294
		pb2211	355	20211231	355	20211231	355
		pb2212	102	20211231	102	20211231	102
黄金(元/克) Gold (yuan/g)	SHFE	au2101	9	20210104	0	20210115	—
		au2102	39504	20210104	690	20210205	—
		au2103	96	20210125	21	20210315	—
		au2104	38535	20210201	555	20210415	—
		au2105	129	20210331	48	20210517	—
		au2106	144283	20210304	513	20210615	—
		au2107	175	20210604	87	20210715	—
		au2108	67018	20210602	246	20210816	—
		au2109	119	20210630	12	20210915	—
		au2110	47393	20210610	372	20211015	—
		au2111	167	20211011	36	20211115	—
		au2112	182514	20210810	2079	20211215	—
		au2201	222	20211129	63	20211231	63
		au2202	92947	20211215	55482	20211231	55482
		au2203	13	20211217	12	20211231	12
		au2204	43574	20211228	39501	20211231	39501
		au2206	78637	20211231	78637	20211231	78637
		au2208	3166	20211229	3120	20211231	3120
		au2210	75	20211229	75	20211231	75
		au2212	638	20211231	638	20211231	638
白银(元/千克) Silver (yuan/kg)	SHFE	ag2101	14576	20210104	12098	20210115	—
		ag2102	254240	20210104	46558	20210205	—
		ag2103	73749	20210105	11208	20210315	—
		ag2104	62125	20210122	6080	20210415	—

5-13 续表 3 continued

交易品种 Product	上市交易所 Listed Exchange	合约 Contract	最高持仓量(手) Highest Positions (lot)	最高持仓日期 Highest Positions Day	最后持仓量(手) Last Positions (lot)	最后持仓日期 Last Positions Day	年末持仓量(手) Positions at the End of the Year (lot)
白银(元/千克) Silver (yuan/kg)	SHFE	ag2105	53286	20210122	4716	20210517	—
		ag2106	516568	20210201	19294	20210615	—
		ag2107	62971	20210507	4782	20210715	—
		ag2108	45834	20210507	4064	20210816	—
		ag2109	53944	20210621	6016	20210915	—
		ag2110	34492	20210621	3944	20211015	—
		ag2111	24831	20210720	3482	20211115	—
		ag2112	536732	20210819	25206	20211215	—
		ag2201	57642	20211122	14804	20211231	14804
		ag2202	81877	20211223	56428	20211231	56428
		ag2203	54938	20211222	52214	20211231	52214
		ag2204	31585	20211124	28658	20211231	28658
		ag2205	34546	20211222	32623	20211231	32623
		ag2206	521477	20211210	454058	20211231	454058
		ag2207	11847	20211231	11847	20211231	11847
		ag2208	5417	20211202	2608	20211231	2608
		ag2209	8105	20211209	7480	20211231	7480
		ag2210	3179	20211231	3179	20211231	3179
		ag2211	2297	20211220	2271	20211231	2271
		ag2212	223	20211231	223	20211231	223
螺纹钢 Steel Rebar	SHFE	rb2101	21300	20210104	6180	20210115	—
		rb2102	17462	20210104	2940	20210205	—
		rb2103	81525	20210107	4800	20210315	—
		rb2104	27146	20210104	990	20210415	—
		rb2105	1348252	20210127	1410	20210517	—
		rb2106	71587	20210129	600	20210615	—
		rb2107	88400	20210323	840	20210715	—
		rb2108	61852	20210406	4890	20210816	—
		rb2109	86113	20210423	2850	20210915	—
		rb2110	1629094	20210423	10410	20211015	—
		rb2111	50283	20210701	1500	20211115	—
		rb2112	67223	20210923	390	20211215	—
		rb2201	1479218	20210913	26696	20211231	26696
		rb2202	71333	20211111	11104	20211231	11104
		rb2203	71957	20211111	16212	20211231	16212
		rb2204	52931	20211227	50045	20211231	50045
		rb2205	2074674	20211227	1877654	20211231	1877654
		rb2206	34091	20211215	20762	20211231	20762
		rb2207	38204	20211224	29620	20211231	29620
		rb2208	46283	20211216	34558	20211231	34558
		rb2209	87879	20211215	67682	20211231	67682
		rb2210	349537	20211230	346622	20211231	346622
		rb2211	74957	20211224	67129	20211231	67129
		rb2212	5206	20211231	5206	20211231	5206

5-13 续表 4 continued

交易品种 Product	上市交易所 Listed Exchange	合约 Contract	最高持仓量（手） Highest Positions (lot)	最高持仓日期 Highest Positions Day	最后持仓量（手） Last Positions (lot)	最后持仓日期 Last Positions Day	年末持仓量（手） Positions at the End of the Year (lot)
不锈钢 Stainless Steel	SHFE	ss2101	8280	20210115	8280	20210115	—
		ss2102	18565	20210104	11544	20210205	—
		ss2103	120548	20210107	9468	20210315	—
		ss2104	110887	20210208	5088	20210415	—
		ss2105	103594	20210309	4452	20210517	—
		ss2106	112576	20210415	5640	20210615	—
		ss2107	82842	20210519	6600	20210715	—
		ss2108	73279	20210624	4080	20210816	—
		ss2109	62169	20210730	888	20210915	—
		ss2110	55534	20210917	2748	20211015	—
		ss2111	56306	20210929	264	20211115	—
		ss2112	51108	20211104	216	20211215	—
		ss2201	63116	20211124	4621	20211231	4621
		ss2202	67119	20211230	63234	20211231	63234
		ss2203	28862	20211224	27822	20211231	27822
		ss2204	6322	20211207	5817	20211231	5817
		ss2205	6187	20211203	4188	20211231	4188
		ss2206	5180	20211208	1851	20211231	1851
		ss2207	4732	20211210	2421	20211231	2421
		ss2208	3191	20211202	2953	20211231	2953
		ss2209	181	20211111	86	20211231	86
		ss2210	1689	20211201	236	20211231	236
		ss2211	197	20211217	186	20211231	186
		ss2212	29	20211221	26	20211231	26
线材 Steel Wire Rod	SHFE	wr2101	0	20210104	0	20210115	—
		wr2102	0	20210104	0	20210205	—
		wr2103	0	20210104	0	20210315	—
		wr2104	6	20210317	0	20210415	—
		wr2105	90	20210218	0	20210517	—
		wr2106	9	20210519	0	20210615	—
		wr2107	12	20210303	0	20210715	—
		wr2108	0	20210104	0	20210816	—
		wr2109	7	20210830	0	20210915	—
		wr2110	189	20210531	0	20211015	—
		wr2111	50	20211022	0	20211115	—
		wr2112	1	20210708	0	20211215	—
		wr2201	10	20210514	0	20211231	0
		wr2202	81	20211201	77	20211231	77
		wr2203	5	20211227	4	20211231	4
		wr2204	1	20210521	0	20211231	0

5-13 续表 5 continued

交易品种 Product	上市交易所 Listed Exchange	合约 Contract	最高持仓量(手) Highest Positions (lot)	最高持仓日期 Highest Positions Day	最后持仓量(手) Last Positions (lot)	最后持仓日期 Last Positions Day	年末持仓量(手) Positions at the End of the Year (lot)
线材 Steel Wire Rod	SHFE	wr2205	36	20210527	3	20211231	3
		wr2206	0	20210616	0	20211231	0
		wr2207	1	20210823	0	20211231	0
		wr2208	0	20210817	0	20211231	0
		wr2209	0	20210916	0	20211231	0
		wr2210	2	20211109	1	20211231	1
		wr2211	0	20211116	0	20211231	0
		wr2212	0	20211216	0	20211231	0
热轧卷板 Hot Rolled Coils	SHFE	hc2101	27660	20210104	22410	20210115	—
		hc2102	4100	20210105	3690	20210205	—
		hc2103	16921	20210107	8070	20210315	—
		hc2104	8675	20210111	3150	20210415	—
		hc2105	592235	20210127	13020	20210517	—
		hc2106	48448	20210122	4680	20210615	—
		hc2107	39288	20210121	1890	20210715	—
		hc2108	36163	20210330	1980	20210816	—
		hc2109	52179	20210408	1440	20210915	—
		hc2110	773311	20210429	6960	20211015	—
		hc2111	34052	20210608	150	20211115	—
		hc2112	37493	20210907	120	20211215	—
		hc2201	561453	20211027	12391	20211231	12391
		hc2202	38790	20211119	1609	20211231	1609
		hc2203	43837	20211202	6509	20211231	6509
		hc2204	40714	20211230	40269	20211231	40269
		hc2205	882865	20211227	809214	20211231	809214
		hc2206	24276	20211203	5797	20211231	5797
		hc2207	15802	20211206	9250	20211231	9250
		hc2208	23627	20211203	8124	20211231	8124
		hc2209	36280	20211203	18371	20211231	18371
		hc2210	79794	20211230	75878	20211231	75878
		hc2211	28384	20211231	28384	20211231	28384
		hc2212	7	20211231	7	20211231	7
锡 Tin	SHFE	sn2101	2100	20210108	1890	20210115	—
		sn2102	5200	20210104	2996	20210205	—
		sn2103	43677	20210125	1938	20210315	—
		sn2104	43446	20210219	1726	20210415	—
		sn2105	36085	20210312	2186	20210517	—
		sn2106	34926	20210406	1796	20210615	—
		sn2107	39172	20210528	2118	20210715	—
		sn2108	46246	20210706	1016	20210816	—
		sn2109	38362	20210729	970	20210915	—

5-13　续表 6　continued

交易品种 Product	上市交易所 Listed Exchange	合约 Contract	最高持仓量(手) Highest Positions (lot)	最高持仓日期 Highest Positions Day	最后持仓量(手) Last Positions (lot)	最后持仓日期 Last Positions Day	年末持仓量(手) Positions at the End of the Year (lot)
锡 Tin	SHFE	sn2110	37076	20210831	884	20211015	—
		sn2111	35600	20210924	1640	20211115	—
		sn2112	41816	20211111	1344	20211215	—
		sn2201	45665	20211206	6098	20211231	6098
		sn2202	48471	20211230	48203	20211231	48203
		sn2203	8690	20211231	8690	20211231	8690
		sn2204	3041	20211231	3041	20211231	3041
		sn2205	8739	20211231	8739	20211231	8739
		sn2206	1518	20211124	363	20211231	363
		sn2207	3839	20211119	46	20211231	46
		sn2208	1516	20211124	28	20211231	28
		sn2209	2260	20211123	318	20211231	318
		sn2210	1523	20211124	1140	20211231	1140
		sn2211	1505	20211125	514	20211231	514
		sn2212	0	20211216	0	20211231	0
镍 Nickel	SHFE	ni2101	7632	20210106	7146	20210115	—
		ni2102	42988	20210104	2604	20210205	—
		ni2103	202159	20210121	3420	20210315	—
		ni2104	209459	20210219	2436	20210415	—
		ni2105	86238	20210304	1218	20210517	—
		ni2106	176695	20210422	1464	20210615	—
		ni2107	139821	20210611	2418	20210715	—
		ni2108	156710	20210709	1860	20210816	—
		ni2109	161623	20210729	2910	20210915	—
		ni2110	180974	20210901	1842	20211015	—
		ni2111	101938	20210928	2802	20211115	—
		ni2112	114279	20211112	1788	20211215	—
		ni2201	90594	20211125	4782	20211231	4782
		ni2202	178848	20211203	154950	20211231	154950
		ni2203	78219	20211231	78219	20211231	78219
		ni2204	18281	20211229	18230	20211231	18230
		ni2205	27140	20211231	27140	20211231	27140
		ni2206	10346	20211118	6081	20211231	6081
		ni2207	3536	20211125	1738	20211231	1738
		ni2208	7114	20211123	1417	20211231	1417
		ni2209	3975	20211125	1441	20211231	1441
		ni2210	2993	20211126	1137	20211231	1137
		ni2211	2397	20211214	1138	20211231	1138
		ni2212	17	20211231	17	20211231	17

5-13 续表 7 continued

交易品种 Product	上市交易所 Listed Exchange	合约 Contract	最高持仓量(手) Highest Positions (lot)	最高持仓日期 Highest Positions Day	最后持仓量(手) Last Positions (lot)	最后持仓日期 Last Positions Day	年末持仓量(手) Positions at the End of the Year (lot)
铜(BC) Copper (BC)	SHFE	bc2103	11197	20210105	1245	20210315	—
		bc2104	13847	20210128	1955	20210415	—
		bc2105	17202	20210226	3035	20210517	—
		bc2106	14266	20210419	5150	20210615	—
		bc2107	14719	20210513	5135	20210715	—
		bc2108	9432	20210604	3510	20210816	—
		bc2109	8106	20210716	815	20210915	—
		bc2110	7724	20210820	175	20211015	—
		bc2111	4410	20210902	85	20211115	—
		bc2112	9844	20211022	145	20211215	—
		bc2201	7026	20211119	755	20211231	755
		bc2202	5866	20211130	1173	20211231	1173
		bc2203	7326	20211229	6802	20211231	6802
		bc2204	2367	20211231	2367	20211231	2367
		bc2205	75	20211217	62	20211231	62
		bc2206	48	20211229	47	20211231	47
		bc2207	—	20210716	—	20211231	—
		bc2208	1	20210909	1	20211231	1
		bc2209	—	20210916	—	20211231	—
		bc2210	—	20211018	—	20211231	—
		bc2211	—	20211116	—	20211231	—
		bc2212	—	20211216	—	20211231	—
铁矿石 Iron Ore	DCE	i2101	10052	20210104	6817	20210114	—
		i2102	22659	20210104	586	20210218	—
		i2103	31426	20210122	1198	20210312	—
		i2104	12869	20210205	1204	20210414	—
		i2105	483107	20210114	9108	20210518	—
		i2106	41019	20210224	1011	20210612	—
		i2107	4779	20210224	—	20210712	—
		i2108	2465	20210330	23	20210812	—
		i2109	543408	20210426	2118	20210912	—
		i2110	16488	20210824	300	20211020	—
		i2111	20458	20210730	300	20211112	—
		i2112	24513	20210909	1095	20211212	—
		i2201	636942	20210916	15351	20211231	15351
		i2202	119394	20211213	66271	20211231	66271
		i2203	144114	20210705	104566	20211231	104566
		i2204	171404	20210816	57984	20211231	57984
		i2205	674575	20211221	632515	20211231	632515
		i2206	28945	20211223	25446	20211231	25446
		i2207	25503	20211231	25503	20211231	25503
		i2208	33845	20211216	28520	20211231	28520
		i2209	108664	20211229	107110	20211231	107110
		i2210	7454	20211231	7454	20211231	7454
		i2211	3289	20211229	3256	20211231	3256
		i2212	102	20211231	102	20211231	102
硅铁 Ferrosilicon	ZCE	SF101	2558	20210104	1740	20210114	0
		SF102	275	20210104	120	20210218	0
		SF103	8856	20210106	705	20210311	0
		SF104	10559	20210129	975	20210414	0
		SF105	263483	20210310	2723	20210518	0
		SF106	9915	20210226	2361	20210611	0
		SF107	31931	20210429	5387	20210713	0
		SF108	10329	20210603	788	20210812	0
		SF109	303899	20210611	4970	20210913	0

5-13 续表 8 continued

交易品种 Product	上市交易所 Listed Exchange	合约 Contract	最高持仓量（手） Highest Positions (lot)	最高持仓日期 Highest Positions Day	最后持仓量（手） Last Positions (lot)	最后持仓日期 Last Positions Day	年末持仓量（手） Positions at the End of the Year (lot)
硅铁 Ferrosilicon	ZCE	SF110	18002	20210820	1334	20211020	0
		SF111	35599	20210915	984	20211111	0
		SF112	15345	20210923	1641	20211213	0
		SF201	314254	20210830	4258	20211231	4258
		SF202	19014	20211117	11614	20211231	11614
		SF203	25363	20211229	24213	20211231	24213
		SF204	5329	20211217	4118	20211231	4118
		SF205	90161	20211222	74601	20211231	74601
		SF206	880	20211231	880	20211231	880
		SF207	2666	20211102	2473	20211231	2473
		SF208	1865	20211222	1813	20211231	1813
		SF209	2717	20211231	2717	20211231	2717
		SF210	595	20211213	578	20211231	578
		SF211	1159	20211228	1158	20211231	1158
		SF212	4	20211228	3	20211231	3
锰硅 Manganese Silicon	ZCE	SM101	5316	20210108	4632	20210114	0
		SM102	43	20210113	43	20210129	0
		SM103	17764	20210107	2924	20210311	0
		SM104	17873	20210113	1610	20210414	0
		SM105	170618	20210107	6827	20210518	0
		SM106	12061	20210324	4887	20210611	0
		SM107	24734	20210512	2157	20210713	0
		SM108	21077	20210531	2315	20210812	0
		SM109	190584	20210618	8165	20210913	0
		SM110	13722	20210728	1420	20211020	0
		SM111	28195	20210915	1713	20211111	0
		SM112	17710	20210915	2232	20211213	0
		SM201	263177	20210915	7998	20211231	7998
		SM202	27473	20211118	15966	20211231	15966
		SM203	29432	20211229	28875	20211231	28875
		SM204	2227	20210531	1441	20211231	1441
		SM205	117006	20211229	102420	20211231	102420
		SM206	1868	20211224	1145	20211231	1145
		SM207	1541	20211224	1506	20211231	1506
		SM208	1565	20211206	1559	20211231	1559
		SM209	728	20211231	728	20211231	728
		SM210	162	20211231	162	20211231	162
		SM211	137	20211224	135	20211231	135
		SM212	4	20211224	2	20211231	2

5-14　2021年能源、化工及其他期货持仓情况
Positions of Energy & Chemical Products & Others in 2021

交易品种 Product	上市交易所 Listed Exchange	合约 Contract	最高持仓量（手） Highest Positions (lot)	最高持仓日期 Highest Positions Day	最后持仓量（手） Last Positions (lot)	最后持仓日期 Last Positions Day	年末持仓量（手） Positions at the End of the Year (lot)
聚乙烯 LLDPE	DCE	l2101	5353	20210104	2692	20210114	—
		l2102	11465	20210104	621	20210218	—
		l2103	17046	20210121	1136	20210312	—
		l2104	6500	20210105	870	20210414	—
		l2105	380137	20210219	5934	20210518	—
		l2106	17612	20210224	21	20210612	—
		l2107	2084	20210225	59	20210712	—
		l2108	566	20210316	13	20210812	—
		l2109	402752	20210608	3339	20210912	—
		l2110	116138	20210824	930	20211020	—
		l2111	91453	20210827	1399	20211112	—
		l2112	102487	20210830	396	20211212	—
		l2201	404494	20210915	4743	20211231	4743
		l2202	177509	20211217	79095	20211231	79095
		l2203	105470	20211231	105470	20211231	105470
		l2204	79019	20211231	79019	20211231	79019
		l2205	265781	20211229	253654	20211231	253654
		l2206	31640	20211231	31640	20211231	31640
		l2207	19	20211214	17	20211231	17
		l2208	6494	20211105	6161	20211231	6161
		l2209	3153	20211231	3153	20211231	3153
		l2210	1859	20211231	1859	20211231	1859
		l2211	110	20211203	11	20211231	11
		l2212	—	20211215	—	20211231	—
聚氯乙烯 PVC	DCE	v2101	15278	20210104	14617	20210114	—
		v2102	11498	20210104	2409	20210218	—
		v2103	18420	20210121	3859	20210312	—
		v2104	9946	20210129	3232	20210414	—
		v2105	413706	20210118	8035	20210518	—
		v2106	13642	20210224	1718	20210612	—
		v2107	1901	20210225	694	20210712	—
		v2108	381	20210330	35	20210812	—
		v2109	486385	20210716	6585	20210912	—
		v2110	120632	20210823	1783	20211020	—
		v2111	94084	20210830	4625	20211112	—
		v2112	89786	20210831	596	20211212	—
		v2201	580832	20210907	13188	20211231	13188

注：1.若合约最后到期日在2021年内，则最后持仓日期为合约最后交易日的前一交易日；
2.若合约最后到期日在2021年12月31日之后，则最后持仓日期为2021年12月31日；
3.最后持仓量为最后持仓日期的持仓量；
4.数据为单边。

数据来源：上海期货交易所、郑州商品交易所、大连商品交易所

Source：SHFE、ZCE、DCE

5-14 续表 1 continued

交易品种 Product	上市交易所 Listed Exchange	合约 Contract	最高持仓量(手) Highest Positions (lot)	最高持仓日期 Highest Positions Day	最后持仓量(手) Last Positions (lot)	最后持仓日期 Last Positions Day	年末持仓量(手) Positions at the End of the Year (lot)
聚氯乙烯 PVC	DCE	v2202	158777	20211216	83926	20211231	83926
		v2203	112422	20211231	112422	20211231	112422
		v2204	77897	20211231	77897	20211231	77897
		v2205	349565	20211230	320158	20211231	320158
		v2206	29189	20211231	29189	20211231	29189
		v2207	2323	20210927	641	20211231	641
		v2208	8922	20211213	3763	20211231	3763
		v2209	4409	20211231	4409	20211231	4409
		v2210	354	20211216	8	20211231	8
		v2211	31	20211217	17	20211231	17
		v2212	5	20211227	5	20211231	5
聚丙烯 PP	DCE	pp2101	6586	20210104	1508	20210114	—
		pp2102	5690	20210104	37	20210218	—
		pp2103	23170	20210121	1294	20210312	—
		pp2104	29301	20210224	1421	20210414	—
		pp2105	349711	20210108	3654	20210518	—
		pp2106	6779	20210225	111	20210612	—
		pp2107	2611	20210302	9	20210712	—
		pp2108	966	20210331	9	20210812	—
		pp2109	458310	20210607	2322	20210912	—
		pp2110	129130	20210826	3780	20211020	—
		pp2111	108604	20210830	4638	20211112	—
		pp2112	144043	20210831	720	20211212	—
		pp2201	549508	20210915	12353	20211231	12353
		pp2202	175901	20211213	61720	20211231	61720
		pp2203	107314	20211231	107314	20211231	107314
		pp2204	79313	20211231	79313	20211231	79313
		pp2205	368890	20211228	293357	20211231	293357
		pp2206	31027	20211231	31027	20211231	31027
		pp2207	5327	20211220	275	20211231	275
		pp2208	14391	20211220	14118	20211231	14118
		pp2209	13042	20211228	11573	20211231	11573
		pp2210	1433	20211215	1433	20211231	1433
		pp2211	2014	20211231	2014	20211231	2014
		pp2212	1	20211223	1	20211231	1
焦炭 Coke	DCE	j2101	972	20210104	477	20210114	—
		j2102	9888	20210105	120	20210218	—
		j2103	24185	20210126	70	20210312	—
		j2104	1456	20210201	—	20210414	—
		j2105	211331	20210106	410	20210518	—
		j2106	13653	20210205	10	20210612	—
		j2107	1196	20210304	—	20210712	—
		j2108	741	20210322	—	20210812	—
		j2109	194481	20210623	95	20210912	—

5-14 续表 2 continued

交易品种 Product	上市交易所 Listed Exchange	合约 Contract	最高持仓量（手） Highest Positions (lot)	最高持仓日期 Highest Positions Day	最后持仓量（手） Last Positions (lot)	最后持仓日期 Last Positions Day	年末持仓量（手） Positions at the End of the Year (lot)
焦炭 Coke	DCE	j2110	40960	20210819	60	20211020	—
		j2111	91882	20210728	10	20211112	—
		j2112	49559	20210819	110	20211212	—
		j2201	185408	20210902	533	20211231	533
		j2202	5116	20210818	20	20211231	20
		j2203	3194	20210817	27	20211231	27
		j2204	2748	20210818	59	20211231	59
		j2205	39095	20211224	29932	20211231	29932
		j2206	85	20211126	55	20211231	55
		j2207	84	20211108	72	20211231	72
		j2208	63	20211129	47	20211231	47
		j2209	1702	20211227	1684	20211231	1684
		j2210	35	20211110	30	20211231	30
		j2211	17	20211229	17	20211231	17
		j2212	4	20211231	4	20211231	4
焦煤 Coking Coal	DCE	jm2101	2337	20210104	642	20210114	—
		jm2102	11766	20210104	—	20210218	—
		jm2103	24232	20210126	320	20210312	—
		jm2104	4905	20210111	270	20210414	—
		jm2105	137183	20210108	519	20210518	—
		jm2106	24534	20210426	402	20210612	—
		jm2107	26715	20210428	314	20210712	—
		jm2108	18027	20210601	8	20210812	—
		jm2109	240170	20210730	800	20210912	—
		jm2110	79636	20210819	—	20211020	—
		jm2111	96386	20210819	—	20211112	—
		jm2112	70459	20210819	—	20211212	—
		jm2201	270290	20210819	3578	20211231	3578
		jm2202	6817	20210806	35	20211231	35
		jm2203	4268	20210818	58	20211231	58
		jm2204	3131	20210819	61	20211231	61
		jm2205	47284	20211224	42946	20211231	42946
		jm2206	139	20211111	72	20211231	72
		jm2207	155	20211209	95	20211231	95
		jm2208	98	20211104	65	20211231	65
		jm2209	1404	20211231	1404	20211231	1404
		jm2210	47	20211122	40	20211231	40
		jm2211	14	20211129	8	20211231	8
		jm2212	3	20211220	1	20211231	1
乙二醇 Ethylene Glycol	DCE	eg2101	3274	20210104	85	20210124	—
		eg2102	8308	20210104	—	20210222	—
		eg2103	16757	20210122	—	20210324	—
		eg2104	10173	20210129	—	20210426	—
		eg2105	263960	20210112	—	20210524	—

5-14 续表 3 continued

交易品种 Product	上市交易所 Listed Exchange	合约 Contract	最高持仓量（手） Highest Positions (lot)	最高持仓日期 Highest Positions Day	最后持仓量（手） Last Positions (lot)	最后持仓日期 Last Positions Day	年末持仓量（手） Positions at the End of the Year (lot)
乙二醇 Ethylene Glycol	DCE	eg2106	16568	20210224	163	20210624	—
		eg2107	2467	20210301	—	20210726	—
		eg2108	561	20210324	—	20210824	—
		eg2109	289843	20210601	88	20210924	—
		eg2110	90608	20210825	—	20211024	—
		eg2111	58768	20210811	—	20211124	—
		eg2112	73801	20210827	—	20211228	—
		eg2201	273519	20210928	9131	20211231	9131
		eg2202	104297	20211216	54921	20211231	54921
		eg2203	51495	20211231	51495	20211231	51495
		eg2204	34694	20211231	34694	20211231	34694
		eg2205	236943	20211223	223958	20211231	223958
		eg2206	20869	20211231	20869	20211231	20869
		eg2207	523	20211224	522	20211231	522
		eg2208	14467	20211217	11142	20211231	11142
		eg2209	1620	20211231	1620	20211231	1620
		eg2210	10	20211223	7	20211231	7
		eg2211	159	20211230	158	20211231	158
		eg2212	—	20211229	—	20211231	—
苯乙烯 Ethenylbenzene	DCE	eb2101	1550	20210104	—	20210124	—
		eb2102	64115	20210119	200	20210222	—
		eb2103	130344	20210127	—	20210324	—
		eb2104	42987	20210225	—	20210426	—
		eb2105	131543	20210421	1880	20210524	—
		eb2106	143067	20210507	31	20210624	—
		eb2107	143406	20210527	231	20210726	—
		eb2108	195006	20210628	—	20210824	—
		eb2109	201414	20210727	—	20210924	—
		eb2110	201051	20210819	20	20211024	—
		eb2111	137546	20210928	—	20211124	—
		eb2112	106837	20211027	753	20211228	—
		eb2201	179090	20211126	1413	20211231	1413
		eb2202	137265	20211231	137265	20211231	137265
		eb2203	47954	20211231	47954	20211231	47954
		eb2204	12055	20211231	12055	20211231	12055
		eb2205	5090	20211230	4989	20211231	4989
		eb2206	524	20211228	524	20211231	524
		eb2207	6183	20211015	2191	20211231	2191
		eb2208	9167	20211110	8816	20211231	8816
		eb2209	809	20211217	758	20211231	758
		eb2210	202	20211231	202	20211231	202
		eb2211	4	20211215	—	20211231	—
		eb2212	—	20211229	—	20211231	—
液化石油气 Liquefied Petroleum Gas	DCE	pg2101	2305	20210104	208	20210124	—
		pg2102	36948	20210104	80	20210222	—
		pg2103	60742	20210128	25	20210324	—
		pg2104	38300	20210224	29	20210426	—

5-14 续表 4 continued

交易品种 Product	上市交易所 Listed Exchange	合约 Contract	最高持仓量（手） Highest Positions (lot)	最高持仓日期 Highest Positions Day	最后持仓量（手） Last Positions (lot)	最后持仓日期 Last Positions Day	年末持仓量（手） Positions at the End of the Year (lot)
液化石油气 Liquefied Petroleum Gas	DCE	pg2105	33881	20210331	207	20210524	—
		pg2106	51930	20210426	19	20210624	—
		pg2107	55049	20210528	192	20210726	—
		pg2108	79039	20210625	100	20210824	—
		pg2109	71942	20210719	—	20210924	—
		pg2110	65431	20210827	—	20211024	—
		pg2111	82530	20210928	500	20211124	—
		pg2112	76035	20211019	—	20211228	—
		pg2201	76706	20211130	2199	20211231	2199
		pg2202	76442	20211228	67355	20211231	67355
		pg2203	45867	20211231	45867	20211231	45867
		pg2204	19449	20211231	19449	20211231	19449
		pg2205	7769	20211209	7124	20211231	7124
		pg2206	29	20211222	28	20211231	28
		pg2207	7322	20211201	6514	20211231	6514
		pg2208	310	20211227	308	20211231	308
		pg2209	51	20211223	43	20211231	43
		pg2210	31	20211203	21	20211231	21
		pg2211	151	20211220	45	20211231	45
		pg2212	11	20211229	8	20211231	8
甲醇 Methanol	ZCE	MA101	7393	20210104	2739	20210114	0
		MA102	26680	20210104	1613	20210218	0
		MA103	103385	20210106	2129	20210311	0
		MA104	18798	20210303	667	20210331	0
		MA105	1148081	20210120	2113	20210518	0
		MA106	29753	20210428	202	20210611	0
		MA107	50352	20210420	860	20210713	0
		MA108	34943	20210621	1791	20210812	0
		MA109	1379492	20210514	2611	20210913	0
		MA110	146327	20210629	1747	20211020	0
		MA111	152469	20210913	936	20211111	0
		MA112	155229	20210927	2855	20211213	0
		MA201	1327589	20210913	3941	20211231	3941
		MA202	241898	20211027	130834	20211231	130834
		MA203	185699	20211224	171403	20211231	171403
		MA204	22541	20211231	22541	20211231	22541
		MA205	1031076	20211228	988671	20211231	988671
		MA206	4892	20211104	3299	20211231	3299
		MA207	13466	20210906	5827	20211231	5827
		MA208	1810	20211215	1065	20211231	1065
		MA209	21138	20211231	21138	20211231	21138
		MA210	417	20211231	417	20211231	417
		MA211	40	20211210	26	20211231	26
		MA212	17	20211231	17	20211231	17
PTA	ZCE	TA101	116741	20210104	72801	20210114	0
		TA102	25493	20210106	5116	20210218	0
		TA103	95449	20210115	28235	20210311	0
		TA104	31859	20210222	5115	20210414	0
		TA105	2708888	20210107	63137	20210518	0
		TA106	57471	20210427	10726	20210611	0
		TA107	164892	20210427	25514	20210713	0
		TA108	72930	20210624	7627	20210812	0

5-14 续表 5 continued

交易品种 Product	上市交易所 Listed Exchange	合约 Contract	最高持仓量（手） Highest Positions (lot)	最高持仓日期 Highest Positions Day	最后持仓量（手） Last Positions (lot)	最后持仓日期 Last Positions Day	年末持仓量（手） Positions at the End of the Year (lot)
PTA	ZCE	TA109	2097467	20210625	35081	20210913	0
		TA110	273290	20210811	35759	20211020	0
		TA111	416924	20210906	36519	20211111	0
		TA112	272181	20210928	21879	20211213	0
		TA201	1635931	20210908	64479	20211231	64479
		TA202	377721	20211029	193130	20211231	193130
		TA203	432355	20211223	415705	20211231	415705
		TA204	34547	20211231	34547	20211231	34547
		TA205	1166853	20211230	1146706	20211231	1146706
		TA206	9531	20210908	2478	20211231	2478
		TA207	30185	20210927	25459	20211231	25459
		TA208	16174	20211228	16164	20211231	16164
		TA209	54056	20211231	54056	20211231	54056
		TA210	96	20211231	96	20211231	96
		TA211	991	20211229	991	20211231	991
		TA212	4	20211229	4	20211231	4
动力煤 Thermal Coal	ZCE	ZC101	931	20210104	100	20210107	0
		ZC102	19558	20210104	416	20210204	0
		ZC103	26548	20210105	3209	20210304	0
		ZC104	3994	20210202	2200	20210407	0
		ZC105	282795	20210329	2618	20210511	0
		ZC106	21411	20210420	223	20210604	0
		ZC107	145389	20210428	—	—	0
		ZC108	4425	20210510	200	20210805	0
		ZC109	294273	20210429	200	20210906	0
		ZC110	2862	20210901	200	20211013	0
		ZC111	6194	20210528	5	20211104	0
		ZC112	1596	20210513	24	20211130	0
		ZC201	111485	20210826	264	20211231	264
		ZC202	5648	20210527	320	20211231	320
		ZC203	7512	20210527	690	20211231	690
		ZC204	7378	20210527	100	20211231	100
		ZC205	28791	20211231	28791	20211231	28791
		ZC206	167	20211027	109	20211231	109
		ZC207	1592	20210902	114	20211231	114
		ZC208	59	20210906	34	20211231	34
		ZC209	2945	20211027	2783	20211231	2783
		ZC210	477	20211027	293	20211231	293
		ZC211	28	20211230	23	20211231	23
		ZC212	13	20211229	13	20211231	13
玻璃 Glass	ZCE	FG101	1314	20210104	518	20210114	0
		FG102	333	20210104	50	20210129	0
		FG103	6335	20210107	504	20210311	0

5-14 续表 6 continued

交易品种 Product	上市交易所 Listed Exchange	合约 Contract	最高持仓量（手）Highest Positions (lot)	最高持仓日期 Highest Positions Day	最后持仓量（手）Last Positions (lot)	最后持仓日期 Last Positions Day	年末持仓量（手）Positions at the End of the Year (lot)
玻璃 Glass	ZCE	FG104	11694	20210129	809	20210414	0
		FG105	525105	20210305	93	20210518	0
		FG106	10107	20210408	80	20210531	0
		FG107	17030	20210416	137	20210713	0
		FG108	10340	20210528	487	20210812	0
		FG109	844017	20210427	278	20210913	0
		FG110	9399	20210723	1337	20210930	0
		FG111	13242	20210226	223	20211111	0
		FG112	16824	20210225	467	20211213	0
		FG201	381195	20210726	3339	20211231	3339
		FG202	29595	20210528	4132	20211231	4132
		FG203	29251	20210526	7036	20211231	7036
		FG204	12410	20210528	3281	20211231	3281
		FG205	252945	20211224	249186	20211231	249186
		FG206	14639	20211025	6354	20211231	6354
		FG207	19432	20211231	19432	20211231	19432
		FG208	64120	20211124	57461	20211231	57461
		FG209	39816	20211231	39816	20211231	39816
		FG210	2551	20211231	2551	20211231	2551
		FG211	16882	20211231	16882	20211231	16882
		FG212	13	20211231	13	20211231	13
尿素 Urea	ZCE	UR101	3561	20210105	2966	20210114	0
		UR102	29	20210104	14	20210218	0
		UR103	119	20210223	83	20210226	0
		UR104	42	20210301	—	—	0
		UR105	134059	20210225	1702	20210518	0
		UR106	112	20210421	2	20210611	0
		UR107	106329	20210511	2381	20210713	0
		UR108	143	20210713	32	20210730	0
		UR109	97287	20210719	1390	20210913	0
		UR110	821	20210601	252	20210930	0
		UR111	1578	20210820	86	20211111	0
		UR112	2530	20210531	44	20211213	0
		UR201	98749	20210928	4765	20211231	4765
		UR202	1185	20210830	592	20211231	592
		UR203	3730	20211123	2288	20211231	2288
		UR204	3499	20210624	288	20211231	288
		UR205	89184	20211230	86790	20211231	86790
		UR206	978	20211112	84	20211231	84
		UR207	2407	20211231	2407	20211231	2407
		UR208	6415	20211207	5260	20211231	5260
		UR209	3448	20211224	3339	20211231	3339
		UR210	1340	20211228	1199	20211231	1199
		UR211	816	20211231	816	20211231	816
		UR212	711	20211231	711	20211231	711

5-14 续表 7 continued

交易品种 Product	上市交易所 Listed Exchange	合约 Contract	最高持仓量(手) Highest Positions (lot)	最高持仓日期 Highest Positions Day	最后持仓量(手) Last Positions (lot)	最后持仓日期 Last Positions Day	年末持仓量(手) Positions at the End of the Year (lot)
纯碱 Soda Ash	ZCE	SA101	1812	20210108	1108	20210114	0
		SA102	4059	20210105	2877	20210218	0
		SA103	27016	20210104	2269	20210311	0
		SA104	22220	20210203	2133	20210414	0
		SA105	391665	20210310	2803	20210518	0
		SA106	10719	20210329	3616	20210611	0
		SA107	15527	20210510	255	20210713	0
		SA108	20030	20210531	2760	20210812	0
		SA109	464273	20210517	3983	20210913	0
		SA110	15388	20210722	1746	20211020	0
		SA111	10001	20210923	1520	20211111	0
		SA112	12121	20211013	1342	20211213	0
		SA201	454141	20210816	3912	20211231	3912
		SA202	5938	20211108	3011	20211231	3011
		SA203	9413	20211231	9413	20211231	9413
		SA204	3107	20210528	2755	20211231	2755
		SA205	458972	20211231	458972	20211231	458972
		SA206	3004	20210816	728	20211231	728
		SA207	963	20210907	551	20211231	551
		SA208	1481	20210916	938	20211231	938
		SA209	28186	20211231	28186	20211231	28186
		SA210	1265	20211123	604	20211231	604
		SA211	85	20211231	85	20211231	85
		SA212	13	20211231	13	20211231	13
短纤 Polyester Staple Fiber	ZCE	PF105	144433	20210222	5034	20210518	0
		PF106	343	20210510	40	20210611	0
		PF107	99642	20210428	7110	20210713	0
		PF108	68	20210721	64	20210730	0
		PF109	169795	20210706	3098	20210913	0
		PF110	13012	20210721	1467	20211020	0
		PF111	59759	20210906	5148	20211111	0
		PF112	24720	20211011	462	20211213	0
		PF201	177005	20210908	6000	20211231	6000
		PF202	28021	20211103	12914	20211231	12914
		PF203	39506	20211231	39506	20211231	39506
		PF204	2951	20211231	2951	20211231	2951
		PF205	112261	20211229	111385	20211231	111385
		PF206	79	20211201	17	20211231	17
		PF207	8	20211124	4	20210831	4
		PF208	1305	20211112	1054	20211231	1054
		PF209	1151	20211203	700	20211231	700
		PF210	4	20211101	3	20211029	3
		PF211	202	20211213	200	20211231	200
		PF212	1	20211228	1	20211231	1
燃料油 Fuel Oil	SHFE	fu2102	2313	20210111	1784	20210129	—
		fu2103	13025	20210106	3773	20210226	—
		fu2104	2091	20210226	1938	20210331	—
		fu2105	475245	20210108	5162	20210430	—
		fu2106	2296	20210412	109	20210531	—
		fu2107	214	20210602	160	20210630	—
		fu2108	662	20210127	105	20210730	—
		fu2109	432323	20210521	14389	20210831	—
		fu2110	2963	20210720	336	20210923	—
		fu2111	156	20210928	77	20211029	—
		fu2112	198	20211013	70	20211130	—
		fu2201	525367	20210928	4345	20211223	—
		fu2202	1250	20211129	752	20211231	752

5-14 续表 8 continued

交易品种 Product	上市交易所 Listed Exchange	合约 Contract	最高持仓量(手) Highest Positions (lot)	最高持仓日期 Highest Positions Day	最后持仓量(手) Last Positions (lot)	最后持仓日期 Last Positions Day	年末持仓量(手) Positions at the End of the Year (lot)
燃料油 Fuel Oil	SHFE	fu2203	14075	20211210	1104	20211231	1104
		fu2204	13523	20211210	6038	20211231	6038
		fu2205	355514	20211230	348312	20211231	348312
		fu2206	15688	20211222	12054	20211231	12054
		fu2207	21402	20211223	14534	20211231	14534
		fu2208	18539	20211223	13251	20211231	13251
		fu2209	51191	20211223	44530	20211231	44530
		fu2210	28648	20211213	20046	20211231	20046
		fu2211	23963	20211229	18789	20211231	18789
		fu2212	17526	20211224	14077	20211231	14077
		fu2301	34	20211229	30	20211231	30
纸浆 Woodpulp	SHFE	sp2101	5418	20210104	4460	20210115	—
		sp2102	13345	20210104	4734	20210205	—
		sp2103	186218	20210127	5018	20210315	—
		sp2104	123219	20210219	5354	20210415	—
		sp2105	222281	20210224	6828	20210517	—
		sp2106	190703	20210419	5676	20210615	—
		sp2107	145674	20210527	6120	20210715	—
		sp2108	65890	20210603	6912	20210816	—
		sp2109	201030	20210719	9634	20210915	—
		sp2110	138658	20210826	9820	20211015	—
		sp2111	145467	20210924	5600	20211115	—
		sp2112	123876	20211028	2106	20211215	—
		sp2201	141708	20211203	10673	20211231	10673
		sp2202	57461	20211208	18912	20211231	18912
		sp2203	43295	20211230	40810	20211231	40810
		sp2204	22798	20211231	22798	20211231	22798
		sp2205	228984	20211230	209741	20211231	209741
		sp2206	21643	20211231	21643	20211231	21643
		sp2207	11699	20211231	11699	20211231	11699
		sp2208	7795	20211224	7793	20211231	7793
		sp2209	20923	20211231	20923	20211231	20923
		sp2210	10769	20211230	10769	20211231	10769
		sp2211	5730	20211217	5718	20211231	5718
		sp2212	2050	20211231	2050	20211231	2050
石油沥青 Bitumen	SHFE	bu2101	10490	20210104	9788	20210115	—
		bu2102	9171	20210104	4239	20210205	—
		bu2103	99441	20210111	6837	20210315	—
		bu2104	66628	20210201	1109	20210415	—
		bu2105	78994	20210208	132	20210517	—
		bu2106	473665	20210412	12889	20210615	—
		bu2107	54924	20210524	3935	20210715	—
		bu2108	63679	20210415	1741	20210816	—

5-14 续表 9 continued

交易品种 Product	上市交易所 Listed Exchange	合约 Contract	最高持仓量（手） Highest Positions (lot)	最高持仓日期 Highest Positions Day	最后持仓量（手） Last Positions (lot)	最后持仓日期 Last Positions Day	年末持仓量（手） Positions at the End of the Year (lot)
石油沥青 Bitumen	SHFE	bu2109	409090	20210726	9805	20210915	—
		bu2110	49413	20210726	10255	20211015	—
		bu2111	39414	20210909	5691	20211115	—
		bu2112	389440	20210825	20352	20211215	—
		bu2201	114633	20211118	3111	20211231	3111
		bu2202	59336	20211130	17117	20211231	17117
		bu2203	72256	20211229	66502	20211231	66502
		bu2204	43195	20211227	40727	20211231	40727
		bu2205	33103	20211231	33103	20211231	33103
		bu2206	461495	20211231	461495	20211231	461495
		bu2209	18132	20211223	14265	20211231	14265
		bu2212	21683	20211229	20865	20211231	20865
		bu2303	13119	20211117	9122	20211231	9122
		bu2306	11578	20211117	7423	20211231	7423
		bu2309	11940	20211202	4980	20211231	4980
		bu2312	45	20211231	45	20211231	45
20号胶 TSR 20	INE	nr2101	737	20210104	710	20210115	—
		nr2102	4326	20210104	284	20210205	—
		nr2103	30425	20210108	665	20210315	—
		nr2104	30372	20210205	876	20210415	—
		nr2105	38888	20210310	319	20210517	—
		nr2106	35170	20210412	543	20210615	—
		nr2107	33893	20210513	371	20210715	—
		nr2108	31832	20210621	415	20210816	—
		nr2109	23374	20210702	385	20210915	—
		nr2110	22894	20210817	1616	20211015	—
		nr2111	20558	20210908	1854	20211115	—
		nr2112	17001	20210922	814	20211215	—
		nr2201	30370	20211021	1589	20211231	1589
		nr2202	27093	20211202	6378	20211231	6378
		nr2203	31102	20211222	25880	20211231	25880
		nr2204	16627	20211231	16627	20211231	16627
		nr2205	5034	20211231	5034	20211231	5034
		nr2206	186	20211231	186	20211231	186
		nr2207	0	20210716	0	20211231	0
		nr2208	0	20210817	0	20211231	0
		nr2209	0	20210916	0	20211231	0
		nr2210	0	20211018	0	20211231	0
		nr2211	0	20211116	0	20211231	0
		nr2212	0	20211216	0	20211231	0
原油 Crude Oil	INE	sc2102	32033	20210104	2291	20210129	—
		sc2103	47340	20210120	607	20210226	—
		sc2104	51765	20210209	1743	20210331	—

5-14 续表 10 continued

交易品种 Product	上市交易所 Listed Exchange	合约 Contract	最高持仓量（手）Highest Positions (lot)	最高持仓日期 Highest Positions Day	最后持仓量（手）Last Positions (lot)	最后持仓日期 Last Positions Day	年末持仓量（手）Positions at the End of the Year (lot)
原油 Crude Oil	INE	sc2105	51163	20210319	1296	20210430	—
		sc2106	42473	20210420	5005	20210531	—
		sc2107	53658	20210518	1124	20210630	—
		sc2108	54160	20210623	1111	20210730	—
		sc2109	47372	20210721	4926	20210831	—
		sc2110	45308	20210820	378	20210923	—
		sc2111	42630	20210914	2	20211029	—
		sc2112	43018	20211018	1161	20211130	—
		sc2201	37099	20211118	0	20211223	—
		sc2202	43804	20211228	32206	20211231	32206
		sc2203	23146	20211231	23146	20211231	23146
		sc2204	8065	20211231	8065	20211231	8065
		sc2205	3670	20211214	2468	20211231	2468
		sc2206	1787	20211208	1138	20211231	1138
		sc2207	110	20211231	110	20211231	110
		sc2208	152	20211122	4	20211231	4
		sc2209	81	20211230	81	20211231	81
		sc2210	10	20211224	10	20211231	10
		sc2211	0	20211101	0	20211231	0
		sc2212	167	20211202	111	20211231	111
		sc2301	0	20211224	0	20211231	0
		sc2303	121	20210324	86	20211231	86
		sc2306	16	20210105	13	20211231	13
		sc2309	16	20210104	7	20211231	7
		sc2312	62	20210224	23	20211231	23
		sc2403	13	20210818	11	20211231	11
		sc2406	16	20211021	15	20211231	15
		sc2409	15	20211221	15	20211231	15
		sc2412	3	20211228	3	20211231	3
低硫燃料油 Low Sulfur Fuel Oil	INE	lu2102	1017	20210104	786	20210129	—
		lu2103	30808	20210104	2066	20210226	—
		lu2104	104483	20210120	6220	20210331	—
		lu2105	112062	20210208	5928	20210430	—
		lu2106	73726	20210318	1452	20210531	—
		lu2107	88837	20210420	206	20210630	—
		lu2108	110564	20210521	4116	20210730	—
		lu2109	89579	20210623	2230	20210831	—
		lu2110	82995	20210720	4324	20210923	—
		lu2111	61825	20210823	4203	20211029	—
		lu2112	62707	20210923	4899	20211130	—
		lu2201	73720	20211018	5562	20211223	—
		lu2202	46734	20211122	4714	20211231	4714
		lu2203	42686	20211223	17776	20211231	17776
		lu2204	40961	20211231	40961	20211231	40961
		lu2205	11601	20211231	11601	20211231	11601
		lu2206	732	20211229	659	20211231	659
		lu2207	2	20211130	0	20211231	0
		lu2208	1	20210824	0	20211231	0
		lu2209	2	20211110	2	20211231	2
		lu2210	0	20210924	0	20211231	0
		lu2211	1	20211119	0	20211231	0
		lu2212	0	20211201	0	20211231	0
		lu2301	0	20211224	0	20211231	0

5-15 2021年金融期货持仓情况
Positions of Financial Futures in 2021

交易品种 Product	上市交易所 Futures Exchange	合约 Contract	最高持仓量(手) Highest Positions (lot)	最高持仓日期 Highest Positions Day	最后持仓量(手) Last Positions (lot)	最后持仓日期 Last Positions Day	年末持仓量(手) Positions at the End of the Year (lot)
2年期国债期货 2-Year Treasury Bond Futures	CFFEX	TS2103	25876	20210115	865	20210311	—
		TS2106	26516	20210429	1540	20210610	—
		TS2109	32349	20210723	225	20210909	—
		TS2112	27451	20210927	240	20211209	—
		TS2203	48863	20211231	48863	20211231	48863
		TS2206	1122	20211231	1122	20211231	1122
		TS2209	219	20211230	175	20211231	175
5年期国债期货 5-Year Treasury Bond Futures	CFFEX	TF2103	62459	20210114	14	20210311	—
		TF2106	67004	20210422	758	20210610	—
		TF2109	72816	20210707	1779	20210909	—
		TF2112	74262	20211028	2604	20211209	—
		TF2203	89303	20211230	86029	20211231	86029
		TF2206	1454	20211231	1454	20211231	1454
		TF2209	307	20211231	307	20211231	307
10年期国债期货 10-Year Treasury Bond Futures	CFFEX	T2103	118834	20210107	741	20210311	—
		T2106	127288	20210331	130	20210610	—
		T2109	166897	20210707	264	20210909	—
		T2112	157395	20211019	480	20211209	—
		T2203	174453	20211230	169952	20211231	169952
		T2206	10862	20211231	10862	20211231	10862
		T2209	306	20211231	306	20211231	306
沪深300股指期货 CSI 300 Index Futures	CFFEX	IF2101	90480	20210107	28087	20210114	—
		IF2102	83274	20210129	22114	20210218	—
		IF2103	156576	20210224	41604	20210318	—
		IF2104	115774	20210324	31518	20210415	—
		IF2105	99590	20210419	22200	20210520	—
		IF2106	160047	20210525	36690	20210617	—
		IF2107	114702	20210701	26882	20210715	—
		IF2108	104498	20210728	25610	20210819	—
		IF2109	153899	20210820	33731	20210916	—
		IF2110	95923	20210927	25139	20211014	—
		IF2111	76831	20211102	20137	20211118	—
		IF2112	120424	20211119	28878	20211216	—
		IF2201	88065	20211220	74825	20211231	74825
		IF2202	3194	20211231	3194	20211231	3194
		IF2203	84066	20211220	79197	20211231	79197
		IF2206	36340	20211231	36340	20211231	36340

注：最后持仓量为交割日前一天的持仓量。
数据来源：中国金融期货交易所
Source：CFFEX

5-15 续表 continued

交易品种 Product	上市交易所 Futures Exchange	合约 Contract	最高持仓量(手) Highest Positions (lot)	最高持仓日期 Highest Positions Day	最后持仓量(手) Last Positions (lot)	最后持仓日期 Last Positions Day	年末持仓量(手) Positions at the End of the Year (lot)
上证50股指期货 SSE 50 Index Futures	CFFEX	IH2101	38128	20210104	14757	20210114	—
		IH2102	32700	20210129	10451	20210218	—
		IH2103	53324	20210226	15387	20210318	—
		IH2104	42337	20210323	15084	20210415	—
		IH2105	41989	20210506	11038	20210520	—
		IH2106	59654	20210525	19388	20210617	—
		IH2107	54994	20210701	15881	20210715	—
		IH2108	53154	20210726	15881	20210819	—
		IH2109	77947	20210901	24310	20210916	—
		IH2110	53952	20210929	17606	20211014	—
		IH2111	50849	20211102	14978	20211118	—
		IH2112	72469	20211119	20766	20211216	—
		IH2201	57406	20211223	50789	20211231	50789
		IH2202	3153	20211231	3153	20211231	3153
		IH2203	41596	20211231	41596	20211231	41596
		IH2206	19540	20211231	19540	20211231	19540
中证500股指期货 CSI 500 Index Futures	CFFEX	IC2101	86961	20210104	25884	20210114	—
		IC2102	78082	20210129	20025	20210218	—
		IC2103	141161	20210222	30164	20210318	—
		IC2104	101903	20210325	25481	20210415	—
		IC2105	82867	20210416	19933	20210520	—
		IC2106	127492	20210524	26020	20210617	—
		IC2107	100534	20210701	22338	20210715	—
		IC2108	107873	20210728	18596	20210819	—
		IC2109	157080	20210820	31473	20210916	—
		IC2110	102364	20210927	27956	20211014	—
		IC2111	80039	20211102	17911	20211118	—
		IC2112	150436	20211119	26421	20211216	—
		IC2201	94072	20211230	93717	20211231	93717
		IC2202	5270	20211231	5270	20211231	5270
		IC2203	98702	20211217	93335	20211231	93335
		IC2206	79143	20211231	79143	20211231	79143

5-16 主要品种月度结算价
Clearing Price of Futures Products

单位：元/吨 (yuan/ton)

品种 Product	1月 Jan.	2月 Feb.	3月 Mar.	4月 Apr.	5月 May	6月 June	7月 July	8月 Aug.	9月 Sept.	10月 Oct.	11月 Nov.	12月 Dec.
铜 Copper	58818	62169	66653	68492	74049	70049	69458	69404	69315	71975	70331	69430
铝 Aluminum	15003	16054	17331	17970	19206	18636	19210	20230	22403	22574	19220	19415
锌 Zinc	20567	20669	21578	21753	22443	22286	22245	22428	22647	24750	23252	23605
铅 Lead	15046	15389	15035	15108	15468	15371	15873	15504	14726	15509	15367	15390
镍 Nickel	132074	137362	124402	123656	129758	132541	140085	143373	145735	147722	146081	146714
锡 Tin	160160	175285	176149	183423	197446	206159	223282	236530	258700	279646	281498	285710
黄金(元/克) Gold(yuan/g)	392	380	364	371	388	380	378	374	373	370	376	370
白银(元/千克) Silver(yuan/kg)	5424	5669	5343	5341	5737	5594	5407	5153	5011	4929	4989	4767
螺纹钢 Steel Rebar	4344	4418	4766	5173	5411	5058	5483	5309	5524	5247	4173	4391
线材 Steel Wire Rod	4671	4837	5097	5534	5820	5540	5901	5710	5928	5574	4488	4702
热轧卷板 Hot Rolled Coils	4469	4606	5037	5500	5791	5336	5829	5657	5708	5487	4549	4544
不锈钢 Stainless Steel	14186	14777	14263	14168	15205	16059	18043	18257	19719	20106	17778	16453
原油 Crude Oil	335	379	406	400	423	453	447	427	467	528	509	467
燃料油 Fuel Oil	2161	2319	2453	2434	2452	2639	2599	2488	2750	3104	2847	2665
低硫燃料油 Low Sulfur Fuel Oil	2801	3115	3233	3182	3195	3404	3436	3290	3540	3920	3723	3472

注：1.表中空缺，表示该品种个别月份无成交、无持仓，无法计算结算价。
　　2.表中结算价为主力合约结算价月度均值。

数据来源：中国期货市场监控中心有限责任公司

5-16 续表 1 continued

单位：元/吨 (yuan/ton)

品种 Product	1月 Jan.	2月 Feb.	3月 Mar.	4月 Apr.	5月 May	6月 June	7月 July	8月 Aug.	9月 Sept.	10月 Oct.	11月 Nov.	12月 Dec.
石油沥青 Bitumen	2680	2974	3014	2894	3164	3317	3322	3156	3222	3251	3079	3038
天然橡胶 Natural Rubber	14425	15281	14931	13890	13776	12964	13204	14424	13633	14830	14673	14625
20号胶 TSR 20	10721	11375	11740	10992	11156	10622	10696	11303	10861	11789	11583	11415
纸浆 Woodpulp	6225	6851	7192	7123	6833	6018	6277	6228	5967	5273	5082	5773
铜(BC) Copper(BC)	52378	55354	59248	60985	66062	62408	61923	61703	61560	64146	62428	61715
强麦 Wheat WH	2700	2726	2765	2758	2781	2761	2765	2765	2833	2930	2971	2939
普麦 Wheat PM	2541	2522	2491	2509	2553	2509	2517	2492	2495	2540	2550	2542
棉花 Cotton NO.1	15182	15765	15579	15344	15760	15792	16752	17698	17809	21398	21518	19850
白糖 White Sugar	5299	5355	5402	5411	5615	5504	5592	5848	5837	5942	6023	5803
菜籽油 Rapeseed Oil	9915	9981	10593	10364	10622	10209	10345	10529	10889	12357	12563	12208
油菜籽 Rapeseed	5897	6019	6079	5773	5788	5796	5803	6014	6091	6368	6422	6058
菜籽粕 Rapeseed Meal	2944	2921	2845	2970	3021	2920	3015	2928	2861	2637	2656	2839
粳稻 Japonica Rice	2916	2907	2799	2776	2745	2686	2611	2646	2739	2704	2755	2736
早籼稻 Early Rice	2705	—	2698	2683	—	—	—	2534	2673	2710	2781	2785
晚籼稻 Late Indica Rice	—	—	—	—	—	—	—	—	—	—	—	—
棉纱 Cotton Yarn	22034	22828	23095	22737	23541	23565	24996	26292	25218	29101	29237	26845
短纤 Polyester Staple Fiber	6618	7387	7405	7042	7076	7048	7280	7118	7038	7948	7012	6807
苹果 Apple	6169	6124	5518	5797	5956	6241	6067	5995	5808	7500	7964	8263

5-16 续表 2 continued

单位：元/吨 (yuan/ton)

品种 Product	1月 Jan.	2月 Feb.	3月 Mar.	4月 Apr.	5月 May	6月 June	7月 July	8月 Aug.	9月 Sept.	10月 Oct.	11月 Nov.	12月 Dec.
红枣 Chinese Jujube	10253	10238	10105	10046	9058	8688	9866	13734	14141	14707	16130	15395
PTA	3968	4331	4528	4639	4742	4852	5208	5169	4955	5421	4960	4711
甲醇 Methanol	2326	2362	2450	2420	2609	2510	2650	2762	3123	3502	2704	2607
玻璃 Glass	1769	1888	2062	2213	2656	2688	2931	2734	2448	2211	1725	1820
动力煤 Thermal Coal	684	612	665	737	814	827	871	841	1066	1454	881	704
硅铁 Ferrosilicon	7290	7140	7411	7129	7922	8347	8480	9298	12414	14715	9274	8493
锰硅 Manganese Silicon	7266	7173	7239	7048	7405	7574	7608	7904	9987	11195	8547	8186
尿素 Urea	1944	2015	1943	2025	2245	2290	2429	2379	2630	2937	2322	2355
纯碱 Soda Ash	1572	1679	1910	1951	2160	2215	2339	2667	3005	3209	2607	2353
玉米 Corn	2817	2786	2726	2688	2763	2659	2571	2554	2470	2564	2669	2702
玉米淀粉 Corn Starch	3217	3215	3257	3252	3249	3082	2945	2948	2880	3086	3192	3078
黄大豆1号 No.1 Soybean	5755	5802	5937	5795	6008	5702	5798	5776	5885	6137	6310	5959
黄大豆2号 No.2 Soybean	4282	4241	4148	4168	4308	4194	4386	4414	4597	4392	4128	4224
豆粕 Soybean Meal	3564	3492	3351	3545	3600	3498	3618	3553	3511	3268	3121	3143
豆油 Soybean Oil	7837	8069	8993	8276	8801	8401	8789	8941	9071	9834	9538	8552
棕榈油 RBD Palm Oil	6849	6983	7710	7263	7912	7302	7969	8334	8396	9528	9522	8328
纤维板(元/立方米) Fiberboard(yuan/cubic metres)	1305	1260	1383	1295	1371	1397	1344	1278	1349	1443	1366	1276
胶合板(元/张) Blockboard(yuan/piece)	—	—	—	297	209	222	—	—	240	—	—	—

5-16 续表 3 continued

单位：元/吨 (yuan/ton)

品种 Product	1月 Jan.	2月 Feb.	3月 Mar.	4月 Apr.	5月 May	6月 June	7月 July	8月 Aug.	9月 Sept.	10月 Oct.	11月 Nov.	12月 Dec.
鸡蛋(元/500千克) Egg(yuan/500kg)	4372	4511	4391	4715	4830	4773	4636	4431	4373	4545	4526	4173
粳米 Polished Round-grained Rice	3665	3648	3620	3618	3599	3533	3518	3524	3483	3429	3459	3369
聚乙烯 LLDPE	7694	8350	8821	8338	8026	7824	8269	8195	8734	9388	8802	8477
聚氯乙烯 PVC	7189	7928	8711	8799	8949	8649	9012	9158	10174	11099	8708	8366
聚丙烯 PP	8028	8648	9190	8642	8600	8331	8524	8353	8876	9430	8448	8055
焦炭 Coke	2784	2594	2305	2509	2602	2660	2687	3009	3400	3769	2909	2952
焦煤 Coking Coal	1668	1514	1540	1675	1877	1932	2025	2331	2819	3206	2131	2109
铁矿石 Iron Ore	1039	1058	1073	1051	1162	1176	1180	856	714	715	570	663
乙二醇 Ethylene Glycol	4441	5028	5289	4750	4920	4883	5227	5141	5457	6487	5294	4858
苯乙烯 Ethenylbenzene	6846	8289	8672	8958	9438	8644	9142	8620	9144	9558	8561	8051
液化石油气 Liquefied Petroleum Gas	3729	3605	3913	3744	4132	4515	4917	5053	5579	6209	4827	4384
沪深300股指期货 CSI 300 Index Futures	5457	5538	5083	5045	5141	5177	5019	4860	4887	4904	4866	4963
中证500股指期货 CSI 500 Index Futures	6404	6400	6218	6277	6511	6637	6753	6940	7248	6951	7093	7238
上证50股指期货 SSE 50 Index Futures	3795	3857	3575	3493	3512	3519	3333	3165	3188	3273	3211	3292
2年期国债期货 2-Year Treasury Bond Futures	100.4	100.2	100.1	100.3	100.4	100.3	100.7	100.8	100.7	100.6	100.8	100.9
5年期国债期货 5-Year Treasury Bond Futures	99.9	99.3	99.4	99.7	100.1	99.9	100.7	101.1	101.1	100.6	101.1	101.3
10年期国债期货 10-Year Treasury Bond Futures	98.0	97.0	97.1	97.6	98.2	98.1	99.3	100.0	99.9	99.1	99.9	100.2

5-17 2021年农产品期货实物交割情况
Physical Delivery of Agricultural Products Futures in 2021

交易品种 Product	上市交易所 Listed Exchange	合约 Contract	交割量（手）Delivery Quantity (lot)	交割金额（万元）Delivery Amount (10 thousand yuan)	成交量（手）Trading Volume (lot)	成交金额（万元）Trading Turnover(10 thousand yuan)	结算价（元/吨）Clearing Price (yuan/ton)	交割率（%）Delivery Rate (%)
玉米 Corn	DCE	c2101	45361	122586.733	67264161	162417600.2	2734.00	2.86
		c2103	34670	98117.76	4308360	11152229.08	2827.00	30.47
		c2105	15109	42285.89	68020912	182777074.25	2808.00	1.35
		c2107	3997	10385.20	15116979	40403711.02	2605.00	2.45
		c2109	8815	22436.92	54546626	145511212.50	2548.00	1.31
		c2111	36288	94734.12	11860682	30970209.53	2636.00	12.07
玉米淀粉 Corn Starch	DCE	cs2101	2466	8025.31	9853186	27514305.54	3113.00	1.58
		cs2103	1685	6012.53	2290851	6688408.57	3509.00	6.32
		cs2105	2991	9844.71	14071789	44775137.47	3264.00	1.72
		cs2107	2386	7025.33	9987996	31911376.12	2981.00	1.73
		cs2109	2250	6917.50	10538626	31868626.12	2958.00	1.23
		cs2111	379	1183.40	10837669	32507059.58	3197.00	0.28
黄大豆1号 No.1 Soybean	DCE	a2101	5293	30268.14	19600314	95089519.72	5751.00	3.40
		a2103	1394	8223.63	490733	2631463.73	5942.00	17.93
		a2105	10141	61171.33	15765456	90363274.16	5977.00	7.76
		a2107	1059	6105.64	825925	4716310.82	5765.00	8.67
		a2109	3213	18431.90	13921859	81032187.25	5799.00	2.09
		a2111	5095	31860.41	7721052	45325765.83	6306.00	3.12
黄大豆2号 No.2 Soybean	DCE	b2102	1000	4182.00	3728478	14585043.02	4182.00	2.71
		b2105	1200	5131.00	2144966	8773621.18	4228.00	3.58
		b2106	1100	4673.90	1658574	6984559.15	4249.00	2.84
		b2107	600	2396.40	1654085	7025867.45	3994.00	1.62
		b2109	200	892.20	1710090	7466484.19	4461.00	0.46
		b2110	1500	6801.60	1687497	7498113.31	4561.00	4.82
		b2111	600	2625.00	1118737	5072634.50	4375.00	2.01
豆粕 Soybean Meal	DCE	m2101	4983	17168.19	99137994	303519621.35	3464.00	0.32
		m2103	3129	11262.05	4686885	15521680.62	3661.00	5.50
		m2105	6567	23090.97	145340147	479524432.41	3512.00	0.37
		m2107	5120	18030.14	23594350	77249432.98	3506.00	2.78
		m2108	597	2164.13	5225728	17740103.96	3625.00	2.32
		m2109	12330	46063.10	124550123	439199035.95	3714.00	0.74
		m2111	4331	14121.97	5943555	21487283.36	3359.00	3.72
		m2112	4698	15267.75	2664414	9382446.87	3245.00	5.07

注：1.结算价为最后交易日交割结算价。
2.交割量、交割金额包含期转现部分。
3.交割率=交割量/合约存续期内(截至2021年12月31日)的最大日持仓量*100%。
数据来源：上海期货交易所、郑州商品交易所、大连商品交易所
Source：SHFE、ZCE、DCE

5-17 续表 1 continued

交易品种 Product	上市交易所 Listed Exchange	合约 Contract	交割量（手） Delivery Quantity (lot)	交割金额（万元） Delivery Amount (10 thousand yuan)	成交量（手） Trading Volume (lot)	成交金额（万元） Trading Turnover(10 thousand yuan)	结算价（元/吨） Clearing Price (yuan/ton)	交割率(%) Delivery Rate (%)
豆油 Soybean Oil	DCE	y2101	5029	44287.11	70944384	499279503.34	8778.00	0.71
		y2103	471	4407.62	1352171	9798690.66	9358.00	3.73
		y2105	1000	9432.00	64168321	522218432.18	9432.00	0.20
		y2107	514	4594.71	8351346	59843528.56	8938.00	1.35
		y2108	26	233.95	3678916	25832382.25	8998.00	0.40
		y2109	6971	65619.59	84998183	726316271.28	9418.00	1.28
		y2111	1000	10194.64	4599087	40229996.41	10196.00	0.91
		y2112	20	187.00	2162313	19558508.38	9350.00	0.02
棕榈油 RBD Palm Oil	DCE	p2101	391	2929.53	88132693	538677588.45	7436.00	0.08
		p2102	5697	41820.04	20667357	134711545.38	7286.00	9.08
		p2103	600	4788.00	3540273	23532090.72	7930.00	2.16
		p2105	890	7946.73	58413612	411849809.69	8922.00	0.22
		p2107	6	49.45	442658	2751535.51	8192.00	0.27
		p2109	760	6866.38	81343599	624739969.34	8938.00	0.17
		p2110	446	4573.28	2707639	21039689.41	10204.00	0.51
		p2111	1821	19724.13	1402868	11510837.59	10804.00	2.21
		p2112	1624	15970.42	1807965	15354770.01	9834.00	1.96
鸡蛋（元/500千克） Egg (yuan/500kg)	DCE	jd2101	205	1046.49	11842035	46287776.84	5102.00	0.10
		jd2102	583	2236.86	1962940	7068828.02	3841.00	0.87
		jd2103	339	1293.80	2501650	9263049.09	3833.00	0.54
		jd2104	67	281.26	788643	3248662.59	4346.00	0.33
		jd2105	80	356.06	26404776	113780339.89	4455.00	0.04
		jd2106	91	383.85	2073552	8756099.24	3875.00	0.22
		jd2107	187	838.06	987102	4371936.11	4312.00	0.55
		jd2108	201	1016.57	1526973	7553572.96	4894.00	0.51
		jd2109	76	368.39	17861657	84819880.69	4563.00	0.04
		jd2110	68	328.73	1026482	4521500.64	4566.00	0.18
		jd2111	181	940.86	473258	2093927.28	4896.00	0.91
		jd2112	153	777.02	395601	1840983.92	4773.00	1.00
生猪Live Hog	DCE	lh2109	20	436.87	1909716	65911344.12	13265.00	0.05
		lh2111	34	917.87	164772	4611868.05	16415.00	0.38
纤维板（元/立方米） Fiberboard (yuan/cubic metres)	DCE	fb2101	42	53.91	287817	390832.14	1283.50	0.56
		fb2102	51	62.68	61466	80868.43	1229.00	2.66
		fb2103	255	277.19	48165	59546.43	1087.00	14.11
		fb2104	295	369.34	1849	2450.98	1252.00	85.01
		fb2105	185	242.44	460438	637953.31	1310.50	1.99
		fb2106	98	130.34	108672	149138.98	1330.00	4.20
		fb2107	111	142.41	1019	1366.07	1283.00	84.09
		fb2108	12	15.39	78	102.02	1282.50	85.71
		fb2109	290	361.05	589737	794087.63	1245.00	1.48
		fb2110	4	5.71	47479	64098.58	1427.00	0.33
		fb2111	4	5.80	612	861.10	1449.50	4.35

5-17 续表 2 continued

交易品种 Product	上市交易所 Listed Exchange	合约 Contract	交割量(手) Delivery Quantity (lot)	交割金额(万元) Delivery Amount (10 thousand yuan)	成交量(手) Trading Volume (lot)	成交金额(万元) Trading Turnover(10 thousand yuan)	结算价(元/吨) Clearing Price (yuan/ton)	交割率(%) Delivery Rate (%)
粳米 Polished Round-grained Rice	DCE	rr2101	355	1233.16	478161	1691434.15	3482.00	2.50
		rr2102	1130	4096.00	977321	3512452.37	3602.00	4.95
		rr2103	330	1152.97	700350	2554789.87	3517.00	1.71
		rr2104	124	438.09	980171	3593856.56	3563.00	0.76
		rr2105	271	946.83	478586	1733086.79	3503.00	1.71
		rr2106	789	2850.17	502845	1823039.93	3561.00	4.43
		rr2107	560	1971.38	469494	1696675.35	3531.00	3.70
		rr2108	330	1125.41	412524	1476476.28	3417.00	2.48
		rr2110	20	64.64	380665	1353329.78	3232.00	0.16
		rr2111	38	119.05	289981	1021459.49	3133.00	0.30
		rr2112	35	105.00	362584	1265024.88	3074.00	0.30
白糖 White Sugar	ZCE	SR101	8535	44609.83	41467712	213008932.09	5215.00	1.57
		SR103	2517	13584.19	1852442	9638370.68	5397.00	18.05
		SR105	12044	66693.70	36995860	195001078.45	5572.00	2.51
		SR107	4648	25752.79	2810274	15384443.00	5529.00	24.03
		SR109	21861	123053.94	39401076	217622679.49	5585.00	3.88
		SR111	2848	15896.81	3670503	20557917.20	5578.00	4.13
		SR201	3884	23025.47	33180786	196489192.80	—	0.87
		SR203	0	0.00	3438928	20365847.42	—	0.00
		SR205	500	3030.00	10744452	63315307.33	—	0.11
		SR207	0	0.00	26525	158436.23	—	0.00
		SR209	0	0.00	241199	1434031.21	—	0.00
		SR211	0	0.00	1160	6861.88	—	0.00
棉花 Cotton No.1	ZCE	CF101	171016	1154113.54	33726219	231515739.64	15245.00	39.41
		CF103	3976	31759.86	1488133	10972716.02	15950.00	20.76
		CF105	60208	460484.56	33106580	252106173.18	15670.00	9.42
		CF107	22080	162033.84	2201594	17070239.20	16180.00	99.87
		CF109	47040	384777.18	34851134	279398950.30	17830.00	8.14
		CF111	1720	18275.00	2334641	20373447.92	21205.00	2.61
		CF201	56	594.64	38646318	372661684.00	—	0.01
		CF203	0	0.00	1287192	13279691.34	—	0.00
		CF205	33000	339727.50	10313188	102246141.76	—	7.64
		CF207	0	0.00	54781	529088.87	—	0.00
		CF209	0	0.00	188826	1838575.51	—	0.00
		CF211	0	0.00	1529	14466.65	—	0.00
普麦 Wheat PM	ZCE	PM101	0	0.00	20	219.82	2839.00	—
		PM103	0	0.00	87	1083.17	2350.00	0.00
		PM105	2	24.51	179	2231.22	2451.00	10.53
		PM107	0	0.00	151	1876.52	2500.00	0.00
		PM109	0	0.00	68	848.79	2425.00	0.00
		PM111	0	0.00	37	474.60	2446.00	0.00

5-17 续表 3 continued

交易品种 Product	上市交易所 Listed Exchange	合约 Contract	交割量（手）Delivery Quantity (lot)	交割金额（万元）Delivery Amount (10 thousand yuan)	成交量（手）Trading Volume (lot)	成交金额（万元）Trading Turnover(10 thousand yuan)	结算价（元/吨）Clearing Price (yuan/ton)	交割率（%）Delivery Rate (%)
普麦 Wheat PM	ZCE	PM201	0	0.00	30	386.26	—	0.00
		PM203	0	0.00	0	0.00	—	—
		PM205	0	0.00	0	0.00	—	—
		PM207	0	0.00	2	25.97	—	—
		PM209	0	0.00	0	0.00	—	—
		PM211	0	0.00	0	0.00	—	—
强麦 Wheat WH	ZCE	WH101	224	1181.38	6598	35153.42	2637.00	29.17
		WH103	0	0.00	64	352.00	2784.00	0.00
		WH105	0	0.00	335	1810.31	2611.00	0.00
		WH107	0	0.00	171	925.88	2632.00	0.00
		WH109	0	0.00	10146	55824.04	2685.00	0.00
		WH111	0	0.00	7	38.82	2831.00	0.00
		WH201	0	0.00	61	344.39	—	0.00
		WH203	0	0.00	3	16.94	—	—
		WH205	0	0.00	3046	18059.93	—	0.00
		WH207	0	0.00	1	5.58	—	0.00
		WH209	0	0.00	10	60.83	—	0.00
		WH211	0	0.00	0	0.00	—	—
早籼稻 Early Rice	ZCE	RI101	0	0.00	13	70.50	2601.00	0.00
		RI103	0	0.00	0	0.00	2582.00	—
		RI105	0	0.00	0	0.00	2645.00	—
		RI107	0	0.00	0	0.00	2561.00	—
		RI109	0	0.00	0	0.00	2627.00	—
		RI111	0	0.00	22	118.33	2811.00	—
		RI201	0	0.00	281	1539.85	—	0.00
		RI203	0	0.00	0	0.00	—	—
		RI205	0	0.00	0	0.00	—	—
		RI207	0	0.00	8	42.73	—	0.00
		RI209	0	0.00	0	0.00	—	—
		RI211	0	0.00	0	0.00	—	—
晚籼稻 Late Indica Rice	ZCE	LR101	0	0.00	0	0.00	3011.00	—
		LR103	0	0.00	0	0.00	3069.00	—
		LR105	0	0.00	0	0.00	3069.00	—
		LR107	0	0.00	9	49.66	2973.00	—
		LR109	0	0.00	0	0.00	2973.00	—
		LR111	0	0.00	0	0.00	2973.00	—
		LR201	0	0.00	0	0.00	—	—

5-17 续表 4 continued

交易品种 Product	上市交易所 Listed Exchange	合约 Contract	交割量(手) Delivery Quantity (lot)	交割金额(万元) Delivery Amount (10 thousand yuan)	成交量(手) Trading Volume (lot)	成交金额(万元) Trading Turnover(10 thousand yuan)	结算价(元/吨) Clearing Price (yuan/ton)	交割率(%) Delivery Rate (%)
晚籼稻 Late Indica Rice	ZCE	LR203	0	0.00	0	0.00	—	—
		LR205	0	0.00	0	0.00	—	—
		LR207	0	0.00	0	0.00	—	—
		LR209	0	0.00	0	0.00	—	—
		LR211	0	0.00	0	0.00	—	—
粳稻 Japonica Rice	ZCE	JR101	0	0.00	1067	5972.27	2651.00	0.00
		JR103	0	0.00	3	17.10	2549.00	—
		JR105	0	0.00	1303	7565.15	2411.00	0.00
		JR107	0	0.00	5	27.95	2303.00	0.00
		JR109	0	0.00	581	3133.52	2444.00	0.00
		JR111	0	0.00	143	789.47	3000.00	0.00
		JR201	0	0.00	524	2897.56	—	0.00
		JR203	0	0.00	2	10.27	—	—
		JR205	0	0.00	0	0.00	—	—
		JR207	0	0.00	2	11.08	—	—
		JR209	0	0.00	0	0.00	—	—
		JR211	0	0.00	5	27.90	—	0.00
菜籽粕 Rapeseed Meal	ZCE	RM101	3388	9483.01	54314096	132325014.63	2799.00	0.85
		RM103	2414	6578.33	2684528	7070027.35	2729.00	9.82
		RM105	2496	7408.13	84127751	237991735.97	2968.00	0.58
		RM107	2008	5849.90	3737039	10850722.65	2927.00	4.85
		RM108	1100	3267.00	2319073	6827179.30	2970.00	4.30
		RM109	2921	9093.07	87459886	259877691.78	3113.00	0.62
		RM111	2732	6842.12	4173985	11926210.64	2507.00	3.43
		RM201	0	0.00	84653186	233959977.89	—	0.00
		RM203	0	0.00	3550544	9644838.24	—	0.00
		RM205	0	0.00	18576779	52395554.91	—	0.00
		RM207	0	0.00	83033	224886.88	—	0.00
		RM208	0	0.00	39378	108089.19	—	0.00
		RM209	0	0.00	683712	1878664.69	—	0.00
		RM211	0	0.00	56519	144418.24	—	0.00
油菜籽 Rapeseed	ZCE	RS107	0	0.00	4406	26337.46	5703.00	0.00
		RS108	0	0.00	5	29.66	6051.00	—
		RS109	0	0.00	2582	15351.74	6031.00	0.00
		RS111	0	0.00	447	2807.19	6434.00	0.00
		RS207	0	0.00	44	279.73	—	0.00
		RS208	0	0.00	736	4453.35	—	0.00
		RS209	0	0.00	2	12.01	—	0.00
		RS211	0	0.00	5	33.21	—	0.00

5-17 续表 5 continued

交易品种 Product	上市交易所 Listed Exchange	合约 Contract	交割量（手）Delivery Quantity (lot)	交割金额（万元）Delivery Amount (10 thousand yuan)	成交量（手）Trading Volume (lot)	成交金额（万元）Trading Turnover(10 thousand yuan)	结算价（元/吨）Clearing Price (yuan/ton)	交割率（%）Delivery Rate (%)
菜籽油 Rapeseed Oil	ZCE	OI101	1327	13657.48	45480182	416073107.25	10292.00	0.62
		OI103	1235	13302.20	1992100	19524888.61	10773.00	9.93
		OI105	10774	113753.40	29011855	289617170.65	11425.00	6.69
		OI107	814	8324.78	1379358	14699154.58	10227.00	7.99
		OI109	4795	52284.68	36004766	372312888.74	10904.00	2.48
		OI111	2000	25044.00	2472233	26225665.06	12522.00	6.44
		OI201	0	0.00	40119566	469077067.43	—	0.00
		OI203	0	0.00	1604186	19919986.43	—	0.00
		OI205	14000	171028.00	8907107	106888332.86	—	6.34
		OI207	0	0.00	17813	205703.97	—	0.00
		OI209	0	0.00	78861	891319.73	—	0.00
		OI211	0	0.00	4340	46843.72	—	0.00
棉纱 Cotton Yarn	ZCE	CY101	1296	13962.29	943210	9733314.46	21740.00	10.35
		CY102	0	0.00	0	0.00	21900.00	—
		CY103	0	0.00	0	0.00	23645.00	—
		CY104	0	0.00	9	91.09	24360.00	0.00
		CY105	524	6150.70	920621	10326871.40	23820.00	5.80
		CY106	0	0.00	22	247.98	23030.00	0.00
		CY107	0	0.00	7	79.25	22425.00	0.00
		CY108	0	0.00	44	520.34	26725.00	0.00
		CY109	404	4943.08	928486	11371487.99	24465.00	3.08
		CY110	0	0.00	26	336.51	29035.00	0.00
		CY111	0	0.00	13	178.96	28515.00	0.00
		CY112	0	0.00	4	58.58	27115.00	0.00
		CY201	0	0.00	1262810	17498063.80	—	0.00
		CY202	0	0.00	36	469.47	—	0.00
		CY203	0	0.00	20	267.64	—	0.00
		CY204	0	0.00	9	114.48	—	0.00
		CY205	0	0.00	23403	316781.54	—	0.00
		CY206	0	0.00	83	1157.86	—	0.00
		CY207	0	0.00	2	26.24	—	0.00
		CY208	0	0.00	0	0.00	—	—
		CY209	0	0.00	28	381.22	—	0.00
		CY210	0	0.00	0	0.00	—	—
		CY211	0	0.00	2	27.02	—	—
		CY212	0	0.00	0	0.00	—	—

5-17 续表 6 continued

交易品种 Product	上市交易所 Listed Exchange	合约 Contract	交割量（手） Delivery Quantity (lot)	交割金额（万元） Delivery Amount (10 thousand yuan)	成交量（手） Trading Volume (lot)	成交金额（万元） Trading Turnover(10 thousand yuan)	结算价（元/吨） Clearing Price (yuan/ton)	交割率（%） Delivery Rate (%)
苹果 Apple	ZCE	AP101	226	1326.76	18479330	137038559.10	5640.00	0.11
		AP103	88	455.21	921212	6126377.29	5122.00	0.27
		AP105	110	637.37	27439999	166786709.67	5772.00	0.03
		AP110	419	3048.03	47980541	292591800.37	7354.00	0.09
		AP111	53	392.93	697148	4234434.55	7755.00	0.26
		AP112	151	1232.28	398298	2558126.43	8205.00	0.98
		AP201	0	0.00	29335517	208692164.20	—	0.00
		AP203	0	0.00	411661	2892319.47	—	0.00
		AP204	0	0.00	187898	1368738.82	—	0.00
		AP205	907	8245.66	5367381	45132777.93	—	0.52
		AP210	0	0.00	169255	1296954.97	—	0.00
		AP211	0	0.00	29493	223965.33	—	0.00
		AP212	0	0.00	5758	43644.12	—	0.00
红枣 Chinese Jujube	ZCE	CJ101	113	551.75	1951120	9682360.22	9860.00	0.56
		CJ103	259	1312.65	8343	41631.39	10095.00	22.64
		CJ105	400	1862.17	1737457	8861151.90	8635.00	1.27
		CJ107	223	928.16	13279	62227.53	8295.00	15.95
		CJ109	580	2823.24	5962043	27009657.15	10090.00	0.92
		CJ112	1746	13086.82	345246	2233959.83	15130.00	14.38
		CJ201	50	328.20	12811158	90187136.20	—	0.04
		CJ203	209	1461.60	287112	2123015.88	—	1.86
		CJ205	0	0.00	3052959	23992968.26	—	0.00
		CJ207	0	0.00	206991	1636026.88	—	0.00
		CJ209	0	0.00	259435	2114125.02	—	0.00
		CJ212	0	0.00	3263	21255.35	—	0.00
天然橡胶 Natural Rubber	SHFE	ru2101	1198	16987.64	45046824	631306199.20	14550.00	0.47
		ru2103	192	2904.96	1246943	17146409.77	15300.00	1.80
		ru2104	65	890.50	864643	11995270.29	13500.00	0.73
		ru2105	2186	30232.38	49610610	733242795.69	13090.00	0.97
		ru2106	97	1231.42	380636	5648919.79	12275.00	1.03
		ru2107	168	2195.76	169875	2558347.66	12990.00	1.96
		ru2108	66	891.00	273303	4143147.94	13405.00	0.79
		ru2109	4519	56374.53	44103257	603836306.51	12795.00	1.57
		ru2110	431	5807.73	1826303	25082385.86	14060.00	2.34
		ru2111	2443	31966.66	1379416	18839061.85	13380.00	9.08

5-18 2021年金属期货实物交割情况
Physical Delivery of Metal Products Futures in 2021

交易品种 Product	上市交易所 Listed Exchange	合约 Contract	交割量(手) Delivery Quantity (lot)	交割金额(万元) Delivery Amount (10 thousand yuan)	成交量(手) Trading Volume (lot)	成交金额(万元) Trading Turnover (10 thousand yuan)	结算价(元/吨) Clearing Price (yuan/ton)	交割率(%) Delivery Rate (%)
铜 Copper	SHFE	cu2101	2445	72579.83	6087056	168396667.37	59370.00	1.46
		cu2102	3215	92897.43	4888462	140486652.69	57790.00	2.56
		cu2103	13865	467250.50	5632238	166508267.03	67400.00	10.82
		cu2104	9510	318727.65	6546978	212869340.13	67030.00	6.17
		cu2105	10245	381114.00	7447340	246325888.97	74400.00	6.50
		cu2106	11960	418540.20	7261658	256860556.48	69990.00	6.33
		cu2107	6525	223363.55	6357681	227461286.30	68450.00	4.55
		cu2108	4325	151977.45	4824782	168776284.91	70380.00	3.48
		cu2109	1855	64692.90	4771123	166912021.52	69760.00	1.34
		cu2110	355	13115.48	4677471	162398203.62	73890.00	0.26
		cu2111	1750	62527.50	4232060	150142565.32	71460.00	1.08
		cu2112	875	30104.38	5297785	187892058.60	68810.00	0.55
铝 Aluminum	SHFE	al2101	3165	23571.34	5999074	47419040.67	14895.00	1.95
		al2102	4165	32403.70	5608777	43456608.39	15560.00	3.54
		al2103	13820	121235.95	6225591	47986354.77	17545.00	7.91
		al2104	6580	59335.15	8236780	69041468.95	18035.00	2.92
		al2105	14440	141800.80	11330537	98248453.29	19640.00	5.57
		al2106	3250	30907.50	11520400	106799391.33	19020.00	1.09
		al2107	3950	38166.88	11300383	105559935.68	19325.00	1.62
		al2108	2495	25236.93	8409700	79440982.05	20230.00	1.05
		al2109	3275	36516.25	8574419	83993084.86	22300.00	1.13
		al2110	4900	57979.25	11514704	123112872.16	23665.00	1.38
		al2111	14020	135503.30	12814940	144917955.26	19330.00	4.57
		al2112	10580	100933.20	15890327	168102382.34	19080.00	4.32
锌 Zinc	SHFE	zn2101	2435	25518.80	5784303	60567036.95	20960.00	2.24
		zn2102	1985	19919.48	4485260	47367120.48	20070.00	2.03
		zn2103	4040	43945.10	4638817	47560506.48	21755.00	3.91
		zn2104	4685	50504.30	4973309	52874135.66	21560.00	5.92
		zn2105	2270	25162.95	5897885	63597543.35	22170.00	2.49
		zn2106	1030	11514.08	6138021	67661557.11	22360.00	0.98

注：1.结算价为最后交易日交割结算价。
　　2.交割金额、交割量包含期转现部分。
　　3.交割率=交割量/合约存续期内(截至2021年12月31日)的最大日持仓量*100%。
数据来源：上海期货交易所、郑州商品交易所、大连商品交易所
Source：SHFE、ZCE、DCE

5-18 续表 1 continued

交易品种 Product	上市交易所 Listed Exchange	合约 Contract	交割量（手）Delivery Quantity (lot)	交割金额（万元）Delivery Amount (10 thousand yuan)	成交量（手）Trading Volume (lot)	成交金额（万元）Trading Turnover (10 thousand yuan)	结算价（元/吨）Clearing Price (yuan/ton)	交割率（%）Delivery Rate (%)
锌 Zinc	SHFE	zn2107	450	4915.13	6681469	74733787.87	21845.00	0.40
		zn2108	890	9990.25	5970342	66254000.75	22450.00	0.87
		zn2109	425	4771.69	5262449	58790879.12	22455.00	0.38
		zn2110	1445	18510.45	5817716	65541402.07	25620.00	1.24
		zn2111	2315	26686.16	6409434	77703476.73	23055.00	2.04
		zn2112	3785	43574.81	6059972	73339113.52	23025.00	4.22
铅 Lead	SHFE	pb2101	4205	31348.28	1789263	13371486.01	14910.00	9.92
		pb2102	1855	14074.81	1480388	10988990.50	15175.00	5.32
		pb2103	6910	51476.18	1812287	13739188.05	14805.00	14.39
		pb2104	7995	59362.88	1804904	13749261.32	14850.00	17.97
		pb2105	6645	50056.10	2350594	17768612.64	15060.00	12.81
		pb2106	8140	62026.80	2002916	15349684.44	15240.00	14.71
		pb2107	9360	73803.60	2113242	16255313.90	15770.00	11.84
		pb2108	9075	69673.31	2275694	17826187.23	15355.00	12.35
		pb2109	8770	64284.10	2559119	20130234.74	14660.00	10.40
		pb2110	7885	60280.83	2268310	17119432.04	15290.00	7.86
		pb2111	9455	72384.69	2279400	17320530.47	15295.00	12.59
		pb2112	9925	75473.44	2307320	17878888.14	15335.00	17.19
黄金（元/克）Gold (yuan/g)	SHFE	au2101	0	0.00	67503	2666040.38	385.00	0.00
		au2102	1200	46080.90	7553574	300572134.99	379.84	1.73
		au2103	21	773.89	1990	77117.30	365.00	21.88
		au2104	555	20349.63	2972756	117656023.41	367.30	1.40
		au2105	48	1788.19	2940	108166.37	380.00	37.21
		au2106	513	19788.46	14847419	561552009.75	383.74	0.36
		au2107	87	3221.44	3919	149963.45	367.50	49.71
		au2108	246	8964.73	3398642	129352585.36	366.74	0.37
		au2109	12	449.90	1906	70863.00	368.24	10.08
		au2110	372	13575.77	2133653	80529796.40	365.80	0.78
		au2111	36	1335.60	911	33723.72	375.00	21.56
		au2112	2079	75920.92	15981571	601323935.69	367.80	1.14
白银（元/千克）Silver (yuan/kg)	SHFE	ag2101	12498	98985.95	24167065	198043338.15	5283.00	10.14
		ag2102	49414	398310.52	59635564	473248003.32	5372.00	13.86
		ag2103	11208	89372.59	7161938	57998793.15	5316.00	13.85
		ag2104	6080	48290.40	2422671	19670178.35	5295.00	9.79
		ag2105	4716	39741.73	5490282	45250526.21	5618.00	8.85
		ag2106	19294	162387.95	89607457	736778509.75	5611.00	3.74

5-18 续表 2 continued

交易品种 Product	上市交易所 Listed Exchange	合约 Contract	交割量(手) Delivery Quantity (lot)	交割金额(万元) Delivery Amount (10 thousand yuan)	成交量(手) Trading Volume (lot)	成交金额(万元) Trading Turnover (10 thousand yuan)	结算价(元/吨) Clearing Price (yuan/ton)	交割率(%) Delivery Rate (%)
白银(元/千克) Silver (yuan/kg)	SHFE	ag2107	4782	38956.56	7375564	60417186.22	5431.00	7.59
		ag2108	4064	30796.99	3581991	29835779.34	5052.00	8.87
		ag2109	6016	45372.67	3193640	26378101.67	5028.00	11.15
		ag2110	3944	29213.21	1989045	16249137.67	4938.00	11.43
		ag2111	3482	25597.92	1080468	8750887.02	4901.00	14.02
		ag2112	25206	173656.74	79043341	622264774.05	4593.00	4.70
螺纹钢 Steel Rebar	SHFE	rb2101	6180	25993.08	80398890	296994686.79	4206.00	0.47
		rb2102	2940	12248.04	1098968	4215989.87	4166.00	4.15
		rb2103	5490	25113.69	3432234	13151530.18	4585.00	4.29
		rb2104	990	4970.79	2694622	10197898.75	5021.00	1.12
		rb2105	1410	7867.80	178053049	790647921.52	5580.00	0.10
		rb2106	600	2913.60	2227096	10049315.87	4856.00	0.84
		rb2107	840	4242.00	2216912	10074092.52	5050.00	0.95
		rb2108	4890	25897.44	828855	4313283.28	5296.00	7.91
		rb2109	2850	15578.10	2298081	11917604.06	5466.00	3.31
		rb2110	10410	59201.67	217173840	1134330472.76	5687.00	0.64
		rb2111	1500	6561.00	1716849	9136964.35	4374.00	2.98
		rb2112	390	1678.17	2436128	13131569.51	4303.00	0.58
线材 Steel Wire Rod	SHFE	wr2101	0	0.00	482	1926.97	4083.00	0.00
		wr2102	0	0.00	31	121.62	4086.00	0.00
		wr2103	0	0.00	29	112.90	4200.00	0.00
		wr2104	0	0.00	44	192.18	5390.00	0.00
		wr2105	0	0.00	3961	20037.84	6020.00	0.00
		wr2106	0	0.00	159	727.70	5541.00	0.00
		wr2107	0	0.00	214	955.55	5588.00	0.00
		wr2108	0	0.00	31	144.18	5768.00	0.00
		wr2109	0	0.00	126	699.13	5852.00	0.00
		wr2110	0	0.00	10120	57899.54	6595.00	0.00
		wr2111	0	0.00	247	1409.09	5104.00	0.00
		wr2112	0	0.00	16	94.45	5015.00	0.00
热轧卷板 Hot Rolled Coils	SHFE	hc2101	22410	101763.81	19533485	75281761.03	4541.00	6.31
		hc2102	3690	16667.73	527118	2155023.73	4517.00	12.61
		hc2103	8070	40672.80	2077067	8262803.10	5040.00	17.57
		hc2104	3150	17265.15	1592015	6303545.46	5481.00	7.01
		hc2105	13020	78367.38	60542567	287194321.45	6019.00	2.20

5-18 续表 3 continued

交易品种 Product	上市交易所 Listed Exchange	合约 Contract	交割量(手) Delivery Quantity (lot)	交割金额(万元) Delivery Amount (10 thousand yuan)	成交量(手) Trading Volume (lot)	成交金额(万元) Trading Turnover (10 thousand yuan)	结算价(元/吨) Clearing Price (yuan/ton)	交割率(%) Delivery Rate (%)
热轧卷板 Hot Rolled Coils	SHFE	hc2106	4680	25936.56	1815739	8647822.07	5542.00	9.66
		hc2107	1890	11162.34	1260846	6005523.63	5906.00	4.81
		hc2108	1980	11404.80	820726	4450542.20	5760.00	5.48
		hc2109	1440	8424.00	1504978	8260224.33	5850.00	2.76
		hc2110	6960	40235.76	77455952	432869765.75	5781.00	0.90
		hc2111	150	708.00	1953061	10919347.97	4720.00	0.44
		hc2112	120	594.00	2159523	12114712.03	4950.00	0.32
锡 Tin	SHFE	sn2101	1890	29060.64	1364090	19955287.75	153760.00	4.45
		sn2102	2996	48688.00	1088850	16387940.03	162510.00	8.80
		sn2103	1938	33880.12	2473367	39994622.51	174820.00	4.44
		sn2104	1726	30831.54	3021785	53654851.66	178630.00	3.97
		sn2105	2186	43044.53	2534973	44580821.81	196910.00	6.06
		sn2106	1796	37020.95	2066609	37859721.02	206130.00	5.14
		sn2107	2118	47087.38	2822021	55917209.86	222320.00	5.41
		sn2108	1016	24297.64	2829262	59896089.64	239150.00	2.20
		sn2109	970	25087.11	2772264	63427354.36	258630.00	2.53
		sn2110	884	25149.80	2158589	53801111.62	284500.00	2.38
		sn2111	1640	48124.16	1710358	46929574.73	293440.00	4.61
		sn2112	1344	39267.65	2300114	63698153.74	292170.00	3.21
镍 Nickel	SHFE	ni2101	7146	97285.64	2067280	24239454.70	136140.00	12.33
		ni2102	2604	34378.01	27734312	336814204.67	132020.00	1.42
		ni2103	3420	40975.02	24615188	318686698.07	119810.00	1.69
		ni2104	2436	29743.56	18126908	242900999.16	122100.00	1.16
		ni2105	1218	15872.98	3106061	40563006.06	130320.00	1.41
		ni2106	1464	19296.98	39426709	494501795.89	131810.00	0.83
		ni2107	2418	33465.12	18677340	242798302.78	138400.00	1.73
		ni2108	1860	27524.28	12227702	167608353.11	147980.00	1.19
		ni2109	2910	43056.36	16360776	232804815.34	147960.00	1.80
		ni2110	1842	27020.30	15982664	233150904.93	146690.00	1.02
		ni2111	2802	40984.85	12172727	178987134.44	146270.00	2.75
		ni2112	1788	25571.98	8677061	126576282.94	143020.00	1.56
不锈钢 Stainless Steel	SHFE	ss2101	8280	57297.60	1450990	9946454.77	14040.00	14.47
		ss2102	11544	81731.52	2225144	15178514.31	14085.00	14.33
		ss2103	9468	65897.28	3316277	23325001.77	13940.00	7.85
		ss2104	5388	38506.38	2297901	16747336.41	13970.00	4.86
		ss2105	4452	34124.58	3939375	28285868.33	15670.00	4.30

5-18 续表 4 continued

交易品种 Product	上市 交易所 Listed Exchange	合约 Contract	交割量 (手) Delivery Quantity (lot)	交割金额 (万元) Delivery Amount (10 thousand yuan)	成交量 (手) Trading Volume (lot)	成交金额 (万元) Trading Turnover (10 thousand yuan)	结算价 (元/吨) Clearing Price (yuan/ton)	交割率 (%) Delivery Rate (%)
不锈钢 Stainless Steel	SHFE	ss2106	5640	45726.30	3238580	23199828.35	16385.00	5.01
		ss2107	6600	58146.00	4308034	33053782.58	18230.00	7.97
		ss2108	4080	38148.00	5014336	42913919.49	18620.00	5.57
		ss2109	888	8680.20	4927585	45028364.50	18905.00	1.43
		ss2110	2748	28194.48	4239950	40832768.81	20675.00	4.95
		ss2111	264	2523.18	2675524	26470023.17	18950.00	0.47
		ss2112	216	1936.44	2467426	23649140.16	17985.00	0.42
铁矿石 Iron Ore	DCE	i2101	2900	32465.50	72275560	586775442.60	1119.50	0.36
		i2102	300	3480.00	22526612	191908518.85	1160.00	0.46
		i2103	600	7587.00	3183200	28645452.89	1264.50	1.91
		i2104	500	5960.00	5032426	44379321.38	1192.00	2.71
		i2105	3700	47915.00	40753053	405337611.90	1295.00	0.62
		i2106	300	3873.00	862745	9028303.16	1291.00	0.73
		i2109	900	7960.50	41272840	456844738.33	884.50	0.17
		i2110	300	2169.00	614307	6018759.86	723.00	1.82
		i2111	300	1899.00	352316	3286964.23	633.00	1.47
		i2112	900	5418.00	363332	3158348.37	602.00	3.67
硅铁 Ferrosilicon	ZCE	SF101	3470	12086.35	6253123	19442280.03	7208.00	2.81
		SF102	122	405.60	11309	36007.41	6648.00	13.47
		SF103	705	2769.24	1322358	4407933.85	7856.00	4.49
		SF104	977	3338.41	1353435	4777797.91	6834.00	9.25
		SF105	6082	22581.86	22987787	83659465.58	7558.00	2.31
		SF106	2687	11059.62	1197899	4372335.52	8266.00	27.10
		SF107	6033	25053.44	2291690	8693485.99	8316.00	18.89
		SF108	781	3508.25	1597246	6388644.75	8984.00	7.56
		SF109	4322	23443.95	29509320	120438344.43	10872.00	1.42
		SF110	1166	9384.39	1409421	6128283.53	16276.00	6.48
		SF111	1075	5961.31	1458030	7988659.02	10604.00	3.02
		SF112	2261	9593.02	1008668	6199041.40	8528.00	14.73
		SF201	121	503.96	30071024	174751029.50	—	0.04
		SF202	0	0.00	647001	3219931.17	—	0.00
		SF203	0	0.00	709989	3147207.91	—	0.00

5-18 续表 5 continued

交易品种 Product	上市交易所 Listed Exchange	合约 Contract	交割量(手) Delivery Quantity (lot)	交割金额(万元) Delivery Amount (10 thousand yuan)	成交量(手) Trading Volume (lot)	成交金额(万元) Trading Turnover (10 thousand yuan)	结算价(元/吨) Clearing Price (yuan/ton)	交割率(%) Delivery Rate (%)
硅铁 Ferrosilicon	ZCE	SF204	0	0.00	195391	847713.76	—	0.00
		SF205	0	0.00	3243843	14479879.15	—	0.00
		SF206	0	0.00	2751	13048.63	—	0.00
		SF207	0	0.00	4965	25022.32	—	0.00
		SF208	0	0.00	2430	14347.80	—	0.00
		SF209	0	0.00	15022	69487.80	—	0.00
		SF210	0	0.00	837	3620.79	—	0.00
		SF211	0	0.00	1398	5904.45	—	0.00
		SF212	0	0.00	10	41.50	—	0.00
锰硅 Manganese Silicon	ZCE	SM101	5491	19750.95	10840526	34032320.19	7238.00	3.69
		SM102	43	153.17	402	1363.63	7124.00	100.00
		SM103	2926	11326.55	1582318	5303094.80	7742.00	16.47
		SM104	2339	7945.11	1738233	6098066.68	6816.00	13.09
		SM105	10689	38138.67	22333034	79711696.52	7232.00	6.26
		SM106	5180	19695.96	1457291	5236472.35	7604.00	42.95
		SM107	3291	12066.91	1378122	5034578.64	7312.00	13.31
		SM108	2576	10037.30	1518894	5653231.47	7792.00	12.22
		SM109	11360	47795.15	26688289	100361168.09	8740.00	5.96
		SM110	1420	8487.34	956920	3648127.41	11954.00	10.35
		SM111	1957	9237.72	1253023	5587257.58	9348.00	6.94
		SM112	2352	9607.44	861378	4274522.72	8160.00	13.28
		SM201	2289	12903.36	23636835	113723001.92	—	0.87
		SM202	0	0.00	470799	2196029.97	—	0.00
		SM203	0	0.00	249796	1087706.33	—	0.00
		SM204	0	0.00	32670	133935.21	—	0.00
		SM205	0	0.00	1540766	6506778.45	—	0.00
		SM206	0	0.00	3972	16269.43	—	0.00
		SM207	0	0.00	3889	16567.80	—	0.00
		SM208	0	0.00	1951	9845.78	—	0.00
		SM209	0	0.00	8014	33394.56	—	0.00
		SM210	0	0.00	317	1307.34	—	0.00
		SM211	0	0.00	169	679.69	—	0.00
		SM212	0	0.00	12	49.01	—	0.00

5-19　2021年能源、化工及其他期货实物交割情况
Physical Delivery of Energy & Chemical Products & Others Futures in 2021

交易品种 Product	上市交易所 Listed Exchange	合约 Contract	交割量(手) Delivery Quantity (lot)	交割金额(万元) Delivery Amount (10 thousand yuan)	成交量(手) Trading Volume (lot)	成交金额(万元) Trading Turnover(10 thousand yuan)	结算价(元/吨) Clearing Price (yuan/ton)	交割率(%) Delivery Rate (%)
苯乙烯 Ethenylbenzene	DCE	eb2101	870	2873.61	21187557	74295190.82	6606	0.44
		eb2102	5460	24244.09	10238780	34077150.82	7607	6.55
		eb2103	3020	12636.66	9898540	37801416.89	8683	2.32
		eb2104	3000	14856.00	2546630	9678878.53	9578	6.98
		eb2105	1540	7840.91	14548715	63343466.79	10183	1.17
		eb2106	213	941.52	6686236	31160432.57	8785	0.15
		eb2107	520	2420.23	6590060	28881008.02	9324	0.36
		eb2108	435	1909.89	7317370	32848250.31	8795	0.22
		eb2109	656	2917.96	7361075	32671138.81	9188	0.33
		eb2110	1563	7381.00	8585103	38233599.05	9566	0.78
		eb2111	1207	5590.62	5623075	26143807.52	9083	0.88
		eb2112	753	3104.62	6436047	29209789.72	8246	0.70
乙二醇 Ethylene Glycol	DCE	eg2101	2364	10640.76	19516930	75605423.98	4565	0.83
		eg2102	305	1293.98	6487131	25519241.56	4368	1.82
		eg2103	721	4074.64	1968719	8143510.31	5356	4.30
		eg2104	154	749.83	1773210	7305237.02	4869	1.51
		eg2105	1354	6681.60	38293907	190304164.24	4917	0.51
		eg2106	391	1883.76	554257	2893426.71	4700	2.36
		eg2107	309	1486.29	44971	226730.05	4998	12.53
		eg2108	152	729.60	2832	13995.17	4800	27.09
		eg2109	1914	10123.11	36331657	181793703.74	5382	0.66
		eg2110	1830	12194.23	2638772	13202026.59	6698	2.02
		eg2111	1507	8338.23	1646185	8756680.94	5008	2.56
		eg2112	615	2952.00	1435188	8299676.68	4800	0.83
焦炭 Coke	DCE	j2101	810	24791.05	15953219	349685457.98	3117.5	0.42
		j2102	430	12891.70	7250593	173571533.54	3002	1.65
		j2103	190	5024.35	1966989	49353501.04	2610.5	0.79
		j2104	40	934.35	2369682	55028155.28	2258.5	1.74
		j2105	1060	27917.75	23685278	607826171.24	2691.5	0.50
		j2106	140	3107.85	174539	4275226.75	2364	1.03
		j2107	10	281.60	16721	406677.13	2816	0.84
		j2108	10	317.00	5107	125408.24	3170	1.35
		j2109	270	10781.80	26571195	708161123.09	3865.5	0.14
		j2110	110	4481.35	1428363	41321496.98	4080.5	0.27
		j2111	70	2886.25	1426432	40872879.35	4145	0.08
		j2112	210	5766.65	330837	9621143.66	2751.5	0.42
焦煤 Coking Coal	DCE	jm2101	1900	17844.00	6959645	56752950.23	1603	1.71
		jm2102	300	3055.20	3655032	31273986.41	1696	1.29
		jm2103	1000	9279.90	1291910	11766736.10	1571.5	4.13
		jm2104	800	8053.80	1117706	10193346.30	1692.5	16.31
		jm2105	1000	10603.20	15767421	150624748.10	1829.5	0.73
		jm2106	600	6059.40	917440	8497710.86	1714.5	2.45
		jm2107	1100	14098.80	452639	4604177.74	2189	4.12
		jm2108	100	1223.70	323388	3491128.06	2156.5	0.55
		jm2109	2600	48239.40	23004261	272383163.17	3074.5	1.08
		jm2110	100	2397.00	1544760	23356350.90	3801.5	0.13
		jm2111	100	2040.00	1933364	27887902.84	3497.5	0.10

注：1.结算价为最后交易日交割结算价。
　　2.交割金额、交割量包含期转现部分。
　　3.交割率=交割量/合约存续期内(截至2021年12月31日)的最大日持仓量*100%。
数据来源：上海期货交易所、郑州商品交易所、大连商品交易所
Source：SHFE、ZCE、DCE

5-19 续表 1 continued

交易品种 Product	上市交易所 Listed Exchange	合约 Contract	交割量(手) Delivery Quantity (lot)	交割金额(万元) Delivery Amount (10 thousand yuan)	成交量(手) Trading Volume (lot)	成交金额(万元) Trading Turnover(10 thousand yuan)	结算价(元/吨) Clearing Price (yuan/ton)	交割率(%) Delivery Rate (%)
聚乙烯 LLDPE	DCE	l2101	924	3587.43	27208192	100812813.71	7765	0.28
		l2102	609	2422.30	4307198	16292281.03	7955	3.94
		l2103	1085	4801.13	1444961	5492966.44	8850	6.37
		l2104	810	3385.80	820992	3262313.64	8360	12.46
		l2105	5062	21437.57	35795572	149160978.23	8470	1.33
		l2106	21	79.12	831813	3490161.55	7535	0.12
		l2107	59	238.80	89824	381483.04	8095	2.83
		l2108	13	53.89	2135	8977.06	8290	2.30
		l2109	1842	7621.28	41062608	166575313.33	8275	0.46
		l2110	890	4254.20	1933246	8006605.65	9560	0.77
		l2111	1186	5212.47	2902958	12092997.93	8790	1.30
		l2112	396	1664.78	1863329	8017684.00	8408	0.39
液化石油气 Liquefied Petroleum Gas	DCE	pg2101	2781	19883.99	2666167	19735857.71	3654	5.35
		pg2102	3403	22510.53	2635148	20225285.88	3483	7.32
		pg2103	719	4840.68	2312500	16130365.15	3552	1.18
		pg2104	29	256.29	2285963	17922140.31	4474	0.08
		pg2105	203	1607.10	1757621	13448664.89	4156	0.60
		pg2106	519	4427.71	1913740	14915000.36	4487	1.00
		pg2107	1041	10032.42	1672231	14055278.05	4936	1.89
		pg2108	1331	13251.05	2380962	22155092.05	5210	1.68
		pg2109	3261	32661.81	2515821	24758164.96	5368	4.53
		pg2110	1099	13813.66	2315604	23896952.65	6442	1.68
		pg2111	1683	16336.66	3642309	43393963.61	4806	2.04
		pg2112	2077	17871.94	5697873	63252287.72	4438	2.73
聚丙烯 PP	DCE	pp2101	484	1952.00	42882851	171430547.64	8116	0.12
		pp2102	37	158.45	9642839	38641436.27	8715	0.21
		pp2103	1269	5943.70	4974517	20048529.75	9418	5.48
		pp2104	1193	5196.23	4204980	17527528.45	8750	4.07
		pp2105	2115	9345.16	50439646	217740948.52	8854	0.60
		pp2106	111	459.98	1251093	5583353.41	8288	1.64
		pp2107	9	39.21	70043	313122.10	8714	0.34
		pp2108	9	37.80	4373	19004.40	8400	0.93
		pp2109	1570	6664.61	56483935	239743284.36	8493	0.34
		pp2110	3779	18331.49	5081403	21524600.82	9706	2.93
		pp2111	4363	18618.49	3448196	15095946.44	8544	4.02
		pp2112	620	2482.42	4346752	19614314.84	8009	0.43
聚氯乙烯 PVC	DCE	v2101	12800	45056.00	19868557	70050664.33	7040	3.69
		v2102	2414	9245.62	3858368	13804289.83	7660	13.34
		v2103	3657	15697.67	1242790	4476822.82	8585	19.85
		v2104	3232	14180.40	1013651	3820975.33	8775	32.50
		v2105	7790	36515.63	34208944	139158080.08	9375	1.88
		v2106	1718	7808.31	581953	2342003.04	9090	12.59
		v2107	694	3227.10	99268	405548.37	9300	36.51
		v2108	35	168.79	2379	10380.08	9645	9.19
		v2109	6312	30692.10	42769266	189357009.95	9725	1.30
		v2110	1615	10578.25	2297020	10260242.60	13100	1.34
		v2111	3747	17927.52	1536586	7462460.29	9569	3.98
		v2112	558	2496.21	1143071	5571051.52	8947	0.62

5-19 续表 2 continued

交易品种 Product	上市交易所 Listed Exchange	合约 Contract	交割量（手） Delivery Quantity (lot)	交割金额（万元） Delivery Amount (10 thousand yuan)	成交量（手） Trading Volume (lot)	成交金额（万元） Trading Turnover(10 thousand yuan)	结算价（元/吨） Clearing Price (yuan/ton)	交割率（%） Delivery Rate (%)
玻璃 FG	ZCE	FG101	458	1625.90	116082524	409917078.40	1775	0.05
		FG102	50	191.50	18095	64617.06	1915	6.07
		FG103	504	2028.97	611662	2151545.29	2021	6.83
		FG104	809	3426.92	971824	3583908.27	2118	6.92
		FG105	341	1728.47	85526950	328298082.27	2625	0.06
		FG106	80	423.84	762502	3201707.53	2649	0.79
		FG107	119	657.83	715661	3252442.75	2764	0.70
		FG108	487	2845.05	721940	3544290.50	2921	4.71
		FG109	277	1722.94	77882560	396285084.17	3110	0.03
		FG110	1337	6064.63	436443	2424331.74	2268	14.22
		FG111	223	818.41	197182	1056637.66	1835	1.68
		FG112	467	1779.27	246874	1277624.67	1905	2.78
		FG201	0	0.00	50638301	233883477.30	—	0.00
		FG202	0	0.00	115984	542663.16	—	0.00
		FG203	0	0.00	115785	531564.41	—	0.00
		FG204	0	0.00	42559	195994.44	—	0.00
		FG205	0	0.00	11896128	45560538.04	—	0.00
		FG206	0	0.00	53784	224603.63	—	0.00
		FG207	0	0.00	44292	176424.52	—	0.00
		FG208	0	0.00	176365	691858.37	—	0.00
		FG209	0	0.00	617612	2353139.20	—	0.00
		FG210	0	0.00	5866	21631.19	—	0.00
		FG211	0	0.00	20229	74548.47	—	0.00
		FG212	0	0.00	57	206.73	—	0.00
甲醇 MA	ZCE	MA101	2483	5974.69	114982784	240921754.62	2406	0.18
		MA102	1042	2433.07	2307581	5211918.14	2335	2.31
		MA103	1955	4867.95	3198066	7748674.65	2490	1.47
		MA104	542	1279.12	825450	1970026.41	2360	2.88
		MA105	1564	4179.01	115641526	277384420.35	2672	0.14
		MA106	7	18.13	1569866	3826711.23	2590	0.02
		MA107	860	2165.48	2256072	5691594.12	2518	1.71
		MA108	1791	4516.90	1086198	2761849.68	2522	5.13
		MA109	2798	7973.73	114805418	294539146.94	2834	0.20
		MA110	2527	9488.24	3222864	8478095.38	3754	1.73
		MA111	2079	6031.29	3605018	10607548.16	2843	1.36
		MA112	2847	7530.32	3674035	12184667.33	2645	1.83
		MA201	0	0.00	164909200	502199698.96	—	0.00
		MA202	0	0.00	3232762	9471177.64	—	0.00
		MA203	0	0.00	2344904	6263624.07	—	0.00
		MA204	0	0.00	296054	765374.25	—	0.00
		MA205	0	0.00	27054437	70027443.74	—	0.00
		MA206	0	0.00	18349	48494.68	—	0.00
		MA207	0	0.00	42508	120930.16	—	0.00
		MA208	0	0.00	4232	11590.40	—	0.00
		MA209	0	0.00	240968	617377.08	—	0.00
		MA210	0	0.00	1394	3552.05	—	0.00
		MA211	0	0.00	268	672.29	—	0.00
		MA212	0	0.00	45	114.91	—	0.00

5—19 续表 3 continued

交易品种 Product	上市 交易所 Listed Exchange	合约 Contract	交割量 (手) Delivery Quantity (lot)	交割金额 (万元) Delivery Amount (10 thousand yuan)	成交量 (手) Trading Volume (lot)	成交金额 (万元) Trading Turnover(10 thousand yuan)	结算价 (元/吨) Clearing Price (yuan/ton)	交割率 (%) Delivery Rate (%)
短纤 PF	ZCE	PF105	7464	25154.62	30178468	101538576.96	6712	2.36
		PF106	40	137.00	5049	16781.07	6850	11.66
		PF107	7410	26513.19	6192437	22316241.38	7158	7.44
		PF108	64	232.00	1029	3391.76	7250	71.11
		PF109	4268	14285.42	13312072	47569680.86	6692	2.51
		PF110	1473	5868.43	314815	1137957.44	7968	11.32
		PF111	7226	25571.88	1324305	4778461.00	7076	12.09
		PF112	462	1540.31	637213	2396312.99	6668	1.87
		PF201	0	0.00	14062533	51541874.15	—	0.00
		PF202	0	0.00	772483	2758111.82	—	0.00
		PF203	0	0.00	785564	2765295.82	—	0.00
		PF204	0	0.00	95107	332269.29	—	0.00
		PF205	0	0.00	2139506	7371229.97	—	0.00
		PF206	0	0.00	415	1479.78	—	0.00
		PF207	0	0.00	2105	7290.98	—	0.00
		PF208	0	0.00	1591	6202.97	—	0.00
		PF209	0	0.00	4283	15285.67	—	0.00
		PF210	0	0.00	45	164.82	—	0.00
		PF211	0	0.00	208	729.74	—	0.00
		PF212	0	0.00	1	3.48	—	0.00
纯碱 SA	ZCE	SA101	1715	4669.05	43566999	140744805.67	1353	0.54
		SA102	1845	5442.75	45645	134505.25	1475	39.98
		SA103	2362	8029.25	737584	2190217.31	1701	8.47
		SA104	2626	9694.34	1427461	4730020.58	1836	11.82
		SA105	3930	14675.44	43752332	154637086.60	1883	1.00
		SA106	3760	15125.46	461017	1748002.62	2013	35.08
		SA107	2637	10527.62	603077	2360349.24	2007	16.98
		SA108	6735	31336.74	838228	3619374.50	2346	33.62
		SA109	7702	38793.27	58810167	251218893.94	2639	1.66
		SA110	3981	26276.08	610961	2971889.56	3362	25.87
		SA111	3258	18393.52	491775	2556848.13	2795	32.58
		SA112	2754	14762.30	800432	4891586.68	2618	22.72
		SA201	0	0.00	73946801	420066824.79	—	0.00
		SA202	0	0.00	812977	4390228.38	—	0.00
		SA203	0	0.00	648953	3271483.04	—	0.00
		SA204	0	0.00	190892	940280.79	—	0.00
		SA205	0	0.00	31060123	154687840.97	—	0.00
		SA206	0	0.00	53125	294789.02	—	0.00
		SA207	0	0.00	17918	97762.63	—	0.00
		SA208	0	0.00	21848	121965.32	—	0.00
		SA209	0	0.00	1162201	5664890.70	—	0.00
		SA210	0	0.00	16703	79197.61	—	0.00
		SA211	0	0.00	1001	4773.51	—	0.00
		SA212	0	0.00	41	193.82	—	0.00

5—19 续表 4 continued

交易品种 Product	上市交易所 Listed Exchange	合约 Contract	交割量（手）Delivery Quantity (lot)	交割金额（万元）Delivery Amount (10 thousand yuan)	成交量（手）Trading Volume (lot)	成交金额（万元）Trading Turnover(10 thousand yuan)	结算价（元/吨）Clearing Price (yuan/ton)	交割率（%）Delivery Rate (%)
PTATA	ZCE	TA101	76040	146091.60	97079950	172434877.78	3862	3.56
		TA102	5109	10442.80	7270063	12846729.84	4088	10.29
		TA103	39948	91898.39	8453410	15756995.29	4562	41.85
		TA104	6155	13294.24	2757991	5854365.22	4304	19.32
		TA105	141410	305091.39	163787870	334805265.47	4712	5.08
		TA106	14893	35102.01	8590529	19515554.14	4674	25.91
		TA107	34469	87598.44	7795290	18144151.62	5142	20.90
		TA108	8627	23048.84	3854716	9291898.26	5336	11.83
		TA109	72747	177968.95	188472006	455893856.39	4736	3.47
		TA110	34817	94145.17	7268966	18510848.77	5408	12.74
		TA111	34638	87079.93	7641460	19417798.57	5028	8.31
		TA112	22109	50253.76	6646092	17319655.55	4546	8.12
		TA201	151182	401379.89	173853898	442219372.24	—	9.24
		TA202	0	0.00	4958457	12271366.29	—	0.00
		TA203	0	0.00	6597254	16008352.00	—	0.00
		TA204	0	0.00	420305	1011925.98	—	0.00
		TA205	0	0.00	32469607	78790308.32	—	0.00
		TA206	0	0.00	35936	89986.66	—	0.00
		TA207	0	0.00	77170	192000.79	—	0.00
		TA208	0	0.00	42032	104278.25	—	0.00
		TA209	0	0.00	427036	1048632.95	—	0.00
		TA210	0	0.00	631	1551.63	—	0.00
		TA211	0	0.00	1362	3735.23	—	0.00
		TA212	0	0.00	19	47.39	—	0.00
尿素 UR	ZCE	UR101	3266	11861.94	7945146	26979373.70	1817	3.99
		UR102	14	56.50	439	1557.11	2018	31.11
		UR103	83	328.02	2474	8572.73	1976	24.56
		UR104	0	0.00	882	3294.95	2126	0.00
		UR105	1724	7484.26	11312219	44245415.56	2171	1.29
		UR106	1	4.96	2643	9632.35	2481	0.12
		UR107	2924	14767.98	7364933	31751057.74	2577	2.75
		UR108	32	170.56	1417	6533.23	2665	22.38
		UR109	1214	6181.69	6460431	29947961.26	2546	1.25
		UR110	252	1530.14	9425	43318.90	3036	30.69
		UR111	84	411.77	7856	39854.55	2451	5.32
		UR112	44	214.28	14930	71956.91	2435	1.74
		UR201	0	0.00	15156583	78861818.39	—	0.00
		UR202	0	0.00	11116	53476.20	—	0.00
		UR203	0	0.00	29972	141341.21	—	0.00
		UR204	0	0.00	18459	84499.74	—	0.00
		UR205	0	0.00	1982698	9460613.76	—	0.00
		UR206	0	0.00	3718	17509.66	—	0.00
		UR207	0	0.00	7473	34433.23	—	0.00
		UR208	0	0.00	16117	73655.35	—	0.00
		UR209	0	0.00	29540	131730.11	—	0.00
		UR210	0	0.00	2157	9302.18	—	0.00
		UR211	0	0.00	1029	4389.56	—	0.00
		UR212	0	0.00	746	3312.36	—	0.00

5-19 续表 5 continued

交易品种 Product	上市交易所 Listed Exchange	合约 Contract	交割量(手) Delivery Quantity (lot)	交割金额(万元) Delivery Amount (10 thousand yuan)	成交量(手) Trading Volume (lot)	成交金额(万元) Trading Turnover(10 thousand yuan)	结算价(元/吨) Clearing Price (yuan/ton)	交割率(%) Delivery Rate (%)
动力煤 ZC	ZCE	ZC101	1600	12041.60	17250874	113193703.88	776	0.73
		ZC102	1000	7673.60	1997080	13209462.25	764	2.46
		ZC103	4000	23846.40	1538882	10222596.91	594	8.95
		ZC104	2400	16789.60	220219	1479196.41	699	60.09
		ZC105	8800	72150.40	54422208	367517976.10	867	3.11
		ZC106	1801	15174.17	1777871	12504102.86	817	8.41
		ZC107	0	0.00	4738971	36209641.24	976	0.00
		ZC108	200	2002.80	359319	2611151.36	1001	4.52
		ZC109	0	0.00	25274262	201692716.29	1054	0.00
		ZC110	200	3096.40	52102	488829.58	1548	6.99
		ZC111	0	0.00	142848	1409062.76	1336	0.00
		ZC112	0	0.00	53814	635900.24	1001	0.00
		ZC201	0	0.00	5958910	63056091.87	—	0.00
		ZC202	0	0.00	35003	328766.94	—	0.00
		ZC203	0	0.00	36609	316244.61	—	0.00
		ZC204	0	0.00	20820	161460.55	—	0.00
		ZC205	0	0.00	1085193	10193138.84	—	0.00
		ZC206	0	0.00	1905	17318.99	—	0.00
		ZC207	0	0.00	6698	57056.31	—	0.00
		ZC208	0	0.00	989	9132.66	—	0.00
		ZC209	0	0.00	44547	394631.43	—	0.00
		ZC210	0	0.00	3584	31084.05	—	0.00
		ZC211	0	0.00	126	904.44	—	0.00
		ZC212	0	0.00	22	161.16	—	0.00
燃料油 Fuel Oil	SHFE	fu2101	13032	24969.31	123396131	230442260.06	1853	2.01
		fu2102	1784	3566.22	61308	118963.03	2023	77.13
		fu2103	3773	8975.97	1355843	2718088.12	2436	23.23
		fu2104	1938	4478.72	14924	31391.74	2370	92.68
		fu2105	5162	12306.21	117578550	263720257.51	2351	1.08
		fu2106	109	246.99	216134	518902.72	2200	4.75
		fu2107	160	420.80	6185	14275.56	2684	74.77
		fu2108	105	266.28	10416	23766.69	2573	15.86
		fu2109	14389	37828.68	103794256	262295580.36	2651	3.33
		fu2110	336	1048.32	118084	308022.85	3300	11.34
		fu2111	77	231.69	5805	15476.12	2801	49.36
		fu2112	70	190.40	8037	21595.44	2285	35.35

5-19 续表 6 continued

交易品种 Product	上市交易所 Listed Exchange	合约 Contract	交割量（手） Delivery Quantity (lot)	交割金额（万元） Delivery Amount (10 thousand yuan)	成交量（手） Trading Volume (lot)	成交金额（万元） Trading Turnover(10 thousand yuan)	结算价（元/吨） Clearing Price (yuan/ton)	交割率（%） Delivery Rate (%)
石油沥青 Bitumen	SHFE	bu2101	9788	24744.06	5997337	14538198.58	2572	6.56
		bu2102	4239	11657.25	1470161	3621933.42	2826	5.70
		bu2103	6837	21003.26	4147542	10764285.13	3000	5.91
		bu2104	1109	3074.15	1164040	3063577.22	2782	1.66
		bu2105	132	404.45	1064521	2982812.87	3058	0.17
		bu2106	12889	39904.34	69997209	199636457.68	3060	2.72
		bu2107	3935	13111.42	738595	2264139.08	3322	7.16
		bu2108	1741	5466.74	1239311	3836029.77	3140	2.73
		bu2109	9805	29336.56	31251673	102413366.12	3014	2.40
		bu2110	10255	30621.43	581786	1880705.22	2946	20.75
		bu2111	5691	16879.51	398131	1288571.51	3078	14.44
		bu2112	20352	56782.08	34465788	109743902.67	2770	5.23
纸浆 Woodpulp	SHFE	sp2101	4460	26679.72	4282134	20620663.61	6130	3.45
		sp2102	4734	30931.96	1670525	8299208.54	6578	6.12
		sp2103	5018	36410.61	17280579	104699782.03	7306	2.69
		sp2104	5354	38795.08	2818269	17310953.32	7196	4.35
		sp2105	6828	50622.79	27552565	194679424.60	7128	3.07
		sp2106	5676	35123.09	11436390	81514935.20	6158	2.98
		sp2107	6120	39351.60	9020933	58702328.44	6588	4.20
		sp2108	6912	44347.39	2203080	14426916.50	6414	10.49
		sp2109	9634	62293.44	19279811	121914572.57	6428	4.79
		sp2110	9820	59391.36	6801028	42069375.51	5556	7.08
		sp2111	5600	27664.00	5380382	30556675.06	4864	3.85
		sp2112	2106	12299.04	5355607	27359456.88	5788	1.70

5-19 续表 7 continued

交易品种 Product	上市交易所 Listed Exchange	合约 Contract	交割量（手） Delivery Quantity (lot)	交割金额（万元） Delivery Amount (10 thousand yuan)	成交量（手） Trading Volume (lot)	成交金额（万元） Trading Turnover(10 thousand yuan)	结算价（元/吨） Clearing Price (yuan/ton)	交割率(%) Delivery Rate (%)
20号胶 TSR 20	INE	nr2101	710	7156.80	980361	10589894.11	10580	2.18
		nr2102	284	2933.72	646413	6913154.24	10365	0.96
		nr2103	665	7843.68	599504	6409437.02	12100	2.19
		nr2104	876	9338.16	617114	6970029.22	10400	2.88
		nr2105	319	3568.02	1031147	12057450.73	11050	0.82
		nr2106	543	5660.78	687949	7756701.39	10030	1.54
		nr2107	371	3862.11	639343	7091346.93	10505	1.09
		nr2108	645	6983.33	577493	6206612.56	10950	2.03
		nr2109	605	6509.73	507656	5463999.08	11005	2.59
		nr2110	1696	20145.52	395506	4417172.91	11890	7.41
		nr2111	1994	21793.73	361869	3992871.97	11305	9.70
		nr2112	814	9116.80	427564	4930270.24	11150	4.79
低硫燃料油 Low Sulphur Fuel Oil	INE	lu2101	4659	11610.23	4617898	10984416.40	2408	4.11
		lu2102	786	2181.94	792453	1868189.80	2808	1.93
		lu2103	2066	6700.04	2901994	7303501.11	3367	2.05
		lu2104	6220	18442.30	2491644	6661034.78	2936	5.95
		lu2105	5928	18945.89	1970966	5922020.96	3160	5.29
		lu2106	1452	4380.68	1413596	4481096.10	3149	1.97
		lu2107	206	688.86	1278307	4053744.92	3430	0.23
		lu2108	4116	13837.99	1651826	5306773.50	3450	3.72
		lu2109	2230	7138.23	1779080	6032009.76	3443	2.49
		lu2110	4324	15220.48	1322135	4500304.53	3585	5.21
		lu2111	4203	17026.35	1232076	4102599.10	4000	6.80
		lu2112	4899	17832.36	1297533	4671520.99	3358	7.81
原油 Crude Oil	INE	sc2101	4727	137605.76	4279347	117533608.65	279.8	7.91
		sc2102	2923	94295.98	4434672	135894124.32	324	5.14
		sc2103	871	34339.10	3511125	116725192.19	410	1.84
		sc2104	1743	65972.55	3342472	130777943.51	383.1	3.37
		sc2105	1501	60629.55	5007260	198726248.52	412.2	2.93
		sc2106	5005	211060.85	3382249	137568058.30	412.1	11.78
		sc2107	1424	64888.80	3475507	148460895.26	450.5	2.65
		sc2108	1420	61298.03	3611804	162549570.30	408.2	2.62
		sc2109	4926	208369.80	3489222	152536827.55	434.3	10.40
		sc2110	378	17781.12	2964329	128172596.69	474.7	0.83
		sc2111	2	104.22	2560009	121722247.50	516.9	0.00
		sc2112	1161	57829.41	3339724	172378635.32	457.2	2.70

5-20 2021年金融期货交割情况
Cash Delivery of Financial Futures in 2021

交易品种 Product	上市交易所 Listed Exchange	合约 Contract	交割量（手） Delivery Quantity (lot)	交割金额（亿元） Delivery Amount (100 million yuan)	成交量（手） Trading Volume (lot)	成交金额（亿元） Trading Turnover (100 million yuan)	结算价（元） Clearing Price (yuan)	交割率（%） Delivery Rate (%)
2年期国债期货 2-Year Treasury Bond Futures	CFFEX	TS2103	930	18.76	258014	5180.11	100.23	3.59
		TS2106	3110	63.04	520305	10430.01	100.48	11.73
		TS2109	265	5.35	644173	12946.14	100.81	0.82
		TS2112	904	18.24	689305	13885.08	100.87	3.29
		TS2203	—	—	480470	9691.17	101.08	—
		TS2206	—	—	8995	181.28	101.02	—
		TS2209	—	—	2668	53.80	100.95	—
5年期国债期货 5-Year Treasury Bond Futures	CFFEX	TF2103	194	1.89	775089	7728.62	99.55	0.31
		TF2106	878	8.96	1381770	13763.58	100.04	1.31
		TF2109	2864	29.80	1452514	14579.14	101.28	3.93
		TF2112	4529	46.86	1574165	15886.28	101.02	6.10
		TF2203	—	—	867611	8777.92	101.72	—
		TF2206	—	—	15295	154.56	101.56	—
		TF2209	—	—	3463	35.01	101.35	—
10年期国债期货 10-Year Treasury Bond Futures	CFFEX	T2103	791	7.64	1697626	16597.11	97.41	0.67
		T2106	640	6.30	3596196	35030.52	98.27	0.50
		T2109	1359	13.46	4493745	44421.58	100.19	0.81
		T2112	1250	12.47	4186480	41738.53	100.17	0.79
		T2203	—	—	2320280	23208.53	100.76	—
		T2206	—	—	80718	806.75	100.56	—
		T2209	—	—	3447	34.54	100.38	—
沪深300股指期货 CSI 300 Index Futures	CFFEX	IF2101	6117	99.80	886923	14499.74	5438.30	6.76
		IF2102	6345	109.70	1837780	30354.16	5762.95	7.62
		IF2103	11968	179.70	3551415	56959.09	5005.11	7.64
		IF2104	7889	117.47	2071239	31167.47	4963.65	6.81
		IF2105	5286	81.54	2114039	32067.98	5142.08	5.31
		IF2106	12334	188.50	3803675	58998.42	5094.29	7.71
		IF2107	9134	140.14	1938480	29741.68	5114.13	7.96
		IF2108	8874	126.32	2215762	32845.66	4745.13	8.49
		IF2109	13657	198.25	3869131	57302.25	4838.73	8.87
		IF2110	8651	127.99	1172992	17152.77	4931.54	9.02
		IF2111	6935	101.39	1584299	23225.31	4873.22	9.03
		IF2112	10247	152.62	2855143	42028.14	4964.77	8.51
		IF2201	—	—	817896	12174.13	4947.40	—
		IF2202	—	—	13056	193.64	4950.60	—
		IF2203	—	—	789900	11625.33	4950.60	—
		IF2206	—	—	158772	2333.32	4919.20	—

数据来源：中国金融期货交易所
Source：CFFEX

5-20 续表 continued

交易品种 Product	上市交易所 Listed Exchange	合约 Contract	交割量（手） Delivery Quantity (lot)	交割金额（亿元） Delivery Amount (100 million yuan)	成交量（手） Trading Volume (lot)	成交金额（亿元） Trading Turnover (100 million yuan)	结算价（元） Clearing Price (yuan)	交割率（%） Delivery Rate (%)
上证50股指期货 SSE 50 Index Futures	CFFEX	IH2101	2969	33.97	361120	4085.79	3814.19	7.79
		IH2102	3027	36.40	730877	8399.49	4008.86	9.26
		IH2103	3987	42.01	1307037	14691.58	3512.39	7.48
		IH2104	3583	37.03	755641	7972.49	3444.74	8.46
		IH2105	3171	33.16	815379	8483.88	3485.76	7.55
		IH2106	5800	59.98	1611378	17238.08	3447.37	9.72
		IH2107	4046	41.00	920203	9465.22	3378.08	7.36
		IH2108	4056	37.23	1163652	11317.88	3060.02	7.63
		IH2109	10224	96.68	2070970	20175.52	3151.99	13.12
		IH2110	6375	62.98	727562	6984.02	3293.24	11.82
		IH2111	4549	43.68	978014	9510.65	3200.48	8.95
		IH2112	6787	66.87	1791553	17421.15	3284.17	9.37
		IH2201	—	—	488841	4838.76	3284.60	—
		IH2202	—	—	10496	103.80	3291.60	—
		IH2203	—	—	492777	4808.98	3298.60	—
		IH2206	—	—	110444	1082.83	3287.60	—
中证500股指期货 CSI 500 Index Futures	CFFEX	IC2101	7746	99.02	677730	8778.17	6391.53	8.91
		IC2102	4702	62.76	1362856	17516.47	6673.80	6.02
		IC2103	9124	113.07	2394737	30435.53	6196.10	6.46
		IC2104	7887	99.89	1329503	16559.31	6332.37	7.74
		IC2105	4213	55.07	1316781	16907.32	6535.64	5.08
		IC2106	7912	105.22	2522713	32334.31	6649.23	6.21
		IC2107	7269	101.14	1243072	16718.47	6956.90	7.23
		IC2108	6028	82.93	1579263	21678.48	6878.73	5.59
		IC2109	13303	195.66	3079832	42068.86	7353.81	8.47
		IC2110	8887	124.86	1086247	15690.40	7024.93	8.68
		IC2111	6235	89.15	1245250	17525.24	7149.05	7.79
		IC2112	10060	147.34	2845688	39831.14	7323.24	6.69
		IC2201	—	—	656425	9577.64	7377.80	—
		IC2202	—	—	15835	230.44	7350.60	—
		IC2203	—	—	1029857	14298.09	7305.80	—
		IC2206	—	—	337052	4636.12	7147.80	—

5–21　2021年农产品期货合约汇总

交易品种 Product	交易单位 Contract Size	报价单位 Quotation Unit	最小变动价位 Minimum Tick Size	涨跌停板幅度 Daily Price Limit	最低交易保证金 Minimum Trading Margin	合约月份 Contract Months	交易时间 Trading Hours
玉米 Corn	10吨/手	元(人民币)/吨	1元/吨	上一交易日结算价的4%	合约价值的5%	1、3、5、7、9、11月	每周一至周五上午9:00–11:30，下午13:30–15:00，以及交易所规定的其他时间
玉米淀粉 Corn Starch	10吨/手	元(人民币)/吨	1元/吨	上一交易日结算价的4%	合约价值的5%	1、3、5、7、9、11月	每周一至周五上午9:00–11:30，下午13:30–15:00，以及交易所规定的其他时间
黄大豆1号 No.1 Soybean	10吨/手	元(人民币)/吨	1元/吨	上一交易日结算价的4%	合约价值的5%	1、3、5、7、9、11月	每周一至周五上午9:00–11:30，下午13:30–15:00，以及交易所规定的其他时间
黄大豆2号 No.2 Soybean	10吨/手	元(人民币)/吨	1元/吨	上一交易日结算价的4%	合约价值的5%	1–12月	每周一至周五上午9:00–11:30，下午13:30–15:00，以及交易所规定的其他时间
豆粕 Soybean Meal	10吨/手	元(人民币)/吨	1元/吨	上一交易日结算价的4%	合约价值的5%	1、3、5、7、8、9、11、12月	每周一至周五上午9:00–11:30，下午13:30–15:00，以及交易所规定的其他时间
豆油 Soybean Oil	10吨/手	元(人民币)/吨	2元/吨	上一交易日结算价的4%	合约价值的5%	1、3、5、7、8、9、11、12月	每周一至周五上午9:00–11:30，下午13:30–15:00，以及交易所规定的其他时间
棕榈油 RBD Palm Oil	10吨/手	元(人民币)/吨	2元/吨	上一交易日结算价的4%	合约价值的5%	1–12月	每周一至周五上午9:00–11:30,下午13:30–15:00，以及交易所规定的其他时间
纤维板 Fiberboard	500张/手	元(人民币)/张	0.05元/张	上一交易日结算价的4%	合约价值的5%	1–12月	每周一至周五上午9:00–11:30，下午13:30–15:00，以及交易所规定的其他时间
胶合板 Blockboard	500张/手	元(人民币)/张	0.05元/张	上一交易日结算价的4%	合约价值的5%	1–12月	每周一至周五上午9:00–11:30，下午13:30–15:00，以及交易所规定的其他时间
鸡蛋 Egg	5吨/手	元（人民币）/500千克	1元/500千克	上一交易日结算价的4%	合约价值的5%	1–12月	每周一至周五上午9:00–11:30，下午13:30–15:00，以及交易所规定的其他时间
粳米 Polished Round-grained Rice	10吨/手	元(人民币)/吨	1元/吨	上一交易日结算价的4%	合约价值的5%	1–12月	每周一至周五上午9:00–11:30，下午13:30–15:00，以及交易所规定的其他时间
强麦 Strong Gluten Wheat	20吨/手	元(人民币)/吨	1元/吨	上一交易日结算价±4%及《郑州商品交易所期货交易风险控制管理办法》相关规定	合约价值的5%	1、3、5、7、9、11月	每周一至周五(北京时间 法定节假日除外)上午9:00–11:30 下午1:30–3:00

数据来源：上海期货交易所、郑州商品交易所、大连商品交易所

Source：SHFE、ZCE、DCE

Collection of Agricultural Products Futures Contracts in 2021

最后交易日 Last Trading Day	最后交割日 Last Delivery Day	交割品级 Delivery Grade	交割地点 Delivery Venue	交割方式 Delivery Form	交易代码 Trading Code	上市交易所 Listed Exchange
合约月份第10个交易日	最后交易日后第3个交易日	大连商品交易所玉米交割质量标准(FC/DCE D001-2015)	大连商品交易所玉米指定交割仓库	实物交割	C	大连商品交易所
合约月份第10个交易日	最后交易日后第3个交易日	大连商品交易所玉米淀粉交割质量标准(F/DCE CS002-2018)	大连商品交易所玉米淀粉指定交割仓库	实物交割	CS	大连商品交易所
合约月份第10个交易日	最后交易日后第3个交易日	大连商品交易所黄大豆1号交割质量标准（F/DCE A001-2018）	大连商品交易所黄大豆1号指定交割仓库	实物交割	A	大连商品交易所
合约月份第10个交易日	最后交易日后第3个交易日	大连商品交易所黄大豆2号交割质量标准（F/DCE B003-2017）	大连商品交易所黄大豆2号指定交割仓库	实物交割	B	大连商品交易所
合约月份第10个交易日	最后交易日后第3个交易日	大连商品交易所豆粕交割质量标准（F/DCE M004-2020）	大连商品交易所豆粕指定交割仓库	实物交割	M	大连商品交易所
合约月份第10个交易日	最后交易日后第3个交易日	大连商品交易所豆油交割质量标准（F/DCE Y002-2020）	大连商品交易所豆油指定交割仓库	实物交割	Y	大连商品交易所
合约月份第10个交易日	最后交易日后第3个交易日	大连商品交易所棕榈油交割质量标准	大连商品交易所棕榈油指定交割仓库	实物交割	P	大连商品交易所
合约月份第10个交易日	最后交易日后第3个交易日	大连商品交易所纤维板交割质量标准（F/DCE FB001-2019）	大连商品交易所纤维板指定交割仓库	实物交割	FB	大连商品交易所
合约月份第10个交易日	最后交易日后第3个交易日	大连商品交易所胶合板交割质量标准（F/DCE BB002-2018）	大连商品交易所胶合板指定交割仓库	实物交割	BB	大连商品交易所
合约月份倒数第4个交易日	最后交易日后第3个交易日	大连商品交易所鸡蛋交割质量标准（F/DCE JD003-2020）	大连商品交易所鸡蛋指定交割仓库、指定车板交割场所	实物交割	JD	大连商品交易所
合约月份第10个交易日	最后交易日后第3个交易日	大连商品交易所粳米交割质量标准（F/DCE RR001-2019）	大连商品交易所粳米指定交割仓库名录	实物交割	RR	大连商品交易所
合约交割月份的第10个交易日	合约交割月份的次月20日	符合《中华人民共和国国家标准 小麦》(GB1351-2008)的三等及以上小麦，且稳定时间、湿面筋等指标符合《郑州商品交易所期货交割细则》规定要求	交易所指定交割仓库	实物交割	WH	郑州商品交易所

5–21 续表 1

交易品种 Product	交易单位 Contract Size	报价单位 Quotation Unit	最小变动价位 Minimum Tick Size	涨跌停板幅度 Daily Price Limit	最低交易保证金 Minimum Trading Margin	合约月份 Contract Months	交易时间 Trading Hours
普麦 Wheat	50吨/手	元(人民币)/吨	1元/吨	上一交易日结算价±4%及《郑州商品交易所期货交易风险控制管理办法》相关规定	合约价值的5%	1、3、5、7、9、11月	每周一至周五(北京时间 法定节假日除外)上午9:00–11:30 下午1:30–3:00
菜籽油 Rapeseed Oil	10吨/手	元(人民币)/吨	1元/吨	上一交易日结算价±4%及《郑州商品交易所期货交易风险控制管理办法》相关规定	合约价值的5%	1、3、5、7、9、11月	每周一至周五(北京时间 法定节假日除外)上午9:00–11:30 下午1:30–3:00及交易所规定的其他交易时间
早籼稻 Early Indica Rice	20吨/手	元(人民币)/吨	1元/吨	上一交易日结算价±4%及《郑州商品交易所期货交易风险控制管理办法》相关规定	合约价值的5%	1、3、5、7、9、11月	每周一至周五(北京时间 法定节假日除外)上午9:00–11:30 下午1:30–3:00
油菜籽 Rapeseed	10吨/手	元(人民币)/吨	1元/吨	上一交易日结算价±4%及《郑州商品交易所期货交易风险控制管理办法》相关规定	合约价值的5%	7、8、9、11月	每周一至周五(北京时间 法定节假日除外)上午9:00–11:30 下午1:30–3:00
菜籽粕 Rapeseed Meal	10吨/手	元(人民币)/吨	1元/吨	上一交易日结算价±4%及《郑州商品交易所期货交易风险控制管理办法》相关规定	合约价值的5%	1、3、5、7、8、9、11月	每周一至周五(北京时间 法定节假日除外)上午9:00–11:30 下午1:30–3:00及交易所规定的其他交易时间
粳稻 Japonica Rice	20吨/手	元(人民币)/吨	1元/吨	上一交易日结算价±4%及《郑州商品交易所风险控制管理办法》相关规定	合约价值的5%	1、3、5、7、9、11月	每周一至周五(北京时间 法定节假日除外)上午9:00–11:30 下午1:30–3:00 最后交易日 上午9:00–11:30
晚籼稻 Late Indica Rice	20吨/手	元(人民币)/吨	1元/吨	上一交易日结算价±4%及《郑州商品交易所风险控制管理办法》相关规定	合约价值的5%	1、3、5、7、9、11月	每周一至周五(北京时间 法定节假日除外)上午9:00–11:30 下午1:30–3:00

continued

最后交易日 Last Trading Day	最后交割日 Last Delivery Day	交割品级 Delivery Grade	交割地点 Delivery Venue	交割方式 Delivery Form	交易代码 Trading Code	上市交易所 Listed Exchange
合约交割月份的第10个交易日	仓单交割：合约交割月份的第13个交易日 车（船）板交割：合约交割月份的次月20日	符合《中华人民共和国国家标准 小麦》(GB1351-2008)的三等及以上小麦，且物理指标等符合《郑州商品交易所期货交割细则》规定要求	交易所指定交割仓库及指定交割计价点	实物交割	PM	郑州商品交易所
合约交割月份的第10个交易日	合约交割月份的第13个交易日	基准交割品：符合《中华人民共和国国家标准菜籽油》(GB1536-2004)四级质量指标的菜油。替代品及升贴水见《郑州商品交易所期货交割细则》	交易所指定交割地点	实物交割	OI	郑州商品交易所
合约交割月份的第10个交易日	合约交割月份的第13个交易日	基准交割品：符合《中华人民共和国国家标准 稻谷》(GB1350-2009)三等及以上等级质量指标及《郑州商品交易所期货交割细则》规定的早籼稻谷替代品及升贴水见《郑州商品交易所期货交割细则》	交易所指定交割仓库	实物交割	RI	郑州商品交易所
合约交割月份的第10个交易日	仓单交割：合约交割月份的第13个交易日 车（船）板交割：合约交割月份的次月20日	见《郑州商品交易所期货交割细则》	交易所指定交割地点	实物交割	RS	郑州商品交易所
合约交割月份的第10个交易日	合约交割月份的第13个交易日	见《郑州商品交易所期货交割细则》	交易所指定交割地点	实物交割	RM	郑州商品交易所
合约交割月份的第10个交易日	合约交割月份的第13个交易日	见《郑州商品交易所期货交割细则》	交易所指定交割地点	实物交割	JR	郑州商品交易所
合约交割月份的第10个交易日	合约交割月份的第13个交易日	见《郑州商品交易所期货交割细则》	交易所指定交割地点	实物交割	LR	郑州商品交易所

5-21 续表 2

交易品种 Product	交易单位 Contract Size	报价单位 Quotation Unit	最小变动价位 Minimum Tick Size	涨跌停板幅度 Daily Price Limit	最低交易保证金 Minimum Trading Margin	合约月份 Contract Months	交易时间 Trading Hours
棉花 Cotton	5吨/手(公定重量)	元(人民币)/吨	5元/吨	上一交易日结算价±4%及《郑州商品交易所期货交易风险控制管理办法》相关规定	合约价值的5%	1、3、5、7、9、11月	每周一至周五(北京时间 法定节假日除外)上午9:00-11:30 下午1:30-3:00及交易所规定的其他交易时间
白糖 Sugar	10吨/手	元(人民币)/吨	1元/吨	上一交易日结算价±4%及《郑州商品交易所期货交易风险控制管理办法》相关规定	合约价值的5%	1、3、5、7、9、11月	每周一至周五(北京时间 法定节假日除外)上午9:00-11:30 下午1:30-3:00及交易所规定的其他交易时间
棉纱 Cotton Yarn	5吨/手(公定重量)	元(人民币)/吨	5元/吨	上一交易日结算价±4%及《郑州商品交易所期货交易风险控制管理办法》相关规定	合约价值的5%	1-12月	每周一至周五(北京时间 法定节假日除外)上午9:00-11:30 下午1:30-3:00及交易所规定的其他交易时间 最后交易日上午9:00-11:30
苹果 Apple	10吨/手	元(人民币)/吨	1元/吨	上一交易日结算价±5%及《郑州商品交易所期货交易风险控制管理办法》相关规定	合约价值的7%	1、3、5、7、10、11、12月	每周一至周五(北京时间 法定节假日除外)上午9:00-11:30 下午1:30-3:00及交易所规定的其他交易时间 最后交易日上午9:00-11:30
红枣 chinese Jujube	5吨/手	元(人民币)/吨	1元/吨	上一交易日结算价±5%及《郑州商品交易所期货交易风险控制管理办法》相关规定	合约价值的7%	1、3、5、7、9、12月	每周一至周五(北京时间 法定节假日除外)上午9:00-11:30 下午1:30-3:00及交易所规定的其他交易时间
花生 Peanut Kernel	5吨/手	元(人民币)/吨	2元/吨	上一交易日结算价±4%及《郑州商品交易所期货交易风险控制管理办法》相关规定	合约价值的5%	1、3、4、10、11、12月	每周一至周五(北京时间 法定节假日除外)上午9:00-11:30 下午1:30-3:00及交易所规定的其他交易时间
天然橡胶 Natural Rubber	10吨/手	元(人民币)/吨	5元/吨	不超过上一交易日结算价±3%	合约价值的5%	1、3、4、5、6、7、8、9、10、11月	上午9:00-11:30 下午1:30-3:00及交易所规定的其他交易时间

continued

最后交易日 Last Trading Day	最后交割日 Last Delivery Day	交割品级 Delivery Grade	交割地点 Delivery Venue	交割方式 Delivery Form	交易代码 Trading Code	上市交易所 Listed Exchange
合约交割月份的第10个交易日	合约交割月份的第13个交易日	基准交割品：符合GB1103.1-2012《棉花 第1部分：锯齿加工细绒棉》规定的3128B级，且长度整齐度为U3档，断裂比强度为S3档，轧工质量为P2档的国产棉花。替代品详见交易所交割细则。替代品升贴水由交易所另行制定并公告	交易所指定棉花交割仓库	实物交割	CF	郑州商品交易所
合约交割月份的第10个交易日	合约交割月份的第13个交易日	见《郑州商品交易所期货交割细则》	交易所指定交割仓库	实物交割	SR	郑州商品交易所
合约交割月份的第10个交易日	合约交割月份的第13个交易日	见《郑州商品交易所期货交割细则》	交易所指定交割地点	实物交割	CY	郑州商品交易所
合约交割月份的第10个交易日	仓单交割：合约交割月份的第13个交易日 车（船）板交割：合约交割月份的次月10日	见《郑州商品交易所期货交割细则》	交易所指定交割仓库	实物交割	AP	郑州商品交易所
合约交割月份的第10个交易日	合约交割月份的第13个交易日	见《郑州商品交易所期货交割细则》	交易所指定交割仓库	实物交割	CJ	郑州商品交易所
合约交割月份的第10个交易日	仓单交割：合约交割月份的第13个交易日 车（船）板交割：合约交割月份的次月10日	见《郑州商品交易所期货交割细则》	交易所指定交割地点	实物交割	PK	郑州商品交易所
合约月份的15日（遇国家法定节假日顺延，春节月份等最后交易日交易所可另行调整并通知）	最后交易日后连续5个工作日	标准品：1.国产天然橡胶(SCR WF)，质量符合国标GB/T8081-2008。 2.进口3号烟胶片(RSS3)，质量符合《天然橡胶等级的品质与包装国际标准(绿皮书)》(1979年版)	上海期货交易所指定交割仓库	实物交割	RU	上海期货交易所

5-22 2021年金属期货合约汇总

交易品种 Product	交易单位 Contract Size	报价单位 Quotation Unit	最小变动价位 Minimum Tick Size	涨跌停板幅度 Daily Price Limit	最低交易保证金 Minimum Trading Margin	合约月份 Contract Months	交易时间 Trading Hours	最后交易日 Last Trading Day
铜 Copper	5吨/手	元（人民币）/吨	10元/吨	上一交易日结算价±3%	合约价值的5%	1-12月	上午9:00-11:30，下午1:30-3:00和交易所规定的其他交易时间	合约月份的15日（遇国家法定节假日顺延，春节月份等最后交易日交易所可另行调整并通知）
铜（BC） Copper (BC)	5吨/手	元（人民币）/吨（交易报价为不含税价格）	10元（人民币）/吨	上一交易日结算价±3%	合约价值的5%	1月、2月、3月、4月、5月、6月、7月、8月、9月、10月、11月、12月	上午9:00－11:30，下午1:30－3:00以及上海国际能源交易中心规定的其他交易时间	交割月份的15日（遇国家法定节假日、休息日顺延；上海国际能源交易中心可以根据国家法定节假日、休息日调整最后交易日）
铝 Aluminum	5吨/手	元（人民币）/吨	5元/吨	上一交易日结算价±3%	合约价值的5%	1-12月	上午9:00-11:30，下午1:30-3:00和交易所规定的其他交易时间	合约月份的15日（遇国家法定节假日顺延，春节月份等最后交易日交易所可另行调整并通知）
锌 Zinc	5吨/手	元（人民币）/吨	5元/吨	上一交易日结算价±4%	合约价值的5%	1-12月	上午9:00-11:30，下午1:30-3:00和交易所规定的其他交易时间	合约月份的15日（遇国家法定节假日顺延，春节月份等最后交易日交易所可另行调整并通知）
铅 Lead	5吨/手	元（人民币）/吨	5元/吨	上一交易日结算价±4%	合约价值的5%	1-12月	上午9:00-11:30，下午1:30-3:00和交易所规定的其他交易时间	合约月份的15日（遇国家法定节假日顺延，春节月份等最后交易日交易所可另行调整并通知）
镍 Nickel	1吨/手	元（人民币）/吨	10元/吨	上一交易日结算价±4%	合约价值的5%	1-12月	上午9:00-11:30，下午1:30-3:00和交易所规定的其他交易时间	合约月份的15日（遇国家法定节假日顺延，春节月份等最后交易日交易所可另行调整并通知）
锡 Tin	1吨/手	元（人民币）/吨	10元/吨	上一交易日结算价±4%	合约价值的5%	1-12月	上午9:00-11:30，下午1:30-3:00和交易所规定的其他交易时间	合约月份的15日（遇国家法定节假日顺延，春节月份等最后交易日交易所可另行调整并通知）
黄金 Gold	1000克/手	元(人民币)/克	0.02元/克	上一交易日结算价±3%	合约价值的4%	最近三个连续月份的合约以及最近13个月以内的双月合约	上午9:00-11:30，下午1:30-3:00和交易所规定的其他交易时间	合约月份的15日（遇国家法定节假日顺延，春节月份等最后交易日交易所可另行调整并通知）

数据来源：上海期货交易所、郑州商品交易所、大连商品交易所

Source：SHFE、ZCE、DCE

Collection of Metal Products Futures Contracts in 2021

最后交割日 Last Delivery Date	交割品级 Delivery Grade	交割地点 Delivery Venue	最小交割单位 Minimum Delivery Unit	交割方式 Delivery Form	交易代码 Trading Code	上市交易所 Listed Exchange
最后交易日后连续三个工作日	标准品：阴极铜，符合国标GB/T467-2010中1号标准铜(Cu-CATH-2)规定，其中主成份铜加银含量不小于99.95%。 替代品：阴极铜，符合国标GB/T467-2010中A级铜(Cu-CATH-1)规定；或符合BS EN 1978:1998中A级铜(Cu-CATH-1)规定。	交易所指定交割仓库	25吨	实物交割	CU	上海期货交易所
最后交易日后连续五个交易日	阴极铜，符合国标GB/T467-2010中A级铜(Cu-CATH-1)规定； 或者符合BS EN 1978:1998中A级铜(Cu-CATH-1)规定	上海国际能源交易中心指定交割仓库	—	实物交割	BC	上海国际能源交易中心
最后交易日后连续三个工作日	标准品：铝锭，符合国标GB/T1196-2017 AL99.70规定，其中铝含量不低于99.70%。 替代品：1、铝锭，符合国标GB/T1196-2017 AL99.80、AL99.85规定。2、铝锭，符合P1020A标准。	交易所指定交割仓库	25吨	实物交割	AL	上海期货交易所
最后交易日后连续三个工作日	标准品：锌锭，符合国标GB/T470-2008 ZN99.995规定，其中锌含量不小于99.995%。 替代品：锌锭，符合BS EN 1179:2003 Z1规定，其中锌含量不小于99.995%。	交易所指定交割仓库	25吨	实物交割	ZN	上海期货交易所
最后交易日后连续三个工作日	标准品：铅锭，符合国标GB/T 469-2013 Pb99.994规定，其中铅含量不小于99.994%。	交易所指定交割仓库	25吨	实物交割	PB	上海期货交易所
最后交易日后连续三个工作日	标准品：电解镍，符合国标GB/T 6516-2010Ni9996规定，其中镍和钴的总含量不小于99.96%。 替代品：电解镍，符合国标GB/T 6516-2010Ni9999规定，其中镍和钴的总含量不小于99.99%；或符合ASTMB39-79(2013)规定，其中镍的含量不小于99.8%。	交易所指定交割仓库	6吨	实物交割	NI	上海期货交易所
最后交易日后连续三个工作日	标准品：锡锭，符合国标GB/T 728-2010 Sn99.90A牌号规定，其中锡含量不小于99.90%。 替代品：锡锭，符合国标GB/T 728-2010 Sn99.90AA牌号规定，其中锡含量不小于99.90%；Sn99.95A、Sn99.95AA牌号规定，其中锡含量不小99.95%；Sn99.99A牌号规定，其中锡含量不小于99.99%。	交易所指定交割仓库	2吨	实物交割	SN	上海期货交易所
最后交易日后第一个工作日	金含量不小于99.95%的国产金锭及经交易所认可的伦敦金银市场协会（LBMA）认定的合格供货商或精炼厂生产的标准金锭（具体质量规定见附件）。	交易所指定交割金库	3000克	实物交割	AU	上海期货交易所

5-22 续表

交易品种 Product	交易单位 Contract Size	报价单位 Quotation Unit	最小变动价位 Minimum Tick Size	涨跌停板幅度 Daily Price Limit	最低交易保证金 Minimum Trading Margin	合约月份 Contract Months	交易时间 Trading Hours	最后交易日 Last Trading Day
白银 Silver	15千克/手	元（人民币）/千克	1元/千克	上一交易日结算价 ± 3%	合约价值的4%	1-12月	上午9:00-11:30 ，下午1:30-3:00和交易所规定的其他交易时间	合约月份的15日（遇国家法定节假日顺延，春节月份等最后交易日交易所可另行调整并通知）
螺纹钢 Steel Rebar	10吨/手	元（人民币）/吨	1元/吨	上一交易日结算价 ± 3%	合约价值的5%	1-12月	上午9:00-11:30 ，下午1:30-3:00和交易所规定的其他交易时间	合约月份的15日（遇国家法定节假日顺延，春节月份等最后交易日交易所可另行调整并通知）
线材 Steel Wire Rod	10吨/手	元（人民币）/吨	1元/吨	上一交易日结算价 ± 5%	合约价值的7%	1-12月	上午9:00-11:30 ，下午1:30-3:00和交易所规定的其他交易时间	合约月份的15日（遇国家法定节假日顺延，春节月份等最后交易日交易所可另行调整并通知）
热轧卷板 Hot Rolled Coils	10吨/手	元（人民币）/吨	1元/吨	上一交易日结算价 ± 3%	合约价值的4%	1-12月	上午9:00-11:30 ，下午1:30-3:00和交易所规定的其他交易时间	合约月份的15日（遇国家法定节假日顺延，春节月份等最后交易日交易所可另行调整并通知）
不锈钢 Stainless Steel	5吨/手	元（人民币）/吨	5元/吨	上一交易日结算价 ± 4%	合约价值的5%	1-12月	上午9:00-11:30,下午1:30-3:00和交易所规定的其他交易时间	合约月份的15日（遇国家法定节假日顺延，春节月份等最后交易日交易所可另行调整并通知）
硅铁 Ferrosilicon	5吨/手	元(人民币)/吨	2元/吨	上一交易日结算价 ± 4%及《郑州商品交易所期货交易风险控制管理办法》相关规定	合约价值的5%	1-12月	每周一至周五（北京时间 法定节假日除外）上午9:00-11:30 下午1:30-3:00及交易所规定的其他交易时间 最后交易日上午9:00-11:30	合约交割月份的第10个交易日
锰硅 Manganese Silicon	5吨/手	元(人民币)/吨	2元/吨	上一交易日结算价 ± 4%及《郑州商品交易所期货交易风险控制管理办法》相关规定	合约价值的5%	1-12月	每周一至周五（北京时间 法定节假日除外）上午9:00-11:30 下午1:30-3:00及交易所规定的其他交易时间 最后交易日上午9:00-11:30	合约交割月份的第10个交易日
铁矿石 Iron Ore	100吨/手	元（人民币）/吨	0.5元/吨	上一交易日结算价的4%	合约价值的5%	1-12月	每周一至周五上午9:00-11:30,下午13:30-15:00，以及交易所规定的其他时间	合约月份的第10个交易日

continued

最后交割日 Last Delivery Date	交割品级 Delivery Grade	交割地点 Delivery Venue	最小交割单位 Minimum Delivery Unit	交割方式 Delivery Form	交易代码 Trading Code	上市交易所 Listed Exchange
最后交易日后连续三个工作日	标准品：符合国标GB/T 4135-2016 IC-Ag99.99规定，其中银含量不低于99.99%。	交易所指定交割仓库	30千克	实物交割	AG	上海期货交易所
最后交易日后连续三个工作日	标准品：符合国标GB/T 1499.2-2018《钢筋混凝土用钢第2部分：热轧带肋钢筋》HRB400牌号的Φ16mm、Φ18mm、Φ20mm、Φ22mm、Φ25mm螺纹钢。 替代品：符合国标GB/T 1499.2-2018《钢筋混凝土用钢第2部分:热轧带肋钢筋》的HRB400E牌号的Φ16mm、Φ18mm、Φ20mm、Φ22mm、Φ25mm螺纹钢。	交易所指定交割仓库	300吨	实物交割	RB	上海期货交易所
最后交易日后连续三个工作日	标准品：符合国标GB/T 1499.1-2017《钢筋混凝土用钢第1部分：热轧光圆钢筋》HPB300牌号的φ8mm 线材。 替代品：符合国标GB/T 1499.1-2017《钢筋混凝土用钢第1部分：热轧光圆钢筋》HPB300牌号的φ10mm线材。	交易所指定交割仓库	300吨	实物交割	WR	上海期货交易所
最后交易日后连续三个工作日	标准品：符合GB/T 3274-2017《碳素结构钢和低合金结构钢热轧厚钢板和钢带》的Q235B或符合JIS G 3101-2015《一般结构用轧制钢材》的SS400，厚度5.75mm、宽度1500mm热轧卷板。 替代品：符合GB/T 3274-2017《碳素结构钢和低合金结构钢热轧厚钢板和钢带》的Q235B或符合JIS G 3101-2015《一般结构用轧制钢材》的SS400，厚度9.75mm、9.5mm、7.75mm、7.5mm、5.80mm、5.70mm、5.60mm、5.50mm、5.25mm、4.75mm、4.50mm、4.25mm、3.75mm、3.50mm，宽度1500mm热轧卷板。	交易所指定交割仓库	300吨	实物交割	HC	上海期货交易所
最后交易日后连续三个工作日	标准品为厚度2.0mm、宽度1219mm、表面加工类型为2B、边部状态为切边的304奥氏体不锈钢冷轧卷板。 替代交割品厚度可选0.5 mm、0.6 mm、0.7 mm、0.8 mm、0.9 mm、1.0 mm、1.2 mm、1.5 mm、3.0mm，宽度可选1000mm、1500mm，边部状态可选毛边（厚度升贴水、边部状态升贴水由交易所另行规定并公告）。 质量符合GB/T3280-2015《不锈钢冷轧钢板和钢带》要求的06Cr19Ni10，或者符合JIS G 4305：2012《冷轧不锈钢钢板及钢带》的SUS304。	交易所指定交割地点	60吨	实物交割	SS	上海期货交易所
合约交割月份的第13个交易日	见《郑州商品交易所期货交割细则》	交易所指定交割地点	—	实物交割	SF	郑州商品交易所
合约交割月份的第13个交易日	见《郑州商品交易所期货交割细则》	交易所指定交割地点	—	实物交割	SM	郑州商品交易所
最后交易日后第3个交易日	大连商品交易所铁矿石交割质量标准（F/DCE I001-2019），可交割品牌和品牌升贴水由大连商品交易所另行规定。	大连商品交易所铁矿石指定交割仓库及指定交割地点	—	实物交割	I	大连商品交易所

5-23 2021年能源、化工及其他期货合约汇总

交易品种 Product	交易单位 Contract Size	报价单位 Quotation Unit	最小变动价位 Minimum Tick Size	涨跌停板幅度 Daily Price Limit	最低交易保证金 Minimum Trading Margin	合约月份 Contract Months	交易时间 Trading Hours
聚乙烯 LLDPE	5吨/手	元(人民币)/吨	1元/吨	上一交易日结算价的4%	合约价值的5%	1-12月	每周一至周五上午9:00-11:30,下午13:30-15:00，以及交易所规定的其他时间
聚氯乙烯 PVC	5吨/手	元(人民币)/吨	1元/吨	上一交易日结算价的4%	合约价值的5%	1-12月	每周一至周五上午9:00-11:30,下午13:30-15:00，以及交易所规定的其他时间
聚丙烯 PP	5吨/手	元(人民币)/吨	1元/吨	上一交易日结算价的4%	合约价值的5%	1-12月	每周一至周五上午9:00-11:30,下午13:30-15:00，以及交易所规定的其他时间
焦炭 Coke	100吨/手	元(人民币)/吨	0.5元/吨	上一交易日结算价的4%	合约价值的5%	1-12月	每周一至周五上午9:00-11:30,下午13:30-15:00，以及交易所规定的其他时间
焦煤 Coking Coal	60吨/手	元(人民币)/吨	0.5元/吨	上一交易日结算价的4%	合约价值的5%	1-12月	每周一至周五上午9:00-11:30,下午13:30-15:00，以及交易所规定的其他时间
乙二醇 Ethylene Glycol	10吨/手	元(人民币)/吨	1元/吨	上一交易日结算价的4%	合约价值的5%	1-12月	每周一至周五上午9:00-11:30,下午13:30-15:00，以及交易所规定的其他时间
苯乙烯 Ethenylbenzene	5吨/手	元(人民币)/吨	1元/吨	上一交易日结算价的4%	合约价值的5%	1-12月	每周一至周五上午9:00-11:30,下午13:30-15:00，以及交易所规定的其他时间
液化石油气 LPG	20吨/手	元(人民币)/吨	1元/吨	上一交易日结算价的4%	合约价值的5%	1-12月	每周一至周五上午9:00-11:30,下午13:30-15:00，以及交易所规定的其他时间
燃料油 Fuel Oil	10吨/手	元(人民币)/吨(交易报价为不含税价格)	1元/吨	上一交易日结算价±5%	合约价值的8%	1-12月	上午9:00-11:30，下午1:30-3:00和交易所规定的其他交易时间

数据来源：上海期货交易所、郑州商品交易所、大连商品交易所
Source：SHFE、ZCE、DCE

Collection of Energy & Chemical Products & Others Futures Contracts in 2021

最后交易日 Last Trading Day	最后交割日 Last Delivery Day	交割品级 Delivery Grade	交割地点 Delivery Venue	交割方式 Trading Form	交易代码 Trading Code	上市交易所 Listed Exchange
合约月份第10个交易日	最后交易日后第3个交易日	大连商品交易所线型低密度聚乙烯交割质量标准	大连商品交易所线型低密度聚乙烯指定交割仓库	实物交割	L	大连商品交易所
合约月份第10个交易日	最后交易日后第3个交易日	质量标准符合《悬浮法通用型聚氯乙烯树脂（GB/T 5761-2018）》规定的SG5型一等品和优等品（干流性指标不做要求）	大连商品交易所聚氯乙烯指定交割仓库	实物交割	V	大连商品交易所
合约月份第10个交易日	最后交易日后第3个交易日	大连商品交易所聚丙烯交割质量标准	大连商品交易所聚丙烯指定交割仓库	实物交割	PP	大连商品交易所
合约月份第10个交易日	最后交易日后第3个交易日	大连商品交易所焦炭交割质量标准（F/DCE J001-2021）	大连商品交易所焦炭指定交割仓库	实物交割	J	大连商品交易所
合约月份第10个交易日	最后交易日后第3个交易日	大连商品交易所焦煤交割质量标准（F/DCE JM001-2018）	大连商品交易所焦煤指定交割仓库	实物交割	JM	大连商品交易所
合约月份倒数第4个交易日	最后交易日后第3个交易日	大连商品交易所乙二醇交割质量标准（F/DCE EG001-2018）	大连商品交易所乙二醇指定交割仓库	实物交割	EG	大连商品交易所
合约月份倒数第4个交易日	最后交易日后第3个交易日	大连商品交易所苯乙烯交割质量标准（F/DCE EG001-2019）	大连商品交易所苯乙烯指定交割仓库	实物交割	EB	大连商品交易所
合约月份倒数第4个交易日	最后交易日后第3个交易日	大连商品交易所液化石油气交割质量标准（F/DCE PG001-2020）	大连商品交易所液化石油气指定交割仓库	实物交割	PG	大连商品交易所
合约月份前一月份的最后一个交易日；交易所可以根据国家法定节假日调整最后交易日	最后交易日后连续五个工作日	RMG 380船用燃料油（硫含量为I级、II级）或者质量优于该标准的船用燃料油	交易所指定交割地点	实物交割	FU	上海期货交易所

5-23 续表 1

交易品种 Product	交易单位 Contract Size	报价单位 Quotation Unit	最小变动价位 Minimum Tick Size	涨跌停板幅度 Daily Price Limit	最低交易保证金 Minimum Trading Margin	合约月份 Contracts Months	交易时间 Trading Hours
低硫燃料油 Low Sulfur Fuel Oil	10吨/手	元(人民币)/吨(交易报价为不含税价格)	1元/吨	不超过上一交易日结算价±5%	合约价值的8%	1-12月	上午9:00-11:30,下午1:30-3:00以及上海国际能源交易中心规定的其他交易时间
石油沥青 Bitumen	10吨/手	元(人民币)/吨	1元/吨	上一交易日结算价±3%	合约价值的4%	最近1~12个月为连续月份以及随后四个季月	上午9:00-11:30,下午1:30-3:00和交易所规定的其他交易时间
纸浆 Woodpulp	10吨/手	元(人民币)/吨	2元/吨	上一交易日结算价±3%	合约价值的4%	1-12月	上午9:00-11:30,下午1:30-3:00和交易所规定的其他交易时间
20号胶 TSR20	10吨/手	元(人民币)/吨(交易报价为不含税价格)	5元/吨	不超过上一交易日结算价±5%	合约价值的7%	1-12月	上午9:00-11:30,下午1:30-3:00和上海国际能源交易中心规定的其他交易时间
原油 Crude Oil	1000桶/手	元(人民币)/桶(交易报价为不含税价格)	0.1元(人民币)/桶	不超过上一交易日结算价±4%	合约价值的5%	最近1-12个月为连续月份以及随后八个季月	上午9:00-11:30,下午1:30-3:00和上海国际能源交易中心规定的其他交易时间
甲醇 Menthanol	10吨/手	元(人民币)/吨	1元/吨	上一交易日结算价±4%及《郑州商品交易所期货交易风险控制管理办法》相关规定	合约价值的5%	1-12月	每周一至周五(北京时间 法定节假日除外)上午9:00-11:30 下午1:30-3:00及交易所规定的其他交易时间

continued

最后交易日 Last Trading Day	最后交割日 Last Delivery Day	交割品级 Delivery Grade	交割地点 Delivery Venue	交割方式 Trading Form	交易代码 Trading Code	上市交易所 Listed Exchange
交割月份前第一月的最后一个交易日（遇国家法定节假日、休息日顺延；上海国际能源交易中心可以根据国家法定节假日、休息日调整最后交易日）	最后交易日后连续五个交易日	低硫船用燃料油（具体质量规定见《上海国际能源交易中心低硫燃料油期货标准合约附件》）	上海国际能源交易中心指定交割仓库	实物交割	LU	上海国际能源交易中心
合约月份的15日（遇国家法定节假日顺延，春节月份等最后交易日交易所可另行调整并通知）	最后交易日后连续三个工作日	70号A级道路石油沥青，具体内容见《上海期货交易所石油沥青期货交割实施细则（试行）》	交易所指定交割地点	实物交割	BU	上海期货交易所
合约月份的15日（遇国家法定节假日顺延，春节月份等最后交易日交易所可另行调整并通知）	最后交易日后连续三个工作日	漂白硫酸盐针叶木浆，具体质量规定见《上海期货交易所漂白硫酸盐针叶木浆期货合约附件》	交易所指定交割仓库	实物交割	SP	上海期货交易所
交割月份的15日（遇国家法定节假日、休息日顺延；上海国际能源交易中心可以根据国家法定节假日、休息日调整最后交易日）	最后交易日后连续五个交易日	具体规定见《上海国际能源交易中心20号胶期货标准合约附件》	上海国际能源交易中心指定交割仓库	实物交割	NR	上海国际能源交易中心
交割月份前第一月的最后一个交易日；上海国际能源交易中心有权根据国家法定节假日调整最后交易日	最后交易日后连续五个交易日	中质含硫原油，基准品质为API度32.0，硫含量1.5%，具体可交割油种及升贴水由上海国际能源交易中心另行规定	上海国际能源交易中心指定交割仓库	实物交割	SC	上海国际能源交易中心
合约交割月份的第10个交易日	合约交割月份的第13个交易日	见《郑州商品交易所期货交割细则》	交易所指定交割地点	实物交割	MA	郑州商品交易所

5-23 续表 2

交易品种 Product	交易单位 Contract Size	报价单位 Quotation Unit	最小变动价位 Minimum Tick Size	涨跌停板幅度 Daily Price Limit	最低交易保证金 Minimum Trading Margin	合约月份 Contracts Months	交易时间 Trading Hours
玻璃 Glass	20吨/手	元(人民币)/吨	1元/吨	上一交易日结算价±4%及《郑州商品交易所期货交易风险控制管理办法》相关规定	合约价值的5%	1-12月	每周一至周五（北京时间 法定节假日除外）上午9:00-11:30 下午1:30-3:00及交易所规定的其他交易时间
动力煤 Thermal Coal	100吨/手	元(人民币)/吨	0.2元/吨	上一交易日结算价±4%及《郑州商品交易所期货交易风险控制管理办法》相关规定	合约价值的5%	1-12月	每周一至周五（北京时间 法定节假日除外）上午9:00-11:30 下午1:30-3:00及交易所规定的其他交易时间
尿素 Urea	20吨/手	元(人民币)/吨	1元/吨	上一交易日结算价±4%及《郑州商品交易所期货交易风险控制管理办法》相关规定	合约价值的5%	1-12月	每周一至周五（北京时间 法定节假日除外）上午9:00-11:30 下午1:30-3:00及交易所规定的其他交易时间
纯碱 Soda Ash	20吨/手	元(人民币)/吨	1元/吨	上一交易日结算价±4%及《郑州商品交易所期货交易风险控制管理办法》相关规定	合约价值的5%	1-12月	每周一至周五（北京时间 法定节假日除外）上午9:00-11:30 下午1:30-3:00及交易所规定的其他交易时间
PTA	5吨/手	元(人民币)/吨	2元/吨	上一交易日结算价±4%及《郑州商品交易所期货交易风险控制管理办法》相关规定	合约价值的5%	1-12月	每周一至周五（北京时间 法定节假日除外）上午9:00-11:30 下午1:30-3:00及交易所规定的其他交易时间
短纤 Polyester Staple Fiber	5吨/手	元(人民币)/吨	2元/吨	上一交易日结算价±4%及《郑州商品交易所期货交易风险控制管理办法》相关规定	合约价值的5%	1-12月	每周一至周五（北京时间 法定节假日除外）上午9:00-11:30 下午1:30-3:00及交易所规定的其他交易时间

continued

最后交易日 Last Trading Day	最后交割日 Last Delivery Day	交割品级 Delivery Grade	交割地点 Delivery Venue	交割方式 Trading Form	交易代码 Trading Code	上市交易所 Listed Exchange
合约交割月份的第10个交易日	合约交割月份的第13个交易日	见《郑州商品交易所期货交割细则》	交易所指定交割地点	实物交割	FG	郑州商品交易所
合约交割月份的第5个交易日	车（船）板交割：合约交割月份的最后1个日历日 仓单交割：合约交割月份的第8个交易日	见《郑州商品交易所期货交割细则》	交易所指定交割地点	实物交割	ZC	郑州商品交易所
合约交割月份的第10个交易日	合约交割月份的第13个交易日	见《郑州商品交易所期货交割细则》	交易所指定交割地点	实物交割	UR	郑州商品交易所
合约交割月份的第10个交易日	合约交割月份的第13个交易日	见《郑州商品交易所期货交割细则》	交易所指定交割地点	实物交割	SA	郑州商品交易所
合约交割月份的第10个交易日	合约交割月份的第13个交易日	见《郑州商品交易所期货交割细则》	交易所指定交割仓库	实物交割	TA	郑州商品交易所
合约交割月份的第10个交易日	合约交割月份的第13个交易日	见《郑州商品交易所期货交割细则》	交易所指定交割仓库	实物交割	PF	郑州商品交易所

5-24 2021年金融期货合约汇总

合约标的 Underlying Bond	合约乘数 Contract Multiplier	报价单位 Quotation Unit	最小变动价位 Minimum Tick Size	合约月份 Contract Months	交易时间 Trading Hours
中证500指数 CSI 500 Index	每点200元	指数点	0.2点	当月、下月及随后两个季月	上午：9:30-11:30 下午：13:00-15:00
沪深300指数 CSI 300 Index	每点300元	指数点	0.2点	当月、下月及随后两个季月	上午：9:30-11:30 下午：13:00-15:00
上证50指数 SSE 50 Index	每点300元	指数点	0.2点	当月、下月及随后两个季月	上午：9:30-11:30 下午：13:00-15:00
合约标的 Underlying Bond	可交割国债 Deliverable Treasury Bond	报价方式 Quotation Method	最小变动价位 Minimum Tick Size	合约月份 Contract Months	交易时间 Trading Hours
面值为200万元人民币、票面利率为3%的名义中短期国债 Nominal Medium-term and Short-term Treasury Bond With Face Value of RMB 2 Million and Coupon Rate of 3%	发行期限不高于5年、合约到期月份首日剩余期限为1.5-2.25年的记账式附息国债	百元净价报价	0.005元	最近的三个季月（3月、6月、9月、12月中的最近三个月循环）	上午：9:30-11:30 下午：13:00-15:15
面值为100万元人民币、票面利率为3%的名义中期国债 Nominal Medium-term Treasury Bond With Face Value of RMB 1 Million and Coupon Rate of 3%	发行期限不高于7年、合约到期月份首日剩余期限为4-5.25年的记账式附息国债	百元净价报价	0.005元	最近的三个季月（3月、6月、9月、12月中的最近三个月循环）	上午：9:30-11:30 下午：13:00-15:15
面值为100万元人民币、票面利率为3%的名义长期国债 Nominal Long-term Treasury Bond With Face Value of RMB 1 Million and Coupon Rate of 3%	发行期限不高于10年、合约到期月份首日剩余期限不低于6.5年的记账式附息国债	百元净价报价	0.005元	最近的三个季月（3月、6月、9月、12月中的最近三个月循环）	上午：9:30-11:30 下午：13:00-15:15

数据来源：中国金融期货交易所
Source：CFFEX

Collection of Financial Futures Contracts in 2021

最后交易日交易时间 Trading Hours on Last Trading Day	每日价格最大波动限制 Daily Price Limit	最低交易保证金 Minimum Trading Margin	最后交易日 Last Trading Day	交割日期 Delivery Date	交割方式 Delivery Method	交易代码 Trading Code	上市交易所 Listed Exchange
上午：9:30-11:30 下午：13:00-15:00	上一个交易日结算价的±10%	合约价值的8%	合约到期月份的第三个周五，遇国家法定假日顺延	同最后交易日	现金交割	IC	中国金融期货交易所
上午：9:30-11:30 下午：13:00-15:00	上一个交易日结算价的±10%	合约价值的8%	合约到期月份的第三个周五，遇国家法定假日顺延	同最后交易日	现金交割	IF	中国金融期货交易所
上午：9:30-11:30 下午：13:00-15:00	上一个交易日结算价的±10%	合约价值的8%	合约到期月份的第三个周五，遇国家法定假日顺延	同最后交易日	现金交割	IH	中国金融期货交易所

最后交易日交易时间 Trading Hours on Last Trading Day	每日价格最大波动限制 Daily Price Limit	最低交易保证金 Minimum Trading Margin	最后交易日 Last Trading Day	交割日期 Delivery Date	交割方式 Delivery Method	交易代码 Trading Code	上市交易所 Futures Exchange
上午：9:30-11:30	上一个交易日结算价的±0.5%	合约价值的0.5%	合约到期月份的第二个星期五	最后交易日后的第三个交易日	实物交割	TS	中国金融期货交易所
上午：9:30-11:30	上一个交易日结算价的±1.2%	合约价值的1%	合约到期月份的第二个星期五	最后交易日后的第三个交易日	实物交割	TF	中国金融期货交易所
上午：9:30-11:30	上一个交易日结算价的±2%	合约价值的2%	合约到期月份的第二个星期五	最后交易日后的第三个交易日	实物交割	T	中国金融期货交易所

5-25 商品期权交易概况

年份 Year	成交金额(亿元) Trading Turnover (100 million yuan)	成交量(万手) Trading Volume (10 thousand lots)	持仓金额(亿元) Value of Positions (10 thousand lots)
2017	38.24	512.81	12.74
2018	210.16	1836.35	4.23
2019	333.27	4059.51	11.12
2020	1122.33	10897.31	29.26
2021	2627.76	21497.53	48.03

注：上海期货交易所数据包含上海国际能源交易中心。
数据来源：上海期货交易所、郑州商品交易所、大连商品交易所
Source：SHFE、ZCE、DCE

Overview of Commodity Options Transaction

持仓量(万手) Positions (10 thousand lots)	行权金额(亿元) Value of Delivery (100 million yuan)	行权量(万手) Delivery Quantity (10 thousand lots)
23.61	37.89	7.15
31.56	63.24	15.39
127.46	184.21	34.51
186.43	552.07	105.60
393.60	775.34	184.87

5-26 商品期权品种交易情况

交易品种 Product	交易所 Exchange	成交金额（亿元） Trading Turnover (100 million yuan)		成交量（万手） Trading Volume (10 thousand lots)	
		2020	2021	2020	2021
豆粕期权 Soybean Meal Options	DCE	175.47	275.54	3012.09	3799.28
玉米期权 Corn Options	DCE	32.46	70.30	1044.46	2060.03
铁矿石期权 Iron Ore Options	DCE	231.24	452.03	1159.91	1807.90
聚乙烯期权 LLDPE Options	DCE	7.66	35.66	92.45	411.81
聚氯乙烯期权 PVC Options	DCE	10.21	46.69	133.85	440.55
聚丙烯期权 PP Options	DCE	9.74	40.11	159.90	510.47
液化石油气期权 LPG Options	DCE	30.78	34.39	129.46	262.85
棕榈油期权 Palm oil Options	DCE	—	136.69	—	946.10
铜期权 Copper Options	SHFE	123.36	295.67	460.26	893.62
黄金期权 Gold Options	SHFE	156.26	128.46	234.74	313.62
天胶期权 Natural Rubber Options	SHFE	89.24	188.63	253.36	477.02
铝期权 Aluminum Options	SHFE	6.54	95.03	84.64	760.93
锌期权 Zinc Options	SHFE	13.14	57.81	118.39	439.52
原油 Crude Oil Options	SHFE	—	105.21	—	156.25
白糖期权 White Sugar Options	ZCE	47.47	75.51	625.43	1088.76
棉花期权 Cotton No.1 Options	ZCE	55.35	148.55	498.21	818.23
PTA期权 PTA Options	ZCE	40.63	135.16	1178.83	3052.38
甲醇期权 Methanol Options	ZCE	46.17	115.09	1016.39	1992.33
菜籽粕期权 Rapeseed Meal Options	ZCE	13.60	22.45	338.35	479.46
动力煤期权 Thermal Coal	ZCE	33.01	168.79	356.60	786.43

数据来源：上海期货交易所、郑州商品交易所、大连商品交易所
Source：SHFE、ZCE、DCE

Statistics for Commodity Options by Options Products

持仓金额（亿元）Value of Positions (100 million yuan)		持仓量（万手）Positions (10 thousand lots)		行权金额（亿元）Value of Delivery (100 million yuan)		行权量（万手）Delivery Quantity (10 thousand lots)	
2020	2021	2020	2021	2020	2021	2020	2021
4.60	8.29	38.54	90.54	54.77	90.75	18.53	26.82
1.12	2.66	22.86	102.03	52.96	39.43	23.17	14.91
7.08	12.94	18.41	48.92	117.72	112.57	13.43	11.50
0.30	0.44	2.78	3.03	6.34	23.48	1.65	5.62
0.52	1.06	4.98	7.04	8.63	29.04	2.31	6.51
0.35	0.49	3.23	4.14	7.53	21.52	1.82	4.97
0.44	0.76	2.12	3.54	9.13	50.11	1.21	5.51
—	7.09	—	38.91	—	46.33	—	5.30
1.22	1.32	2.61	3.14	87.73	9.44	3.63	5.01
2.46	1.11	4.01	2.69	49.65	3.18	1.28	1.55
2.39	2.00	3.92	3.56	17.98	3.78	1.46	2.29
0.17	0.61	1.44	3.04	8.59	7.43	1.14	11.36
0.17	0.45	1.10	2.05	8.41	2.11	0.83	4.00
—	1.16	—	2.02	—	4.28	—	1.01
1.04	0.99	10.71	14.19	24.96	23.31	4.71	4.22
2.61	3.08	10.58	13.13	33.91	123.78	5.35	14.59
1.79	1.15	32.01	25.30	18.40	77.05	9.88	32.87
0.89	1.43	13.08	20.04	18.48	46.20	9.27	16.96
0.44	0.37	5.10	5.11	5.49	10.23	2.32	3.66
1.71	0.63	8.96	1.18	21.37	51.32	3.62	6.22

5-27 2021年商品期权合约汇总

合约标的物 Underlying Instrument	合约类型 Contracts Type	交易单位 Contract Size	报价单位 Quotation Unit	最小变动价位 Minimum Tick Size	涨跌停板幅度 Daily Price Limit	合约月份 Contracts Months	交易时间 Trading Hours
豆粕期货合约 Soybean Meal Futures Contract	看涨期权、看跌期权	1手（10吨）豆粕期货合约	元（人民币）/吨	0.5元/吨	与豆粕期货合约涨跌停板幅度相同	1、3、5、7、8、9、11、12月	每周一至周五上午9:00–11:30，下午13:30–15:00，以及交易所规定的其他时间
玉米期货合约 Corn Futures Contract	看涨期权、看跌期权	1手（10吨）玉米期货合约	元（人民币）/吨	0.5元/吨	与玉米期货合约涨跌停板幅度相同	1、3、5、7、9、11月	每周一至周五上午9:00–11:30，下午13:30–15:00，以及交易所规定的其他时间
铁矿石期货合约 Iron Ore Futures Contract	看涨期权、看跌期权	1手（100吨）铁矿石期货合约	元（人民币）/吨	0.1元/吨	与铁矿石期货合约涨跌停板幅度相同	1、2、3、4、5、6、7、8、9、10、11、12月	每周一至周五上午9:00–11:30，下午13:30–15:00，以及交易所规定的其他时间
聚乙烯期货合约 Linear Low Density Polyethylene Futures Contract	看涨期权、看跌期权	1手(5吨)聚乙烯期货合约	元（人民币）/吨	0.5元/吨	与聚乙烯期货合约涨跌停板幅度相同	1、2、3、4、5、6、7、8、9、10、11、12月	每周一至周五上午9:00~11:30,下午13:30~15:00,以及交易所规定的其他时间
聚氯乙烯期货合约 Polyvinyl Chloride Futures Contract	看涨期权、看跌期权	1手（5吨）聚氯乙烯期货合约	元（人民币）/吨	0.5元/吨	与聚氯乙烯期货合约涨跌停板幅度相同	1、2、3、4、5、6、7、8、9、10、11、12月	每周一至周五上午9:00~11:30，下午13:30~15:00，以及交易所规定的其他时间
聚丙烯期货合约 Polypropylene Futures Contract	看涨期权、看跌期权	1手（5吨）聚丙烯期货合约	元（人民币）/吨	0.5元/吨	与聚丙烯期货合约涨跌停板幅度相同	1、2、3、4、5、6、7、8、9、10、11、12月	每周一至周五上午9:00~11:30，下午13:30~15:00，以及交易所规定的其他时间

数据来源：上海期货交易所、郑州商品交易所、大连商品交易所

Source：SHFE、ZCE、DCE

Collection of Commodity Options Contracts in 2020

最后交易日 Last Trading Day	到期日 Expiration Day	行权价格 Strike Price	行权方式 Exercise Style	交易代码 Trading Code	上市交易所 Listed Exchange
标的期货合约交割月份前一个月的第5个交易日	同最后交易日	行权价格覆盖豆粕期货合约上一交易日结算价上下浮动1.5倍当日涨跌停板幅度对应的价格范围。行权价格≤2000元/吨，行权价格间距为25元/吨；2000元/吨<行权价格≤5000元/吨，行权价格间距为50元/吨；行权价格>5000元/吨，行权价格间距为100元/吨	美式。买方可以在到期日之前任一交易日的交易时间，以及到期日15:30之前提出行权申请	看涨期权：M-合约月份-C-行权价格 看跌期权：M-合约月份-P-行权价格	大连商品交易所
标的期货合约交割月份前一个月的第5个交易日	同最后交易日	行权价格覆盖玉米期货合约上一交易日结算价上下浮动1.5倍当日涨跌停板幅度对应的价格范围。行权价格≤1000元/吨，行权价格间距为10元/吨；1000元/吨<行权价格≤3000元/吨，行权价格间距为20元/吨；行权价格>3000元/吨，行权价格间距为40元/吨	美式。买方可以在到期日之前任一交易日的交易时间，以及到期日15:30之前提出行权申请	看涨期权：C-合约月份-C-行权价格 看跌期权：C-合约月份-P-行权价格	大连商品交易所
标的期货合约交割月份前一个月的第5个交易日	同最后交易日	行权价格覆盖铁矿石期货合约上一交易日结算价上下浮动1.5倍当日涨跌停板幅度对应的价格范围。行权价格≤300元/吨，行权价格间距为5元/吨；300元/吨<行权价格≤1000元/吨，行权价格间距为10元/吨；行权价格>1000元/吨，行权价格间距为20元/吨	美式。买方可以在到期日之前任一交易日的交易时间，以及到期日15:30之前提出行权申请	看涨期权：I-合约月份-C-行权价格 看跌期权：I-合约月份-P-行权价格	大连商品交易所
标的期货合约交割月份前一个月的第5个交易日	同最后交易日	行权价格覆盖线型低密度聚乙烯期货合约上一交易日结算价上下浮动1.5倍当日涨跌停板幅度对应的价格范围.行权价格≤5000元/吨,行权价格间距为50元/吨;5000元/吨<行权价格≤10000元/吨,行权价格间距为100元/吨;行权价格>10000元/吨,行权价格间距为200元/吨.	美式.买方可以在到期日之前任一交易日的交易时间,以及到期日15:30之前提出行权申请	看涨期权:L-合约月份-C-行权价格 看跌期权:L-合约月份-P-行权价格	大连商品交易所
标的期货合约交割月份前一个月的第5个交易日	同最后交易日	行权价格覆盖聚氯乙烯期货合约上一交易日结算价上下浮动1.5倍当日涨跌停板幅度对应的价格范围。行权价格≤5000元/吨，行权价格间距为50元/吨；5000元/吨<行权价格≤10000元/吨，行权价格间距为100元/吨；行权价格>10000元/吨，行权价格间距为200元/吨。	美式。买方可以在到期日之前任一交易日的交易时间，以及到期日15:30之前提出行权申请。	看涨期权：V-合约月份-C-行权价格 看跌期权：V-合约月份-P-行权价格	大连商品交易所
标的期货合约交割月份前一个月的第5个交易日	同最后交易日	行权价格覆盖聚丙烯期货合约上一交易日结算价上下浮动1.5倍当日涨跌停板幅度对应的价格范围。行权价格≤5000元/吨，行权价格间距为50元/吨；5000元/吨<行权价格≤10000元/吨，行权价格间距为100元/吨；行权价格>10000元/吨，行权价格间距为200元/吨。	美式。买方可以在到期日之前任一交易日的交易时间，以及到期日15:30之前提出行权申请。	看涨期权：PP-合约月份-C-行权价格 看跌期权：PP-合约月份-P-行权价格	大连商品交易所

5-27 续表 1

合约标的物 Underlying Instrument	合约类型 Contracts Type	交易单位 Contract Size	报价单位 Quotation Unit	最小变动价位 Minimum Tick Size	涨跌停板幅度 Daily Price Limit	合约月份 Contracts Months	交易时间 Trading Hours
液化石油气期货合约 Liquefied Petroleum gas Futures Contract	看涨期权、看跌期权	1手（20吨）液化石油气期货合约	元（人民币）/吨	0.2元/吨	与液化石油气期货合约涨跌停板幅度相同	1、2、3、4、5、6、7、8、9、10、11、12月	每周一至周五上午9:00 ~ 11:30，下午13:30 ~ 15:00，以及交易所规定的其他时间
棕榈油期货合约 RBD Palm Oil Futures Contract	看涨期权、看跌期权	1手(10吨)棕榈油期货合约	元（人民币）/吨	0.5元/吨	与棕榈油期货合约涨跌停板幅度相同	1、2、3、4、5、6、7、8、9、10、11、12月	每周一至周五上午9:00 ~ 11:30，下午13:30 ~ 15:00，以及交易所规定的其他时间
阴极铜期货合约(5吨) Copper Cathode Futures Contract(five metric tons(MT))	看涨期权，看跌期权	1手阴极铜期货合约	元（人民币）/吨	2 元/吨	与阴极铜期货合约涨跌停板幅度相同	最近两个连续月份合约，其后月份在标的期货合约结算后持仓量达到一定数值之后的第二个交易日挂牌。具体数值交易所另行发布	上午9:00–11:30 下午13:30–15:00 及交易所规定的其他时间
黄金期货合约(1000克) Gold Futures Contract(1 kilogram)	看涨期权，看跌期权	1手黄金期货合约	元（人民币）/克	0.02 元/克	与黄金期货合约涨跌停板幅度相同	最近两个连续月份合约，其后月份在标的期货合约结算后持仓量达到一定数值之后的第二个交易日挂牌。具体数值交易所另行发布	上午9:00–11:30 下午13:30–15:00 及交易所规定的其他时间
天然橡胶期货合约(10吨) Natural Rubber futures contract(10 metric tons(MT))	看涨期权，看跌期权	1手天然橡胶期货合约	元（人民币）/吨	1 元/吨	与天然橡胶期货合约涨跌停板幅度相同	最近两个连续月份合约，其后月份在标的期货合约结算后持仓量达到一定数值之后的第二个交易日挂牌。具体数值交易所另行发布	上午9:00–11:30 下午13:30–15:00 及交易所规定的其他时间
铝期货合约（5吨） Aluminum Futures Contract(5 tons)	看涨期权，看跌期权	1手铝期货合约	元（人民币）/吨	1 元/吨	与标的期货合约涨跌停板幅度相同	最近两个连续月份合约，其后月份在标的期货合约结算后持仓量达到一定数值之后的第二个交易日挂牌。具体数值交易所另行发布	上午9:00–11:30 下午13:30–15:00 及交易所规定的其他时间
锌期货合约（5吨） Zinc Futures Contract(5 tons)	看涨期权，看跌期权	1手锌期货合约	元（人民币）/吨	1 元/吨	与标的期货合约涨跌停板幅度相同	最近两个连续月份合约，其后月份在标的期货合约结算后持仓量达到一定数值之后的第二个交易日挂牌。具体数值交易所另行发布	上午9:00–11:30 下午13:30–15:00 及交易所规定的其他时间
原油期货合约（1000桶） Crude OilFutures Contract(1000 BBL)	看涨期权，看跌期权	1手原油期货合约	元（人民币）/桶	0.05元/桶	与标的期货合约涨跌停板幅度相同	最近两个连续月份合约，其后月份在标的期货合约结算后持仓量达到一定数值之后的第二个交易日挂盘，具体数值上海国际能源交易中心另行发布	上午9:00–11:30 下午13:30–15:00 及上海国际能源交易中心规定的其他时间

continued

最后交易日 Last Trading Day	到期日 Expiration Day	行权价格 Strike Price	行权方式 Exercise Style	交易代码 Trading Code	上市交易所 Listed Exchange
标的期货合约交割月份前一个月的第5个交易日	同最后交易日	行权价格覆盖液化石油气期货合约上一交易日结算价上下浮动1.5倍当日涨跌停板幅度对应的价格范围。行权价格≤2000元/吨，行权价格间距为25元/吨；2000元/吨行权价格≤6000元/吨，行权价格间距为50元/吨；行权价格>6000元/吨，行权价格间距为100元/吨。	美式。买方可以在到期日之前任一交易日的交易时间，以及到期日15:30之前提出行权申请。	看涨期权：PG−合约月份−C−行权价格 看跌期权：PG−合约月份−P−行权价格	大连商品交易所
标的期货合约交割月份前一个月的第5个交易日	同最后交易日	行权价格覆盖棕榈油期货合约上一交易日结算价上下浮动1.5倍当日涨跌停板幅度对应的价格范围。行权价格≤5000元/吨，行权价格间距为50元/吨；5000元/吨<行权价格≤10000元/吨，行权价格间距为100元/吨；行权价格>10000元/吨，行权价格间距为200元/吨。	美式。买方可以在到期日之前任一交易日的交易时间，以及到期日15:30之前提出行权申请。	看涨期权：P−合约月份−C−行权价格 看跌期权：P−合约月份−P−行权价格	大连商品交易所
标的期货合约交割月前第一月的倒数第五个交易日，交易所可以根据国家法定节假日调整最后交易日	同最后交易日	行权价格覆盖阴极铜期货合约上一交易日结算价上下1倍当日涨跌停板幅度对应的价格范围。行权价格≤40000元/吨，行权价格间距为500元/吨；40000元/吨<行权价格≤80000元/吨，行权价格间距为1000元/吨；行权价格>80000元/吨，行权价格间距为2000元/吨	美式。买方可以在到期日前任一交易日的交易时间提交行权申请；买方可以在到期日15:30之前提出行权申请、放弃申请	看涨期权：CU−合约月份−C−行权价格 看跌期权：CU−合约月份−P−行权价格	上海期货交易所
标的期货合约交割月前第一月的倒数第五个交易日，交易所可以根据国家法定节假日调整最后交易日	同最后交易日	行权价格覆盖黄金期货合约上一交易日结算价上下浮动1.5倍当日涨跌停板幅度对应的价格范围。行权价格≤200元/克，行权价格间距为2元/克；200元/克<行权价格≤400元/克，行权价格间距为4元/克；行权价格>400元/克，行权价格间距为8元/克	美式。买方可以在到期日前任一交易日的交易时间提交行权申请；买方可以在到期日15:30之前提出行权申请、放弃申请	看涨期权：AU−合约月份−C−行权价格 看跌期权：AU−合约月份−P−行权价格	上海期货交易所
标的期货合约交割月前第一月的倒数第五个交易日，交易所可以根据国家法定节假日调整最后交易日	同最后交易日	行权价格覆盖天然橡胶期货合约上一交易日结算价上下浮动1.5倍当日涨跌停板幅度对应的价格范围。行权价格≤10000元/吨，行权价格间距为100元/吨；10000元/吨<行权价格≤25000元/吨，行权价格间距为250元/吨；行权价格>25000元/吨，行权价格间距为500元/吨	美式。买方可在到期日前任一交易日的交易时间提交行权申请；买方可在到期日15:30之前提交行权申请、放弃申请	看涨期权：RU−合约月份−C−行权价格 看跌期权：RU−合约月份−P−行权价格	上海期货交易所
标的期货合约交割月前第一月的倒数第五个交易日，交易所可以根据国家法定节假日调整最后交易日	同最后交易日	行权价格覆盖标的期货合约上一交易日结算价上下浮动1.5倍当日涨跌停板幅度对应的价格范围。行权价格≤10000元/吨，行权价格间距为50元/吨；10000元/吨<行权价格≤20000元/吨，行权价格间距为100元/吨；行权价格>20000元/吨，行权价格间距为200元/吨	美式。买方可以在到期日前任一交易日的交易时间提交行权申请；买方可以在到期日15:30之前提出行权申请、放弃申请	看涨期权：AL−合约月份−C−行权价格 看跌期权：AL−合约月份−P−行权价格	上海期货交易所
标的期货合约交割月前第一月的倒数第五个交易日，交易所可以根据国家法定节假日调整最后交易日	同最后交易日	行权价格覆盖标的期货合约上一交易日结算价上下浮动1.5倍当日涨跌停板幅度对应的价格范围。行权价格≤10000元/吨，行权价格间距为100元/吨；10000元/吨<行权价格≤25000元/吨，行权价格间距为200元/吨；行权价格>25000元/吨，行权价格间距为500元/吨	美式。买方可以在到期日前任一交易日的交易时间提交行权申请；买方可以在到期日15:30之前提出行权申请、放弃申请	看涨期权：ZN−合约月份−C−行权价格 看跌期权：ZN−合约月份−P−行权价格	上海期货交易所
标的期货合约交割月前第一月的倒数第13个交易日，上海国际能源交易中心可以根据国家法定节假日等调整最后交易日	同最后交易日	行权价格覆盖标的期货合约上一交易日结算价上下浮动1.5倍当日涨跌停板幅度对应的价格范围。行权价格≤250元/桶，行权价格间距为2元/桶；250元/桶<行权价格≤500元/桶，行权价格间距为5元/桶；行权价格>500元/桶，行权价格间距为10元/桶	美式。买方可在到期日前任一交易日的交易时间提交行权申请；买方可在到期日15:30之前提交行权申请、放弃申请	看涨期权：SC−合约月份−C−行权价格 看跌期权：SC−合约月份−P−行权价格	上海国际能源交易中心

5-27 续表 2

合约标的物 Underlying Instrument	合约类型 Contracts Type	交易单位 Contract Size	报价单位 Quotation Unit	最小变动价位 Minimum Tick Size	涨跌停板幅度 Daily Price Limit	合约月份 Contracts Months	交易时间 Trading Hours
白糖期货合约 White Sugar Futures Contract	看涨期权、看跌期权	1手（10吨）白糖期货合约	元(人民币)/吨	0.5元/吨	与白糖期货合约涨跌停板幅度相同	标的期货合约中的连续两个近月，其后月份在标的期货合约结算后持仓量达到5000手（单边）之后的第二个交易日挂牌	每周一至周五上午9:00-11:30，下午13:30-15:00及交易所规定的其他交易时间
一号棉花期货合约 Cotton No.1 Futures Contract	看涨期权、看跌期权	1手棉花期货合约	元(人民币)/吨	1元/吨	与棉花期货合约涨跌停板幅度相同	标的期货合约中的连续两个近月，其后月份在标的期货合约结算后持仓量达到5000手（单边）之后的第二个交易日挂牌	每周一至周五上午9:00-11:30，下午13:30-15:00及交易所规定的其他交易时间
精对苯二甲酸(PTA)期货合约 Purified Terephthalic Acid(PTA) Futures Contract	看涨期权、看跌期权	1手PTA期货合约	元(人民币)/吨	0.5元/吨	与PTA期货合约涨跌停板幅度相同	标的期货合约中的连续两个近月，其后月份在标的期货合约结算后持仓量达到10000手（单边）之后的第二个交易日挂牌	每周一至周五上午9:00-11:30，下午13:30-15:00及交易所规定的其他交易时间
甲醇期货合约 Methanol Futures Contract	看涨期权、看跌期权	1手甲醇期货合约	元(人民币)/吨	0.5元/吨	与甲醇期货合约涨跌停板幅度相同	标的期货合约中的连续两个近月，其后月份在标的期货合约结算后持仓量达到10000手（单边）之后的第二个交易日挂牌	每周一至周五上午9:00-11:30，下午13:30-15:00及交易所规定的其他交易时间
菜籽粕期货合约 Rapeseed Meal Futures Contract	看涨期权、看跌期权	1手菜籽粕期货合约	元(人民币)/吨	0.5元/吨	与菜籽粕期货合约涨跌停板幅度相同	标的期货合约中的连续两个近月，其后月份在标的期货合约结算后持仓量达到5000手（单边）之后的第二个交易日挂牌	每周一至周五上午9:00-11:30，下午13:30-15:00及交易所规定的其他交易时间
动力煤期货合约 Thermal Coal Futures Contract	看涨期权、看跌期权	1手动力煤期货合约	元(人民币)/吨	0.1元/吨	与动力煤期货合约涨跌停板幅度相同	标的期货合约中的连续两个近月，其后月份在标的期货合约结算后持仓量达到10000手（单边）之后的第二个交易日挂牌	每周一至周五上午9:00-11:30，下午13:30-15:00及交易所规定的其他交易时间

continued

最后交易日 Last Trading Day	到期日 Expiration Day	行权价格 Strike Price	行权方式 Exercise Style	交易代码 Trading Code	上市交易所 Listed Exchange
标的期货合约交割月份前一个月的第3个交易日，以及交易所规定的其他日期	同最后交易日	以白糖期货前一交易日结算价为基准，按行权价格间距挂出5个实值期权、1个平值期权和5个虚值期权。行权价格≤3000元/吨，行权价格间距为50元/吨；3000元/吨≤行权价格≤10000元/吨，行权价格间距为100元/吨；行权价格＞10000元/吨，行权价格间距为200元/吨	美式。买方可在到期日前任一交易日的交易时间提交行权申请；买方可在到期日15:30之前提交行权申请、放弃申请	看涨期权：SR-合约月份-C-行权价格 看跌期权：SR-合约月份-P-行权价格	郑州商品交易所
标的期货合约交割月份前一个月的第3个交易日，以及交易所规定的其他日期	同最后交易日	以棉花期货前一交易日结算价为基准，按行权价格间距挂出6个实值期权、1个平值期权和6个虚值期权。行权价格≤10000元/吨，行权价格间距为100元/吨；10000元/吨≤行权价格≤20000元/吨，行权价格间距为200元/吨；行权价格＞20000元/吨，行权价格间距为400元/吨	美式。买方可在到期日前任一交易日的交易时间提交行权申请；买方可在到期日15:30之前提交行权申请、放弃申请	看涨期权：CF-合约月份-C-行权价格 看跌期权：CF-合约月份-P-行权价格	郑州商品交易所
标的期货合约交割月份前一个月的第3个交易日，以及交易所规定的其他日期	同最后交易日	以PTA期货前一交易日结算价为基准，按行权价格间距挂出6个实值期权、1个平值期权和5个虚值期权。行权价格≤5000元/吨，行权价格间距为50元/吨；5000元/吨≤行权价格≤10000元/吨，行权价格间距为100元/吨；行权价格＞10000元/吨，行权价格间距为200元/吨	美式。买方可在到期日前任一交易日的交易时间提交行权申请；买方可在到期日15:30之前提交行权申请、放弃申请	看涨期权：TA-合约月份-C-行权价格 看跌期权：TA-合约月份-P-行权价格	郑州商品交易所
标的期货合约交割月份前一个月的第3个交易日，以及交易所规定的其他日期	同最后交易日	以甲醇期货前一交易日结算价为基准，按行权价格间距挂出6个实值期权、1个平值期权和5个虚值期权。行权价格≤2500元/吨，行权价格间距为25元/吨；2500元/吨≤行权价格≤5000元/吨，行权价格间距为50元/吨；行权价格＞5000元/吨，行权价格间距为100元/吨	美式。买方可在到期日前任一交易日的交易时间提交行权申请；买方可在到期日15:30之前提交行权申请、放弃申请	看涨期权：MA-合约月份-C-行权价格 看跌期权：MA-合约月份-P-行权价格	郑州商品交易所
标的期货合约交割月份前一个月的第3个交易日，以及交易所规定的其他日期	同最后交易日	以菜籽粕期货前一交易日结算价为基准，按行权价格间距挂出6个实值期权、1个平值期权和5个虚值期权。行权价格≤2500元/吨，行权价格间距为25元/吨；2500元/吨≤行权价格≤5000元/吨，行权价格间距为50元/吨；行权价格＞5000元/吨，行权价格间距为100元/吨	美式。买方可在到期日前任一交易日的交易时间提交行权申请；买方可在到期日15:30之前提交行权申请、放弃申请	看涨期权：RM-合约月份-C-行权价格 看跌期权：RM-合约月份-P-行权价格	郑州商品交易所
标的期货合约交割月份前一个月的第3个交易日，以及交易所规定的其他日期	同最后交易日	以动力煤期货前一交易日结算价为基准，按行权价格间距挂出6个实值期权、1个平值期权和6个虚值期权。行权价格≤500元/吨，行权价格间距为5元/吨；行权价格＞500元/吨，行权价格间距为10元/吨	美式。买方可在到期日前任一交易日的交易时间提交行权申请；买方可在到期日15:30之前提交行权申请、放弃申请	看涨期权：ZC-合约月份-C-行权价格 看跌期权：ZC-合约月份-P-行权价格	郑州商品交易所

5-28 金融期权品种交易情况
Statistics for Financial Options

交易品种 Product	交易所 Exchange	成交金额(亿元) Trading Turnover (100 million yuan)		成交量(万手) Trading Volume (10 thousand lots)	
		2020	2021	2020	2021
沪深300股指期权 CSI300 Index Options	CFFEX	1365.53	2486.16	1674.28	3024.15
上证50ETF期权合约 SSE50 ETF Options	SSE	—	3875.64	—	62934.23
沪深300ETF期权合约 CSI300 ETF Options	SSE	—	4357.64	—	46804.92
沪深300ETF期权合约 CSI300 ETF Options	SZSE	679.57	588.95	7877.24	7187.56

注：金融期权的行权金额采用执行盈亏值汇总统计。
数据来源：上海证券交易所、深圳证券交易所、中国金融期货交易所
Source：SSE、SZSE、CFFEX

5-28 续表 1 continued

交易品种 Product	交易所 Exchange	持仓金额(亿元) Value of Positions (100 million yuan)		持仓量(万手) Positions (10 thousand lots)	
		2020	2021	2020	2021
沪深300股指期权 CSI300 Index Options	CFFEX	19.50	17.28	14.31	19.60
上证50ETF期权合约 SSE50 ETF Options	SSE	—	—	—	302.07
沪深300ETF期权合约 CSI300 ETF Options	SSE	—	—	—	182.44
沪深300ETF期权合约 CSI300 ETF Options	SZSE	—	—	30.84	31.74

5-28 续表 2 continued

交易品种 Product	交易所 Exchange	行权金额(亿元) Value of Delivery (100 million yuan)		行权量(万手) Delivery Quantity (10 thousand lots)	
		2020	2021	2020	2021
沪深300股指期权 CSI300 Index Options	CFFEX	302.78	799.52	6.96	15.69
上证50ETF期权合约 SSE50 ETF Options	SSE	—	204.44	—	58.76
沪深300ETF期权合约 CSI300 ETF Options	SSE	—	201.16	—	38.36
沪深300ETF期权合约 CSI300 ETF Options	SZSE	68.83	72.61	15.51	13.94

5-29-1 金融期权合约汇总
Collection of Financial Options Contracts

合约标的物 Underlying Instrument	合约类型 Contracts Type	交易单位 Contract Size	报价单位 Quotation Unit	最小变动价位 Minimum Tick Size	涨跌停板幅度 Limit Up/Limit Down	合约月份 Contracts Months
沪深300指数 CSI 300 Index	看涨期权、看跌期权	手	指数点	0.2点	上一交易日沪深300指数收盘价的±10%	当月、下2个月及随后3个季月
50ETF	认购期权	10145(份)	1(张)	0.0001(元)		03月
50ETF	认沽期权	10145(份)	1(张)	0.0001(元)		03月
50ETF	认购期权	10145(份)	1(张)	0.0001(元)		03月
50ETF	认沽期权	10145(份)	1(张)	0.0001(元)		03月
50ETF	认购期权	10145(份)	1(张)	0.0001(元)		03月
50ETF	认沽期权	10145(份)	1(张)	0.0001(元)		03月
50ETF	认购期权	10145(份)	1(张)	0.0001(元)		03月
50ETF	认沽期权	10145(份)	1(张)	0.0001(元)		03月
50ETF	认沽期权	10145(份)	1(张)	0.0001(元)		03月
50ETF	认沽期权	10145(份)	1(张)	0.0001(元)		03月
50ETF	认购期权	10145(份)	1(张)	0.0001(元)		03月
50ETF	认购期权	10145(份)	1(张)	0.0001(元)		03月
50ETF	认沽期权	10145(份)	1(张)	0.0001(元)		03月
50ETF	认沽期权	10145(份)	1(张)	0.0001(元)		03月
50ETF	认购期权	10145(份)	1(张)	0.0001(元)		03月
50ETF	认购期权	10145(份)	1(张)	0.0001(元)		03月
50ETF	认沽期权	10145(份)	1(张)	0.0001(元)		03月
50ETF	认购期权	10145(份)	1(张)	0.0001(元)		03月
50ETF	认沽期权	10145(份)	1(张)	0.0001(元)		03月
50ETF	认购期权	10145(份)	1(张)	0.0001(元)		03月
50ETF	认购期权	10145(份)	1(张)	0.0001(元)		03月
50ETF	认沽期权	10145(份)	1(张)	0.0001(元)		03月
50ETF	认购期权	10145(份)	1(张)	0.0001(元)		06月
50ETF	认购期权	10145(份)	1(张)	0.0001(元)		06月
50ETF	认沽期权	10145(份)	1(张)	0.0001(元)		06月
50ETF	认购期权	10145(份)	1(张)	0.0001(元)		06月
50ETF	认购期权	10145(份)	1(张)	0.0001(元)		06月
50ETF	认沽期权	10145(份)	1(张)	0.0001(元)		06月
50ETF	认沽期权	10145(份)	1(张)	0.0001(元)		06月
50ETF	认沽期权	10145(份)	1(张)	0.0001(元)		06月
50ETF	认沽期权	10145(份)	1(张)	0.0001(元)		06月
50ETF	认购期权	10145(份)	1(张)	0.0001(元)		06月
50ETF	认购期权	10145(份)	1(张)	0.0001(元)		06月
50ETF	认沽期权	10145(份)	1(张)	0.0001(元)		06月
50ETF	认购期权	10145(份)	1(张)	0.0001(元)		06月
50ETF	认沽期权	10145(份)	1(张)	0.0001(元)		06月
50ETF	认购期权	10145(份)	1(张)	0.0001(元)		06月
50ETF	认购期权	10145(份)	1(张)	0.0001(元)		06月
50ETF	认沽期权	10145(份)	1(张)	0.0001(元)		06月
50ETF	认沽期权	10145(份)	1(张)	0.0001(元)		06月
50ETF	认沽期权	10145(份)	1(张)	0.0001(元)		06月
50ETF	认购期权	10145(份)	1(张)	0.0001(元)		06月
50ETF	认购期权	10145(份)	1(张)	0.0001(元)		06月
50ETF	认购期权	10145(份)	1(张)	0.0001(元)		03月

数据来源：上海证券交易所、深圳证券交易所、中国金融期货交易所
Source: SSE、SZSE、CFFEX

5-29-1 续表 1 continued

合约标的物 Underlying Instrument	合约类型 Contracts Type	交易单位 Contract Size	报价单位 Quotation Unit	最小变动价位 Minimum Tick Size	涨跌停板幅度 Limit Up/Limit Down	合约月份 Contracts Months
50ETF	认沽期权	10145(份)	1(张)	0.0001(元)		03月
50ETF	认沽期权	10145(份)	1(张)	0.0001(元)		06月
50ETF	认购期权	10145(份)	1(张)	0.0001(元)		01月
50ETF	认沽期权	10145(份)	1(张)	0.0001(元)		01月
50ETF	认沽期权	10145(份)	1(张)	0.0001(元)		01月
50ETF	认沽期权	10145(份)	1(张)	0.0001(元)		01月
50ETF	认沽期权	10145(份)	1(张)	0.0001(元)		01月
50ETF	认购期权	10145(份)	1(张)	0.0001(元)		01月
50ETF	认购期权	10145(份)	1(张)	0.0001(元)		01月
50ETF	认沽期权	10145(份)	1(张)	0.0001(元)		01月
50ETF	认购期权	10145(份)	1(张)	0.0001(元)		01月
50ETF	认购期权	10145(份)	1(张)	0.0001(元)		01月
50ETF	认沽期权	10145(份)	1(张)	0.0001(元)		01月
50ETF	认购期权	10145(份)	1(张)	0.0001(元)		01月
50ETF	认购期权	10145(份)	1(张)	0.0001(元)		01月
50ETF	认购期权	10145(份)	1(张)	0.0001(元)		01月
50ETF	认沽期权	10145(份)	1(张)	0.0001(元)		01月
50ETF	认购期权	10145(份)	1(张)	0.0001(元)		01月
50ETF	认沽期权	10145(份)	1(张)	0.0001(元)		01月
50ETF	认沽期权	10145(份)	1(张)	0.0001(元)		01月
50ETF	认沽期权	10000(份)	1(张)	0.0001(元)		01月
50ETF	认沽期权	10000(份)	1(张)	0.0001(元)		01月
50ETF	认购期权	10000(份)	1(张)	0.0001(元)		06月
50ETF	认沽期权	10000(份)	1(张)	0.0001(元)		01月
50ETF	认购期权	10000(份)	1(张)	0.0001(元)		03月
50ETF	认购期权	10000(份)	1(张)	0.0001(元)		03月
50ETF	认沽期权	10000(份)	1(张)	0.0001(元)		03月
50ETF	认沽期权	10000(份)	1(张)	0.0001(元)		03月
50ETF	认沽期权	10000(份)	1(张)	0.0001(元)		03月
50ETF	认购期权	10000(份)	1(张)	0.0001(元)		06月
50ETF	认沽期权	10000(份)	1(张)	0.0001(元)		03月
50ETF	认购期权	10000(份)	1(张)	0.0001(元)		01月
50ETF	认沽期权	10000(份)	1(张)	0.0001(元)		03月
50ETF	认购期权	10000(份)	1(张)	0.0001(元)		06月
50ETF	认沽期权	10000(份)	1(张)	0.0001(元)		03月
50ETF	认沽期权	10000(份)	1(张)	0.0001(元)		03月
50ETF	认购期权	10000(份)	1(张)	0.0001(元)		03月
50ETF	认沽期权	10000(份)	1(张)	0.0001(元)		06月
50ETF	认沽期权	10000(份)	1(张)	0.0001(元)		01月
50ETF	认沽期权	10000(份)	1(张)	0.0001(元)		01月
50ETF	认沽期权	10000(份)	1(张)	0.0001(元)		06月
50ETF	认购期权	10000(份)	1(张)	0.0001(元)		03月
50ETF	认购期权	10000(份)	1(张)	0.0001(元)		01月
50ETF	认沽期权	10000(份)	1(张)	0.0001(元)		01月
50ETF	认沽期权	10000(份)	1(张)	0.0001(元)		06月
50ETF	认沽期权	10000(份)	1(张)	0.0001(元)		06月
50ETF	认购期权	10000(份)	1(张)	0.0001(元)		06月
50ETF	认购期权	10000(份)	1(张)	0.0001(元)		01月

5-29-1 续表 2 continued

合约标的物 Underlying Instrument	合约类型 Contracts Type	交易单位 Contract Size	报价单位 Quotation Unit	最小变动价位 Minimum Tick Size	涨跌停板幅度 Limit Up/Limit Down	合约月份 Contracts Months
50ETF	认购期权	10000(份)	1(张)	0.0001(元)		03月
50ETF	认沽期权	10000(份)	1(张)	0.0001(元)		06月
50ETF	认购期权	10000(份)	1(张)	0.0001(元)		03月
50ETF	认购期权	10000(份)	1(张)	0.0001(元)		06月
50ETF	认沽期权	10000(份)	1(张)	0.0001(元)		01月
50ETF	认沽期权	10000(份)	1(张)	0.0001(元)		01月
50ETF	认购期权	10000(份)	1(张)	0.0001(元)		06月
50ETF	认购期权	10000(份)	1(张)	0.0001(元)		03月
50ETF	认沽期权	10000(份)	1(张)	0.0001(元)		06月
50ETF	认沽期权	10000(份)	1(张)	0.0001(元)		03月
50ETF	认购期权	10000(份)	1(张)	0.0001(元)		01月
50ETF	认购期权	10000(份)	1(张)	0.0001(元)		01月
50ETF	认购期权	10000(份)	1(张)	0.0001(元)		06月
50ETF	认购期权	10000(份)	1(张)	0.0001(元)		01月
50ETF	认购期权	10000(份)	1(张)	0.0001(元)		03月
50ETF	认沽期权	10000(份)	1(张)	0.0001(元)		06月
50ETF	认购期权	10000(份)	1(张)	0.0001(元)		03月
50ETF	认沽期权	10000(份)	1(张)	0.0001(元)		06月
50ETF	认购期权	10000(份)	1(张)	0.0001(元)		01月
50ETF	认购期权	10000(份)	1(张)	0.0001(元)		01月
50ETF	认沽期权	10000(份)	1(张)	0.0001(元)		01月
50ETF	认购期权	10000(份)	1(张)	0.0001(元)		01月
50ETF	认购期权	10000(份)	1(张)	0.0001(元)		06月
50ETF	认沽期权	10000(份)	1(张)	0.0001(元)		03月
50ETF	认购期权	10000(份)	1(张)	0.0001(元)		06月
50ETF	认沽期权	10000(份)	1(张)	0.0001(元)		06月
50ETF	认沽期权	10000(份)	1(张)	0.0001(元)		03月
50ETF	认沽期权	10000(份)	1(张)	0.0001(元)		01月
50ETF	认购期权	10000(份)	1(张)	0.0001(元)		01月
50ETF	认沽期权	10000(份)	1(张)	0.0001(元)		06月
50ETF	认购期权	10000(份)	1(张)	0.0001(元)		03月
50ETF	认购期权	10000(份)	1(张)	0.0001(元)		06月
50ETF	认沽期权	10000(份)	1(张)	0.0001(元)		03月
50ETF	认购期权	10000(份)	1(张)	0.0001(元)		03月
50ETF	认购期权	10000(份)	1(张)	0.0001(元)		06月
50ETF	认沽期权	10000(份)	1(张)	0.0001(元)		06月
50ETF	认购期权	10000(份)	1(张)	0.0001(元)		01月
50ETF	认沽期权	10000(份)	1(张)	0.0001(元)		01月
50ETF	认购期权	10000(份)	1(张)	0.0001(元)		02月
50ETF	认购期权	10000(份)	1(张)	0.0001(元)		02月
50ETF	认购期权	10000(份)	1(张)	0.0001(元)		02月
50ETF	认购期权	10000(份)	1(张)	0.0001(元)		02月
50ETF	认沽期权	10000(份)	1(张)	0.0001(元)		02月
50ETF	认沽期权	10000(份)	1(张)	0.0001(元)		02月
50ETF	认沽期权	10000(份)	1(张)	0.0001(元)		02月
50ETF	认沽期权	10000(份)	1(张)	0.0001(元)		02月
50ETF	认购期权	10000(份)	1(张)	0.0001(元)		02月
50ETF	认沽期权	10000(份)	1(张)	0.0001(元)		02月

5-29-1 续表 3 continued

合约标的物 Underlying Instrument	合约类型 Contracts Type	交易单位 Contract Size	报价单位 Quotation Unit	最小变动价位 Minimum Tick Size	涨跌停板幅度 Limit Up/Limit Down	合约月份 Contracts Months
50ETF	认购期权	10000(份)	1(张)	0.0001(元)		02月
50ETF	认沽期权	10000(份)	1(张)	0.0001(元)		02月
50ETF	认沽期权	10000(份)	1(张)	0.0001(元)		02月
50ETF	认沽期权	10000(份)	1(张)	0.0001(元)		02月
50ETF	认购期权	10000(份)	1(张)	0.0001(元)		02月
50ETF	认沽期权	10000(份)	1(张)	0.0001(元)		02月
50ETF	认购期权	10000(份)	1(张)	0.0001(元)		02月
50ETF	认购期权	10000(份)	1(张)	0.0001(元)		02月
50ETF	认购期权	10000(份)	1(张)	0.0001(元)		02月
50ETF	认沽期权	10000(份)	1(张)	0.0001(元)		02月
50ETF	认沽期权	10000(份)	1(张)	0.0001(元)		06月
50ETF	认沽期权	10000(份)	1(张)	0.0001(元)		01月
50ETF	认沽期权	10000(份)	1(张)	0.0001(元)		03月
50ETF	认购期权	10000(份)	1(张)	0.0001(元)		01月
50ETF	认购期权	10000(份)	1(张)	0.0001(元)		03月
50ETF	认购期权	10000(份)	1(张)	0.0001(元)		02月
50ETF	认购期权	10000(份)	1(张)	0.0001(元)		06月
50ETF	认沽期权	10000(份)	1(张)	0.0001(元)		02月
50ETF	认沽期权	10000(份)	1(张)	0.0001(元)		06月
50ETF	认沽期权	10000(份)	1(张)	0.0001(元)		01月
50ETF	认购期权	10000(份)	1(张)	0.0001(元)		06月
50ETF	认购期权	10000(份)	1(张)	0.0001(元)		03月
50ETF	认沽期权	10000(份)	1(张)	0.0001(元)		03月
50ETF	认沽期权	10000(份)	1(张)	0.0001(元)		02月
50ETF	认购期权	10000(份)	1(张)	0.0001(元)		01月
50ETF	认购期权	10000(份)	1(张)	0.0001(元)		02月
50ETF	认沽期权	10000(份)	1(张)	0.0001(元)		02月
50ETF	认沽期权	10000(份)	1(张)	0.0001(元)		03月
50ETF	认购期权	10000(份)	1(张)	0.0001(元)		02月
50ETF	认沽期权	10000(份)	1(张)	0.0001(元)		06月
50ETF	认购期权	10000(份)	1(张)	0.0001(元)		03月
50ETF	认购期权	10000(份)	1(张)	0.0001(元)		06月
50ETF	认购期权	10000(份)	1(张)	0.0001(元)		01月
50ETF	认沽期权	10000(份)	1(张)	0.0001(元)		01月
50ETF	认沽期权	10000(份)	1(张)	0.0001(元)		09月
50ETF	认购期权	10000(份)	1(张)	0.0001(元)		09月
50ETF	认沽期权	10000(份)	1(张)	0.0001(元)		09月
50ETF	认沽期权	10000(份)	1(张)	0.0001(元)		09月
50ETF	认购期权	10000(份)	1(张)	0.0001(元)		09月
50ETF	认购期权	10000(份)	1(张)	0.0001(元)		09月
50ETF	认购期权	10000(份)	1(张)	0.0001(元)		09月
50ETF	认购期权	10000(份)	1(张)	0.0001(元)		09月
50ETF	认沽期权	10000(份)	1(张)	0.0001(元)		09月
50ETF	认沽期权	10000(份)	1(张)	0.0001(元)		09月
50ETF	认沽期权	10000(份)	1(张)	0.0001(元)		09月
50ETF	认购期权	10000(份)	1(张)	0.0001(元)		09月
50ETF	认购期权	10000(份)	1(张)	0.0001(元)		09月
50ETF	认沽期权	10000(份)	1(张)	0.0001(元)		09月

continued

最后交易日 Last Trading Day	到期日 Expiration Day	行权价格 Strike Price	行权方式 Exercise Style	交易代码 Trading Code	上市交易所 Listed Exchange
行权价格覆盖液化石油气期货合约上一交易日结算价上下浮动1.5倍当日涨跌停板幅度对应的价格范围。行权价格≤2000元/吨，行权价格间距为25元/吨；2000元/吨<行权价格≤6000元/吨，行权价格间距为50元/吨；行权价格>6000元/吨，行权价格间距为100元/吨。	美式。买方可以在到期日之前任一交易日的交易时间，以及到期日15:30之前提出行权申请。	看涨期权：PG-合约月份-C-行权价格 看跌期权：PG-合约月份-P-行权价格	大连商品交易所	看涨期权：PG-合约月份-C-行权价格 看跌期权：PG-合约月份-P-行权价格	大连商品交易所
标的期货合约交割月份前一个月的第5个交易日	同最后交易日	行权价格覆盖棕榈油期货合约上一交易日结算价上下浮动1.5倍当日涨跌停板幅度对应的价格范围。行权价格≤5000元/吨，行权价格间距为50元/吨；5000元/吨<行权价格≤10000元/吨，行权价格间距为100元/吨；行权价格>10000元/吨，行权价格间距为200元/吨。	美式。买方可以在到期日之前任一交易日的交易时间，以及到期日15:30之前提出行权申请。	看涨期权：P-合约月份-C-行权价格 看跌期权：P-合约月份-P-行权价格	大连商品交易所
标的期货合约交割月前第一月的倒数第五个交易日，交易所可以根据国家法定节假日调整最后交易日	同最后交易日	行权价格覆盖阴极铜期货合约上一交易日结算价上下1倍当日涨跌停板幅度对应的价格范围。行权价格≤40000元/吨，行权价格间距为500元/吨；40000元/吨<行权价格≤80000元/吨，行权价格间距为1000元/吨；行权价格>80000元/吨，行权价格间距为2000元/吨	美式。买方可以在到期日前任一交易日的交易时间提交行权申请；买方可以在到期日15:30之前提出行权申请、放弃申请	看涨期权：CU-合约月份-C-行权价格 看跌期权：CU-合约月份-P-行权价格	上海期货交易所
标的期货合约交割月前第一月的倒数第五个交易日，交易所可以根据国家法定节假日调整最后交易日	同最后交易日	行权价格覆盖黄金期货合约上一交易日结算价上下浮动1.5倍当日涨跌停板幅度对应的价格范围。行权价格≤200元/克，行权价格间距为2元/克；200元/克<行权价格≤400元/克，行权价格间距为4元/克；行权价格>400元/克，行权价格间距为8元/克	美式。买方可以在到期日前任一交易日的交易时间提交行权申请；买方可以在到期日15:30之前提出行权申请、放弃申请	看涨期权：AU-合约月份-C-行权价格 看跌期权：AU-合约月份-P-行权价格	上海期货交易所
标的期货合约交割月前第一月的倒数第五个交易日，交易所可以根据国家法定节假日调整最后交易日	同最后交易日	行权价格覆盖天然橡胶期货合约上一交易日结算价上下浮动1.5倍当日涨跌停板幅度对应的价格范围。行权价格≤10000元/吨，行权价格间距为100元/吨；10000元/吨<行权价格≤25000元/吨，行权价格间距为250元/吨；行权价格>25000元/吨，行权价格间距为500元/吨	美式。买方可在到期日前任一交易日的交易时间提交行权申请；买方可在到期日15:30之前提交行权申请、放弃申请	看涨期权：RU-合约月份-C-行权价格 看跌期权：RU-合约月份-P-行权价格	上海期货交易所
标的期货合约交割月前第一月的倒数第五个交易日，交易所可以根据国家法定节假日调整最后交易日	同最后交易日	行权价格覆盖标的期货合约上一交易日结算价上下浮动1.5倍当日涨跌停板幅度对应的价格范围。行权价格≤10000元/吨，行权价格间距为50元/吨；10000元/吨<行权价格≤20000元/吨，行权价格间距为100元/吨；行权价格>20000元/吨，行权价格间距为200元/吨	美式。买方可以在到期日前任一交易日的交易时间提交行权申请；买方可以在到期日15:30之前提出行权申请、放弃申请	看涨期权：AL-合约月份-C-行权价格 看跌期权：AL-合约月份-P-行权价格	上海期货交易所
标的期货合约交割月前第一月的倒数第五个交易日，交易所可以根据国家法定节假日调整最后交易日	同最后交易日	行权价格覆盖标的期货合约上一交易日结算价上下浮动1.5倍当日涨跌停板幅度对应的价格范围。行权价格≤10000元/吨，行权价格间距为100元/吨；10000元/吨<行权价格≤25000元/吨，行权价格间距为200元/吨；行权价格>25000元/吨，行权价格间距为500元/吨	美式。买方可以在到期日前任一交易日的交易时间提交行权申请；买方可以在到期日15:30之前提出行权申请、放弃申请	看涨期权：ZN-合约月份-C-行权价格 看跌期权：ZN-合约月份-P-行权价格	上海期货交易所
标的期货合约交割月前第一月的倒数第13个交易日，上海国际能源交易中心可以根据国家法定节假日等调整最后交易日	同最后交易日	行权价格覆盖标的期货合约上一交易日结算价上下浮动1.5倍当日涨跌停板幅度对应的价格范围。行权价格≤250元/桶，行权价格间距为2元/桶；250元/桶<行权价格≤500元/桶，行权价格间距为5元/桶；行权价格>500元/桶，行权价格间距为10元/桶	美式。买方可在到期日前任一交易日的交易时间提交行权申请；买方可在到期日15:30之前提交行权申请、放弃申请	看涨期权：SC-合约月份-C-行权价格 看跌期权：SC-合约月份-P-行权价格	上海国际能源交易中心

5-27 续表 2

合约标的物 Underlying Instrument	合约类型 Contracts Type	交易单位 Contract Size	报价单位 Quotation Unit	最小变动价位 Minimum Tick Size	涨跌停板幅度 Daily Price Limit	合约月份 Contracts Months	交易时间 Trading Hours
白糖期货合约 White Sugar Futures Contract	看涨期权、看跌期权	1手（10吨）白糖期货合约	元(人民币)/吨	0.5元/吨	与白糖期货合约涨跌停板幅度相同	标的期货合约中的连续两个近月，其后月份在标的期货合约结算后持仓量达到5000手（单边）之后的第二个交易日挂牌	每周一至周五上午9:00–11:30，下午13:30–15:00及交易所规定的其他交易时间
一号棉花期货合约 Cotton No.1 Futures Contract	看涨期权、看跌期权	1手棉花期货合约	元(人民币)/吨	1元/吨	与棉花期货合约涨跌停板幅度相同	标的期货合约中的连续两个近月，其后月份在标的期货合约结算后持仓量达到5000手（单边）之后的第二个交易日挂牌	每周一至周五上午9:00–11:30，下午13:30–15:00及交易所规定的其他交易时间
精对苯二甲酸(PTA)期货合约 Purified Terephthalic Acid(PTA) Futures Contract	看涨期权、看跌期权	1手PTA期货合约	元(人民币)/吨	0.5元/吨	与PTA期货合约涨跌停板幅度相同	标的期货合约中的连续两个近月，其后月份在标的期货合约结算后持仓量达到10000手（单边）之后的第二个交易日挂牌	每周一至周五上午9:00–11:30，下午13:30–15:00及交易所规定的其他交易时间
甲醇期货合约 Methanol Futures Contract	看涨期权、看跌期权	1手甲醇期货合约	元(人民币)/吨	0.5元/吨	与甲醇期货合约涨跌停板幅度相同	标的期货合约中的连续两个近月，其后月份在标的期货合约结算后持仓量达到10000手（单边）之后的第二个交易日挂牌	每周一至周五上午9:00–11:30，下午13:30–15:00及交易所规定的其他交易时间
菜籽粕期货合约 Rapeseed Meal Futures Contract	看涨期权、看跌期权	1手菜籽粕期货合约	元(人民币)/吨	0.5元/吨	与菜籽粕期货合约涨跌停板幅度相同	标的期货合约中的连续两个近月，其后月份在标的期货合约结算后持仓量达到5000手（单边）之后的第二个交易日挂牌	每周一至周五上午9:00–11:30，下午13:30–15:00及交易所规定的其他交易时间
动力煤期货合约 Thermal Coal Futures Contract	看涨期权、看跌期权	1手动力煤期货合约	元(人民币)/吨	0.1元/吨	与动力煤期货合约涨跌停板幅度相同	标的期货合约中的连续两个近月，其后月份在标的期货合约结算后持仓量达到10000手（单边）之后的第二个交易日挂牌	每周一至周五上午9:00–11:30，下午13:30–15:00及交易所规定的其他交易时间

continued

最后交易日 Last Trading Day	到期日 Expiration Day	行权价格 Strike Price	行权方式 Exercise Style	交易代码 Trading Code	上市交易所 Listed Exchange
标的期货合约交割月份前一个月的第3个交易日，以及交易所规定的其他日期	同最后交易日	以白糖期货前一交易日结算价为基准，按行权价格间距挂出5个实值期权、1个平值期权和5个虚值期权。行权价格≤3000元/吨，行权价格间距为50元/吨；3000元/吨≤行权价格≤10000元/吨，行权价格间距为100元/吨；行权价格>10000元/吨，行权价格间距为200元/吨	美式。买方可在到期日前任一交易日的交易时间提交行权申请；买方可在到期日15:30之前提交行权申请、放弃申请	看涨期权：SR-合约月份-C-行权价格 看跌期权：SR-合约月份-P-行权价格	郑州商品交易所
标的期货合约交割月份前一个月的第3个交易日，以及交易所规定的其他日期	同最后交易日	以棉花期货前一交易日结算价为基准，按行权价格间距挂出6个实值期权、1个平值期权和6个虚值期权。行权价格≤10000元/吨，行权价格间距为100元/吨；10000元/吨≤行权价格≤20000元/吨，行权价格间距为200元/吨；行权价格>20000元/吨，行权价格间距为400元/吨	美式。买方可在到期日前任一交易日的交易时间提交行权申请；买方可在到期日15:30之前提交行权申请、放弃申请	看涨期权：CF-合约月份-C-行权价格 看跌期权：CF-合约月份-P-行权价格	郑州商品交易所
标的期货合约交割月份前一个月的第3个交易日，以及交易所规定的其他日期	同最后交易日	以PTA期货前一交易日结算价为基准，按行权价格间距挂出6个实值期权、1个平值期权和5个虚值期权。行权价格≤5000元/吨，行权价格间距为50元/吨；5000元/吨≤行权价格≤10000元/吨，行权价格间距为100元/吨；行权价格>10000元/吨，行权价格间距为200元/吨	美式。买方可在到期日前任一交易日的交易时间提交行权申请；买方可在到期日15:30之前提交行权申请、放弃申请	看涨期权：TA-合约月份-C-行权价格 看跌期权：TA-合约月份-P-行权价格	郑州商品交易所
标的期货合约交割月份前一个月的第3个交易日，以及交易所规定的其他日期	同最后交易日	以甲醇期货前一交易日结算价为基准，按行权价格间距挂出6个实值期权、1个平值期权和5个虚值期权。行权价格≤2500元/吨，行权价格间距为25元/吨；2500元/吨≤行权价格≤5000元/吨，行权价格间距为50元/吨；行权价格>5000元/吨，行权价格间距为100元/吨	美式。买方可在到期日前任一交易日的交易时间提交行权申请；买方可在到期日15:30之前提交行权申请、放弃申请	看涨期权：MA-合约月份-C-行权价格 看跌期权：MA-合约月份-P-行权价格	郑州商品交易所
标的期货合约交割月份前一个月的第3个交易日，以及交易所规定的其他日期	同最后交易日	以菜籽粕期货前一交易日结算价为基准，按行权价格间距挂出6个实值期权、1个平值期权和5个虚值期权。行权价格≤2500元/吨，行权价格间距为25元/吨；2500元/吨≤行权价格≤5000元/吨，行权价格间距为50元/吨；行权价格>5000元/吨，行权价格间距为100元/吨	美式。买方可在到期日前任一交易日的交易时间提交行权申请；买方可在到期日15:30之前提交行权申请、放弃申请	看涨期权：RM-合约月份-C-行权价格 看跌期权：RM-合约月份-P-行权价格	郑州商品交易所
标的期货合约交割月份前一个月的第3个交易日，以及交易所规定的其他日期	同最后交易日	以动力煤期货前一交易日结算价为基准，按行权价格间距挂出6个实值期权、1个平值期权和6个虚值期权。行权价格≤500元/吨，行权价格间距为5元/吨；行权价格>500元/吨，行权价格间距为10元/吨	美式。买方可在到期日前任一交易日的交易时间提交行权申请；买方可在到期日15:30之前提交行权申请、放弃申请	看涨期权：ZC-合约月份-C-行权价格 看跌期权：ZC-合约月份-P-行权价格	郑州商品交易所

5-28 金融期权品种交易情况
Statistics for Financial Options

交易品种 Product	交易所 Exchange	成交金额(亿元) Trading Turnover (100 million yuan)		成交量(万手) Trading Volume (10 thousand lots)	
		2020	2021	2020	2021
沪深300股指期权 CSI300 Index Options	CFFEX	1365.53	2486.16	1674.28	3024.15
上证50ETF期权合约 SSE50 ETF Options	SSE	—	3875.64	—	62934.23
沪深300ETF期权合约 CSI300 ETF Options	SSE	—	4357.64	—	46804.92
沪深300ETF期权合约 CSI300 ETF Options	SZSE	679.57	588.95	7877.24	7187.56

注：金融期权的行权金额采用执行盈亏值汇总统计。
数据来源：上海证券交易所、深圳证券交易所、中国金融期货交易所
Source：SSE、SZSE、CFFEX

5-28 续表 1 continued

交易品种 Product	交易所 Exchange	持仓金额(亿元) Value of Positions (100 million yuan)		持仓量(万手) Positions (10 thousand lots)	
		2020	2021	2020	2021
沪深300股指期权 CSI300 Index Options	CFFEX	19.50	17.28	14.31	19.60
上证50ETF期权合约 SSE50 ETF Options	SSE	—	—	—	302.07
沪深300ETF期权合约 CSI300 ETF Options	SSE	—	—	—	182.44
沪深300ETF期权合约 CSI300 ETF Options	SZSE	—	—	30.84	31.74

5-28 续表 2 continued

交易品种 Product	交易所 Exchange	行权金额(亿元) Value of Delivery (100 million yuan)		行权量(万手) Delivery Quantity (10 thousand lots)	
		2020	2021	2020	2021
沪深300股指期权 CSI300 Index Options	CFFEX	302.78	799.52	6.96	15.69
上证50ETF期权合约 SSE50 ETF Options	SSE	—	204.44	—	58.76
沪深300ETF期权合约 CSI300 ETF Options	SSE	—	201.16	—	38.36
沪深300ETF期权合约 CSI300 ETF Options	SZSE	68.83	72.61	15.51	13.94

5-29-1 金融期权合约汇总
Collection of Financial Options Contracts

合约标的物 Underlying Instrument	合约类型 Contracts Type	交易单位 Contract Size	报价单位 Quotation Unit	最小变动价位 Minimum Tick Size	涨跌停板幅度 Limit Up/Limit Down	合约月份 Contracts Months
沪深300指数 CSI 300 Index	看涨期权、 看跌期权	手	指数点	0.2点	上一交易日沪深300 指数收盘价的±10%	当月、下2个月 及随后3个季月
50ETF	认购期权	10145(份)	1(张)	0.0001(元)		03月
50ETF	认沽期权	10145(份)	1(张)	0.0001(元)		03月
50ETF	认购期权	10145(份)	1(张)	0.0001(元)		03月
50ETF	认沽期权	10145(份)	1(张)	0.0001(元)		03月
50ETF	认购期权	10145(份)	1(张)	0.0001(元)		03月
50ETF	认沽期权	10145(份)	1(张)	0.0001(元)		03月
50ETF	认购期权	10145(份)	1(张)	0.0001(元)		03月
50ETF	认沽期权	10145(份)	1(张)	0.0001(元)		03月
50ETF	认沽期权	10145(份)	1(张)	0.0001(元)		03月
50ETF	认沽期权	10145(份)	1(张)	0.0001(元)		03月
50ETF	认购期权	10145(份)	1(张)	0.0001(元)		03月
50ETF	认购期权	10145(份)	1(张)	0.0001(元)		03月
50ETF	认沽期权	10145(份)	1(张)	0.0001(元)		03月
50ETF	认沽期权	10145(份)	1(张)	0.0001(元)		03月
50ETF	认购期权	10145(份)	1(张)	0.0001(元)		03月
50ETF	认购期权	10145(份)	1(张)	0.0001(元)		03月
50ETF	认沽期权	10145(份)	1(张)	0.0001(元)		03月
50ETF	认购期权	10145(份)	1(张)	0.0001(元)		03月
50ETF	认沽期权	10145(份)	1(张)	0.0001(元)		03月
50ETF	认购期权	10145(份)	1(张)	0.0001(元)		03月
50ETF	认购期权	10145(份)	1(张)	0.0001(元)		03月
50ETF	认沽期权	10145(份)	1(张)	0.0001(元)		03月
50ETF	认购期权	10145(份)	1(张)	0.0001(元)		06月
50ETF	认购期权	10145(份)	1(张)	0.0001(元)		06月
50ETF	认沽期权	10145(份)	1(张)	0.0001(元)		06月
50ETF	认购期权	10145(份)	1(张)	0.0001(元)		06月
50ETF	认购期权	10145(份)	1(张)	0.0001(元)		06月
50ETF	认沽期权	10145(份)	1(张)	0.0001(元)		06月
50ETF	认沽期权	10145(份)	1(张)	0.0001(元)		06月
50ETF	认沽期权	10145(份)	1(张)	0.0001(元)		06月
50ETF	认沽期权	10145(份)	1(张)	0.0001(元)		06月
50ETF	认购期权	10145(份)	1(张)	0.0001(元)		06月
50ETF	认购期权	10145(份)	1(张)	0.0001(元)		06月
50ETF	认沽期权	10145(份)	1(张)	0.0001(元)		06月
50ETF	认购期权	10145(份)	1(张)	0.0001(元)		06月
50ETF	认沽期权	10145(份)	1(张)	0.0001(元)		06月
50ETF	认购期权	10145(份)	1(张)	0.0001(元)		06月
50ETF	认购期权	10145(份)	1(张)	0.0001(元)		06月
50ETF	认沽期权	10145(份)	1(张)	0.0001(元)		06月
50ETF	认沽期权	10145(份)	1(张)	0.0001(元)		06月
50ETF	认沽期权	10145(份)	1(张)	0.0001(元)		06月
50ETF	认购期权	10145(份)	1(张)	0.0001(元)		06月
50ETF	认购期权	10145(份)	1(张)	0.0001(元)		06月
50ETF	认购期权	10145(份)	1(张)	0.0001(元)		03月

数据来源：上海证券交易所、深圳证券交易所、中国金融期货交易所
Source：SSE、SZSE、CFFEX

5-29-1 续表 1 continued

合约标的物 Underlying Instrument	合约类型 Contracts Type	交易单位 Contract Size	报价单位 Quotation Unit	最小变动价位 Minimum Tick Size	涨跌停板幅度 Limit Up/Limit Down	合约月份 Contracts Months
50ETF	认沽期权	10145(份)	1(张)	0.0001(元)		03月
50ETF	认沽期权	10145(份)	1(张)	0.0001(元)		06月
50ETF	认购期权	10145(份)	1(张)	0.0001(元)		01月
50ETF	认沽期权	10145(份)	1(张)	0.0001(元)		01月
50ETF	认沽期权	10145(份)	1(张)	0.0001(元)		01月
50ETF	认沽期权	10145(份)	1(张)	0.0001(元)		01月
50ETF	认沽期权	10145(份)	1(张)	0.0001(元)		01月
50ETF	认购期权	10145(份)	1(张)	0.0001(元)		01月
50ETF	认购期权	10145(份)	1(张)	0.0001(元)		01月
50ETF	认沽期权	10145(份)	1(张)	0.0001(元)		01月
50ETF	认购期权	10145(份)	1(张)	0.0001(元)		01月
50ETF	认购期权	10145(份)	1(张)	0.0001(元)		01月
50ETF	认沽期权	10145(份)	1(张)	0.0001(元)		01月
50ETF	认购期权	10145(份)	1(张)	0.0001(元)		01月
50ETF	认购期权	10145(份)	1(张)	0.0001(元)		01月
50ETF	认购期权	10145(份)	1(张)	0.0001(元)		01月
50ETF	认沽期权	10145(份)	1(张)	0.0001(元)		01月
50ETF	认购期权	10145(份)	1(张)	0.0001(元)		01月
50ETF	认沽期权	10145(份)	1(张)	0.0001(元)		01月
50ETF	认沽期权	10145(份)	1(张)	0.0001(元)		01月
50ETF	认沽期权	10000(份)	1(张)	0.0001(元)		01月
50ETF	认沽期权	10000(份)	1(张)	0.0001(元)		01月
50ETF	认购期权	10000(份)	1(张)	0.0001(元)		06月
50ETF	认沽期权	10000(份)	1(张)	0.0001(元)		01月
50ETF	认购期权	10000(份)	1(张)	0.0001(元)		03月
50ETF	认购期权	10000(份)	1(张)	0.0001(元)		03月
50ETF	认沽期权	10000(份)	1(张)	0.0001(元)		03月
50ETF	认沽期权	10000(份)	1(张)	0.0001(元)		03月
50ETF	认沽期权	10000(份)	1(张)	0.0001(元)		03月
50ETF	认购期权	10000(份)	1(张)	0.0001(元)		06月
50ETF	认沽期权	10000(份)	1(张)	0.0001(元)		03月
50ETF	认购期权	10000(份)	1(张)	0.0001(元)		01月
50ETF	认沽期权	10000(份)	1(张)	0.0001(元)		03月
50ETF	认购期权	10000(份)	1(张)	0.0001(元)		06月
50ETF	认沽期权	10000(份)	1(张)	0.0001(元)		03月
50ETF	认沽期权	10000(份)	1(张)	0.0001(元)		03月
50ETF	认购期权	10000(份)	1(张)	0.0001(元)		03月
50ETF	认沽期权	10000(份)	1(张)	0.0001(元)		06月
50ETF	认沽期权	10000(份)	1(张)	0.0001(元)		01月
50ETF	认沽期权	10000(份)	1(张)	0.0001(元)		01月
50ETF	认沽期权	10000(份)	1(张)	0.0001(元)		06月
50ETF	认购期权	10000(份)	1(张)	0.0001(元)		03月
50ETF	认购期权	10000(份)	1(张)	0.0001(元)		01月
50ETF	认沽期权	10000(份)	1(张)	0.0001(元)		01月
50ETF	认沽期权	10000(份)	1(张)	0.0001(元)		06月
50ETF	认沽期权	10000(份)	1(张)	0.0001(元)		06月
50ETF	认购期权	10000(份)	1(张)	0.0001(元)		06月
50ETF	认购期权	10000(份)	1(张)	0.0001(元)		01月

5-29-1　续表 2　continued

合约标的物 Underlying Instrument	合约类型 Contracts Type	交易单位 Contract Size	报价单位 Quotation Unit	最小变动价位 Minimum Tick Size	涨跌停板幅度 Limit Up/Limit Down	合约月份 Contracts Months
50ETF	认购期权	10000(份)	1(张)	0.0001(元)		03月
50ETF	认沽期权	10000(份)	1(张)	0.0001(元)		06月
50ETF	认购期权	10000(份)	1(张)	0.0001(元)		03月
50ETF	认购期权	10000(份)	1(张)	0.0001(元)		06月
50ETF	认沽期权	10000(份)	1(张)	0.0001(元)		01月
50ETF	认沽期权	10000(份)	1(张)	0.0001(元)		01月
50ETF	认购期权	10000(份)	1(张)	0.0001(元)		06月
50ETF	认购期权	10000(份)	1(张)	0.0001(元)		03月
50ETF	认沽期权	10000(份)	1(张)	0.0001(元)		06月
50ETF	认沽期权	10000(份)	1(张)	0.0001(元)		03月
50ETF	认购期权	10000(份)	1(张)	0.0001(元)		01月
50ETF	认购期权	10000(份)	1(张)	0.0001(元)		01月
50ETF	认购期权	10000(份)	1(张)	0.0001(元)		06月
50ETF	认购期权	10000(份)	1(张)	0.0001(元)		01月
50ETF	认购期权	10000(份)	1(张)	0.0001(元)		03月
50ETF	认沽期权	10000(份)	1(张)	0.0001(元)		06月
50ETF	认购期权	10000(份)	1(张)	0.0001(元)		03月
50ETF	认沽期权	10000(份)	1(张)	0.0001(元)		06月
50ETF	认购期权	10000(份)	1(张)	0.0001(元)		01月
50ETF	认购期权	10000(份)	1(张)	0.0001(元)		01月
50ETF	认沽期权	10000(份)	1(张)	0.0001(元)		01月
50ETF	认购期权	10000(份)	1(张)	0.0001(元)		01月
50ETF	认购期权	10000(份)	1(张)	0.0001(元)		06月
50ETF	认沽期权	10000(份)	1(张)	0.0001(元)		03月
50ETF	认购期权	10000(份)	1(张)	0.0001(元)		06月
50ETF	认沽期权	10000(份)	1(张)	0.0001(元)		06月
50ETF	认沽期权	10000(份)	1(张)	0.0001(元)		03月
50ETF	认沽期权	10000(份)	1(张)	0.0001(元)		01月
50ETF	认购期权	10000(份)	1(张)	0.0001(元)		01月
50ETF	认沽期权	10000(份)	1(张)	0.0001(元)		06月
50ETF	认购期权	10000(份)	1(张)	0.0001(元)		03月
50ETF	认购期权	10000(份)	1(张)	0.0001(元)		06月
50ETF	认沽期权	10000(份)	1(张)	0.0001(元)		03月
50ETF	认购期权	10000(份)	1(张)	0.0001(元)		03月
50ETF	认购期权	10000(份)	1(张)	0.0001(元)		06月
50ETF	认沽期权	10000(份)	1(张)	0.0001(元)		06月
50ETF	认购期权	10000(份)	1(张)	0.0001(元)		01月
50ETF	认沽期权	10000(份)	1(张)	0.0001(元)		01月
50ETF	认购期权	10000(份)	1(张)	0.0001(元)		02月
50ETF	认购期权	10000(份)	1(张)	0.0001(元)		02月
50ETF	认购期权	10000(份)	1(张)	0.0001(元)		02月
50ETF	认购期权	10000(份)	1(张)	0.0001(元)		02月
50ETF	认沽期权	10000(份)	1(张)	0.0001(元)		02月
50ETF	认沽期权	10000(份)	1(张)	0.0001(元)		02月
50ETF	认沽期权	10000(份)	1(张)	0.0001(元)		02月
50ETF	认沽期权	10000(份)	1(张)	0.0001(元)		02月
50ETF	认购期权	10000(份)	1(张)	0.0001(元)		02月
50ETF	认沽期权	10000(份)	1(张)	0.0001(元)		02月

5-29-1 续表 3 continued

合约标的物 Underlying Instrument	合约类型 Contracts Type	交易单位 Contract Size	报价单位 Quotation Unit	最小变动价位 Minimum Tick Size	涨跌停板幅度 Limit Up/Limit Down	合约月份 Contracts Months
50ETF	认购期权	10000(份)	1(张)	0.0001(元)		02月
50ETF	认沽期权	10000(份)	1(张)	0.0001(元)		02月
50ETF	认沽期权	10000(份)	1(张)	0.0001(元)		02月
50ETF	认沽期权	10000(份)	1(张)	0.0001(元)		02月
50ETF	认购期权	10000(份)	1(张)	0.0001(元)		02月
50ETF	认沽期权	10000(份)	1(张)	0.0001(元)		02月
50ETF	认购期权	10000(份)	1(张)	0.0001(元)		02月
50ETF	认购期权	10000(份)	1(张)	0.0001(元)		02月
50ETF	认购期权	10000(份)	1(张)	0.0001(元)		02月
50ETF	认沽期权	10000(份)	1(张)	0.0001(元)		02月
50ETF	认沽期权	10000(份)	1(张)	0.0001(元)		06月
50ETF	认沽期权	10000(份)	1(张)	0.0001(元)		01月
50ETF	认沽期权	10000(份)	1(张)	0.0001(元)		03月
50ETF	认购期权	10000(份)	1(张)	0.0001(元)		01月
50ETF	认购期权	10000(份)	1(张)	0.0001(元)		03月
50ETF	认购期权	10000(份)	1(张)	0.0001(元)		02月
50ETF	认购期权	10000(份)	1(张)	0.0001(元)		06月
50ETF	认沽期权	10000(份)	1(张)	0.0001(元)		02月
50ETF	认沽期权	10000(份)	1(张)	0.0001(元)		06月
50ETF	认沽期权	10000(份)	1(张)	0.0001(元)		01月
50ETF	认购期权	10000(份)	1(张)	0.0001(元)		06月
50ETF	认购期权	10000(份)	1(张)	0.0001(元)		03月
50ETF	认沽期权	10000(份)	1(张)	0.0001(元)		03月
50ETF	认沽期权	10000(份)	1(张)	0.0001(元)		02月
50ETF	认购期权	10000(份)	1(张)	0.0001(元)		01月
50ETF	认购期权	10000(份)	1(张)	0.0001(元)		02月
50ETF	认沽期权	10000(份)	1(张)	0.0001(元)		02月
50ETF	认沽期权	10000(份)	1(张)	0.0001(元)		03月
50ETF	认购期权	10000(份)	1(张)	0.0001(元)		02月
50ETF	认沽期权	10000(份)	1(张)	0.0001(元)		06月
50ETF	认购期权	10000(份)	1(张)	0.0001(元)		03月
50ETF	认购期权	10000(份)	1(张)	0.0001(元)		06月
50ETF	认购期权	10000(份)	1(张)	0.0001(元)		01月
50ETF	认沽期权	10000(份)	1(张)	0.0001(元)		01月
50ETF	认沽期权	10000(份)	1(张)	0.0001(元)		09月
50ETF	认购期权	10000(份)	1(张)	0.0001(元)		09月
50ETF	认沽期权	10000(份)	1(张)	0.0001(元)		09月
50ETF	认沽期权	10000(份)	1(张)	0.0001(元)		09月
50ETF	认购期权	10000(份)	1(张)	0.0001(元)		09月
50ETF	认购期权	10000(份)	1(张)	0.0001(元)		09月
50ETF	认购期权	10000(份)	1(张)	0.0001(元)		09月
50ETF	认购期权	10000(份)	1(张)	0.0001(元)		09月
50ETF	认沽期权	10000(份)	1(张)	0.0001(元)		09月
50ETF	认沽期权	10000(份)	1(张)	0.0001(元)		09月
50ETF	认沽期权	10000(份)	1(张)	0.0001(元)		09月
50ETF	认购期权	10000(份)	1(张)	0.0001(元)		09月
50ETF	认购期权	10000(份)	1(张)	0.0001(元)		09月
50ETF	认沽期权	10000(份)	1(张)	0.0001(元)		09月

5-29-1 续表 20 continued

合约标的物 Underlying Instrument	合约类型 Contracts Type	交易单位 Contract Size	报价单位 Quotation Unit	最小变动价位 Minimum Tick Size	涨跌停板幅度 Limit Up/Limit Down	合约月份 Contracts Months
沪深300ETF	认沽期权	10000(份)	1(张)	0.0001(元)		11月
沪深300ETF	认沽期权	10000(份)	1(张)	0.0001(元)		11月
沪深300ETF	认购期权	10000(份)	1(张)	0.0001(元)		11月
沪深300ETF	认购期权	10000(份)	1(张)	0.0001(元)		11月
沪深300ETF	认购期权	10000(份)	1(张)	0.0001(元)		11月
沪深300ETF	认购期权	10000(份)	1(张)	0.0001(元)		11月
沪深300ETF	认沽期权	10000(份)	1(张)	0.0001(元)		11月
沪深300ETF	认沽期权	10000(份)	1(张)	0.0001(元)		11月
沪深300ETF	认沽期权	10000(份)	1(张)	0.0001(元)		11月
沪深300ETF	认购期权	10000(份)	1(张)	0.0001(元)		11月
沪深300ETF	认沽期权	10000(份)	1(张)	0.0001(元)		11月
沪深300ETF	认购期权	10000(份)	1(张)	0.0001(元)		11月
沪深300ETF	认沽期权	10000(份)	1(张)	0.0001(元)		11月
沪深300ETF	认沽期权	10000(份)	1(张)	0.0001(元)		11月
沪深300ETF	认沽期权	10000(份)	1(张)	0.0001(元)		11月
沪深300ETF	认购期权	10000(份)	1(张)	0.0001(元)		11月
沪深300ETF	认沽期权	10000(份)	1(张)	0.0001(元)		06月
沪深300ETF	认沽期权	10000(份)	1(张)	0.0001(元)		06月
沪深300ETF	认购期权	10000(份)	1(张)	0.0001(元)		06月
沪深300ETF	认沽期权	10000(份)	1(张)	0.0001(元)		06月
沪深300ETF	认沽期权	10000(份)	1(张)	0.0001(元)		06月
沪深300ETF	认购期权	10000(份)	1(张)	0.0001(元)		06月
沪深300ETF	认购期权	10000(份)	1(张)	0.0001(元)		06月
沪深300ETF	认沽期权	10000(份)	1(张)	0.0001(元)		06月
沪深300ETF	认购期权	10000(份)	1(张)	0.0001(元)		06月
沪深300ETF	认沽期权	10000(份)	1(张)	0.0001(元)		06月
沪深300ETF	认购期权	10000(份)	1(张)	0.0001(元)		06月
沪深300ETF	认沽期权	10000(份)	1(张)	0.0001(元)		06月
沪深300ETF	认购期权	10000(份)	1(张)	0.0001(元)		06月
沪深300ETF	认购期权	10000(份)	1(张)	0.0001(元)		06月
沪深300ETF	认沽期权	10000(份)	1(张)	0.0001(元)		06月
沪深300ETF	认购期权	10000(份)	1(张)	0.0001(元)		06月
沪深300ETF	认沽期权	10000(份)	1(张)	0.0001(元)		06月
沪深300ETF	认购期权	10000(份)	1(张)	0.0001(元)		06月
沪深300ETF	认购期权	10000(份)	1(张)	0.0001(元)		06月
沪深300ETF	认沽期权	10000(份)	1(张)	0.0001(元)		06月
沪深300ETF	认购期权	10000(份)	1(张)	0.0001(元)		01月
沪深300ETF	认购期权	10000(份)	1(张)	0.0001(元)		01月
沪深300ETF	认沽期权	10000(份)	1(张)	0.0001(元)		01月
沪深300ETF	认购期权	10000(份)	1(张)	0.0001(元)		01月
沪深300ETF	认沽期权	10000(份)	1(张)	0.0001(元)		01月
沪深300ETF	认沽期权	10000(份)	1(张)	0.0001(元)		01月
沪深300ETF	认购期权	10000(份)	1(张)	0.0001(元)		01月
沪深300ETF	认购期权	10000(份)	1(张)	0.0001(元)		01月
沪深300ETF	认沽期权	10000(份)	1(张)	0.0001(元)		01月
沪深300ETF	认沽期权	10000(份)	1(张)	0.0001(元)		01月
沪深300ETF	认购期权	10000(份)	1(张)	0.0001(元)		01月
沪深300ETF	认购期权	10000(份)	1(张)	0.0001(元)		01月

5-29-1 续表 21 continued

合约标的物 Underlying Instrument	合约类型 Contracts Type	交易单位 Contract Size	报价单位 Quotation Unit	最小变动价位 Minimum Tick Size	涨跌停板幅度 Limit Up/Limit Down	合约月份 Contracts Months
沪深300ETF	认购期权	10000(份)	1(张)	0.0001(元)		01月
沪深300ETF	认购期权	10000(份)	1(张)	0.0001(元)		01月
沪深300ETF	认沽期权	10000(份)	1(张)	0.0001(元)		01月
沪深300ETF	认沽期权	10000(份)	1(张)	0.0001(元)		01月
沪深300ETF	认沽期权	10000(份)	1(张)	0.0001(元)		01月
沪深300ETF	认沽期权	10000(份)	1(张)	0.0001(元)		01月
沪深300ETF	认沽期权	10000(份)	1(张)	0.0001(元)		01月
沪深300ETF	认购期权	10000(份)	1(张)	0.0001(元)		01月
沪深300ETF	认沽期权	10000(份)	1(张)	0.0001(元)		01月
沪深300ETF	认沽期权	10000(份)	1(张)	0.0001(元)		03月
沪深300ETF	认购期权	10000(份)	1(张)	0.0001(元)		01月
沪深300ETF	认购期权	10000(份)	1(张)	0.0001(元)		06月
沪深300ETF	认沽期权	10000(份)	1(张)	0.0001(元)		06月
沪深300ETF	认购期权	10000(份)	1(张)	0.0001(元)		03月
沪深300ETF	认沽期权	10000(份)	1(张)	0.0001(元)		02月
沪深300ETF	认沽期权	10000(份)	1(张)	0.0001(元)		02月
沪深300ETF	认沽期权	10000(份)	1(张)	0.0001(元)		02月
沪深300ETF	认沽期权	10000(份)	1(张)	0.0001(元)		02月
沪深300ETF	认购期权	10000(份)	1(张)	0.0001(元)		02月
沪深300ETF	认购期权	10000(份)	1(张)	0.0001(元)		02月
沪深300ETF	认购期权	10000(份)	1(张)	0.0001(元)		02月
沪深300ETF	认沽期权	10000(份)	1(张)	0.0001(元)		02月
沪深300ETF	认沽期权	10000(份)	1(张)	0.0001(元)		02月
沪深300ETF	认购期权	10000(份)	1(张)	0.0001(元)		02月
沪深300ETF	认沽期权	10000(份)	1(张)	0.0001(元)		02月
沪深300ETF	认购期权	10000(份)	1(张)	0.0001(元)		02月
沪深300ETF	认沽期权	10000(份)	1(张)	0.0001(元)		02月
沪深300ETF	认购期权	10000(份)	1(张)	0.0001(元)		02月
沪深300ETF	认购期权	10000(份)	1(张)	0.0001(元)		02月
沪深300ETF	认购期权	10000(份)	1(张)	0.0001(元)		02月
沪深300ETF	认沽期权	10000(份)	1(张)	0.0001(元)		02月
沪深300ETF	认购期权	10000(份)	1(张)	0.0001(元)		02月
沪深300ETF	ETF期权	10140(张)	1(张)	0.0001(元)		03月
沪深300ETF	ETF期权	10140(张)	1(张)	0.0001(元)		03月
沪深300ETF	ETF期权	10140(张)	1(张)	0.0001(元)		03月
沪深300ETF	ETF期权	10140(张)	1(张)	0.0001(元)		03月
沪深300ETF	ETF期权	10140(张)	1(张)	0.0001(元)		03月
沪深300ETF	ETF期权	10140(张)	1(张)	0.0001(元)		03月
沪深300ETF	ETF期权	10140(张)	1(张)	0.0001(元)		03月
沪深300ETF	ETF期权	10140(张)	1(张)	0.0001(元)		03月
沪深300ETF	ETF期权	10140(张)	1(张)	0.0001(元)		03月
沪深300ETF	ETF期权	10140(张)	1(张)	0.0001(元)		03月
沪深300ETF	ETF期权	10140(张)	1(张)	0.0001(元)		03月
沪深300ETF	ETF期权	10140(张)	1(张)	0.0001(元)		03月
沪深300ETF	ETF期权	10140(张)	1(张)	0.0001(元)		03月
沪深300ETF	ETF期权	10140(张)	1(张)	0.0001(元)		03月
沪深300ETF	ETF期权	10140(张)	1(张)	0.0001(元)		03月
沪深300ETF	ETF期权	10140(张)	1(张)	0.0001(元)		03月

5-29-1 续表 22 continued

合约标的物 Underlying Instrument	合约类型 Contracts Type	交易单位 Contract Size	报价单位 Quotation Unit	最小变动价位 Minimum Tick Size	涨跌停板幅度 Limit Up/Limit Down	合约月份 Contracts Months
沪深300ETF	ETF期权	10140(张)	1(张)	0.0001(元)		03月
沪深300ETF	ETF期权	10140(张)	1(张)	0.0001(元)		03月
沪深300ETF	ETF期权	10140(张)	1(张)	0.0001(元)		03月
沪深300ETF	ETF期权	10140(张)	1(张)	0.0001(元)		03月
沪深300ETF	ETF期权	10140(张)	1(张)	0.0001(元)		03月
沪深300ETF	ETF期权	10140(张)	1(张)	0.0001(元)		03月
沪深300ETF	ETF期权	10000(张)	1(张)	0.0001(元)		03月
沪深300ETF	ETF期权	10000(张)	1(张)	0.0001(元)		03月
沪深300ETF	ETF期权	10000(张)	1(张)	0.0001(元)		03月
沪深300ETF	ETF期权	10000(张)	1(张)	0.0001(元)		03月
沪深300ETF	ETF期权	10000(张)	1(张)	0.0001(元)		03月
沪深300ETF	ETF期权	10000(张)	1(张)	0.0001(元)		03月
沪深300ETF	ETF期权	10000(张)	1(张)	0.0001(元)		03月
沪深300ETF	ETF期权	10000(张)	1(张)	0.0001(元)		03月
沪深300ETF	ETF期权	10000(张)	1(张)	0.0001(元)		03月
沪深300ETF	ETF期权	10000(张)	1(张)	0.0001(元)		03月
沪深300ETF	ETF期权	10000(张)	1(张)	0.0001(元)		03月
沪深300ETF	ETF期权	10000(张)	1(张)	0.0001(元)		03月
沪深300ETF	ETF期权	10000(张)	1(张)	0.0001(元)		03月
沪深300ETF	ETF期权	10000(张)	1(张)	0.0001(元)		03月
沪深300ETF	ETF期权	10000(张)	1(张)	0.0001(元)		03月
沪深300ETF	ETF期权	10000(张)	1(张)	0.0001(元)		03月
沪深300ETF	ETF期权	10000(张)	1(张)	0.0001(元)		03月
沪深300ETF	ETF期权	10000(张)	1(张)	0.0001(元)		03月
沪深300ETF	ETF期权	10000(张)	1(张)	0.0001(元)		03月
沪深300ETF	ETF期权	10000(张)	1(张)	0.0001(元)		03月
沪深300ETF	ETF期权	10000(张)	1(张)	0.0001(元)		03月
沪深300ETF	ETF期权	10000(张)	1(张)	0.0001(元)		03月
沪深300ETF	ETF期权	10000(张)	1(张)	0.0001(元)		06月
沪深300ETF	ETF期权	10000(张)	1(张)	0.0001(元)		06月
沪深300ETF	ETF期权	10000(张)	1(张)	0.0001(元)		06月
沪深300ETF	ETF期权	10000(张)	1(张)	0.0001(元)		06月
沪深300ETF	ETF期权	10000(张)	1(张)	0.0001(元)		06月
沪深300ETF	ETF期权	10000(张)	1(张)	0.0001(元)		06月
沪深300ETF	ETF期权	10000(张)	1(张)	0.0001(元)		06月
沪深300ETF	ETF期权	10000(张)	1(张)	0.0001(元)		06月
沪深300ETF	ETF期权	10000(张)	1(张)	0.0001(元)		06月
沪深300ETF	ETF期权	10000(张)	1(张)	0.0001(元)		06月
沪深300ETF	ETF期权	10000(张)	1(张)	0.0001(元)		06月
沪深300ETF	ETF期权	10000(张)	1(张)	0.0001(元)		06月
沪深300ETF	ETF期权	10000(张)	1(张)	0.0001(元)		06月
沪深300ETF	ETF期权	10000(张)	1(张)	0.0001(元)		06月
沪深300ETF	ETF期权	10000(张)	1(张)	0.0001(元)		06月
沪深300ETF	ETF期权	10000(张)	1(张)	0.0001(元)		06月
沪深300ETF	ETF期权	10000(张)	1(张)	0.0001(元)		06月
沪深300ETF	ETF期权	10000(张)	1(张)	0.0001(元)		06月
沪深300ETF	ETF期权	10000(张)	1(张)	0.0001(元)		06月

5-29-1 续表 23 continued

合约标的物 Underlying Instrument	合约类型 Contracts Type	交易单位 Contract Size	报价单位 Quotation Unit	最小变动价位 Minimum Tick Size	涨跌停板幅度 Limit Up/Limit Down	合约月份 Contracts Months
沪深300ETF	ETF期权	10000(张)	1(张)	0.0001(元)		06月
沪深300ETF	ETF期权	10000(张)	1(张)	0.0001(元)		01月
沪深300ETF	ETF期权	10000(张)	1(张)	0.0001(元)		01月
沪深300ETF	ETF期权	10000(张)	1(张)	0.0001(元)		01月
沪深300ETF	ETF期权	10000(张)	1(张)	0.0001(元)		01月
沪深300ETF	ETF期权	10000(张)	1(张)	0.0001(元)		01月
沪深300ETF	ETF期权	10000(张)	1(张)	0.0001(元)		01月
沪深300ETF	ETF期权	10000(张)	1(张)	0.0001(元)		01月
沪深300ETF	ETF期权	10000(张)	1(张)	0.0001(元)		01月
沪深300ETF	ETF期权	10000(张)	1(张)	0.0001(元)		01月
沪深300ETF	ETF期权	10000(张)	1(张)	0.0001(元)		01月
沪深300ETF	ETF期权	10000(张)	1(张)	0.0001(元)		01月
沪深300ETF	ETF期权	10000(张)	1(张)	0.0001(元)		01月
沪深300ETF	ETF期权	10000(张)	1(张)	0.0001(元)		01月
沪深300ETF	ETF期权	10000(张)	1(张)	0.0001(元)		01月
沪深300ETF	ETF期权	10000(张)	1(张)	0.0001(元)		01月
沪深300ETF	ETF期权	10000(张)	1(张)	0.0001(元)		01月
沪深300ETF	ETF期权	10000(张)	1(张)	0.0001(元)		01月
沪深300ETF	ETF期权	10000(张)	1(张)	0.0001(元)		01月
沪深300ETF	ETF期权	10000(张)	1(张)	0.0001(元)		01月
沪深300ETF	ETF期权	10000(张)	1(张)	0.0001(元)		01月
沪深300ETF	ETF期权	10000(张)	1(张)	0.0001(元)		01月
沪深300ETF	ETF期权	10000(张)	1(张)	0.0001(元)		01月
沪深300ETF	ETF期权	10000(张)	1(张)	0.0001(元)		06月
沪深300ETF	ETF期权	10000(张)	1(张)	0.0001(元)		06月
沪深300ETF	ETF期权	10000(张)	1(张)	0.0001(元)		02月
沪深300ETF	ETF期权	10000(张)	1(张)	0.0001(元)		02月
沪深300ETF	ETF期权	10000(张)	1(张)	0.0001(元)		02月
沪深300ETF	ETF期权	10000(张)	1(张)	0.0001(元)		02月
沪深300ETF	ETF期权	10000(张)	1(张)	0.0001(元)		02月
沪深300ETF	ETF期权	10000(张)	1(张)	0.0001(元)		02月
沪深300ETF	ETF期权	10000(张)	1(张)	0.0001(元)		02月
沪深300ETF	ETF期权	10000(张)	1(张)	0.0001(元)		02月
沪深300ETF	ETF期权	10000(张)	1(张)	0.0001(元)		02月
沪深300ETF	ETF期权	10000(张)	1(张)	0.0001(元)		02月
沪深300ETF	ETF期权	10000(张)	1(张)	0.0001(元)		02月
沪深300ETF	ETF期权	10000(张)	1(张)	0.0001(元)		02月
沪深300ETF	ETF期权	10000(张)	1(张)	0.0001(元)		02月
沪深300ETF	ETF期权	10000(张)	1(张)	0.0001(元)		02月
沪深300ETF	ETF期权	10000(张)	1(张)	0.0001(元)		02月
沪深300ETF	ETF期权	10000(张)	1(张)	0.0001(元)		02月
沪深300ETF	ETF期权	10000(张)	1(张)	0.0001(元)		02月
沪深300ETF	ETF期权	10000(张)	1(张)	0.0001(元)		02月
沪深300ETF	ETF期权	10000(张)	1(张)	0.0001(元)		02月
沪深300ETF	ETF期权	10000(张)	1(张)	0.0001(元)		02月

5-29-2 金融期权合约汇总

Collection of Financial Options Contracts

交易时间 Trading Hours	最后交易日 Last Trading Day	到期日 Expiration Day	行权价格 Strike Price	行权方式 Exercise Style	交易代码 Trading Code	上市交易所 Listed Exchange
9:30-11:30，13:00-15:00	合约到期月份的第三个星期五，遇国家法定假日顺延	同最后交易日	行权价格覆盖沪深300指数上一交易日收盘价上下浮动10%对应的价格范围 对当月与下2个月合约：行权价格≤2500点时，行权价格间距为25点；2500点<行权价格≤5000点时，行权价格间距为50点；5000点<行权价格≤10000点时，行权价格间距为100点；行权价格>10000点时，行权价格间距为200点 对随后3个季月合约：行权价格≤2500点时，行权价格间距为50点；2500点<行权价格≤5000点时，行权价格间距为100点；5000点<行权价格≤10000点时，行权价格间距为200点；行权价格>10000点时，行权价格间距为400点	欧式	看涨期权：IO合约月份-C-行权价格 看跌期权：IO合约月份-P-行权价格	中国金融期货交易所
2020-7-23	2021-3-24	2021-3-24	3.35	欧式	510050C2103A03400	上海证券交易所
2020-7-23	2021-3-24	2021-3-24	3.35	欧式	510050P2103A03400	上海证券交易所
2020-7-23	2021-3-24	2021-3-24	3.06	欧式	510050C2103A03100	上海证券交易所
2020-7-23	2021-3-24	2021-3-24	2.91	欧式	510050P2103A02950	上海证券交易所
2020-7-23	2021-3-24	2021-3-24	3.65	欧式	510050C2103A03700	上海证券交易所
2020-7-23	2021-3-24	2021-3-24	3.65	欧式	510050P2103A03700	上海证券交易所
2020-7-23	2021-3-24	2021-3-24	2.91	欧式	510050C2103A02950	上海证券交易所
2020-7-23	2021-3-24	2021-3-24	3.25	欧式	510050P2103A03300	上海证券交易所
2020-7-23	2021-3-24	2021-3-24	3.15	欧式	510050P2103A03200	上海证券交易所
2020-7-23	2021-3-24	2021-3-24	3.55	欧式	510050P2103A03600	上海证券交易所
2020-7-23	2021-3-24	2021-3-24	3.45	欧式	510050C2103A03500	上海证券交易所
2020-7-23	2021-3-24	2021-3-24	3.25	欧式	510050C2103A03300	上海证券交易所
2020-7-23	2021-3-24	2021-3-24	3.45	欧式	510050P2103A03500	上海证券交易所
2020-7-23	2021-3-24	2021-3-24	2.96	欧式	510050P2103A03000	上海证券交易所
2020-7-23	2021-3-24	2021-3-24	3.55	欧式	510050C2103A03600	上海证券交易所
2020-7-23	2021-3-24	2021-3-24	2.96	欧式	510050C2103A03000	上海证券交易所
2020-7-23	2021-3-24	2021-3-24	3.06	欧式	510050P2103A03100	上海证券交易所
2020-7-23	2021-3-24	2021-3-24	3.15	欧式	510050C2103A03200	上海证券交易所
2020-7-27	2021-3-24	2021-3-24	2.86	欧式	510050P2103A02900	上海证券交易所
2020-7-27	2021-3-24	2021-3-24	2.86	欧式	510050C2103A02900	上海证券交易所
2020-8-5	2021-3-24	2021-3-24	3.75	欧式	510050C2103A03800	上海证券交易所
2020-8-5	2021-3-24	2021-3-24	3.75	欧式	510050P2103A03800	上海证券交易所
2020-10-29	2021-6-23	2021-6-23	3.06	欧式	510050C2106A03100	上海证券交易所
2020-10-29	2021-6-23	2021-6-23	3.75	欧式	510050C2106A03800	上海证券交易所
2020-10-29	2021-6-23	2021-6-23	3.55	欧式	510050P2106A03600	上海证券交易所
2020-10-29	2021-6-23	2021-6-23	3.45	欧式	510050C2106A03500	上海证券交易所
2020-10-29	2021-6-23	2021-6-23	2.96	欧式	510050C2106A03000	上海证券交易所
2020-10-29	2021-6-23	2021-6-23	3.35	欧式	510050P2106A03400	上海证券交易所
2020-10-29	2021-6-23	2021-6-23	3.15	欧式	510050P2106A03200	上海证券交易所
2020-10-29	2021-6-23	2021-6-23	3.45	欧式	510050P2106A03500	上海证券交易所
2020-10-29	2021-6-23	2021-6-23	3.25	欧式	510050P2106A03300	上海证券交易所
2020-10-29	2021-6-23	2021-6-23	3.65	欧式	510050C2106A03700	上海证券交易所
2020-10-29	2021-6-23	2021-6-23	3.35	欧式	510050C2106A03400	上海证券交易所
2020-10-29	2021-6-23	2021-6-23	3.75	欧式	510050P2106A03800	上海证券交易所
2020-10-29	2021-6-23	2021-6-23	3.55	欧式	510050C2106A03600	上海证券交易所
2020-10-29	2021-6-23	2021-6-23	3.06	欧式	510050P2106A03100	上海证券交易所
2020-10-29	2021-6-23	2021-6-23	3.15	欧式	510050C2106A03200	上海证券交易所
2020-10-29	2021-6-23	2021-6-23	3.25	欧式	510050C2106A03300	上海证券交易所
2020-10-29	2021-6-23	2021-6-23	3.65	欧式	510050P2106A03700	上海证券交易所
2020-10-29	2021-6-23	2021-6-23	2.96	欧式	510050P2106A03000	上海证券交易所

5-29-2 续表 1 continued

交易时间 Trading Hours	最后交易日 Last Trading Day	到期日 Expiration Day	行权价格 Strike Price	行权方式 Exercise Style	交易代码 Trading Code	上市交易所 Listed Exchange
2020-11-2	2021-6-23	2021-6-23	2.91	欧式	510050P2106A02950	上海证券交易所
2020-11-2	2021-6-23	2021-6-23	2.91	欧式	510050C2106A02950	上海证券交易所
2020-11-10	2021-6-23	2021-6-23	3.84	欧式	510050C2106A03900	上海证券交易所
2020-11-10	2021-3-24	2021-3-24	3.84	欧式	510050C2103A03900	上海证券交易所
2020-11-10	2021-3-24	2021-3-24	3.84	欧式	510050P2103A03900	上海证券交易所
2020-11-10	2021-6-23	2021-6-23	3.84	欧式	510050P2106A03900	上海证券交易所
2020-11-26	2021-1-27	2021-1-27	3.75	欧式	510050C2101A03800	上海证券交易所
2020-11-26	2021-1-27	2021-1-27	3.84	欧式	510050P2101A03900	上海证券交易所
2020-11-26	2021-1-27	2021-1-27	3.55	欧式	510050P2101A03600	上海证券交易所
2020-11-26	2021-1-27	2021-1-27	3.06	欧式	510050P2101A03100	上海证券交易所
2020-11-26	2021-1-27	2021-1-27	3.65	欧式	510050P2101A03700	上海证券交易所
2020-11-26	2021-1-27	2021-1-27	3.06	欧式	510050C2101A03100	上海证券交易所
2020-11-26	2021-1-27	2021-1-27	3.55	欧式	510050C2101A03600	上海证券交易所
2020-11-26	2021-1-27	2021-1-27	3.75	欧式	510050P2101A03800	上海证券交易所
2020-11-26	2021-1-27	2021-1-27	3.84	欧式	510050C2101A03900	上海证券交易所
2020-11-26	2021-1-27	2021-1-27	3.35	欧式	510050C2101A03400	上海证券交易所
2020-11-26	2021-1-27	2021-1-27	3.25	欧式	510050P2101A03300	上海证券交易所
2020-11-26	2021-1-27	2021-1-27	3.65	欧式	510050C2101A03700	上海证券交易所
2020-11-26	2021-1-27	2021-1-27	3.45	欧式	510050C2101A03500	上海证券交易所
2020-11-26	2021-1-27	2021-1-27	3.25	欧式	510050C2101A03300	上海证券交易所
2020-11-26	2021-1-27	2021-1-27	3.15	欧式	510050P2101A03200	上海证券交易所
2020-11-26	2021-1-27	2021-1-27	3.15	欧式	510050C2101A03200	上海证券交易所
2020-11-26	2021-1-27	2021-1-27	3.45	欧式	510050P2101A03500	上海证券交易所
2020-11-26	2021-1-27	2021-1-27	3.35	欧式	510050P2101A03400	上海证券交易所
2020-11-30	2021-1-27	2021-1-27	3.80	欧式	510050P2101M03800	上海证券交易所
2020-11-30	2021-1-27	2021-1-27	3.70	欧式	510050P2101M03700	上海证券交易所
2020-11-30	2021-6-23	2021-6-23	3.40	欧式	510050C2106M03400	上海证券交易所
2020-11-30	2021-1-27	2021-1-27	3.10	欧式	510050P2101M03100	上海证券交易所
2020-11-30	2021-3-24	2021-3-24	3.80	欧式	510050C2103M03800	上海证券交易所
2020-11-30	2021-3-24	2021-3-24	3.90	欧式	510050C2103M03900	上海证券交易所
2020-11-30	2021-3-24	2021-3-24	3.60	欧式	510050P2103M03600	上海证券交易所
2020-11-30	2021-3-24	2021-3-24	3.50	欧式	510050P2103M03500	上海证券交易所
2020-11-30	2021-3-24	2021-3-24	3.30	欧式	510050P2103M03300	上海证券交易所
2020-11-30	2021-6-23	2021-6-23	3.30	欧式	510050C2106M03300	上海证券交易所
2020-11-30	2021-3-24	2021-3-24	3.10	欧式	510050P2103M03100	上海证券交易所
2020-11-30	2021-1-27	2021-1-27	3.90	欧式	510050C2101M03900	上海证券交易所
2020-11-30	2021-3-24	2021-3-24	3.70	欧式	510050P2103M03700	上海证券交易所
2020-11-30	2021-6-23	2021-6-23	3.50	欧式	510050C2106M03500	上海证券交易所
2020-11-30	2021-3-24	2021-3-24	3.90	欧式	510050P2103M03900	上海证券交易所
2020-11-30	2021-3-24	2021-3-24	3.80	欧式	510050P2103M03800	上海证券交易所
2020-11-30	2021-3-24	2021-3-24	3.70	欧式	510050C2103M03700	上海证券交易所
2020-11-30	2021-6-23	2021-6-23	3.90	欧式	510050P2106M03900	上海证券交易所
2020-11-30	2021-1-27	2021-1-27	3.60	欧式	510050P2101M03600	上海证券交易所
2020-11-30	2021-1-27	2021-1-27	3.90	欧式	510050P2101M03900	上海证券交易所
2020-11-30	2021-6-23	2021-6-23	3.40	欧式	510050P2106M03400	上海证券交易所
2020-11-30	2021-3-24	2021-3-24	3.40	欧式	510050C2103M03400	上海证券交易所
2020-11-30	2021-1-27	2021-1-27	3.10	欧式	510050C2101M03100	上海证券交易所
2020-11-30	2021-1-27	2021-1-27	3.50	欧式	510050P2101M03500	上海证券交易所
2020-11-30	2021-6-23	2021-6-23	3.70	欧式	510050P2106M03700	上海证券交易所
2020-11-30	2021-6-23	2021-6-23	3.50	欧式	510050P2106M03500	上海证券交易所
2020-11-30	2021-6-23	2021-6-23	3.90	欧式	510050C2106M03900	上海证券交易所
2020-11-30	2021-1-27	2021-1-27	3.40	欧式	510050C2101M03400	上海证券交易所
2020-11-30	2021-3-24	2021-3-24	3.20	欧式	510050C2103M03200	上海证券交易所
2020-11-30	2021-6-23	2021-6-23	3.60	欧式	510050P2106M03600	上海证券交易所

5-29-2 续表 2 continued

交易时间 Trading Hours	最后交易日 Last Trading Day	到期日 Expiration Day	行权价格 Strike Price	行权方式 Exercise Style	交易代码 Trading Code	上市交易所 Listed Exchange
2020-11-30	2021-3-24	2021-3-24	3.50	欧式	510050C2103M03500	上海证券交易所
2020-11-30	2021-6-23	2021-6-23	3.20	欧式	510050C2106M03200	上海证券交易所
2020-11-30	2021-1-27	2021-1-27	3.30	欧式	510050P2101M03300	上海证券交易所
2020-11-30	2021-1-27	2021-1-27	3.20	欧式	510050P2101M03200	上海证券交易所
2020-11-30	2021-6-23	2021-6-23	3.10	欧式	510050C2106M03100	上海证券交易所
2020-11-30	2021-3-24	2021-3-24	3.60	欧式	510050C2103M03600	上海证券交易所
2020-11-30	2021-6-23	2021-6-23	3.80	欧式	510050P2106M03800	上海证券交易所
2020-11-30	2021-3-24	2021-3-24	3.20	欧式	510050P2103M03200	上海证券交易所
2020-11-30	2021-1-27	2021-1-27	3.50	欧式	510050C2101M03500	上海证券交易所
2020-11-30	2021-1-27	2021-1-27	3.60	欧式	510050C2101M03600	上海证券交易所
2020-11-30	2021-6-23	2021-6-23	3.70	欧式	510050C2106M03700	上海证券交易所
2020-11-30	2021-1-27	2021-1-27	3.20	欧式	510050C2101M03200	上海证券交易所
2020-11-30	2021-3-24	2021-3-24	3.10	欧式	510050C2103M03100	上海证券交易所
2020-11-30	2021-6-23	2021-6-23	3.30	欧式	510050P2106M03300	上海证券交易所
2020-11-30	2021-3-24	2021-3-24	3.30	欧式	510050C2103M03300	上海证券交易所
2020-11-30	2021-6-23	2021-6-23	3.10	欧式	510050P2106M03100	上海证券交易所
2020-11-30	2021-1-27	2021-1-27	3.80	欧式	510050C2101M03800	上海证券交易所
2020-11-30	2021-1-27	2021-1-27	3.70	欧式	510050C2101M03700	上海证券交易所
2020-11-30	2021-1-27	2021-1-27	3.40	欧式	510050P2101M03400	上海证券交易所
2020-11-30	2021-1-27	2021-1-27	3.30	欧式	510050C2101M03300	上海证券交易所
2020-11-30	2021-6-23	2021-6-23	3.60	欧式	510050C2106M03600	上海证券交易所
2020-11-30	2021-3-24	2021-3-24	3.40	欧式	510050P2103M03400	上海证券交易所
2020-11-30	2021-6-23	2021-6-23	3.80	欧式	510050C2106M03800	上海证券交易所
2020-11-30	2021-6-23	2021-6-23	3.20	欧式	510050P2106M03200	上海证券交易所
2020-12-2	2021-3-24	2021-3-24	4.00	欧式	510050P2103M04000	上海证券交易所
2020-12-2	2021-1-27	2021-1-27	4.00	欧式	510050P2101M04000	上海证券交易所
2020-12-2	2021-1-27	2021-1-27	4.00	欧式	510050C2101M04000	上海证券交易所
2020-12-2	2021-6-23	2021-6-23	4.00	欧式	510050P2106M04000	上海证券交易所
2020-12-2	2021-3-24	2021-3-24	4.00	欧式	510050C2103M04000	上海证券交易所
2020-12-2	2021-6-23	2021-6-23	4.00	欧式	510050C2106M04000	上海证券交易所
2020-12-14	2021-3-24	2021-3-24	3.00	欧式	510050P2103M03000	上海证券交易所
2020-12-14	2021-3-24	2021-3-24	3.00	欧式	510050C2103M03000	上海证券交易所
2020-12-14	2021-6-23	2021-6-23	3.00	欧式	510050C2106M03000	上海证券交易所
2020-12-14	2021-6-23	2021-6-23	3.00	欧式	510050P2106M03000	上海证券交易所
2020-12-14	2021-1-27	2021-1-27	3.00	欧式	510050C2101M03000	上海证券交易所
2020-12-14	2021-1-27	2021-1-27	3.00	欧式	510050P2101M03000	上海证券交易所
2020-12-24	2021-2-24	2021-2-24	3.90	欧式	510050C2102M03900	上海证券交易所
2020-12-24	2021-2-24	2021-2-24	3.40	欧式	510050C2102M03400	上海证券交易所
2020-12-24	2021-2-24	2021-2-24	3.30	欧式	510050C2102M03300	上海证券交易所
2020-12-24	2021-2-24	2021-2-24	3.10	欧式	510050C2102M03100	上海证券交易所
2020-12-24	2021-2-24	2021-2-24	3.70	欧式	510050P2102M03700	上海证券交易所
2020 12 24	2021 2 24	2021-2-24	3.10	欧式	510050P2102M03100	上海证券交易所
2020-12-24	2021-2-24	2021-2-24	3.80	欧式	510050P2102M03800	上海证券交易所
2020-12-24	2021-2-24	2021-2-24	3.20	欧式	510050P2102M03200	上海证券交易所
2020-12-24	2021-2-24	2021-2-24	3.60	欧式	510050C2102M03600	上海证券交易所
2020-12-24	2021-2-24	2021-2-24	3.50	欧式	510050P2102M03500	上海证券交易所
2020-12-24	2021-2-24	2021-2-24	3.50	欧式	510050C2102M03500	上海证券交易所
2020-12-24	2021-2-24	2021-2-24	3.60	欧式	510050P2102M03600	上海证券交易所

5-29-2 续表 3 continued

交易时间 Trading Hours	最后交易日 Last Trading Day	到期日 Expiration Day	行权价格 Strike Price	行权方式 Exercise Style	交易代码 Trading Code	上市交易所 Listed Exchange
2020-12-24	2021-2-24	2021-2-24	3.30	欧式	510050P2102M03300	上海证券交易所
2020-12-24	2021-2-24	2021-2-24	3.40	欧式	510050P2102M03400	上海证券交易所
2020-12-24	2021-2-24	2021-2-24	3.20	欧式	510050C2102M03200	上海证券交易所
2020-12-24	2021-2-24	2021-2-24	3.90	欧式	510050P2102M03900	上海证券交易所
2020-12-24	2021-2-24	2021-2-24	3.70	欧式	510050C2102M03700	上海证券交易所
2020-12-24	2021-2-24	2021-2-24	3.80	欧式	510050C2102M03800	上海证券交易所
2020-12-31	2021-2-24	2021-2-24	4.00	欧式	510050C2102M04000	上海证券交易所
2020-12-31	2021-2-24	2021-2-24	4.00	欧式	510050P2102M04000	上海证券交易所
2021-1-6	2021-6-23	2021-6-23	4.10	欧式	510050P2106M04100	上海证券交易所
2021-1-6	2021-1-27	2021-1-27	4.10	欧式	510050P2101M04100	上海证券交易所
2021-1-6	2021-3-24	2021-3-24	4.10	欧式	510050P2103M04100	上海证券交易所
2021-1-6	2021-1-27	2021-1-27	4.10	欧式	510050C2101M04100	上海证券交易所
2021-1-6	2021-3-24	2021-3-24	4.10	欧式	510050C2103M04100	上海证券交易所
2021-1-6	2021-2-24	2021-2-24	4.10	欧式	510050C2102M04100	上海证券交易所
2021-1-6	2021-6-23	2021-6-23	4.10	欧式	510050C2106M04100	上海证券交易所
2021-1-6	2021-2-24	2021-2-24	4.10	欧式	510050P2102M04100	上海证券交易所
2021-1-8	2021-6-23	2021-6-23	4.20	欧式	510050P2106M04200	上海证券交易所
2021-1-8	2021-1-27	2021-1-27	4.20	欧式	510050P2101M04200	上海证券交易所
2021-1-8	2021-6-23	2021-6-23	4.20	欧式	510050C2106M04200	上海证券交易所
2021-1-8	2021-3-24	2021-3-24	4.20	欧式	510050C2103M04200	上海证券交易所
2021-1-8	2021-3-24	2021-3-24	4.20	欧式	510050P2103M04200	上海证券交易所
2021-1-8	2021-2-24	2021-2-24	4.20	欧式	510050P2102M04200	上海证券交易所
2021-1-8	2021-1-27	2021-1-27	4.20	欧式	510050C2101M04200	上海证券交易所
2021-1-8	2021-2-24	2021-2-24	4.20	欧式	510050C2102M04200	上海证券交易所
2021-1-13	2021-2-24	2021-2-24	4.30	欧式	510050P2102M04300	上海证券交易所
2021-1-13	2021-3-24	2021-3-24	4.30	欧式	510050P2103M04300	上海证券交易所
2021-1-13	2021-2-24	2021-2-24	4.30	欧式	510050C2102M04300	上海证券交易所
2021-1-13	2021-6-23	2021-6-23	4.30	欧式	510050P2106M04300	上海证券交易所
2021-1-13	2021-3-24	2021-3-24	4.30	欧式	510050C2103M04300	上海证券交易所
2021-1-13	2021-6-23	2021-6-23	4.30	欧式	510050C2106M04300	上海证券交易所
2021-1-13	2021-1-27	2021-1-27	4.30	欧式	510050C2101M04300	上海证券交易所
2021-1-13	2021-1-27	2021-1-27	4.30	欧式	510050P2101M04300	上海证券交易所
2021-1-28	2021-9-22	2021-9-22	3.40	欧式	510050P2109M03400	上海证券交易所
2021-1-28	2021-9-22	2021-9-22	3.80	欧式	510050C2109M03800	上海证券交易所
2021-1-28	2021-9-22	2021-9-22	4.20	欧式	510050P2109M04200	上海证券交易所
2021-1-28	2021-9-22	2021-9-22	3.80	欧式	510050P2109M03800	上海证券交易所
2021-1-28	2021-9-22	2021-9-22	3.50	欧式	510050C2109M03500	上海证券交易所
2021-1-28	2021-9-22	2021-9-22	4.20	欧式	510050C2109M04200	上海证券交易所
2021-1-28	2021-9-22	2021-9-22	4.00	欧式	510050C2109M04000	上海证券交易所
2021-1-28	2021-9-22	2021-9-22	3.70	欧式	510050C2109M03700	上海证券交易所
2021-1-28	2021-9-22	2021-9-22	3.50	欧式	510050P2109M03500	上海证券交易所
2021-1-28	2021-9-22	2021-9-22	4.10	欧式	510050P2109M04100	上海证券交易所
2021-1-28	2021-9-22	2021-9-22	3.60	欧式	510050P2109M03600	上海证券交易所
2021-1-28	2021-9-22	2021-9-22	3.60	欧式	510050C2109M03600	上海证券交易所
2021-1-28	2021-9-22	2021-9-22	3.40	欧式	510050C2109M03400	上海证券交易所
2021-1-28	2021-9-22	2021-9-22	4.00	欧式	510050P2109M04000	上海证券交易所
2021-1-28	2021-9-22	2021-9-22	3.90	欧式	510050C2109M03900	上海证券交易所
2021-1-28	2021-9-22	2021-9-22	3.90	欧式	510050P2109M03900	上海证券交易所

5-29-1 续表 20 continued

合约标的物 Underlying Instrument	合约类型 Contracts Type	交易单位 Contract Size	报价单位 Quotation Unit	最小变动价位 Minimum Tick Size	涨跌停板幅度 Limit Up/Limit Down	合约月份 Contracts Months
沪深300ETF	认沽期权	10000(份)	1(张)	0.0001(元)		11月
沪深300ETF	认沽期权	10000(份)	1(张)	0.0001(元)		11月
沪深300ETF	认购期权	10000(份)	1(张)	0.0001(元)		11月
沪深300ETF	认购期权	10000(份)	1(张)	0.0001(元)		11月
沪深300ETF	认购期权	10000(份)	1(张)	0.0001(元)		11月
沪深300ETF	认购期权	10000(份)	1(张)	0.0001(元)		11月
沪深300ETF	认沽期权	10000(份)	1(张)	0.0001(元)		11月
沪深300ETF	认沽期权	10000(份)	1(张)	0.0001(元)		11月
沪深300ETF	认沽期权	10000(份)	1(张)	0.0001(元)		11月
沪深300ETF	认购期权	10000(份)	1(张)	0.0001(元)		11月
沪深300ETF	认沽期权	10000(份)	1(张)	0.0001(元)		11月
沪深300ETF	认购期权	10000(份)	1(张)	0.0001(元)		11月
沪深300ETF	认沽期权	10000(份)	1(张)	0.0001(元)		11月
沪深300ETF	认沽期权	10000(份)	1(张)	0.0001(元)		11月
沪深300ETF	认沽期权	10000(份)	1(张)	0.0001(元)		11月
沪深300ETF	认购期权	10000(份)	1(张)	0.0001(元)		11月
沪深300ETF	认沽期权	10000(份)	1(张)	0.0001(元)		06月
沪深300ETF	认沽期权	10000(份)	1(张)	0.0001(元)		06月
沪深300ETF	认购期权	10000(份)	1(张)	0.0001(元)		06月
沪深300ETF	认沽期权	10000(份)	1(张)	0.0001(元)		06月
沪深300ETF	认沽期权	10000(份)	1(张)	0.0001(元)		06月
沪深300ETF	认购期权	10000(份)	1(张)	0.0001(元)		06月
沪深300ETF	认购期权	10000(份)	1(张)	0.0001(元)		06月
沪深300ETF	认沽期权	10000(份)	1(张)	0.0001(元)		06月
沪深300ETF	认购期权	10000(份)	1(张)	0.0001(元)		06月
沪深300ETF	认沽期权	10000(份)	1(张)	0.0001(元)		06月
沪深300ETF	认购期权	10000(份)	1(张)	0.0001(元)		06月
沪深300ETF	认沽期权	10000(份)	1(张)	0.0001(元)		06月
沪深300ETF	认购期权	10000(份)	1(张)	0.0001(元)		06月
沪深300ETF	认购期权	10000(份)	1(张)	0.0001(元)		06月
沪深300ETF	认沽期权	10000(份)	1(张)	0.0001(元)		06月
沪深300ETF	认购期权	10000(份)	1(张)	0.0001(元)		06月
沪深300ETF	认沽期权	10000(份)	1(张)	0.0001(元)		06月
沪深300ETF	认购期权	10000(份)	1(张)	0.0001(元)		06月
沪深300ETF	认购期权	10000(份)	1(张)	0.0001(元)		06月
沪深300ETF	认沽期权	10000(份)	1(张)	0.0001(元)		06月
沪深300ETF	认购期权	10000(份)	1(张)	0.0001(元)		01月
沪深300ETF	认购期权	10000(份)	1(张)	0.0001(元)		01月
沪深300ETF	认沽期权	10000(份)	1(张)	0.0001(元)		01月
沪深300ETF	认购期权	10000(份)	1(张)	0.0001(元)		01月
沪深300ETF	认沽期权	10000(份)	1(张)	0.0001(元)		01月
沪深300ETF	认沽期权	10000(份)	1(张)	0.0001(元)		01月
沪深300ETF	认购期权	10000(份)	1(张)	0.0001(元)		01月
沪深300ETF	认购期权	10000(份)	1(张)	0.0001(元)		01月
沪深300ETF	认沽期权	10000(份)	1(张)	0.0001(元)		01月
沪深300ETF	认沽期权	10000(份)	1(张)	0.0001(元)		01月
沪深300ETF	认购期权	10000(份)	1(张)	0.0001(元)		01月
沪深300ETF	认购期权	10000(份)	1(张)	0.0001(元)		01月

5-29-1 续表 21 continued

合约标的物 Underlying Instrument	合约类型 Contracts Type	交易单位 Contract Size	报价单位 Quotation Unit	最小变动价位 Minimum Tick Size	涨跌停板幅度 Limit Up/Limit Down	合约月份 Contracts Months
沪深300ETF	认购期权	10000(份)	1(张)	0.0001(元)		01月
沪深300ETF	认购期权	10000(份)	1(张)	0.0001(元)		01月
沪深300ETF	认沽期权	10000(份)	1(张)	0.0001(元)		01月
沪深300ETF	认沽期权	10000(份)	1(张)	0.0001(元)		01月
沪深300ETF	认沽期权	10000(份)	1(张)	0.0001(元)		01月
沪深300ETF	认沽期权	10000(份)	1(张)	0.0001(元)		01月
沪深300ETF	认沽期权	10000(份)	1(张)	0.0001(元)		01月
沪深300ETF	认购期权	10000(份)	1(张)	0.0001(元)		01月
沪深300ETF	认沽期权	10000(份)	1(张)	0.0001(元)		01月
沪深300ETF	认沽期权	10000(份)	1(张)	0.0001(元)		03月
沪深300ETF	认购期权	10000(份)	1(张)	0.0001(元)		01月
沪深300ETF	认购期权	10000(份)	1(张)	0.0001(元)		06月
沪深300ETF	认沽期权	10000(份)	1(张)	0.0001(元)		06月
沪深300ETF	认购期权	10000(份)	1(张)	0.0001(元)		03月
沪深300ETF	认沽期权	10000(份)	1(张)	0.0001(元)		02月
沪深300ETF	认沽期权	10000(份)	1(张)	0.0001(元)		02月
沪深300ETF	认沽期权	10000(份)	1(张)	0.0001(元)		02月
沪深300ETF	认沽期权	10000(份)	1(张)	0.0001(元)		02月
沪深300ETF	认购期权	10000(份)	1(张)	0.0001(元)		02月
沪深300ETF	认购期权	10000(份)	1(张)	0.0001(元)		02月
沪深300ETF	认购期权	10000(份)	1(张)	0.0001(元)		02月
沪深300ETF	认沽期权	10000(份)	1(张)	0.0001(元)		02月
沪深300ETF	认沽期权	10000(份)	1(张)	0.0001(元)		02月
沪深300ETF	认购期权	10000(份)	1(张)	0.0001(元)		02月
沪深300ETF	认沽期权	10000(份)	1(张)	0.0001(元)		02月
沪深300ETF	认购期权	10000(份)	1(张)	0.0001(元)		02月
沪深300ETF	认沽期权	10000(份)	1(张)	0.0001(元)		02月
沪深300ETF	认购期权	10000(份)	1(张)	0.0001(元)		02月
沪深300ETF	认购期权	10000(份)	1(张)	0.0001(元)		02月
沪深300ETF	认购期权	10000(份)	1(张)	0.0001(元)		02月
沪深300ETF	认沽期权	10000(份)	1(张)	0.0001(元)		02月
沪深300ETF	认购期权	10000(份)	1(张)	0.0001(元)		02月
沪深300ETF	ETF期权	10140(张)	1(张)	0.0001(元)		03月
沪深300ETF	ETF期权	10140(张)	1(张)	0.0001(元)		03月
沪深300ETF	ETF期权	10140(张)	1(张)	0.0001(元)		03月
沪深300ETF	ETF期权	10140(张)	1(张)	0.0001(元)		03月
沪深300ETF	ETF期权	10140(张)	1(张)	0.0001(元)		03月
沪深300ETF	ETF期权	10140(张)	1(张)	0.0001(元)		03月
沪深300ETF	ETF期权	10140(张)	1(张)	0.0001(元)		03月
沪深300ETF	ETF期权	10140(张)	1(张)	0.0001(元)		03月
沪深300ETF	ETF期权	10140(张)	1(张)	0.0001(元)		03月
沪深300ETF	ETF期权	10140(张)	1(张)	0.0001(元)		03月
沪深300ETF	ETF期权	10140(张)	1(张)	0.0001(元)		03月
沪深300ETF	ETF期权	10140(张)	1(张)	0.0001(元)		03月
沪深300ETF	ETF期权	10140(张)	1(张)	0.0001(元)		03月
沪深300ETF	ETF期权	10140(张)	1(张)	0.0001(元)		03月
沪深300ETF	ETF期权	10140(张)	1(张)	0.0001(元)		03月
沪深300ETF	ETF期权	10140(张)	1(张)	0.0001(元)		03月

5-29-1 续表 22 continued

合约标的物 Underlying Instrument	合约类型 Contracts Type	交易单位 Contract Size	报价单位 Quotation Unit	最小变动价位 Minimum Tick Size	涨跌停板幅度 Limit Up/Limit Down	合约月份 Contracts Months
沪深300ETF	ETF期权	10140(张)	1(张)	0.0001(元)		03月
沪深300ETF	ETF期权	10140(张)	1(张)	0.0001(元)		03月
沪深300ETF	ETF期权	10140(张)	1(张)	0.0001(元)		03月
沪深300ETF	ETF期权	10140(张)	1(张)	0.0001(元)		03月
沪深300ETF	ETF期权	10140(张)	1(张)	0.0001(元)		03月
沪深300ETF	ETF期权	10140(张)	1(张)	0.0001(元)		03月
沪深300ETF	ETF期权	10000(张)	1(张)	0.0001(元)		03月
沪深300ETF	ETF期权	10000(张)	1(张)	0.0001(元)		03月
沪深300ETF	ETF期权	10000(张)	1(张)	0.0001(元)		03月
沪深300ETF	ETF期权	10000(张)	1(张)	0.0001(元)		03月
沪深300ETF	ETF期权	10000(张)	1(张)	0.0001(元)		03月
沪深300ETF	ETF期权	10000(张)	1(张)	0.0001(元)		03月
沪深300ETF	ETF期权	10000(张)	1(张)	0.0001(元)		03月
沪深300ETF	ETF期权	10000(张)	1(张)	0.0001(元)		03月
沪深300ETF	ETF期权	10000(张)	1(张)	0.0001(元)		03月
沪深300ETF	ETF期权	10000(张)	1(张)	0.0001(元)		03月
沪深300ETF	ETF期权	10000(张)	1(张)	0.0001(元)		03月
沪深300ETF	ETF期权	10000(张)	1(张)	0.0001(元)		03月
沪深300ETF	ETF期权	10000(张)	1(张)	0.0001(元)		03月
沪深300ETF	ETF期权	10000(张)	1(张)	0.0001(元)		03月
沪深300ETF	ETF期权	10000(张)	1(张)	0.0001(元)		03月
沪深300ETF	ETF期权	10000(张)	1(张)	0.0001(元)		03月
沪深300ETF	ETF期权	10000(张)	1(张)	0.0001(元)		03月
沪深300ETF	ETF期权	10000(张)	1(张)	0.0001(元)		03月
沪深300ETF	ETF期权	10000(张)	1(张)	0.0001(元)		03月
沪深300ETF	ETF期权	10000(张)	1(张)	0.0001(元)		03月
沪深300ETF	ETF期权	10000(张)	1(张)	0.0001(元)		03月
沪深300ETF	ETF期权	10000(张)	1(张)	0.0001(元)		03月
沪深300ETF	ETF期权	10000(张)	1(张)	0.0001(元)		06月
沪深300ETF	ETF期权	10000(张)	1(张)	0.0001(元)		06月
沪深300ETF	ETF期权	10000(张)	1(张)	0.0001(元)		06月
沪深300ETF	ETF期权	10000(张)	1(张)	0.0001(元)		06月
沪深300ETF	ETF期权	10000(张)	1(张)	0.0001(元)		06月
沪深300ETF	ETF期权	10000(张)	1(张)	0.0001(元)		06月
沪深300ETF	ETF期权	10000(张)	1(张)	0.0001(元)		06月
沪深300ETF	ETF期权	10000(张)	1(张)	0.0001(元)		06月
沪深300ETF	ETF期权	10000(张)	1(张)	0.0001(元)		06月
沪深300ETF	ETF期权	10000(张)	1(张)	0.0001(元)		06月
沪深300ETF	ETF期权	10000(张)	1(张)	0.0001(元)		06月
沪深300ETF	ETF期权	10000(张)	1(张)	0.0001(元)		06月
沪深300ETF	ETF期权	10000(张)	1(张)	0.0001(元)		06月
沪深300ETF	ETF期权	10000(张)	1(张)	0.0001(元)		06月
沪深300ETF	ETF期权	10000(张)	1(张)	0.0001(元)		06月
沪深300ETF	ETF期权	10000(张)	1(张)	0.0001(元)		06月
沪深300ETF	ETF期权	10000(张)	1(张)	0.0001(元)		06月
沪深300ETF	ETF期权	10000(张)	1(张)	0.0001(元)		06月
沪深300ETF	ETF期权	10000(张)	1(张)	0.0001(元)		06月

5-29-1 续表 23 continued

合约标的物 Underlying Instrument	合约类型 Contracts Type	交易单位 Contract Size	报价单位 Quotation Unit	最小变动价位 Minimum Tick Size	涨跌停板幅度 Limit Up/Limit Down	合约月份 Contracts Months
沪深300ETF	ETF期权	10000(张)	1(张)	0.0001(元)		06月
沪深300ETF	ETF期权	10000(张)	1(张)	0.0001(元)		01月
沪深300ETF	ETF期权	10000(张)	1(张)	0.0001(元)		01月
沪深300ETF	ETF期权	10000(张)	1(张)	0.0001(元)		01月
沪深300ETF	ETF期权	10000(张)	1(张)	0.0001(元)		01月
沪深300ETF	ETF期权	10000(张)	1(张)	0.0001(元)		01月
沪深300ETF	ETF期权	10000(张)	1(张)	0.0001(元)		01月
沪深300ETF	ETF期权	10000(张)	1(张)	0.0001(元)		01月
沪深300ETF	ETF期权	10000(张)	1(张)	0.0001(元)		01月
沪深300ETF	ETF期权	10000(张)	1(张)	0.0001(元)		01月
沪深300ETF	ETF期权	10000(张)	1(张)	0.0001(元)		01月
沪深300ETF	ETF期权	10000(张)	1(张)	0.0001(元)		01月
沪深300ETF	ETF期权	10000(张)	1(张)	0.0001(元)		01月
沪深300ETF	ETF期权	10000(张)	1(张)	0.0001(元)		01月
沪深300ETF	ETF期权	10000(张)	1(张)	0.0001(元)		01月
沪深300ETF	ETF期权	10000(张)	1(张)	0.0001(元)		01月
沪深300ETF	ETF期权	10000(张)	1(张)	0.0001(元)		01月
沪深300ETF	ETF期权	10000(张)	1(张)	0.0001(元)		01月
沪深300ETF	ETF期权	10000(张)	1(张)	0.0001(元)		01月
沪深300ETF	ETF期权	10000(张)	1(张)	0.0001(元)		01月
沪深300ETF	ETF期权	10000(张)	1(张)	0.0001(元)		01月
沪深300ETF	ETF期权	10000(张)	1(张)	0.0001(元)		01月
沪深300ETF	ETF期权	10000(张)	1(张)	0.0001(元)		01月
沪深300ETF	ETF期权	10000(张)	1(张)	0.0001(元)		06月
沪深300ETF	ETF期权	10000(张)	1(张)	0.0001(元)		06月
沪深300ETF	ETF期权	10000(张)	1(张)	0.0001(元)		02月
沪深300ETF	ETF期权	10000(张)	1(张)	0.0001(元)		02月
沪深300ETF	ETF期权	10000(张)	1(张)	0.0001(元)		02月
沪深300ETF	ETF期权	10000(张)	1(张)	0.0001(元)		02月
沪深300ETF	ETF期权	10000(张)	1(张)	0.0001(元)		02月
沪深300ETF	ETF期权	10000(张)	1(张)	0.0001(元)		02月
沪深300ETF	ETF期权	10000(张)	1(张)	0.0001(元)		02月
沪深300ETF	ETF期权	10000(张)	1(张)	0.0001(元)		02月
沪深300ETF	ETF期权	10000(张)	1(张)	0.0001(元)		02月
沪深300ETF	ETF期权	10000(张)	1(张)	0.0001(元)		02月
沪深300ETF	ETF期权	10000(张)	1(张)	0.0001(元)		02月
沪深300ETF	ETF期权	10000(张)	1(张)	0.0001(元)		02月
沪深300ETF	ETF期权	10000(张)	1(张)	0.0001(元)		02月
沪深300ETF	ETF期权	10000(张)	1(张)	0.0001(元)		02月
沪深300ETF	ETF期权	10000(张)	1(张)	0.0001(元)		02月
沪深300ETF	ETF期权	10000(张)	1(张)	0.0001(元)		02月
沪深300ETF	ETF期权	10000(张)	1(张)	0.0001(元)		02月
沪深300ETF	ETF期权	10000(张)	1(张)	0.0001(元)		02月
沪深300ETF	ETF期权	10000(张)	1(张)	0.0001(元)		02月
沪深300ETF	ETF期权	10000(张)	1(张)	0.0001(元)		02月

5-29-2 金融期权合约汇总

Collection of Financial Options Contracts

交易时间 Trading Hours	最后交易日 Last Trading Day	到期日 Expiration Day	行权价格 Strike Price	行权方式 Exercise Style	交易代码 Trading Code	上市交易所 Listed Exchange
9:30-11:30, 13:00-15:00	合约到期月份的第三个星期五，遇国家法定假日顺延	同最后交易日	行权价格覆盖沪深300指数上一交易日收盘价上下浮动10%对应的价格范围 对当月与下2个月合约：行权价格≤2500点时，行权价格间距为25点；2500点<行权价格≤5000点时，行权价格间距为50点；5000点<行权价格≤10000点时，行权价格间距为100点；行权价格>10000点时，行权价格间距为200点 对随后3个季月合约：行权价格≤2500点时，行权价格间距为50点；2500点<行权价格≤5000点时，行权价格间距为100点；5000点<行权价格≤10000点时，行权价格间距为200点；行权价格>10000点时，行权价格间距为400点	欧式	看涨期权：IO合约月份-C-行权价格 看跌期权：IO合约月份-P-行权价格	中国金融期货交易所
2020-7-23	2021-3-24	2021-3-24	3.35	欧式	510050C2103A03400	上海证券交易所
2020-7-23	2021-3-24	2021-3-24	3.35	欧式	510050P2103A03400	上海证券交易所
2020-7-23	2021-3-24	2021-3-24	3.06	欧式	510050C2103A03100	上海证券交易所
2020-7-23	2021-3-24	2021-3-24	2.91	欧式	510050P2103A02950	上海证券交易所
2020-7-23	2021-3-24	2021-3-24	3.65	欧式	510050C2103A03700	上海证券交易所
2020-7-23	2021-3-24	2021-3-24	3.65	欧式	510050P2103A03700	上海证券交易所
2020-7-23	2021-3-24	2021-3-24	2.91	欧式	510050C2103A02950	上海证券交易所
2020-7-23	2021-3-24	2021-3-24	3.25	欧式	510050P2103A03300	上海证券交易所
2020-7-23	2021-3-24	2021-3-24	3.15	欧式	510050P2103A03200	上海证券交易所
2020-7-23	2021-3-24	2021-3-24	3.55	欧式	510050P2103A03600	上海证券交易所
2020-7-23	2021-3-24	2021-3-24	3.45	欧式	510050C2103A03500	上海证券交易所
2020-7-23	2021-3-24	2021-3-24	3.25	欧式	510050C2103A03300	上海证券交易所
2020-7-23	2021-3-24	2021-3-24	3.45	欧式	510050P2103A03500	上海证券交易所
2020-7-23	2021-3-24	2021-3-24	2.96	欧式	510050P2103A03000	上海证券交易所
2020-7-23	2021-3-24	2021-3-24	3.55	欧式	510050C2103A03600	上海证券交易所
2020-7-23	2021-3-24	2021-3-24	2.96	欧式	510050C2103A03000	上海证券交易所
2020-7-23	2021-3-24	2021-3-24	3.06	欧式	510050P2103A03100	上海证券交易所
2020-7-23	2021-3-24	2021-3-24	3.15	欧式	510050C2103A03200	上海证券交易所
2020-7-27	2021-3-24	2021-3-24	2.86	欧式	510050P2103A02900	上海证券交易所
2020-7-27	2021-3-24	2021-3-24	2.86	欧式	510050C2103A02900	上海证券交易所
2020-8-5	2021-3-24	2021-3-24	3.75	欧式	510050C2103A03800	上海证券交易所
2020-8-5	2021-3-24	2021-3-24	3.75	欧式	510050P2103A03800	上海证券交易所
2020-10-29	2021-6-23	2021-6-23	3.06	欧式	510050C2106A03100	上海证券交易所
2020-10-29	2021-6-23	2021-6-23	3.75	欧式	510050C2106A03800	上海证券交易所
2020-10-29	2021-6-23	2021-6-23	3.55	欧式	510050P2106A03600	上海证券交易所
2020-10-29	2021-6-23	2021-6-23	3.45	欧式	510050C2106A03500	上海证券交易所
2020-10-29	2021-6-23	2021-6-23	2.96	欧式	510050C2106A03000	上海证券交易所
2020-10-29	2021-6-23	2021-6-23	3.35	欧式	510050P2106A03400	上海证券交易所
2020-10-29	2021-6-23	2021-6-23	3.15	欧式	510050P2106A03200	上海证券交易所
2020-10-29	2021-6-23	2021-6-23	3.45	欧式	510050P2106A03500	上海证券交易所
2020-10-29	2021-6-23	2021-6-23	3.25	欧式	510050P2106A03300	上海证券交易所
2020-10-29	2021-6-23	2021-6-23	3.65	欧式	510050C2106A03700	上海证券交易所
2020-10-29	2021-6-23	2021-6-23	3.35	欧式	510050C2106A03400	上海证券交易所
2020-10-29	2021-6-23	2021-6-23	3.75	欧式	510050P2106A03800	上海证券交易所
2020-10-29	2021-6-23	2021-6-23	3.55	欧式	510050C2106A03600	上海证券交易所
2020-10-29	2021-6-23	2021-6-23	3.06	欧式	510050P2106A03100	上海证券交易所
2020-10-29	2021-6-23	2021-6-23	3.15	欧式	510050C2106A03200	上海证券交易所
2020-10-29	2021-6-23	2021-6-23	3.25	欧式	510050C2106A03300	上海证券交易所
2020-10-29	2021-6-23	2021-6-23	3.65	欧式	510050P2106A03700	上海证券交易所
2020-10-29	2021-6-23	2021-6-23	2.96	欧式	510050P2106A03000	上海证券交易所

5-29-2 续表 1 continued

交易时间 Trading Hours	最后交易日 Last Trading Day	到期日 Expiration Day	行权价格 Strike Price	行权方式 Exercise Style	交易代码 Trading Code	上市交易所 Listed Exchange
2020-11-2	2021-6-23	2021-6-23	2.91	欧式	510050P2106A02950	上海证券交易所
2020-11-2	2021-6-23	2021-6-23	2.91	欧式	510050C2106A02950	上海证券交易所
2020-11-10	2021-6-23	2021-6-23	3.84	欧式	510050C2106A03900	上海证券交易所
2020-11-10	2021-3-24	2021-3-24	3.84	欧式	510050C2103A03900	上海证券交易所
2020-11-10	2021-3-24	2021-3-24	3.84	欧式	510050P2103A03900	上海证券交易所
2020-11-10	2021-6-23	2021-6-23	3.84	欧式	510050P2106A03900	上海证券交易所
2020-11-26	2021-1-27	2021-1-27	3.75	欧式	510050C2101A03800	上海证券交易所
2020-11-26	2021-1-27	2021-1-27	3.84	欧式	510050P2101A03900	上海证券交易所
2020-11-26	2021-1-27	2021-1-27	3.55	欧式	510050P2101A03600	上海证券交易所
2020-11-26	2021-1-27	2021-1-27	3.06	欧式	510050P2101A03100	上海证券交易所
2020-11-26	2021-1-27	2021-1-27	3.65	欧式	510050P2101A03700	上海证券交易所
2020-11-26	2021-1-27	2021-1-27	3.06	欧式	510050C2101A03100	上海证券交易所
2020-11-26	2021-1-27	2021-1-27	3.55	欧式	510050C2101A03600	上海证券交易所
2020-11-26	2021-1-27	2021-1-27	3.75	欧式	510050P2101A03800	上海证券交易所
2020-11-26	2021-1-27	2021-1-27	3.84	欧式	510050C2101A03900	上海证券交易所
2020-11-26	2021-1-27	2021-1-27	3.35	欧式	510050C2101A03400	上海证券交易所
2020-11-26	2021-1-27	2021-1-27	3.25	欧式	510050P2101A03300	上海证券交易所
2020-11-26	2021-1-27	2021-1-27	3.65	欧式	510050C2101A03700	上海证券交易所
2020-11-26	2021-1-27	2021-1-27	3.45	欧式	510050C2101A03500	上海证券交易所
2020-11-26	2021-1-27	2021-1-27	3.25	欧式	510050C2101A03300	上海证券交易所
2020-11-26	2021-1-27	2021-1-27	3.15	欧式	510050P2101A03200	上海证券交易所
2020-11-26	2021-1-27	2021-1-27	3.15	欧式	510050C2101A03200	上海证券交易所
2020-11-26	2021-1-27	2021-1-27	3.45	欧式	510050P2101A03500	上海证券交易所
2020-11-26	2021-1-27	2021-1-27	3.35	欧式	510050P2101A03400	上海证券交易所
2020-11-30	2021-1-27	2021-1-27	3.80	欧式	510050P2101M03800	上海证券交易所
2020-11-30	2021-1-27	2021-1-27	3.70	欧式	510050P2101M03700	上海证券交易所
2020-11-30	2021-6-23	2021-6-23	3.40	欧式	510050C2106M03400	上海证券交易所
2020-11-30	2021-1-27	2021-1-27	3.10	欧式	510050P2101M03100	上海证券交易所
2020-11-30	2021-3-24	2021-3-24	3.80	欧式	510050C2103M03800	上海证券交易所
2020-11-30	2021-3-24	2021-3-24	3.90	欧式	510050C2103M03900	上海证券交易所
2020-11-30	2021-3-24	2021-3-24	3.60	欧式	510050P2103M03600	上海证券交易所
2020-11-30	2021-3-24	2021-3-24	3.50	欧式	510050P2103M03500	上海证券交易所
2020-11-30	2021-3-24	2021-3-24	3.30	欧式	510050P2103M03300	上海证券交易所
2020-11-30	2021-6-23	2021-6-23	3.30	欧式	510050C2106M03300	上海证券交易所
2020-11-30	2021-3-24	2021-3-24	3.10	欧式	510050P2103M03100	上海证券交易所
2020-11-30	2021-1-27	2021-1-27	3.90	欧式	510050C2101M03900	上海证券交易所
2020-11-30	2021-3-24	2021-3-24	3.70	欧式	510050P2103M03700	上海证券交易所
2020-11-30	2021-6-23	2021-6-23	3.50	欧式	510050C2106M03500	上海证券交易所
2020-11-30	2021-3-24	2021-3-24	3.90	欧式	510050P2103M03900	上海证券交易所
2020-11-30	2021-3-24	2021-3-24	3.80	欧式	510050P2103M03800	上海证券交易所
2020-11-30	2021-3-24	2021-3-24	3.70	欧式	510050C2103M03700	上海证券交易所
2020-11-30	2021-6-23	2021-6-23	3.90	欧式	510050P2106M03900	上海证券交易所
2020-11-30	2021-1-27	2021-1-27	3.60	欧式	510050P2101M03600	上海证券交易所
2020-11-30	2021-1-27	2021-1-27	3.90	欧式	510050P2101M03900	上海证券交易所
2020-11-30	2021-6-23	2021-6-23	3.40	欧式	510050P2106M03400	上海证券交易所
2020-11-30	2021-3-24	2021-3-24	3.40	欧式	510050C2103M03400	上海证券交易所
2020-11-30	2021-1-27	2021-1-27	3.10	欧式	510050C2101M03100	上海证券交易所
2020-11-30	2021-1-27	2021-1-27	3.50	欧式	510050P2101M03500	上海证券交易所
2020-11-30	2021-6-23	2021-6-23	3.70	欧式	510050P2106M03700	上海证券交易所
2020-11-30	2021-6-23	2021-6-23	3.50	欧式	510050P2106M03500	上海证券交易所
2020-11-30	2021-6-23	2021-6-23	3.90	欧式	510050C2106M03900	上海证券交易所
2020-11-30	2021-1-27	2021-1-27	3.40	欧式	510050C2101M03400	上海证券交易所
2020-11-30	2021-3-24	2021-3-24	3.20	欧式	510050C2103M03200	上海证券交易所
2020-11-30	2021-6-23	2021-6-23	3.60	欧式	510050P2106M03600	上海证券交易所

5-29-2 续表 2 continued

交易时间 Trading Hours	最后交易日 Last Trading Day	到期日 Expiration Day	行权价格 Strike Price	行权方式 Exercise Style	交易代码 Trading Code	上市交易所 Listed Exchange
2020-11-30	2021-3-24	2021-3-24	3.50	欧式	510050C2103M03500	上海证券交易所
2020-11-30	2021-6-23	2021-6-23	3.20	欧式	510050C2106M03200	上海证券交易所
2020-11-30	2021-1-27	2021-1-27	3.30	欧式	510050P2101M03300	上海证券交易所
2020-11-30	2021-1-27	2021-1-27	3.20	欧式	510050P2101M03200	上海证券交易所
2020-11-30	2021-6-23	2021-6-23	3.10	欧式	510050C2106M03100	上海证券交易所
2020-11-30	2021-3-24	2021-3-24	3.60	欧式	510050C2103M03600	上海证券交易所
2020-11-30	2021-6-23	2021-6-23	3.80	欧式	510050P2106M03800	上海证券交易所
2020-11-30	2021-3-24	2021-3-24	3.20	欧式	510050P2103M03200	上海证券交易所
2020-11-30	2021-1-27	2021-1-27	3.50	欧式	510050C2101M03500	上海证券交易所
2020-11-30	2021-1-27	2021-1-27	3.60	欧式	510050C2101M03600	上海证券交易所
2020-11-30	2021-6-23	2021-6-23	3.70	欧式	510050C2106M03700	上海证券交易所
2020-11-30	2021-1-27	2021-1-27	3.20	欧式	510050C2101M03200	上海证券交易所
2020-11-30	2021-3-24	2021-3-24	3.10	欧式	510050C2103M03100	上海证券交易所
2020-11-30	2021-6-23	2021-6-23	3.30	欧式	510050P2106M03300	上海证券交易所
2020-11-30	2021-3-24	2021-3-24	3.30	欧式	510050C2103M03300	上海证券交易所
2020-11-30	2021-6-23	2021-6-23	3.10	欧式	510050P2106M03100	上海证券交易所
2020-11-30	2021-1-27	2021-1-27	3.80	欧式	510050C2101M03800	上海证券交易所
2020-11-30	2021-1-27	2021-1-27	3.70	欧式	510050C2101M03700	上海证券交易所
2020-11-30	2021-1-27	2021-1-27	3.40	欧式	510050P2101M03400	上海证券交易所
2020-11-30	2021-1-27	2021-1-27	3.30	欧式	510050C2101M03300	上海证券交易所
2020-11-30	2021-6-23	2021-6-23	3.60	欧式	510050C2106M03600	上海证券交易所
2020-11-30	2021-3-24	2021-3-24	3.40	欧式	510050P2103M03400	上海证券交易所
2020-11-30	2021-6-23	2021-6-23	3.80	欧式	510050C2106M03800	上海证券交易所
2020-11-30	2021-6-23	2021-6-23	3.20	欧式	510050P2106M03200	上海证券交易所
2020-12-2	2021-3-24	2021-3-24	4.00	欧式	510050P2103M04000	上海证券交易所
2020-12-2	2021-1-27	2021-1-27	4.00	欧式	510050P2101M04000	上海证券交易所
2020-12-2	2021-1-27	2021-1-27	4.00	欧式	510050C2101M04000	上海证券交易所
2020-12-2	2021-6-23	2021-6-23	4.00	欧式	510050P2106M04000	上海证券交易所
2020-12-2	2021-3-24	2021-3-24	4.00	欧式	510050C2103M04000	上海证券交易所
2020-12-2	2021-6-23	2021-6-23	4.00	欧式	510050C2106M04000	上海证券交易所
2020-12-14	2021-3-24	2021-3-24	3.00	欧式	510050P2103M03000	上海证券交易所
2020-12-14	2021-3-24	2021-3-24	3.00	欧式	510050C2103M03000	上海证券交易所
2020-12-14	2021-6-23	2021-6-23	3.00	欧式	510050C2106M03000	上海证券交易所
2020-12-14	2021-6-23	2021-6-23	3.00	欧式	510050P2106M03000	上海证券交易所
2020-12-14	2021-1-27	2021-1-27	3.00	欧式	510050C2101M03000	上海证券交易所
2020-12-14	2021-1-27	2021-1-27	3.00	欧式	510050P2101M03000	上海证券交易所
2020-12-24	2021-2-24	2021-2-24	3.90	欧式	510050C2102M03900	上海证券交易所
2020-12-24	2021-2-24	2021-2-24	3.40	欧式	510050C2102M03400	上海证券交易所
2020-12-24	2021-2-24	2021-2-24	3.30	欧式	510050C2102M03300	上海证券交易所
2020-12-24	2021-2-24	2021-2-24	3.10	欧式	510050C2102M03100	上海证券交易所
2020-12-24	2021-2-24	2021-2-24	3.70	欧式	510050P2102M03700	上海证券交易所
2020-12-24	2021-2-24	2021-2-24	3.10	欧式	510050P2102M03100	上海证券交易所
2020-12-24	2021-2-24	2021-2-24	3.80	欧式	510050P2102M03800	上海证券交易所
2020-12-24	2021-2-24	2021-2-24	3.20	欧式	510050P2102M03200	上海证券交易所
2020-12-24	2021-2-24	2021-2-24	3.60	欧式	510050C2102M03600	上海证券交易所
2020-12-24	2021-2-24	2021-2-24	3.50	欧式	510050P2102M03500	上海证券交易所
2020-12-24	2021-2-24	2021-2-24	3.50	欧式	510050C2102M03500	上海证券交易所
2020-12-24	2021-2-24	2021-2-24	3.60	欧式	510050P2102M03600	上海证券交易所

5-29-2 续表 3 continued

交易时间 Trading Hours	最后交易日 Last Trading Day	到期日 Expiration Day	行权价格 Strike Price	行权方式 Exercise Style	交易代码 Trading Code	上市交易所 Listed Exchange
2020-12-24	2021-2-24	2021-2-24	3.30	欧式	510050P2102M03300	上海证券交易所
2020-12-24	2021-2-24	2021-2-24	3.40	欧式	510050P2102M03400	上海证券交易所
2020-12-24	2021-2-24	2021-2-24	3.20	欧式	510050C2102M03200	上海证券交易所
2020-12-24	2021-2-24	2021-2-24	3.90	欧式	510050P2102M03900	上海证券交易所
2020-12-24	2021-2-24	2021-2-24	3.70	欧式	510050C2102M03700	上海证券交易所
2020-12-24	2021-2-24	2021-2-24	3.80	欧式	510050C2102M03800	上海证券交易所
2020-12-31	2021-2-24	2021-2-24	4.00	欧式	510050C2102M04000	上海证券交易所
2020-12-31	2021-2-24	2021-2-24	4.00	欧式	510050P2102M04000	上海证券交易所
2021-1-6	2021-6-23	2021-6-23	4.10	欧式	510050P2106M04100	上海证券交易所
2021-1-6	2021-1-27	2021-1-27	4.10	欧式	510050P2101M04100	上海证券交易所
2021-1-6	2021-3-24	2021-3-24	4.10	欧式	510050P2103M04100	上海证券交易所
2021-1-6	2021-1-27	2021-1-27	4.10	欧式	510050C2101M04100	上海证券交易所
2021-1-6	2021-3-24	2021-3-24	4.10	欧式	510050C2103M04100	上海证券交易所
2021-1-6	2021-2-24	2021-2-24	4.10	欧式	510050C2102M04100	上海证券交易所
2021-1-6	2021-6-23	2021-6-23	4.10	欧式	510050C2106M04100	上海证券交易所
2021-1-6	2021-2-24	2021-2-24	4.10	欧式	510050P2102M04100	上海证券交易所
2021-1-8	2021-6-23	2021-6-23	4.20	欧式	510050P2106M04200	上海证券交易所
2021-1-8	2021-1-27	2021-1-27	4.20	欧式	510050P2101M04200	上海证券交易所
2021-1-8	2021-6-23	2021-6-23	4.20	欧式	510050C2106M04200	上海证券交易所
2021-1-8	2021-3-24	2021-3-24	4.20	欧式	510050C2103M04200	上海证券交易所
2021-1-8	2021-3-24	2021-3-24	4.20	欧式	510050P2103M04200	上海证券交易所
2021-1-8	2021-2-24	2021-2-24	4.20	欧式	510050P2102M04200	上海证券交易所
2021-1-8	2021-1-27	2021-1-27	4.20	欧式	510050C2101M04200	上海证券交易所
2021-1-8	2021-2-24	2021-2-24	4.20	欧式	510050C2102M04200	上海证券交易所
2021-1-13	2021-2-24	2021-2-24	4.30	欧式	510050P2102M04300	上海证券交易所
2021-1-13	2021-3-24	2021-3-24	4.30	欧式	510050P2103M04300	上海证券交易所
2021-1-13	2021-2-24	2021-2-24	4.30	欧式	510050C2102M04300	上海证券交易所
2021-1-13	2021-6-23	2021-6-23	4.30	欧式	510050P2106M04300	上海证券交易所
2021-1-13	2021-3-24	2021-3-24	4.30	欧式	510050C2103M04300	上海证券交易所
2021-1-13	2021-6-23	2021-6-23	4.30	欧式	510050C2106M04300	上海证券交易所
2021-1-13	2021-1-27	2021-1-27	4.30	欧式	510050C2101M04300	上海证券交易所
2021-1-13	2021-1-27	2021-1-27	4.30	欧式	510050P2101M04300	上海证券交易所
2021-1-28	2021-9-22	2021-9-22	3.40	欧式	510050P2109M03400	上海证券交易所
2021-1-28	2021-9-22	2021-9-22	3.80	欧式	510050C2109M03800	上海证券交易所
2021-1-28	2021-9-22	2021-9-22	4.20	欧式	510050P2109M04200	上海证券交易所
2021-1-28	2021-9-22	2021-9-22	3.80	欧式	510050P2109M03800	上海证券交易所
2021-1-28	2021-9-22	2021-9-22	3.50	欧式	510050C2109M03500	上海证券交易所
2021-1-28	2021-9-22	2021-9-22	4.20	欧式	510050C2109M04200	上海证券交易所
2021-1-28	2021-9-22	2021-9-22	4.00	欧式	510050C2109M04000	上海证券交易所
2021-1-28	2021-9-22	2021-9-22	3.70	欧式	510050C2109M03700	上海证券交易所
2021-1-28	2021-9-22	2021-9-22	3.50	欧式	510050P2109M03500	上海证券交易所
2021-1-28	2021-9-22	2021-9-22	4.10	欧式	510050P2109M04100	上海证券交易所
2021-1-28	2021-9-22	2021-9-22	3.60	欧式	510050P2109M03600	上海证券交易所
2021-1-28	2021-9-22	2021-9-22	3.60	欧式	510050C2109M03600	上海证券交易所
2021-1-28	2021-9-22	2021-9-22	3.40	欧式	510050C2109M03400	上海证券交易所
2021-1-28	2021-9-22	2021-9-22	4.00	欧式	510050P2109M04000	上海证券交易所
2021-1-28	2021-9-22	2021-9-22	3.90	欧式	510050C2109M03900	上海证券交易所
2021-1-28	2021-9-22	2021-9-22	3.90	欧式	510050P2109M03900	上海证券交易所

5-29-2 续表 4 continued

交易时间 Trading Hours	最后交易日 Last Trading Day	到期日 Expiration Day	行权价格 Strike Price	行权方式 Exercise Style	交易代码 Trading Code	上市交易所 Listed Exchange
2021-1-28	2021-9-22	2021-9-22	3.70	欧式	510050P2109M03700	上海证券交易所
2021-1-28	2021-9-22	2021-9-22	4.10	欧式	510050C2109M04100	上海证券交易所
2021-1-29	2021-9-22	2021-9-22	3.30	欧式	510050P2109M03300	上海证券交易所
2021-1-29	2021-9-22	2021-9-22	3.30	欧式	510050C2109M03300	上海证券交易所
2021-2-9	2021-9-22	2021-9-22	4.30	欧式	510050C2109M04300	上海证券交易所
2021-2-9	2021-9-22	2021-9-22	4.30	欧式	510050P2109M04300	上海证券交易所
2021-2-18	2021-2-24	2021-2-24	4.40	欧式	510050P2102M04400	上海证券交易所
2021-2-18	2021-9-22	2021-9-22	4.40	欧式	510050C2109M04400	上海证券交易所
2021-2-18	2021-2-24	2021-2-24	4.40	欧式	510050C2102M04400	上海证券交易所
2021-2-18	2021-3-24	2021-3-24	4.40	欧式	510050P2103M04400	上海证券交易所
2021-2-18	2021-6-23	2021-6-23	4.40	欧式	510050P2106M04400	上海证券交易所
2021-2-18	2021-3-24	2021-3-24	4.40	欧式	510050C2103M04400	上海证券交易所
2021-2-18	2021-6-23	2021-6-23	4.40	欧式	510050C2106M04400	上海证券交易所
2021-2-18	2021-9-22	2021-9-22	4.40	欧式	510050P2109M04400	上海证券交易所
2021-2-25	2021-4-28	2021-4-28	3.90	欧式	510050C2104M03900	上海证券交易所
2021-2-25	2021-4-28	2021-4-28	4.20	欧式	510050P2104M04200	上海证券交易所
2021-2-25	2021-4-28	2021-4-28	3.80	欧式	510050P2104M03800	上海证券交易所
2021-2-25	2021-4-28	2021-4-28	3.40	欧式	510050C2104M03400	上海证券交易所
2021-2-25	2021-4-28	2021-4-28	3.70	欧式	510050P2104M03700	上海证券交易所
2021-2-25	2021-4-28	2021-4-28	3.60	欧式	510050P2104M03600	上海证券交易所
2021-2-25	2021-4-28	2021-4-28	4.10	欧式	510050C2104M04100	上海证券交易所
2021-2-25	2021-4-28	2021-4-28	3.80	欧式	510050C2104M03800	上海证券交易所
2021-2-25	2021-4-28	2021-4-28	3.70	欧式	510050C2104M03700	上海证券交易所
2021-2-25	2021-4-28	2021-4-28	4.10	欧式	510050P2104M04100	上海证券交易所
2021-2-25	2021-4-28	2021-4-28	3.40	欧式	510050P2104M03400	上海证券交易所
2021-2-25	2021-4-28	2021-4-28	3.90	欧式	510050P2104M03900	上海证券交易所
2021-2-25	2021-4-28	2021-4-28	3.60	欧式	510050C2104M03600	上海证券交易所
2021-2-25	2021-4-28	2021-4-28	4.00	欧式	510050P2104M04000	上海证券交易所
2021-2-25	2021-4-28	2021-4-28	3.50	欧式	510050C2104M03500	上海证券交易所
2021-2-25	2021-4-28	2021-4-28	3.50	欧式	510050P2104M03500	上海证券交易所
2021-2-25	2021-4-28	2021-4-28	4.20	欧式	510050C2104M04200	上海证券交易所
2021-2-25	2021-4-28	2021-4-28	4.00	欧式	510050C2104M04000	上海证券交易所
2021-3-1	2021-4-28	2021-4-28	3.30	欧式	510050P2104M03300	上海证券交易所
2021-3-1	2021-4-28	2021-4-28	3.30	欧式	510050C2104M03300	上海证券交易所
2021-3-9	2021-9-22	2021-9-22	3.20	欧式	510050C2109M03200	上海证券交易所
2021-3-9	2021-4-28	2021-4-28	3.20	欧式	510050P2104M03200	上海证券交易所
2021-3-9	2021-9-22	2021-9-22	3.20	欧式	510050P2109M03200	上海证券交易所
2021-3-9	2021-4-28	2021-4-28	3.20	欧式	510050C2104M03200	上海证券交易所
2021-3-10	2021-4-28	2021-4-28	3.10	欧式	510050P2104M03100	上海证券交易所
2021-3-10	2021-9-22	2021-9-22	3.10	欧式	510050C2109M03100	上海证券交易所
2021-3-10	2021-4-28	2021-4-28	3.10	欧式	510050C2104M03100	上海证券交易所
2021-3-10	2021-9-22	2021-9-22	3.10	欧式	510050P2109M03100	上海证券交易所
2021-3-25	2021-5-26	2021-5-26	3.40	欧式	510050P2105M03400	上海证券交易所
2021-3-25	2021-5-26	2021-5-26	3.20	欧式	510050C2105M03200	上海证券交易所
2021-3-25	2021-5-26	2021-5-26	3.50	欧式	510050C2105M03500	上海证券交易所
2021-3-25	2021-5-26	2021-5-26	3.30	欧式	510050P2105M03300	上海证券交易所
2021-3-25	2021-5-26	2021-5-26	3.10	欧式	510050C2105M03100	上海证券交易所
2021-3-25	2021-5-26	2021-5-26	3.30	欧式	510050C2105M03300	上海证券交易所

5-29-2 续表 5 continued

交易时间 Trading Hours	最后交易日 Last Trading Day	到期日 Expiration Day	行权价格 Strike Price	行权方式 Exercise Style	交易代码 Trading Code	上市交易所 Listed Exchange
2021-3-25	2021-5-26	2021-5-26	3.90	欧式	510050C2105M03900	上海证券交易所
2021-3-25	2021-5-26	2021-5-26	3.90	欧式	510050P2105M03900	上海证券交易所
2021-3-25	2021-5-26	2021-5-26	3.80	欧式	510050P2105M03800	上海证券交易所
2021-3-25	2021-5-26	2021-5-26	3.20	欧式	510050P2105M03200	上海证券交易所
2021-3-25	2021-5-26	2021-5-26	3.80	欧式	510050C2105M03800	上海证券交易所
2021-3-25	2021-5-26	2021-5-26	3.60	欧式	510050P2105M03600	上海证券交易所
2021-3-25	2021-5-26	2021-5-26	3.10	欧式	510050P2105M03100	上海证券交易所
2021-3-25	2021-5-26	2021-5-26	3.70	欧式	510050P2105M03700	上海证券交易所
2021-3-25	2021-5-26	2021-5-26	3.60	欧式	510050C2105M03600	上海证券交易所
2021-3-25	2021-5-26	2021-5-26	3.50	欧式	510050P2105M03500	上海证券交易所
2021-3-25	2021-5-26	2021-5-26	3.70	欧式	510050C2105M03700	上海证券交易所
2021-3-25	2021-5-26	2021-5-26	3.40	欧式	510050C2105M03400	上海证券交易所
2021-3-31	2021-5-26	2021-5-26	4.00	欧式	510050P2105M04000	上海证券交易所
2021-3-31	2021-5-26	2021-5-26	4.00	欧式	510050C2105M04000	上海证券交易所
2021-4-16	2021-5-26	2021-5-26	3.00	欧式	510050P2105M03000	上海证券交易所
2021-4-16	2021-4-28	2021-4-28	3.00	欧式	510050P2104M03000	上海证券交易所
2021-4-16	2021-9-22	2021-9-22	3.00	欧式	510050P2109M03000	上海证券交易所
2021-4-16	2021-4-28	2021-4-28	3.00	欧式	510050C2104M03000	上海证券交易所
2021-4-16	2021-5-26	2021-5-26	3.00	欧式	510050C2105M03000	上海证券交易所
2021-4-16	2021-9-22	2021-9-22	3.00	欧式	510050C2109M03000	上海证券交易所
2021-4-29	2021-12-22	2021-12-22	3.26	欧式	510050C2112A03300	上海证券交易所
2021-4-29	2021-12-22	2021-12-22	3.16	欧式	510050C2112A03200	上海证券交易所
2021-4-29	2021-12-22	2021-12-22	3.55	欧式	510050P2112A03600	上海证券交易所
2021-4-29	2021-12-22	2021-12-22	3.26	欧式	510050P2112A03300	上海证券交易所
2021-4-29	2021-12-22	2021-12-22	3.16	欧式	510050P2112A03200	上海证券交易所
2021-4-29	2021-12-22	2021-12-22	3.46	欧式	510050P2112A03500	上海证券交易所
2021-4-29	2021-12-22	2021-12-22	3.85	欧式	510050P2112A03900	上海证券交易所
2021-4-29	2021-12-22	2021-12-22	3.36	欧式	510050C2112A03400	上海证券交易所
2021-4-29	2021-12-22	2021-12-22	3.65	欧式	510050P2112A03700	上海证券交易所
2021-4-29	2021-12-22	2021-12-22	3.06	欧式	510050P2112A03100	上海证券交易所
2021-4-29	2021-12-22	2021-12-22	3.75	欧式	510050P2112A03800	上海证券交易所
2021-4-29	2021-12-22	2021-12-22	3.75	欧式	510050C2112A03800	上海证券交易所
2021-4-29	2021-12-22	2021-12-22	3.46	欧式	510050C2112A03500	上海证券交易所
2021-4-29	2021-12-22	2021-12-22	3.55	欧式	510050C2112A03600	上海证券交易所
2021-4-29	2021-12-22	2021-12-22	3.85	欧式	510050C2112A03900	上海证券交易所
2021-4-29	2021-12-22	2021-12-22	3.06	欧式	510050C2112A03100	上海证券交易所
2021-4-29	2021-12-22	2021-12-22	3.65	欧式	510050C2112A03700	上海证券交易所
2021-4-29	2021-12-22	2021-12-22	3.36	欧式	510050P2112A03400	上海证券交易所
2021-5-7	2021-12-22	2021-12-22	2.96	欧式	510050P2112A03000	上海证券交易所
2021-5-7	2021-12-22	2021-12-22	2.96	欧式	510050C2112A03000	上海证券交易所
2021-5-26	2021-12-22	2021-12-22	3.95	欧式	510050P2112A04000	上海证券交易所
2021-5-26	2021-12-22	2021-12-22	3.95	欧式	510050C2112A04000	上海证券交易所
2021-5-27	2021-7-28	2021-7-28	4.00	欧式	510050P2107M04000	上海证券交易所
2021-5-27	2021-7-28	2021-7-28	3.90	欧式	510050P2107M03900	上海证券交易所
2021-5-27	2021-7-28	2021-7-28	3.80	欧式	510050P2107M03800	上海证券交易所
2021-5-27	2021-7-28	2021-7-28	3.40	欧式	510050C2107M03400	上海证券交易所
2021-5-27	2021-7-28	2021-7-28	3.30	欧式	510050C2107M03300	上海证券交易所
2021-5-27	2021-7-28	2021-7-28	3.70	欧式	510050C2107M03700	上海证券交易所

5-29-2 续表 6 continued

交易时间 Trading Hours	最后交易日 Last Trading Day	到期日 Expiration Day	行权价格 Strike Price	行权方式 Exercise Style	交易代码 Trading Code	上市交易所 Listed Exchange
2021-5-27	2021-7-28	2021-7-28	3.20	欧式	510050C2107M03200	上海证券交易所
2021-5-27	2021-7-28	2021-7-28	3.60	欧式	510050P2107M03600	上海证券交易所
2021-5-27	2021-7-28	2021-7-28	3.70	欧式	510050P2107M03700	上海证券交易所
2021-5-27	2021-7-28	2021-7-28	3.40	欧式	510050P2107M03400	上海证券交易所
2021-5-27	2021-7-28	2021-7-28	3.50	欧式	510050P2107M03500	上海证券交易所
2021-5-27	2021-7-28	2021-7-28	3.30	欧式	510050P2107M03300	上海证券交易所
2021-5-27	2021-7-28	2021-7-28	3.20	欧式	510050P2107M03200	上海证券交易所
2021-5-27	2021-7-28	2021-7-28	3.90	欧式	510050C2107M03900	上海证券交易所
2021-5-27	2021-7-28	2021-7-28	3.50	欧式	510050C2107M03500	上海证券交易所
2021-5-27	2021-7-28	2021-7-28	3.80	欧式	510050C2107M03800	上海证券交易所
2021-5-27	2021-7-28	2021-7-28	3.60	欧式	510050C2107M03600	上海证券交易所
2021-5-27	2021-7-28	2021-7-28	4.00	欧式	510050C2107M04000	上海证券交易所
2021-5-28	2021-12-22	2021-12-22	4.05	欧式	510050P2112A04100	上海证券交易所
2021-5-28	2021-12-22	2021-12-22	4.05	欧式	510050C2112A04100	上海证券交易所
2021-5-28	2021-7-28	2021-7-28	4.10	欧式	510050C2107M04100	上海证券交易所
2021-5-28	2021-7-28	2021-7-28	4.10	欧式	510050P2107M04100	上海证券交易所
2021-6-16	2021-7-28	2021-7-28	3.10	欧式	510050C2107M03100	上海证券交易所
2021-6-16	2021-7-28	2021-7-28	3.10	欧式	510050P2107M03100	上海证券交易所
2021-6-22	2021-7-28	2021-7-28	3.00	欧式	510050C2107M03000	上海证券交易所
2021-6-22	2021-7-28	2021-7-28	3.00	欧式	510050P2107M03000	上海证券交易所
2021-6-24	2021-8-25	2021-8-25	3.90	欧式	510050C2108M03900	上海证券交易所
2021-6-24	2021-8-25	2021-8-25	3.80	欧式	510050C2108M03800	上海证券交易所
2021-6-24	2021-8-25	2021-8-25	3.20	欧式	510050P2108M03200	上海证券交易所
2021-6-24	2021-8-25	2021-8-25	3.40	欧式	510050P2108M03400	上海证券交易所
2021-6-24	2021-8-25	2021-8-25	3.60	欧式	510050C2108M03600	上海证券交易所
2021-6-24	2021-8-25	2021-8-25	3.50	欧式	510050P2108M03500	上海证券交易所
2021-6-24	2021-8-25	2021-8-25	3.90	欧式	510050P2108M03900	上海证券交易所
2021-6-24	2021-8-25	2021-8-25	3.30	欧式	510050C2108M03300	上海证券交易所
2021-6-24	2021-8-25	2021-8-25	3.80	欧式	510050P2108M03800	上海证券交易所
2021-6-24	2021-8-25	2021-8-25	3.70	欧式	510050P2108M03700	上海证券交易所
2021-6-24	2021-8-25	2021-8-25	3.50	欧式	510050C2108M03500	上海证券交易所
2021-6-24	2021-8-25	2021-8-25	3.70	欧式	510050C2108M03700	上海证券交易所
2021-6-24	2021-8-25	2021-8-25	3.10	欧式	510050C2108M03100	上海证券交易所
2021-6-24	2021-8-25	2021-8-25	3.10	欧式	510050P2108M03100	上海证券交易所
2021-6-24	2021-8-25	2021-8-25	3.20	欧式	510050C2108M03200	上海证券交易所
2021-6-24	2021-8-25	2021-8-25	3.60	欧式	510050P2108M03600	上海证券交易所
2021-6-24	2021-8-25	2021-8-25	3.30	欧式	510050P2108M03300	上海证券交易所
2021-6-24	2021-8-25	2021-8-25	3.40	欧式	510050C2108M03400	上海证券交易所
2021-7-5	2021-8-25	2021-8-25	3.00	欧式	510050C2108M03000	上海证券交易所
2021-7-5	2021-8-25	2021-8-25	3.00	欧式	510050P2108M03000	上海证券交易所
2021-7-27	2021-12-22	2021-12-22	2.91	欧式	510050C2112A02950	上海证券交易所
2021-7-27	2021-12-22	2021-12-22	2.91	欧式	510050P2112A02950	上海证券交易所
2021-7-27	2021-7-28	2021-7-28	2.95	欧式	510050C2107M02950	上海证券交易所
2021-7-27	2021-8-25	2021-8-25	2.95	欧式	510050C2108M02950	上海证券交易所
2021-7-27	2021-9-22	2021-9-22	2.95	欧式	510050P2109M02950	上海证券交易所
2021-7-27	2021-8-25	2021-8-25	2.95	欧式	510050P2108M02950	上海证券交易所
2021-7-27	2021-7-28	2021-7-28	2.95	欧式	510050P2107M02950	上海证券交易所
2021-7-27	2021-9-22	2021-9-22	2.95	欧式	510050C2109M02950	上海证券交易所

5-29-2 续表 7 continued

交易时间 Trading Hours	最后交易日 Last Trading Day	到期日 Expiration Day	行权价格 Strike Price	行权方式 Exercise Style	交易代码 Trading Code	上市交易所 Listed Exchange
2021-7-28	2021-12-22	2021-12-22	2.86	欧式	510050P2112A02900	上海证券交易所
2021-7-28	2021-9-22	2021-9-22	2.90	欧式	510050P2109M02900	上海证券交易所
2021-7-28	2021-8-25	2021-8-25	2.90	欧式	510050P2108M02900	上海证券交易所
2021-7-28	2021-12-22	2021-12-22	2.86	欧式	510050C2112A02900	上海证券交易所
2021-7-28	2021-7-28	2021-7-28	2.90	欧式	510050C2107M02900	上海证券交易所
2021-7-28	2021-8-25	2021-8-25	2.90	欧式	510050C2108M02900	上海证券交易所
2021-7-28	2021-7-28	2021-7-28	2.90	欧式	510050P2107M02900	上海证券交易所
2021-7-28	2021-9-22	2021-9-22	2.90	欧式	510050C2109M02900	上海证券交易所
2021-7-29	2022-3-23	2022-3-23	3.36	欧式	510050C2203A03400	上海证券交易所
2021-7-29	2022-3-23	2022-3-23	2.96	欧式	510050C2203A03000	上海证券交易所
2021-7-29	2022-3-23	2022-3-23	2.86	欧式	510050C2203A02900	上海证券交易所
2021-7-29	2022-3-23	2022-3-23	3.26	欧式	510050P2203A03300	上海证券交易所
2021-7-29	2022-3-23	2022-3-23	3.55	欧式	510050P2203A03600	上海证券交易所
2021-7-29	2022-3-23	2022-3-23	3.06	欧式	510050P2203A03100	上海证券交易所
2021-7-29	2022-3-23	2022-3-23	3.26	欧式	510050C2203A03300	上海证券交易所
2021-7-29	2022-3-23	2022-3-23	3.16	欧式	510050P2203A03200	上海证券交易所
2021-7-29	2022-3-23	2022-3-23	3.16	欧式	510050C2203A03200	上海证券交易所
2021-7-29	2022-3-23	2022-3-23	3.46	欧式	510050C2203A03500	上海证券交易所
2021-7-29	2022-3-23	2022-3-23	3.06	欧式	510050C2203A03100	上海证券交易所
2021-7-29	2022-3-23	2022-3-23	3.55	欧式	510050C2203A03600	上海证券交易所
2021-7-29	2022-3-23	2022-3-23	2.86	欧式	510050P2203A02900	上海证券交易所
2021-7-29	2022-3-23	2022-3-23	3.46	欧式	510050P2203A03500	上海证券交易所
2021-7-29	2022-3-23	2022-3-23	2.96	欧式	510050P2203A03000	上海证券交易所
2021-7-29	2022-3-23	2022-3-23	2.91	欧式	510050C2203A02950	上海证券交易所
2021-7-29	2022-3-23	2022-3-23	2.91	欧式	510050P2203A02950	上海证券交易所
2021-7-29	2022-3-23	2022-3-23	3.36	欧式	510050P2203A03400	上海证券交易所
2021-8-4	2022-3-23	2022-3-23	3.65	欧式	510050P2203A03700	上海证券交易所
2021-8-4	2022-3-23	2022-3-23	3.65	欧式	510050C2203A03700	上海证券交易所
2021-8-23	2021-9-22	2021-9-22	2.85	欧式	510050C2109M02850	上海证券交易所
2021-8-23	2021-9-22	2021-9-22	2.85	欧式	510050P2109M02850	上海证券交易所
2021-8-23	2022-3-23	2022-3-23	2.81	欧式	510050C2203A02850	上海证券交易所
2021-8-23	2021-12-22	2021-12-22	2.81	欧式	510050P2112A02850	上海证券交易所
2021-8-23	2021-12-22	2021-12-22	2.81	欧式	510050C2112A02850	上海证券交易所
2021-8-23	2021-8-25	2021-8-25	2.85	欧式	510050C2108M02850	上海证券交易所
2021-8-23	2022-3-23	2022-3-23	2.81	欧式	510050P2203A02850	上海证券交易所
2021-8-23	2021-8-25	2021-8-25	2.85	欧式	510050P2108M02850	上海证券交易所
2021-8-26	2021-10-27	2021-10-27	3.20	欧式	510050P2110M03200	上海证券交易所
2021-8-26	2021-10-27	2021-10-27	3.30	欧式	510050C2110M03300	上海证券交易所
2021-8-26	2021-10-27	2021-10-27	2.90	欧式	510050P2110M02900	上海证券交易所
2021-8-26	2021-10-27	2021-10-27	3.40	欧式	510050C2110M03400	上海证券交易所
2021-8-26	2021-10-27	2021-10-27	3.00	欧式	510050P2110M03000	上海证券交易所
2021-8-26	2021-10-27	2021-10-27	3.00	欧式	510050C2110M03000	上海证券交易所
2021-8-26	2021-10-27	2021-10-27	3.60	欧式	510050C2110M03600	上海证券交易所
2021-8-26	2021-10-27	2021-10-27	2.90	欧式	510050C2110M02900	上海证券交易所
2021-8-26	2021-10-27	2021-10-27	2.95	欧式	510050C2110M02950	上海证券交易所
2021-8-26	2021-10-27	2021-10-27	3.50	欧式	510050C2110M03500	上海证券交易所
2021-8-26	2021-10-27	2021-10-27	3.50	欧式	510050P2110M03500	上海证券交易所
2021-8-26	2021-10-27	2021-10-27	3.10	欧式	510050P2110M03100	上海证券交易所

5-29-2 续表 8 continued

交易时间 Trading Hours	最后交易日 Last Trading Day	到期日 Expiration Day	行权价格 Strike Price	行权方式 Exercise Style	交易代码 Trading Code	上市交易所 Listed Exchange
2021-8-26	2021-10-27	2021-10-27	3.40	欧式	510050P2110M03400	上海证券交易所
2021-8-26	2021-10-27	2021-10-27	3.20	欧式	510050C2110M03200	上海证券交易所
2021-8-26	2021-10-27	2021-10-27	3.30	欧式	510050P2110M03300	上海证券交易所
2021-8-26	2021-10-27	2021-10-27	3.10	欧式	510050C2110M03100	上海证券交易所
2021-8-26	2021-10-27	2021-10-27	3.60	欧式	510050P2110M03600	上海证券交易所
2021-8-26	2021-10-27	2021-10-27	2.95	欧式	510050P2110M02950	上海证券交易所
2021-8-27	2021-10-27	2021-10-27	2.85	欧式	510050P2110M02850	上海证券交易所
2021-8-27	2021-10-27	2021-10-27	2.85	欧式	510050C2110M02850	上海证券交易所
2021-9-8	2021-10-27	2021-10-27	3.70	欧式	510050C2110M03700	上海证券交易所
2021-9-8	2021-10-27	2021-10-27	3.70	欧式	510050P2110M03700	上海证券交易所
2021-9-23	2021-11-24	2021-11-24	3.10	欧式	510050P2111M03100	上海证券交易所
2021-9-23	2021-11-24	2021-11-24	2.95	欧式	510050C2111M02950	上海证券交易所
2021-9-23	2021-11-24	2021-11-24	2.95	欧式	510050P2111M02950	上海证券交易所
2021-9-23	2021-11-24	2021-11-24	3.00	欧式	510050P2111M03000	上海证券交易所
2021-9-23	2021-11-24	2021-11-24	2.90	欧式	510050P2111M02900	上海证券交易所
2021-9-23	2021-11-24	2021-11-24	3.60	欧式	510050P2111M03600	上海证券交易所
2021-9-23	2021-11-24	2021-11-24	3.10	欧式	510050C2111M03100	上海证券交易所
2021-9-23	2021-11-24	2021-11-24	3.60	欧式	510050C2111M03600	上海证券交易所
2021-9-23	2021-11-24	2021-11-24	3.30	欧式	510050P2111M03300	上海证券交易所
2021-9-23	2021-11-24	2021-11-24	3.30	欧式	510050C2111M03300	上海证券交易所
2021-9-23	2021-11-24	2021-11-24	3.40	欧式	510050P2111M03400	上海证券交易所
2021-9-23	2021-11-24	2021-11-24	3.50	欧式	510050C2111M03500	上海证券交易所
2021-9-23	2021-11-24	2021-11-24	3.00	欧式	510050C2111M03000	上海证券交易所
2021-9-23	2021-11-24	2021-11-24	3.20	欧式	510050C2111M03200	上海证券交易所
2021-9-23	2021-11-24	2021-11-24	3.50	欧式	510050P2111M03500	上海证券交易所
2021-9-23	2021-11-24	2021-11-24	3.40	欧式	510050C2111M03400	上海证券交易所
2021-9-23	2021-11-24	2021-11-24	2.90	欧式	510050C2111M02900	上海证券交易所
2021-9-23	2021-11-24	2021-11-24	3.20	欧式	510050P2111M03200	上海证券交易所
2021-10-11	2021-11-24	2021-11-24	3.70	欧式	510050P2111M03700	上海证券交易所
2021-10-11	2021-11-24	2021-11-24	3.70	欧式	510050C2111M03700	上海证券交易所
2021-10-25	2022-3-23	2022-3-23	3.75	欧式	510050P2203A03800	上海证券交易所
2021-10-25	2022-3-23	2022-3-23	3.75	欧式	510050C2203A03800	上海证券交易所
2021-10-25	2021-10-27	2021-10-27	3.80	欧式	510050C2110M03800	上海证券交易所
2021-10-25	2021-11-24	2021-11-24	3.80	欧式	510050C2111M03800	上海证券交易所
2021-10-25	2021-10-27	2021-10-27	3.80	欧式	510050P2110M03800	上海证券交易所
2021-10-25	2021-11-24	2021-11-24	3.80	欧式	510050P2111M03800	上海证券交易所
2021-10-28	2022-6-22	2022-6-22	2.91	欧式	510050P2206A02950	上海证券交易所
2021-10-28	2022-6-22	2022-6-22	3.65	欧式	510050C2206A03700	上海证券交易所
2021-10-28	2022-6-22	2022-6-22	3.06	欧式	510050C2206A03100	上海证券交易所
2021-10-28	2022-6-22	2022-6-22	3.46	欧式	510050C2206A03500	上海证券交易所
2021-10-28	2022-6-22	2022-6-22	3.16	欧式	510050P2206A03200	上海证券交易所
2021-10-28	2022-6-22	2022-6-22	2.96	欧式	510050C2206A03000	上海证券交易所
2021-10-28	2022-6-22	2022-6-22	3.26	欧式	510050P2206A03300	上海证券交易所
2021-10-28	2022-6-22	2022-6-22	3.26	欧式	510050C2206A03300	上海证券交易所
2021-10-28	2022-6-22	2022-6-22	3.55	欧式	510050P2206A03600	上海证券交易所
2021-10-28	2022-6-22	2022-6-22	3.46	欧式	510050P2206A03500	上海证券交易所
2021-10-28	2022-6-22	2022-6-22	2.96	欧式	510050P2206A03000	上海证券交易所
2021-10-28	2022-6-22	2022-6-22	3.06	欧式	510050P2206A03100	上海证券交易所

5-29-2 续表 9 continued

交易时间 Trading Hours	最后交易日 Last Trading Day	到期日 Expiration Day	行权价格 Strike Price	行权方式 Exercise Style	交易代码 Trading Code	上市交易所 Listed Exchange
2021-10-28	2022-6-22	2022-6-22	3.36	欧式	510050P2206A03400	上海证券交易所
2021-10-28	2022-6-22	2022-6-22	3.16	欧式	510050C2206A03200	上海证券交易所
2021-10-28	2022-6-22	2022-6-22	3.65	欧式	510050P2206A03700	上海证券交易所
2021-10-28	2022-6-22	2022-6-22	3.36	欧式	510050C2206A03400	上海证券交易所
2021-10-28	2022-6-22	2022-6-22	3.55	欧式	510050C2206A03600	上海证券交易所
2021-10-28	2022-6-22	2022-6-22	2.91	欧式	510050C2206A02950	上海证券交易所
2021-11-4	2022-6-22	2022-6-22	2.86	欧式	510050P2206A02900	上海证券交易所
2021-11-4	2022-6-22	2022-6-22	2.86	欧式	510050C2206A02900	上海证券交易所
2021-11-25	2022-1-26	2022-1-26	3.65	欧式	510050P2201A03700	上海证券交易所
2021-11-25	2022-1-26	2022-1-26	3.55	欧式	510050C2201A03600	上海证券交易所
2021-11-25	2022-1-26	2022-1-26	3.16	欧式	510050P2201A03200	上海证券交易所
2021-11-25	2022-1-26	2022-1-26	3.26	欧式	510050C2201A03300	上海证券交易所
2021-11-25	2022-1-26	2022-1-26	2.96	欧式	510050P2201A03000	上海证券交易所
2021-11-25	2022-1-26	2022-1-26	3.26	欧式	510050P2201A03300	上海证券交易所
2021-11-25	2022-1-26	2022-1-26	3.65	欧式	510050C2201A03700	上海证券交易所
2021-11-25	2022-1-26	2022-1-26	3.06	欧式	510050P2201A03100	上海证券交易所
2021-11-25	2022-1-26	2022-1-26	2.91	欧式	510050P2201A02950	上海证券交易所
2021-11-25	2022-1-26	2022-1-26	3.16	欧式	510050C2201A03200	上海证券交易所
2021-11-25	2022-1-26	2022-1-26	3.55	欧式	510050P2201A03600	上海证券交易所
2021-11-25	2022-1-26	2022-1-26	2.91	欧式	510050C2201A02950	上海证券交易所
2021-11-25	2022-1-26	2022-1-26	3.46	欧式	510050P2201A03500	上海证券交易所
2021-11-25	2022-1-26	2022-1-26	3.06	欧式	510050C2201A03100	上海证券交易所
2021-11-25	2022-1-26	2022-1-26	3.46	欧式	510050C2201A03500	上海证券交易所
2021-11-25	2022-1-26	2022-1-26	2.96	欧式	510050C2201A03000	上海证券交易所
2021-11-25	2022-1-26	2022-1-26	3.36	欧式	510050P2201A03400	上海证券交易所
2021-11-25	2022-1-26	2022-1-26	3.36	欧式	510050C2201A03400	上海证券交易所
2021-11-29	2022-1-26	2022-1-26	3.10	欧式	510050C2201M03100	上海证券交易所
2021-11-29	2022-1-26	2022-1-26	3.60	欧式	510050C2201M03600	上海证券交易所
2021-11-29	2022-1-26	2022-1-26	3.60	欧式	510050P2201M03600	上海证券交易所
2021-11-29	2021-12-22	2021-12-22	3.60	欧式	510050C2112M03600	上海证券交易所
2021-11-29	2021-12-22	2021-12-22	2.95	欧式	510050P2112M02950	上海证券交易所
2021-11-29	2022-1-26	2022-1-26	3.50	欧式	510050P2201M03500	上海证券交易所
2021-11-29	2022-6-22	2022-6-22	2.95	欧式	510050P2206M02950	上海证券交易所
2021-11-29	2022-6-22	2022-6-22	3.50	欧式	510050C2206M03500	上海证券交易所
2021-11-29	2021-12-22	2021-12-22	2.90	欧式	510050P2112M02900	上海证券交易所
2021-11-29	2022-1-26	2022-1-26	3.00	欧式	510050C2201M03000	上海证券交易所
2021-11-29	2021-12-22	2021-12-22	3.20	欧式	510050C2112M03200	上海证券交易所
2021-11-29	2022-1-26	2022-1-26	3.30	欧式	510050P2201M03300	上海证券交易所
2021-11-29	2022-3-23	2022-3-23	3.20	欧式	510050P2203M03200	上海证券交易所
2021-11-29	2022-6-22	2022-6-22	2.90	欧式	510050P2206M02900	上海证券交易所
2021-11-29	2022-3-23	2022-3-23	3.50	欧式	510050C2203M03500	上海证券交易所
2021-11-29	2022-6-22	2022-6-22	3.00	欧式	510050P2206M03000	上海证券交易所
2021-11-29	2022-6-22	2022-6-22	3.60	欧式	510050C2206M03600	上海证券交易所
2021-11-29	2022-3-23	2022-3-23	3.10	欧式	510050C2203M03100	上海证券交易所
2021-11-29	2022-6-22	2022-6-22	3.10	欧式	510050P2206M03100	上海证券交易所
2021-11-29	2022-6-22	2022-6-22	3.30	欧式	510050C2206M03300	上海证券交易所
2021-11-29	2021-12-22	2021-12-22	3.50	欧式	510050C2112M03500	上海证券交易所
2021-11-29	2021-12-22	2021-12-22	3.40	欧式	510050C2112M03400	上海证券交易所

5-29-2 续表 10 continued

交易时间 Trading Hours	最后交易日 Last Trading Day	到期日 Expiration Day	行权价格 Strike Price	行权方式 Exercise Style	交易代码 Trading Code	上市交易所 Listed Exchange
2021-11-29	2022-1-26	2022-1-26	2.95	欧式	510050P2201M02950	上海证券交易所
2021-11-29	2022-1-26	2022-1-26	2.95	欧式	510050C2201M02950	上海证券交易所
2021-11-29	2022-6-22	2022-6-22	3.00	欧式	510050C2206M03000	上海证券交易所
2021-11-29	2022-3-23	2022-3-23	2.95	欧式	510050P2203M02950	上海证券交易所
2021-11-29	2022-1-26	2022-1-26	3.10	欧式	510050P2201M03100	上海证券交易所
2021-11-29	2021-12-22	2021-12-22	3.00	欧式	510050C2112M03000	上海证券交易所
2021-11-29	2022-1-26	2022-1-26	3.00	欧式	510050P2201M03000	上海证券交易所
2021-11-29	2021-12-22	2021-12-22	3.60	欧式	510050P2112M03600	上海证券交易所
2021-11-29	2022-3-23	2022-3-23	3.40	欧式	510050C2203M03400	上海证券交易所
2021-11-29	2022-3-23	2022-3-23	2.95	欧式	510050C2203M02950	上海证券交易所
2021-11-29	2022-1-26	2022-1-26	3.40	欧式	510050P2201M03400	上海证券交易所
2021-11-29	2021-12-22	2021-12-22	3.20	欧式	510050P2112M03200	上海证券交易所
2021-11-29	2022-1-26	2022-1-26	3.30	欧式	510050C2201M03300	上海证券交易所
2021-11-29	2022-3-23	2022-3-23	3.10	欧式	510050P2203M03100	上海证券交易所
2021-11-29	2022-6-22	2022-6-22	3.60	欧式	510050P2206M03600	上海证券交易所
2021-11-29	2022-3-23	2022-3-23	3.30	欧式	510050C2203M03300	上海证券交易所
2021-11-29	2022-3-23	2022-3-23	3.30	欧式	510050P2203M03300	上海证券交易所
2021-11-29	2022-3-23	2022-3-23	2.90	欧式	510050C2203M02900	上海证券交易所
2021-11-29	2022-6-22	2022-6-22	3.10	欧式	510050C2206M03100	上海证券交易所
2021-11-29	2022-3-23	2022-3-23	3.00	欧式	510050P2203M03000	上海证券交易所
2021-11-29	2021-12-22	2021-12-22	2.90	欧式	510050C2112M02900	上海证券交易所
2021-11-29	2022-3-23	2022-3-23	3.50	欧式	510050P2203M03500	上海证券交易所
2021-11-29	2022-3-23	2022-3-23	3.60	欧式	510050C2203M03600	上海证券交易所
2021-11-29	2021-12-22	2021-12-22	2.95	欧式	510050C2112M02950	上海证券交易所
2021-11-29	2021-12-22	2021-12-22	3.30	欧式	510050P2112M03300	上海证券交易所
2021-11-29	2022-3-23	2022-3-23	2.90	欧式	510050P2203M02900	上海证券交易所
2021-11-29	2022-6-22	2022-6-22	3.50	欧式	510050P2206M03500	上海证券交易所
2021-11-29	2022-1-26	2022-1-26	2.90	欧式	510050C2201M02900	上海证券交易所
2021-11-29	2022-3-23	2022-3-23	3.00	欧式	510050C2203M03000	上海证券交易所
2021-11-29	2021-12-22	2021-12-22	3.40	欧式	510050P2112M03400	上海证券交易所
2021-11-29	2022-3-23	2022-3-23	3.20	欧式	510050C2203M03200	上海证券交易所
2021-11-29	2022-6-22	2022-6-22	2.95	欧式	510050C2206M02950	上海证券交易所
2021-11-29	2022-6-22	2022-6-22	3.20	欧式	510050P2206M03200	上海证券交易所
2021-11-29	2021-12-22	2021-12-22	3.00	欧式	510050P2112M03000	上海证券交易所
2021-11-29	2022-6-22	2022-6-22	2.90	欧式	510050C2206M02900	上海证券交易所
2021-11-29	2022-1-26	2022-1-26	3.20	欧式	510050C2201M03200	上海证券交易所
2021-11-29	2021-12-22	2021-12-22	3.10	欧式	510050C2112M03100	上海证券交易所
2021-11-29	2022-1-26	2022-1-26	3.50	欧式	510050C2201M03500	上海证券交易所
2021-11-29	2021-12-22	2021-12-22	3.30	欧式	510050C2112M03300	上海证券交易所
2021-11-29	2022-6-22	2022-6-22	3.40	欧式	510050P2206M03400	上海证券交易所
2021-11-29	2022-1-26	2022-1-26	2.90	欧式	510050P2201M02900	上海证券交易所
2021-11-29	2022-1-26	2022-1-26	3.20	欧式	510050P2201M03200	上海证券交易所
2021-11-29	2021-12-22	2021-12-22	3.10	欧式	510050P2112M03100	上海证券交易所
2021-11-29	2022-6-22	2022-6-22	3.30	欧式	510050P2206M03300	上海证券交易所
2021-11-29	2022-6-22	2022-6-22	3.20	欧式	510050C2206M03200	上海证券交易所
2021-11-29	2022-1-26	2022-1-26	3.40	欧式	510050C2201M03400	上海证券交易所
2021-11-29	2022-3-23	2022-3-23	3.40	欧式	510050P2203M03400	上海证券交易所
2021-11-29	2022-6-22	2022-6-22	3.40	欧式	510050C2206M03400	上海证券交易所

5-29-2 续表 11 continued

交易时间 Trading Hours	最后交易日 Last Trading Day	到期日 Expiration Day	行权价格 Strike Price	行权方式 Exercise Style	交易代码 Trading Code	上市交易所 Listed Exchange
2021-11-29	2021-12-22	2021-12-22	3.50	欧式	510050P2112M03500	上海证券交易所
2021-11-29	2022-3-23	2022-3-23	3.60	欧式	510050P2203M03600	上海证券交易所
2021-12-8	2022-3-23	2022-3-23	3.70	欧式	510050P2203M03700	上海证券交易所
2021-12-8	2022-6-22	2022-6-22	3.70	欧式	510050C2206M03700	上海证券交易所
2021-12-8	2021-12-22	2021-12-22	3.70	欧式	510050C2112M03700	上海证券交易所
2021-12-8	2021-12-22	2021-12-22	3.70	欧式	510050P2112M03700	上海证券交易所
2021-12-8	2022-1-26	2022-1-26	3.70	欧式	510050P2201M03700	上海证券交易所
2021-12-8	2022-1-26	2022-1-26	3.70	欧式	510050C2201M03700	上海证券交易所
2021-12-8	2022-6-22	2022-6-22	3.70	欧式	510050P2206M03700	上海证券交易所
2021-12-8	2022-3-23	2022-3-23	3.70	欧式	510050C2203M03700	上海证券交易所
2021-12-10	2022-1-26	2022-1-26	3.80	欧式	510050P2201M03800	上海证券交易所
2021-12-10	2021-12-22	2021-12-22	3.80	欧式	510050P2112M03800	上海证券交易所
2021-12-10	2021-12-22	2021-12-22	3.80	欧式	510050C2112M03800	上海证券交易所
2021-12-10	2022-3-23	2022-3-23	3.80	欧式	510050P2203M03800	上海证券交易所
2021-12-10	2022-6-22	2022-6-22	3.80	欧式	510050C2206M03800	上海证券交易所
2021-12-10	2022-3-23	2022-3-23	3.80	欧式	510050C2203M03800	上海证券交易所
2021-12-10	2022-1-26	2022-1-26	3.80	欧式	510050C2201M03800	上海证券交易所
2021-12-10	2022-6-22	2022-6-22	3.80	欧式	510050P2206M03800	上海证券交易所
2021-12-23	2022-2-23	2022-2-23	3.00	欧式	510050P2202M03000	上海证券交易所
2021-12-23	2022-2-23	2022-2-23	3.10	欧式	510050C2202M03100	上海证券交易所
2021-12-23	2022-2-23	2022-2-23	3.50	欧式	510050P2202M03500	上海证券交易所
2021-12-23	2022-2-23	2022-2-23	2.95	欧式	510050C2202M02950	上海证券交易所
2021-12-23	2022-2-23	2022-2-23	3.50	欧式	510050C2202M03500	上海证券交易所
2021-12-23	2022-2-23	2022-2-23	2.95	欧式	510050P2202M02950	上海证券交易所
2021-12-23	2022-2-23	2022-2-23	3.00	欧式	510050C2202M03000	上海证券交易所
2021-12-23	2022-2-23	2022-2-23	2.90	欧式	510050P2202M02900	上海证券交易所
2021-12-23	2022-2-23	2022-2-23	3.60	欧式	510050C2202M03600	上海证券交易所
2021-12-23	2022-2-23	2022-2-23	3.30	欧式	510050P2202M03300	上海证券交易所
2021-12-23	2022-2-23	2022-2-23	3.20	欧式	510050P2202M03200	上海证券交易所
2021-12-23	2022-2-23	2022-2-23	2.90	欧式	510050C2202M02900	上海证券交易所
2021-12-23	2022-2-23	2022-2-23	3.30	欧式	510050C2202M03300	上海证券交易所
2021-12-23	2022-2-23	2022-2-23	3.20	欧式	510050C2202M03200	上海证券交易所
2021-12-23	2022-2-23	2022-2-23	3.60	欧式	510050P2202M03600	上海证券交易所
2021-12-23	2022-2-23	2022-2-23	3.40	欧式	510050P2202M03400	上海证券交易所
2021-12-23	2022-2-23	2022-2-23	3.40	欧式	510050C2202M03400	上海证券交易所
2021-12-23	2022-2-23	2022-2-23	3.10	欧式	510050P2202M03100	上海证券交易所
2021-12-24	2022-2-23	2022-2-23	3.70	欧式	510050C2202M03700	上海证券交易所
2021-12-24	2022-2-23	2022-2-23	3.70	欧式	510050P2202M03700	上海证券交易所
2020-7-23	2021-3-24	2021-3-24	5.18	欧式	510300C2103A05250	上海证券交易所
2020-7-23	2021-3-24	2021-3-24	5.18	欧式	510300P2103A05250	上海证券交易所
2020-7-23	2021-3-24	2021-3-24	4.64	欧式	510300P2103A04700	上海证券交易所
2020-7-23	2021-3-24	2021-3-24	4.84	欧式	510300P2103A04900	上海证券交易所
2020-7-23	2021-3-24	2021-3-24	4.84	欧式	510300C2103A04900	上海证券交易所
2020-7-23	2021-3-24	2021-3-24	4.44	欧式	510300P2103A04500	上海证券交易所
2020-7-23	2021-3-24	2021-3-24	4.94	欧式	510300C2103A05000	上海证券交易所
2020-7-23	2021-3-24	2021-3-24	5.43	欧式	510300P2103A05500	上海证券交易所
2020-7-23	2021-3-24	2021-3-24	4.34	欧式	510300P2103A04400	上海证券交易所
2020-7-23	2021-3-24	2021-3-24	4.34	欧式	510300C2103A04400	上海证券交易所

5-29-2 续表 12 continued

交易时间 Trading Hours	最后交易日 Last Trading Day	到期日 Expiration Day	行权价格 Strike Price	行权方式 Exercise Style	交易代码 Trading Code	上市交易所 Listed Exchange
2020-7-23	2021-3-24	2021-3-24	4.74	欧式	510300C2103A04800	上海证券交易所
2020-7-23	2021-3-24	2021-3-24	5.43	欧式	510300C2103A05500	上海证券交易所
2020-7-23	2021-3-24	2021-3-24	4.94	欧式	510300P2103A05000	上海证券交易所
2020-7-23	2021-3-24	2021-3-24	4.64	欧式	510300C2103A04700	上海证券交易所
2020-7-23	2021-3-24	2021-3-24	4.74	欧式	510300P2103A04800	上海证券交易所
2020-7-23	2021-3-24	2021-3-24	4.54	欧式	510300C2103A04600	上海证券交易所
2020-7-23	2021-3-24	2021-3-24	4.54	欧式	510300P2103A04600	上海证券交易所
2020-7-23	2021-3-24	2021-3-24	4.44	欧式	510300C2103A04500	上海证券交易所
2020-7-27	2021-3-24	2021-3-24	4.24	欧式	510300P2103A04300	上海证券交易所
2020-7-27	2021-3-24	2021-3-24	4.15	欧式	510300P2103A04200	上海证券交易所
2020-7-27	2021-3-24	2021-3-24	4.15	欧式	510300C2103A04200	上海证券交易所
2020-7-27	2021-3-24	2021-3-24	4.24	欧式	510300C2103A04300	上海证券交易所
2020-8-18	2021-3-24	2021-3-24	5.68	欧式	510300P2103A05750	上海证券交易所
2020-8-18	2021-3-24	2021-3-24	5.68	欧式	510300C2103A05750	上海证券交易所
2020-10-29	2021-6-23	2021-6-23	4.74	欧式	510300C2106A04800	上海证券交易所
2020-10-29	2021-6-23	2021-6-23	5.18	欧式	510300C2106A05250	上海证券交易所
2020-10-29	2021-6-23	2021-6-23	5.43	欧式	510300P2106A05500	上海证券交易所
2020-10-29	2021-6-23	2021-6-23	4.54	欧式	510300C2106A04600	上海证券交易所
2020-10-29	2021-6-23	2021-6-23	4.84	欧式	510300C2106A04900	上海证券交易所
2020-10-29	2021-6-23	2021-6-23	4.54	欧式	510300P2106A04600	上海证券交易所
2020-10-29	2021-6-23	2021-6-23	4.94	欧式	510300P2106A05000	上海证券交易所
2020-10-29	2021-6-23	2021-6-23	4.34	欧式	510300P2106A04400	上海证券交易所
2020-10-29	2021-6-23	2021-6-23	4.74	欧式	510300P2106A04800	上海证券交易所
2020-10-29	2021-6-23	2021-6-23	4.84	欧式	510300P2106A04900	上海证券交易所
2020-10-29	2021-6-23	2021-6-23	4.44	欧式	510300P2106A04500	上海证券交易所
2020-10-29	2021-6-23	2021-6-23	4.64	欧式	510300C2106A04700	上海证券交易所
2020-10-29	2021-6-23	2021-6-23	5.43	欧式	510300C2106A05500	上海证券交易所
2020-10-29	2021-6-23	2021-6-23	4.64	欧式	510300P2106A04700	上海证券交易所
2020-10-29	2021-6-23	2021-6-23	4.34	欧式	510300C2106A04400	上海证券交易所
2020-10-29	2021-6-23	2021-6-23	4.44	欧式	510300C2106A04500	上海证券交易所
2020-10-29	2021-6-23	2021-6-23	4.94	欧式	510300C2106A05000	上海证券交易所
2020-10-29	2021-6-23	2021-6-23	5.18	欧式	510300P2106A05250	上海证券交易所
2020-11-5	2021-6-23	2021-6-23	5.68	欧式	510300C2106A05750	上海证券交易所
2020-11-5	2021-6-23	2021-6-23	5.68	欧式	510300P2106A05750	上海证券交易所
2020-11-9	2021-3-24	2021-3-24	5.92	欧式	510300P2103A06000	上海证券交易所
2020-11-9	2021-3-24	2021-3-24	5.92	欧式	510300C2103A06000	上海证券交易所
2020-11-9	2021-6-23	2021-6-23	5.92	欧式	510300P2106A06000	上海证券交易所
2020-11-9	2021-6-23	2021-6-23	5.92	欧式	510300C2106A06000	上海证券交易所
2020-11-26	2021-1-27	2021-1-27	5.18	欧式	510300P2101A05250	上海证券交易所
2020-11-26	2021-1-27	2021-1-27	5.92	欧式	510300P2101A06000	上海证券交易所
2020-11-26	2021-1-27	2021-1-27	4.64	欧式	510300P2101A04700	上海证券交易所
2020 11 26	2021-1-27	2021-1-27	5.92	欧式	510300C2101A06000	上海证券交易所
2020-11-26	2021-1-27	2021-1-27	5.68	欧式	510300P2101A05750	上海证券交易所
2020-11-26	2021-1-27	2021-1-27	4.84	欧式	510300C2101A04900	上海证券交易所
2020-11-26	2021-1-27	2021-1-27	4.54	欧式	510300P2101A04600	上海证券交易所
2020-11-26	2021-1-27	2021-1-27	5.43	欧式	510300C2101A05500	上海证券交易所
2020-11-26	2021-1-27	2021-1-27	4.94	欧式	510300P2101A05000	上海证券交易所
2020-11-26	2021-1-27	2021-1-27	4.74	欧式	510300P2101A04800	上海证券交易所

5-29-2 续表 13 continued

交易时间 Trading Hours	最后交易日 Last Trading Day	到期日 Expiration Day	行权价格 Strike Price	行权方式 Exercise Style	交易代码 Trading Code	上市交易所 Listed Exchange
2020-11-26	2021-1-27	2021-1-27	5.43	欧式	510300P2101A05500	上海证券交易所
2020-11-26	2021-1-27	2021-1-27	5.68	欧式	510300C2101A05750	上海证券交易所
2020-11-26	2021-1-27	2021-1-27	5.18	欧式	510300C2101A05250	上海证券交易所
2020-11-26	2021-1-27	2021-1-27	4.64	欧式	510300C2101A04700	上海证券交易所
2020-11-26	2021-1-27	2021-1-27	4.94	欧式	510300C2101A05000	上海证券交易所
2020-11-26	2021-1-27	2021-1-27	4.84	欧式	510300P2101A04900	上海证券交易所
2020-11-26	2021-1-27	2021-1-27	4.54	欧式	510300C2101A04600	上海证券交易所
2020-11-26	2021-1-27	2021-1-27	4.74	欧式	510300C2101A04800	上海证券交易所
2020-12-2	2021-6-23	2021-6-23	6.17	欧式	510300P2106A06250	上海证券交易所
2020-12-2	2021-3-24	2021-3-24	6.17	欧式	510300C2103A06250	上海证券交易所
2020-12-2	2021-1-27	2021-1-27	6.17	欧式	510300C2101A06250	上海证券交易所
2020-12-2	2021-6-23	2021-6-23	6.17	欧式	510300C2106A06250	上海证券交易所
2020-12-2	2021-3-24	2021-3-24	6.17	欧式	510300P2103A06250	上海证券交易所
2020-12-2	2021-1-27	2021-1-27	6.17	欧式	510300P2101A06250	上海证券交易所
2020-12-24	2021-2-24	2021-2-24	5.43	欧式	510300P2102A05500	上海证券交易所
2020-12-24	2021-2-24	2021-2-24	5.18	欧式	510300C2102A05250	上海证券交易所
2020-12-24	2021-2-24	2021-2-24	5.92	欧式	510300P2102A06000	上海证券交易所
2020-12-24	2021-2-24	2021-2-24	4.74	欧式	510300C2102A04800	上海证券交易所
2020-12-24	2021-2-24	2021-2-24	4.64	欧式	510300C2102A04700	上海证券交易所
2020-12-24	2021-2-24	2021-2-24	4.94	欧式	510300P2102A05000	上海证券交易所
2020-12-24	2021-2-24	2021-2-24	5.43	欧式	510300C2102A05500	上海证券交易所
2020-12-24	2021-2-24	2021-2-24	4.64	欧式	510300P2102A04700	上海证券交易所
2020-12-24	2021-2-24	2021-2-24	5.92	欧式	510300C2102A06000	上海证券交易所
2020-12-24	2021-2-24	2021-2-24	4.74	欧式	510300P2102A04800	上海证券交易所
2020-12-24	2021-2-24	2021-2-24	5.18	欧式	510300P2102A05250	上海证券交易所
2020-12-24	2021-2-24	2021-2-24	4.54	欧式	510300P2102A04600	上海证券交易所
2020-12-24	2021-2-24	2021-2-24	5.68	欧式	510300P2102A05750	上海证券交易所
2020-12-24	2021-2-24	2021-2-24	5.68	欧式	510300C2102A05750	上海证券交易所
2020-12-24	2021-2-24	2021-2-24	4.54	欧式	510300C2102A04600	上海证券交易所
2020-12-24	2021-2-24	2021-2-24	4.84	欧式	510300C2102A04900	上海证券交易所
2020-12-24	2021-2-24	2021-2-24	4.84	欧式	510300P2102A04900	上海证券交易所
2020-12-24	2021-2-24	2021-2-24	4.94	欧式	510300C2102A05000	上海证券交易所
2020-12-29	2021-2-24	2021-2-24	6.17	欧式	510300C2102A06250	上海证券交易所
2020-12-29	2021-2-24	2021-2-24	6.17	欧式	510300P2102A06250	上海证券交易所
2021-1-6	2021-6-23	2021-6-23	6.42	欧式	510300C2106A06500	上海证券交易所
2021-1-6	2021-1-27	2021-1-27	6.42	欧式	510300C2101A06500	上海证券交易所
2021-1-6	2021-2-24	2021-2-24	6.42	欧式	510300C2102A06500	上海证券交易所
2021-1-6	2021-2-24	2021-2-24	6.42	欧式	510300P2102A06500	上海证券交易所
2021-1-6	2021-6-23	2021-6-23	6.42	欧式	510300P2106A06500	上海证券交易所
2021-1-6	2021-3-24	2021-3-24	6.42	欧式	510300P2103A06500	上海证券交易所
2021-1-6	2021-3-24	2021-3-24	6.42	欧式	510300C2103A06500	上海证券交易所
2021-1-6	2021-1-27	2021-1-27	6.42	欧式	510300P2101A06500	上海证券交易所
2021-1-13	2021-3-24	2021-3-24	6.66	欧式	510300P2103A06750	上海证券交易所
2021-1-13	2021-2-24	2021-2-24	6.66	欧式	510300C2102A06750	上海证券交易所
2021-1-13	2021-1-27	2021-1-27	6.66	欧式	510300C2101A06750	上海证券交易所
2021-1-13	2021-2-24	2021-2-24	6.66	欧式	510300P2102A06750	上海证券交易所
2021-1-13	2021-6-23	2021-6-23	6.66	欧式	510300P2106A06750	上海证券交易所
2021-1-13	2021-3-24	2021-3-24	6.66	欧式	510300C2103A06750	上海证券交易所

5-29-2 续表 14 continued

交易时间 Trading Hours	最后交易日 Last Trading Day	到期日 Expiration Day	行权价格 Strike Price	行权方式 Exercise Style	交易代码 Trading Code	上市交易所 Listed Exchange
2021-1-13	2021-1-27	2021-1-27	6.66	欧式	510300P2101A06750	上海证券交易所
2021-1-13	2021-6-23	2021-6-23	6.66	欧式	510300C2106A06750	上海证券交易所
2021-1-18	2021-1-27	2021-1-27	6.00	欧式	510300C2101M06000	上海证券交易所
2021-1-18	2021-3-24	2021-3-24	6.00	欧式	510300C2103M06000	上海证券交易所
2021-1-18	2021-3-24	2021-3-24	6.00	欧式	510300P2103M06000	上海证券交易所
2021-1-18	2021-3-24	2021-3-24	5.00	欧式	510300C2103M05000	上海证券交易所
2021-1-18	2021-1-27	2021-1-27	5.00	欧式	510300C2101M05000	上海证券交易所
2021-1-18	2021-2-24	2021-2-24	4.80	欧式	510300P2102M04800	上海证券交易所
2021-1-18	2021-3-24	2021-3-24	4.90	欧式	510300P2103M04900	上海证券交易所
2021-1-18	2021-6-23	2021-6-23	5.75	欧式	510300P2106M05750	上海证券交易所
2021-1-18	2021-3-24	2021-3-24	5.50	欧式	510300C2103M05500	上海证券交易所
2021-1-18	2021-6-23	2021-6-23	5.25	欧式	510300C2106M05250	上海证券交易所
2021-1-18	2021-6-23	2021-6-23	5.50	欧式	510300C2106M05500	上海证券交易所
2021-1-18	2021-6-23	2021-6-23	4.90	欧式	510300C2106M04900	上海证券交易所
2021-1-18	2021-2-24	2021-2-24	6.50	欧式	510300C2102M06500	上海证券交易所
2021-1-18	2021-6-23	2021-6-23	5.00	欧式	510300P2106M05000	上海证券交易所
2021-1-18	2021-1-27	2021-1-27	6.25	欧式	510300P2101M06250	上海证券交易所
2021-1-18	2021-6-23	2021-6-23	6.00	欧式	510300P2106M06000	上海证券交易所
2021-1-18	2021-1-27	2021-1-27	6.00	欧式	510300P2101M06000	上海证券交易所
2021-1-18	2021-3-24	2021-3-24	4.90	欧式	510300C2103M04900	上海证券交易所
2021-1-18	2021-6-23	2021-6-23	4.80	欧式	510300P2106M04800	上海证券交易所
2021-1-18	2021-3-24	2021-3-24	4.80	欧式	510300C2103M04800	上海证券交易所
2021-1-18	2021-2-24	2021-2-24	5.25	欧式	510300C2102M05250	上海证券交易所
2021-1-18	2021-6-23	2021-6-23	6.50	欧式	510300C2106M06500	上海证券交易所
2021-1-18	2021-6-23	2021-6-23	5.50	欧式	510300P2106M05500	上海证券交易所
2021-1-18	2021-2-24	2021-2-24	4.80	欧式	510300C2102M04800	上海证券交易所
2021-1-18	2021-3-24	2021-3-24	5.75	欧式	510300C2103M05750	上海证券交易所
2021-1-18	2021-1-27	2021-1-27	5.25	欧式	510300C2101M05250	上海证券交易所
2021-1-18	2021-2-24	2021-2-24	6.00	欧式	510300C2102M06000	上海证券交易所
2021-1-18	2021-2-24	2021-2-24	5.75	欧式	510300C2102M05750	上海证券交易所
2021-1-18	2021-2-24	2021-2-24	4.90	欧式	510300P2102M04900	上海证券交易所
2021-1-18	2021-2-24	2021-2-24	5.25	欧式	510300P2102M05250	上海证券交易所
2021-1-18	2021-6-23	2021-6-23	6.25	欧式	510300P2106M06250	上海证券交易所
2021-1-18	2021-6-23	2021-6-23	6.25	欧式	510300C2106M06250	上海证券交易所
2021-1-18	2021-2-24	2021-2-24	5.00	欧式	510300C2102M05000	上海证券交易所
2021-1-18	2021-6-23	2021-6-23	5.00	欧式	510300C2106M05000	上海证券交易所
2021-1-18	2021-3-24	2021-3-24	6.50	欧式	510300P2103M06500	上海证券交易所
2021-1-18	2021-3-24	2021-3-24	5.25	欧式	510300P2103M05250	上海证券交易所
2021-1-18	2021-1-27	2021-1-27	6.50	欧式	510300C2101M06500	上海证券交易所
2021-1-18	2021-2-24	2021-2-24	5.75	欧式	510300P2102M05750	上海证券交易所
2021-1-18	2021-2-24	2021-2-24	4.90	欧式	510300C2102M04900	上海证券交易所
2021-1-18	2021-2-24	2021-2-24	6.25	欧式	510300P2102M06250	上海证券交易所
2021-1-18	2021-3-24	2021-3-24	6.25	欧式	510300C2103M06250	上海证券交易所
2021-1-18	2021-1-27	2021-1-27	5.00	欧式	510300P2101M05000	上海证券交易所
2021-1-18	2021-2-24	2021-2-24	6.50	欧式	510300P2102M06500	上海证券交易所
2021-1-18	2021-6-23	2021-6-23	6.00	欧式	510300C2106M06000	上海证券交易所
2021-1-18	2021-3-24	2021-3-24	6.50	欧式	510300C2103M06500	上海证券交易所
2021-1-18	2021-2-24	2021-2-24	6.00	欧式	510300P2102M06000	上海证券交易所

5-29-2 续表 15 continued

交易时间 Trading Hours	最后交易日 Last Trading Day	到期日 Expiration Day	行权价格 Strike Price	行权方式 Exercise Style	交易代码 Trading Code	上市交易所 Listed Exchange
2021-1-18	2021-2-24	2021-2-24	5.00	欧式	510300P2102M05000	上海证券交易所
2021-1-18	2021-3-24	2021-3-24	6.25	欧式	510300P2103M06250	上海证券交易所
2021-1-18	2021-1-27	2021-1-27	6.25	欧式	510300C2101M06250	上海证券交易所
2021-1-18	2021-1-27	2021-1-27	4.80	欧式	510300P2101M04800	上海证券交易所
2021-1-18	2021-1-27	2021-1-27	6.50	欧式	510300P2101M06500	上海证券交易所
2021-1-18	2021-3-24	2021-3-24	5.00	欧式	510300P2103M05000	上海证券交易所
2021-1-18	2021-6-23	2021-6-23	6.50	欧式	510300P2106M06500	上海证券交易所
2021-1-18	2021-1-27	2021-1-27	5.75	欧式	510300C2101M05750	上海证券交易所
2021-1-18	2021-1-27	2021-1-27	4.90	欧式	510300P2101M04900	上海证券交易所
2021-1-18	2021-6-23	2021-6-23	5.75	欧式	510300C2106M05750	上海证券交易所
2021-1-18	2021-1-27	2021-1-27	4.90	欧式	510300C2101M04900	上海证券交易所
2021-1-18	2021-1-27	2021-1-27	5.75	欧式	510300P2101M05750	上海证券交易所
2021-1-18	2021-2-24	2021-2-24	5.50	欧式	510300C2102M05500	上海证券交易所
2021-1-18	2021-2-24	2021-2-24	5.50	欧式	510300P2102M05500	上海证券交易所
2021-1-18	2021-6-23	2021-6-23	4.80	欧式	510300C2106M04800	上海证券交易所
2021-1-18	2021-1-27	2021-1-27	5.50	欧式	510300C2101M05500	上海证券交易所
2021-1-18	2021-3-24	2021-3-24	5.50	欧式	510300P2103M05500	上海证券交易所
2021-1-18	2021-3-24	2021-3-24	5.25	欧式	510300C2103M05250	上海证券交易所
2021-1-18	2021-3-24	2021-3-24	4.80	欧式	510300P2103M04800	上海证券交易所
2021-1-18	2021-1-27	2021-1-27	4.80	欧式	510300C2101M04800	上海证券交易所
2021-1-18	2021-6-23	2021-6-23	4.90	欧式	510300P2106M04900	上海证券交易所
2021-1-18	2021-2-24	2021-2-24	6.25	欧式	510300C2102M06250	上海证券交易所
2021-1-18	2021-1-27	2021-1-27	5.25	欧式	510300P2101M05250	上海证券交易所
2021-1-18	2021-1-27	2021-1-27	5.50	欧式	510300P2101M05500	上海证券交易所
2021-1-18	2021-3-24	2021-3-24	5.75	欧式	510300P2103M05750	上海证券交易所
2021-1-18	2021-6-23	2021-6-23	5.25	欧式	510300P2106M05250	上海证券交易所
2021-1-26	2021-2-24	2021-2-24	6.75	欧式	510300C2102M06750	上海证券交易所
2021-1-26	2021-2-24	2021-2-24	6.75	欧式	510300P2102M06750	上海证券交易所
2021-1-26	2021-1-27	2021-1-27	6.75	欧式	510300P2101M06750	上海证券交易所
2021-1-26	2021-1-27	2021-1-27	6.75	欧式	510300C2101M06750	上海证券交易所
2021-1-26	2021-6-23	2021-6-23	6.75	欧式	510300C2106M06750	上海证券交易所
2021-1-26	2021-3-24	2021-3-24	6.75	欧式	510300C2103M06750	上海证券交易所
2021-1-26	2021-3-24	2021-3-24	6.75	欧式	510300P2103M06750	上海证券交易所
2021-1-26	2021-6-23	2021-6-23	6.75	欧式	510300P2106M06750	上海证券交易所
2021-1-28	2021-9-22	2021-9-22	6.00	欧式	510300P2109M06000	上海证券交易所
2021-1-28	2021-9-22	2021-9-22	5.75	欧式	510300C2109M05750	上海证券交易所
2021-1-28	2021-9-22	2021-9-22	5.75	欧式	510300P2109M05750	上海证券交易所
2021-1-28	2021-9-22	2021-9-22	4.90	欧式	510300C2109M04900	上海证券交易所
2021-1-28	2021-9-22	2021-9-22	4.80	欧式	510300C2109M04800	上海证券交易所
2021-1-28	2021-9-22	2021-9-22	5.00	欧式	510300C2109M05000	上海证券交易所
2021-1-28	2021-9-22	2021-9-22	5.00	欧式	510300P2109M05000	上海证券交易所
2021-1-28	2021-9-22	2021-9-22	6.00	欧式	510300C2109M06000	上海证券交易所
2021-1-28	2021-9-22	2021-9-22	6.25	欧式	510300C2109M06250	上海证券交易所
2021-1-28	2021-9-22	2021-9-22	4.90	欧式	510300P2109M04900	上海证券交易所
2021-1-28	2021-9-22	2021-9-22	5.50	欧式	510300P2109M05500	上海证券交易所
2021-1-28	2021-9-22	2021-9-22	6.50	欧式	510300C2109M06500	上海证券交易所
2021-1-28	2021-9-22	2021-9-22	5.25	欧式	510300C2109M05250	上海证券交易所
2021-1-28	2021-9-22	2021-9-22	5.25	欧式	510300P2109M05250	上海证券交易所

5-29-2 续表 16 continued

交易时间 Trading Hours	最后交易日 Last Trading Day	到期日 Expiration Day	行权价格 Strike Price	行权方式 Exercise Style	交易代码 Trading Code	上市交易所 Listed Exchange
2021-1-28	2021-9-22	2021-9-22	5.50	欧式	510300C2109M05500	上海证券交易所
2021-1-28	2021-9-22	2021-9-22	6.50	欧式	510300P2109M06500	上海证券交易所
2021-1-28	2021-9-22	2021-9-22	4.80	欧式	510300P2109M04800	上海证券交易所
2021-1-28	2021-9-22	2021-9-22	6.25	欧式	510300P2109M06250	上海证券交易所
2021-2-1	2021-3-24	2021-3-24	4.70	欧式	510300C2103M04700	上海证券交易所
2021-2-1	2021-3-24	2021-3-24	4.70	欧式	510300P2103M04700	上海证券交易所
2021-2-1	2021-9-22	2021-9-22	4.70	欧式	510300C2109M04700	上海证券交易所
2021-2-1	2021-2-24	2021-2-24	4.70	欧式	510300P2102M04700	上海证券交易所
2021-2-1	2021-6-23	2021-6-23	4.70	欧式	510300P2106M04700	上海证券交易所
2021-2-1	2021-6-23	2021-6-23	4.70	欧式	510300C2106M04700	上海证券交易所
2021-2-1	2021-2-24	2021-2-24	4.70	欧式	510300C2102M04700	上海证券交易所
2021-2-1	2021-9-22	2021-9-22	4.70	欧式	510300P2109M04700	上海证券交易所
2021-2-10	2021-9-22	2021-9-22	6.75	欧式	510300P2109M06750	上海证券交易所
2021-2-10	2021-9-22	2021-9-22	6.75	欧式	510300C2109M06750	上海证券交易所
2021-2-25	2021-4-28	2021-4-28	5.25	欧式	510300C2104M05250	上海证券交易所
2021-2-25	2021-4-28	2021-4-28	5.75	欧式	510300C2104M05750	上海证券交易所
2021-2-25	2021-4-28	2021-4-28	6.00	欧式	510300P2104M06000	上海证券交易所
2021-2-25	2021-4-28	2021-4-28	5.75	欧式	510300P2104M05750	上海证券交易所
2021-2-25	2021-4-28	2021-4-28	5.25	欧式	510300P2104M05250	上海证券交易所
2021-2-25	2021-4-28	2021-4-28	6.50	欧式	510300C2104M06500	上海证券交易所
2021-2-25	2021-4-28	2021-4-28	5.50	欧式	510300P2104M05500	上海证券交易所
2021-2-25	2021-4-28	2021-4-28	6.25	欧式	510300C2104M06250	上海证券交易所
2021-2-25	2021-4-28	2021-4-28	4.90	欧式	510300P2104M04900	上海证券交易所
2021-2-25	2021-4-28	2021-4-28	5.00	欧式	510300P2104M05000	上海证券交易所
2021-2-25	2021-4-28	2021-4-28	6.25	欧式	510300P2104M06250	上海证券交易所
2021-2-25	2021-4-28	2021-4-28	4.80	欧式	510300P2104M04800	上海证券交易所
2021-2-25	2021-4-28	2021-4-28	5.00	欧式	510300C2104M05000	上海证券交易所
2021-2-25	2021-4-28	2021-4-28	4.80	欧式	510300C2104M04800	上海证券交易所
2021-2-25	2021-4-28	2021-4-28	6.00	欧式	510300C2104M06000	上海证券交易所
2021-2-25	2021-4-28	2021-4-28	5.50	欧式	510300C2104M05500	上海证券交易所
2021-2-25	2021-4-28	2021-4-28	6.50	欧式	510300P2104M06500	上海证券交易所
2021-2-25	2021-4-28	2021-4-28	4.90	欧式	510300C2104M04900	上海证券交易所
2021-3-1	2021-4-28	2021-4-28	4.70	欧式	510300P2104M04700	上海证券交易所
2021-3-1	2021-4-28	2021-4-28	4.70	欧式	510300C2104M04700	上海证券交易所
2021-3-9	2021-9-22	2021-9-22	4.60	欧式	510300P2109M04600	上海证券交易所
2021-3-9	2021-3-24	2021-3-24	4.60	欧式	510300P2103M04600	上海证券交易所
2021-3-9	2021-3-24	2021-3-24	4.60	欧式	510300C2103M04600	上海证券交易所
2021-3-9	2021-6-23	2021-6-23	4.60	欧式	510300C2106M04600	上海证券交易所
2021-3-9	2021-4-28	2021-4-28	4.60	欧式	510300P2104M04600	上海证券交易所
2021-3-9	2021-6-23	2021-6-23	4.60	欧式	510300P2106M04600	上海证券交易所
2021-3-9	2021-9-22	2021-9-22	4.60	欧式	510300C2109M04600	上海证券交易所
2021-3-9	2021-4-28	2021-4-28	4.60	欧式	510300C2104M04600	上海证券交易所
2021-3-25	2021-5-26	2021-5-26	4.60	欧式	510300C2105M04600	上海证券交易所
2021-3-25	2021-4-28	2021-4-28	4.50	欧式	510300C2104M04500	上海证券交易所
2021-3-25	2021-5-26	2021-5-26	5.25	欧式	510300P2105M05250	上海证券交易所
2021-3-25	2021-5-26	2021-5-26	4.50	欧式	510300C2105M04500	上海证券交易所
2021-3-25	2021-5-26	2021-5-26	4.70	欧式	510300C2105M04700	上海证券交易所
2021-3-25	2021-5-26	2021-5-26	5.75	欧式	510300P2105M05750	上海证券交易所

5-29-2 续表 17 continued

交易时间 Trading Hours	最后交易日 Last Trading Day	到期日 Expiration Day	行权价格 Strike Price	行权方式 Exercise Style	交易代码 Trading Code	上市交易所 Listed Exchange
2021-3-25	2021-6-23	2021-6-23	4.50	欧式	510300P2106M04500	上海证券交易所
2021-3-25	2021-5-26	2021-5-26	5.25	欧式	510300C2105M05250	上海证券交易所
2021-3-25	2021-5-26	2021-5-26	5.50	欧式	510300P2105M05500	上海证券交易所
2021-3-25	2021-5-26	2021-5-26	4.80	欧式	510300P2105M04800	上海证券交易所
2021-3-25	2021-5-26	2021-5-26	4.90	欧式	510300C2105M04900	上海证券交易所
2021-3-25	2021-6-23	2021-6-23	4.50	欧式	510300C2106M04500	上海证券交易所
2021-3-25	2021-9-22	2021-9-22	4.50	欧式	510300C2109M04500	上海证券交易所
2021-3-25	2021-5-26	2021-5-26	4.50	欧式	510300P2105M04500	上海证券交易所
2021-3-25	2021-5-26	2021-5-26	5.00	欧式	510300P2105M05000	上海证券交易所
2021-3-25	2021-5-26	2021-5-26	5.50	欧式	510300C2105M05500	上海证券交易所
2021-3-25	2021-5-26	2021-5-26	4.70	欧式	510300P2105M04700	上海证券交易所
2021-3-25	2021-4-28	2021-4-28	4.50	欧式	510300P2104M04500	上海证券交易所
2021-3-25	2021-5-26	2021-5-26	4.90	欧式	510300P2105M04900	上海证券交易所
2021-3-25	2021-5-26	2021-5-26	4.60	欧式	510300P2105M04600	上海证券交易所
2021-3-25	2021-5-26	2021-5-26	5.00	欧式	510300C2105M05000	上海证券交易所
2021-3-25	2021-5-26	2021-5-26	5.75	欧式	510300C2105M05750	上海证券交易所
2021-3-25	2021-5-26	2021-5-26	4.80	欧式	510300C2105M04800	上海证券交易所
2021-3-25	2021-9-22	2021-9-22	4.50	欧式	510300P2109M04500	上海证券交易所
2021-3-29	2021-5-26	2021-5-26	6.00	欧式	510300P2105M06000	上海证券交易所
2021-3-29	2021-5-26	2021-5-26	6.00	欧式	510300C2105M06000	上海证券交易所
2021-4-6	2021-5-26	2021-5-26	6.25	欧式	510300C2105M06250	上海证券交易所
2021-4-6	2021-5-26	2021-5-26	6.25	欧式	510300P2105M06250	上海证券交易所
2021-4-29	2021-12-22	2021-12-22	6.25	欧式	510300P2112M06250	上海证券交易所
2021-4-29	2021-12-22	2021-12-22	5.00	欧式	510300P2112M05000	上海证券交易所
2021-4-29	2021-12-22	2021-12-22	6.00	欧式	510300P2112M06000	上海证券交易所
2021-4-29	2021-12-22	2021-12-22	4.80	欧式	510300C2112M04800	上海证券交易所
2021-4-29	2021-12-22	2021-12-22	4.90	欧式	510300C2112M04900	上海证券交易所
2021-4-29	2021-12-22	2021-12-22	5.25	欧式	510300C2112M05250	上海证券交易所
2021-4-29	2021-12-22	2021-12-22	4.70	欧式	510300C2112M04700	上海证券交易所
2021-4-29	2021-12-22	2021-12-22	5.00	欧式	510300C2112M05000	上海证券交易所
2021-4-29	2021-12-22	2021-12-22	6.25	欧式	510300C2112M06250	上海证券交易所
2021-4-29	2021-12-22	2021-12-22	5.50	欧式	510300P2112M05500	上海证券交易所
2021-4-29	2021-12-22	2021-12-22	4.80	欧式	510300P2112M04800	上海证券交易所
2021-4-29	2021-12-22	2021-12-22	4.90	欧式	510300P2112M04900	上海证券交易所
2021-4-29	2021-12-22	2021-12-22	4.70	欧式	510300P2112M04700	上海证券交易所
2021-4-29	2021-12-22	2021-12-22	5.25	欧式	510300P2112M05250	上海证券交易所
2021-4-29	2021-12-22	2021-12-22	6.00	欧式	510300C2112M06000	上海证券交易所
2021-4-29	2021-12-22	2021-12-22	5.75	欧式	510300C2112M05750	上海证券交易所
2021-4-29	2021-12-22	2021-12-22	5.50	欧式	510300C2112M05500	上海证券交易所
2021-4-29	2021-12-22	2021-12-22	5.75	欧式	510300P2112M05750	上海证券交易所
2021-5-7	2021-12-22	2021-12-22	4.60	欧式	510300P2112M04600	上海证券交易所
2021-5-7	2021-12-22	2021-12-22	4.60	欧式	510300C2112M04600	上海证券交易所
2021-5-27	2021-7-28	2021-7-28	6.00	欧式	510300C2107M06000	上海证券交易所
2021-5-27	2021-7-28	2021-7-28	5.25	欧式	510300C2107M05250	上海证券交易所
2021-5-27	2021-7-28	2021-7-28	5.50	欧式	510300P2107M05500	上海证券交易所
2021-5-27	2021-7-28	2021-7-28	4.70	欧式	510300C2107M04700	上海证券交易所
2021-5-27	2021-7-28	2021-7-28	5.75	欧式	510300P2107M05750	上海证券交易所
2021-5-27	2021-7-28	2021-7-28	4.80	欧式	510300P2107M04800	上海证券交易所

5-29-2 续表 18 continued

交易时间 Trading Hours	最后交易日 Last Trading Day	到期日 Expiration Day	行权价格 Strike Price	行权方式 Exercise Style	交易代码 Trading Code	上市交易所 Listed Exchange
2021-5-27	2021-7-28	2021-7-28	4.90	欧式	510300P2107M04900	上海证券交易所
2021-5-27	2021-7-28	2021-7-28	4.70	欧式	510300P2107M04700	上海证券交易所
2021-5-27	2021-7-28	2021-7-28	6.25	欧式	510300C2107M06250	上海证券交易所
2021-5-27	2021-7-28	2021-7-28	4.90	欧式	510300C2107M04900	上海证券交易所
2021-5-27	2021-7-28	2021-7-28	5.25	欧式	510300P2107M05250	上海证券交易所
2021-5-27	2021-7-28	2021-7-28	5.50	欧式	510300C2107M05500	上海证券交易所
2021-5-27	2021-7-28	2021-7-28	5.00	欧式	510300P2107M05000	上海证券交易所
2021-5-27	2021-7-28	2021-7-28	5.75	欧式	510300C2107M05750	上海证券交易所
2021-5-27	2021-7-28	2021-7-28	5.00	欧式	510300C2107M05000	上海证券交易所
2021-5-27	2021-7-28	2021-7-28	6.25	欧式	510300P2107M06250	上海证券交易所
2021-5-27	2021-7-28	2021-7-28	4.80	欧式	510300C2107M04800	上海证券交易所
2021-5-27	2021-7-28	2021-7-28	6.00	欧式	510300P2107M06000	上海证券交易所
2021-6-17	2021-7-28	2021-7-28	4.60	欧式	510300P2107M04600	上海证券交易所
2021-6-17	2021-7-28	2021-7-28	4.60	欧式	510300C2107M04600	上海证券交易所
2021-6-24	2021-8-25	2021-8-25	4.80	欧式	510300P2108M04800	上海证券交易所
2021-6-24	2021-8-25	2021-8-25	5.25	欧式	510300C2108M05250	上海证券交易所
2021-6-24	2021-8-25	2021-8-25	4.70	欧式	510300P2108M04700	上海证券交易所
2021-6-24	2021-8-25	2021-8-25	5.00	欧式	510300P2108M05000	上海证券交易所
2021-6-24	2021-8-25	2021-8-25	6.25	欧式	510300P2108M06250	上海证券交易所
2021-6-24	2021-8-25	2021-8-25	4.80	欧式	510300C2108M04800	上海证券交易所
2021-6-24	2021-8-25	2021-8-25	6.00	欧式	510300C2108M06000	上海证券交易所
2021-6-24	2021-8-25	2021-8-25	6.25	欧式	510300C2108M06250	上海证券交易所
2021-6-24	2021-8-25	2021-8-25	5.50	欧式	510300C2108M05500	上海证券交易所
2021-6-24	2021-8-25	2021-8-25	5.25	欧式	510300P2108M05250	上海证券交易所
2021-6-24	2021-8-25	2021-8-25	4.90	欧式	510300C2108M04900	上海证券交易所
2021-6-24	2021-8-25	2021-8-25	5.50	欧式	510300P2108M05500	上海证券交易所
2021-6-24	2021-8-25	2021-8-25	5.75	欧式	510300C2108M05750	上海证券交易所
2021-6-24	2021-8-25	2021-8-25	5.75	欧式	510300P2108M05750	上海证券交易所
2021-6-24	2021-8-25	2021-8-25	6.00	欧式	510300P2108M06000	上海证券交易所
2021-6-24	2021-8-25	2021-8-25	4.70	欧式	510300C2108M04700	上海证券交易所
2021-6-24	2021-8-25	2021-8-25	5.00	欧式	510300C2108M05000	上海证券交易所
2021-6-24	2021-8-25	2021-8-25	4.90	欧式	510300P2108M04900	上海证券交易所
2021-7-5	2021-8-25	2021-8-25	4.60	欧式	510300P2108M04600	上海证券交易所
2021-7-5	2021-8-25	2021-8-25	4.60	欧式	510300C2108M04600	上海证券交易所
2021-7-28	2021-12-22	2021-12-22	4.40	欧式	510300C2112M04400	上海证券交易所
2021-7-28	2021-7-28	2021-7-28	4.40	欧式	510300C2107M04400	上海证券交易所
2021-7-28	2021-9-22	2021-9-22	4.40	欧式	510300C2109M04400	上海证券交易所
2021-7-28	2021-7-28	2021-7-28	4.50	欧式	510300C2107M04500	上海证券交易所
2021-7-28	2021-7-28	2021-7-28	4.50	欧式	510300P2107M04500	上海证券交易所
2021-7-28	2021-8-25	2021-8-25	4.50	欧式	510300C2108M04500	上海证券交易所
2021-7-28	2021-12-22	2021-12-22	4.50	欧式	510300C2112M04500	上海证券交易所
2021-7-28	2021-9-22	2021-9-22	4.40	欧式	510300P2109M04400	上海证券交易所
2021-7-28	2021-7-28	2021-7-28	4.40	欧式	510300P2107M04400	上海证券交易所
2021-7-28	2021-12-22	2021-12-22	4.50	欧式	510300P2112M04500	上海证券交易所
2021-7-28	2021-12-22	2021-12-22	4.40	欧式	510300P2112M04400	上海证券交易所
2021-7-28	2021-8-25	2021-8-25	4.40	欧式	510300P2108M04400	上海证券交易所
2021-7-28	2021-8-25	2021-8-25	4.50	欧式	510300P2108M04500	上海证券交易所
2021-7-28	2021-8-25	2021-8-25	4.40	欧式	510300C2108M04400	上海证券交易所

5-29-2 续表 19 continued

交易时间 Trading Hours	最后交易日 Last Trading Day	到期日 Expiration Day	行权价格 Strike Price	行权方式 Exercise Style	交易代码 Trading Code	上市交易所 Listed Exchange
2021-7-29	2022-3-23	2022-3-23	4.92	欧式	510300C2203A05000	上海证券交易所
2021-7-29	2022-3-23	2022-3-23	4.73	欧式	510300C2203A04800	上海证券交易所
2021-7-29	2022-3-23	2022-3-23	4.53	欧式	510300C2203A04600	上海证券交易所
2021-7-29	2022-3-23	2022-3-23	4.92	欧式	510300P2203A05000	上海证券交易所
2021-7-29	2022-3-23	2022-3-23	4.43	欧式	510300C2203A04500	上海证券交易所
2021-7-29	2022-3-23	2022-3-23	4.33	欧式	510300P2203A04400	上海证券交易所
2021-7-29	2022-3-23	2022-3-23	4.63	欧式	510300P2203A04700	上海证券交易所
2021-7-29	2022-3-23	2022-3-23	4.83	欧式	510300C2203A04900	上海证券交易所
2021-7-29	2022-3-23	2022-3-23	4.73	欧式	510300P2203A04800	上海证券交易所
2021-7-29	2022-3-23	2022-3-23	5.17	欧式	510300C2203A05250	上海证券交易所
2021-7-29	2022-3-23	2022-3-23	4.53	欧式	510300P2203A04600	上海证券交易所
2021-7-29	2022-3-23	2022-3-23	4.43	欧式	510300P2203A04500	上海证券交易所
2021-7-29	2022-3-23	2022-3-23	5.17	欧式	510300P2203A05250	上海证券交易所
2021-7-29	2022-3-23	2022-3-23	4.33	欧式	510300C2203A04400	上海证券交易所
2021-7-29	2022-3-23	2022-3-23	5.42	欧式	510300P2203A05500	上海证券交易所
2021-7-29	2022-3-23	2022-3-23	4.83	欧式	510300P2203A04900	上海证券交易所
2021-7-29	2022-3-23	2022-3-23	4.63	欧式	510300C2203A04700	上海证券交易所
2021-7-29	2022-3-23	2022-3-23	5.42	欧式	510300C2203A05500	上海证券交易所
2021-7-30	2022-3-23	2022-3-23	5.66	欧式	510300P2203A05750	上海证券交易所
2021-7-30	2022-3-23	2022-3-23	5.66	欧式	510300C2203A05750	上海证券交易所
2021-8-3	2022-3-23	2022-3-23	5.91	欧式	510300P2203A06000	上海证券交易所
2021-8-3	2022-3-23	2022-3-23	5.91	欧式	510300C2203A06000	上海证券交易所
2021-8-26	2021-10-27	2021-10-27	4.60	欧式	510300C2110M04600	上海证券交易所
2021-8-26	2021-10-27	2021-10-27	5.00	欧式	510300C2110M05000	上海证券交易所
2021-8-26	2021-10-27	2021-10-27	4.70	欧式	510300C2110M04700	上海证券交易所
2021-8-26	2021-10-27	2021-10-27	4.70	欧式	510300P2110M04700	上海证券交易所
2021-8-26	2021-10-27	2021-10-27	5.50	欧式	510300C2110M05500	上海证券交易所
2021-8-26	2021-10-27	2021-10-27	6.00	欧式	510300P2110M06000	上海证券交易所
2021-8-26	2021-10-27	2021-10-27	4.80	欧式	510300P2110M04800	上海证券交易所
2021-8-26	2021-10-27	2021-10-27	5.75	欧式	510300C2110M05750	上海证券交易所
2021-8-26	2021-10-27	2021-10-27	4.90	欧式	510300C2110M04900	上海证券交易所
2021-8-26	2021-10-27	2021-10-27	5.50	欧式	510300P2110M05500	上海证券交易所
2021-8-26	2021-10-27	2021-10-27	5.25	欧式	510300P2110M05250	上海证券交易所
2021-8-26	2021-10-27	2021-10-27	6.00	欧式	510300C2110M06000	上海证券交易所
2021-8-26	2021-10-27	2021-10-27	5.75	欧式	510300P2110M05750	上海证券交易所
2021-8-26	2021-10-27	2021-10-27	4.80	欧式	510300C2110M04800	上海证券交易所
2021-8-26	2021-10-27	2021-10-27	4.60	欧式	510300P2110M04600	上海证券交易所
2021-8-26	2021-10-27	2021-10-27	4.90	欧式	510300P2110M04900	上海证券交易所
2021-8-26	2021-10-27	2021-10-27	5.25	欧式	510300C2110M05250	上海证券交易所
2021-8-26	2021-10-27	2021-10-27	5.00	欧式	510300P2110M05000	上海证券交易所
2021-8-27	2021-10-27	2021-10-27	4.50	欧式	510300C2110M04500	上海证券交易所
2021-8-27	2021-10-27	2021-10-27	4.50	欧式	510300P2110M04500	上海证券交易所
2021-9-23	2021-11-24	2021-11-24	5.75	欧式	510300P2111M05750	上海证券交易所
2021-9-23	2021-11-24	2021-11-24	4.70	欧式	510300C2111M04700	上海证券交易所
2021-9-23	2021-11-24	2021-11-24	5.75	欧式	510300C2111M05750	上海证券交易所
2021-9-23	2021-11-24	2021-11-24	4.90	欧式	510300C2111M04900	上海证券交易所
2021-9-23	2021-11-24	2021-11-24	5.00	欧式	510300P2111M05000	上海证券交易所

5-29-2 续表 20 continued

交易时间 Trading Hours	最后交易日 Last Trading Day	到期日 Expiration Day	行权价格 Strike Price	行权方式 Exercise Style	交易代码 Trading Code	上市交易所 Listed Exchange
2021-9-23	2021-11-24	2021-11-24	4.70	欧式	510300P2111M04700	上海证券交易所
2021-9-23	2021-11-24	2021-11-24	5.50	欧式	510300C2111M05500	上海证券交易所
2021-9-23	2021-11-24	2021-11-24	4.80	欧式	510300C2111M04800	上海证券交易所
2021-9-23	2021-11-24	2021-11-24	4.60	欧式	510300C2111M04600	上海证券交易所
2021-9-23	2021-11-24	2021-11-24	4.50	欧式	510300C2111M04500	上海证券交易所
2021-9-23	2021-11-24	2021-11-24	4.90	欧式	510300P2111M04900	上海证券交易所
2021-9-23	2021-11-24	2021-11-24	4.80	欧式	510300P2111M04800	上海证券交易所
2021-9-23	2021-11-24	2021-11-24	4.60	欧式	510300P2111M04600	上海证券交易所
2021-9-23	2021-11-24	2021-11-24	5.00	欧式	510300C2111M05000	上海证券交易所
2021-9-23	2021-11-24	2021-11-24	5.25	欧式	510300P2111M05250	上海证券交易所
2021-9-23	2021-11-24	2021-11-24	5.25	欧式	510300C2111M05250	上海证券交易所
2021-9-23	2021-11-24	2021-11-24	5.50	欧式	510300P2111M05500	上海证券交易所
2021-9-23	2021-11-24	2021-11-24	4.50	欧式	510300P2111M04500	上海证券交易所
2021-9-28	2021-11-24	2021-11-24	6.00	欧式	510300P2111M06000	上海证券交易所
2021-9-28	2021-11-24	2021-11-24	6.00	欧式	510300C2111M06000	上海证券交易所
2021-10-28	2022-6-22	2022-6-22	5.42	欧式	510300P2206A05500	上海证券交易所
2021-10-28	2022-6-22	2022-6-22	5.91	欧式	510300P2206A06000	上海证券交易所
2021-10-28	2022-6-22	2022-6-22	4.83	欧式	510300C2206A04900	上海证券交易所
2021-10-28	2022-6-22	2022-6-22	5.17	欧式	510300P2206A05250	上海证券交易所
2021-10-28	2022-6-22	2022-6-22	4.92	欧式	510300P2206A05000	上海证券交易所
2021-10-28	2022-6-22	2022-6-22	4.53	欧式	510300C2206A04600	上海证券交易所
2021-10-28	2022-6-22	2022-6-22	5.42	欧式	510300C2206A05500	上海证券交易所
2021-10-28	2022-6-22	2022-6-22	4.63	欧式	510300P2206A04700	上海证券交易所
2021-10-28	2022-6-22	2022-6-22	4.92	欧式	510300C2206A05000	上海证券交易所
2021-10-28	2022-6-22	2022-6-22	4.83	欧式	510300P2206A04900	上海证券交易所
2021-10-28	2022-6-22	2022-6-22	4.63	欧式	510300C2206A04700	上海证券交易所
2021-10-28	2022-6-22	2022-6-22	4.53	欧式	510300P2206A04600	上海证券交易所
2021-10-28	2022-6-22	2022-6-22	5.91	欧式	510300C2206A06000	上海证券交易所
2021-10-28	2022-6-22	2022-6-22	5.66	欧式	510300C2206A05750	上海证券交易所
2021-10-28	2022-6-22	2022-6-22	5.66	欧式	510300P2206A05750	上海证券交易所
2021-10-28	2022-6-22	2022-6-22	4.73	欧式	510300C2206A04800	上海证券交易所
2021-10-28	2022-6-22	2022-6-22	4.73	欧式	510300P2206A04800	上海证券交易所
2021-10-28	2022-6-22	2022-6-22	5.17	欧式	510300C2206A05250	上海证券交易所
2021-10-29	2022-6-22	2022-6-22	4.43	欧式	510300C2206A04500	上海证券交易所
2021-10-29	2022-6-22	2022-6-22	4.43	欧式	510300P2206A04500	上海证券交易所
2021-11-25	2022-1-26	2022-1-26	4.92	欧式	510300C2201A05000	上海证券交易所
2021-11-25	2022-1-26	2022-1-26	5.17	欧式	510300C2201A05250	上海证券交易所
2021-11-25	2022-1-26	2022-1-26	4.53	欧式	510300P2201A04600	上海证券交易所
2021-11-25	2022-1-26	2022-1-26	4.83	欧式	510300C2201A04900	上海证券交易所
2021-11-25	2022-1-26	2022-1-26	5.17	欧式	510300P2201A05250	上海证券交易所
2021-11-25	2022-1-26	2022-1-26	5.66	欧式	510300P2201A05750	上海证券交易所
2021-11-25	2022-1-26	2022-1-26	4.73	欧式	510300C2201A04800	上海证券交易所
2021-11-25	2022-1-26	2022-1-26	5.42	欧式	510300C2201A05500	上海证券交易所
2021-11-25	2022-1-26	2022-1-26	4.92	欧式	510300P2201A05000	上海证券交易所
2021-11-25	2022-1-26	2022-1-26	4.83	欧式	510300P2201A04900	上海证券交易所
2021-11-25	2022-1-26	2022-1-26	4.63	欧式	510300C2201A04700	上海证券交易所
2021-11-25	2022-1-26	2022-1-26	5.66	欧式	510300C2201A05750	上海证券交易所

5-29-2 续表 21 continued

交易时间 Trading Hours	最后交易日 Last Trading Day	到期日 Expiration Day	行权价格 Strike Price	行权方式 Exercise Style	交易代码 Trading Code	上市交易所 Listed Exchange
2021-11-25	2022-1-26	2022-1-26	5.91	欧式	510300C2201A06000	上海证券交易所
2021-11-25	2022-1-26	2022-1-26	4.53	欧式	510300C2201A04600	上海证券交易所
2021-11-25	2022-1-26	2022-1-26	4.63	欧式	510300P2201A04700	上海证券交易所
2021-11-25	2022-1-26	2022-1-26	4.73	欧式	510300P2201A04800	上海证券交易所
2021-11-25	2022-1-26	2022-1-26	5.42	欧式	510300P2201A05500	上海证券交易所
2021-11-25	2022-1-26	2022-1-26	5.91	欧式	510300P2201A06000	上海证券交易所
2021-11-29	2022-1-26	2022-1-26	4.43	欧式	510300P2201A04500	上海证券交易所
2021-11-29	2022-1-26	2022-1-26	4.43	欧式	510300C2201A04500	上海证券交易所
2021-12-10	2022-1-26	2022-1-26	6.15	欧式	510300P2201A06250	上海证券交易所
2021-12-10	2022-3-23	2022-3-23	6.15	欧式	510300P2203A06250	上海证券交易所
2021-12-10	2022-1-26	2022-1-26	6.15	欧式	510300C2201A06250	上海证券交易所
2021-12-10	2022-6-22	2022-6-22	6.15	欧式	510300C2206A06250	上海证券交易所
2021-12-10	2022-6-22	2022-6-22	6.15	欧式	510300P2206A06250	上海证券交易所
2021-12-10	2022-3-23	2022-3-23	6.15	欧式	510300C2203A06250	上海证券交易所
2021-12-23	2022-2-23	2022-2-23	5.42	欧式	510300P2202A05500	上海证券交易所
2021-12-23	2022-2-23	2022-2-23	5.91	欧式	510300P2202A06000	上海证券交易所
2021-12-23	2022-2-23	2022-2-23	4.73	欧式	510300P2202A04800	上海证券交易所
2021-12-23	2022-2-23	2022-2-23	4.63	欧式	510300P2202A04700	上海证券交易所
2021-12-23	2022-2-23	2022-2-23	4.73	欧式	510300C2202A04800	上海证券交易所
2021-12-23	2022-2-23	2022-2-23	5.42	欧式	510300C2202A05500	上海证券交易所
2021-12-23	2022-2-23	2022-2-23	5.91	欧式	510300C2202A06000	上海证券交易所
2021-12-23	2022-2-23	2022-2-23	5.17	欧式	510300P2202A05250	上海证券交易所
2021-12-23	2022-2-23	2022-2-23	5.66	欧式	510300P2202A05750	上海证券交易所
2021-12-23	2022-2-23	2022-2-23	4.83	欧式	510300C2202A04900	上海证券交易所
2021-12-23	2022-2-23	2022-2-23	4.92	欧式	510300P2202A05000	上海证券交易所
2021-12-23	2022-2-23	2022-2-23	5.17	欧式	510300C2202A05250	上海证券交易所
2021-12-23	2022-2-23	2022-2-23	4.83	欧式	510300P2202A04900	上海证券交易所
2021-12-23	2022-2-23	2022-2-23	4.63	欧式	510300C2202A04700	上海证券交易所
2021-12-23	2022-2-23	2022-2-23	5.66	欧式	510300C2202A05750	上海证券交易所
2021-12-23	2022-2-23	2022-2-23	4.53	欧式	510300C2202A04600	上海证券交易所
2021-12-23	2022-2-23	2022-2-23	4.53	欧式	510300P2202A04600	上海证券交易所
2021-12-23	2022-2-23	2022-2-23	4.92	欧式	510300C2202A05000	上海证券交易所
—	2022-3-23	2022-3-23	4.34	欧式	159919C2203M004400A	深圳证券交易所
—	2022-3-23	2022-3-23	4.44	欧式	159919C2203M004500A	深圳证券交易所
—	2022-3-23	2022-3-23	4.54	欧式	159919C2203M004600A	深圳证券交易所
—	2022-3-23	2022-3-23	4.64	欧式	159919C2203M004700A	深圳证券交易所
—	2022-3-23	2022-3-23	4.73	欧式	159919C2203M004800A	深圳证券交易所
—	2022-3-23	2022-3-23	4.83	欧式	159919C2203M004900A	深圳证券交易所
—	2022-3-23	2022-3-23	4.93	欧式	159919C2203M005000A	深圳证券交易所
—	2022-3-23	2022-3-23	5.18	欧式	159919C2203M005250A	深圳证券交易所
—	2022-3-23	2022-3-23	5.42	欧式	159919C2203M005500A	深圳证券交易所
—	2022-3-23	2022-3-23	4.34	欧式	159919P2203M004400A	深圳证券交易所
—	2022-3-23	2022-3-23	4.44	欧式	159919P2203M004500A	深圳证券交易所
—	2022-3-23	2022-3-23	4.54	欧式	159919P2203M004600A	深圳证券交易所
—	2022-3-23	2022-3-23	4.64	欧式	159919P2203M004700A	深圳证券交易所
—	2022-3-23	2022-3-23	4.73	欧式	159919P2203M004800A	深圳证券交易所
—	2022-3-23	2022-3-23	4.83	欧式	159919P2203M004900A	深圳证券交易所

5-29-2 续表 22 continued

交易时间 Trading Hours	最后交易日 Last Trading Day	到期日 Expiration Day	行权价格 Strike Price	行权方式 Exercise Style	交易代码 Trading Code	上市交易所 Listed Exchange
—	2022-3-23	2022-3-23	4.93	欧式	159919P2203M005000A	深圳证券交易所
—	2022-3-23	2022-3-23	5.18	欧式	159919P2203M005250A	深圳证券交易所
—	2022-3-23	2022-3-23	5.42	欧式	159919P2203M005500A	深圳证券交易所
—	2022-3-23	2022-3-23	5.67	欧式	159919C2203M005750A	深圳证券交易所
—	2022-3-23	2022-3-23	5.67	欧式	159919P2203M005750A	深圳证券交易所
—	2022-3-23	2022-3-23	5.92	欧式	159919C2203M006000A	深圳证券交易所
—	2022-3-23	2022-3-23	5.92	欧式	159919P2203M006000A	深圳证券交易所
—	2022-3-23	2022-3-23	4.60	欧式	159919C2203M004600	深圳证券交易所
—	2022-3-23	2022-3-23	4.70	欧式	159919C2203M004700	深圳证券交易所
—	2022-3-23	2022-3-23	4.80	欧式	159919C2203M004800	深圳证券交易所
—	2022-3-23	2022-3-23	4.90	欧式	159919C2203M004900	深圳证券交易所
—	2022-3-23	2022-3-23	5.00	欧式	159919C2203M005000	深圳证券交易所
—	2022-3-23	2022-3-23	5.25	欧式	159919C2203M005250	深圳证券交易所
—	2022-3-23	2022-3-23	5.50	欧式	159919C2203M005500	深圳证券交易所
—	2022-3-23	2022-3-23	5.75	欧式	159919C2203M005750	深圳证券交易所
—	2022-3-23	2022-3-23	6.00	欧式	159919C2203M006000	深圳证券交易所
—	2022-3-23	2022-3-23	4.60	欧式	159919P2203M004600	深圳证券交易所
—	2022-3-23	2022-3-23	4.70	欧式	159919P2203M004700	深圳证券交易所
—	2022-3-23	2022-3-23	4.80	欧式	159919P2203M004800	深圳证券交易所
—	2022-3-23	2022-3-23	4.90	欧式	159919P2203M004900	深圳证券交易所
—	2022-3-23	2022-3-23	5.00	欧式	159919P2203M005000	深圳证券交易所
—	2022-3-23	2022-3-23	5.25	欧式	159919P2203M005250	深圳证券交易所
—	2022-3-23	2022-3-23	5.50	欧式	159919P2203M005500	深圳证券交易所
—	2022-3-23	2022-3-23	5.75	欧式	159919P2203M005750	深圳证券交易所
—	2022-3-23	2022-3-23	6.00	欧式	159919P2203M006000	深圳证券交易所
—	2022-3-23	2022-3-23	4.50	欧式	159919C2203M004500	深圳证券交易所
—	2022-3-23	2022-3-23	4.50	欧式	159919P2203M004500	深圳证券交易所
—	2022-3-23	2022-3-23	4.40	欧式	159919C2203M004400	深圳证券交易所
—	2022-3-23	2022-3-23	4.40	欧式	159919P2203M004400	深圳证券交易所
—	2022-6-22	2022-6-22	4.50	欧式	159919C2206M004500	深圳证券交易所
—	2022-6-22	2022-6-22	4.60	欧式	159919C2206M004600	深圳证券交易所
—	2022-6-22	2022-6-22	4.70	欧式	159919C2206M004700	深圳证券交易所
—	2022-6-22	2022-6-22	4.80	欧式	159919C2206M004800	深圳证券交易所
—	2022-6-22	2022-6-22	4.90	欧式	159919C2206M004900	深圳证券交易所
—	2022-6-22	2022-6-22	5.00	欧式	159919C2206M005000	深圳证券交易所
—	2022-6-22	2022-6-22	5.25	欧式	159919C2206M005250	深圳证券交易所
—	2022-6-22	2022-6-22	5.50	欧式	159919C2206M005500	深圳证券交易所
—	2022-6-22	2022-6-22	5.75	欧式	159919C2206M005750	深圳证券交易所
—	2022-6-22	2022-6-22	4.50	欧式	159919P2206M004500	深圳证券交易所
—	2022-6-22	2022-6-22	4.60	欧式	159919P2206M004600	深圳证券交易所
—	2022-6-22	2022-6-22	4.70	欧式	159919P2206M004700	深圳证券交易所
—	2022-6-22	2022-6-22	4.80	欧式	159919P2206M004800	深圳证券交易所
—	2022-6-22	2022-6-22	4.90	欧式	159919P2206M004900	深圳证券交易所
—	2022-6-22	2022-6-22	5.00	欧式	159919P2206M005000	深圳证券交易所
—	2022-6-22	2022-6-22	5.25	欧式	159919P2206M005250	深圳证券交易所
—	2022-6-22	2022-6-22	5.50	欧式	159919P2206M005500	深圳证券交易所
—	2022-6-22	2022-6-22	5.75	欧式	159919P2206M005750	深圳证券交易所

5-29-2 续表 23 continued

交易时间 Trading Hours	最后交易日 Last Trading Day	到期日 Expiration Day	行权价格 Strike Price	行权方式 Exercise Style	交易代码 Trading Code	上市交易所 Listed Exchange
—	2022-6-22	2022-6-22	4.40	欧式	159919C2206M004400	深圳证券交易所
—	2022-6-22	2022-6-22	4.40	欧式	159919P2206M004400	深圳证券交易所
—	2022-1-26	2022-1-26	4.50	欧式	159919C2201M004500	深圳证券交易所
—	2022-1-26	2022-1-26	4.60	欧式	159919C2201M004600	深圳证券交易所
—	2022-1-26	2022-1-26	4.70	欧式	159919C2201M004700	深圳证券交易所
—	2022-1-26	2022-1-26	4.80	欧式	159919C2201M004800	深圳证券交易所
—	2022-1-26	2022-1-26	4.90	欧式	159919C2201M004900	深圳证券交易所
—	2022-1-26	2022-1-26	5.00	欧式	159919C2201M005000	深圳证券交易所
—	2022-1-26	2022-1-26	5.25	欧式	159919C2201M005250	深圳证券交易所
—	2022-1-26	2022-1-26	5.50	欧式	159919C2201M005500	深圳证券交易所
—	2022-1-26	2022-1-26	5.75	欧式	159919C2201M005750	深圳证券交易所
—	2022-1-26	2022-1-26	4.50	欧式	159919P2201M004500	深圳证券交易所
—	2022-1-26	2022-1-26	4.60	欧式	159919P2201M004600	深圳证券交易所
—	2022-1-26	2022-1-26	4.70	欧式	159919P2201M004700	深圳证券交易所
—	2022-1-26	2022-1-26	4.80	欧式	159919P2201M004800	深圳证券交易所
—	2022-1-26	2022-1-26	4.90	欧式	159919P2201M004900	深圳证券交易所
—	2022-1-26	2022-1-26	5.00	欧式	159919P2201M005000	深圳证券交易所
—	2022-1-26	2022-1-26	5.25	欧式	159919P2201M005250	深圳证券交易所
—	2022-1-26	2022-1-26	5.50	欧式	159919P2201M005500	深圳证券交易所
—	2022-1-26	2022-1-26	5.75	欧式	159919P2201M005750	深圳证券交易所
—	2022-1-26	2022-1-26	4.40	欧式	159919C2201M004400	深圳证券交易所
—	2022-1-26	2022-1-26	4.40	欧式	159919P2201M004400	深圳证券交易所
—	2022-1-26	2022-1-26	6.00	欧式	159919C2201M006000	深圳证券交易所
—	2022-1-26	2022-1-26	6.00	欧式	159919P2201M006000	深圳证券交易所
—	2022-6-22	2022-6-22	6.00	欧式	159919C2206M006000	深圳证券交易所
—	2022-6-22	2022-6-22	6.00	欧式	159919P2206M006000	深圳证券交易所
—	2022-2-23	2022-2-23	4.50	欧式	159919C2202M004500	深圳证券交易所
—	2022-2-23	2022-2-23	4.60	欧式	159919C2202M004600	深圳证券交易所
—	2022-2-23	2022-2-23	4.70	欧式	159919C2202M004700	深圳证券交易所
—	2022-2-23	2022-2-23	4.80	欧式	159919C2202M004800	深圳证券交易所
—	2022-2-23	2022-2-23	4.90	欧式	159919C2202M004900	深圳证券交易所
—	2022-2-23	2022-2-23	5.00	欧式	159919C2202M005000	深圳证券交易所
—	2022-2-23	2022-2-23	5.25	欧式	159919C2202M005250	深圳证券交易所
—	2022-2-23	2022-2-23	5.50	欧式	159919C2202M005500	深圳证券交易所
—	2022-2-23	2022-2-23	5.75	欧式	159919C2202M005750	深圳证券交易所
—	2022-2-23	2022-2-23	4.50	欧式	159919P2202M004500	深圳证券交易所
—	2022-2-23	2022-2-23	4.60	欧式	159919P2202M004600	深圳证券交易所
—	2022-2-23	2022-2-23	4.70	欧式	159919P2202M004700	深圳证券交易所
—	2022-2-23	2022-2-23	4.80	欧式	159919P2202M004800	深圳证券交易所
—	2022-2-23	2022-2-23	4.90	欧式	159919P2202M004900	深圳证券交易所
—	2022-2-23	2022-2-23	5.00	欧式	159919P2202M005000	深圳证券交易所
—	2022-2-23	2022-2-23	5.25	欧式	159919P2202M005250	深圳证券交易所
—	2022-2-23	2022-2-23	5.50	欧式	159919P2202M005500	深圳证券交易所
—	2022-2-23	2022-2-23	5.75	欧式	159919P2202M005750	深圳证券交易所
—	2022-2-23	2022-2-23	6.00	欧式	159919C2202M006000	深圳证券交易所
—	2022-2-23	2022-2-23	6.00	欧式	159919P2202M006000	深圳证券交易所

主要统计指标解释

Explanatory Notes on Main Statistical Indicators

交易保证金　指统计期末已被合约占用的保证金。

公式：交易保证金=合约价值×期货交易所规定的交易保证金比率

期货账户数　指统计期末在中国期货市场监控中心有限责任公司办理登记的期货账户数量合计。

期货客户数　指统计期末已在期货市场开户，按照“客户全称相同且证件代码相同”原则合并的客户数量。

涨跌幅　指统计期内期货合约的结算价与前结算价变动幅度。

公式：涨跌幅=（区间最后交易日结算价-区间前一交易日结算价）/区间前一交易日结算价×100%

指标说明：1.期货交易品种的涨跌幅以其对应的主力合约进行计算，即通过主力合约的涨跌幅反映期货品种的价格变动幅度。

2.主力合约通常选用统计期末各期货合约中持仓量最大的合约，如持仓量相同则选取成交量最大合约为主力合约。如统计期末该品种的所有合约均无成交和持仓，则选用与统计期末最近且持仓量最大的合约为主力合约。

3.若统计期包括主力合约挂牌日，则区间前一交易日结算价取合约挂牌价。

成交量　指统计期内全部期货（期权）合约成交数量合计。除备注中注明双边口径外，其余均按单边口径统计。

成交金额　指统计期内全部期货（期权）合约成交金额合计。除备注中注明双边口径外，其余均按单边口径统计。

持仓量　指统计期末未平仓期货（期权）合约数量的合计。除备注中注明双边口径外，其余均按单边口径统计。

持仓金额　指统计期末未平仓期货（期权）合约的金额合计。除备注中注明双边口径外，其余均按单边口径统计。

交割量　交割是指期货投资者了结到期未平仓合约的过程，交割量即进行交割的期货合约数量。除备注中注明双边口径外，其余均按单边口径统计。

公式：交割量＝交割合约数量×合约单位

交割率　指统计期内期货品种的交割量与合约最大日持仓量的比率。

公式:交割率=交割量/统计期内合约最大日持仓量*100%

指标说明：定义中合约最大日持仓量指的是合约存续周期内的最大持仓量。

贰零贰壹

六. 上市和挂牌公司

Listed Companies

贰零贰壹

2021年上市公司及挂牌公司综述

一、公司规模

（一）沪深上市公司规模概况。截至2021年底，沪深两市共有上市公司4615家。其中，沪市2037家，深市2578家；主板、创业板、科创板上市公司数量分别为3148、1090、377家，总市值分别为71.95、14.02、5.63万亿元，流通市值分别为63.08、9.81、2.26万亿元。公司家数前三的行业是制造业，信息传输、软件和信息技术服务业，批发零售业，合计占比76.90%；公司家数前三的辖区是江苏、浙江（不含宁波）、北京，合计占比31.72%。

（二）北交所上市公司规模概况。截至2021年底，北交所共有上市公司82家。总市值为2722.75亿元，流通市值为1073.82亿元。公司家数前三的行业是制造业，信息传输、软件和信息技术服务业，科学研究和技术服务业，合计占比92.68%；公司家数前三的辖区是江苏、北京、广东，合计占比37.80%。

（三）挂牌公司规模概况。截至2021年底，全国股转系统共有挂牌公司6932家。其中，制造业，信息传输、软件和信息技术服务业，租赁和商务服务业公司数量最多，分别为3410、1351、364家，合计占比73.93%；广东（含深圳）、北京、江苏是公司数量前三的地区，分别为975、898、840家，合计占比39.14%。

2021年，新挂牌公司91家，总股本35.34亿股。其中，制造业，信息传输、软件和信息技术服务业新挂牌公司最多，分别为64家和7家。

二、沪深上市公司现金分红情况

沪深上市公司现金分红规模稳定。2021年共有3086家公司实施了现金分红，占公司总数的66.87%。现金分红总额15605.07亿元，同比上升13.70%。2021年，分红公司家数前三的行业为制造业，信息传输、软件和信息技术服务业，批发零售业，分别为2049、239、114家，合计占比77.84%；分红金额前三的行业则是金融业、制造业和采矿业，分别为6344.49、4960.36、1450.44亿元，合计占比81.74%。

三、公司财务状况

（一）沪深上市公司财务概况。2021年沪深上市公司实现营业收入65.00万亿元，同比增长22.35%；归属于母公司股东净利润4.85万亿元，同比增长22.59%。截至2021年底，上市公司总资产为346.15万亿元，同比增长10.44%；归属于母公司股东净资产52.87万亿元，同比增长13.63%。2021年底上市公司整体资产负债率83.01%，同比下降0.46个百分点，其中非金融上市公司整体资产负债率59.96%，同比下降0.38个百分点；总资产收益率为1.60%，同比上升0.34个百分点；平均净资产收益率9.65%，同比上升0.72个百分点。每股净资产为6.68元，每股收益为0.63元，每股经营活动现金流量净额为0.94元。

（二）北交所上市公司财务概况。2021年北交所上市公司实现营业收入644.94亿元，归属于母公司股东净利润70.09亿元。截至2021年底，北交所上市公司总资产983.56亿元，归属于母公司股东净资产567.66亿元。2021年底北交所上市公司整体资产负债率41.16%，总资产收益率8.01%，平均净资产收益率13.47%。每股净资产为4.72元，每股收益为0.57元，每股经营活动现金流量净额为0.26元。

（三）挂牌公司财务概况。2021年全国股转系统挂牌公司实现营业收入14572.86亿元，同比上升1.28%；利润总额730.32亿元，同比下降4.83%；净利润 590.79 亿元，同比下降 4.10%；经营活动产生的现金流量净额 1098.87 亿元，同比下降 7.26%。截至 2021 年底，挂牌公司总资产 21817.64 亿元，同比下降 3.49%；净资产 9157.56 亿元，同比下降 9.32%。2021 年底挂牌公司整体资产负债率 58.03%，同比上升 2.70 个百分点；平均净资产收益率 6.45%，同比上升 0.35 个百分点。

6-1　沪深交易所上市公司数量
Number of Listed Companies in SSE and SZSE

单位：家　　(unit)

年份 Year	上交所 SSE 小计 Total	上交所 SSE 主板 Main Board	上交所 SSE 科创板 STAR Market	深交所 SZSE 小计 Total	深交所 SZSE 主板 Main Board	深交所 SZSE 中小板 SME Board	深交所 SZSE 创业板 ChiNext Board	合计 Total
1991	7	7	—	6	6	—	—	13
1992	29	29	—	24	24	—	—	53
1993	106	106	—	77	77	—	—	183
1994	171	171	—	120	120	—	—	291
1995	188	188	—	135	135	—	—	323
1996	293	293	—	237	237	—	—	530
1997	383	383	—	362	362	—	—	745
1998	438	438	—	414	414	—	—	852
1999	484	484	—	465	465	—	—	949
2000	572	572	—	516	516	—	—	1088
2001	646	646	—	514	514	—	—	1160
2002	715	715	—	509	509	—	—	1224
2003	780	780	—	507	507	—	—	1287
2004	837	837	—	540	502	38	—	1377
2005	834	834	—	547	497	50	—	1381
2006	842	842	—	592	490	102	—	1434
2007	860	860	—	690	488	202	—	1550
2008	864	864	—	761	488	273	—	1625
2009	870	870	—	848	485	327	36	1718
2010	894	894	—	1169	485	531	153	2063
2011	931	931	—	1411	484	646	281	2342
2012	954	954	—	1540	484	701	355	2494
2013	953	953	—	1536	480	701	355	2489
2014	995	995	—	1618	480	732	406	2613
2015	1081	1081	—	1746	478	776	492	2827
2016	1182	1182	—	1870	478	822	570	3052
2017	1396	1396	—	2089	476	903	710	3485
2018	1450	1450	—	2134	473	922	739	3584
2019	1572	1502	70	2205	471	943	791	3777
2020	1800	1585	215	2354	468	994	892	4154
2021	2037	1660	377	2578	1488	—	1090	4615

注：上市公司数量按上市日口径统计。
数据来源：上海证券交易所、深圳证券交易所
Source:SSE、SZSE

6-2 分行业沪深交易所上市公司数量
Number of Listed Companies by Industry in SSE and SZSE

单位：家 (unit)

行业 Industry	上交所 SSE		深交所 SZSE		合计 Total	
	2020	2021	2020	2021	2020	2021
农、林、牧、渔 Agriculture,Forestry,Animal Husbandry and Fishery	16	16	28	32	44	48
采矿业 Mining	51	50	27	29	78	79
制造业 Manufacturing	1076	1259	1583	1734	2659	2993
电力、热力、燃气及水生产和供应业 Production and Supply of Electricity,Gas and Water	69	81	45	47	114	128
建筑业 Construction	47	53	54	56	101	109
批发和零售业 Wholesale and Retail Trades	100	100	70	86	170	186
交通运输、仓储和邮政业 Transport,Storage and Post	74	73	34	36	108	109
住宿和餐饮业 Hotels and Catering Services	4	4	6	5	10	9
信息传输、软件和信息技术服务业 Information Transmission,Computer Services and Software	104	122	236	248	340	370
金融业 Financial Intermediation	82	88	40	39	122	127
房地产业 Real Estate	66	61	58	56	124	117
租赁和商务服务业 Leasing and Business Services	19	22	39	44	58	66
科学研究和技术服务业 Scientific Research,Technical Service	23	31	35	54	58	85
水利、环境和公共设施管理业 Management of Water Conservancy,Environment and Public Facilities	27	31	45	56	72	87
居民服务、修理和其他服务业 Resident Services,Repairing and Other Services	0	0	1	1	1	1
教育 Education	3	5	5	7	8	12
卫生和社会工作 Health and Social Works	3	3	9	11	12	14
文化、体育和娱乐业 Culture,Sports and Entertainment	27	31	32	31	59	62
综合 Others	9	7	7	6	16	13

注：上市公司数量按上市日口径统计。
数据来源：上海证券交易所、深圳证券交易所
Source:SSE、SZSE

6-3　分辖区沪深交易所上市公司数量
Number of Listed Companies by Jurisdiction in SSE and SZSE

单位：家　　(unit)

辖区	Jurisdiction	上交所 SSE		深交所 SZSE		合计 Total	
		2020	2021	2020	2021	2020	2021
北京	Beijing	186	207	194	204	380	411
天津	Tianjin	32	33	28	30	60	63
河北	Hebei	23	26	38	40	61	66
山西	Shanxi	20	21	19	19	39	40
内蒙古	Inner Mongolia	16	17	10	11	26	28
辽宁	Liaoning	21	21	28	29	49	50
吉林	Jilin	18	18	27	28	45	46
黑龙江	Heilongjiang	27	26	12	12	39	38
上海	Shanghai	258	285	85	100	343	385
江苏	Jiangsu	236	272	246	285	482	557
浙江	Zhejiang	191	233	234	263	425	496
安徽	Anhui	57	67	69	77	126	144
福建	Fujian	42	44	51	55	93	99
江西	Jiangxi	24	28	31	37	55	65
山东	Shandong	70	80	115	127	185	207
河南	Henan	31	34	56	61	87	95
湖北	Hubei	48	52	66	73	114	125
湖南	Hunan	37	43	80	87	117	130
广东	Guangdong	76	91	268	292	344	383
广西	Guangxi	17	17	21	21	38	38
海南	Hainan	12	13	20	21	32	34
重庆	Chongqing	29	31	28	30	57	61
四川	Sichuan	49	58	87	94	136	152
贵州	Guizhou	15	17	16	16	31	33
云南	Yunnan	15	17	22	23	37	40
西藏	Tibet	9	9	11	12	20	21
陕西	Shaanxi	28	33	31	31	59	64
甘肃	Gansu	16	15	18	18	34	33
青海	Qinghai	8	7	4	4	12	11
宁夏	Ningxia	6	6	8	9	14	15
新疆	Xinjiang	31	31	28	27	59	58
深圳	Shenzhen	40	52	293	317	333	369
大连	Dalian	14	15	13	14	27	29
宁波	Ningbo	56	63	37	43	93	106
厦门	Xiamen	21	24	37	38	58	62
青岛	Qingdao	21	26	23	30	44	56
其他	Others	0	5	0	0	0	5

注：1.上市公司数量按上市日口径统计。
　　2.所属辖区按上市公司注册地划分，注册地在境外的上市公司标记为其他，以注册地(其他)为口径统计IPO家数，以沪深交易所股东大会公告为准。

数据来源：上海证券交易所、深圳证券交易所

Source:SSE、SZSE

6-4　2021年分辖区沪深交易所上市公司数量按行业分布
Number of Listed Companies of SSE and SZSE by Jurisdiction and by Industry in 2021

单位：家　　(unit)

辖区	Jurisdiction	农、林、牧、渔 Agriculture, Forestry, Animal Husbandry and Fishery	采矿业 Mining	制造业 Manufacturing	电力、热力、燃气及水生产和供应业 Production and Supply of Electricity, Gas and Water	建筑业 Construction	批发和零售业 Wholesale and Retail Trades	交通运输、仓储和邮政业 Transport, Storage and Post
北京	Beijing	2	13	146	14	23	17	5
天津	Tianjin	0	3	37	2	0	5	4
河北	Hebei	0	2	49	4	1	1	2
山西	Shanxi	0	6	23	4	0	2	2
内蒙古	Inner Mongolia	0	7	17	1	0	0	0
辽宁	Liaoning	0	1	36	3	0	3	1
吉林	Jilin	0	0	28	3	1	1	1
黑龙江	Heilongjiang	2	0	24	2	2	1	2
上海	Shanghai	2	3	203	3	14	24	21
江苏	Jiangsu	2	0	424	6	10	20	10
浙江	Zhejiang	0	2	370	8	8	13	1
安徽	Anhui	2	3	100	2	3	6	2
福建	Fujian	4	2	60	4	1	6	2
江西	Jiangxi	1	1	48	4	1	3	2
山东	Shandong	5	5	159	2	3	7	5
河南	Henan	2	4	73	4	1	0	2
湖北	Hubei	0	0	82	5	4	8	3
湖南	Hunan	4	2	88	3	1	10	2
广东	Guangdong	2	2	283	10	2	6	12
广西	Guangxi	1	0	19	3	0	3	2
海南	Hainan	3	3	14	0	1	0	3
重庆	Chongqing	0	1	32	5	2	3	3
四川	Sichuan	1	1	96	11	4	5	2
贵州	Guizhou	0	1	23	2	0	1	1
云南	Yunnan	3	1	22	2	0	3	0
西藏	Tibet	0	3	12	0	0	0	0
陕西	Shaanxi	0	3	46	1	1	1	0
甘肃	Gansu	3	3	21	1	0	2	0
青海	Qinghai	0	1	8	0	1	0	0
宁夏	Ningxia	1	0	10	2	0	1	1
新疆	Xinjiang	5	5	27	6	2	4	1
深圳	Shenzhen	0	0	228	6	17	16	7
大连	Dalian	1	0	13	3	0	4	3
宁波	Ningbo	1	0	86	2	5	3	3
厦门	Xiamen	0	1	41	0	0	5	2
青岛	Qingdao	1	0	40	0	1	2	2
其他	Others	0	0	5	0	0	0	0

注：1.上市公司数量按上市日口径统计。
　　2.所属辖区按上市公司注册地划分，注册地在境外的上市公司标记为其他，以注册地(其他)为口径统计IPO家数，以沪深交易所股东大会公告为准。

数据来源：上海证券交易所、深圳证券交易所
Source:SSE、SZSE

6-4　续表 1　continued

单位：家 (unit)

辖区	Jurisdiction	住宿和餐饮业 Hotels and Catering Services	信息传输、软件和信息技术服务业 Information Transmission, Computer Services and Software	金融业 Financial Intermediation	房地产业 Real Estate	租赁和商务服务业 Leasing and Business Services	科学研究和技术服务业 Scientific Research, Technical Service
北京	Beijing	2	97	22	13	13	18
天津	Tianjin	0	2	0	5	0	2
河北	Hebei	0	2	2	2	0	0
山西	Shanxi	0	0	1	0	1	0
内蒙古	Inner Mongolia	0	0	1	0	0	0
辽宁	Liaoning	0	3	0	0	0	0
吉林	Jilin	0	6	1	3	0	0
黑龙江	Heilongjiang	0	1	3	0	0	0
上海	Shanghai	1	44	18	18	9	10
江苏	Jiangsu	1	23	14	8	3	14
浙江	Zhejiang	1	36	10	9	10	4
安徽	Anhui	1	5	3	2	0	2
福建	Fujian	0	14	2	4	0	0
江西	Jiangxi	0	2	1	0	0	0
山东	Shandong	0	10	3	3	0	0
河南	Henan	0	2	3	0	0	2
湖北	Hubei	0	7	3	4	2	0
湖南	Hunan	1	6	4	0	0	1
广东	Guangdong	0	25	4	8	8	9
广西	Guangxi	0	4	1	1	0	1
海南	Hainan	1	1	1	3	1	0
重庆	Chongqing	0	2	3	6	0	1
四川	Sichuan	0	17	4	1	1	3
贵州	Guizhou	0	2	1	1	0	1
云南	Yunnan	0	1	2	3	1	0
西藏	Tibet	0	2	1	1	0	1
陕西	Shaanxi	1	1	3	1	1	0
甘肃	Gansu	0	0	0	0	0	1
青海	Qinghai	0	1	0	0	0	0
宁夏	Ningxia	0	0	0	0	0	0
新疆	Xinjiang	0	2	2	0	1	1
深圳	Shenzhen	0	40	8	17	11	13
大连	Dalian	0	2	0	1	0	0
宁波	Ningbo	0	1	1	2	2	0
厦门	Xiamen	0	7	2	0	1	1
青岛	Qingdao	0	2	3	1	1	0
其他	Others	0	0	0	0	0	0

6-4 续表 2 continued

单位：家 (unit)

辖区	Jurisdiction	水利、环境和公共设施管理业 Management of Water Conservancy, Environment and Public Facilities	居民服务、修理和其他服务业 Resident Services, Repairing and Other Services	教育 Education	卫生和社会工作 Health and Social Works	文化、体育和娱乐业 Culture, Sports and Entertainment	综合 Others
北京	Beijing	10	1	3	0	11	1
天津	Tianjin	1	0	0	0	2	0
河北	Hebei	1	0	0	0	0	0
山西	Shanxi	0	0	0	0	1	0
内蒙古	Inner Mongolia	1	0	0	0	1	0
辽宁	Liaoning	1	0	0	0	2	0
吉林	Jilin	2	0	0	0	0	0
黑龙江	Heilongjiang	0	0	0	0	1	0
上海	Shanghai	5	0	2	1	6	1
江苏	Jiangsu	12	0	2	1	4	3
浙江	Zhejiang	8	0	0	3	13	0
安徽	Anhui	10	0	1	0	2	0
福建	Fujian	0	0	0	0	0	0
江西	Jiangxi	1	0	0	0	1	0
山东	Shandong	1	0	0	0	2	2
河南	Henan	1	0	0	0	1	0
湖北	Hubei	4	0	0	0	3	0
湖南	Hunan	3	0	1	1	3	0
广东	Guangdong	5	0	0	2	3	2
广西	Guangxi	2	0	0	0	0	1
海南	Hainan	0	0	0	1	1	1
重庆	Chongqing	2	0	0	0	1	0
四川	Sichuan	2	0	0	1	2	1
贵州	Guizhou	0	0	0	0	0	0
云南	Yunnan	2	0	0	0	0	0
西藏	Tibet	1	0	0	0	0	0
陕西	Shaanxi	3	0	1	1	0	0
甘肃	Gansu	0	0	0	1	1	0
青海	Qinghai	0	0	0	0	0	0
宁夏	Ningxia	0	0	0	0	0	0
新疆	Xinjiang	1	0	0	1	0	0
深圳	Shenzhen	5	0	0	0	0	1
大连	Dalian	1	0	1	0	0	0
宁波	Ningbo	0	0	0	0	0	0
厦门	Xiamen	1	0	1	0	0	0
青岛	Qingdao	1	0	0	1	1	0
其他	Others	0	0	0	0	0	0

6-5　分股份类型沪深交易所上市公司数量
Number of Listed Companies by Stock Type in SSE and SZSE

单位：家　　(unit)

年份 Year	仅发A股 Only A-Shares	仅发B股 Only B-Shares	仅发A、B股 Only A&B Shares	仅发A、H股 Only A&H Shares	发A、B、H股 A,B&H Shares	仅发B、H股 Only B&H Shares	A股合计 Total of A-Shares	B股合计 Total of B-Shares	合计 Total
1994	227	4	54	6	0	0	287	58	291
1995	242	12	58	11	0	0	311	70	323
1996	431	16	69	14	0	0	514	85	530
1997	627	25	76	17	0	0	720	101	745
1998	728	26	80	18	0	0	826	106	852
1999	822	26	82	19	0	0	923	108	949
2000	955	28	86	19	0	0	1060	114	1088
2001	1025	24	88	23	0	0	1136	112	1160
2002	1085	24	87	28	0	0	1200	111	1224
2003	1146	24	87	30	0	0	1263	111	1287
2004	1236	24	86	31	0	0	1353	110	1377
2005	1240	23	86	32	0	0	1358	109	1381
2006	1287	23	86	38	0	0	1411	109	1434
2007	1389	23	86	52	0	0	1527	109	1550
2008	1459	23	85	57	1	0	1602	109	1625
2009	1549	22	85	61	1	0	1696	108	1718
2010	1892	22	85	63	1	0	2041	108	2063
2011	2162	22	85	72	1	0	2320	108	2342
2012	2306	21	84	81	1	1	2472	107	2494
2013	2300	20	84	83	1	1	2468	106	2489
2014	2424	20	82	85	1	1	2592	104	2613
2015	2640	18	81	86	1	1	2808	101	2827
2016	2861	17	81	91	1	1	3034	100	3052
2017	3288	17	81	97	1	1	3467	100	3485
2018	3379	16	81	106	1	1	3567	99	3584
2019	3560	16	79	120	1	1	3760	97	3777
2020	3921	13	77	137	5	1	4140	96	4154
2021	4386	11	77	139	1	1	4603	90	4615

注：1.上市公司数量按上市日口径统计。
　　2.本表H股上市公司指在香港上市、在内地注册的公司。
数据来源：上海证券交易所、深圳证券交易所
Source:SSE、SZSE

6-6 上海证券交易所分股份类型上市公司数量
Number of Listed Companies by Stock Type of SSE

单位：家 (unit)

年份 Year	仅发A股 Only A-Shares	仅发B股 Only B-Shares	仅发A、B股 Only A&B Shares	仅发A、H股 Only A&H Shares	发A、B、H股 A,B&H Shares	仅发B、H股 Only B&H Shares	A股合计 Total of A-Shares	B股合计 Total of B-Shares	合计 Total
1994	131	2	32	6	0	0	169	34	171
1995	142	4	32	10	0	0	184	36	188
1996	240	6	36	11	0	0	287	42	293
1997	321	11	39	12	0	0	372	50	383
1998	373	13	39	13	0	0	425	52	438
1999	417	13	41	13	0	0	471	54	484
2000	504	13	42	13	0	0	559	55	572
2001	573	10	44	19	0	0	636	54	646
2002	639	10	44	22	0	0	705	54	715
2003	702	10	44	24	0	0	770	54	780
2004	759	10	44	24	0	0	827	54	837
2005	755	10	44	25	0	0	824	54	834
2006	756	10	44	32	0	0	832	54	842
2007	761	10	44	45	0	0	850	54	860
2008	760	10	44	50	0	0	854	54	864
2009	762	10	44	54	0	0	860	54	870
2010	784	10	44	56	0	0	884	54	894
2011	816	10	44	61	0	0	921	54	931
2012	833	9	44	67	0	1	944	54	954
2013	832	8	44	68	0	1	944	53	953
2014	873	8	44	69	0	1	986	53	995
2015	959	7	44	70	0	1	1073	52	1081
2016	1056	6	44	75	0	1	1175	51	1182
2017	1265	6	44	80	0	1	1389	51	1396
2018	1312	6	44	87	0	1	1443	51	1450
2019	1425	6	43	97	0	1	1565	50	1572
2020	1642	4	43	110	0	1	1795	48	1800
2021	1878	4	42	112	0	1	2032	47	2037

注：1.上市公司数量按上市日口径统计。
2.本表H股上市公司指在香港上市、在内地注册的公司。
数据来源：上海证券交易所
Source：SSE

6-7　深圳证券交易所分股份类型上市公司数量

Number of Listed Companies by Stock Type of SZSE

单位：家　　(unit)

年份 Year	仅发A股 Only A-Shares	仅发B股 Only B-Shares	仅发A、B股 Only A&B Shares	仅发A、H股 Only A&H Shares	发A、B、H股 A,B&H Shares	仅发B、H股 Only B&H Shares	A股合计 Total of A-Shares	B股合计 Total of B-Shares	合计 Total
1994	96	2	22	0	0	0	118	24	120
1995	100	8	26	1	0	0	127	34	135
1996	191	10	33	3	0	0	227	43	237
1997	306	14	37	5	0	0	348	51	362
1998	355	13	41	5	0	0	401	54	414
1999	405	13	41	6	0	0	452	54	465
2000	451	15	44	6	0	0	501	59	516
2001	452	14	44	4	0	0	500	58	514
2002	446	14	43	6	0	0	495	57	509
2003	444	14	43	6	0	0	493	57	507
2004	477	14	42	7	0	0	526	56	540
2005	485	13	42	7	0	0	534	55	547
2006	531	13	42	6	0	0	579	55	592
2007	628	13	42	7	0	0	677	55	690
2008	699	13	41	7	1	0	748	55	761
2009	787	12	41	7	1	0	836	54	848
2010	1108	12	41	7	1	0	1157	54	1169
2011	1346	12	41	11	1	0	1399	54	1411
2012	1473	12	40	14	1	0	1528	54	1540
2013	1468	12	40	15	1	0	1524	53	1536
2014	1551	12	38	16	1	0	1606	51	1618
2015	1681	11	37	16	1	0	1735	49	1746
2016	1805	11	37	16	1	0	1859	49	1870
2017	2023	11	37	17	1	0	2078	49	2089
2018	2067	10	37	19	1	0	2124	48	2134
2019	2135	10	36	23	1	0	2195	47	2205
2020	2284	9	35	25	1	0	2345	48	2354
2021	2508	7	35	27	1	0	2571	43	2578

注：1.上市公司数量按上市日口径统计。
　　2.本表H股上市公司指在香港上市、在内地注册的公司。
数据来源：深圳证券交易所
Source：SZSE

6-8 按股本规模划分沪深交易所上市公司数量
Number of Listed Companies by Equity Scale in SSE and SZSE

单位：家 (unit)

年份 Year	1亿股以下 Below 100 million shares			1-2亿股 100-200 million shares			2-3亿股 200-300 million shares		
	合计 Total	上交所 SSE	深交所 SZSE	合计 Total	上交所 SSE	深交所 SZSE	合计 Total	上交所 SSE	深交所 SZSE
2001	64	35	29	384	204	180	285	153	132
2002	75	50	25	394	224	170	280	152	128
2003	78	55	23	392	240	152	297	163	134
2004	102	51	51	399	250	149	306	181	125
2005	88	41	47	393	236	157	304	182	122
2006	80	29	51	385	211	174	296	174	122
2007	113	22	91	365	172	193	297	169	128
2008	91	17	74	346	136	210	308	152	156
2009	103	16	87	352	118	234	313	137	176
2010	191	11	180	459	109	350	332	115	217
2011	197	10	187	495	82	413	379	112	267
2012	148	8	140	513	70	443	410	107	303
2013	65	5	60	436	55	381	420	103	317
2014	80	12	68	342	61	281	419	97	322
2015	74	15	59	286	80	206	299	91	208
2016	120	24	96	290	80	210	303	106	197
2017	200	54	146	421	148	273	324	135	189
2018	122	40	82	458	163	295	344	136	208
2019	134	55	79	472	185	287	368	148	220
2020	207	109	98	557	217	340	424	184	240
2021	329	174	155	679	281	398	460	191	269

注：1.上市公司数量按上市日口径统计。

2.上表分组遵循"上组限不在内"的原则，如"1-2亿股"包括1亿股，不包括2亿股。

数据来源：上海证券交易所、深圳证券交易所

Source:SSE、SZSE

6-8 续表 continued

单位：家 (unit)

年份 Year	3-5亿股 300-500 million shares			5-10亿股 500-1000 million shares			10亿股及以上 Above 1000 million shares		
	合计 Total	上交所 SSE	深交所 SZSE	合计 Total	上交所 SSE	深交所 SZSE	合计 Total	上交所 SSE	深交所 SZSE
2001	263	149	114	112	70	42	52	35	17
2002	285	167	118	128	78	50	62	44	18
2003	300	180	120	143	86	57	77	56	21
2004	309	191	118	169	98	71	92	66	26
2005	319	202	117	174	103	71	103	70	33
2006	344	221	123	195	113	82	134	94	40
2007	365	228	137	231	139	92	179	130	49
2008	379	232	147	269	164	105	232	163	69
2009	391	233	158	292	176	116	267	190	77
2010	425	229	196	333	203	130	323	227	96
2011	485	235	250	411	226	185	375	266	109
2012	515	220	295	479	247	232	429	302	127
2013	556	216	340	534	255	279	478	319	159
2014	604	210	394	628	267	361	540	348	192
2015	610	196	414	812	275	537	746	420	326
2016	597	202	395	834	285	549	908	485	423
2017	638	240	398	866	294	572	1036	525	511
2018	640	245	395	905	309	596	1115	557	558
2019	678	268	410	941	323	618	1184	593	591
2020	752	323	429	968	335	633	1246	632	614
2021	830	368	462	1002	355	647	1315	668	647

6-9 按市值规模划分沪深交易所上市公司数量
Number of Listed Companies by Market Capitalization in SSE and SZSE

单位：家 (unit)

年份 Year	1亿元以下 Below 100 million yuan			1-5亿元 100-500 million yuan			5-10亿元 500-1000 million yuan		
	合计 Total	上交所 SSE	深交所 SZSE	合计 Total	上交所 SSE	深交所 SZSE	合计 Total	上交所 SSE	深交所 SZSE
2001	5	5	0	1	0	1	30	14	16
2002	4	4	0	13	5	8	75	35	40
2003	1	1	0	33	19	14	267	142	125
2004	1	0	1	96	48	48	399	237	162
2005	4	2	2	204	107	97	479	270	209
2006	8	7	1	113	57	56	339	174	165
2007	11	10	1	12	1	11	34	11	23
2008	9	8	1	70	33	37	350	151	199
2009	8	8	0	10	2	8	28	10	18
2010	11	11	0	9	2	7	19	7	12
2011	6	6	0	15	5	10	74	24	50
2012	3	3	0	11	3	8	89	23	66
2013	4	2	2	6	2	4	20	9	11
2014	5	1	4	6	2	4	8	4	4
2015	4	2	2	1	0	1	6	0	6
2016	5	2	3	1	0	1	5	1	4
2017	2	2	0	3	0	3	8	3	5
2018	2	2	0	11	2	9	9	4	5
2019	2	2	0	12	3	9	9	6	3
2020	6	6	0	9	4	5	37	15	22
2021	0	0	0	5	0	5	7	3	4

注：1.暂停上市的上市公司市值记为0。
2.上市公司数量按上市日口径统计。
3.上表分组遵循"上组限不在内"的原则，如"10-20亿元"包括10亿元，不包括20亿元。

数据来源：上海证券交易所、深圳证券交易所
Source:SSE、SZSE

6-9 续表 continued

单位：家 (unit)

年份 Year	10-20亿元 1000-2000 million yuan			20-30亿元 2000-3000 million yuan			30-50亿元 3000-5000 million yuan			50亿元及以上 Above 5000 million yuan		
	合计 Total	上交所 SSE	深交所 SZSE	合计 Total	上交所 SSE	深交所 SZSE	合计 Total	上交所 SSE	深交所 SZSE	合计 Total	上交所 SSE	深交所 SZSE
2001	306	145	161	357	199	158	286	163	123	175	120	55
2002	536	307	229	290	166	124	177	106	71	129	92	37
2003	496	305	191	196	120	76	142	90	52	152	103	49
2004	486	300	186	149	94	55	123	74	49	123	84	39
2005	383	248	135	113	76	37	93	61	32	105	70	35
2006	423	258	165	173	98	75	156	96	60	222	152	70
2007	220	99	121	271	137	134	321	173	148	681	429	252
2008	498	241	257	225	127	98	180	100	80	293	204	89
2009	236	97	139	309	138	171	389	176	213	738	439	299
2010	192	79	113	339	111	228	541	198	343	952	486	466
2011	584	151	433	496	169	327	470	183	287	697	393	304
2012	650	135	515	503	172	331	496	199	297	742	419	323
2013	456	115	341	490	157	333	592	205	387	921	463	458
2014	135	45	90	380	97	283	693	201	492	1386	645	741
2015	12	5	7	63	32	31	666	203	463	2075	806	1269
2016	11	6	5	14	2	12	510	172	338	2506	999	1507
2017	40	14	26	419	149	270	857	301	556	2156	927	1229
2018	473	179	294	733	245	488	908	328	580	1448	690	758
2019	316	117	199	622	216	406	924	353	571	1892	875	1017
2020	318	132	186	614	225	389	916	336	580	2254	1082	1172
2021	246	104	142	572	212	360	1000	372	628	2785	1346	1439

6-10 2021年主板上市公司分行业规模
Industry Scale of Main Board Listed Companies in 2021

行业 Industry	上市公司家数（家） Number of Listed Companies (unit)	上市公司股本（亿股） Share Capital of Listed Companies (100 million shares)	其中：流通股本（亿股） Thereinto: Negotiable Shares (100 million shares)	上市公司市值（亿元） Market Capitalization of Listed Companies (100 million yuan)	其中：流通市值（亿元） Thereinto: Negotiable Market Capitalization (100 million yuan)
农、林、牧、渔 Agriculture,Forestry,Animal Husbandry and Fishery	38	375.75	330.16	5936.94	4558.03
采矿业 Mining	74	4773.72	4603.47	32640.71	31484.23
制造业 Manufacturing	1931	21789.37	19340.96	399129.60	350247.49
电力、热力、燃气及水生产和供应业 Production and Supply of Electricity,Gas and Water	125	4030.40	3292.28	29701.11	24399.37
建筑业 Construction	97	2704.03	2268.16	15776.38	13546.37
批发和零售业 Wholesale and Retail Trades	161	1976.63	1772.74	15134.23	13258.12
交通运输、仓储和邮政业 Transport,Storage and Post	106	3905.31	3244.55	27196.47	22259.27
住宿和餐饮业 Hotels and Catering Services	8	50.32	46.42	1012.52	940.53
信息传输、软件和信息技术服务业 Information Transmission,Computer Services and Software	159	2800.92	1862.46	28119.14	21968.58
金融业 Financial Intermediation	123	17106.87	15355.60	121628.63	108842.48
房地产业 Real Estate	116	2541.32	2372.14	16846.89	15895.02
租赁和商务服务业 Leasing and Business Services	50	812.11	701.42	9341.12	8620.61
科学研究和技术服务业 Scientific Research,Technical Service	32	199.90	152.55	5403.40	4855.89
水利、环境和公共设施管理业 Management of Water Conservancy,Environment and Public Facilities	48	402.46	325.62	3728.53	3096.46
居民服务、修理和其他服务业 Resident Services,Repairing and Other Services	0	0.00	0.00	0.00	0.00
教育 Education	10	98.56	48.23	836.64	363.53
卫生和社会工作 Health and Social Works	10	127.87	118.17	1989.46	1915.23
文化、体育和娱乐业 Culture,Sports and Entertainment	47	492.60	444.37	4031.07	3531.48
综合 Others	13	129.50	126.09	1089.46	1064.55

注：上市公司数量按上市日口径统计。
数据来源：上海证券交易所、深圳证券交易所
Source:SSE、SZSE

6-11 2021年科创板上市公司分行业规模
Industry Scale of STAR Market Listed Companies in 2021

行业 Industry	上市公司家数（家） Number of Listed Companies (unit)	上市公司股本（亿股） Share Capital of Listed Companies (100 million shares)	其中：流通股本（亿股） Thereinto: Negotiable Shares (100 million shares)	上市公司市值（亿元） Market Capitalization of Listed Companies (100 million yuan)	其中：流通市值（亿元） Thereinto: Negotiable Market Capitalization (100 million yuan)
农、林、牧、渔 Agriculture,Forestry,Animal Husbandry and Fishery	0	0.00	0.00	0.00	0.00
采矿业 Mining	0	0.00	0.00	0.00	0.00
制造业 Manufacturing	305	1077.31	355.64	46485.42	18207.35
电力、热力、燃气及水生产和供应业 Production and Supply of Electricity,Gas and Water	0	0.00	0.00	0.00	0.00
建筑业 Construction	0	0.00	0.00	0.00	0.00
批发和零售业 Wholesale and Retail Trades	0	0.00	0.00	0.00	0.00
交通运输、仓储和邮政业 Transport,Storage and Post	0	0.00	0.00	0.00	0.00
住宿和餐饮业 Hotels and Catering Services	0	0.00	0.00	0.00	0.00
信息传输、软件和信息技术服务业 Information Transmission,Computer Services and Software	53	94.24	46.26	7859.90	3789.66
金融业 Financial Intermediation	0	0.00	0.00	0.00	0.00
房地产业 Real Estate	0	0.00	0.00	0.00	0.00
租赁和商务服务业 Leasing and Business Services	0	0.00	0.00	0.00	0.00
科学研究和技术服务业 Scientific Research,Technical Service	11	30.07	7.60	1746.24	491.49
水利、环境和公共设施管理业 Management of Water Conservancy,Environment and Public Facilities	8	9.88	4.40	214.00	102.37
居民服务、修理和其他服务业 Resident Services,Repairing and Other Services	0	0.00	0.00	0.00	0.00
教育 Education	0	0.00	0.00	0.00	0.00
卫生和社会工作 Health and Social Works	0	0.00	0.00	0.00	0.00
文化、体育和娱乐业 Culture,Sports and Entertainment	0	0.00	0.00	0.00	0.00
综合 Others	0	0.00	0.00	0.00	0.00

注：上市公司数量按上市日口径统计。
数据来源：上海证券交易所
Source:SSE

6-12　2021年创业板上市公司分行业规模

Industry Scale of ChiNext Board Listed Companies in 2021

行业 Industry	上市公司家数(家) Number of Listed Companies (unit)	上市公司股本(亿股) Share Capital of Listed Companies (100 million shares)	其中：流通股本(亿股) Negotiable Shares (100 million shares)	上市公司市值(亿元) Market Capitalization of Listed Companies (100 million yuan)	其中：流通市值(亿元) Negotiable Market Capitalization (100 million yuan)
农、林、牧、渔 Agriculture,Forestry,Animal Husbandry and Fishery	10	96.58	70.37	1752.67	1212.36
采矿业 Mining	5	21.98	19.07	216.80	171.14
制造业 Manufacturing	757	3251.23	2437.05	104364.81	73309.68
电力、热力、燃气及水生产和供应业 Production and Supply of Electricity,Gas and Water	3	16.33	14.35	209.67	183.89
建筑业 Construction	12	67.13	58.16	682.87	518.45
批发和零售业 Wholesale and Retail Trades	25	93.19	45.28	2356.70	750.60
交通运输、仓储和邮政业 Transport,Storage and Post	3	9.48	8.77	116.07	83.17
住宿和餐饮业 Hotels and Catering Services	1	0.81	0.19	27.64	6.54
信息传输、软件和信息技术服务业 Information Transmission,Computer Services and Software	158	832.30	689.62	12638.28	9663.71
金融业 Financial Intermediation	4	121.95	99.31	4813.88	3697.35
房地产业 Real Estate	1	1.30	0.67	42.50	21.78
租赁和商务服务业 Leasing and Business Services	16	82.21	70.94	879.63	711.91
科学研究和技术服务业 Scientific Research,Technical Service	42	119.09	75.63	4912.23	2775.23
水利、环境和公共设施管理业 Management of Water Conservancy,Environment and Public Facilities	31	192.17	140.99	1680.28	990.95
居民服务、修理和其他服务业 Resident Services,Repairing and Other Services	1	1.30	1.04	15.15	12.15
教育 Education	2	6.69	5.12	50.24	37.86
卫生和社会工作 Health and Social Works	4	70.69	55.29	2723.76	2138.78
文化、体育和娱乐业 Culture,Sports and Entertainment	15	180.85	144.03	2757.12	1832.48
综合 Others	0	0.00	0.00	0.00	0.00

注：上市公司数量按上市日口径统计。
数据来源：深圳证券交易所
Source:SZSE

6-13 2021年分辖区沪深交易所上市公司市值

辖区	Jurisdiction	主板 Main Board 上市公司市值(亿元) Market Capitalization of Listed Companies (100 million yuan)	主板 Main Board 其中：流通市值(亿元) Negotiable Market Capitalization (100 million yuan)
北京	Beijing	141050.56	121769.50
天津	Tianjin	11110.19	9863.53
河北	Hebei	12731.29	10168.26
山西	Shanxi	10065.16	9684.21
内蒙古	Inner Mongolia	9279.25	8072.40
辽宁	Liaoning	3667.75	3561.62
吉林	Jilin	4614.25	3983.75
黑龙江	Heilongjiang	3446.84	3037.59
上海	Shanghai	55049.26	48446.95
江苏	Jiangsu	50698.66	45117.39
浙江	Zhejiang	57636.24	48479.40
安徽	Anhui	16083.98	13688.06
福建	Fujian	16769.74	15797.77
江西	Jiangxi	6632.40	5679.50
山东	Shandong	26064.35	21015.60
河南	Henan	13311.25	10729.60
湖北	Hubei	14932.21	12562.79
湖南	Hunan	9659.46	8741.40
广东	Guangdong	46929.63	42485.37
广西	Guangxi	3022.62	2715.83
海南	Hainan	3399.72	3167.27
重庆	Chongqing	8706.93	7323.01
四川	Sichuan	30423.40	28148.40
贵州	Guizhou	29334.49	29106.63
云南	Yunnan	8771.01	7022.63
西藏	Tibet	2303.97	1906.01
陕西	Shaanxi	13305.60	12268.38
甘肃	Gansu	3029.54	2807.16
青海	Qinghai	3507.59	2879.75
宁夏	Ningxia	2061.10	1112.48
新疆	Xinjiang	7838.38	6408.02
深圳	Shenzhen	67226.24	60204.31
大连	Dalian	4334.21	4231.26
宁波	Ningbo	11925.18	9671.30
厦门	Xiamen	5010.58	4269.88
青岛	Qingdao	5609.31	4720.20
其他	Others	0.00	0.00

注：所属辖区按上市公司注册地划分，注册地为境外的上市公司标记为“其他”。
数据来源：上海证券交易所、深圳证券交易所
Source:SSE、SZSE

Market Capitalization of SSE and SZSE Listed Companies by Jurisdiction in 2021

科创板 STAR Market		创业板 ChiNext Board	
上市公司市值(亿元) Market Capitalization of Listed Companies (100 million yuan)	其中：流通市值(亿元) Negotiable Market Capitalization (100 million yuan)	上市公司市值(亿元) Market Capitalization of Listed Companies (100 million yuan)	其中：流通市值(亿元) Negotiable Market Capitalization (100 million yuan)
6967.79	3309.18	14708.19	10538.98
454.37	276.81	724.07	530.61
0.00	0.00	1104.96	558.48
0.00	0.00	177.45	171.60
0.00	0.00	167.15	140.50
600.22	178.23	703.55	564.23
341.79	61.04	243.48	164.57
32.81	13.72	160.12	118.19
12137.62	4646.41	12136.90	7029.61
9142.96	3919.56	13838.55	9164.64
3269.82	1173.84	9666.90	6644.10
1153.63	409.28	4537.23	3317.70
262.44	113.55	14662.23	12638.94
536.42	346.87	1279.65	977.82
1782.46	525.05	4227.74	2801.92
280.09	132.86	1929.47	1094.68
599.72	174.64	2761.48	1932.48
2472.24	856.74	7784.55	5714.39
3256.19	906.45	13649.58	9326.57
0.00	0.00	70.48	40.22
138.99	12.30	328.62	261.21
0.00	0.00	2635.10	1669.54
1197.75	322.50	2650.39	1860.53
318.59	57.07	962.43	261.78
0.00	0.00	2180.05	1202.45
0.00	0.00	494.99	418.59
1126.83	574.34	1411.66	876.21
0.00	0.00	114.19	101.11
0.00	0.00	0.00	0.00
0.00	0.00	49.99	12.53
1192.73	126.53	215.76	163.68
3920.67	1819.27	19737.87	14726.05
136.23	30.10	99.11	74.35
625.11	398.92	2130.89	1217.29
419.96	128.62	1651.07	1113.01
641.97	303.39	1044.41	689.48
3296.17	1773.62	0.00	0.00

6-14　2021年分行业新上市的沪深交易所上市公司数量

行业 Industry	上交所 SSE		
	新上市 公司家数 (家) Number of Newly Listed Companies (unit)	新上市 公司市值 (亿元) Market Capitalization of Newly Listed Companies (100 million yuan)	占上交所新上市公司 市值比重 (%) Proportion (%)
农、林、牧、渔 Agriculture,Forestry,Animal Husbandry and Fishery	1	161.33	0.44
采矿业 Mining	1	30.23	0.08
制造业 Manufacturing	188	22820.08	62.89
电力、热力、燃气及水生产和供应业 Production and Supply of Electricity,Gas and Water	9	2948.26	8.12
建筑业 Construction	6	1012.86	2.79
批发和零售业 Wholesale and Retail Trades	4	551.41	1.52
交通运输、仓储和邮政业 Transport,Storage and Post	1	347.36	0.96
住宿和餐饮业 Hotels and Catering Services	0	0.00	0.00
信息传输、软件和信息技术服务业 Information Transmission,Computer Services and Software	17	4494.38	12.39
金融业 Financial Intermediation	6	2205.75	6.08
房地产业 Real Estate	0	0.00	0.00
租赁和商务服务业 Leasing and Business Services	1	53.87	0.15
科学研究和技术服务业 Scientific Research,Technical Service	8	1149.17	3.17
水利、环境和公共设施管理业 Management of Water Conservancy,Environment and Public Facilities	4	94.29	0.26
居民服务、修理和其他服务业 Resident Services,Repairing and Other Services	0	0.00	0.00
教育 Education	1	47.51	0.13
卫生和社会工作 Health and Social Works	0	0.00	0.00
文化、体育和娱乐业 Culture,Sports and Entertainment	3	370.66	1.02
综合 Others	0	0.00	0.00

注：上市公司数量按上市日口径统计。
数据来源：上海证券交易所、深圳证券交易所
Source:SSE、SZSE

Number of Newly Listed Companies of SSE and SZSE by Industry in 2021

深交所 SZSE			合计 Total		
新上市公司家数（家）Number of Newly Listed Companies (unit)	新上市公司市值（亿元）Market Capitalization of Newly Listed Companies (100 million yuan)	占深交所新上市公司市值比重（%）Proportion (%)	新上市公司家数（家）Number of Newly Listed Companies (unit)	新上市公司市值（亿元）Market Capitalization of Newly Listed Companies (100 million yuan)	占新上市公司市值比重（%）Proportion (%)
4	176.78	1.06	5	338.11	0.64
1	227.41	1.37	2	257.64	0.49
162	11196.73	67.34	350	34016.81	64.29
2	223.82	1.35	11	3172.08	5.99
3	184.04	1.11	9	1196.89	2.26
12	1402.47	8.43	16	1953.89	3.69
4	391.12	2.35	5	738.48	1.40
1	27.64	0.17	1	27.64	0.05
11	546.88	3.29	28	5041.26	9.53
0	0.00	0.00	6	2205.75	4.17
0	0.00	0.00	0	0.00	0.00
2	54.90	0.33	3	108.78	0.21
18	1417.08	8.52	26	2566.25	4.85
9	442.17	2.66	13	536.47	1.01
0	0.00	0.00	0	0.00	0.00
1	84.51	0.51	2	132.02	0.25
1	139.10	0.84	1	139.10	0.26
2	112.88	0.68	5	483.54	0.91
0	0.00	0.00	0	0.00	0.00

6-15　2021年分辖区新上市的沪深交易所上市公司数量

单位：家

辖区	Jurisdiction	上交所 SSE 新上市公司家数（家） Number of Newly Listed Companies (unit)	上交所 SSE 新上市公司市值（亿元） Market Capitalization of Newly Listed Companies (100 million yuan)	上交所 SSE 占上交所新上市公司市值比例（%） Proportion (%)
北京	Beijing	24	7939.86	21.88
天津	Tianjin	1	183.95	0.51
河北	Hebei	3	479.88	1.32
山西	Shanxi	0	0.00	0.00
内蒙古	Inner Mongolia	1	91.46	0.25
辽宁	Liaoning	1	317.04	0.87
吉林	Jilin	2	396.62	1.09
黑龙江	Heilongjiang	1	65.20	0.18
上海	Shanghai	31	5006.80	13.80
江苏	Jiangsu	38	3235.38	8.92
浙江	Zhejiang	43	4287.42	11.82
安徽	Anhui	9	909.71	2.51
福建	Fujian	2	72.25	0.20
江西	Jiangxi	2	204.16	0.56
山东	Shandong	10	1391.92	3.84
河南	Henan	3	176.50	0.49
湖北	Hubei	4	361.51	1.00
湖南	Hunan	6	1562.49	4.31
广东	Guangdong	17	2000.26	5.51
广西	Guangxi	0	0.00	0.00
海南	Hainan	1	138.99	0.38
重庆	Chongqing	2	207.74	0.57
四川	Sichuan	10	992.74	2.74
贵州	Guizhou	2	318.59	0.88
云南	Yunnan	1	161.33	0.44
西藏	Tibet	0	0.00	0.00
陕西	Shaanxi	5	426.38	1.18
甘肃	Gansu	0	0.00	0.00
青海	Qinghai	0	0.00	0.00
宁夏	Ningxia	0	0.00	0.00
新疆	Xinjiang	1	1192.73	3.29
深圳	Shenzhen	12	1585.52	4.37
大连	Dalian	1	97.07	0.27
宁波	Ningbo	7	839.53	2.31
厦门	Xiamen	3	396.70	1.09
青岛	Qingdao	5	327.28	0.90
其他	Others	2	920.18	2.54

注：1.上市公司数量按上市日口径统计。
2.所属辖区按上市公司注册地划分，注册地在境外的上市公司标记为其他，以注册地(其他)为口径统计IPO家数，以沪深交易所股东大会公告为准。

数据来源：上海证券交易所、深圳证券交易所

Source:SSE、SZSE

Number of Newly Listed Companies of SSE and SZSE by Jurisdiction in 2021

(unit)

深交所 SZSE			合计 Total		
新上市公司家数(家) Number of Newly Listed Companies (unit)	新上市公司市值(亿元) Market Capitalization of Newly Listed Companies (100 million yuan)	占深交所新上市公司市值比例(%) Proportion (%)	新上市公司家数(家) Number of Newly Listed Companies (unit)	新上市公司市值(亿元) Market Capitalization of Newly Listed Companies (100 million yuan)	占全部新上市公司市值比重(%) Proportion (%)
11	1003.98	6.04	35	8943.84	16.90
2	69.98	0.42	3	253.93	0.48
3	324.80	1.95	6	804.67	1.52
0	0.00	0.00	0	0.00	0.00
1	227.41	1.37	2	318.86	0.60
1	74.10	0.45	2	391.14	0.74
1	65.36	0.39	3	461.98	0.87
0	0.00	0.00	1	65.20	0.12
15	812.83	4.89	46	5819.63	11.00
41	2512.95	15.11	79	5748.33	10.86
30	1102.96	6.63	73	5390.38	10.19
8	366.27	2.20	17	1275.99	2.41
4	176.97	1.06	6	249.22	0.47
3	170.33	1.02	5	374.49	0.71
12	895.27	5.38	22	2287.19	4.32
5	436.00	2.62	8	612.49	1.16
8	496.42	2.99	12	857.93	1.62
7	426.54	2.57	13	1989.02	3.76
28	3305.96	19.88	45	5306.22	10.03
1	25.09	0.15	1	25.09	0.05
0	0.00	0.00	1	138.99	0.26
2	117.35	0.71	4	325.09	0.61
5	411.42	2.47	15	1404.17	2.65
0	0.00	0.00	2	318.59	0.60
1	814.50	4.90	2	975.83	1.84
1	31.13	0.19	1	31.13	0.06
1	100.82	0.61	6	527.20	1.00
0	0.00	0.00	0	0.00	0.00
0	0.00	0.00	0	0.00	0.00
1	49.99	0.30	1	49.99	0.09
0	0.00	0.00	1	1192.73	2.25
27	1866.27	11.22	39	3451.78	6.52
1	30.55	0.18	2	127.62	0.24
6	345.58	2.08	13	1185.11	2.24
1	52.18	0.31	4	448.87	0.85
6	314.55	1.89	11	641.83	1.21
0	0.00	0.00	2	920.18	1.74

6-16 沪深交易所上市公司现金分红情况
Summary of Cash Dividend of Listed Companies in SSE and SZSE

年份 Year	上市公司数量(家) Number of Listed Companies (unit)	其中：分红公司数量(家) Thereinto: Have Distributed Dividend (unit)	现金分红总额(亿元) Total Amount of Dividends Actually Distributed (100 million yuan)
2006	1434	643	784.50
2007	1550	726	1180.05
2008	1625	816	2524.51
2009	1718	855	2526.74
2010	2063	1031	3023.97
2011	2342	1347	3900.69
2012	2494	1688	4764.21
2013	2489	1831	5323.82
2014	2613	1887	7638.62
2015	2827	1977	7876.03
2016	3052	2054	8301.09
2017	3485	2451	9792.79
2018	3584	2832	9400.49
2019	3777	2626	10226.90
2020	4154	2737	13725.07
2021	4615	3086	15605.07

注：1.上市公司数量按上市日口径统计。
2.分红数据按除权除息日口径，基于上市公司境内总股本计算。

数据来源：中证数据

Source:CSDATA

6-17　分行业沪深交易所上市公司现金分红情况

Summary of Cash Dividend of Listed Companies by Industry in SSE and SZSE

行业 Industry	上市公司数量(家) Number of Listed Companies (unit)		其中：分红公司数量(家) Thereinto: Have istributed Dividend(uni		现金分红总额(亿元) Total Amount of Dividends Actually Distributed (100 million yuan)	
	2020	2021	2020	2021	2020	2021
农、林、牧、渔 Agriculture,Forestry,Animal Husbandry and Fishery	44	48	24	25	128.74	125.24
采矿业 Mining	78	79	51	48	1078.35	1450.44
制造业 Manufacturing	2659	2993	1748	2049	3795.09	4960.36
电力、热力、燃气及水生产和供应业 Production and Supply of Electricity,Gas and Water	114	128	84	96	518.80	627.62
建筑业 Construction	101	109	72	71	301.68	361.02
批发和零售业 Wholesale and Retail Trades	170	186	108	114	191.16	216.01
交通运输、仓储和邮政业 Transport,Storage and Post	108	109	83	75	406.84	373.93
住宿和餐饮业 Hotels and Catering Services	10	9	4	3	7.42	0.97
信息传输、软件和信息技术服务业 Information Transmission,Computer Services and Software	340	370	217	239	194.39	226.91
金融业 Financial Intermediation	122	127	100	107	6140.09	6344.49
房地产业 Real Estate	124	117	86	78	727.16	635.51
租赁和商务服务业 Leasing and Business Services	58	66	34	34	67.02	104.16
科学研究和技术服务业 Scientific Research,Technical Service	58	85	38	54	27.52	45.30
水利、环境和公共设施管理业 Management of Water Conservancy,Environment and Public Facilities	72	87	44	51	30.43	44.41
居民服务、修理和其他服务业 Resident Services,Repairing and Other Services	1	1	0	0	0.00	0.00
教育 Education	8	12	2	5	15.96	2.20
卫生和社会工作 Health and Social Works	12	14	4	3	8.15	8.51
文化、体育和娱乐业 Culture,Sports and Entertainment	59	62	32	28	79.16	72.56
综合 Others	16	13	6	6	7.11	5.41

注：1.上市公司数量按上市日口径统计。
　　2.分红数据按除权除息日口径，基于上市公司境内总股本计算。
数据来源：中证数据
Source:CSDATA

6-18 分类别沪深交易所上市公司现金分红情况
Summary of Cash Dividend of Listed Companies by Category in SSE and SZSE

	2020	2021
分红上市公司数量(家)	2737	3086
Number of Listed Companies Have Distributed Dividend (unit)		
其中：主板	1388	2159
Main Board		
科创板	106	239
STAR Market		
创业板	594	688
ChiNext Board		
其中：上交所	1226	1459
SSE		
深交所	1511	1627
SZSE		
上市公司实际分红总额(亿元)	13725.07	15605.07
Total Amount of Dividends Actually Distributed (100 million yuan)		
其中：主板	12132.82	14909.99
Main Board		
科创板	82.57	174.68
STAR Market		
创业板	429.01	520.40
ChiNext Board		
其中：上交所	10767.86	11885.43
SSE		
深交所	2957.21	3719.65
SZSE		

注：1.上市公司数量按上市日口径统计。

2.分红数据按除权除息日口径，基于上市公司境内总股本计算。

数据来源：中证数据

Source:CSDATA

6-19　沪深交易所上市公司主要财务指标
Financial Indicators of Listed Companies in SSE and SZSE

年份 Year	资产规模 Asset Size				经营情况 Business Circumstance	
	总资产（亿元） Total Asset (100 million yuan)	其中：非金融上市公司总资产（亿元） Thereinto: Total Asset of Non-financial Listed Companies (100 million yuan)	归属母公司股东净资产（亿元） Net Asset Attributable to Parent Company Shareholders (100 million yuan)	其中：非金融上市公司归属母公司净资产（亿元） Thereinto:Net Asset Attributable to Parent Company Shareholders of Non-financial Listed Companies (100 million yuan)	营业收入（亿元） Revenue (100 million yuan)	利润总额（亿元） Total Profit (100 million yuan)
1995	4301.61	4024.03	1951.20	1914.24	2202.05	264.91
1996	6346.68	5962.19	2944.35	2895.20	3253.04	347.84
1997	9681.16	9202.94	4828.11	4725.17	5117.70	580.43
1998	12404.86	11836.01	6237.42	6120.51	6246.24	613.45
1999	16174.41	14485.64	7651.99	7458.82	7961.96	795.93
2000	21676.39	18778.83	10068.08	9798.93	10715.19	997.02
2001	30457.30	25862.66	12929.06	12663.01	15398.83	1000.46
2002	41539.86	30653.72	14603.34	14167.44	18908.60	1289.65
2003	53302.61	36167.56	16989.94	16307.99	24874.35	1844.36
2004	63277.29	42776.28	19078.26	18314.86	33885.96	2552.87
2005	72769.33	47907.48	20402.38	19546.93	40784.35	2535.22
2006	221069.33	61114.65	34120.86	24119.59	55555.63	5256.47
2007	414286.97	93475.93	63548.44	40477.95	91931.90	13446.40
2008	487007.21	114899.25	71131.38	46349.41	113233.89	10718.78
2009	617738.72	146061.96	85135.77	55180.06	121654.87	14553.27
2010	862290.24	185015.50	114091.20	69977.02	173389.61	22208.16
2011	1028873.51	228335.20	135847.32	83479.44	221275.29	26107.86
2012	1193598.71	266291.64	156762.70	94557.84	246104.25	26986.96
2013	1330017.51	300540.26	174511.40	108491.44	270556.52	30914.63
2014	1501082.96	339763.64	204689.62	118591.68	289130.24	33287.47
2015	1724649.05	394828.33	243815.18	138978.54	294081.84	34545.36
2016	2019170.62	464045.20	284311.36	163658.63	323793.93	37658.75
2017	2205062.02	540920.63	325028.73	189800.69	391171.88	44941.10
2018	2412856.04	609412.82	359922.26	207529.42	452680.62	46832.22
2019	2807826.22	926671.12	412953.37	262292.94	504793.39	51617.72
2020	3134275.88	760871.53	465259.15	257098.97	531266.93	53682.92
2021	3461538.93	864899.84	528681.38	295664.83	650005.24	65230.00

注：1.每股指标按境内股本数量计算。
2.每股指标采用整体法计算。
3.财务数据按2021年12月31日的上市公司为样本进行统计。

数据来源：中证数据
Source:CSDATA

6-19 续表 1 continued

年份 Year	归属母公司股东净利润(亿元) Net Profit Attributable to Parent Company Shareholders (100 million yuan)	其中：非金融上市公司归属母公司股东净利润(亿元) Thereinto:Net Profit Attributable to Parent Company Shareholders of Non-financial Listed Companies (100 million yuan)	经营活动产生的现金流量净额(亿元) Net Cash Flow from Operating Activities (100 million yuan)	资产负债率(%) Asset-liability Ratio (%)	其中：非金融上市公司资产负债率(%) Thereinto:Asset-liability Ratio of Non-financial Listed Companies (%)	总资产收益率(%) ROA (%)	其中：非金融上市公司总资产收益率(%) Thereinto:ROA of Non-financial Listed Companies (%)
1995	210.99	204.24	—	52.20	49.82	4.90	5.08
1996	281.75	271.02	—	51.32	49.01	4.44	4.55
1997	469.86	453.62	—	48.06	46.49	4.85	4.93
1998	465.91	450.48	449.69	47.58	46.05	3.76	3.81
1999	617.94	601.50	793.72	50.51	46.08	3.82	4.15
2000	758.50	736.57	1180.28	51.18	45.09	3.50	3.92
2001	687.38	666.16	2266.94	54.50	47.45	2.26	2.58
2002	807.84	766.06	3337.57	61.56	49.33	1.94	2.50
2003	1221.10	1156.98	3376.18	65.03	50.35	2.29	3.20
2004	1649.80	1571.88	3808.47	66.69	52.53	2.61	3.67
2005	1584.55	1496.59	4625.05	68.88	54.55	2.18	3.12
2006	3469.29	2362.05	11737.86	83.21	56.22	1.57	3.86
2007	9332.14	5748.67	19916.13	83.60	52.48	2.25	6.15
2008	8178.61	4193.81	26207.73	84.14	54.70	1.68	3.65
2009	10666.19	5510.23	28406.09	85.02	57.55	1.73	3.77
2010	16455.95	8729.75	26158.81	85.74	57.66	1.91	4.72
2011	19116.22	9608.09	30092.22	85.72	59.06	1.86	4.21
2012	19652.78	8795.95	45527.09	85.77	60.05	1.65	3.30
2013	22494.88	9984.22	30509.23	85.75	60.87	1.78	3.52
2014	24189.85	10222.51	48693.60	85.25	60.69	1.71	3.18
2015	24719.78	9140.10	84691.48	84.66	60.16	1.43	2.31
2016	27319.72	12044.25	74060.11	84.64	60.01	1.35	2.60
2017	33266.58	16779.57	32742.70	83.87	60.07	1.51	3.10
2018	33644.69	16496.76	46308.72	83.54	60.76	1.39	2.71
2019	37536.39	20793.30	57069.92	83.69	67.11	1.34	2.25
2020	39530.81	18485.05	89557.65	83.47	60.34	1.26	2.43
2021	48461.62	24912.90	72332.47	83.01	59.96	1.60	3.49

6-19 续表 2 continued

年份 Year	平均净资产收益率 (%) Average ROE (%)	其中：非金融上市公司平均净资产收益率 (%) Thereinto:Average ROE of Non-financial Listed Companies (%)	每股指标 Share Index 每股净资产（元） BPS (yuan)	每股收益（元） EPS (yuan)	每股经营活动现金流量净额（元） Net Cash Flow from Operating Activities Per Share (yuan)
1995	11.26	11.11	2.29	0.25	—
1996	10.63	10.40	2.42	0.23	—
1997	11.31	11.15	2.47	0.24	—
1998	8.14	8.02	2.46	0.18	0.18
1999	8.62	8.59	2.47	0.20	0.26
2000	8.29	8.26	2.65	0.20	0.31
2001	5.53	5.47	2.48	0.13	0.43
2002	5.73	5.58	2.48	0.14	0.57
2003	7.61	7.49	2.64	0.19	0.52
2004	9.08	9.01	2.66	0.23	0.53
2005	7.99	7.87	2.67	0.21	0.61
2006	11.52	10.63	2.30	0.23	0.79
2007	16.73	15.98	2.85	0.42	0.89
2008	12.07	9.57	2.92	0.34	1.08
2009	13.60	10.81	3.25	0.41	1.08
2010	16.04	13.75	3.43	0.49	0.79
2011	15.19	12.39	3.75	0.53	0.83
2012	13.35	9.78	4.07	0.51	1.18
2013	13.58	10.06	4.29	0.55	0.75
2014	12.71	9.14	4.66	0.55	1.11
2015	9.47	6.10	4.87	0.49	1.69
2016	10.27	7.92	5.73	0.55	1.49
2017	10.84	9.40	5.98	0.61	0.60
2018	9.75	8.26	5.53	0.52	0.71
2019	9.59	8.29	5.93	0.54	0.82
2020	8.93	7.53	6.31	0.54	1.22
2021	9.65	8.87	6.68	0.63	0.94

6-20 2021年沪深交易所上市公司分行业主要财务指标

行业 Industry	资产规模 Asset Size	
	总资产 (亿元) Total Asset (100 million yuan)	归属母公司股东净资产 (亿元) Net Asset Attributable to Parent Company Shareholders (100 million yuan)
农、林、牧、渔 Agriculture,Forestry,Animal Husbandry and Fishery	5377.71	1932.64
采矿业 Mining	78132.76	34566.94
制造业 Manufacturing	327093.79	146910.07
电力、热力、燃气及水生产和供应业 Production and Supply of Electricity,Gas and Water	60245.15	17270.53
建筑业 Construction	127049.69	20572.66
批发和零售业 Wholesale and Retail Trades	35690.71	9792.82
交通运输、仓储和邮政业 Transport,Storage and Post	47172.42	18645.91
住宿和餐饮业 Hotels and Catering Services	922.37	353.84
信息传输、软件和信息技术服务业 Information Transmission,Computer Services and Software	31264.90	16370.08
金融业 Financial Intermediation	2596639.09	233016.55
房地产业 Real Estate	122989.25	16889.26
租赁和商务服务业 Leasing and Business Services	9959.06	3220.89
科学研究和技术服务业 Scientific Research,Technical Service	3889.69	2375.85
水利、环境和公共设施管理业 Management of Water Conservancy,Environment and Public Facilities	7445.93	2817.62
居民服务、修理和其他服务业 Resident Services,Repairing and Other Services	2.40	1.60
教育 Education	360.60	129.47
卫生和社会工作 Health and Social Works	1085.36	486.18
文化、体育和娱乐业 Culture,Sports and Entertainment	5101.68	2929.79
综合 Others	1116.37	398.67

注：1.每股指标按境内股本数量计算。
　　2.每股指标采用整体法计算。
　　3.财务数据按2021年12月31日的上市公司为样本进行统计。
数据来源：中证数据
Source:CSDATA

Financial Indicators of Listed Companies of SSE and SZSE by Industry in 2021

经营情况 Business Circumstance				每股指标 Share Index	
营业收入 (亿元) Revenue (100 million yuan)	归属母公司股东净利润 (亿元) Net Profit Attributable to Parent Company Shareholders (100 million yuan)	资产负债率 (%) Asset-liability Ratio (%)	平均净资产收益率 (%) Average ROE (%)	每股净资产 (元) BPS (yuan)	每股收益 (元) EPS (yuan)
3078.25	-321.38	59.92	-15.43	4.08	-0.71
76579.17	3624.16	48.80	10.82	6.24	0.66
238079.54	15724.28	51.16	11.51	5.50	0.61
18559.83	519.01	63.89	3.05	4.00	0.13
81795.83	1616.81	76.23	8.19	6.88	0.59
53664.63	319.31	67.05	3.29	4.71	0.16
19674.98	1605.65	54.34	9.20	4.36	0.40
228.43	1.22	60.14	0.38	6.92	0.02
17062.17	734.82	40.26	4.69	4.23	0.20
100651.23	23548.72	90.69	10.63	10.03	1.02
24332.12	357.51	78.27	2.10	6.58	0.14
8932.95	240.94	62.73	7.69	3.57	0.27
1684.09	221.58	36.81	10.67	6.67	0.69
2263.14	65.64	59.04	2.40	4.63	0.11
3.12	0.07	33.09	3.78	1.23	0.05
161.97	-38.86	60.16	-27.43	1.23	-0.37
642.72	40.88	51.45	9.02	2.45	0.21
2132.56	182.08	40.93	6.41	4.32	0.28
478.51	19.19	53.37	4.83	3.08	0.15

6-21 2021年沪深交易所上市公司分辖区主要财务指标

辖区	Jurisdiction	资产规模 Asset Size			
		总资产(亿元) Total Asset (100 million yuan)	归属母公司股东净资产(亿元) Net Asset Attributable to Parent Company Shareholders (100 million yuan)	营业收入(亿元) Revenue (100 million yuan)	利润总额(亿元) Total Profit (100 million yuan)
北京	Beijing	1948670.31	224603.91	226426.58	26850.68
天津	Tianjin	13225.91	5577.42	10460.34	1672.51
河北	Hebei	22086.07	5907.04	9773.93	197.33
山西	Shanxi	11262.74	4564.40	5969.47	930.03
内蒙古	Inner Mongolia	7378.95	3358.39	4605.72	709.21
辽宁	Liaoning	4768.59	2283.35	4631.81	185.25
吉林	Jilin	5721.43	2172.84	2664.46	178.04
黑龙江	Heilongjiang	8456.77	1871.46	1947.83	89.50
上海	Shanghai	372768.72	55032.08	61207.78	5666.70
江苏	Jiangsu	119516.55	25710.63	30798.69	2361.83
浙江	Zhejiang	85702.59	22766.16	36274.98	3311.96
安徽	Anhui	18320.21	8283.98	12955.14	1196.82
福建	Fujian	106160.69	12091.18	11318.16	1563.36
江西	Jiangxi	7611.65	3322.79	9373.18	204.14
山东	Shandong	36623.43	12534.13	20538.82	1821.44
河南	Henan	20163.99	5772.33	8782.51	712.62
湖北	Hubei	19101.88	6606.25	8996.39	570.97
湖南	Hunan	22317.02	6828.76	8157.75	685.17
广东	Guangdong	67130.02	20643.74	29850.37	2657.84
广西	Guangxi	5479.78	1739.09	3574.55	149.06
海南	Hainan	3654.97	989.87	1278.35	37.24
重庆	Chongqing	33384.82	5471.89	7120.99	627.80
四川	Sichuan	27022.30	8073.33	9532.21	1052.09
贵州	Guizhou	12773.80	3613.87	2686.69	804.03
云南	Yunnan	7381.43	2977.94	5194.96	329.28
西藏	Tibet	1211.84	592.99	536.08	83.94
陕西	Shaanxi	15583.10	4762.31	6498.41	784.89
甘肃	Gansu	3135.21	1403.59	2019.27	103.84
青海	Qinghai	1399.17	440.22	974.47	96.03
宁夏	Ningxia	1062.13	646.83	470.81	106.41
新疆	Xinjiang	29605.32	5657.86	7524.94	846.76
深圳	Shenzhen	352188.65	47857.02	59254.27	6783.88
大连	Dalian	9995.22	2830.01	6622.97	302.39
宁波	Ningbo	30146.30	5536.42	6375.79	625.98
厦门	Xiamen	14681.04	2676.92	20410.40	474.80
青岛	Qingdao	15846.34	3480.39	5196.19	456.16
其他	Others	0.00	0.00	0.00	0.00

注：1.每股指标按境内股本数量计算。
2.每股指标采用整体法计算。
3.财务数据按2021年12月31日的上市公司为样本进行统计。
4.所属辖区按上市公司注册地划分，注册地在境外的上市公司标记为其他，以注册地(其他)为口径统计IPO家数，以沪深交易所股东大会公告为准。

数据来源：中证数据
Source:CSDATA

Financial Indicators of Listed Companies of SSE and SZSE by Jurisdiction in 2021

经营情况 Business Circumstance				每股指标 Share Index		
归属母公司股东净利润（亿元） Net Profit Attributable to Parent Company Shareholders (100 million yuan)	经营活动产生的现金流量净额（亿元） Net Cash Flow from Operating Activities (100 million yuan)	资产负债率 (%) Asset-liability Ratio (%)	平均净资产收益率 (%) Average ROE (%)	每股净资产（元） BPS (yuan)	每股收益（元） EPS (yuan)	每股经营活动现金流量净额（元） Net Cash Flow from Operating Activities Per Share (yuan)
20168.60	40330.32	87.34	9.40	7.60	0.70	1.39
1191.45	2123.92	51.87	24.28	5.76	1.29	2.30
-2.66	1258.81	68.63	-0.04	4.96	0.00	1.09
629.01	1199.60	56.36	14.63	4.76	0.67	1.28
529.43	932.75	48.37	17.17	3.26	0.52	0.92
134.43	294.39	51.08	6.10	4.18	0.25	0.54
139.93	381.41	58.83	6.62	4.14	0.27	0.75
51.02	545.48	73.70	2.76	3.27	0.09	0.96
4354.02	2298.36	83.79	8.24	8.28	0.68	0.36
1818.20	3472.98	76.97	7.45	5.77	0.42	0.81
2577.49	1826.73	71.61	12.22	5.34	0.63	0.45
936.09	1036.57	51.83	12.14	5.80	0.68	0.75
1226.71	-2587.74	87.73	10.61	8.66	0.89	-1.88
120.77	363.00	52.70	3.78	6.38	0.24	0.72
1416.31	2496.42	61.94	12.04	5.78	0.67	1.18
532.21	614.37	68.51	9.81	4.59	0.44	0.50
413.02	1116.79	62.35	6.57	5.18	0.33	0.90
535.72	861.32	67.82	8.40	5.26	0.44	0.71
1921.58	2581.90	63.40	9.73	5.44	0.53	0.71
109.67	250.70	62.35	6.52	3.66	0.23	0.53
26.34	66.18	69.47	3.48	1.28	0.04	0.10
466.56	1163.93	81.13	8.99	5.46	0.47	1.18
775.26	887.87	67.82	10.08	5.32	0.52	0.59
605.75	755.74	70.29	18.03	10.94	1.89	2.35
249.61	863.13	56.77	8.94	4.38	0.37	1.30
68.80	20.12	47.80	12.04	4.05	0.47	0.14
524.89	826.83	66.46	11.55	4.61	0.56	0.88
67.67	191.76	51.49	5.00	2.91	0.14	0.40
74.86	173.04	61.62	18.82	2.70	0.46	1.07
91.35	112.92	38.20	14.86	3.06	0.44	0.54
558.44	877.22	75.81	10.92	5.06	0.52	0.82
4771.87	3912.82	83.64	10.55	9.99	1.01	0.83
214.74	567.44	63.60	8.03	3.68	0.30	0.79
512.69	-66.98	80.68	9.93	6.61	0.63	-0.08
285.36	138.17	73.61	11.46	6.89	0.76	0.37
364.43	444.20	77.05	11.16	6.27	0.67	0.82
0.00	0.00	0.00	0.00	0.00	0.00	0.00

6–22 沪深交易所货币金融服务类上市公司与其他上市公司主要财务指标对比

Financial Indicator of Monetary Financial Listed Companies and Others in SSE and SZSE

年份 Year	总资产(亿元) Total Asset (100 million yuan)		归属母公司股东净利润(亿元) Net Profit Attributable to Parent Company Shareholders (100 million yuan)		平均净资产收益率(%) Average ROE (%)	
	货币金融服务类上市公司 Monetary Financial Listed Companies	其他上市公司 Others	货币金融服务类上市公司 Monetary Financial Listed Companies	其他上市公司 Others	货币金融服务类上市公司 Monetary Financial Listed Companies	其他上市公司 Others
2001	4327.16	26130.14	21.11	666.27	12.31	5.43
2002	10634.08	30905.79	43.43	764.40	15.79	5.53
2003	16756.94	36545.67	63.05	1158.04	14.03	7.43
2004	20123.09	43154.21	84.19	1565.61	14.76	8.89
2005	24438.87	48330.46	106.09	1478.46	15.77	7.72
2006	158639.16	62430.17	1076.63	2392.65	14.02	10.67
2007	298402.19	115884.78	2809.64	6522.50	16.99	16.62
2008	349114.31	137892.90	3734.00	4444.61	18.89	9.26
2009	439733.86	178004.86	4348.33	6317.86	19.20	11.32
2010	638362.13	223928.11	6773.89	9682.06	20.69	13.86
2011	744953.81	283919.70	8750.06	10366.15	21.35	12.21
2012	859022.11	334576.59	10269.28	9383.51	20.98	9.55
2013	951375.30	378642.22	11584.11	10910.76	20.28	10.05
2014	1057628.16	443454.80	12473.85	11716.00	18.59	9.51
2015	1188446.68	536951.56	12696.67	12075.64	14.77	7.42
2016	1393070.19	632689.64	13270.64	14354.96	14.16	10.49
2017	1480171.96	724890.06	13910.26	19356.31	13.32	9.56
2018	1591159.84	821696.20	14825.18	18819.50	12.70	8.24
2019	1881155.09	926671.12	16743.09	20793.30	11.91	8.29
2020	2076948.02	1057327.86	16874.65	22656.16	10.61	7.98
2021	2264015.69	1197523.24	19186.82	29274.80	10.75	9.04

注：1.每股指标按境内股本数量计算。
2.每股指标采用整体法计算。
3.财务数据按2021年12月31日的上市公司为样本进行统计。

数据来源：中证数据

Source:CSDATA

6-22 续表 continued

年份 Year	每股收益(元) EPS (yuan)		每股净资产(元) BPS (yuan)		每股经营活动现金流量净额(元) Net Cash Flow from Operating Activities Per Share (yuan)	
	货币金融服务类上市公司 Monetary Financial Listed Companies	其他上市公司 Others	货币金融服务类上市公司 Monetary Financial Listed Companies	其他上市公司 Others	货币金融服务类上市公司 Monetary Financial Listed Companies	其他上市公司 Others
2001	0.32	0.13	2.44	2.48	4.89	0.38
2002	0.31	0.13	2.44	2.49	5.85	0.44
2003	0.34	0.19	2.81	2.63	2.50	0.47
2004	0.38	0.23	2.79	2.66	0.91	0.52
2005	0.38	0.20	2.63	2.67	1.27	0.58
2006	0.17	0.28	1.56	2.83	0.95	0.68
2007	0.29	0.52	1.92	3.56	0.93	0.86
2008	0.38	0.30	2.16	3.42	1.66	0.69
2009	0.44	0.39	2.47	3.72	1.12	1.06
2010	0.47	0.51	2.61	4.04	0.77	0.80
2011	0.60	0.48	3.07	4.21	1.22	0.57
2012	0.70	0.39	3.62	4.35	1.75	0.83
2013	0.77	0.42	4.08	4.42	0.80	0.72
2014	0.82	0.41	4.82	4.57	1.63	0.83
2015	0.83	0.35	5.59	4.55	3.75	0.78
2016	0.84	0.66	6.26	4.64	0.30	0.67
2017	1.27	0.45	10.01	4.96	0.91	0.53
2018	0.89	0.39	7.38	4.89	0.52	0.78
2019	0.92	0.40	8.29	5.09	0.37	0.98
2020	0.92	0.41	9.14	5.38	1.94	0.97
2021	1.04	0.50	10.14	5.62	0.72	1.01

6-23　2021年沪深交易所上市公司分行业每股收益

单位：家

行业 Industry	1.00元以上 Above 1.00 yuan	0.80-1.00元 0.80-1.00 yuan	0.50-0.80元 0.50-0.80 yuan
农、林、牧、渔业 Agriculture,Forestry,Animal Husbandry and Fishery	2	0	3
采矿业 Mining	19	3	13
制造业 Manufacturing	688	226	446
电力、热力、燃气及水生产和供应业 Production and Supply of Electricity,Gas and Water	7	5	16
建筑业 Construction	11	7	11
批发和零售业 Wholesale and Retail Trades	34	13	21
交通运输、仓储和邮政业 Transport,Storage and Post	11	8	15
住宿和餐饮业 Hotels and Catering Services	0	0	2
信息传输、软件和信息技术服务业 Information Transmission,Computer Services and Software	51	18	40
金融业 Financial Intermediation	34	13	32
房地产业 Real Estate	16	3	5
租赁和商务服务业 Leasing and Business Services	10	0	6
科学研究和技术服务业 Scientific Research,Technical Service	27	11	11
水利、环境和公共设施管理业 Management of Water Conservancy,Environment and Public Facilities	14	5	19
居民服务、修理和其他服务业 Resident Services,Repairing and Other Services	0	0	0
教育 Education	1	0	1
卫生和社会工作 Health and Social Works	3	0	1
文化、体育和娱乐业 Culture,Sports and Entertainment	5	7	7
综合 Others	0	0	1

注：1.每股指标按境内股本数量计算。
2.每股指标采用整体法计算。
3.财务数据按2021年12月31日的上市公司为样本进行统计。
4.上表分组遵循“上组限不在内”的原则，如“0.80-1.00元”包括0.80元，不包括1.00元。

数据来源：中证数据
Source:CSDATA

EPS of Listed Companies of SSE and SZSE by Industry in 2021

(unit)

0.20−0.50元 0.20-0.50 yuan	0.10−0.20元 0.10-0.20 yuan	0.05−0.10元 0.05-0.10 yuan	0.00−0.05元 0.00-0.05 yuan	亏损 Deficit	合计 Total
7	7	3	8	18	48
15	9	6	6	8	79
660	260	160	151	402	2993
38	19	4	10	29	128
24	13	8	3	32	109
37	23	14	17	27	186
33	15	8	4	15	109
0	0	4	0	3	9
85	37	32	26	81	370
24	9	3	5	7	127
31	11	12	10	29	117
13	7	4	6	20	66
21	5	2	1	7	85
13	7	3	3	23	87
0	0	0	1	0	1
1	1	0	1	7	12
1	0	1	1	7	14
6	10	4	9	14	62
5	1	0	2	4	13

6-24　2021年沪深交易所上市公司分辖区每股收益

单位：家

辖区	Jurisdiction	1.00元以上 Above 1.00 yuan	0.80-1.00元 0.80-1.00 yuan	0.50-0.80元 0.50-0.80 yuan
北京	Beijing	82	26	54
天津	Tianjin	12	6	6
河北	Hebei	11	5	12
山西	Shanxi	9	2	5
内蒙古	Inner Mongolia	8	0	3
辽宁	Liaoning	5	3	7
吉林	Jilin	3	3	6
黑龙江	Heilongjiang	3	1	1
上海	Shanghai	89	28	55
江苏	Jiangsu	112	58	86
浙江	Zhejiang	128	36	90
安徽	Anhui	31	11	30
福建	Fujian	12	8	9
江西	Jiangxi	15	5	8
山东	Shandong	47	15	31
河南	Henan	22	9	14
湖北	Hubei	23	10	17
湖南	Hunan	28	3	13
广东	Guangdong	73	23	48
广西	Guangxi	2	2	6
海南	Hainan	0	1	2
重庆	Chongqing	8	4	11
四川	Sichuan	32	6	25
贵州	Guizhou	8	2	4
云南	Yunnan	10	0	4
西藏	Tibet	3	2	2
陕西	Shaanxi	13	4	9
甘肃	Gansu	2	1	2
青海	Qinghai	1	1	1
宁夏	Ningxia	1	1	0
新疆	Xinjiang	7	2	7
深圳	Shenzhen	80	18	46
大连	Dalian	3	2	2
宁波	Ningbo	22	9	16
厦门	Xiamen	16	4	9
青岛	Qingdao	12	8	9
其他	Others	0	0	0

注：1.每股指标按境内股本数量计算。
2.每股指标采用整体法计算。
3.财务数据按2021年12月31日的上市公司为样本进行统计。
4.所属辖区按上市公司注册地划分，注册地在境外的上市公司标记为其他，以注册地(其他)为口径统计IPO家数，以沪深交易所股东大会公告为准。
5.上表分组遵循“上组限不在内”的原则，如“0.80-1.00元”包括0.80元，不包括1.00元。

数据来源：中证数据
Source:CSDATA

EPS of Listed Companies of SSE and SZSE by Jurisdiction in 2021

(unit)

0.20−0.50元 0.20-0.50 yuan	0.10−0.20元 0.10-0.20 yuan	0.05−0.10元 0.05-0.10 yuan	0.00−0.05元 0.00-0.05 yuan	亏损 Deficit	合计 Total
84	30	25	26	86	413
12	8	9	5	5	63
13	5	6	8	6	66
9	3	3	4	5	40
6	3	4	2	2	28
6	7	4	4	14	50
9	8	2	6	9	46
9	9	3	5	7	38
76	34	26	31	48	387
125	53	23	22	79	558
117	36	25	17	48	497
39	7	6	6	14	144
26	10	7	7	20	99
13	8	4	3	9	65
46	13	10	14	30	206
22	6	7	4	11	95
25	9	11	4	26	125
32	10	7	10	27	130
81	47	24	20	67	383
6	4	5	6	7	38
4	3	3	5	16	34
13	9	3	1	12	61
32	24	10	5	18	152
9	4	1	1	4	33
7	1	2	7	9	40
7	3	1	1	2	21
13	7	2	3	13	64
6	8	1	3	10	33
2	2	0	0	4	11
5	2	0	3	3	15
9	7	5	6	15	58
82	35	22	14	72	369
3	4	1	3	11	29
38	5	3	4	9	106
16	3	2	2	10	62
12	7	1	2	5	56
0	0	0	0	0	0

6-25　2021年沪深交易所上市公司分行业每股净资产

单位：家

行业 Industry	5.00元以上 Above 5.00 yuan	3.00-5.00元 3.00-5.00 yuan	2.00-3.00元 2.00-3.00 yuan
农、林、牧、渔业 Agriculture,Forestry,Animal Husbandry and Fishery	12	13	6
采矿业 Mining	32	22	10
制造业 Manufacturing	1573	742	349
电力、热力、燃气及水生产和供应业 Production and Supply of Electricity,Gas and Water	48	44	20
建筑业 Construction	44	27	12
批发和零售业 Wholesale and Retail Trades	93	41	22
交通运输、仓储和邮政业 Transport,Storage and Post	52	39	7
住宿和餐饮业 Hotels and Catering Services	4	2	1
信息传输、软件和信息技术服务业 Information Transmission,Computer Services and Software	176	83	37
金融业 Financial Intermediation	89	24	4
房地产业 Real Estate	49	31	12
租赁和商务服务业 Leasing and Business Services	20	18	7
科学研究和技术服务业 Scientific Research,Technical Service	55	18	5
水利、环境和公共设施管理业 Management of Water Conservancy,Environment and Public Facilities	48	24	7
居民服务、修理和其他服务业 Resident Services,Repairing and Other Services	0	0	0
教育 Education	1	5	2
卫生和社会工作 Health and Social Works	3	2	4
文化、体育和娱乐业 Culture,Sports and Entertainment	23	13	11
综合 Others	0	7	3

注：1.每股指标按境内股本数量计算。
　　2.每股指标采用整体法计算。
　　3.财务数据按2021年12月31日的上市公司为样本进行统计。
　　4.上表分组遵循"上组限不在内"的原则，如"0.50-1.00元"包括0.50元，不包括1.00元。
数据来源：中证数据
Source:CSDATA

BPS of Listed Companies of SSE and SZSE by Industry in 2021

(unit)

1.00-2.00元 1.00-2.00 yuan	0.50-1.00元 0.50-1.00 yuan	0.00-0.50元 0.00-0.50 yuan	小于0.00元 Below 0.00 yuan	合计 Total
11	3	3	0	48
7	2	5	1	79
204	46	59	20	2993
5	2	7	2	128
14	8	3	1	109
18	6	6	0	186
6	2	2	1	109
0	1	1	0	9
35	21	14	4	370
4	3	1	2	127
13	3	9	0	117
10	1	7	3	66
3	1	3	0	85
5	2	0	1	87
1	0	0	0	1
1	1	2	0	12
1	2	1	1	14
11	2	2	0	62
0	0	3	0	13

6-26 2021年沪深交易所上市公司分辖区每股净资产

单位：家

辖区	Jurisdiction	5.00元以上 Above 5.00 yuan	3.00-5.00元 3.00-5.00 yuan	2.00-3.00元 2.00-3.00 yuan
北京	Beijing	213	108	42
天津	Tianjin	33	10	11
河北	Hebei	32	17	8
山西	Shanxi	15	7	12
内蒙古	Inner Mongolia	9	9	5
辽宁	Liaoning	20	13	5
吉林	Jilin	14	16	8
黑龙江	Heilongjiang	12	10	6
上海	Shanghai	227	78	40
江苏	Jiangsu	307	130	59
浙江	Zhejiang	272	136	41
安徽	Anhui	81	44	11
福建	Fujian	39	29	12
江西	Jiangxi	30	16	10
山东	Shandong	116	46	17
河南	Henan	48	24	12
湖北	Hubei	64	27	11
湖南	Hunan	59	32	14
广东	Guangdong	186	96	49
广西	Guangxi	10	12	5
海南	Hainan	5	4	6
重庆	Chongqing	28	20	9
四川	Sichuan	72	40	19
贵州	Guizhou	17	9	4
云南	Yunnan	18	8	5
西藏	Tibet	7	8	5
陕西	Shaanxi	28	22	6
甘肃	Gansu	7	10	9
青海	Qinghai	2	2	3
宁夏	Ningxia	4	5	2
新疆	Xinjiang	19	14	8
深圳	Shenzhen	187	91	41
大连	Dalian	8	8	5
宁波	Ningbo	62	28	7
厦门	Xiamen	34	14	8
青岛	Qingdao	37	12	4
其他	Others	0	0	0

注：1.每股指标按境内股本数量计算。
2.每股指标采用整体法计算。
3.财务数据按2021年12月31日的上市公司为样本进行统计。
4.所属辖区按上市公司注册地划分，注册地在境外的上市公司标记为其他，以注册地(其他)为口径统计IPO家数，以沪深交易所股东大会公告为准。
5.上表分组遵循“上组限不在内”的原则，如“0.50-1.00元”包括0.50元，不包括1.00元。

数据来源：中证数据
Source:CSDATA

BPS of Listed Companies of SSE and SZSE by Jurisdiction in 2021

(unit)

1.00−2.00元 1.00-2.00 yuan	0.50−1.00元 0.50-1.00 yuan	0.00−0.50元 0.00-0.50 yuan	小于0.00元 Below 0.00 yuan	合计 Total
29	5	11	5	413
7	0	2	0	63
5	1	3	0	66
3	2	1	0	40
4	0	1	0	28
6	2	3	1	50
3	3	1	1	46
5	2	0	3	38
22	12	6	2	387
40	10	11	1	558
25	12	9	2	497
3	2	3	0	144
14	4	1	0	99
4	2	2	1	65
13	5	8	1	206
6	1	3	1	95
10	4	7	2	125
15	3	7	0	130
34	8	7	3	383
7	1	2	1	38
10	3	5	1	34
4	0	0	0	61
7	5	5	4	152
2	0	1	0	33
5	0	3	1	40
0	0	1	0	21
4	3	1	0	64
2	3	1	1	33
2	0	1	1	11
1	1	2	0	15
8	2	6	1	58
29	8	10	3	369
6	0	2	0	29
8	0	1	0	106
3	2	1	0	62
3	0	0	0	56
0	0	0	0	0

6-27 2021年沪深交易所上市公司分行业平均净资产收益率

单位：家

行业 Industry	100%以上 Above 100%	60%-100%	40%-60%
农、林、牧、渔业 Agriculture,Forestry,Animal Husbandry and Fishery	0	0	0
采矿业 Mining	0	0	2
制造业 Manufacturing	23	8	24
电力、热力、燃气及水生产和供应业 Production and Supply of Electricity,Gas and Water	2	0	1
建筑业 Construction	0	0	0
批发和零售业 Wholesale and Retail Trades	1	1	3
交通运输、仓储和邮政业 Transport,Storage and Post	1	0	1
住宿和餐饮业 Hotels and Catering Services	0	0	0
信息传输、软件和信息技术服务业 Information Transmission,Computer Services and Software	1	0	4
金融业 Financial Intermediation	2	0	0
房地产业 Real Estate	0	0	1
租赁和商务服务业 Leasing and Business Services	2	0	1
科学研究和技术服务业 Scientific Research,Technical Service	0	0	0
水利、环境和公共设施管理业 Management of Water Conservancy,Environment and Public Facilities	1	0	0
居民服务、修理和其他服务业 Resident Services,Repairing and Other Services	0	0	0
教育 Education	0	0	0
卫生和社会工作 Health and Social Works	1	0	1
文化、体育和娱乐业 Culture,Sports and Entertainment	1	0	0
综合 Others	0	0	0

注：1.每股指标按境内股本数量计算。
2.每股指标采用整体法计算。
3.财务数据按2021年12月31日的上市公司为样本进行统计。
4.上表分组遵循“上组限不在内”的原则，如“0%-5%”包括0%，不包括5%。

数据来源：中证数据
Source:CSDATA

ROE of Listed Companies of SSE and SZSE by Industry in 2021

(unit)

30%-40%	20%-30%	10%-20%	5%-10%	0%-5%	小于0% Below 0%	合计 Total
0	1	5	7	17	18	48
1	12	19	17	20	8	79
56	221	962	764	543	392	2993
1	3	32	33	29	27	128
0	3	25	27	22	32	109
2	6	51	43	52	27	186
1	4	27	38	21	16	109
0	0	0	2	4	3	9
2	16	81	82	103	81	370
1	2	50	50	17	5	127
0	5	17	24	39	31	117
4	1	10	12	17	19	66
0	3	39	27	9	7	85
0	2	26	20	16	22	87
0	0	0	0	1	0	1
0	1	1	2	1	7	12
0	3	2	0	1	6	14
0	2	17	11	18	13	62
0	0	3	5	1	4	13

6-28 2021年沪深交易所上市公司分辖区平均净资产收益率

单位：家

辖区	Jurisdiction	100%以上 Above 100%	60%-100%	40%-60%
北京	Beijing	5	0	1
天津	Tianjin	1	0	1
河北	Hebei	0	0	1
山西	Shanxi	1	0	4
内蒙古	Inner Mongolia	0	0	1
辽宁	Liaoning	2	0	0
吉林	Jilin	1	0	1
黑龙江	Heilongjiang	2	0	0
上海	Shanghai	1	0	2
江苏	Jiangsu	3	1	6
浙江	Zhejiang	3	1	4
安徽	Anhui	0	0	0
福建	Fujian	0	0	0
江西	Jiangxi	1	0	0
山东	Shandong	1	0	4
河南	Henan	1	0	0
湖北	Hubei	3	1	0
湖南	Hunan	0	1	1
广东	Guangdong	3	1	2
广西	Guangxi	1	0	0
海南	Hainan	0	0	0
重庆	Chongqing	0	2	0
四川	Sichuan	2	0	3
贵州	Guizhou	1	0	0
云南	Yunnan	0	0	1
西藏	Tibet	0	0	0
陕西	Shaanxi	0	0	0
甘肃	Gansu	0	0	0
青海	Qinghai	0	1	0
宁夏	Ningxia	0	0	0
新疆	Xinjiang	0	1	1
深圳	Shenzhen	2	0	3
大连	Dalian	0	0	0
宁波	Ningbo	1	0	2
厦门	Xiamen	0	0	0
青岛	Qingdao	0	0	0
其他	Others	0	0	0

注：1.每股指标按境内股本数量计算。
2.每股指标采用整体法计算。
3.财务数据按2021年12月31日的上市公司为样本进行统计。
4.上表分组遵循“上组限不在内”的原则，如“0%-5%”包括0%，不包括5%。
5.所属辖区按上市公司注册地划分，注册地在境外的上市公司标记为其他，以注册地(其他)为口径统计IPO家数，以沪深交易所股东大会公告为准。

数据来源：中证数据
Source:CSDATA

ROE of Listed Companies of SSE and SZSE by Jurisdiction in 2021

(unit)

30%-40%	20%-30%	10%-20%	5%-10%	0%-5%	小于0% Below 0%	合计 Total
2	11	112	113	87	82	413
1	3	12	18	21	6	63
2	3	20	19	15	6	66
2	3	9	7	10	4	40
3	4	4	7	7	2	28
0	3	12	9	12	12	50
0	2	7	12	15	8	46
0	2	8	6	15	5	38
4	28	106	111	88	47	387
7	25	190	155	93	78	558
11	43	178	132	78	47	497
2	13	58	33	23	15	144
1	6	24	23	24	21	99
2	3	21	17	12	9	65
2	17	65	48	39	30	206
4	7	28	26	18	11	95
2	6	36	28	23	26	125
2	8	38	20	33	27	130
5	23	102	99	82	66	383
0	0	9	11	10	7	38
0	0	4	5	7	18	34
0	0	20	18	9	12	61
5	14	46	32	34	16	152
0	2	14	6	6	4	33
0	4	7	9	11	8	40
0	3	4	7	5	2	21
0	8	19	12	12	13	64
0	1	7	7	8	10	33
0	1	3	1	1	4	11
0	1	3	2	6	3	15
0	4	8	16	14	14	58
8	14	112	90	70	70	369
0	3	4	5	6	11	29
1	9	36	32	16	9	106
1	8	20	13	10	10	62
1	3	21	15	11	5	56
0	0	0	0	0	0	0

6-29 2021年沪深交易所上市公司分行业每股经营活动产生的现金流量净额

单位：家

行业 Industry	3.00元以上 Above 3.00 yuan	2.50-3.00元 2.50-3.00 yuan	2.00-2.50元 2.00-2.50 yuan
农、林、牧、渔业 Agriculture,Forestry,Animal Husbandry and Fishery	1	0	0
采矿业 Mining	14	4	1
制造业 Manufacturing	128	49	70
电力、热力、燃气及水生产和供应业 Production and Supply of Electricity,Gas and Water	3	0	7
建筑业 Construction	1	1	0
批发和零售业 Wholesale and Retail Trades	18	5	7
交通运输、仓储和邮政业 Transport,Storage and Post	6	1	3
住宿和餐饮业 Hotels and Catering Services	0	0	2
信息传输、软件和信息技术服务业 Information Transmission,Computer Services and Software	12	1	3
金融业 Financial Intermediation	22	2	5
房地产业 Real Estate	11	7	9
租赁和商务服务业 Leasing and Business Services	3	2	1
科学研究和技术服务业 Scientific Research,Technical Service	3	1	2
水利、环境和公共设施管理业 Management of Water Conservancy,Environment and Public Facilities	1	1	0
居民服务、修理和其他服务业 Resident Services,Repairing and Other Services	0	0	0
教育 Education	1	0	1
卫生和社会工作 Health and Social Works	1	1	1
文化、体育和娱乐业 Culture,Sports and Entertainment	0	0	0
综合 Others	0	0	0

注：1.每股指标按境内股本数量计算。
2.每股指标采用整体法计算。
3.财务数据按2021年12月31日的上市公司为样本进行统计。
4.上表分组遵循“上组限不在内”的原则，如“0.50-1.00元”包括0.50元，不包括1.00元。

数据来源：中证数据
Source:CSDATA

Net Cash Flow from Operating Activities Per Share of Listed Companies of SSE and SZSE by Industry in 2021

(unit)

1.50−2.00元 1.50-2.00 yuan	1.00−1.50元 1.00-1.50 yuan	0.50−1.00元 0.50-1.00 yuan	0.00−0.50元 0.00-0.50 yuan	小于0.00元 below 0.00 yuan	合计 Total
1	7	7	21	11	48
8	11	14	23	4	79
147	286	599	1094	620	2993
6	14	38	46	14	128
1	11	18	33	44	109
9	16	27	54	50	186
10	18	29	37	5	109
1	1	1	3	1	9
9	23	47	161	114	370
11	5	12	20	50	127
5	6	16	27	36	117
0	4	11	27	18	66
6	9	24	27	13	85
1	8	13	31	32	87
0	0	0	1	0	1
0	0	1	5	4	12
0	0	3	6	2	14
3	11	17	22	9	62
0	1	3	5	4	13

6-30 2021年沪深交易所上市公司分辖区每股经营活动产生的现金流量净额

单位：家

辖区	Jurisdiction	3.00元以上 Above 3.00 yuan	2.50-3.00元 2.50-3.00 yuan	2.00-2.50元 2.00-2.50 yuan
北京	Beijing	23	5	17
天津	Tianjin	3	0	2
河北	Hebei	6	1	1
山西	Shanxi	4	4	1
内蒙古	Inner Mongolia	4	0	1
辽宁	Liaoning	1	0	0
吉林	Jilin	4	0	0
黑龙江	Heilongjiang	1	0	1
上海	Shanghai	18	12	8
江苏	Jiangsu	22	6	12
浙江	Zhejiang	23	4	13
安徽	Anhui	4	3	2
福建	Fujian	2	0	3
江西	Jiangxi	0	2	3
山东	Shandong	14	6	7
河南	Henan	7	2	1
湖北	Hubei	5	3	2
湖南	Hunan	8	2	2
广东	Guangdong	13	5	11
广西	Guangxi	0	0	1
海南	Hainan	1	0	0
重庆	Chongqing	4	3	2
四川	Sichuan	6	3	0
贵州	Guizhou	2	1	1
云南	Yunnan	5	2	1
西藏	Tibet	0	0	1
陕西	Shaanxi	4	2	1
甘肃	Gansu	1	0	0
青海	Qinghai	1	0	0
宁夏	Ningxia	1	1	1
新疆	Xinjiang	4	2	1
深圳	Shenzhen	23	1	13
大连	Dalian	0	1	1
宁波	Ningbo	5	1	0
厦门	Xiamen	5	2	1
青岛	Qingdao	1	1	1
其他	Others	0	0	0

注：1.每股指标按境内股本数量计算。
2.每股指标采用整体法计算。
3.财务数据按2021年12月31日的上市公司为样本进行统计。
4.上表分组遵循“上组限不在内”的原则，如“0.50-1.00元”包括0.50元，不包括1.00元。
5.所属辖区按上市公司注册地划分，注册地在境外的上市公司标记为其他，以注册地(其他)为口径统计IPO家数，以沪深交易所股东大会公告为准。

数据来源：中证数据

Source:CSDATA

Net Cash Flow from Operating Activities Per Share of Listed Companies of SSE and SZSE by Jurisdiction in 2021

(unit)

1.50−2.00元 1.50-2.00 yuan	1.00−1.50元 1.00-1.50 yuan	0.50−1.00元 0.50-1.00 yuan	0.00−0.50元 0.00-0.50 yuan	小于0.00元 below 0.00 yuan	合计 Total
24	37	68	145	94	413
4	5	13	24	12	63
4	6	8	26	14	66
0	3	7	15	6	40
0	3	7	11	2	28
2	7	6	23	11	50
2	1	9	19	11	46
0	2	7	15	12	38
22	32	72	140	83	387
22	61	111	191	133	558
17	45	124	178	93	497
9	14	26	43	43	144
2	11	21	37	23	99
6	8	8	25	13	65
9	26	31	78	35	206
8	12	11	40	14	95
8	16	26	36	29	125
10	13	22	43	30	130
27	30	77	140	80	383
1	3	9	12	12	38
1	1	3	19	9	34
2	2	15	19	14	61
6	18	32	55	32	152
2	2	6	14	5	33
2	2	6	11	11	40
1	3	4	7	5	21
3	1	18	24	11	64
1	2	5	15	9	33
0	2	1	5	2	11
0	1	1	7	3	15
3	4	8	25	11	58
9	35	54	125	109	369
0	2	5	12	8	29
2	13	31	25	29	106
5	5	13	18	13	62
4	3	15	21	10	56
0	0	0	0	0	0

6-31 北交所上市公司数量
Number of Listed Companies in BSE

单位：家

年份 Year	北交所 BSE
1991	—
1992	—
1993	—
1994	—
1995	—
1996	—
1997	—
1998	—
1999	—
2000	—
2001	—
2002	—
2003	—
2004	—
2005	—
2006	—
2007	—
2008	—
2009	—
2010	—
2011	—
2012	—
2013	—
2014	—
2015	—
2016	—
2017	—
2018	—
2019	—
2020	—
2021	82

注：上市公司数量按上市日口径统计。
数据来源：北京证券交易所
Source:BSE

6-32 分行业北交所上市公司数量
Number of Listed Companies by Industry in BSE

单位：家 (unit)

行业 Industry	北交所 BSE	
	2020	2021
农、林、牧、渔 Agriculture,Forestry,Animal Husbandry and Fishery	—	0
采矿业 Mining	—	0
制造业 Manufacturing	—	58
电力、热力、燃气及水生产和供应业 Production and Supply of Electricity,Gas and Water	—	1
建筑业 Construction	—	0
批发和零售业 Wholesale and Retail Trades	—	1
交通运输、仓储和邮政业 Transport,Storage and Post	—	0
住宿和餐饮业 Hotels and Catering Services	—	0
信息传输、软件和信息技术服务业 Information Transmission,Computer Services and Software	—	13
金融业 Financial Intermediation	—	0
房地产业 Real Estate	—	0
租赁和商务服务业 Leasing and Business Services	—	1
科学研究和技术服务业 Scientific Research,Technical Service	—	5
水利、环境和公共设施管理业 Management of Water Conservancy,Environment and Public Facilities	—	3
居民服务、修理和其他服务业 Resident Services,Repairing and Other Services	—	0
教育 Education	—	0
卫生和社会工作 Health and Social Works	—	0
文化、体育和娱乐业 Culture,Sports and Entertainment	—	0
综合 Others	—	0

注：上市公司数量按上市日口径统计。
数据来源：北京证券交易所
Source:BSE

6-33 分辖区北交所上市公司数量
Number of Listed Companies by Jurisdiction in BSE

单位：家 (unit)

辖区	Jurisdiction	北交所 BSE 2020	北交所 BSE 2021
北京	Beijing	—	11
天津	Tianjin	—	0
河北	Hebei	—	3
山西	Shanxi	—	1
内蒙古	Inner Mongolia	—	1
辽宁	Liaoning	—	0
吉林	Jilin	—	2
黑龙江	Heilongjiang	—	0
上海	Shanghai	—	3
江苏	Jiangsu	—	13
浙江	Zhejiang	—	2
安徽	Anhui	—	5
福建	Fujian	—	1
江西	Jiangxi	—	1
山东	Shandong	—	5
河南	Henan	—	3
湖北	Hubei	—	3
湖南	Hunan	—	2
广东	Guangdong	—	7
广西	Guangxi	—	1
海南	Hainan	—	0
重庆	Chongqing	—	2
四川	Sichuan	—	4
贵州	Guizhou	—	0
云南	Yunnan	—	1
西藏	Tibet	—	0
陕西	Shaanxi	—	2
甘肃	Gansu	—	0
青海	Qinghai	—	0
宁夏	Ningxia	—	1
新疆	Xinjiang	—	0
深圳	Shenzhen	—	3
大连	Dalian	—	2
宁波	Ningbo	—	1
厦门	Xiamen	—	0
青岛	Qingdao	—	2
其他	Others	—	0

注：1.上市公司数量按上市日口径统计。
2.所属辖区按上市公司注册地划分，注册地在境外的上市公司标记为其他，以注册地(其他)为口径统计IPO家数，以北交所股东大会公告为准。

数据来源：北京证券交易所
Source:BSE

6-34　2021年分辖区北交所上市公司数量按行业分布

Number of Listed Companies of BSE by Jurisdiction and by Industry in 2021

单位：家　　(unit)

辖区	Jurisdiction	农、林、牧、渔 Agriculture, Forestry, Animal Husbandry and Fishery	采矿业 Mining	制造业 Manufacturing	电力、热力、燃气及水生产和供应业 Production and Supply of Electricity, Gas and Water	建筑业 Construction	批发和零售业 Wholesale and Retail Trades	交通运输、仓储和邮政业 Transport, Storage and Post
北京	Beijing	0	0	4	0	0	0	0
天津	Tianjin	0	0	0	0	0	0	0
河北	Hebei	0	0	2	0	0	0	0
山西	Shanxi	0	0	0	0	0	0	0
内蒙古	Inner Mongolia	0	0	1	0	0	0	0
辽宁	Liaoning	0	0	0	0	0	0	0
吉林	Jilin	0	0	2	0	0	0	0
黑龙江	Heilongjiang	0	0	0	0	0	0	0
上海	Shanghai	0	0	2	0	0	0	0
江苏	Jiangsu	0	0	12	0	0	0	0
浙江	Zhejiang	0	0	1	0	0	0	0
安徽	Anhui	0	0	5	0	0	0	0
福建	Fujian	0	0	1	0	0	0	0
江西	Jiangxi	0	0	0	0	0	0	0
山东	Shandong	0	0	3	0	0	0	0
河南	Henan	0	0	2	0	0	0	0
湖北	Hubei	0	0	3	0	0	0	0
湖南	Hunan	0	0	1	0	0	1	0
广东	Guangdong	0	0	5	0	0	0	0
广西	Guangxi	0	0	1	0	0	0	0
海南	Hainan	0	0	0	0	0	0	0
重庆	Chongqing	0	0	0	0	0	0	0
四川	Sichuan	0	0	4	0	0	0	0
贵州	Guizhou	0	0	0	0	0	0	0
云南	Yunnan	0	0	1	0	0	0	0
西藏	Tibet	0	0	0	0	0	0	0
陕西	Shaanxi	0	0	2	0	0	0	0
甘肃	Gansu	0	0	0	0	0	0	0
青海	Qinghai	0	0	0	0	0	0	0
宁夏	Ningxia	0	0	0	1	0	0	0
新疆	Xinjiang	0	0	0	0	0	0	0
深圳	Shenzhen	0	0	2	0	0	0	0
大连	Dalian	0	0	2	0	0	0	0
宁波	Ningbo	0	0	1	0	0	0	0
厦门	Xiamen	0	0	0	0	0	0	0
青岛	Qingdao	0	0	1	0	0	0	0
其他	Others	0	0	0	0	0	0	0

注：1.上市公司数量按上市日口径统计。

2.所属辖区按上市公司注册地划分，注册地在境外的上市公司标记为其他，以注册地(其他)为口径统计IPO家数，以北交所股东大会公告为准。

数据来源：北京证券交易所

Source:BSE

6-34 续表 1 continued

单位：家 (unit)

辖区	Jurisdiction	住宿和餐饮业 Hotels and Catering Services	信息传输、软件和信息技术服务业 Information Transmission, Computer Services and Software	金融业 Financial Intermediation	房地产业 Real Estate	租赁和商务服务业 Leasing and Business Services	科学研究和技术服务业 Scientific Research, Technical Service
北京	Beijing	0	4	0	0	0	1
天津	Tianjin	0	0	0	0	0	0
河北	Hebei	0	1	0	0	0	0
山西	Shanxi	0	1	0	0	0	0
内蒙古	Inner Mongolia	0	0	0	0	0	0
辽宁	Liaoning	0	0	0	0	0	0
吉林	Jilin	0	0	0	0	0	0
黑龙江	Heilongjiang	0	0	0	0	0	0
上海	Shanghai	0	1	0	0	0	0
江苏	Jiangsu	0	1	0	0	0	0
浙江	Zhejiang	0	1	0	0	0	0
安徽	Anhui	0	0	0	0	0	0
福建	Fujian	0	0	0	0	0	0
江西	Jiangxi	0	0	0	0	0	1
山东	Shandong	0	2	0	0	0	0
河南	Henan	0	1	0	0	0	0
湖北	Hubei	0	0	0	0	0	0
湖南	Hunan	0	0	0	0	0	0
广东	Guangdong	0	0	0	0	0	2
广西	Guangxi	0	0	0	0	0	0
海南	Hainan	0	0	0	0	0	0
重庆	Chongqing	0	0	0	0	0	1
四川	Sichuan	0	0	0	0	0	0
贵州	Guizhou	0	0	0	0	0	0
云南	Yunnan	0	0	0	0	0	0
西藏	Tibet	0	0	0	0	0	0
陕西	Shaanxi	0	0	0	0	0	0
甘肃	Gansu	0	0	0	0	0	0
青海	Qinghai	0	0	0	0	0	0
宁夏	Ningxia	0	0	0	0	0	0
新疆	Xinjiang	0	0	0	0	0	0
深圳	Shenzhen	0	1	0	0	0	0
大连	Dalian	0	0	0	0	0	0
宁波	Ningbo	0	0	0	0	0	0
厦门	Xiamen	0	0	0	0	0	0
青岛	Qingdao	0	0	0	0	1	0
其他	Others	0	0	0	0	0	0

6-34　续表 2　continued

单位：家　　(unit)

辖区	Jurisdiction	水利、环境和公共设施管理业 Management of Water Conservancy, Environment and Public Facilities	居民服务、修理和其他服务业 Resident Services, Repairing and Other Services	教育 Education	卫生和社会工作 Health and Social Works	文化、体育和娱乐业 Culture, Sports and Entertainment	综合 Others
北京	Beijing	2	0	0	0	0	0
天津	Tianjin	0	0	0	0	0	0
河北	Hebei	0	0	0	0	0	0
山西	Shanxi	0	0	0	0	0	0
内蒙古	Inner Mongolia	0	0	0	0	0	0
辽宁	Liaoning	0	0	0	0	0	0
吉林	Jilin	0	0	0	0	0	0
黑龙江	Heilongjiang	0	0	0	0	0	0
上海	Shanghai	0	0	0	0	0	0
江苏	Jiangsu	0	0	0	0	0	0
浙江	Zhejiang	0	0	0	0	0	0
安徽	Anhui	0	0	0	0	0	0
福建	Fujian	0	0	0	0	0	0
江西	Jiangxi	0	0	0	0	0	0
山东	Shandong	0	0	0	0	0	0
河南	Henan	0	0	0	0	0	0
湖北	Hubei	0	0	0	0	0	0
湖南	Hunan	0	0	0	0	0	0
广东	Guangdong	0	0	0	0	0	0
广西	Guangxi	0	0	0	0	0	0
海南	Hainan	0	0	0	0	0	0
重庆	Chongqing	1	0	0	0	0	0
四川	Sichuan	0	0	0	0	0	0
贵州	Guizhou	0	0	0	0	0	0
云南	Yunnan	0	0	0	0	0	0
西藏	Tibet	0	0	0	0	0	0
陕西	Shaanxi	0	0	0	0	0	0
甘肃	Gansu	0	0	0	0	0	0
青海	Qinghai	0	0	0	0	0	0
宁夏	Ningxia	0	0	0	0	0	0
新疆	Xinjiang	0	0	0	0	0	0
深圳	Shenzhen	0	0	0	0	0	0
大连	Dalian	0	0	0	0	0	0
宁波	Ningbo	0	0	0	0	0	0
厦门	Xiamen	0	0	0	0	0	0
青岛	Qingdao	0	0	0	0	0	0
其他	Others	0	0	0	0	0	0

6-35 按股本规模划分北交所上市公司数量
Number of Listed Companies by Equity Scale in BSE

单位：家

年份 Year	1亿股以下 Below 100 million shares	1-2亿股 100-200 million shares	2-3亿股 200-300 million shares
2001	--	--	--
2002	--	--	--
2003	--	--	--
2004	--	--	--
2005	--	--	--
2006	--	--	--
2007	--	--	--
2008	--	--	--
2009	--	--	--
2010	--	--	--
2011	--	--	--
2012	--	--	--
2013	--	--	--
2014	--	--	--
2015	--	--	--
2016	--	--	--
2017	--	--	--
2018	--	--	--
2019	--	--	--
2020	--	--	--
2021	34	34	7

注：1.上市公司数量按上市日口径统计。
2.上表分组遵循“上组限不在内”的原则，如“1-2亿股”包括1亿股，不包括2亿股。
数据来源：北京证券交易所
Source:BSE

6-35 续表 continued

单位：家

年份 Year	3-5亿股 300-500 million shares	5-10亿股 500-1000 million shares	10亿股及以上 Above 1000 million shares
2001	--	--	--
2002	--	--	--
2003	--	--	--
2004	--	--	--
2005	--	--	--
2006	--	--	--
2007	--	--	--
2008	--	--	--
2009	--	--	--
2010	--	--	--
2011	--	--	--
2012	--	--	--
2013	--	--	--
2014	--	--	--
2015	--	--	--
2016	--	--	--
2017	--	--	--
2018	--	--	--
2019	--	--	--
2020	--	--	--
2021	6	0	1

6-36　按市值规模划分北交所上市公司数量
Number of Listed Companies by Market Capitalization in BSE

单位：家

年份 Year	1亿元以下 Below 100 million yuan	1-5亿元 100-500 million yuan	5-10亿元 500-1000 million yuan
2001	--	--	--
2002	--	--	--
2003	--	--	--
2004	--	--	--
2005	--	--	--
2006	--	--	--
2007	--	--	--
2008	--	--	--
2009	--	--	--
2010	--	--	--
2011	--	--	--
2012	--	--	--
2013	--	--	--
2014	--	--	--
2015	--	--	--
2016	--	--	--
2017	--	--	--
2018	--	--	--
2019	--	--	--
2020	--	--	--
2021	0	0	14

注：1.暂停上市的上市公司市值记为0。
　　2.上市公司数量按上市日口径统计。
　　3.上表分组遵循“上组限不在内”的原则，如“10-20亿元”包括10亿元，不包括20亿元。
数据来源：北京证券交易所
Source:BSE

6-36　续表　continued

单位：家

年份 Year	10-20亿元 1000-2000 million yuan	20-30亿元 2000-3000 million yuan	30-50亿元 3000-5000 million yuan	50亿元及以上 Above 5000 million yuan
2001	--	--	--	--
2002	--	--	--	--
2003	--	--	--	--
2004	--	--	--	--
2005	--	--	--	--
2006	--	--	--	--
2007	--	--	--	--
2008	--	--	--	--
2009	--	--	--	--
2010	--	--	--	--
2011	--	--	--	--
2012	--	--	--	--
2013	--	--	--	--
2014	--	--	--	--
2015	--	--	--	--
2016	--	--	--	--
2017	--	--	--	--
2018	--	--	--	--
2019	--	--	--	--
2020	--	--	--	--
2021	42	13	5	8

6-37 2021年北交所上市公司分行业规模
Industry Scale of Listed Companies of BSE in 2021

行业 Industry	上市公司股本(亿股) Share Capital of Listed Companies (100 million shares)	其中：流通股本(亿股) Thereinto: Negotiable Shares (100 million shares)	上市公司市值(亿元) Market Capitalization of Listed Companies (100 million yuan)	其中：流通市值(亿元) Negotiable Market Capitalization (100 million yuan)
农、林、牧、渔 Agriculture,Forestry,Animal Husbandry and Fishery	0.00	0.00	0.00	0.00
采矿业 Mining	0.00	0.00	0.00	0.00
制造业 Manufacturing	91.06	43.53	2371.93	928.66
电力、热力、燃气及水生产和供应业 Production and Supply of Electricity,Gas and Water	2.35	0.90	14.98	5.76
建筑业 Construction	0.00	0.00	0.00	0.00
批发和零售业 Wholesale and Retail Trades	1.79	0.78	11.25	4.91
交通运输、仓储和邮政业 Transport,Storage and Post	0.00	0.00	0.00	0.00
住宿和餐饮业 Hotels and Catering Services	0.00	0.00	0.00	0.00
信息传输、软件和信息技术服务业 Information Transmission,Computer Services and Software	14.67	6.77	185.65	78.49
金融业 Financial Intermediation	0.00	0.00	0.00	0.00
房地产业 Real Estate	0.00	0.00	0.00	0.00
租赁和商务服务业 Leasing and Business Services	0.62	0.24	8.03	3.12
科学研究和技术服务业 Scientific Research,Technical Service	7.04	2.70	98.09	38.82
水利、环境和公共设施管理业 Management of Water Conservancy,Environment and Public Facilities	5.17	2.35	32.82	14.07
居民服务、修理和其他服务业 Resident Services,Repairing and Other Services	0.00	0.00	0.00	0.00
教育 Education	0.00	0.00	0.00	0.00
卫生和社会工作 Health and Social Works	0.00	0.00	0.00	0.00
文化、体育和娱乐业 Culture,Sports and Entertainment	0.00	0.00	0.00	0.00
综合 Others	0.00	0.00	0.00	0.00

数据来源：北京证券交易所
Source:BSE

6-38 北交所上市公司主要财务指标
Financial Indicators of Listed Companies in BSE

年份 Year	资产规模 Asset Size		经营情况 Business Circumstance			
	总资产（亿元） Total Asset (100 million yuan)	归属母公司股东净资产（亿元） Net Asset Attributable to Parent Company Shareholders (100 million yuan)	营业收入（亿元） Revenue (100 million yuan)	利润总额（亿元） Total Profit (100 million yuan)	归属母公司股东净利润（亿元） Net Profit Attributable to Parent Company Shareholders (100 million yuan)	经营活动产生的现金流量净额（亿元） Net Cash Flow from Operating Activities (100 million yuan)
2021	983.56	567.66	644.94	82.90	70.09	31.57

注：1.每股指标按境内股本数量计算。
2.每股指标采用整体法计算。
3.财务数据按2021年12月31日的上市公司为样本进行统计。
数据来源：北京证券交易所
Source:BSE

6-38 续表 continued

年份 Year	经营情况 Business Circumstance			每股指标 Share Index		
	资产负债率(%) Asset-liability Ratio (%)	总资产收益率(%) ROA (%)	平均净资产收益率(%) Average ROE (%)	每股净资产（元） BPS (yuan)	每股收益（元） EPS (yuan)	每股经营活动现金流量净额（元） Net Cash Flow from Operating Activities Per Share (yuan)
2021	41.16	8.01	13.47	4.72	0.57	0.26

6-39 2021年北交所上市公司分行业主要财务指标

行业 Industry	资产规模 Asset Size	
	总资产 (亿元) Total Asset (100 million yuan)	归属母公司股东净资产 (亿元) Net Asset Attributable to Parent Company Shareholders (100 million yuan)
农、林、牧、渔 Agriculture,Forestry,Animal Husbandry and Fishery	0.00	0.00
采矿业 Mining	0.00	0.00
制造业 Manufacturing	811.68	449.74
电力、热力、燃气及水生产和供应业 Production and Supply of Electricity,Gas and Water	11.28	5.82
建筑业 Construction	0.00	0.00
批发和零售业 Wholesale and Retail Trades	14.33	4.63
交通运输、仓储和邮政业 Transport,Storage and Post	0.00	0.00
住宿和餐饮业 Hotels and Catering Services	0.00	0.00
信息传输、软件和信息技术服务业 Information Transmission,Computer Services and Software	84.31	60.89
金融业 Financial Intermediation	0.00	0.00
房地产业 Real Estate	0.00	0.00
租赁和商务服务业 Leasing and Business Services	5.61	4.21
科学研究和技术服务业 Scientific Research,Technical Service	34.79	26.45
水利、环境和公共设施管理业 Management of Water Conservancy,Environment and Public Facilities	21.56	15.93
居民服务、修理和其他服务业 Resident Services,Repairing and Other Services	0.00	0.00
教育 Education	0.00	0.00
卫生和社会工作 Health and Social Works	0.00	0.00
文化、体育和娱乐业 Culture,Sports and Entertainment	0.00	0.00
综合 Others	0.00	0.00

注：1.每股指标按境内股本数量计算。
2.每股指标采用整体法计算。
3.财务数据按2021年12月31日的上市公司为样本进行统计。
数据来源：北京证券交易所
Source:BSE

Financial Indicators of Listed Companies of BSE by Industry in 2021

经营情况 Business Circumstance				每股指标 Share Index	
营业收入（亿元） Revenue (100 million yuan)	归属母公司股东净利润（亿元） Net Profit Attributable to Parent Company Shareholders (100 million yuan)	资产负债率（%） Asset-liability Ratio (%)	平均净资产收益率（%） Average ROE (%)	每股净资产（元） BPS (yuan)	每股收益（元） EPS (yuan)
0.00	0.00	0.00	0.00	0.00	0.00
0.00	0.00	0.00	0.00	0.00	0.00
537.97	59.79	43.29	14.46	5.05	0.66
4.59	0.72	48.42	12.57	2.48	0.31
0.00	0.00	0.00	0.00	0.00	0.00
27.45	0.58	66.43	12.32	2.69	0.32
0.00	0.00	0.00	0.00	0.00	0.00
0.00	0.00	0.00	0.00	0.00	0.00
44.61	4.83	27.59	8.98	4.16	0.33
0.00	0.00	0.00	0.00	0.00	0.00
0.00	0.00	0.00	0.00	0.00	0.00
4.81	0.42	25.06	10.26	6.74	0.67
13.15	3.02	23.90	12.98	3.76	0.43
12.36	0.74	25.39	4.85	3.11	0.14
0.00	0.00	0.00	0.00	0.00	0.00
0.00	0.00	0.00	0.00	0.00	0.00
0.00	0.00	0.00	0.00	0.00	0.00
0.00	0.00	0.00	0.00	0.00	0.00
0.00	0.00	0.00	0.00	0.00	0.00

6-40 2021年北交所上市公司分辖区主要财务指标

辖区	Jurisdiction	资产规模 Asset Size 总资产(亿元) Total Asset (100 million yuan)	归属母公司股东净资产(亿元) Net Asset Attributable to Parent Company Shareholders (100 million yuan)	营业收入(亿元) Revenue (100 million yuan)	利润总额(亿元) Total Profit (100 million yuan)
北京	Beijing	179.71	95.54	106.60	9.69
天津	Tianjin	0.00	0.00	0.00	0.00
河北	Hebei	20.14	16.04	12.32	1.51
山西	Shanxi	7.69	5.72	2.63	0.44
内蒙古	Inner Mongolia	6.88	5.37	2.36	0.74
辽宁	Liaoning	0.00	0.00	0.00	0.00
吉林	Jilin	28.39	12.88	14.91	4.40
黑龙江	Heilongjiang	0.00	0.00	0.00	0.00
上海	Shanghai	24.71	18.02	11.29	2.06
江苏	Jiangsu	93.65	65.61	63.93	8.16
浙江	Zhejiang	10.37	5.75	6.65	0.67
安徽	Anhui	64.07	32.24	46.62	3.70
福建	Fujian	4.62	3.91	3.49	0.78
江西	Jiangxi	4.59	3.57	1.81	0.65
山东	Shandong	28.39	21.69	17.23	2.55
河南	Henan	15.30	12.00	6.60	0.87
湖北	Hubei	16.35	14.27	5.93	1.52
湖南	Hunan	22.08	10.01	34.35	1.82
广东	Guangdong	47.78	32.99	30.05	4.76
广西	Guangxi	4.70	3.65	1.42	0.47
海南	Hainan	0.00	0.00	0.00	0.00
重庆	Chongqing	15.78	13.05	8.39	0.83
四川	Sichuan	58.39	25.21	40.12	6.18
贵州	Guizhou	0.00	0.00	0.00	0.00
云南	Yunnan	12.99	10.66	5.66	0.97
西藏	Tibet	0.00	0.00	0.00	0.00
陕西	Shaanxi	58.99	24.01	46.98	5.46
甘肃	Gansu	0.00	0.00	0.00	0.00
青海	Qinghai	0.00	0.00	0.00	0.00
宁夏	Ningxia	11.28	5.82	4.59	0.87
新疆	Xinjiang	0.00	0.00	0.00	0.00
深圳	Shenzhen	175.49	85.58	112.84	17.40
大连	Dalian	42.78	27.09	23.84	4.37
宁波	Ningbo	19.21	9.60	26.88	0.90
厦门	Xiamen	0.00	0.00	0.00	0.00
青岛	Qingdao	9.23	7.41	7.45	1.12
其他	Others	0.00	0.00	0.00	0.00

注：1.每股指标按境内股本数量计算。
2.每股指标采用整体法计算。
3.财务数据按2021年12月31日的上市公司为样本进行统计。
4.所属辖区按上市公司注册地划分，注册地在境外的上市公司标记为其他，以注册地(其他)为口径统计IPO家数，以北交所股东大会公告为准。

数据来源：北京证券交易所
Source:BSE

Financial Indicators of Listed Companies of BSE by Jurisdiction in 2021

经营情况 Business Circumstance				每股指标 Share Index		
归属母公司股东净利润（亿元） Net Profit Attributable to Parent Company Shareholders (100 million yuan)	经营活动产生的现金流量净额（亿元） Net Cash Flow from Operating Activities (100 million yuan)	资产负债率(%) Asset-liability Ratio (%)	平均净资产收益率(%) Average ROE (%)	每股净资产（元） BPS (yuan)	每股收益（元） EPS (yuan)	每股经营活动现金流量净额（元） Net Cash Flow from Operating Activities Per Share (yuan)
7.18	6.34	46.33	7.67	3.39	0.25	0.22
0.00	0.00	0.00	0.00	0.00	0.00	0.00
1.34	0.66	20.05	8.89	3.55	0.30	0.15
0.40	-0.22	24.73	9.15	7.95	0.54	-0.31
0.62	0.12	21.90	11.76	3.70	0.43	0.08
0.00	0.00	0.00	0.00	0.00	0.00	0.00
3.72	2.06	54.62	39.70	3.06	0.88	0.49
0.00	0.00	0.00	0.00	0.00	0.00	0.00
1.94	2.12	25.66	12.01	5.72	0.60	0.66
7.35	3.10	28.71	12.74	4.21	0.46	0.20
0.60	0.57	44.43	11.41	3.10	0.32	0.31
3.19	3.30	46.77	10.19	7.83	0.73	0.76
0.70	0.75	15.36	18.26	3.40	0.60	0.65
0.57	0.39	22.22	21.61	4.33	0.69	0.47
2.25	2.14	23.60	12.31	4.53	0.47	0.45
0.77	1.23	21.55	7.19	3.70	0.24	0.38
1.35	1.14	12.75	10.05	3.97	0.37	0.32
1.57	1.42	53.82	17.13	3.79	0.58	0.53
4.10	3.33	30.92	14.77	3.66	0.46	0.37
0.43	0.30	21.77	15.55	4.33	0.51	0.35
0.00	0.00	0.00	0.00	0.00	0.00	0.00
0.69	-0.02	16.34	5.63	2.87	0.15	0.00
4.40	3.74	52.31	18.53	7.38	1.17	0.99
0.00	0.00	0.00	0.00	0.00	0.00	0.00
0.83	0.04	17.94	8.01	8.33	0.65	0.03
0.00	0.00	0.00	0.00	0.00	0.00	0.00
4.72	5.69	58.33	22.33	3.84	0.74	0.89
0.00	0.00	0.00	0.00	0.00	0.00	0.00
0.00	0.00	0.00	0.00	0.00	0.00	0.00
0.72	0.90	48.42	12.57	2.48	0.31	0.39
0.00	0.00	0.00	0.00	0.00	0.00	0.00
15.05	-8.85	49.74	19.07	14.18	2.42	-1.42
3.89	1.79	35.74	15.68	8.56	1.21	0.56
0.82	-1.29	50.03	8.70	4.62	0.39	-0.62
0.00	0.00	0.00	0.00	0.00	0.00	0.00
0.91	0.83	19.77	12.39	3.82	0.47	0.43
0.00	0.00	0.00	0.00	0.00	0.00	0.00

6-41 2021年北交所上市公司分行业每股收益

单位：家

行业 Industry	1.00元以上 Above 1.00 yuan	0.80-1.00元 0.80-1.00 yuan	0.50-0.80元 0.50-0.80 yuan
农、林、牧、渔业 Agriculture,Forestry,Animal Husbandry and Fishery	0	0	0
采矿业 Mining	0	0	0
制造业 Manufacturing	11	3	15
电力、热力、燃气及水生产和供应业 Production and Supply of Electricity,Gas and Water	0	0	0
建筑业 Construction	0	0	0
批发和零售业 Wholesale and Retail Trades	0	0	0
交通运输、仓储和邮政业 Transport,Storage and Post	0	0	0
住宿和餐饮业 Hotels and Catering Services	0	0	0
信息传输、软件和信息技术服务业 Information Transmission,Computer Services and Software	2	0	3
金融业 Financial Intermediation	0	0	0
房地产业 Real Estate	0	0	0
租赁和商务服务业 Leasing and Business Services	0	0	1
科学研究和技术服务业 Scientific Research,Technical Service	0	1	2
水利、环境和公共设施管理业 Management of Water Conservancy,Environment and Public Facilities	0	0	0
居民服务、修理和其他服务业 Resident Services,Repairing and Other Services	0	0	0
教育 Education	0	0	0
卫生和社会工作 Health and Social Works	0	0	0
文化、体育和娱乐业 Culture,Sports and Entertainment	0	0	0
综合 Others	0	0	0

注：1.每股指标按境内股本数量计算。
2.每股指标采用整体法计算。
3.财务数据按2021年12月31日的上市公司为样本进行统计。
4.上表分组遵循“上组限不在内”的原则，如“0.80-1.00元”包括0.80元，不包括1.00元。

数据来源：北京证券交易所
Source:BSE

EPS of Listed Companies of BSE by Industry in 2021

(unit)

0.20−0.50元 0.20-0.50 yuan	0.10−0.20元 0.10-0.20 yuan	0.05−0.10元 0.05-0.10 yuan	0.00−0.05元 0.00-0.05 yuan	亏损 Deficit	合计 Total
0	0	0	0	0	0
0	0	0	0	0	0
26	2	0	0	1	58
1	0	0	0	0	1
0	0	0	0	0	0
1	0	0	0	0	1
0	0	0	0	0	0
0	0	0	0	0	0
4	3	0	1	0	13
0	0	0	0	0	0
0	0	0	0	0	0
0	0	0	0	0	1
2	0	0	0	0	5
1	2	0	0	0	3
0	0	0	0	0	0
0	0	0	0	0	0
0	0	0	0	0	0
0	0	0	0	0	0
0	0	0	0	0	0

6-42 2021年北交所上市公司分辖区每股收益

单位：家

辖区	Jurisdiction	1.00元以上 Above 1.00 yuan	0.80-1.00元 0.80-1.00 yuan	0.50-0.80元 0.50-0.80 yuan
北京	Beijing	0	0	0
天津	Tianjin	0	0	0
河北	Hebei	0	0	1
山西	Shanxi	0	0	1
内蒙古	Inner Mongolia	0	0	0
辽宁	Liaoning	0	0	0
吉林	Jilin	1	0	1
黑龙江	Heilongjiang	0	0	0
上海	Shanghai	1	0	0
江苏	Jiangsu	1	2	5
浙江	Zhejiang	0	0	0
安徽	Anhui	2	0	1
福建	Fujian	0	0	1
江西	Jiangxi	0	0	1
山东	Shandong	1	0	1
河南	Henan	0	0	0
湖北	Hubei	0	0	1
湖南	Hunan	1	0	0
广东	Guangdong	0	1	4
广西	Guangxi	0	0	1
海南	Hainan	0	0	0
重庆	Chongqing	0	0	0
四川	Sichuan	3	0	0
贵州	Guizhou	0	0	0
云南	Yunnan	0	0	1
西藏	Tibet	0	0	0
陕西	Shaanxi	0	1	1
甘肃	Gansu	0	0	0
青海	Qinghai	0	0	0
宁夏	Ningxia	0	0	0
新疆	Xinjiang	0	0	0
深圳	Shenzhen	2	0	0
大连	Dalian	1	0	0
宁波	Ningbo	0	0	0
厦门	Xiamen	0	0	0
青岛	Qingdao	0	0	1
其他	Others	0	0	0

注：1.每股指标按境内股本数量计算。
2.每股指标采用整体法计算。
3.财务数据按2021年12月31日的上市公司为样本进行统计。
4.所属辖区按上市公司注册地划分，注册地在境外的上市公司标记为其他，以注册地(其他)为口径统计IPO家数，以北交所股东大会公告为准。
5.上表分组遵循“上组限不在内”的原则，如“0.80-1.00元”包括0.80元，不包括1.00元。

数据来源：北京证券交易所

Source:BSE

EPS of Listed Companies of BSE by Jurisdiction in 2021

(unit)

0.20−0.50元 0.20-0.50 yuan	0.10−0.20元 0.10-0.20 yuan	0.05−0.10元 0.05-0.10 yuan	0.00−0.05元 0.00-0.05 yuan	亏损 Deficit	合计 Total
6	3	0	1	1	11
0	0	0	0	0	0
2	0	0	0	0	3
0	0	0	0	0	1
1	0	0	0	0	1
0	0	0	0	0	0
0	0	0	0	0	2
0	0	0	0	0	0
2	0	0	0	0	3
5	0	0	0	0	13
2	0	0	0	0	2
2	0	0	0	0	5
0	0	0	0	0	1
0	0	0	0	0	1
3	0	0	0	0	5
2	1	0	0	0	3
1	1	0	0	0	3
1	0	0	0	0	2
2	0	0	0	0	7
0	0	0	0	0	1
0	0	0	0	0	0
1	1	0	0	0	2
1	0	0	0	0	4
0	0	0	0	0	0
0	0	0	0	0	1
0	0	0	0	0	0
0	0	0	0	0	2
0	0	0	0	0	0
0	0	0	0	0	0
1	0	0	0	0	1
0	0	0	0	0	0
0	1	0	0	0	3
1	0	0	0	0	2
1	0	0	0	0	1
0	0	0	0	0	0
1	0	0	0	0	2
0	0	0	0	0	0

6-43 2021年北交所上市公司分行业每股净资产

单位：家

行业 Industry	5.00元以上 Above 5.00 yuan	3.00-5.00元 3.00-5.00 yuan	2.00-3.00元 2.00-3.00 yuan
农、林、牧、渔业 Agriculture,Forestry,Animal Husbandry and Fishery	0	0	0
采矿业 Mining	0	0	0
制造业 Manufacturing	23	21	12
电力、热力、燃气及水生产和供应业 Production and Supply of Electricity,Gas and Water	0	0	1
建筑业 Construction	0	0	0
批发和零售业 Wholesale and Retail Trades	0	0	1
交通运输、仓储和邮政业 Transport,Storage and Post	0	0	0
住宿和餐饮业 Hotels and Catering Services	0	0	0
信息传输、软件和信息技术服务业 Information Transmission,Computer Services and Software	6	4	3
金融业 Financial Intermediation	0	0	0
房地产业 Real Estate	0	0	0
租赁和商务服务业 Leasing and Business Services	1	0	0
科学研究和技术服务业 Scientific Research,Technical Service	0	5	0
水利、环境和公共设施管理业 Management of Water Conservancy,Environment and Public Facilities	0	2	1
居民服务、修理和其他服务业 Resident Services,Repairing and Other Services	0	0	0
教育 Education	0	0	0
卫生和社会工作 Health and Social Works	0	0	0
文化、体育和娱乐业 Culture,Sports and Entertainment	0	0	0
综合 Others	0	0	0

注：1.每股指标按境内股本数量计算。
2.每股指标采用整体法计算。
3.财务数据按2021年12月31日的上市公司为样本进行统计。
4.上表分组遵循“上组限不在内”的原则，如“0.50-1.00元”包括0.50元，不包括1.00元。

数据来源：北京证券交易所
Source:BSE

BPS of Listed Companies of BSE by Industry in 2021

(unit)

1.00-2.00元 1.00-2.00 yuan	0.50-1.00元 0.50-1.00 yuan	0.00-0.50元 0.00-0.50 yuan	小于0.00元 Below 0.00 yuan	合计 Total
0	0	0	0	0
0	0	0	0	0
1	1	0	0	58
0	0	0	0	1
0	0	0	0	0
0	0	0	0	1
0	0	0	0	0
0	0	0	0	0
0	0	0	0	13
0	0	0	0	0
0	0	0	0	0
0	0	0	0	1
0	0	0	0	5
0	0	0	0	3
0	0	0	0	0
0	0	0	0	0
0	0	0	0	0
0	0	0	0	0
0	0	0	0	0

6-44　2021年北交所上市公司分辖区每股净资产

单位：家

辖区	Jurisdiction	5.00元以上 Above 5.00 yuan	3.00-5.00元 3.00-5.00 yuan	2.00-3.00元 2.00-3.00 yuan
北京	Beijing	1	6	3
天津	Tianjin	0	0	0
河北	Hebei	1	1	1
山西	Shanxi	1	0	0
内蒙古	Inner Mongolia	0	1	0
辽宁	Liaoning	0	0	0
吉林	Jilin	0	1	1
黑龙江	Heilongjiang	0	0	0
上海	Shanghai	2	0	1
江苏	Jiangsu	5	4	4
浙江	Zhejiang	0	2	0
安徽	Anhui	5	0	0
福建	Fujian	0	1	0
江西	Jiangxi	0	1	0
山东	Shandong	2	3	0
河南	Henan	0	2	1
湖北	Hubei	1	1	1
湖南	Hunan	1	0	1
广东	Guangdong	3	2	1
广西	Guangxi	0	1	0
海南	Hainan	0	0	0
重庆	Chongqing	0	1	1
四川	Sichuan	3	1	0
贵州	Guizhou	0	0	0
云南	Yunnan	1	0	0
西藏	Tibet	0	0	0
陕西	Shaanxi	0	2	0
甘肃	Gansu	0	0	0
青海	Qinghai	0	0	0
宁夏	Ningxia	0	0	1
新疆	Xinjiang	0	0	0
深圳	Shenzhen	2	1	0
大连	Dalian	1	0	1
宁波	Ningbo	0	1	0
厦门	Xiamen	0	0	0
青岛	Qingdao	1	0	1
其他	Others	0	0	0

注：1.每股指标按境内股本数量计算。
2.每股指标采用整体法计算。
3.财务数据按2021年12月31日的上市公司为样本进行统计。
4.所属辖区按上市公司注册地划分，注册地在境外的上市公司标记为其他，以注册地(其他)为口径统计IPO家数，以北交所股东大会公告为准。
5.上表分组遵循“上组限不在内”的原则，如“0.50-1.00元”包括0.50元，不包括1.00元。

数据来源：北京证券交易所
Source:BSE

BPS of Listed Companies of BSE by Jurisdiction in 2021

(unit)

1.00−2.00元 1.00-2.00 yuan	0.50−1.00元 0.50-1.00 yuan	0.00−0.50元 0.00-0.50 yuan	小于0.00元 Below 0.00 yuan	合计 Total
0	1	0	0	11
0	0	0	0	0
0	0	0	0	3
0	0	0	0	1
0	0	0	0	1
0	0	0	0	0
0	0	0	0	2
0	0	0	0	0
0	0	0	0	3
0	0	0	0	13
0	0	0	0	2
0	0	0	0	5
0	0	0	0	1
0	0	0	0	1
0	0	0	0	5
0	0	0	0	3
0	0	0	0	3
0	0	0	0	2
1	0	0	0	7
0	0	0	0	1
0	0	0	0	0
0	0	0	0	2
0	0	0	0	4
0	0	0	0	0
0	0	0	0	1
0	0	0	0	0
0	0	0	0	2
0	0	0	0	0
0	0	0	0	0
0	0	0	0	1
0	0	0	0	0
0	0	0	0	3
0	0	0	0	2
0	0	0	0	1
0	0	0	0	0
0	0	0	0	2
0	0	0	0	0

6-45　2021年北交所上市公司分行业平均净资产收益率

单位：家

行业 Industry	100%以上 Above 100%	60%-100%	40%-60%
农、林、牧、渔业 Agriculture,Forestry,Animal Husbandry and Fishery	0	0	0
采矿业 Mining	0	0	0
制造业 Manufacturing	0	0	1
电力、热力、燃气及水生产和供应业 Production and Supply of Electricity,Gas and Water	0	0	0
建筑业 Construction	0	0	0
批发和零售业 Wholesale and Retail Trades	0	0	0
交通运输、仓储和邮政业 Transport,Storage and Post	0	0	0
住宿和餐饮业 Hotels and Catering Services	0	0	0
信息传输、软件和信息技术服务业 Information Transmission,Computer Services and Software	0	0	0
金融业 Financial Intermediation	0	0	0
房地产业 Real Estate	0	0	0
租赁和商务服务业 Leasing and Business Services	0	0	0
科学研究和技术服务业 Scientific Research,Technical Service	0	0	0
水利、环境和公共设施管理业 Management of Water Conservancy,Environment and Public Facilities	0	0	0
居民服务、修理和其他服务业 Resident Services,Repairing and Other Services	0	0	0
教育 Education	0	0	0
卫生和社会工作 Health and Social Works	0	0	0
文化、体育和娱乐业 Culture,Sports and Entertainment	0	0	0
综合 Others	0	0	0

注：1.每股指标按境内股本数量计算。
　　2.每股指标采用整体法计算。
　　3.财务数据按2021年12月31日的上市公司为样本进行统计。
　　4.上表分组遵循“上组限不在内”的原则，如“0%-5%”包括0%，不包括5%。

数据来源：北京证券交易所

Source:BSE

ROE of Listed Companies of BSE by Industry in 2021

(unit)

30%-40%	20%-30%	10%-20%	5%-10%	0%-5%	小于0% Below 0%	合计 Total
0	0	0	0	0	0	0
0	0	0	0	0	0	0
0	6	34	15	1	1	58
0	0	1	0	0	0	1
0	0	0	0	0	0	0
0	0	1	0	0	0	1
0	0	0	0	0	0	0
0	0	0	0	0	0	0
0	0	6	4	3	0	13
0	0	0	0	0	0	0
0	0	0	0	0	0	0
0	0	1	0	0	0	1
0	2	1	2	0	0	5
0	0	0	1	2	0	3
0	0	0	0	0	0	0
0	0	0	0	0	0	0
0	0	0	0	0	0	0
0	0	0	0	0	0	0
0	0	0	0	0	0	0

6-46　2021年北交所上市公司分辖区平均净资产收益率

单位：家

辖区	Jurisdiction	100%以上 Above 100%	60%-100%	40%-60%
北京	Beijing	0	0	0
天津	Tianjin	0	0	0
河北	Hebei	0	0	0
山西	Shanxi	0	0	0
内蒙古	Inner Mongolia	0	0	0
辽宁	Liaoning	0	0	0
吉林	Jilin	0	0	1
黑龙江	Heilongjiang	0	0	0
上海	Shanghai	0	0	0
江苏	Jiangsu	0	0	0
浙江	Zhejiang	0	0	0
安徽	Anhui	0	0	0
福建	Fujian	0	0	0
江西	Jiangxi	0	0	0
山东	Shandong	0	0	0
河南	Henan	0	0	0
湖北	Hubei	0	0	0
湖南	Hunan	0	0	0
广东	Guangdong	0	0	0
广西	Guangxi	0	0	0
海南	Hainan	0	0	0
重庆	Chongqing	0	0	0
四川	Sichuan	0	0	0
贵州	Guizhou	0	0	0
云南	Yunnan	0	0	0
西藏	Tibet	0	0	0
陕西	Shaanxi	0	0	0
甘肃	Gansu	0	0	0
青海	Qinghai	0	0	0
宁夏	Ningxia	0	0	0
新疆	Xinjiang	0	0	0
深圳	Shenzhen	0	0	0
大连	Dalian	0	0	0
宁波	Ningbo	0	0	0
厦门	Xiamen	0	0	0
青岛	Qingdao	0	0	0
其他	Others	0	0	0

注：1.每股指标按境内股本数量计算。
2.每股指标采用整体法计算。
3.财务数据按2021年12月31日的上市公司为样本进行统计。
4.上表分组遵循“上组限不在内”的原则，如“0%-5%”包括0%，不包括5%。
5.所属辖区按上市公司注册地划分，注册地在境外的上市公司标记为其他，以注册地(其他)为口径统计IPO家数，以北交所股东大会公告为准。

数据来源：北京证券交易所
Source:BSE

ROE of Listed Companies of BSE by Jurisdiction in 2021

(unit)

30%-40%	20%-30%	10%-20%	5%-10%	0%-5%	小于0% Below 0%	合计 Total
0	0	2	5	3	1	11
0	0	0	0	0	0	0
0	0	1	2	0	0	3
0	0	0	1	0	0	1
0	0	1	0	0	0	1
0	0	0	0	0	0	0
0	0	1	0	0	0	2
0	0	0	0	0	0	0
0	0	2	1	0	0	3
0	1	10	2	0	0	13
0	0	1	1	0	0	2
0	0	2	3	0	0	5
0	0	1	0	0	0	1
0	1	0	0	0	0	1
0	0	4	1	0	0	5
0	0	1	1	1	0	3
0	0	1	2	0	0	3
0	1	1	0	0	0	2
0	1	6	0	0	0	7
0	0	1	0	0	0	1
0	0	0	0	0	0	0
0	0	0	1	1	0	2
0	1	3	0	0	0	4
0	0	0	0	0	0	0
0	0	0	1	0	0	1
0	0	0	0	0	0	0
0	1	1	0	0	0	2
0	0	0	0	0	0	0
0	0	0	0	0	0	0
0	0	1	0	0	0	1
0	0	0	0	0	0	0
0	1	1	0	1	0	3
0	1	1	0	0	0	2
0	0	0	1	0	0	1
0	0	0	0	0	0	0
0	0	2	0	0	0	2
0	0	0	0	0	0	0

6-47　2021年北交所上市公司分行业每股经营活动产生的现金流量净额

单位：家

行业 Industry	3.00元以上 Above 3.00 yuan	2.50-3.00元 2.50-3.00 yuan	2.00-2.50元 2.00-2.50 yuan
农、林、牧、渔业 Agriculture,Forestry,Animal Husbandry and Fishery	0	0	0
采矿业 Mining	0	0	0
制造业 Manufacturing	1	0	1
电力、热力、燃气及水生产和供应业 Production and Supply of Electricity,Gas and Water	0	0	0
建筑业 Construction	0	0	0
批发和零售业 Wholesale and Retail Trades	0	0	0
交通运输、仓储和邮政业 Transport,Storage and Post	0	0	0
住宿和餐饮业 Hotels and Catering Services	0	0	0
信息传输、软件和信息技术服务业 Information Transmission,Computer Services and Software	0	0	0
金融业 Financial Intermediation	0	0	0
房地产业 Real Estate	0	0	0
租赁和商务服务业 Leasing and Business Services	0	0	0
科学研究和技术服务业 Scientific Research,Technical Service	0	0	0
水利、环境和公共设施管理业 Management of Water Conservancy,Environment and Public Facilities	0	0	0
居民服务、修理和其他服务业 Resident Services,Repairing and Other Services	0	0	0
教育 Education	0	0	0
卫生和社会工作 Health and Social Works	0	0	0
文化、体育和娱乐业 Culture,Sports and Entertainment	0	0	0
综合 Others	0	0	0

注：1.每股指标按境内股本数量计算。
2.每股指标采用整体法计算。
3.财务数据按2021年12月31日的上市公司为样本进行统计。
4.上表分组遵循“上组限不在内”的原则，如“0.50-1.00元”包括0.50元，不包括1.00元。

数据来源：北京证券交易所

Source:BSE

Net Cash Flow from Operating Activities Per Share of Listed Companies of BSE by Industry in 2021

(unit)

1.50−2.00元 1.50-2.00 yuan	1.00−1.50元 1.00-1.50 yuan	0.50−1.00元 0.50-1.00 yuan	0.00−0.50元 0.00-0.50 yuan	小于0.00元 below 0.00 yuan	合计 Total
0	0	0	0	0	0
0	0	0	0	0	0
1	3	12	31	9	58
0	0	0	1	0	1
0	0	0	0	0	0
0	0	1	0	0	1
0	0	0	0	0	0
0	0	0	0	0	0
1	0	0	7	5	13
0	0	0	0	0	0
0	0	0	0	0	0
0	0	0	1	0	1
0	0	1	2	2	5
0	0	1	1	1	3
0	0	0	0	0	0
0	0	0	0	0	0
0	0	0	0	0	0
0	0	0	0	0	0
0	0	0	0	0	0

6-48 2021年北交所上市公司分辖区每股经营活动产生的现金流量净额

单位：家

辖区	Jurisdiction	3.00元以上 Above 3.00 yuan	2.50-3.00元 2.50-3.00 yuan	2.00-2.50元 2.00-2.50 yuan
北京	Beijing	0	0	0
天津	Tianjin	0	0	0
河北	Hebei	0	0	0
山西	Shanxi	0	0	0
内蒙古	Inner Mongolia	0	0	0
辽宁	Liaoning	0	0	0
吉林	Jilin	0	0	0
黑龙江	Heilongjiang	0	0	0
上海	Shanghai	0	0	0
江苏	Jiangsu	0	0	0
浙江	Zhejiang	0	0	0
安徽	Anhui	0	0	1
福建	Fujian	0	0	0
江西	Jiangxi	0	0	0
山东	Shandong	0	0	0
河南	Henan	0	0	0
湖北	Hubei	0	0	0
湖南	Hunan	0	0	0
广东	Guangdong	0	0	0
广西	Guangxi	0	0	0
海南	Hainan	0	0	0
重庆	Chongqing	0	0	0
四川	Sichuan	1	0	0
贵州	Guizhou	0	0	0
云南	Yunnan	0	0	0
西藏	Tibet	0	0	0
陕西	Shaanxi	0	0	0
甘肃	Gansu	0	0	0
青海	Qinghai	0	0	0
宁夏	Ningxia	0	0	0
新疆	Xinjiang	0	0	0
深圳	Shenzhen	0	0	0
大连	Dalian	0	0	0
宁波	Ningbo	0	0	0
厦门	Xiamen	0	0	0
青岛	Qingdao	0	0	0
其他	Others	0	0	0

注：1.每股指标按境内股本数量计算。
2.每股指标采用整体法计算。
3.财务数据按2021年12月31日的上市公司为样本进行统计。
4.上表分组遵循“上组限不在内”的原则，如“0.50-1.00元”包括0.50元，不包括1.00元。
5.所属辖区按上市公司注册地划分，注册地在境外的上市公司标记为其他，以注册地(其他)为口径统计IPO家数，以北交所股东大会公告为准。

数据来源：北京证券交易所
Source:BSE

Net Cash Flow from Operating Activities Per Share of Listed Companies of BSE by Jurisdiction in 2021

(unit)

1.50−2.00元 1.50-2.00 yuan	1.00−1.50元 1.00-1.50 yuan	0.50−1.00元 0.50-1.00 yuan	0.00−0.50元 0.00-0.50 yuan	小于0.00元 below 0.00 yuan	合计 Total
0	0	1	6	4	11
0	0	0	0	0	0
0	0	0	3	0	3
0	0	0	0	1	1
0	0	0	1	0	1
0	0	0	0	0	0
0	0	1	1	0	2
0	0	0	0	0	0
1	0	1	1	0	3
0	1	1	7	4	13
0	0	0	2	0	2
0	1	1	1	1	5
0	0	1	0	0	1
0	0	0	1	0	1
1	0	0	4	0	5
0	0	1	2	0	3
0	0	1	1	1	3
0	0	1	1	0	2
0	0	4	2	1	7
0	0	0	1	0	1
0	0	0	0	0	0
0	0	0	1	1	2
0	0	1	1	1	4
0	0	0	0	0	0
0	0	0	1	0	1
0	0	0	0	0	0
0	1	0	1	0	2
0	0	0	0	0	0
0	0	0	0	0	0
0	0	0	1	0	1
0	0	0	0	0	0
0	0	0	1	2	3
0	0	1	1	0	2
0	0	0	0	1	1
0	0	0	0	0	0
0	0	0	2	0	2
0	0	0	0	0	0

6-49 按股本规模划分全国股转系统挂牌公司数量
Number of Listed NEEQ Companies by Equity Scale

单位：家 (unit)

年份 Year	合计 Total	1000万股以下 Below 10 million	1000-5000万股 10-50 million	5000万-1亿股 50-100 million	1亿股以上 Above 100 million
2012	200	40	131	25	4
2013	356	68	237	42	9
2014	1572	215	944	324	89
2015	3565	624	1906	709	326
2016	10163	879	5948	2275	1061
2017	11630	922	6844	2627	1237
2018	10691	802	6185	2510	1194
2019	8953	640	5016	2203	1094
2020	8187	846	4200	2097	1044
2021	6932	424	3742	1841	925

注：上表分组遵循“上组限不在内”的原则，如“1000-5000万股”包括1000万股，不包括5000万股。
数据来源：全国中小企业股份转让系统
Source:NEEQ

6-50 2021年分辖区全国股转系统挂牌公司数量按行业分布

Number of Listed NEEQ Companies by Jurisdiction and by Industry in 2021

单位：家 (unit)

辖区	Jurisdiction	农、林、牧、渔业 Agriculture, Forestry, Animal Husbandry and Fishery	采矿业 Mining	制造业 Manufacturing	电力、热力、燃气及水生产和供应业 Production and Supply of Electricity, Gas and Water	建筑业 Construction
北京	Beijing	1	5	199	4	18
天津	Tianjin	0	1	64	3	6
河北	Hebei	6	0	103	4	6
山西	Shanxi	3	0	42	1	6
内蒙古	Inner Mongolia	6	1	21	1	2
辽宁	Liaoning	3	0	50	2	8
吉林	Jilin	3	0	24	1	5
黑龙江	Heilongjiang	3	0	25	1	1
上海	Shanghai	2	0	184	2	14
江苏	Jiangsu	12	1	557	4	33
浙江	Zhejiang	9	0	323	5	13
安徽	Anhui	8	1	169	6	11
福建	Fujian	5	0	78	3	7
江西	Jiangxi	1	0	63	3	2
山东	Shandong	11	2	211	8	10
河南	Henan	12	0	139	3	19
湖北	Hubei	7	0	135	4	8
湖南	Hunan	4	2	66	3	4
广东	Guangdong	13	0	360	9	9
广西	Guangxi	4	0	21	1	2
海南	Hainan	4	0	7	1	0
重庆	Chongqing	1	0	39	2	5
四川	Sichuan	7	4	92	4	3
贵州	Guizhou	2	0	12	2	4
云南	Yunnan	4	0	22	0	10
西藏	Tibet	0	2	1	1	0
陕西	Shaanxi	2	1	63	4	5
甘肃	Gansu	7	0	14	0	1
青海	Qinghai	1	0	1	0	0
宁夏	Ningxia	7	0	17	0	2
新疆	Xinjiang	3	3	13	1	6
深圳	Shenzhen	0	0	168	2	9
大连	Dalian	4	0	24	0	3
宁波	Ningbo	0	0	45	0	1
厦门	Xiamen	3	0	37	0	4
青岛	Qingdao	1	0	21	0	1
其他	Others	0	0	0	0	0

注：1.挂牌公司数量按挂牌日口径统计。

2.挂牌公司辖区按挂牌公司注册地划分，注册地为境外的标记为“其他”。

数据来源：全国中小企业股份转让系统

Source:NEEQ

6-50 续表 1 continued

单位：家 (unit)

辖区	Jurisdiction	批发和零售业 Wholesale and Retail Trades	交通运输、仓储和邮政业 Transport, Storage and Post	住宿和餐饮业 Hotels and Catering Services	信息传输、软件和信息技术服务业 Information Transmission, Computer Services and Software	金融业 Financial Intermediation
北京	Beijing	53	7	1	354	7
天津	Tianjin	4	10	0	19	0
河北	Hebei	2	5	1	29	3
山西	Shanxi	3	0	0	11	0
内蒙古	Inner Mongolia	0	2	1	4	0
辽宁	Liaoning	3	2	0	15	0
吉林	Jilin	3	1	0	8	0
黑龙江	Heilongjiang	4	1	0	13	0
上海	Shanghai	26	11	3	148	7
江苏	Jiangsu	21	16	2	99	11
浙江	Zhejiang	21	2	2	71	9
安徽	Anhui	8	2	2	14	4
福建	Fujian	5	4	1	22	2
江西	Jiangxi	8	2	0	13	0
山东	Shandong	11	6	0	54	7
河南	Henan	6	2	1	41	0
湖北	Hubei	8	3	3	39	1
湖南	Hunan	4	4	1	19	1
广东	Guangdong	34	13	3	98	6
广西	Guangxi	3	0	0	9	0
海南	Hainan	2	0	0	4	3
重庆	Chongqing	2	2	0	13	1
四川	Sichuan	7	3	0	47	1
贵州	Guizhou	3	1	0	7	1
云南	Yunnan	4	3	0	5	0
西藏	Tibet	1	0	0	2	1
陕西	Shaanxi	0	1	1	25	3
甘肃	Gansu	2	0	0	0	1
青海	Qinghai	0	0	0	0	0
宁夏	Ningxia	0	1	0	6	0
新疆	Xinjiang	3	0	1	9	1
深圳	Shenzhen	21	8	1	78	10
大连	Dalian	3	0	0	13	1
宁波	Ningbo	9	6	0	11	2
厦门	Xiamen	4	2	0	37	1
青岛	Qingdao	5	10	0	14	0
其他	Others	0	0	0	0	0

6-50　续表 2　continued

单位：家　　(unit)

辖区	Jurisdiction	房地产业 Real Estate	租赁和商务服务业 Leasing and Business Services	科学研究和技术服务业 Scientific Research, Technical Service	水利、环境和公共设施管理业 Management of Water Conservancy, Environment and Public Facilities
北京	Beijing	3	83	58	20
天津	Tianjin	1	8	6	5
河北	Hebei	1	7	11	4
山西	Shanxi	0	3	7	4
内蒙古	Inner Mongolia	1	0	2	2
辽宁	Liaoning	0	3	3	2
吉林	Jilin	1	2	3	1
黑龙江	Heilongjiang	0	5	5	0
上海	Shanghai	4	51	33	5
江苏	Jiangsu	6	22	27	16
浙江	Zhejiang	2	21	23	10
安徽	Anhui	1	5	11	2
福建	Fujian	0	7	4	1
江西	Jiangxi	0	1	4	0
山东	Shandong	0	16	16	6
河南	Henan	2	6	9	4
湖北	Hubei	1	8	16	10
湖南	Hunan	1	6	7	6
广东	Guangdong	5	35	25	9
广西	Guangxi	2	3	6	0
海南	Hainan	1	3	1	1
重庆	Chongqing	0	9	1	5
四川	Sichuan	5	9	10	7
贵州	Guizhou	1	1	3	3
云南	Yunnan	0	2	7	1
西藏	Tibet	0	3	0	1
陕西	Shaanxi	4	9	6	2
甘肃	Gansu	0	0	1	0
青海	Qinghai	0	0	0	1
宁夏	Ningxia	0	1	3	1
新疆	Xinjiang	1	2	1	5
深圳	Shenzhen	4	21	14	3
大连	Dalian	0	3	4	0
宁波	Ningbo	1	4	4	1
厦门	Xiamen	1	2	0	0
青岛	Qingdao	2	3	5	0
其他	Others	0	0	0	0

6-50 续表 3 continued

单位：家 (unit)

辖区	Jurisdiction	居民服务、修理和其他服务业 Resident services, Repairing and other services	教育 Education	卫生和社会工作 Health and Social Works	文化、体育和娱乐业 Culture, Sports and Entertainment
北京	Beijing	4	25	5	51
天津	Tianjin	1	0	0	4
河北	Hebei	0	0	0	4
山西	Shanxi	0	2	0	0
内蒙古	Inner Mongolia	0	1	0	0
辽宁	Liaoning	0	0	1	1
吉林	Jilin	1	0	0	1
黑龙江	Heilongjiang	0	0	0	0
上海	Shanghai	3	5	3	15
江苏	Jiangsu	1	3	2	7
浙江	Zhejiang	0	2	1	12
安徽	Anhui	0	2	0	1
福建	Fujian	0	1	0	3
江西	Jiangxi	0	0	0	0
山东	Shandong	0	2	3	6
河南	Henan	0	1	0	5
湖北	Hubei	0	4	0	6
湖南	Hunan	0	1	1	3
广东	Guangdong	1	2	1	5
广西	Guangxi	1	0	1	1
海南	Hainan	0	0	0	1
重庆	Chongqing	0	1	1	2
四川	Sichuan	1	1	1	1
贵州	Guizhou	0	0	1	0
云南	Yunnan	0	2	0	3
西藏	Tibet	0	0	0	0
陕西	Shaanxi	0	0	0	2
甘肃	Gansu	0	0	1	1
青海	Qinghai	0	0	0	0
宁夏	Ningxia	1	0	1	1
新疆	Xinjiang	1	0	1	0
深圳	Shenzhen	0	0	2	6
大连	Dalian	0	0	0	0
宁波	Ningbo	0	0	0	2
厦门	Xiamen	1	1	0	1
青岛	Qingdao	0	1	2	0
其他	Others	0	0	0	0

6-51　2021年新挂牌的全国股转系统挂牌公司数量按行业分布
Dimensions of Newly Listed NEEQ Companies by Industry in 2021

行业 Industry	新挂牌公司家数 （家） Number of Newly Listed Companies (unit)	新挂牌公司总股本 （万股） Share Capital of Newly Listed Companies (10 thousand shares)
农、林、牧、渔业 Agriculture,Forestry,Animal Husbandry and Fishery	1	4300.00
采矿业 Mining	0	0.00
制造业 Manufacturing	64	274543.28
电力、热力、燃气及水生产和供应业 Production and Supply of Electricity,Gas and Water	1	1900.00
建筑业 Construction	3	10650.00
批发和零售业 Wholesale and Retail Trades	4	11638.00
交通运输、仓储和邮政业 Transport,Storage and Post	1	1000.00
住宿和餐饮业 Hotels and Catering Services	1	1650.00
信息传输、软件和信息技术服务业 Information Transmission,Computer Services and Software	7	15220.66
金融业 Financial Intermediation	0	0.00
房地产业 Real Estate	3	16150.00
租赁和商务服务业 Leasing and Business Services	1	1000.00
科学研究和技术服务业 Scientific Research,Technical Service	5	15391.00
水利、环境和公共设施管理业 Management of Water Conservancy,Environment and Public Facilities	0	0.00
居民服务、修理和其他服务业 Resident services，Repairing and other services	0	0.00
教育 Education	0	0.00
卫生和社会工作 Health and Social Works	0	0.00
文化、体育和娱乐业 Culture,Sports and Entertainment	0	0.00

注：挂牌公司数量按挂牌日口径统计。
数据来源：全国中小企业股份转让系统
Source: NEEQ

6-52 全国股转系统挂牌公司主要财务指标

年份 Year	总资产 (亿元) Total Asset (100 million yuan)	净资产 (亿元) Net Asset (100 million yuan)	营业收入 (亿元) Revenue (100 million yuan)	利润总额 (亿元) Total Profit (100 million yuan)
2012	239.65	123.00	188.57	19.57
2013	345.13	185.67	253.54	25.56
2014	3232.85	1469.44	2174.10	191.84
2015	11608.91	4786.75	6392.54	648.85
2016	28266.63	12813.34	17428.80	1428.94
2017	30805.51	13727.18	19819.02	1424.01
2018	28220.69	12368.57	18527.26	1001.69
2019	26906.24	11280.42	17039.88	807.05
2020	22606.06	10098.82	14388.01	767.40
2021	21817.64	9157.56	14572.86	730.32

注：2021年财务数据按披露年报的6041家挂牌公司为样本进行统计。
数据来源：全国中小企业股份转让系统
Source:NEEQ

Financial Indicators of NEEQ Companies

净利润（亿元）Net Profit (100 million yuan)	经营活动产生的现金流量净额（亿元）Net Cash Flow from Operating Activities (100 million yuan)	资产负债率（%）Asset-liability Ratio (%)	净资产收益率（%）ROE (%)	研发费用（亿元）R & D expense (100 million yuan)
16.45	3.71	48.68	13.37	—
21.09	6.78	46.00	11.36	—
160.20	189.84	54.55	10.90	—
523.93	631.40	57.79	13.02	—
1160.66	550.69	54.67	9.06	—
1154.84	540.58	55.44	8.41	—
808.16	885.80	56.17	6.53	—
647.00	1214.23	58.08	5.88	—
616.03	1184.92	55.33	6.10	490.51
590.79	1098.87	58.03	6.45	494.03

6-53　2021年全国股转系统挂牌公司分行业主要财务指标

行业 Industry	总资产 (亿元) Total Asset (100 million yuan)	净资产 (亿元) Net Asset (100 million yuan)
农、林、牧、渔业 Agriculture,Forestry,Animal Husbandry and Fishery	534.39	221.18
采矿业 Mining	101.22	44.41
制造业 Manufacturing	8009.78	4169.45
电力、热力、燃气及水生产和供应业 Production and Supply of Electricity,Gas and Water	732.66	247.75
建筑业 Construction	1170.92	304.61
批发和零售业 Wholesale and Retail Trades	807.66	334.29
交通运输、仓储和邮政业 Transport,Storage and Post	349.63	166.67
住宿和餐饮业 Hotels and Catering Services	39.15	10.18
信息传输、软件和信息技术服务业 Information Transmission,Computer Services and Software	2243.50	1147.19
金融业 Financial Intermediation	5094.86	1256.69
房地产业 Real Estate	133.91	80.37
租赁和商务服务业 Leasing and Business Services	1058.20	401.16
科学研究和技术服务业 Scientific Research,Technical Service	537.22	303.77
水利、环境和公共设施管理业 Management of Water Conservancy,Environment and Public Facilities	433.34	202.83
居民服务、修理和其他服务业 Resident services，Repairing and other services	16.52	6.26
教育 Education	34.97	13.30
卫生和社会工作 Health and Social Works	75.38	30.52
文化、体育和娱乐业 Culture,Sports and Entertainment	444.35	216.93

注：财务数据按披露年报的6041家挂牌公司为样本进行统计。
数据来源：全国中小企业股份转让系统
Source:NEEQ

Financial Indicators of NEEQ Companies by Industry in 2021

营业收入（亿元）Revenue (100 million yuan)	利润总额（亿元）Total Profit (100 million yuan)	净利润（亿元）Net Profit (100 million yuan)	经营活动产生的现金流量净额（亿元）Net Cash Flow from Operating Activities (10 thousand yuan)	资产负债率(%) Assetliability Ratio (%)	净资产收益率(%) ROE (%)	研发费用（亿元）R & D expense (100 million yuan)
329.75	1.21	0.65	26.06	58.61	0.29	4.89
117.80	7.35	5.75	10.51	56.13	12.95	1.19
6678.18	411.35	356.99	350.44	47.95	8.56	291.56
184.37	18.77	14.42	37.85	66.19	5.82	2.55
644.13	1.26	-1.43	15.27	73.99	-0.47	13.04
1520.40	41.63	31.74	38.57	58.61	9.50	6.01
479.04	23.66	19.00	32.65	52.33	11.40	2.28
28.48	-1.67	-2.04	4.50	73.99	-20.03	0.04
2647.10	68.75	50.48	85.91	48.87	4.40	130.08
531.40	72.38	52.07	357.14	75.33	4.14	1.97
82.75	7.34	5.68	8.04	39.98	7.07	0.29
577.15	31.46	22.86	53.18	62.09	5.70	6.98
351.99	36.69	30.31	27.91	43.45	9.98	20.18
162.42	14.70	12.31	16.02	53.19	6.07	6.07
18.96	0.47	0.43	1.28	62.10	6.94	0.25
28.47	-0.51	-0.63	2.92	61.98	-4.76	1.23
51.62	1.80	1.03	9.32	59.51	3.37	0.52
138.85	-6.31	-8.82	21.33	51.18	-4.07	4.91

6-54 2021年全国股转系统挂牌公司分行业每股收益

单位：家

行业 Industry	1.00元及以上 Above 1.00 yuan	0.80-1.00元 0.80-1.00 yuan	0.50-0.80元 0.50-0.80 yuan
农、林、牧、渔业 Agriculture,Forestry,Animal Husbandry and Fishery	4	2	4
采矿业 Mining	1	1	1
制造业 Manufacturing	201	98	327
电力、热力、燃气及水生产和供应业 Production and Supply of Electricity,Gas and Water	0	0	6
建筑业 Construction	2	2	6
批发和零售业 Wholesale and Retail Trades	14	8	25
交通运输、仓储和邮政业 Transport,Storage and Post	7	2	18
住宿和餐饮业 Hotels and Catering Services	2	0	0
信息传输、软件和信息技术服务业 Information Transmission,Computer Services and Software	60	41	119
金融业 Financial Intermediation	5	1	1
房地产业 Real Estate	6	2	5
租赁和商务服务业 Leasing and Business Services	10	9	29
科学研究和技术服务业 Scientific Research,Technical Service	21	6	38
水利、环境和公共设施管理业 Management of Water Conservancy,Environment and Public Facilities	9	0	8
居民服务、修理和其他服务业 Resident services，Repairing and other services	1	0	3
教育 Education	2	1	1
卫生和社会工作 Health and Social Works	2	0	2
文化、体育和娱乐业 Culture,Sports and Entertainment	4	1	10

注：1.每股指标按境内股本数量计算。
　　2.每股指标采用整体法计算。
　　3.财务数据按披露年报的6041家挂牌公司为样本进行统计。
　　4.上表分组遵循“上组限不在内”的原则，如“0.80-1.00元”包括0.80元，不包括1.00元。

数据来源：全国中小企业股份转让系统

Source:NEEQ

EPS of Listed NEEQ Companies by Industry in 2021

(unit)

0.20−0.50元 0.20-0.50 yuan	0.10−0.20元 0.10-0.20 yuan	0.05−0.10元 0.05-0.10 yuan	0.00−0.05元 0.00-0.05 yuan	亏损 Deficit	合计 Total
25	10	13	13	49	120
4	4	3	2	1	17
785	372	244	256	758	3041
24	16	7	6	14	73
33	24	21	38	72	198
58	15	15	26	83	244
14	23	7	12	33	116
3	0	0	1	11	17
191	120	98	130	399	1158
8	20	13	15	17	80
14	3	4	7	7	48
58	39	14	34	114	307
68	33	28	26	76	296
27	12	12	18	37	123
1	2	1	0	5	13
9	1	2	1	29	46
6	2	1	1	10	24
18	8	6	6	67	120

6-55　2021年全国股转系统挂牌公司分行业每股净资产

单位：家

行业 Industry	5.00元及以上 Above 5.00 yuan	3.00-5.00元 3.00-5.00 yuan	2.00-3.00元 2.00-3.00 yuan
农、林、牧、渔业 Agriculture,Forestry,Animal Husbandry and Fishery	7	15	26
采矿业 Mining	1	5	3
制造业 Manufacturing	229	530	669
电力、热力、燃气及水生产和供应业 Production and Supply of Electricity,Gas and Water	3	13	12
建筑业 Construction	6	16	38
批发和零售业 Wholesale and Retail Trades	13	31	46
交通运输、仓储和邮政业 Transport,Storage and Post	6	21	17
住宿和餐饮业 Hotels and Catering Services	0	2	2
信息传输、软件和信息技术服务业 Information Transmission,Computer Services and Software	54	137	217
金融业 Financial Intermediation	7	5	9
房地产业 Real Estate	6	13	5
租赁和商务服务业 Leasing and Business Services	7	42	60
科学研究和技术服务业 Scientific Research,Technical Service	20	53	59
水利、环境和公共设施管理业 Management of Water Conservancy,Environment and Public Facilities	9	15	30
居民服务、修理和其他服务业 Resident services，Repairing and other services	0	1	3
教育 Education	3	3	2
卫生和社会工作 Health and Social Works	4	3	2
文化、体育和娱乐业 Culture,Sports and Entertainment	7	11	16

注：1.每股指标按境内股本数量计算。
　　2.每股指标采用整体法计算。
　　3.财务数据按披露年报的6041家挂牌公司为样本进行统计。
　　4.上表分组遵循“上组限不在内”的原则，如“0.50-1.00元”包括0.50元，不包括1.00元。

数据来源：全国中小企业股份转让系统
Source:NEEQ

BPS of Listed NEEQ Companies by Industry in 2021

(unit)

1.00−2.00元 1.00-2.00 yuan	0.50−1.00元 0.50-1.00 yuan	0.00−0.50元 0.00-0.50 yuan	小于0.00元 Below 0.00 yuan	合计 Total
49	12	6	5	120
6	0	2	0	17
1144	276	161	32	3041
35	6	4	0	73
96	22	11	9	198
83	30	25	16	244
51	11	6	4	116
8	4	1	0	17
395	175	136	44	1158
49	4	5	1	80
21	1	2	0	48
104	36	40	18	307
111	27	21	5	296
49	10	6	4	123
4	3	2	0	13
9	13	12	4	46
10	1	1	3	24
39	15	25	7	120

6-56 2021年全国股转系统挂牌公司分行业净资产收益率

单位：家

行业 Industry	100%及以上 Above 100%	60%-100%	40%-60%
农、林、牧、渔业 Agriculture,Forestry,Animal Husbandry and Fishery	0	1	0
采矿业 Mining	0	0	0
制造业 Manufacturing	7	16	52
电力、热力、燃气及水生产和供应业 Production and Supply of Electricity,Gas and Water	1	1	0
建筑业 Construction	0	0	3
批发和零售业 Wholesale and Retail Trades	0	1	3
交通运输、仓储和邮政业 Transport,Storage and Post	0	0	5
住宿和餐饮业 Hotels and Catering Services	0	0	0
信息传输、软件和信息技术服务业 Information Transmission,Computer Services and Software	6	19	28
金融业 Financial Intermediation	0	0	1
房地产业 Real Estate	0	0	0
租赁和商务服务业 Leasing and Business Services	1	5	8
科学研究和技术服务业 Scientific Research,Technical Service	2	2	4
水利、环境和公共设施管理业 Management of Water Conservancy,Environment and Public Facilities	0	2	1
居民服务、修理和其他服务业 Resident services，Repairing and other services	0	0	0
教育 Education	1	0	3
卫生和社会工作 Health and Social Works	0	0	0
文化、体育和娱乐业 Culture,Sports and Entertainment	1	1	2

注：1.财务数据按披露年报的6041家挂牌公司为样本进行统计。
2.上表分组遵循“上组限不在内”的原则，如“5%-10%”包括5%，不包括10%。

数据来源：全国中小企业股份转让系统

Source:NEEQ

ROE of Listed NEEQ Companies by Industry in 2021

(unit)

30%-40%	20%-30%	10%-20%	5%-10%	0%-5%	小于0% Below 0%	净资产为负 Negative Net Asset	合计 Total
1	8	17	18	26	44	5	120
1	2	3	3	7	1	0	17
109	317	811	507	460	729	33	3041
0	4	25	16	12	14	0	73
2	3	31	29	58	65	7	198
12	29	49	29	38	67	16	244
6	13	19	23	17	29	4	116
0	2	3	0	1	11	0	17
53	110	216	138	181	363	44	1158
0	4	11	22	25	16	1	80
3	10	15	1	12	7	0	48
13	28	53	41	41	99	18	307
12	32	76	45	46	73	4	296
2	14	20	17	30	33	4	123
0	4	3	1	0	5	0	13
1	3	5	3	1	25	4	46
0	3	5	3	2	8	3	24
5	9	11	15	9	61	6	120

6-57 2021年全国股转系统挂牌公司分行业每股经营活动产生的现金流量净额

单位：家

行业 Industry	3.00元及以上 Above 3.00 yuan	2.50-3.00元 2.50-3.00 yuan	2.00-2.50元 2.00-2.50 yuan
农、林、牧、渔业 Agriculture,Forestry,Animal Husbandry and Fishery	1	0	1
采矿业 Mining	0	0	1
制造业 Manufacturing	17	13	19
电力、热力、燃气及水生产和供应业 Production and Supply of Electricity,Gas and Water	1	0	0
建筑业 Construction	1	0	0
批发和零售业 Wholesale and Retail Trades	4	2	1
交通运输、仓储和邮政业 Transport,Storage and Post	3	1	3
住宿和餐饮业 Hotels and Catering Services	1	0	0
信息传输、软件和信息技术服务业 Information Transmission,Computer Services and Software	8	4	10
金融业 Financial Intermediation	4	0	0
房地产业 Real Estate	2	0	2
租赁和商务服务业 Leasing and Business Services	7	2	7
科学研究和技术服务业 Scientific Research,Technical Service	3	2	1
水利、环境和公共设施管理业 Management of Water Conservancy,Environment and Public Facilities	1	0	3
居民服务、修理和其他服务业 Resident services，Repairing and other services	0	0	1
教育 Education	1	0	1
卫生和社会工作 Health and Social Works	1	1	0
文化、体育和娱乐业 Culture,Sports and Entertainment	0	1	0

注：1.每股指标按境内股本数量计算。
2.每股指标采用整体法计算。
3.财务数据按披露年报的6041家挂牌公司为样本进行统计。
4.上表分组遵循“上组限不在内”的原则，如“0.50-1.00元”包括0.50元，不包括1.00元。

数据来源：全国中小企业股份转让系统
Source:NEEQ

Net Cash Flow from Operating Activities Per Share of Listed NEEQ Companies by Industry in 2021

(unit)

1.50–2.00元 1.50-2.00 yuan	1.00–1.50元 1.00-1.50 yuan	0.50–1.00元 0.50-1.00 yuan	0.00–0.50元 0.00-0.50 yuan	小于0.00元 below 0.00 yuan	合计 Total
1	4	17	59	37	120
1	1	3	7	4	17
45	109	427	1512	899	3041
2	3	13	36	18	73
0	1	16	85	95	198
7	8	25	100	97	244
5	9	16	45	34	116
1	2	5	5	3	17
13	41	104	520	458	1158
2	5	5	37	27	80
0	6	8	16	14	48
5	15	41	119	111	307
2	15	47	119	107	296
4	2	9	67	37	123
0	0	2	4	6	13
2	1	4	20	17	46
1	2	8	8	3	24
1	4	11	62	41	120

主要统计指标解释

Explanatory Notes on Main Statistical Indicators

上市公司家数　指在统计期末其发行的股票在交易所上市的股份有限公司的数量。以股票上市日进行统计，同时发行 A、B 股的上市公司，按一家计算。

挂牌公司家数　指统计期末其股票在全国股转公司挂牌的股份有限公司的数量。

上市公司股本　也称上市公司总股本，是指统计期末上市公司在境内发行的全部股份数量合计，包括 A 股股本、B 股股本和其他不流通的境内股本。

挂牌公司股本　也称挂牌公司总股本，是指统计期末挂牌公司全部股份数量合计。

非限售股本　非限售股本通常也称为流通股本。

计算公式为：非限售股本=上市公司股本-限售股本

股票市值　指统计期末根据上市公司股票价格和对应股票数量计算的股权价值合计。具体统计口径和计算方法如下：如当日无交易价格，采用最后交易日的收盘价；暂停上市股票的价格以零计算；未股改公司的非流通股以流通 A 股价格计算市值；仅发行 B 股的上市公司，其非流通股不进行股票市值计算；对当日除权股票进行市值计算时需要包含在途股份（已登记未上市）的市值。

上市公司市值　指统计期末根据上市公司股票价格和对应股本计算的股权价值合计。

计算公式为：上市公司市值=A 股价格 × A 股股本+B 股价格 × B 股股本

上市公司流通市值　指上市公司 A 股流通市值和 B 股流通市值的合计。

贰零贰壹

七．证券期货经营机构

Securities and Futures Institutions

贰零贰壹

2021 年证券期货经营机构综述

2021 年，证券期货经营机构稳中求进，规模和资本实力稳步增长，服务能力和水平、市场竞争力持续增强。一是机构数量持续增加，资产规模进一步提升，积极参与试点注册制、在创业板改革、新三板改革、投资端改革、提高上市公司质量、保护投资者权益等方面发挥了积极作用。二是在深耕传统业务的同时，证券公司在衍生品、跨境业务、资产管理、投资顾问等领域持续提升金融服务的供给能力，公募基金产品体系不断丰富完善。三是合规风控水平进一步提高，各类风险得到有效管控及时处置，股票质押规模持续降低、大集合产品和私募资管业务规范整改稳步推进、风险机构处置有序进行。

一、证券经营机构发展概况

截至 2021 年底，全国 140 家证券公司（其中新设证券公司 2 家）总资产 10.60 万亿元，净资产 2.57 万亿元，负债 8.03 万亿元。本年累计营业收入 5009.42 亿元，本年累计净利润 1885.69 亿元，分别较 2020 年增长 11.98%、28.76%。

二、基金经营机构发展概况

截至 2021 年底，全国基金管理公司 137 家（其中新设基金公司 4 家），总资产 3248.34 亿元、净资产 2,237.32 亿元，本年累计管理费收入 1597.39 亿元、本年累计净利润 520.81 亿元。管理资产中，公募基金 25.56 万亿元，社保基金 14369.28 亿元，企业年金 10422.3 亿元，基本养老金 7232.6 亿元，职业年金 7911.38 亿元，基金公司及基金子公司管理的基金专户规模 7.5 万亿元。

三、期货经营机构发展概况

截至 2021 年底，全国共有 150 家期货公司，总资产 13815.76 亿元、净资产 1614.46 亿元。全年累计实现营业收入 494.27 亿元，净利润 137.38 亿元，分别同比增长 40.31%和 65.60%。

7-1 证券期货经营机构数量
Number of Securities and Futures Institutions

单位：家 (unit)

年份 Year	证券公司家数 Number of Securities Companies			证券营业部家数 Number of Securities Business Departments	证券投资咨询 机构家数 Number of Security Investment Consulting Institutions
	合计 Total	中资 China-funded	中外合资 Sino-foreign Joint Venture		
1994	91	—	—	2262	—
1995	97	—	—	—	—
1996	94	—	—	2420	—
1997	90	—	—	2412	—
1998	90	—	—	2412	—
1999	90	—	—	2412	—
2000	100	—	—	2680	—
2001	109	—	—	2700	—
2002	127	—	—	2936	—
2003	133	—	—	3020	111
2004	133	—	—	3075	116
2005	116	—	—	3090	109
2006	104	—	—	3105	102
2007	106	—	—	3060	101
2008	107	—	—	3170	100
2009	106	—	—	3956	98
2010	106	97	9	4644	91
2011	109	97	12	5008	88
2012	114	101	13	5261	89
2013	115	102	13	5821	86
2014	121	110	11	6969	84
2015	125	114	11	7705	84
2016	129	116	13	9061	84
2017	131	118	13	10528	84
2018	131	118	13	11013	84
2019	133	118	15	11390	84
2020	138	123	15	11649	83
2021	140	123	17	11931	83

数据来源：中国证券监督管理委员会、中国证券投资基金业协会
Source: CSRC、AMAC

7-1 续表 1 continued

单位：家 (unit)

年份 Year	基金管理公司家数 Number of Fund Management Companies			基金管理公司 专户子公司家数 Number of Subsidiaries with asset management of Fund Management Companies	已登记 私募基金 管理人 Registered Private Fund Manager
	合计 Total	中资 China-funded	中外合资 Sino-foreign Joint Venture		
1994	—	—	—	—	—
1995	—	—	—	—	—
1996	—	—	—	—	—
1997	—	—	—	—	—
1998	6	3	3	—	—
1999	10	4	6	—	—
2000	10	4	6	—	—
2001	15	8	7	—	—
2002	21	10	11	—	—
2003	33	15	18	—	—
2004	44	20	24	—	—
2005	52	23	29	—	—
2006	57	23	34	—	—
2007	58	23	35	—	—
2008	60	23	37	4	—
2009	60	23	37	7	—
2010	63	24	39	12	—
2011	69	29	40	15	—
2012	77	34	43	33	—
2013	89	41	48	64	—
2014	95	49	46	73	5052
2015	101	56	45	79	25065
2016	109	64	45	79	17433
2017	113	69	44	79	22446
2018	120	76	44	79	24448
2019	128	84	44	79	24471
2020	133	89	44	79	24561
2021	137	92	45	80	24610

7-1　续表 2　continued

单位：家　　(unit)

年份 Year	期货公司家数 Number of Futures Companies			期货资管子公司家数 Number of Subsidiaries With Asset Management of Futures Company	期货风险管理公司家数 Number of Subsidiaries with Risk Management of Futures Company	期货营业部家数 Number of Future Business Departments
	合计 Total	中资 China-funded	中外合资 Sino-foreign Joint Venture			
1994	—	—	—	—	—	—
1995	—	—	—	—	—	—
1996	329	—	—	—	—	—
1997	294	—	—	—	—	—
1998	278	—	—	—	—	—
1999	213	—	—	—	—	—
2000	178	—	—	—	—	—
2001	200	—	—	—	—	—
2002	179	—	—	—	—	—
2003	186	—	—	—	—	—
2004	188	—	—	—	—	—
2005	183	—	—	—	—	—
2006	183	—	—	—	—	—
2007	177	—	—	—	—	—
2008	171	—	—	—	—	—
2009	167	—	—	—	—	—
2010	163	—	—	—	—	—
2011	163	160	3	—	—	1186
2012	161	158	3	—	—	1330
2013	156	153	3	—	20	1469
2014	152	149	3	—	33	1547
2015	150	148	2	11	51	1618
2016	149	147	2	11	62	1603
2017	149	147	2	11	70	1725
2018	149	147	2	10	79	1909
2019	149	147	2	10	86	1957
2020	149	148	1	10	88	1939
2021	150	149	1	10	97	2092

7-2　2021年证券期货经营机构按监管辖区分布

Regulatory Jurisdiction Distribution of Securities and Futures Institutions in 2021

单位：家　　(unit)

辖区	Jurisdiction	证券公司 Securities Companies	证券投资咨询机构 Securities Incestment Consulting Companies	基金管理公司 Fund Management Companies	已登记私募基金管理人 Registered Private Fund Manager	期货公司 Futures Companies	合计 Total
北京	Beijing	18	16	36	4296	19	4385
天津	Tianjin	1	1	1	451	6	460
河北	Hebei	1	1	0	118	1	121
山西	Shanxi	2	1	0	67	3	73
内蒙古	Inner Mongolia	2	0	0	55	0	57
辽宁	Liaoning	2	2	0	73	1	78
吉林	Jilin	2	0	0	62	2	66
黑龙江	Heilongjiang	1	1	0	60	2	64
上海	Shanghai	31	17	61	4531	35	4675
江苏	Jiangsu	6	3	0	1220	9	1238
浙江	Zhejiang	5	3	1	2035	11	2055
安徽	Anhui	2	2	0	226	3	233
福建	Fujian	3	2	0	250	3	258
江西	Jiangxi	2	0	0	273	1	276
山东	Shandong	1	2	0	395	3	401
河南	Henan	1	1	0	158	2	162
湖北	Hubei	2	1	0	402	2	407
湖南	Hunan	3	3	0	282	2	290
广东	Guangdong	6	6	5	1819	8	1844
广西	Guangxi	1	0	0	87	0	88
海南	Hainan	2	1	0	287	2	292
重庆	Chongqing	1	1	1	192	4	199
四川	Sichuan	4	3	0	449	3	459
贵州	Guizhou	2	0	0	84	0	86
云南	Yunnan	2	1	0	80	2	85
西藏	Tibet	2	0	0	192	0	194
陕西	Shaanxi	3	1	0	264	3	271
甘肃	Gansu	1	0	0	40	1	42
青海	Qinghai	1	0	0	14	1	16
宁夏	Ningxia	0	0	0	50	0	50
新疆	Xinjiang	2	0	0	116	2	120
深圳	Shenzhen	22	10	31	4308	14	4385
大连	Dalian	1	1	0	74	1	77
宁波	Ningbo	1	1	0	804	1	807
厦门	Xiamen	2	1	0	355	2	360
青岛	Qingdao	2	1	1	441	1	446
合计	Total	140	83	137	24610	150	25120

注：证券公司和期货公司按照公司注册地所在辖区统计，基金管理公司按照公司办公地所在辖区统计。

数据来源：中国证券监督管理委员会、中国证券投资基金业协会

Source: CSRC、AMAC

7-3　证券期货经营机构业务资格情况

Qualification of Securities and Futures Institutions

单位：家　(unit)

年份 Year	证券公司家数 Number of Securities Companies	其中具有：Which having: 资产管理业务资格 Qualification for Asset Management Business	保荐机构资格 Qualification for Sponsor Institution	基金代销业务资格 Qualification for Fund Sales Agency Business	全国中小企业股份转让系统主办券商业务资格 Qualification for Broker-dealer Business on NEEQ	融资融券业务资格 Qualification for Margin Financing and Securities Lending Business	转融通业务资格 Qualification for Refinancing Business
1995	97	—	—	—	—	—	—
1996	94	—	—	—	—	—	—
1997	90	—	—	—	—	—	—
1998	90	—	—	—	—	—	—
1999	90	—	—	—	—	—	—
2000	100	—	—	—	—	—	—
2001	109	—	—	6	—	—	—
2002	127	61	—	13	—	—	—
2003	133	70	—	17	—	—	—
2004	133	71	75	28	—	—	—
2005	116	62	76	10	—	—	—
2006	104	53	68	2	—	—	—
2007	106	54	67	2	—	—	—
2008	107	55	67	22	—	—	—
2009	106	69	71	17	—	—	—
2010	106	70	72	18	—	25	—
2011	109	76	74	18	—	25	—
2012	114	87	77	27	66	74	30
2013	115	89	79	98	80	84	74
2014	121	93	80	77	87	92	81
2015	125	95	86	77	95	95	80
2016	129	98	92	77	100	93	92
2017	131	99	96	96	101	94	92
2018	131	99	98	97	102	95	92
2019	133	99	99	99	102	94	91
2020	138	99	100	98	107	94	93
2021	140	100	103	98	110	94	93

数据来源：中国证券监督管理委员会、全国中小企业股份转让系统、中国证券金融公司
Source: CSRC、NEEQ、CSF

7-3 续表 continued

单位：家 (unit)

年份 Year	基金管理公司家数 Number of Fund Management Companies	其中具有: Which having: 私募资产管理业务资格 Qualification for Private Asset Management Business	QDII业务资格 QDII Qualification	期货公司家数 Number of Future Companies	其中具有: Which having: 金融期货经纪业务资格 Qualification for Financial Futures Brokerage Business	期货投资咨询业务资格 Qualification for Futures Investment Consulting Business	资产管理业务资格 Qualification for Futures Asset Management Business	风险管理业务试点备案 Qualification for Futures Risk Management Business
1995	—	—	—	—	—	—	—	—
1996	—	—	—	329	—	—	—	—
1997	—	—	—	294	—	—	—	—
1998	6	—	—	278	—	—	—	—
1999	10	—	—	213	—	—	—	—
2000	10	—	—	178	—	—	—	—
2001	15	—	—	200	—	—	—	—
2002	21	—	—	179	—	—	—	—
2003	33	—	—	186	—	—	—	—
2004	44	—	—	188	—	—	—	—
2005	52	—	—	183	—	—	—	—
2006	57	—	1	183	—	—	—	—
2007	58	—	15	177	—	—	—	—
2008	60	32	26	171	—	—	—	—
2009	60	35	31	167	—	—	—	—
2010	63	35	31	163	—	—	—	—
2011	69	63	32	163	—	—	—	—
2012	77	76	32	161	152	83	18	—
2013	89	88	32	156	149	88	29	20
2014	95	95	32	152	147	97	46	33
2015	101	101	38	150	148	103	123	50
2016	109	109	42	149	147	102	129	61
2017	113	93	45	149	147	113	129	68
2018	120	110	45	149	147	117	129	66
2019	128	112	48	149	147	120	129	84
2020	133	115	50	149	148	121	129	85
2021	137	127	51	150	148	124	128	92

7-4　证券公司重要指标情况

Important Indicators of Securities Companies

单位：亿元 (100 million yuan)

年份 Year	总资产 Total Assets	净资产 Net Assets	净资本 Net Capital	营业收入 Operating Revenue	营业利润 Operating Profit	利润总额 Total Profit	净利润 Net Profit	期末风险资本准备 Risk Capital Reserves at the End of This Period
2007	17313.39	3446.91	2976.83	2847.49	1909.42	1910.69	1320.46	—
2008	11912.23	3584.83	2916.62	1247.28	603.88	609.16	500.43	625.25
2009	20286.91	4840.38	3819.54	2052.95	1195.79	1209.43	933.87	975.60
2010	19686.13	5674.36	4338.22	1926.29	999.24	1010.29	783.05	1105.18
2011	15722.53	6298.25	4648.71	1359.32	482.85	503.37	389.06	1071.54
2012	17209.32	6946.15	4964.36	1301.21	401.76	422.88	331.40	604.02
2013	20803.46	7538.15	5193.74	1593.43	571.79	570.70	440.47	850.03
2014	40340.65	9046.75	6645.61	2553.80	1204.08	1238.24	948.50	1216.47
2015	64170.00	14515.42	12523.03	5751.55	3179.84	3189.87	2447.63	1767.00
2016	57934.47	16457.94	14753.54	3286.09	1514.69	1547.44	1232.31	5871.78
2017	61413.53	18482.25	15742.63	3127.65	1388.75	1407.16	1119.74	6473.05
2018	62592.58	18808.32	15704.31	2632.87	831.51	839.93	708.24	6233.45
2019	72586.78	20156.08	16176.61	3599.76	1491.51	1481.87	1194.51	6383.71
2020	89018.09	22962.41	18072.87	4475.69	1835.01	1817.48	1466.91	7221.78
2021	105981.39	25660.32	19924.37	5009.42	2306.22	2282.35	1885.69	7998.38

数据来源：中国证券监督管理委员会
Source: CSRC

7-5 2021年证券公司资产负债表
Balance Sheet of Securities Companies in 2021

单位：亿元 (100 million yuan)

资产	Assets	期初余额 Beginning Balance	期末余额 Ending Balance
资产	**Assets:**		
货币资金	Monetary Assets	17736.50	19993.98
其中：自有资金存款	Thereinto:Self-Owned Fund Deposit	3759.23	4085.59
自有信用资金存款	Self-Owned Credit Fund Deposit	110.40	125.55
客户资金存款	Clients' Capital Deposit	12061.59	13718.83
客户信用资金存款	Clients' Credit Fund Deposit	1662.34	1827.52
结算备付金	Transaction Settlement Funds	4165.90	5285.27
其中：自有备付金	Thereinto: Self-Owned Reserve for Settlement	1104.46	1456.98
客户备付金	Clients' Reserve for Settlement	2615.24	3258.23
信用备付金	Credit Reserve for Settlement	434.17	559.80
拆出资金	Inter-bank Lending Capital	14.39	23.45
融出资金	Capital Lending	15076.16	17357.87
交易性金融资产	Financial Assets Held for Trade	25452.27	34600.36
其中：流动受限证券	Thereinto: Flow Restricted Securities	4285.57	3489.68
衍生金融资产	Derivative Financial Assets	579.65	635.96
买入返售金融资产	Financial Assets Purchased under Agreements to Resell	5122.96	4765.07
其中：约定购回融出资金	Thereinto:Capital Lending of Pre-arranged Repo	23.02	27.27
股票质押回购融出资金	Capital Lending of Pledge-style Repo	3004.89	2279.03
应收利息	Interests Receivable	13.66	12.47
存出保证金	Margin Paid	855.90	1153.05
其中：交易保证金	Thereinto:Trading Margin	337.81	460.01
信用保证金	Credit Margin	124.20	93.41
履约保证金	Performance Bond Margin	338.86	529.56
长期股权投资	Long-term Equity Investment	4559.85	5060.78
投资性房地产	Investment Real Estate	38.30	51.10
固定资产	Fixed Assets	369.85	438.06
其中：在建工程	Thereinto:Construction in Progress	57.95	37.23
无形资产	Intangible Assets	165.36	191.93
商誉	Goodwill	42.87	42.83
递延所得税资产	Deferred Income Tax Assets	451.35	477.71
应收款项	Accounts Receivable	1045.30	1396.96
其他资产	Other Assets	903.44	1044.61
其中：应收股利	Dividends Receivable	45.92	42.02
抵债资产	Debt- expiated Assets	0.38	0.38
长期待摊费用	Proxy Cashing Bonds	41.10	45.74
资产总计	Total Assets	89425.56	105981.39

数据来源：中国证券监督管理委员会
Source: CSRC

7-5 续表 continued

单位：亿元 (100 million yuan)

资产	Assets	期初余额 Beginning Balance	期末余额 Ending Balance
负债	**Liabilities:**		
短期借款	Short-term Loan	6.13	10.01
其中：质押借款	Thereinto:Pledge Loan	6.13	0.01
信用借款	Credit Loan	0.00	10.00
拆入资金	Money Borrowing	2230.35	3324.56
其中：转融通融入资金	Thereinto:Money Borrowing from Refinancing Business	680.39	920.98
交易性金融负债	Financial Liabilities Held for Trade	988.89	1650.93
衍生金融负债	Derivative Financial Liabilities	777.03	869.51
卖出回购金融资产款	Money from Selling Repo Financial Assets	17086.43	20696.95
其中：报价回购融入资金	Thereinto:Money Borrowing from Quotation-based Repo	1159.95	1609.12
代理买卖证券款	Money from Acting Securities Trading	14607.98	16790.07
信用交易代理买卖证券款	Money from Acting Securities Trading for Credit Transaction	1986.14	2199.79
代理承销证券款	Money from Acting to Underwrite Securities	56.93	144.06
应付职工薪酬	Employee Salary Payable	1234.40	1385.37
应交税费	Tax Payable	348.89	297.37
应付款项	Thereinto:Accounts Payable	2541.40	4520.33
预计负债	Estimated Liabilities	101.74	52.73
长期借款	Long-term Equity Loan	131.32	210.28
应付债券	Bonds Payable	17195.09	21402.42
其中：应付公司债券	Corporate Bonds Payable	11602.58	15411.98
递延所得税负债	Deferred Income Tax Liabilities	65.99	85.46
其他负债	Other Liabilities	648.80	779.10
其中：应付利息	Interests Payable	7.84	7.49
次级债	Subordinated Debt	4228.09	4516.88
其中：短期次级债	Thereinto:Short-term Subordinated Debt	37.49	22.02
长期次级债	Long-term Subordinated Debt	4190.59	4494.86
负债合计	Total Liabilities	66361.28	80321.07
所有者权益	Owners' Equity:		
实收资本(或股本)	Equity	5669.97	5815.30
资本公积	Capital Reserve	8441.81	9022.89
减：库存股	less:Treasury Stock	25.82	24.98
盈余公积	Surplus Reserve	1222.28	1350.34
一般风险准备	General Contingency Reserve	1438.47	1631.71
交易风险准备	Risk Reserves for Exchange	1366.33	1547.17
未分配利润	Undistributed Profits	4183.71	4871.86
所有者权益合计	Owner's Equity-Total	23064.27	25660.32
负债和所有者权益总计	**Total Liabilities and Owner's Equity**	**89425.56**	**105981.39**

7-6　2021年证券公司利润表
Income Statement of Securities Companies in 2021

单位：亿元　　(100 million yuan)

项目	Item	上期金额 Beginning Balance	本期金额 Ending Balance
一、营业收入	**Operating Revenue:**	**4473.40**	**5009.42**
手续费及佣金净收入	Net Income from Commissions	2342.00	2657.06
其中：证券经纪业务净收入	Thereinto:Net Income from Brokerage Business	1296.66	1544.07
其中：代理买卖证券业务净收入	Thereinto: Net Income from Acting Securities Trading	993.50	1084.19
交易单元席位租赁净收入	Net Income from Trading unit seat lease	166.79	251.38
代理销售金融产品净收入	Net Income from Financial Sales Agency Business	135.54	207.24
投资银行业务净收入	Net Income from Investment banking Business	674.40	705.77
其中：承销业务净收入	Thereinto: Net Income from Securities Underwriting Business	559.45	590.04
保荐业务净收入	Net Income from Sponsor Business	31.24	30.50
财务顾问业务净收入	Net Income from Financial Advisory Business	82.00	80.88
其中：并购重组财务顾问	Thereinto:Net Income from Merger and Reorganization	19.49	15.52
投资咨询服务净收入	Net Income from Investment Consulting Business	47.71	54.85
资产管理业务净收入	Net Income from Asset Management Business	278.31	297.78
其中：公募基金管理业务净收入(含大集合)	Thereinto:Net Income from Public Funds Management Busin	108.78	116.97
集合资产管理业务净收入	Net Income from Aggregate Asset Management Business	82.84	94.88
定向资产管理业务净收入	Net Income from Directional Asset Management Business	97.76	94.84
专项资产管理业务净收入	Net Income from Specific Asset Management Business	9.85	10.99
利息净收入	Net Interests Income	591.92	633.30
其中：1.利息收入	Thereinto: Interests Income	1970.22	2276.70
其中：存放金融同业利息收入	Thereinto: Interests Income of Deposits in Financial Institutions	440.90	486.15
其中：自有资金存款利息收入	Thereinto:Interests Income of Self-Owned Fund Deposit	127.69	137.09
客户资金存款利息收入	Interests Income of Clients' Capital Deposit	313.21	349.42
融资业务利息收入	Interests Income of Financing Business	1116.09	1317.34
其中：融资融券业务利息收入	Thereinto:Interests Income of Margin Requirement	882.54	1150.28
约定购回利息收入	Interests Income of Pre-arranged Repo	1.07	1.67
股票质押回购利息收入	Interests Income of Pledge-style Repo	230.66	163.78
2.利息支出(支出以"-"号填列)	Interests Expense	-1328.48	-1583.46
其中：卖出回购金融资产利息支出	Thereinto: Interests Expense of Repurchase of Financial Assets	-365.26	-445.01
其中：报价回购利息支出	Thereinto: Interests Expense of Price Repurchase	-25.53	-36.31
拆入资金利息支出	Interests Expense of Money Borrowing	-80.02	-120.11
其中：转融通利息支出	Thereinto: Interests Expense of Refinancing	-39.63	-78.52
债券利息支出	Interests Expense of Bonds	-748.88	-867.23

注：净损失以"－"号填列，冲回以"－"列示。
数据来源：中国证券监督管理委员会
Source: CSRC

7-6 续表 continued

单位：亿元 (100 million yuan)

项目	Item	上期金额 Beginning Balance	本期金额 Ending Balance
投资收益	Investment Income	1526.35	1549.11
其中：成本法核算的长期股权投资收益	Thereinto:Return of Investment on Joint Ownership Enterprises	140.65	141.82
权益法核算的长期股权投资收益	Return of Investment on Subsidiary Company	88.15	121.02
处置长期股权的投资收益	Return of Investment on Trading Financial Instrument	11.66	12.58
股权类金融工具的投资收益	Return of Investment on Financial Assets Available for Sales	618.42	625.16
固定收益类的投资收益	Return of Investment on Held-to-Maturity Investment	703.64	823.59
衍生金融工具的投资收益	Return of Investment on Derivative Financial Instrument	-164.31	-301.99
公允价值变动收益	Profit from Fair Value Change	-47.10	87.30
汇兑收益	Net Exchange Gain	-11.35	0.80
其他业务收入	Other Business Income	13.02	12.96
二、营业支出	**Operating Cost:**	**2642.05**	**2703.20**
营业税金及附加	Business Tax and Surcharges	32.97	35.77
业务及管理费	General and Administrative Expenses	2168.10	2582.48
其中：折旧及摊销	Thereinto:Depreciation and Amortization	143.02	202.07
职工薪酬	Employee Salary	1536.25	1817.61
证券投资者保护基金	Securities Investor Protection Fund	21.14	38.89
资产减值损失	Asset Impairment Loss	437.35	82.60
其他业务成本	Cost of Other Businesses	2.80	2.35
三、营业利润	**Operating Profit:**	**1831.35**	**2306.22**
加：营业外收入	Add: Non-operating Income	11.21	12.09
减：营业外支出	Less: Non-operating Expenditure	28.27	35.96
四、利润总额	Total Profit:	1814.30	2282.35
减：所得税费用	Less: Income Tax	349.84	396.66
五、净利润	Net Profit	1464.46	1885.69

7-7 2021年证券公司净资本表
Net Capital Sheet of Securities Companies in 2021

单位：亿元 (100 million yuan)

项目	Item	期初余额 Beginning Balance	期末余额 Ending Balance
净资产	Net assets	22966.33	25660.32
减：优先股及永续次级债等	Less:Preferred stock perpetual subordinated debt etc.	644.19	1300.08
减：资产项目的风险调整合计	Less: Risk Adjustment of Derivative Financial Assets	6235.96	6971.64
减：或有负债的风险调整合计	Less: Risk Adjustment of Contingent Liabilities	508.38	494.07
加：中国证监会认定或核准的其他调整项目合计	Add: Other Adjustment of CSRC	370.26	317.60
减：中国证监会认定或核准的其他调整项目合计	Less: Other Adjustment of CSRC	55.42	55.85
核心净资本	Core Net Capital	15801.36	17060.26
加：附属净资本	Add: Additional Net Capital	2135.28	2768.09
净资本	Net Capital	18027.90	19924.37

数据来源：中国证券监督管理委员会
Source: CSRC

7-8 2021年证券公司风险资本准备表
Risk Capital Reserve Sheet of Securities Companies in 2021

单位：亿元 (100 million yuan)

项目	Item	期初余额 Beginning Balance	期末余额 Ending Balance
1. 市场风险资本准备	Market Risk Capital Reserves	5476.23	6355.33
2. 信用风险资本准备	Credit Risk Capital Reserves	3491.41	3916.21
3. 操作风险资本准备	Operational Risk Capital Reserves	516.73	605.64
4. 特定风险资本准备	Specific Risk Capital Reserves	1224.59	1135.80
分类调整前的各项风险资本准备合计	Total Risk Capital Reserves(Before the adjustment)	10888.54	12174.78
分类调整后的各项风险资本准备合计	Total Risk Capital Reserves(After the adjustment)	7137.89	7998.38

数据来源：中国证券监督管理委员会
Source: CSRC

7-9　期货公司重要指标情况
Important Indicators of Futures Companies

单位：亿元　　(100 million yuan)

年份 Year	总资产 Total Assets	净资产 Net Assets	净资本 Net Capital	营业收入 Operating Revenue	营业利润 Operating Profit	利润总额 Total Profit	净利润 Net Profit	期末风险资本准备 Risk Capital Reserves at the end of This Period
2013	2569.82	521.87	439.37	184.85	46.77	48.15	35.69	116.57
2014	3431.99	612.74	472.47	198.04	52.91	54.58	40.73	144.45
2015	4749.67	783.41	596.65	236.20	76.87	78.18	59.13	203.44
2016	5438.31	910.54	684.80	233.45	82.13	84.96	64.75	267.76
2017	5247.48	1060.11	750.51	275.47	103.31	104.57	80.79	145.15
2018	5142.50	1100.71	752.04	261.87	32.19	33.65	13.62	133.59
2019	6451.18	1210.16	717.46	272.67	74.70	75.23	56.57	171.63
2020	9845.13	1362.43	789.59	352.27	107.43	107.48	82.96	275.11
2021	13815.76	1614.46	1026.86	494.27	176.22	176.04	137.38	389.21

数据来源：中国证券监督管理委员会
Source: CSRC

7-10 2021年期货公司资产负债表
Balance Sheet of Futures Companies in 2021

单位：亿元 (100 million yuan)

资产	Assets	期初余额 Beginning Balance	期末余额 Ending Balance
资产:	**Assets:**		
货币资金	Monetary Assets	4639.29	7340.30
其中：期货保证金存款	Thereinto:Futures Margin Deposit	4507.31	7153.00
应收货币保证金	Monetary Margin Receivable	3747.67	4033.42
应收质押保证金	Pledged Margin Receivable	425.40	1275.10
存出保证金	Margin Paid	2.47	0.99
交易性金融资产	Financial Assets Held for Trade	521.98	578.12
应收结算担保金	Receivable Guaranty Money for Settlement	26.55	35.86
应收风险损失款	Receivable Money for Risk Loss	2.13	1.53
应收佣金	Commission Receivable	0.36	0.57
其他应收款(合计)	Other Receivable(Total)	21.72	25.66
其中：应收股利	Thereinto:Dividends receivable	0.66	3.70
应收利息	Interests Receivable	2.65	1.98
其他应收款	Other Receivable	18.41	19.98
可供出售金融资产	Financial Assets Available for Sales	11.95	—
持有至到期投资	Held-to-Maturity Investment	1.76	—
债权投资	Debt Investment	23.77	20.14
其他权益工具投资	Other Equity Instruments Investment	1.12	1.05
其他债权投资	Other Debt Investment	4.76	14.33
买入返售金融资产	Buying Back the Sales of Financial Assets	20.99	28.52
长期股权投资	Long-term Equity Investment	311.94	358.64
期货会员资格投资	Futures Membership Investment	2.10	2.12
持有待售资产	Assets Held for Sale	0.01	—
固定资产	Fixed Assets	20.38	24.38
使用权资产	Right of Use Assets	4.82	20.56
无形资产	Intangible Assets	9.89	9.66
递延所得税资产	Deferred Income Tax Assets	6.71	8.27
其他资产	Other Assets	37.39	36.55
资产总计	Total Assets	9845.14	13815.76

注：因会计准则变更以及报表审计，期初数字可能出现不可比的情况。
数据来源：中国证监会
Source: CSRC

7-10　续表　continued

单位：亿元　　　　(100 million yuan)

负债和所有者权益	Liabilities and Owner's Equity	期初余额 Beginning Balance	期末余额 Ending Balance
负债:	**Liabilities:**		
短期借款	Short-term Loan	—	—
应付货币保证金	Monetary Margin Payable	7815.12	10568.96
应付质押保证金	Pledged Margin Payable	433.10	1278.73
交易性金融负债	Financial Liabilities Held for Trade	14.58	15.80
期货风险准备金	Capital Reserve for Futures	75.50	89.75
应付期货投资者保障基金	Futures Investors Protection Fund Payable	0.60	0.75
应付职工薪酬	Employee Salary Payable	44.77	61.04
应交税费	Tax Payable	12.48	18.92
其他应付款(合计)	Other Payable(Total)	31.79	35.95
其中：应付利息	Interests Payable	0.16	0.48
应付股利	Thereinto:Dividends Payable	4.67	6.12
其他应付款	Other Payable	26.97	29.35
应付手续费及佣金	Fees and Commission Payable	2.64	3.95
预计负债	Estimated Liabilities	1.59	0.70
持有待售负债	Liabilities Held for Sale	—	0.00
应付债券	Bonds Payable	24.70	58.07
长期借款	Long-term Equity Loan	0.09	1.07
递延所得税负债	Deferred Income Tax Liabilities	5.52	4.76
租赁负债	Lease Liabilities	4.84	20.10
其他负债	Other Liabilities	31.78	42.45
负债合计	Total Liabilities	8499.12	12201.00
所有者权益(或股东权益):	**Owners' Equity**		
实收资本(或股本)	Equity	862.51	987.07
其他权益工具	Other Equity Instruments	1.09	1.09
资本公积	Capital Reserve	175.35	213.46
减：库存股	less:Treasury Stock	—	—
其他综合收益	Other comprehensive income	0.43	0.25
盈余公积	Surplus Reserve	57.33	71.29
一般风险准备	General Contingency Reserve	56.04	69.48
未分配利润	Undistributed Profits	193.27	272.12
所有者权益(或股东权益)合计	Owner's Equity-Total	1346.01	1614.76
负债和所有者权益总计	Total Liabilities and Owner's Equity	9845.14	13815.76

注：因会计准则变更以及报表审计，期初数字可能出现不可比的情况。
数据来源：中国证监会
Source: CSRC

7-11 2021年期货公司利润表
Income Statement of Futures Companies in 2021

单位：亿元 (100 million yuan)

项目	Item	上期金额 Beginning Balance	本期金额 Ending Balance
营业收入:	**Operating Revenue:**	**352.27**	**494.27**
手续费及佣金净收入	Net Income from Net Fees & Commissions	201.17	314.46
利息净收入	Net Interests Income	94.40	133.29
投资收益	Investment Income	35.70	43.36
公允价值变动收益	Profit from Fair Value Change	12.95	-5.11
汇兑净收益	Net Exchange Gain	-0.05	-0.02
资产处置收益(损失以“	Income from Asset Disposal	0.07	0.05
其他收益	Other income	2.18	2.50
其他业务收入	Other Business Income	5.84	5.74
营业支出:	**Operating Cost:**	**244.84**	**318.05**
提取期货风险准备金	Reserve for Futures Risk	9.34	14.37
营业税金及附加	Business Tax and Surcharges	1.07	1.63
业务及管理费	General and Administrative Expenses	228.82	297.54
资产减值损失	Asset Impairment Loss	3.02	0.99
信用减值损失	Credit Impairment Loss	0.28	0.52
其他业务成本	Cost of Other Businesses	2.31	2.99
营业利润:	**Operating Profit:**	**107.43**	**176.22**
加：营业外收入	Add: Non-operating Income	1.87	1.26
减：营业外支出	Less: Non-operating Expenditure	1.82	1.44
利润总额:	**Total Profit:**	**107.48**	**176.04**
减：所得税费用	Less: Income Tax	24.52	38.66
净利润	**Net Profit**	**82.96**	**137.38**

数据来源：中国证券监督管理委员会
Source: CSRC

7-12　2021年证券公司财务情况前20排名表
Top 20 Securities Companies Ranked by Pecuniary Condition in 2021

排名 Rank	总资产 Total Assets			排名 Rank	净利润 Net Profit		
	公司名称 Company Name	金额(亿元) Amount (100 million yuan)	占比(%) Proportion (%)		公司名称 Company Name	金额(亿元) Amount (100 million yuan)	占比(%) Proportion (%)
1	中信证券	9408.65	8.88	1	中信证券	174.65	9.28
2	华泰证券	6261.70	5.91	2	国泰君安	119.19	6.34
3	国泰君安	6049.02	5.71	3	海通证券	103.04	5.48
4	招商证券	5426.79	5.12	4	招商证券	99.99	5.32
5	申万宏源	4855.06	4.58	5	中国银河	98.75	5.25
6	中国银河	4733.59	4.47	6	中信建投	92.37	4.91
7	海通证券	4666.49	4.40	7	广发证券	86.92	4.62
8	广发证券	4641.12	4.38	8	国信证券	86.80	4.61
9	中信建投	4216.64	3.98	9	华泰证券	85.89	4.57
10	国信证券	3450.00	3.26	10	申万宏源	84.36	4.49
11	中金公司	3303.61	3.12	11	东方财富	48.25	2.57
12	东方证券	2389.37	2.25	12	中金公司	39.69	2.11
13	平安证券	2362.31	2.23	13	平安证券	33.99	1.81
14	光大证券	1921.45	1.81	14	安信证券	33.47	1.78
15	安信证券	1873.11	1.77	15	东方证券	32.32	1.72
16	中泰证券	1735.83	1.64	16	中泰证券	31.45	1.67
17	兴业证券	1702.38	1.61	17	光大证券	30.73	1.63
18	方正证券	1526.86	1.44	18	兴业证券	29.76	1.58
19	长江证券	1504.70	1.42	19	中金财富证券	20.92	1.11
20	东方财富	1497.02	1.41	20	国金证券	20.79	1.11
合计		73525.70	69.38	合计		1353.33	71.95

注：“占比”是指单个公司数据占全行业公司数据的比重。
数据来源：中国证券监督管理委员会
Source:CSRC

7-13 2021年证券公司股票成交金额前20排名表

Top 20 Securities Companies Ranked by Stock Trading Turnover in 2021

排名 Rank	A股 A-Shares 公司名称 Company Name	金额(亿元) Amount (100 million yuan)	占比(%) Proportion (%)	排名 Rank	B股 B-Shares 公司名称 Company Name	金额(亿元) Amount (100 million yuan)	占比(%) Proportion (%)
1	华泰证券	316425.01	7.60	1	招商证券	95.93	7.50
2	中信证券	274046.35	6.58	2	申万宏源	94.54	7.39
3	招商证券	227754.43	5.47	3	国泰君安	84.68	6.62
4	国泰君安	197437.30	4.74	4	华泰证券	83.87	6.56
5	东方财富证券	182371.50	4.38	5	海通证券	78.61	6.14
6	广发证券	181374.33	4.35	6	广发证券	75.92	5.93
7	平安证券	181000.10	4.34	7	银河证券	66.14	5.17
8	中信建投	146334.23	3.51	8	国信证券	54.03	4.22
9	银河证券	130583.85	3.13	9	中信证券	53.19	4.16
10	申万宏源	129938.72	3.12	10	中金公司	32.56	2.54
11	中泰证券	129144.97	3.10	11	中金财富	32.17	2.51
12	国信证券	126634.61	3.04	12	华鑫证券	31.96	2.50
13	海通证券	115981.72	2.78	13	光大证券	29.99	2.34
14	中金财富	108757.89	2.61	14	方正证券	29.25	2.29
15	安信证券	95305.78	2.29	15	安信证券	28.74	2.25
16	长江证券	73724.11	1.77	16	中信建投	27.55	2.15
17	方正证券	73305.70	1.76	17	长江证券	26.72	2.09
18	兴业证券	69280.65	1.66	18	上海证券	26.37	2.06
19	中金公司	65438.19	1.57	19	中银国际	25.77	2.01
20	财通证券	65282.08	1.57	20	东方证券	24.85	1.94
合计		2890121.50	69.38	合计		1002.85	78.39

注：1."占比"是指单个公司数据占全行业公司数据的比重。
2.股票成交金额按双边计算。

数据来源：中国证券业协会

Source:SAC

7-14 2021年证券公司债券交易金额前20排名表

Top 20 Securities Companies Ranked by Bond Trading Turnover in 2021

排名 Rank	现货 Spot Transaction		
	公司名称 Company Name	金额(亿元) Amount(100 million yuan)	占比(%) Proportion(%)
1	华鑫证券	41047.96	11.49
2	中泰证券	35416.59	9.92
3	华宝证券	27463.63	7.69
4	中信建投	22078.11	6.18
5	中信证券	19495.56	5.46
6	东方财富证券	17451.27	4.89
7	华泰证券	15250.44	4.27
8	光大证券	14196.48	3.98
9	东方证券	12854.26	3.60
10	广发证券	12331.88	3.45
11	国泰君安	11579.64	3.24
12	平安证券	9882.40	2.77
13	银河证券	8801.57	2.46
14	湘财证券	8771.35	2.46
15	财通证券	7825.58	2.19
16	国金证券	6747.79	1.89
17	招商证券	6431.33	1.80
18	安信证券	5085.12	1.42
19	东莞证券	4726.74	1.32
20	中金公司	4595.24	1.29
合计		292032.94	81.77

注：1.本表仅统计交易所债券的交易情况。
2."占比"是指单个公司数据占全行业公司数据的比重。
3.债券交易金额按双边口径计算。
数据来源：中国证券业协会
Source:SAC

7-14 续表 continued

排名 Rank	回购 Repo Transaction		
	公司名称 Company Name	金额(亿元) Amount(100 million yuan)	占比(%) Proportion(%)
1	中信证券	261050.79	12.08
2	中信建投	139057.00	6.44
3	华泰证券	130695.26	6.05
4	广发证券	127947.91	5.92
5	国泰君安	87663.48	4.06
6	招商证券	83060.45	3.84
7	长江证券	75672.52	3.50
8	申万宏源	74229.73	3.44
9	国信证券	71237.36	3.30
10	海通证券	67654.05	3.13
11	银河证券	64944.57	3.01
12	平安证券	63396.01	2.93
13	兴业证券	59707.84	2.76
14	安信证券	45382.57	2.10
15	东方证券	45267.25	2.09
16	光大证券	39300.80	1.82
17	中金公司	38141.62	1.77
18	中金财富	34334.34	1.59
19	中泰证券	28984.85	1.34
20	财通证券	25848.48	1.20
合计		1563576.90	72.36

7-15 2021年证券公司经纪业务前20排名表
Top 20 Securities Companies Ranked by Brokerage Business in 2021

排名 Rank	代理买卖证券业务净收入(含席位租赁) Net Income from Acting Securities Trading		
	公司名称 Company Name	金额(亿元) Amount(100 million yuan)	占比(%) Proportion(%)
1	国泰君安	74.06	5.54
2	中信证券	70.37	5.26
3	招商证券	64.07	4.79
4	华泰证券	62.16	4.65
5	广发证券	61.17	4.57
6	银河证券	57.87	4.33
7	国信证券	57.48	4.30
8	申万宏源	45.40	3.39
9	中信建投	45.38	3.39
10	海通证券	44.06	3.29
11	东方财富证券	43.51	3.25
12	平安证券	42.26	3.16
13	中泰证券	35.63	2.66
14	方正证券	35.16	2.63
15	长江证券	32.75	2.45
16	光大证券	29.14	2.18
17	安信证券	27.89	2.09
18	兴业证券	25.46	1.90
19	中金财富	22.84	1.71
20	中金公司	21.74	1.63
合计		898.39	67.17

注："占比"是指单个公司数据占全行业公司数据的比重。
数据来源：中国证券业协会
Source: SAC

7-16 2021年证券公司承销与保荐业务前20排名表
Top 20 Securities Companies Ranked by Underwriting Business in 2021

排名 Rank	承销与保荐业务净收入 Net Income of Underwritings and Sponsors		
	公司名称 Company Name	金额(亿元) Amount (100 million yuan)	占比(%) Proportion(%)
1	中信证券	61.67	9.96
2	中信建投	51.24	8.28
3	中金公司	36.31	5.87
4	国泰君安	33.57	5.42
5	海通证券	32.15	5.19
6	华泰联合	31.09	5.02
7	招商证券	23.19	3.75
8	民生证券	19.62	3.17
9	国信证券	18.78	3.03
10	光大证券	16.80	2.71
11	国金证券	16.80	2.71
12	安信证券	12.71	2.05
13	东方承销保荐	11.29	1.82
14	兴业证券	11.22	1.81
15	中泰证券	10.83	1.75
16	浙商证券	10.26	1.66
17	平安证券	9.55	1.54
18	国元证券	8.90	1.44
19	东兴证券	8.74	1.41
20	东吴证券	8.21	1.33
合计		432.92	69.95

注：1."占比"是指单个公司数据占全行业公司数据的比重。
2.包含北交所或新三板精选层数据。
数据来源：中国证券业协会
Source: SAC

7-16　续表

continued

排名 Rank	并购重组财务顾问业务净收入 Net Income of Take Over Consultants		
	公司名称 Company Name	金额(亿元) Amount(100 million yuan)	占比(%) Proportion(%)
1	中金公司	4.43	28.66
2	中信证券	1.67	10.81
3	华泰联合	1.61	10.43
4	中信建投	1.32	8.51
5	国泰君安	0.84	5.42
6	信达证券	0.55	3.59
7	国金证券	0.51	3.28
8	中德证券	0.45	2.92
9	东兴证券	0.37	2.36
10	海通证券	0.32	2.10
11	招商证券	0.30	1.92
12	申万宏源承销保荐	0.29	1.85
13	甬兴证券	0.23	1.49
14	国信证券	0.22	1.42
15	华安证券	0.16	1.06
16	东方承销保荐	0.15	0.97
17	中天国富	0.14	0.90
18	平安证券	0.13	0.87
19	五矿证券	0.13	0.81
20	华兴证券	0.09	0.61
合计		13.91	89.99

7-17　2021年证券公司资产管理业务前20排名表

Top 20 Securities Companies Ranked by Asset Management Business in 2021

排名 Rank	受托管理资金本金总额 Total Collocation Capital		
	公司名称 Company Name	金额(亿元) Amount(100 million yuan)	占比(%) Proportion(%)
1	中信证券	17161.26	15.83
2	中金公司	10983.02	10.13
3	中银国际	7551.31	6.96
4	华泰资管	4887.83	4.51
5	招商资管	4844.56	4.47
6	广发资管	4492.99	4.14
7	中信建投	4272.72	3.94
8	平安证券	3729.86	3.44
9	国君资管	3643.48	3.36
10	光证资管	3539.94	3.26
11	申万宏源	2709.50	2.50
12	东证资管	2674.26	2.47
13	财通资管	2038.09	1.88
14	中泰资管	1729.16	1.59
15	信达证券	1604.82	1.48
16	国信证券	1379.03	1.27
17	天风资管	1300.75	1.20
18	国金证券	1269.82	1.17
19	银河金汇	1237.23	1.14
20	五矿证券	1158.89	1.07
合计		82208.56	75.82

注：“占比”是指单个公司数据占全行业公司数据的比重。

数据来源：中国证券业协会

Source: SAC

7-17 续表

continued

排名 Rank	受托客户资产管理业务净收入 Net Income from Asset Management Business		
	公司名称 Company Name	金额(亿元) Amount(100 million yuan)	占比(%) Proportion(%)
1	东证资管	35.94	11.31
2	中信证券	34.25	10.77
3	华泰资管	20.15	6.34
4	国君资管	18.65	5.86
5	海通资管	16.14	5.08
6	财通资管	13.78	4.33
7	中金公司	12.84	4.04
8	招商资管	12.22	3.84
9	光证资管	12.05	3.79
10	申万宏源	10.98	3.45
11	中信建投	10.12	3.18
12	广发资管	9.73	3.06
13	天风资管	9.33	2.93
14	中银国际	7.70	2.42
15	中泰资管	5.58	1.76
16	安信资管	4.86	1.53
17	银河金汇	4.81	1.51
18	平安证券	4.66	1.47
19	华安证券	4.66	1.47
20	浙商资管	4.07	1.28
合计		252.52	79.43

7-18 2021年证券公司客户交易结算资金余额前20排名表

Top 20 Securities Companies Ranked by Balance of Clients' Transaction Settlement Funds in 2021

排名 Rank	客户交易结算资金余额 Balance of Clients' Transaction Settlement Funds		
	公司名称 Company Name	金额(亿元) Amount(100 million yuan)	占比(%) Proportion(%)
1	中信证券	996.02	6.06
2	华泰证券	895.16	5.45
3	广发证券	840.91	5.12
4	国泰君安	717.79	4.37
5	中信建投	675.15	4.11
6	银河证券	651.86	3.97
7	招商证券	650.45	3.96
8	海通证券	631.91	3.85
9	国信证券	578.96	3.52
10	平安证券	557.81	3.39
11	中金财富	456.74	2.78
12	申万宏源	434.45	2.64
13	东方财富	394.42	2.40
14	中泰证券	332.32	2.02
15	光大证券	331.14	2.02
16	安信证券	317.41	1.93
17	兴业证券	312.86	1.90
18	长江证券	312.18	1.90
19	方正证券	289.87	1.76
20	东方证券	241.76	1.47
合计		10619.19	64.62

注：1."占比"是指单个公司数据占全行业公司数据的比重。
2."证券交易结算资金"是指"证券市场交易结算资金监控系统"获取的有经纪业务的证券公司全部经纪业务客户(含部分采取证券公司结算模式的资产管理计划)从事证券交易等的人民币交易结算资金，不包括投资者从事B股交易、融资融券业务等的资金，也不包括证券公司自营、QFII以及采用托管人结算模式的证券公司资产管理计划和公开募集证券投资基金等从事证券交易的资金。

数据来源：中国证券投资者保护基金有限责任公司
Source: SIPF

7-19 2021年期货公司期货成交金额前20排名表

Top 20 Futures Companies Ranked by Futures Trading Turnover in 2021

排名 Rank	商品期货 Commodity Futures			排名 Rank	金融期货 Financial Futures		
	公司名称 Company Name	金额(亿元) Amount (100 million yuan)	占比(%) Proportion (%)		公司名称 Company Name	金额(亿元) Amount (100 million yuan)	占比(%) Proportion (%)
1	东证期货	741832.85	8.04	1	国泰君安	216771.82	9.19
2	海通期货	719900.78	7.80	2	中信期货	207078.52	8.78
3	中信期货	630607.65	6.83	3	东证期货	204707.88	8.68
4	华泰期货	581847.80	6.30	4	海通期货	137383.65	5.83
5	国泰君安	359074.47	3.89	5	华泰期货	96976.34	4.11
6	国富期货	301674.93	3.27	6	华闻期货	96220.36	4.08
7	华闻期货	273001.98	2.96	7	银河期货	79016.21	3.35
8	光大期货	266157.73	2.88	8	兴证期货	53123.32	2.25
9	银河期货	215917.78	2.34	9	国信期货	48854.18	2.07
10	国投安信期货	195333.91	2.12	10	东兴期货	46619.18	1.98
11	方正中期期货	177026.00	1.92	11	申银万国	45430.63	1.93
12	申银万国	160853.75	1.74	12	国投安信期货	44318.31	1.88
13	徽商期货	157987.20	1.71	13	五矿期货	43012.11	1.82
14	国信期货	147839.90	1.60	14	永安期货	42655.41	1.81
15	新湖期货	141902.62	1.54	15	平安期货	39454.79	1.67
16	永安期货	141888.94	1.54	16	招商期货	39446.62	1.67
17	东吴期货	139571.95	1.51	17	光大期货	36902.80	1.56
18	兴证期货	138861.13	1.50	18	方正中期期货	35066.61	1.49
19	中辉期货	130392.57	1.41	19	广发期货	34159.82	1.45
20	鲁证期货	124253.57	1.35	20	中信建投	33373.62	1.42
合计		5745927.51	62.26	合计		1580572.17	67.02

注：1.“占比”是指单个公司数据占全行业公司数据的比重。
　　2.期货成交金额按双边口径计算。

数据来源:中国证券监督管理委员会

Source: CSRC

7-20　2021年期货公司期末客户权益总额前20排名表

Top 20 Futures Companies Ranked by Total Value of Customer Equity in 2021

排名 Rank	公司名称 Company Name	金额(亿元) Amount(100 million yuan)	占比(%) Proportion(%)
1	中信期货	1044.30	8.81
2	国泰君安	785.98	6.63
3	东证期货	654.61	5.53
4	银河期货	532.27	4.49
5	海通期货	504.18	4.26
6	华泰期货	480.94	4.06
7	永安期货	433.77	3.66
8	国投安信期货	315.32	2.66
9	广发期货	275.53	2.33
10	申银万国	267.28	2.26
11	光大期货	253.39	2.14
12	兴证期货	235.02	1.98
13	南华期货	211.94	1.79
14	中信建投	205.67	1.74
15	浙商期货	202.40	1.71
16	招商期货	200.81	1.69
17	中粮期货	188.63	1.59
18	方正中期期货	181.30	1.53
19	鲁证期货	180.65	1.52
20	五矿期货	149.56	1.26
合计		7303.55	61.65

注：“占比”是指单个公司数据占全行业公司数据的比重。
数据来源：中国期货业协会
Source: CFA

7-21　2021年期货公司财务情况前20排名表
Top 20 Futures Companies Ranked by Pecuniary Condition in 2021

排名 Rank	总资产 Total Assets			排名 Rank	净利润 Net Profit		
	公司名称 Company Name	金额(亿元) Amount (100 million yuan)	占比(%) Proportion (%)		公司名称 Company Name	金额(亿元) Amount (100 million yuan)	占比(%) Proportion (%)
1	中信期货	1,144.27	8.28	1	永安期货	8.01	5.83
2	国泰君安	872.32	6.31	2	银河期货	7.43	5.41
3	东证期货	712.42	5.16	3	东证期货	6.51	4.74
4	银河期货	577.21	4.18	4	国泰君安	6.10	4.44
5	永安期货	552.69	4.00	5	中信期货	6.10	4.44
6	海通期货	548.15	3.97	6	中信建投	5.53	4.03
7	华泰期货	520.40	3.77	7	瑞达期货	5.21	3.79
8	国投安信期货	354.92	2.57	8	国投安信期货	4.33	3.15
9	申银万国	332.21	2.40	9	华泰期货	4.05	2.95
10	广发期货	313.49	2.27	10	申银万国	3.82	2.78
11	光大期货	281.32	2.04	11	招商期货	3.72	2.71
12	兴证期货	254.44	1.84	12	海通期货	3.54	2.58
13	招商期货	252.73	1.83	13	广发期货	3.48	2.53
14	中信建投	249.61	1.81	14	国信期货	3.14	2.28
15	南华期货	245.47	1.78	15	光大期货	3.08	2.24
16	浙商期货	235.32	1.70	16	南华期货	2.94	2.14
17	中粮期货	227.93	1.65	17	浙商期货	2.91	2.12
18	鲁证期货	207.08	1.50	18	平安期货	2.84	2.07
19	方正中期期货	202.06	1.46	19	方正中期期货	2.69	1.96
20	五矿期货	194.32	1.41	20	中粮期货	2.38	1.73
合计		8278.37	59.92	合计		87.81	63.92

注："占比"是指单个公司数据占全行业公司数据的比重。
数据来源：中国期货业协会
Source: CFA

7-22 2021年期货公司经纪业务收入前20排名表
Top 20 Futures Companies Ranked by Brokerage Business Income in 2021

排名 Rank	期货公司经纪业务收入 Futures Companies Brokerage Business Income		
	公司名称 Company Name	金额(亿元) Amount(100 million yuan)	占比(%) Proportion(%)
1	国泰君安	11.09	3.70
2	东证期货	9.22	3.07
3	中信期货	8.71	2.90
4	瑞达期货	8.55	2.85
5	银河期货	7.83	2.61
6	山西三立	7.41	2.47
7	方正中期期货	7.31	2.44
8	东方财富期货	7.06	2.35
9	恒银期货	6.75	2.25
10	中信建投	6.72	2.24
11	华泰期货	6.70	2.23
12	永安期货	6.56	2.19
13	海通期货	6.41	2.14
14	徽商期货	6.40	2.13
15	申银万国	5.58	1.86
16	光大期货	5.50	1.83
17	平安期货	5.36	1.79
18	中辉期货	4.74	1.58
19	招商期货	4.54	1.51
20	国投安信期货	4.52	1.51
合计		136.95	45.65

注：1.“占比”是指单个公司数据占全行业公司数据的比重。
2.按合并口径统计。

数据来源：中国期货业协会
Source: CFA

7-23　2021年期货公司投资咨询业务收入前20排名表
Top 20 Futures Companies Ranked by Investment Consultant Business Income in 2021

排名 Rank	投资咨询业务收入 Investment Consultant Business Income		
	公司名称 Company Name	金额(亿元) Amount(100 million yuan)	占比(%) Proportion(%)
1	上海东亚	0.56	31.54
2	申银万国	0.33	18.71
3	国信期货	0.16	9.15
4	招商期货	0.12	6.91
5	瑞达期货	0.07	4.01
6	中原期货	0.05	2.93
7	和合期货	0.05	2.81
8	华创期货	0.04	2.22
9	华闻期货	0.03	1.91
10	宏源期货	0.03	1.85
11	银河期货	0.03	1.71
12	平安期货	0.03	1.54
13	华龙期货	0.02	1.39
14	混沌天成	0.02	1.15
15	美尔雅期货	0.02	1.02
16	浙商期货	0.02	0.88
17	中信建投	0.01	0.78
18	浙江新世纪期货	0.01	0.76
19	国联期货	0.01	0.64
20	西部期货	0.01	0.60
合计		1.64	92.52

注：1.“占比”是指单个公司数据占全行业公司数据的比重。
　　2.按合并口径统计。
数据来源：中国期货业协会
Source: CFA

7-24　2021年期货公司资产管理业务收入前20排名表
Top 20 Futures Companies Ranked by Asset Management Business Income in 2021

排名 Rank	资产管理业务收入 Asset Management Business Income		
	公司名称 Company Name	金额(亿元) Amount(100 million yuan)	占比(%) Proportion(%)
1	瑞达期货股份有限公司	1.69	14.06
2	中信期货有限公司	1.42	11.81
3	海通期货股份有限公司	0.87	7.21
4	中融汇信期货有限公司	0.82	6.81
5	中电投先融（上海）资产管理有限公司	0.63	5.27
6	广发期货有限公司	0.58	4.85
7	兴业期货有限公司	0.31	2.59
8	先锋期货有限公司	0.30	2.52
9	国泰君安期货有限公司	0.28	2.35
10	中信建投期货有限公司	0.27	2.20
11	永安期货股份有限公司	0.20	1.62
12	混沌天成资产管理（上海）有限公司	0.18	1.51
13	上海东亚期货有限公司	0.17	1.44
14	迈科期货股份有限公司	0.16	1.33
15	浙商期货有限公司	0.16	1.30
16	银河期货有限公司	0.16	1.29
17	深圳天风天成资产管理有限公司	0.15	1.27
18	东兴期货有限责任公司	0.15	1.26
19	建信期货有限责任公司	0.15	1.24
20	创元期货股份有限公司	0.15	1.24
合计		8.81	73.18

注：1.“占比”是指单个公司数据占全行业公司数据的比重。
　　2.按合并口径统计。
数据来源：中国期货业协会
Source: CFA

7-25 2021年期货公司风险管理业务收入前20排名表
Top 20 Futures Companies Ranked by Risk Management Business Income in 2021

排名 Rank	风险管理业务收入 Risk Management Business Income		
	公司名称 Company Name	金额(亿元) Amount(100 million yuan)	占比(%) Proportion(%)
1	浙江永安资本管理有限公司	361.42	13.75
2	上期资本管理有限公司	198.24	7.54
3	银河德睿资本管理有限公司	137.05	5.21
4	浙江济海贸易发展有限公司	109.80	4.18
5	浙江浙期实业有限公司	97.53	3.71
6	浙江南华资本管理有限公司	96.06	3.65
7	宏源恒利(上海)实业有限公司	88.37	3.36
8	国泰君安风险管理有限公司	85.24	3.24
9	东证润和资本管理有限公司	84.62	3.22
10	上海新湖瑞丰金融服务有限公司	72.65	2.76
11	方顿物产(重庆)有限公司	65.79	2.50
12	中粮祈德丰(北京)商贸有限公司	65.59	2.50
13	广期资本管理(上海)有限公司	63.35	2.41
14	上海夯石商贸有限公司	60.38	2.30
15	上海海通资源管理有限公司	58.76	2.24
16	平安商贸有限公司	57.40	2.18
17	建信商贸有限责任公司	52.97	2.02
18	上海滇晟商贸有限公司	50.43	1.92
19	苏州创元和赢资本管理有限公司	49.17	1.87
20	徽丰实业(上海)有限公司	47.19	1.80
合计		1902.02	72.36

注：1.“占比”是指单个公司数据占全行业公司数据的比重。
2.按合并口径统计。
3.本表中期货公司指期货公司风险管理子公司。

数据来源：中国期货业协会
Source: CFA

7-26　2021年全国股转系统主办券商推荐业务前35排名表
Top 35 Lead Brokers in the NEEQ System of IPO Recommendation in 2021

排名 Rank	推荐业务 IPO Recommendation		
	主办券商名称 Name of Lead Brokers	推荐家数 Number of IPO Recommendations	占比(%) Proportion(%)
1	开源证券股份有限公司	28	30.77
2	国融证券股份有限公司	7	7.69
3	东吴证券股份有限公司	6	6.59
4	海通证券股份有限公司	4	4.40
5	申万宏源证券承销保荐有限责任公司	4	4.40
6	山西证券股份有限公司	3	3.30
7	东莞证券股份有限公司	3	3.30
8	长江证券股份有限公司	3	3.30
9	华安证券股份有限公司	2	2.20
10	中泰证券股份有限公司	2	2.20
11	西部证券股份有限公司	2	2.20
12	西南证券股份有限公司	2	2.20
13	首创证券股份有限公司	2	2.20
14	光大证券股份有限公司	2	2.20
15	方正证券承销保荐有限责任公司	1	1.10
16	渤海证券股份有限公司	1	1.10
17	民生证券股份有限公司	1	1.10
18	平安证券股份有限公司	1	1.10
19	江海证券有限公司	1	1.10
20	中航证券有限公司	1	1.10
21	东海证券股份有限公司	1	1.10
22	华西证券股份有限公司	1	1.10
23	金元证券股份有限公司	1	1.10
24	恒泰长财证券有限责任公司	1	1.10
25	国元证券股份有限公司	1	1.10
26	第一创业证券承销保荐有限责任公司	1	1.10
27	华龙证券股份有限公司	1	1.10
28	南京证券股份有限公司	1	1.10
29	天风证券股份有限公司	1	1.10
30	财信证券有限责任公司	1	1.10
31	华英证券有限责任公司	1	1.10
32	东兴证券股份有限公司	1	1.10
33	中信建投证券股份有限公司	1	1.10
34	甬兴证券有限公司	1	1.10
35	招商证券股份有限公司	1	1.10
合计		91	100.00

注：1.“占比”是指单个公司数据占全行业公司数据的比重。
2.以年末存量挂牌公司的推荐券商进行统计。
3.包含北交所或新三板精选层数据。

数据来源：全国中小企业股份转让系统
Source:NEEQ

7-27 2021年全国股转系统主办券商做市业务前20排名表
Top 20 Lead Brokers in the NEEQ System of Market Making in 2021

排名 Rank	做市交易业务 Trading Market Making		
	主办券商名称 Name of Lead Brokers	做市交易金额(亿元) Trading Turnover of Market Making(100 Million Yuan)	占比(%) Proportion(%)
1	开源证券股份有限公司	92.26	15.28
2	中泰证券股份有限公司	86.10	14.26
3	九州证券股份有限公司	79.84	13.22
4	东北证券股份有限公司	71.66	11.87
5	安信证券股份有限公司	60.63	10.04
6	上海证券有限责任公司	19.13	3.17
7	广发证券股份有限公司	16.79	2.78
8	中山证券有限责任公司	15.88	2.63
9	申万宏源证券有限公司	15.78	2.61
10	长江证券股份有限公司	13.37	2.21
11	首创证券股份有限公司	12.54	2.08
12	联储证券有限责任公司	12.38	2.05
13	中国银河证券股份有限公司	10.41	1.72
14	粤开证券股份有限公司	9.38	1.55
15	第一创业证券股份有限公司	9.13	1.51
16	天风证券股份有限公司	8.80	1.46
17	海通证券股份有限公司	8.04	1.33
18	国泰君安证券股份有限公司	7.89	1.31
19	东吴证券股份有限公司	6.42	1.06
20	东莞证券股份有限公司	5.42	0.90
合计		561.86	93.04

注：1.“占比”是指单个公司数据占全行业公司数据的比重。
2.做市交易金额按双边口径计算。

数据来源：全国中小企业股份转让系统
Source:NEEQ

7-28　2021年全国股转系统主办券商经纪业务前20排名表
Top 20 Lead Brokers in the NEEQ System of Brokerage in 2021

排名 Rank	经纪业务 Brokerage		
	主办券商名称 Name of Lead Brokers	代理买卖证券交易金额(亿元) Amount of Acting Trading Securities (100 Million Yuan)	占比(%) Proportion(%)
1	华泰证券股份有限公司	344.81	6.86
2	广发证券股份有限公司	256.26	5.10
3	中信建投证券股份有限公司	239.25	4.76
4	中信证券股份有限公司	235.75	4.69
5	国泰君安证券股份有限公司	228.67	4.55
6	海通证券股份有限公司	226.64	4.51
7	中国银河证券股份有限公司	212.94	4.24
8	招商证券股份有限公司	207.85	4.13
9	申万宏源证券有限公司	188.33	3.75
10	东方财富证券股份有限公司	170.98	3.40
11	国信证券股份有限公司	148.49	2.95
12	平安证券股份有限公司	135.92	2.70
13	光大证券股份有限公司	130.75	2.60
14	中泰证券股份有限公司	121.90	2.42
15	方正证券股份有限公司	111.14	2.21
16	安信证券股份有限公司	110.78	2.20
17	长江证券股份有限公司	107.01	2.13
18	东方证券股份有限公司	99.39	1.98
19	中国中金财富证券有限公司	98.98	1.97
20	兴业证券股份有限公司	92.41	1.84
合计		3468.25	69.00

注：1．“占比”是指单个公司数据占全行业公司数据的比重。
　　2．代理买卖证券交易金额按双边口径计算。
数据来源：全国中小企业股份转让系统
Source:NEEQ

主要统计指标解释

Explanatory Notes on Main Statistical Indicators

证券公司家数 指统计期末已获得中国证监会颁发经营证券期货业务许可证的证券公司数量合计。证券公司家数以获得经营证券期货业务许可证证为标准，已办理机构注销的证券公司从统计中剔除。

证券公司分公司家数 指统计期末经中国证监会批准，依法设立的从事证券业务的证券公司分公司数量合计。

证券公司营业部家数 指统计期末经中国证监会批准，依法设立的从事证券业务的营业网点数量合计。证券营业部家数以获得经营证券期货业务许可证为标准，已办理机构注销的证券营业部从统计中剔除。

期货公司家数 指统计期末经中国证监会批准，并获得中国证监会颁发经营期货业务许可证的期货公司数量合计。期货公司家数以获得经营期货业务许可证为标准，已办理机构注销的期货公司从统计中剔除。

期货公司营业部家数 指统计期末经中国证监会批准，依法设立的从事期货业务的营业网点数量合计。期货营业部家数以获得经营期货业务许可证为标准，已办理机构注销的期货营业部从统计中剔除。

基金管理公司家数 指统计期末经中国证监会批准，并获得经营证券期货业务许可证的基金管理公司的数量合计。基金管理公司家数以获得经营证券期货业务许可证为标准，已办理取消经营证券期货业务许可证的基金管理公司从统计中剔除。

基金管理公司子公司家数 指统计期末经中国证监会批准，依法设立的从事基金管理业务的基金管理公司子公司数量合计。

证券投资咨询机构家数 指统计期末取得经营证券期货业务许可证的证券投资咨询机构的数量合计。指为证券投资人或者客户提供证券投资分析、预测或者建议等直接或者间接有偿咨询服务的机构的数量合计。

总资产 指统计期末证券期货经营机构全部资产总额合计。

净资产 指统计期末证券期货经营机构净资产合计。

净资本 指统计期末证券公司和期货公司净资本金额的合计。

营业收入 指统计期内证券期货经营机构营业收入金额合计。包括手续费及佣金净收入、利息净收入、投资收益、公允价值变动收益、汇兑净收益及其他业务收入等。

利润总额 指统计期内证券期货经营机构利润总额的合计。

净利润 指统计期内证券期货经营机构净利润的合计。

风险资本准备总额 指统计期末全部证券公司风险资本准备的合计。

代理买卖证券业务总额 指统计期内证券公司代理投资者进行证券买卖的金额合计。代理买卖证券总额包含证券公司出租交易单元上所发生的证券买卖金额。

资产管理业务规模 指统计期末证券公司、基金管理公司和期货公司提供专业资产管理服务的资产金额合计，一般按公允价值计算。

期货公司客户权益总额 指统计期末由期货公司带来进行期货交易的客户的资产总额合计，包括被合约占用的保证金以及未被合约占用的可用资金。

就业人员数量 指统计期末在证券公司、基金管理公司和期货公司工作的人员数量合计。

证券交易结算资金指有经纪业务的证券公司全部经纪业务客户（含部分采取证券公司结算模式的资产管理计划）从事证券交易等的人民币交易结算资金。

期货公司资产管理业务　是指期货公司可以接受客户委托，根据《期货公司监督管理办法》《私募投资基金监督管理暂行办法》规定和合同约定，运用客户资产进行投资，并按照合同约定收取费用或者报酬的业务活动。

期货公司风险管理公司　是指由一家期货公司控股 50%以上的子公司，根据《公司法》设立的以开展风险管理服务为主要业务的有限责任公司或股份有限公司。

期货风险资本准备　是指期货公司在开展各项业务过程中，为应对可能发生的风险损失所需要的资本。

期货经纪业务　是指代理客户进行期货交易并收取交易佣金的业务。

期货投资咨询业务　是指期货公司基于客户委托，期货公司及其从业人员向客户提供风险管理顾问、研究分析、交易咨询等服务并获得合理报酬。

主办券商推荐业务　是指证券公司在全国中小企业股份转让系统推荐申请挂牌公司挂牌，持续督导挂牌公司，为挂牌公司股票发行、并购重组提供的相关服务。

主办券商做市业务　是指证券公司在全国中小企业股份转让系统发布买卖双向报价，并在其报价数量范围内按其报价履行与投资者成交义务的相关业务。

主办券商经纪业务　是指证券公司在全国中小企业股份转让系统代理开立证券账户、代理买卖股票等业务。

贰零贰壹

附 录

Appendix

贰零贰壹

附录1-1 2021年世界主要国家(地区)的证券化率

Securitisation Ratio of the World's Major Countries (Regions) in 2021

中文名称 Chinese Name	英文名称 English Name	2020			2021		
		市值（十亿美元）Market Capitalization (In Billions)	GDP（十亿美元）GDP (In Billions)	证券化率（%）Securitisation Ratio (%)	市值（十亿美元）Market Capitalization (In Billions)	GDP（十亿美元）GDP (In Billions)	证券化率（%）Securitisation Ratio (%)
中国内地	China Mainland	12214.47	14722.73	82.96	14374.52	17734.06	81.06
美国	United States	45293.11	20936.60	216.33	52244.00	22996.10	227.19
日本	Japan	6718.22	5064.87	132.64	6544.30	—	—
英国	Britain	4045.60	2707.74	149.41	3799.46	3186.86	119.22
法国	France	5443.95	2603.00	209.14	7333.65	2937.47	249.66
德国	Germany	2284.11	3806.06	60.01	2503.05	4223.12	59.27
俄罗斯	Russia	694.74	1483.50	46.83	841.85	1775.80	47.41
印度	India	—	2622.98	—	—	3173.40	—
巴西	Brazil	988.37	1444.73	68.41	0.00	1608.98	0.00
南非	South Africa	1051.53	301.92	348.28	1143.00	419.95	272.18
韩国	Korea	2176.19	1630.53	133.47	2218.66	1798.53	123.36

注：计算证券化率所使用各国(地区)股市市值数据来自世界交易所联合会。
数据来源：世界交易所联合会、世界银行。
Source: WFE、IBRD

附录1-2 2021年世界主要交易所业务量排名表
Ranking of the World's Major Exchanges by Volume of Business in 2021

中文名称 Chinese Name	英文名称 English Name	2020			
		市值 Market Capitalization		成交金额 Trading Turnover	
		交易所市值(十亿美元) Market Capitalization of Exchange(In Billions)	排名 Ranking	成交金额(十亿美元) Trading Turnover (In Billions)	排名 Ranking
纽约证券交易所	NYSE Euronext(US)	21659.29	1	26445.84	2
纳斯达克证券交易所	NASDAQ OMX	19060.37	2	63634.28	1
上海证券交易所	Shanghai Stock Exchange	6975.97	3	12213.48	5
日本交易所集团	Japan Exchange Group	6718.22	4	6982.75	6
深圳证券交易所	Shenzhen Stock Exchange	5238.50	7	17849.42	4
香港证券交易所	Hong Kong Exchanges and Clearing	6130.42	5	3315.17	10
伦敦证券交易所	London SE Group	4045.60	8	4480.54	8
印度国家证券交易所	National Stock Exchange of India Limited	2552.46	10	1816.94	14
多伦多证券交易所集团	TMX Group	2608.38	9	1871.42	13
沙特证券交易所	Saudi Exchange (Tadawul)	2429.10	11	558.34	22
瑞士证券交易所	SIX Swiss Exchange	2001.60	15	1399.02	16
韩国证券交易所	Korea Exchange	2176.19	13	4878.59	7
台湾证券交易所	Taiwan Stock Exchange	1598.57	17	1566.56	15
澳大利亚证券交易所	Australian Securities Exchange	1720.56	16	1279.03	18
德黑兰证券交易所	Tehran Stock Exchange	1218.39	18	481.83	24
约翰内斯堡证券交易所	Johannesburg Stock Exchange	1051.53	19	348.60	28
巴西证券交易所	B3 - Brasil Bolsa Balcão	988.37	20	1381.96	17
泛欧证券交易所	NYSE Euronext(Europe)	5443.95	6	2582.05	11
纳斯达克(北欧)证券交易所	Nasdaq Nordic Exchanges	2110.44	14	1093.45	20
法兰克福证券交易所	Deutsche Börse	2284.11	12	2153.04	12

注：此表样本选用2021年末股票市值全球排名前20位的交易所。
数据来源：世界交易所联合会
Source: WFE

附录1-2 续表 continued

中文名称 Chinese Name	英文名称 English Name	2021			
		市值 Market Capitalization		成交金额 Trading Turnover	
		交易所市值（十亿美元）Market Capitalization of Exchange(In Billions)	排名 Ranking	成交金额（十亿美元）Trading Turnover (In Billions)	排名 Ranking
纽约证券交易所	NYSE Euronext(US)	27686.92	1	29266.36	2
纳斯达克证券交易所	NASDAQ OMX	24557.07	2	73280.57	1
上海证券交易所	Shanghai Stock Exchange	8154.69	3	17498.93	4
日本交易所集团	Japan Exchange Group	6544.30	4	7482.03	5
深圳证券交易所	Shenzhen Stock Exchange	6219.83	5	22109.00	3
香港证券交易所	Hong Kong Exchanges and Clearing	5434.18	6	4378.85	8
伦敦证券交易所	London SE Group	3799.46	7	4415.39	7
印度国家证券交易所	National Stock Exchange of India Limited	3548.02	8	2325.89	11
多伦多证券交易所集团	TMX Group	3264.14	9	2227.19	12
沙特证券交易所	Saudi Exchange (Tadawul)	2671.33	10	599.15	18
瑞士证券交易所	SIX Swiss Exchange	2327.71	11	982.21	17
韩国证券交易所	Korea Exchange	2218.66	12	5828.11	6
台湾证券交易所	Taiwan Stock Exchange	2029.13	13	3282.31	9
澳大利亚证券交易所	Australian Securities Exchange	1887.40	14	1247.77	15
德黑兰证券交易所	Tehran Stock Exchange	1260.73	15	252.99	20
约翰内斯堡证券交易所	Johannesburg Stock Exchange	1143.00	16	397.11	19
巴西证券交易所	B3 - Brasil Bolsa Balcão	815.88	17	1565.48	14
泛欧证券交易所	NYSE Euronext(Europe)	73.34	18	2947.85	10
纳斯达克(北欧)证券交易所	Nasdaq Nordic Exchanges	25.57	19	1222.74	16
法兰克福证券交易所	Deutsche Börse	25.03	20	2046.01	13

附录1-3 2021年全球主要经济体资本市场业务量排名表
Ranking of the World's Major Economies by Volume of Business in Capital Markets in 2021

中文名称 Chinese Name	英文名称 English Name	2020				2021			
		市值 Market Capitalization		成交金额 Trading Turnover		市值 Market Capitalization		成交金额 Trading Turnover	
		市值（十亿美元）Market Capitalization (In Billions)	排名 Ranking	成交金额（十亿美元）Trading Turnover (In Billions)	排名 Ranking	市值（十亿美元）Market Capitalization (In Billions)	排名 Ranking	成交金额（十亿美元）Trading Turnover (In Billions)	排名 Ranking
美国	America	40719.66	1	90080.11	1	52244.00	1	102546.94	1
中国内地	China Mainland	12214.47	2	30062.90	2	14374.52	2	39607.92	2
法国	French	5443.95	5	2582.05	7	7333.65	3	2947.85	8
日本	Japan	6718.22	3	6982.75	3	6544.30	4	7482.03	3
中国香港	Hong Kong, China	6130.42	4	3315.17	6	5434.18	5	4378.85	6
英国	Britain	4045.60	6	4480.54	5	3799.46	6	4415.39	5
加拿大	Cananda	2608.38	7	1871.42	9	3264.14	7	2227.19	9
瑞典	Sweden	2110.44	10	1093.45	14	2557.38	8	1222.74	13
德国	Germany	2284.11	8	2153.04	8	2503.05	9	2046.01	10
瑞士	Switzerland	2001.60	11	1399.02	11	2327.71	10	982.21	14
韩国	Korea	2176.19	9	4878.59	4	2218.66	11	5828.11	4
台湾	Taiwan, China	1598.57	13	1566.56	10	2029.13	12	3282.31	7
澳大利亚	Australia	1720.56	12	1279.03	13	1887.40	13	1247.77	12
南非	South Africa	1051.53	14	348.60	18	1143.00	14	397.11	18
俄罗斯	Russia	694.74	17	353.75	17	841.85	15	449.36	16
巴西	Brazil	988.37	15	1381.96	12	815.88	16	1565.48	11
西班牙	Spain	759.17	16	483.98	15	775.65	17	434.10	17
新加坡	Singapore	652.61	18	259.48	19	663.39	18	243.65	19
泰国	Thailand	543.16	19	477.81	16	598.91	19	633.00	15
马来西亚	Malaysia	436.54	20	245.21	20	414.29	20	212.40	20

注：1.各主要经济体市值为所在地在各经济体的会员交易所国内市值合计。
2.此表样本选用2021年末股票市值全球排名前20位的经济体。
3.法国市值为泛欧交易所市值，包含法国、荷兰、比利时、葡萄牙四个国家的市值，因为无法单独提取，所以使用泛欧交易所市值作为法国市值进行计算，法国实际市值应为泛欧交易所市值60%左右。
4.因WFE提供的成交金额不全，个别数据存在缺失情况。

数据来源：世界交易所联合会

Source: WFE

附录1-4　2021年全球期货及期权市场前30大交易所排名表
Ranking of Top 30 Exchanges in Global Futures and Options Markets in 2021

中文名称 Chinese Name	英文名称 English Name	2019		2020	
		期货和期权成交量(百万手) Futures and Option Trading Volume (in millions)	排名 Ranking	期货和期权成交量(百万手) Futures and Option Trading Volume (in millions)	排名 Ranking
印度国家证券交易所	National Stock Exchange of India	8850.47	1	17255.33	1
巴西期货交易所	B3 - Brasil Bolsa Balcão	6307.56	2	8755.77	2
芝加哥商业交易所集团	CME Group	4820.59	3	4942.74	3
洲际交易所	Intercontinental Exchange	2788.94	4	3317.89	4
纳斯达克证券交易所	Nasdaq	2660.60	5	3292.84	5
芝加哥期权交易所集团	CBOE Holdings	2614.11	6	3095.69	6
郑州商品交易所	Zhengzhou Commodity Exchange	1701.85	12	2582.23	7
上海期货交易所	Shanghai Futures Exchange	2128.61	9	2445.77	8
大连商品交易所	Dalian Commodity Exchange	2207.33	7	2364.42	9
韩国交易所	Korea Exchange	2184.93	8	2281.74	10
莫斯科交易所	Moscow Exchange	2119.94	10	2101.59	11
伊斯坦布尔证券交易所	Borsa Istanbul	1517.48	13	2081.04	12
欧洲期权与期货交易所	Eurex	1861.42	11	1703.29	13
孟买证券交易所	BSE	924.43	14	1607.78	14
迈阿密洲际证券交易所	Miami International Holdings1	827.45	15	1338.18	15
加拿大TMX集团	TMX Group	318.02	19	613.03	16
香港交易所	Hong Kong Exchanges and Clearing	437.07	17	433.09	17
台湾期货交易所	Taiwan Futures Exchange	341.39	18	392.20	18
日本交易所集团	Japan Exchange	454.26	16	333.64	19
新加坡交易所	Singapore Exchange	247.15	20	232.10	20
澳大利亚证券交易所	ASX	224.85	21	199.24	21
印度多种商品交易所	Multi Commodity Exchange of India	221.02	22	176.88	22
约翰内斯堡证券交易所	JSE Securities Exchange	169.73	24	175.57	23
泛欧衍生品市场	Euronext	175.58	23	164.05	24
泰国期货交易所	Thailand Futures Exchange	120.19	25	135.12	25
阿根廷布宜诺斯艾利斯罗萨里奥交易所	MATba ROFEX	117.49	26	129.54	26
中国金融期货交易所	China Financial Futures Exchange	115.28	27	122.03	27
东京金融交易所	Tokyo Financial Exchange	49.69	28	67.77	28
特拉维夫证券交易所	Tel-Aviv Stock Exchange	42.41	29	38.87	29
西班牙金融期货交易所	MEFF	40.48	30	33.16	30

注：1.排名不包括未向FIA报告交易数据的交易所。

2.此表样本选用2021年期货和期权成交量全球排名前30位的交易所。

3.东京证券交易所与大阪证券交易所合并为日本交易所集团，洲际交易所集团收购纽约泛欧交易所，阿根廷阿根廷布宜诺斯艾利斯交易所和罗萨里奥交易所与2019年8月合并。

数据来源：美国期货业协会

Source: FIA

附录1-5　历年退市公司名录

序号 No.	股票代码 Stock Code	退市公司全称 Delisting Company Name	股票简称 Stock Abbreviation	退市日期 Delisting Date
1	000780.SZ	内蒙古平庄能源股份有限公司	ST平能	2021-12-8
2	600723.SH	北京首商集团股份有限公司	首商股份	2021-10-22
3	000737.SZ	南风化工集团股份有限公司	南风化工	2021/10/15
4	300362.SZ	成都天翔环境股份有限公司	天翔退	2021-8-30
5	600068.SH	中国葛洲坝集团股份有限公司	葛洲坝	2021-8-25
6	000760.SZ	斯太尔动力股份有限公司	斯太退	2021-7-23
7	002359.SZ	北讯集团股份有限公司	北讯退	2021-7-23
8	200986.SZ	佛山华新包装股份有限公司	粤华包B	2021-7-21
9	002711.SZ	欧浦智网股份有限公司	欧浦退	2021-7-15
10	600662.SH	上海强生控股股份有限公司	强生控股	2021-6-4
11	002450.SZ	康得新复合材料集团股份有限公司	康得退	2021-5-31
12	200168.SZ	广东舜喆（集团）股份有限公司	*ST舜喆B	2021-5-26
13	600485.SH	北京信威科技集团股份有限公司	*ST信威	2021-5-25
14	600614.SH	鹏起科技发展股份有限公司	*ST鹏起	2021-5-25
15	600634.SH	上海富控互动娱乐股份有限公司	*ST富控	2021-5-25
16	002071.SZ	长城影视股份有限公司	*ST长城	2021-5-7
17	000662.SZ	天夏智慧城市科技股份有限公司	*ST天夏	2021-4-12
18	600247.SH	吉林成城集团股份有限公司	*ST成城	2021-3-15
19	600978.SH	宜华生活科技股份有限公司	*ST宜生	2021-3-15
20	600677.SH	航天通信控股集团股份有限公司	*ST航通	2021-3-11
21	600891.SH	哈尔滨秋林集团股份有限公司	*ST秋林	2021-3-11
22	600701.SH	哈尔滨工大高新技术产业开发股份有限公司	*ST工新	2021-3-5
23	600687.SH	甘肃刚泰控股(集团)股份有限公司	*ST刚泰	2021/3/3
24	600228.SH	江西昌九生物化工股份有限公司	ST昌九	2021-2-24
25	000727.SZ	南京华东电子信息科技股份有限公司	*ST东科	2021-1-14
26	600086.SH	东方金钰股份有限公司	*ST金钰	2021-1-13
27	600317.SH	营口港务股份有限公司	营口港	2021-1-6
28	000939.SZ	凯迪生态环境科技股份有限公司	凯迪退	2020/12/17
29	600817.SH	郑州德恒宏盛科技发展股份有限公司	ST宏盛	2020/12/15
30	900956.SH	黄石东贝电器股份有限公司	东贝B股	2020/11/23
31	300431.SZ	暴风集团股份有限公司	暴风退	2020/11/10
32	000927.SZ	天津一汽夏利汽车股份有限公司	*ST夏利	2020/10/10
33	300216.SZ	湖南千山制药机械股份有限公司	千山退	2020/09/16
34	300156.SZ	神雾环保技术股份有限公司	神雾退	2020/08/25
35	300090.SZ	安徽盛运环保(集团)股份有限公司	盛运退	2020/08/25
36	002220.SZ	大连天宝绿色食品股份有限公司	天宝退	2020/08/11
37	300028.SZ	金亚科技股份有限公司	金亚退	2020/08/03
38	300104.SZ	乐视网信息技术(北京)股份有限公司	乐视退	2020/07/21
39	200160.SZ	东洋科技集团股份有限公司	东洋B退	2020/07/21

注：1.同时发A、B股公司所用股票代码、简称、股价和净资产数据均为其A股对应数据。

2.从2019年开始，退市公司在原有范围基础上增加重组退市-重组上市和重组退市-出清式资产置换。出清式资产置换是指在上市公司实际控制人未发生变更的前提下，上市公司将原有主要业务置出，同时置入新业务。

数据来源：中国证监会、上海证券交易所、深圳证券交易所

Source:CSRC、SSE、SZSE

List of Delisting Companies

退市时股价 Delisting Share Price	退市时每股净资产 Delisting Book Value Per Share	退市原因 Delisting Reason
10.16	2.6942	重组退市-吸收合并
9.42	6.0785	重组退市-吸收合并
7.9	0.9229	重组退市-出清式资产置换
1.34	0.4069	暂停上市后恢复上市申请未被审核同意
9.30	7.4596	重组退市-吸收合并
0.26	-0.0349	连续3年净利润为负值，第4年未在法定期限内披露年报（同时存在重大违法强制退市情形）
0.35	0.8410	连续2年财务会计报告被出具无法表示意见，第3年未在法定期限内披露年报
5.51	4.3139	重组退市-吸收合并
0.32	-2.3656	连续2年财务会计报告被出具无法表示意见且净资产为负值，第3年净利润、扣非净利润、净资产为负值且财务会计报告被出具无法表示意见
9.13	3.0611	重组退市-出清式资产置换
0.2	-2.7237	连续2年财务会计报告被出具无法表示意见，第3年净利润、扣非净利润、净资产为负值且财务会计报告被出具无法表示意见（同时存在重大违法强制退市情形）
0.7	0.9185	连续20个交易日收盘价低于1元
1.39	-5.1497	暂停上市后终止上市（适用退市老规）
0.74	0.0048	暂停上市后终止上市（适用退市老规）
0.82	-7.6193	暂停上市后终止上市（适用退市老规）
0.31	-2.0048	连续20个交易日收盘价低于1元
0.25	0.5951	连续20个交易日收盘价低于1元
0.65	-0.3277	连续20个交易日收盘价低于1元
0.52	4.8182	连续20个交易日收盘价低于1元
3.01	-0.4090	主动退市
1.19	-3.5853	暂停上市后终止上市（适用退市老规）
1.17	-5.7762	暂停上市后终止上市（适用退市老规）
0.5	0.5944	连续20个交易日收盘价低于1元
11.12	0.1102	重组退市-出清式资产置换
2.44	0.3335	重组退市-出清式资产置换
0.86	-0.2400	连续20个交易日收盘价低于1元
2.58	2.0031	重组退市-吸收合并
0.15	-0.9175	连续3年亏损，第4年净利润、净资产为负，被出具无法表示意见审计报告
14.88	0.6120	重组退市-重组上市
3.07	6.0859	重组退市-吸收合并
0.28	-1.9223	未在法定期限内披露年度报告
3.82	1.3134	重组退市-出清式资产置换
0.19	-7.6393	2年净资产为负，第2年净利润、扣非净利润、净资产均为负，且审计意见类型为无法表示意见。
0.12	-0.3100	连续20个交易日收盘价低于1元
0.12	-2.8014	连续20个交易日收盘价低于1元
0.26	0.5425	连续20个交易日收盘价低于1元
0.3	0.3175	连续3年亏损，第4年净利润、扣非净利润、净资产均为负。
0.18	-3.6343	2年净资产为负，第2年净利润、扣非净利润、净资产均为负，且审计意见类型为保留意见。
0.18	0.3572	连续20个交易日收盘价低于1元

附录1–5　续表 1

序号 No.	股票代码 Stock Code	退市公司全称 Delisting Company Name	股票简称 Stock Abbreviation	退市日期 Delisting Date
40	002509.SZ	天广中茂股份有限公司	天茂退	2020/07/20
41	002604.SZ	山东龙力生物科技股份有限公司	龙力退	2020/07/15
42	900951.SH	大化集团大连化工股份有限公司	退市大化B	2020/07/02
43	600069.SH	河南银鸽实业投资股份有限公司	退市银鸽	2020/07/02
44	000691.SZ	海南亚太实业发展股份有限公司	亚太实业	2020/06/30
45	002758.SZ	浙江华通医药股份有限公司	华通医药	2020/06/26
46	600175.SH	美都能源股份有限公司	退市美都	2020/06/17
47	002532.SZ	新界泵业集团股份有限公司	新界泵业	2020/06/11
48	600821.SH	天津劝业场(集团)股份有限公司	*ST劝业	2020/06/05
49	601558.SH	华锐风电科技(集团)股份有限公司	退市锐电	2020/04/30
50	600074.SH	江苏保千里视像科技集团股份有限公司	退市保千	2020/04/01
51	000800.SZ	一汽轿车股份有限公司	一汽轿车	2020/02/28
52	002082.SZ	万邦德新材股份有限公司	万邦德	2020/01/16
53	000018.SZ	神州长城股份有限公司	神城A退	2020/01/07
54	200018.SZ	神州长城股份有限公司	神城B退	2020/01/07
55	002793.SZ	浙江东音泵业股份有限公司	东音股份	2019/12/31
56	300111.SZ	浙江向日葵光能科技股份有限公司	向日葵	2019/12/31
57	000953.SZ	广西河池化工股份有限公司	*ST河化	2019/12/24
58	002761.SZ	多喜爱集团股份有限公司	多喜爱	2019/12/17
59	600747.SH	大连大福控股股份有限公司	退市大控	2019/12/12
60	600240.SH	北京华业资本控股股份有限公司	退市华业	2019/12/04
61	002143.SZ	印纪娱乐传媒股份有限公司	印纪退	2019/11/29
62	002680.SZ	长生生物科技股份有限公司	长生退	2019/11/27
63	000785.SZ	武汉中商集团股份有限公司	武汉中商	2019/11/26
64	600131.SH	四川岷江水利电力股份有限公司	岷江水电	2019/11/01
65	002018.SZ	安徽华信国际控股股份有限公司	华信退	2019/11/01
66	002459.SZ	秦皇岛天业通联重工股份有限公司	天业通联	2019/10/28
67	002477.SZ	雏鹰农牧集团股份有限公司	雏鹰退	2019/10/16
68	600732.SH	上海新梅置业股份有限公司	ST新梅	2019/09/06
69	600556.SH	广西慧金科技股份有限公司	ST慧球	2019/09/06
70	600401.SH	海润光伏科技股份有限公司	退市海润	2019/07/12
71	000693.SZ	成都华泽钴镍材料股份有限公司	华泽退	2019/07/09
72	002070.SZ	福建众和股份有限公司	众和退	2019/07/09
73	000418.SZ	无锡小天鹅股份有限公司	小天鹅A	2019/06/21
74	200418.SZ	无锡小天鹅股份有限公司	小天鹅B	2019/05/27
75	600680.SH	上海普天邮通科技股份有限公司	*ST上普	2019/05/23
76	900930.SH	上海普天邮通科技股份有限公司	*ST沪普B	2019/05/23
77	002015.SZ	江苏霞客环保色纺股份有限公司	霞客环保	2019/04/25
78	002059.SZ	云南旅游股份有限公司	云南旅游	2019/03/29
79	002053.SZ	云南能源投资股份有限公司	云南能投	2019/02/27
80	600877.SH	中国嘉陵工业股份有限公司(集团)	*ST嘉陵	2019/01/30
81	600270.SH	中外运空运发展股份有限公司	外运发展	2018/12/28
82	000979.SZ	中弘控股股份有限公司	中弘退	2018/12/28
83	000511.SZ	银基烯碳新材料集团股份有限公司	烯碳退	2018/07/18

continued

退市时股价 Delisting Share Price	退市时每股净资产 Delisting Book Value Per Share	退市原因 Delisting Reason
0.15	0.6060	连续20个交易日收盘价低于1元
0.25	-6.9159	连续三年亏损，且审计意见类型为无法表示意见
0.074	-0.7692	强制退市-交易类
0.92	0.8092	强制退市-交易类
5.09	0.2327	重组退市-出清式资产置换
11.07	12.5424	重组退市-重组上市
0.41	2.5717	强制退市-交易类
7.18	3.6993	重组退市-重组上市
3.96	-0.0436	重组退市-出清式资产置换
0.65	0.2495	强制退市-交易类
1.04	-2.4525	强制退市-财务类
9	4.9468	重组退市-出清式资产置换
9.87	6.2726	重组退市-重组上市
0.27	-0.7640	连续20个交易日收盘价低于1元
0.17	-0.7640	连续20个交易日收盘价低于1元
13.5	2.7765	重组退市-重组上市
2.34	0.3416	重组退市-出清式资产置换
4.1	-0.8495	重组退市-出清式资产置换
11.56	5.5798	重组退市-重组上市
0.26	0.2848	其它不符合挂牌的情形
0.86	-3.3844	强制退市-交易类
0.25	0.6090	连续20个交易日收盘价低于1元
0.77	3.8467	重大违法强制退市
9.97	1.9727	重组退市-重组上市
21.65	2.6000	重组退市-出清式资产置换
0.26	-0.5249	连续20个交易日收盘价低于1元
11.63	5.5925	重组退市-重组上市
0.17	-0.1420	连续20个交易日收盘价低于1元
8.68	1.0299	重组退市-重组上市
7.92	-0.0119	重组退市-重组上市
0.15	-0.8366	连续三年亏损
0.37	-2.9437	暂停上市后未披露定期报告
0.71	-1.9063	连续三年亏损
57.39	14.1189	重组退市-吸收合并
51.65	14.1189	重组退市-吸收合并
7.69	0.3704	其它不符合挂牌的情形
0.402	0.3704	其它不符合挂牌的情形
6.33	1.3204	重组退市-重组上市
6.93	2.7159	重组退市-重组上市
7.62	4.3348	重组退市-重组上市
4.48	-0.2804	重组退市-出清式资产置换
20.99	9.0350	重组退市-吸收合并
0.22	0.8731	连续20个交易日收盘价低于1元
0.61	0.8440	连续三年亏损

附录1-5 续表 2

序号 No.	股票代码 Stock Code	退市公司全称 Delisting Company Name	股票简称 Stock Abbreviation	退市日期 Delisting Date
84	600806.SH	沈机集团昆明机床股份有限公司	退市昆机	2018/07/13
85	600432.SH	吉林吉恩镍业股份有限公司	退市吉恩	2018/07/13
86	200053.SZ	深圳赤湾石油基地股份有限公司	深基地B	2018/06/15
87	000916.SZ	华北高速公路股份有限公司	华北高速(退市)	2017/12/25
88	300372.SZ	丹东欣泰电气股份有限公司	欣泰退(退市)	2017/08/28
89	000033.SZ	深圳新都酒店股份有限公司	新都退(退市)	2017/07/07
90	600005.SH	武汉钢铁股份有限公司	武钢股份(退市)	2017/02/14
91	000748.SZ	长城信息产业股份有限公司	长城信息(退市)	2017/01/18
92	900935.SH	上海阳晨投资股份有限公司	阳晨B股(退市)	2016/12/16
93	600656.SH	珠海市博元投资股份有限公司	退市博元(退市)	2016/05/13
94	000024.SZ	招商局地产控股股份有限公司	招商地产(退市)	2015/12/30
95	200024.SZ	招商局地产控股股份有限公司	招商局B(退市)	2015/12/11
96	900950.SH	江苏新城地产股份有限公司	新城B股(退市)	2015/11/23
97	300186.SZ	广东大华农动物保健品股份有限公司	大华农(退市)	2015/11/02
98	200770.SZ	武汉锅炉股份有限公司	武锅B(退市)	2015/07/13
99	000594.SZ	天津国恒铁路控股股份有限公司	国恒(退市)	2015/07/13
100	601268.SH	国机重型装备集团股份有限公司	*ST二重(退市)	2015/05/21
101	600832.SH	上海东方明珠(集团)股份有限公司	东方明珠(退市)	2015/05/20
102	601299.SH	中国北车股份有限公司	中国北车(退市)	2015/05/20
103	000562.SZ	宏源证券股份有限公司	宏源证券(退市)	2015/01/26
104	200002.SZ	万科企业股份有限公司	万科B(退市)	2014/06/19
105	600087.SH	中国长江航运集团南京油运股份有限公司	长油(退市)	2014/06/05
106	200513.SZ	丽珠医药集团股份有限公司	丽珠B(退市)	2014/01/10
107	900949.SH	浙江东南发电股份有限公司	东电B股(退市)	2013/11/07
108	000527.SZ	广东美的电器股份有限公司	美的电器(退市)	2013/09/18
109	000602.SZ	广东金马旅游集团股份有限公司	金马集团(退市)	2013/08/14
110	600253.SH	河南天方药业股份有限公司	天方药业(退市)	2013/07/15
111	000522.SZ	广州白云山制药股份有限公司	白云山A(退市)	2013/04/26
112	000805.SZ	江苏高能时代在线股份有限公司	*ST炎黄(退市)	2013/03/27
113	000787.SZ	创智信息科技股份有限公司	*ST创智(退市)	2013/02/08
114	200039.SZ	中国国际海运集装箱(集团)股份有限公司	中集B(退市)	2012/12/14
115	600991.SH	广汽长丰汽车股份有限公司	广汽长丰(退市)	2012/03/20
116	600263.SH	路桥集团国际建设股份有限公司	路桥建设(退市)	2012/03/01
117	600102.SH	莱芜钢铁股份有限公司	莱钢股份(退市)	2012/02/28
118	600631.SH	上海百联集团股份有限公司(原)	百联股份(退市)	2011/08/23
119	000578.SZ	青海盐湖工业集团股份有限公司	盐湖集团(退市)	2011/03/22
120	600553.SH	河北太行水泥股份有限公司	太行水泥(退市)	2011/02/18
121	600003.SH	东北高速公路股份有限公司	ST东北高(退市)	2010/02/26
122	600607.SH	上海实业医药投资股份有限公司	上实医药(退市)	2010/02/12
123	600842.SH	上海中西药业股份有限公司	中西药业(退市)	2010/02/12
124	600591.SH	上海航空股份有限公司	*ST上航(退市)	2010/01/25
125	600001.SH	邯郸钢铁股份有限公司	邯郸钢铁(退市)	2009/12/29
126	600357.SH	承德新新钒钛股份有限公司	承德钒钛(退市)	2009/12/29
127	200041.SZ	深圳本鲁克斯实业股份有限公司	*ST本实B(退市)	2009/12/04

continued

退市时股价 Delisting Share Price	退市时每股净资产 Delisting Book Value Per Share	退市原因 Delisting Reason
1.47	-0.0720	连续三年亏损
1.38	-0.1237	连续三年亏损
22.75	7.3792	重组退市-吸收合并
8.82	4.4121	重组退市-吸收合并
1.48	2.8728	其它不符合挂牌的情形
1.7	0.0448	连续三年亏损
3.71	—	重组退市-吸收合并
20.31	5.1469	重组退市-吸收合并
2.922	2.6470	重组退市-吸收合并
4.49	2.3633	其它不符合挂牌的情形
40.5	12.7608	重组退市-吸收合并
35.3	12.7608	重组退市-吸收合并
2.216	5.3324	重组退市-吸收合并
45.72	3.9355	重组退市-吸收合并
2.05	-4.8625	连续四年亏损
1.29	1.7278	连续四年亏损
2.35	-2.7793	连续四年亏损
23.18	3.1361	重组退市-吸收合并
29.98	4.0638	重组退市-吸收合并
30.5	3.9770	重组退市-吸收合并
12.41	6.6800	转板上市
0.83	-0.7026	连续三年亏损
37.92	11.3100	转板上市
0.825	5.1473	重组退市-吸收合并
14.02	6.6685	重组退市-吸收合并
13.41	3.5977	私有化
6.26	2.1200	重组退市-吸收合并
23.27	3.5533	重组退市-吸收合并
1.88	0.2365	连续三年亏损
4.68	0.0389	连续三年亏损
9.7	7.1644	转板上市
17.82	4.4700	重组退市-吸收合并
16.43	5.2700	重组退市-吸收合并
7.13	6.7000	重组退市-吸收合并
15.68	6.1100	重组退市-吸收合并
24.44	2.9223	重组退市-吸收合并
14.98	2.4900	重组退市-吸收合并
3.87	3.1100	证券置换
23.52	6.2826	重组退市-吸收合并
13.96	1.7120	重组退市-吸收合并
7.27	0.8360	重组退市-吸收合并
5.29	4.4100	重组退市-吸收合并
7.4	3.5500	重组退市-吸收合并
1.16	-6.4500	暂停上市后未披露定期报告

附录1-5　续表 3

序号 No.	股票代码 Stock Code	退市公司全称 Delisting Company Name	股票简称 Stock Abbreviation	退市日期 Delisting Date
128	600840.SH	浙江新湖创业投资股份有限公司	新湖创业(退市)	2009/08/27
129	000515.SZ	攀钢集团重庆钛业股份有限公司	攀渝钛业(退市)	2009/05/06
130	000569.SZ	攀钢集团四川长城特殊钢股份有限公司	长城股份(退市)	2009/05/06
131	600627.SH	上海输配电股份有限公司	上电股份(退市)	2008/11/26
132	600786.SH	东方电气集团东方锅炉股份有限公司	东方锅炉(退市)	2008/03/18
133	600472.SH	包头铝业股份有限公司	包头铝业(退市)	2007/12/26
134	600065.SH	大庆联谊石化股份有限公司	*ST联谊(退市)	2007/12/13
135	600762.SH	衡阳市金荔科技农业股份有限公司	S*ST金荔(退市)	2007/11/20
136	600181.SH	云大科技股份有限公司	*ST云大(退市)	2007/06/01
137	600286.SH	湖南国光瓷业集团股份有限公司	S*ST国瓷(退市)	2007/05/31
138	000583.SZ	四川托普软件投资股份有限公司	S*ST托普(退市)	2007/05/21
139	600205.SH	山东铝业股份有限公司	S山东铝(退市)	2007/04/30
140	600296.SH	兰州铝业股份有限公司	S兰铝(退市)	2007/04/30
141	000549.SZ	湘火炬汽车集团股份有限公司	S湘火炬(退市)	2007/04/27
142	000699.SZ	佳木斯金地造纸股份有限公司	S*ST佳纸(退市)	2007/04/04
143	600772.SH	中油龙昌股份有限公司	S*ST龙昌(退市)	2006/11/30
144	600092.SH	陕西精密合金股份有限公司	S*ST精密(退市)	2006/11/30
145	600018.SH	上海港集装箱股份有限公司	上港集箱(退市)	2006/10/20
146	000832.SZ	黑龙江龙涤股份有限公司	*ST龙涤(退市)	2006/06/29
147	600002.SH	中国石化齐鲁股份有限公司	齐鲁石化(退市)	2006/04/24
148	000406.SZ	中国石化胜利油田大明(集团)股份有限公	石油大明(退市)	2006/04/21
149	000866.SZ	中国石化扬子石油化工股份有限公司	扬子石化(退市)	2006/04/21
150	000956.SZ	中国石化中原油气高新股份有限公司	中原油气(退市)	2006/04/21
151	600659.SH	辽宁闽越花雕股份有限公司	*ST花雕(退市)	2006/03/23
152	000618.SZ	吉林化学工业股份有限公司	吉林化工(退市)	2006/02/20
153	000763.SZ	锦州石化股份有限公司	锦州石化(退市)	2006/01/04
154	600799.SH	黑龙江省科利华网络股份有限公司	*ST龙科(退市)	2006/01/04
155	000817.SZ	辽河金马油田股份有限公司	辽河油田(退市)	2006/01/04
156	600752.SH	哈慈股份有限公司	*ST哈慈(退市)	2005/09/22
157	000827.SZ	大连长兴实业股份有限公司	*ST长兴(退市)	2005/09/21
158	000769.SZ	沈阳菲菲澳家现代农业股份有限公司	*ST大菲(退市)	2005/09/21
159	600899.SH	浙江信联股份有限公司	*ST信联(退市)	2005/09/21
160	200057.SZ	深圳大洋海运股份有限公司	*ST大洋B(退市)	2005/09/21
161	000535.SZ	猴王股份有限公司	*ST猴王(退市)	2005/09/21
162	600700.SH	陕西煤航数码测绘(集团)股份有限公司	*ST数码(退市)	2005/09/20
163	600852.SH	中国四川国际合作股份有限公司	*ST中川(退市)	2005/09/16
164	600672.SH	广东华圣科技投资股份有限公司	*ST华圣(退市)	2005/08/05
165	000765.SZ	汇绿生态科技集团股份有限公司	*ST华信(退市)	2005/07/04
166	600788.SH	西安达尔曼实业股份有限公司	*ST达曼(退市)	2005/03/25
167	600632.SH	上海华联商厦股份有限公司	华联商厦(退市)	2004/11/18
168	000621.SZ	比特科技控股股份有限公司	*ST比特(退市)	2004/09/27
169	600670.SH	长春高斯达生物科技集团股份有限公司	*ST斯达(退市)	2004/09/24
170	000730.SZ	沈阳天创信息科技股份有限公司	*ST环保(退市)	2004/09/24
171	000013.SZ	深圳石化工业集团股份有限公司	*ST石化A(退市)	2004/09/20

continued

退市时股价 Delisting Share Price	退市时每股净资产 Delisting Book Value Per Share	退市原因 Delisting Reason
23.8	2.8000	重组退市-吸收合并
15.29	1.3400	重组退市-吸收合并
7.05	0.0460	重组退市-吸收合并
28.73	5.4000	重组退市-吸收合并
82.2	6.4400	私有化
51.82	4.9747	重组退市-吸收合并
1.7	0.6133	连续三年亏损
0.77	-3.4300	连续三年亏损
1.02	-0.6700	连续四年亏损
0.67	-4.2000	连续三年亏损
0.76	-6.0800	连续三年亏损
25.41	6.0300	重组退市-吸收合并
14.61	5.8520	重组退市-吸收合并
8.9	2.1700	重组退市-吸收合并
0.81	-3.1355	连续三年亏损
1.3	1.8200	暂停上市后未披露定期报告
0.96	—	暂停上市后未披露定期报告
16.37	4.0637	重组退市-吸收合并
1.45	-1.8569	连续三年亏损
10.09	3.9200	私有化
10.12	5.2000	私有化
13.84	6.1300	私有化
11.91	6.2534	私有化
1.41	0.8800	暂停上市后未披露定期报告
5.24	1.6000	私有化
4.22	1.0070	私有化
0.54	-1.1960	连续三年亏损
8.75	2.9500	私有化
0.84	0.2700	连续三年亏损
1.16	0.1890	连续三年亏损
0.9	0.2870	连续三年亏损
1.13	-1.1370	连续三年亏损
0.27	-1.2100	连续三年亏损
0.5	-2.2300	连续三年亏损
0.64	-1.7600	连续三年亏损
0.72	-3.1800	连续三年亏损
0.7	-1.0900	连续三年亏损
2.36	-1.1500	连续三年亏损
0.91	-3.0700	连续三年亏损
9.53	4.0000	重组退市-吸收合并
2.66	-1.4200	连续三年亏损
2.87	-0.8830	连续三年亏损
2.6	0.1045	连续三年亏损
2.47	-8.8000	连续三年亏损

附录1-5 续表 4

序号 No.	股票代码 Stock Code	退市公司全称 Delisting Company Name	股票简称 Stock Abbreviation	退市日期 Delisting Date
172	000765.SZ	汇绿生态科技集团股份有限公司	*ST华信(退市)	2005/07/04
173	600788.SH	西安达尔曼实业股份有限公司	*ST达曼(退市)	2005/03/25
174	600632.SH	上海华联商厦股份有限公司	华联商厦(退市)	2004/11/18
175	000621.SZ	比特科技控股股份有限公司	*ST比特(退市)	2004/09/27
176	600670.SH	长春高斯达生物科技集团股份有限公司	*ST斯达(退市)	2004/09/24
177	000730.SZ	沈阳天创信息科技股份有限公司	*ST环保(退市)	2004/09/24
178	000013.SZ	深圳石化工业集团股份有限公司	*ST石化A(退市)	2004/09/20
179	200013.SZ	深圳石化工业集团股份有限公司	*ST石化B(退市)	2004/09/20
180	600878.SH	大连北大科技(集团)股份有限公司	*ST北科(退市)	2004/09/15
181	600669.SH	鞍山合成(集团)股份有限公司	*ST鞍成(退市)	2004/09/15
182	000660.SZ	广州大通资源开发股份有限公司	*ST南华(退市)	2004/09/13
183	000405.SZ	珠海金马控股股份有限公司	ST鑫光(退市)	2004/03/19
184	000542.SZ	TCL通讯设备股份有限公司	TCL通讯(退市)	2004/01/13
185	600646.SH	上海国嘉实业股份有限公司	ST国嘉(退市)	2003/09/22
186	000412.SZ	长春北方五环实业股份有限公司	ST五环(退市)	2003/09/19
187	000047.SZ	深圳市中侨发展股份有限公司	ST中侨(退市)	2003/05/30
188	600709.SH	湖北洪湖生态农业股份有限公司	ST生态(退市)	2003/05/23
189	000658.SZ	厦门海洋实业(集团)股份有限公司	ST海洋(退市)	2002/09/20
190	600813.SH	辽宁华夏大地生态技术股份有限公司	ST鞍一工(退市)	2002/09/16
191	000653.SZ	福建九州集团股份有限公司	ST九州(退市)	2002/09/13
192	000689.SZ	汕头宏业(集团)股份有限公司	ST宏业(退市)	2002/09/05
193	000675.SZ	四川银山化工(集团)股份有限公司	ST银山(退市)	2002/08/20
194	200003.SZ	金田实业(集团)股份有限公司	PT金田B(退市)	2002/06/14
195	000003.SZ	金田实业(集团)股份有限公司	PT金田A(退市)	2002/06/14
196	000556.SZ	南洋航运集团股份有限公司	PT南洋(退市)	2002/05/29
197	200015.SZ	深圳中浩(集团)股份有限公司	PT中浩B(退市)	2001/10/22
198	000015.SZ	深圳中浩(集团)股份有限公司	PT中浩A(退市)	2001/10/22
199	000588.SZ	广东金曼集团股份有限公司	PT粤金曼(退市)	2001/06/15
200	600625.SH	上海水仙电器股份有限公司	PT水仙(退市)	2001/04/23
201	900931.SH	上海水仙电器股份有限公司	PT水仙B(退市)	2001/04/23
202	000508.SZ	海南民源现代农业发展股份有限公司	琼民源A(退市)	1999/07/12

continued

退市时股价 Delisting Share Price	退市时每股净资产 Delisting Book Value Per Share	退市原因 Delisting Reason
2.36	-1.1500	连续三年亏损
0.91	-3.0700	连续三年亏损
9.53	4.0000	重组退市-吸收合并
2.66	-1.4200	连续三年亏损
2.87	-0.8830	连续三年亏损
2.6	0.1045	连续三年亏损
2.47	-8.8000	连续三年亏损
1.47	-8.8000	连续三年亏损
2.64	-1.7800	连续三年亏损
2.19	-2.2000	连续三年亏损
2.38	-5.3200	连续三年亏损
2.86	-0.3100	连续三年亏损
27.34	3.2940	重组退市-吸收合并
5.82	-2.7431	连续三年亏损
2.89	-0.1597	连续三年亏损
8.03	—	连续三年亏损
3.02	-0.2270	连续三年亏损
4.24	-3.2160	连续三年亏损
3.83	-3.5020	连续三年亏损
2.51	-4.4500	连续三年亏损
4.88	-4.1540	连续三年亏损
7.94	-1.5400	连续三年亏损
1.6	-2.9935	连续三年亏损
2.71	-2.9935	连续三年亏损
1.5	0.7262	连续三年亏损
1.95	-6.5000	连续三年亏损
6.85	-6.5000	连续三年亏损
4.37	—	连续三年亏损
4.8	-0.2500	连续三年亏损
0.176	-0.2500	连续三年亏损
23.5	4.0300	证券置换

附录1-6 2021年境外上市公司名录
List of Overseas Listed Company in 2021

序号 No.	股票代码 Stock Code	上市场所 Listed Exchange	公司全称 Company Name	对应A股代码 Corresponding A Stock Code
1	0168.HK	香港联交所主板	青岛啤酒股份有限公司	600600.SH
2	0338.HK	香港联交所主板	中国石化上海石油化工股份有	600688.SH
3	0187.HK	香港联交所主板	北京京城机电股份有限公司	600860.SH
4	0317.HK	香港联交所主板	中船海洋与防务装备股份有限	600685.SH
5	0323.HK	香港联交所主板	马鞍山钢铁股份有限公司	600808.SH
6	1033.HK	香港联交所主板	中石化石油工程技术服务股份	600871.SH
7	1065.HK	香港联交所主板	天津创业环保集团股份有限公	600874.SH
8	1072.HK	香港联交所主板	东方电气股份有限公司	600875.SH
9	1108.HK	香港联交所主板	洛阳玻璃股份有限公司	600876.SH
10	1138.HK	香港联交所主板	中远海运能源运输股份有限公	600026.SH
11	0042.HK	香港联交所主板	东北电气发展股份有限公司	000585.SZ
12	0553.HK	香港联交所主板	南京熊猫电子股份有限公司	600775.SH
13	0525.HK	香港联交所主板	广深铁路股份有限公司	601333.SH
14	0921.HK	香港联交所主板	海信家电集团股份有限公司	000921.SZ
15	0995.HK	香港联交所主板	安徽皖通高速公路股份有限公	600012.SH
16	0719.HK	香港联交所主板	山东新华制药股份有限公司	000756.SZ
17	0670.HK	香港联交所主板	中国东方航空股份有限公司	600115.SH
18	0548.HK	香港联交所主板	深圳高速公路集团股份有限公	600548.SH
19	0991.HK	香港联交所主板	大唐国际发电股份有限公司	601991.SH
20	0588.HK	香港联交所主板	北京北辰实业股份有限公司	601588.SH
21	0358.HK	香港联交所主板	江西铜业股份有限公司	600362.SH
22	0038.HK	香港联交所主板	第一拖拉机股份有限公司	601038.SH
23	0177.HK	香港联交所主板	江苏宁沪高速公路股份有限公	600377.SH
24	0347.HK	香港联交所主板	鞍钢股份有限公司	000898.SZ
25	1055.HK	香港联交所主板	中国南方航空股份有限公司	600029.SH
26	0107.HK	香港联交所主板	四川成渝高速公路股份有限公	601107.SH
27	1053.HK	香港联交所主板	重庆钢铁股份有限公司	601005.SH
28	0914.HK	香港联交所主板	安徽海螺水泥股份有限公司	600585.SH
29	0874.HK	香港联交所主板	广州白云山医药集团股份有限	600332.SH
30	0902.HK	香港联交所主板	华能国际电力股份有限公司	600011.SH
31	1171.HK	香港联交所主板	兖矿能源集团股份有限公司	600188.SH
32	1071.HK	香港联交所主板	华电国际电力股份有限公司	600027.SH
33	0857.HK	香港联交所主板	中国石油天然气股份有限公司	601857.SH
34	1385.HK	香港联交所主板	上海复旦微电子集团股份有限	688385.SH
35	0386.HK	香港联交所主板	中国石油化工股份有限公司	600028.SH

数据来源：中国证监会
Source: CSRC

附录1-6 续表 1 continued

序号 No.	股票代码 Stock Code	上市场所 Listed Exchange	公司全称 Company Name	对应A股代码 Corresponding A Stock Code
36	2600.HK	香港联交所主板	中国铝业股份有限公司	601600.SH
37	1211.HK	香港联交所主板	比亚迪股份有限公司	002594.SZ
38	1349.HK	香港联交所主板	上海复旦张江生物医药股份有限公司	688505.SH
39	0728.HK	香港联交所主板	中国电信股份有限公司	601728.SH
40	2883.HK	香港联交所主板	中海油田服务股份有限公司	601808.SH
41	0895.HK	香港联交所主板	东江环保股份有限公司	002672.SZ
42	0598.HK	香港联交所主板	中国外运股份有限公司	601598.SH
43	2218.HK	香港联交所主板	烟台北方安德利果汁股份有限公司	605198.SH
44	2333.HK	香港联交所主板	长城汽车股份有限公司	601633.SH
45	2628.HK	香港联交所主板	中国人寿保险股份有限公司	601628.SH
46	2899.HK	香港联交所主板	紫金矿业集团股份有限公司	601899.SH
47	2338.HK	香港联交所主板	潍柴动力股份有限公司	000338.SZ
48	0568.HK	香港联交所主板	山东墨龙石油机械股份有限公司	002490.SZ
49	2866.HK	香港联交所主板	中远海运发展股份有限公司	601866.SH
50	2318.HK	香港联交所主板	中国平安保险(集团)股份有限公司	601318.SH
51	0763.HK	香港联交所主板	中兴通讯股份有限公司	000063.SZ
52	0753.HK	香港联交所主板	中国国际航空股份有限公司	601111.SH
53	2727.HK	香港联交所主板	上海电气集团股份有限公司	601727.SH
54	1088.HK	香港联交所主板	中国神华能源股份有限公司	601088.SH
55	3328.HK	香港联交所主板	交通银行股份有限公司	601328.SH
56	1919.HK	香港联交所主板	中远海运控股股份有限公司	601919.SH
57	0939.HK	香港联交所主板	中国建设银行股份有限公司	601939.SH
58	2880.HK	香港联交所主板	辽宁港口股份有限公司	601880.SH
59	1057.HK	香港联交所主板	浙江世宝股份有限公司	002703.SZ
60	3988.HK	香港联交所主板	中国银行股份有限公司	601988.SH
61	3968.HK	香港联交所主板	招商银行股份有限公司	600036.SH
62	1398.HK	香港联交所主板	中国工商银行股份有限公司	601398.SH
63	1800.HK	香港联交所主板	中国交通建设股份有限公司	601800.SH
64	1898.HK	香港联交所主板	中国中煤能源股份有限公司	601898.SH
65	3898.HK	香港联交所主板	株洲中车时代电气股份有限公司	688187.SH
66	3993.HK	香港联交所主板	洛阳栾川钼业集团股份有限公司	603993.SH
67	0998.HK	香港联交所主板	中信银行股份有限公司	601998.SH
68	0811.HK	香港联交所主板	新华文轩出版传媒股份有限公司	601811.SH
69	0390.HK	香港联交所主板	中国中铁股份有限公司	601390.SH
70	1186.HK	香港联交所主板	中国铁建股份有限公司	601186.SH
71	1812.HK	香港联交所主板	山东晨鸣纸业集团股份有限公司	000488.SZ
72	1766.HK	香港联交所主板	中国中车股份有限公司	601766.SH
73	2009.HK	香港联交所主板	北京金隅集团股份有限公司	601992.SH

附录1-6 续表 2 continued

序号 No.	股票代码 Stock Code	上市场所 Listed Exchange	公司全称 Company Name	对应A股代码 Corresponding A Stock Code
74	1618.HK	香港联交所主板	中国冶金科工股份有限公司	601618.SH
75	1988.HK	香港联交所主板	中国民生银行股份有限公司	600016.SH
76	0916.HK	香港联交所主板	龙源电力集团股份有限公司	001289.SZ
77	2601.HK	香港联交所主板	中国太平洋保险(集团)股份有限公司	601601.SH
78	1288.HK	香港联交所主板	中国农业银行股份有限公司	601288.SH
79	2238.HK	香港联交所主板	广州汽车集团股份有限公司	601238.SH
80	2208.HK	香港联交所主板	新疆金风科技股份有限公司	002202.SZ
81	0956.HK	香港联交所主板	新天绿色能源股份有限公司	600956.SH
82	3618.HK	香港联交所主板	重庆农村商业银行股份有限公司	601077.SH
83	1157.HK	香港联交所主板	中联重科股份有限公司	000157.SZ
84	2607.HK	香港联交所主板	上海医药集团股份有限公司	601607.SH
85	6030.HK	香港联交所主板	中信证券股份有限公司	600030.SH
86	1336.HK	香港联交所主板	新华人寿保险股份有限公司	601336.SH
87	6837.HK	香港联交所主板	海通证券股份有限公司	600837.SH
88	2068.HK	香港联交所主板	中铝国际工程股份有限公司	601068.SH
89	2196.HK	香港联交所主板	上海复星医药(集团)股份有限公司	600196.SH
90	0564.HK	香港联交所主板	郑州煤矿机械集团股份有限公司	601717.SH
91	1339.HK	香港联交所主板	中国人民保险集团股份有限公司	601319.SH
92	2039.HK	香港联交所主板	中国国际海运集装箱(集团)股份有限公司	000039.SZ
93	6881.HK	香港联交所主板	中国银河证券股份有限公司	601881.SH
94	1963.HK	香港联交所主板	重庆银行股份有限公司	601963.SH
95	3369.HK	香港联交所主板	秦皇岛港股份有限公司	601326.SH
96	6818.HK	香港联交所主板	中国光大银行股份有限公司	601818.SH
97	1513.HK	香港联交所主板	丽珠医药集团股份有限公司	000513.SZ
98	6198.HK	香港联交所主板	青岛港国际股份有限公司	601298.SH
99	1330.HK	香港联交所主板	绿色动力环保集团股份有限公司	601330.SH
100	1375.HK	香港联交所主板	中原证券股份有限公司	601375.SH
101	2202.HK	香港联交所主板	万科企业股份有限公司	000002.SZ
102	6116.HK	香港联交所主板	新疆拉夏贝尔服饰股份有限公司	603157.SH
103	6869.HK	香港联交所主板	长飞光纤光缆股份有限公司	601869.SH
104	1816.HK	香港联交所主板	中国广核电力股份有限公司	003816.SZ
105	1858.HK	香港联交所主板	北京市春立正达医疗器械股份有限公司	688236.SH
106	3606.HK	香港联交所主板	福耀玻璃工业集团股份有限公司	600660.SH
107	1776.HK	香港联交所主板	广发证券股份有限公司	000776.SZ
108	6826.HK	香港联交所主板	上海昊海生物科技股份有限公司	688366.SH
109	6886.HK	香港联交所主板	华泰证券股份有限公司	601688.SH
110	1528.HK	香港联交所主板	红星美凯龙家居集团股份有限公司	601828.SH
111	1456.HK	香港联交所主板	国联证券股份有限公司	601456.SH

附录1-6 续表 3 continued

序号 No.	股票代码 Stock Code	上市场所 Listed Exchange	公司全称 Company Name	对应A股代码 Corresponding A Stock Code
112	3969.HK	香港联交所主板	中国铁路通信信号股份有限公司	688009.SH
113	1533.HK	香港联交所主板	兰州庄园牧场股份有限公司	002910.SZ
114	3908.HK	香港联交所主板	中国国际金融股份有限公司	601995.SH
115	6865.HK	香港联交所主板	福莱特玻璃集团股份有限公司	601865.SH
116	3866.HK	香港联交所主板	青岛银行股份有限公司	002948.SZ
117	3996.HK	香港联交所主板	中国能源建设股份有限公司	601868.SH
118	6196.HK	香港联交所主板	郑州银行股份有限公司	002936.SZ
119	3678.HK	香港联交所主板	弘业期货股份有限公司	001236.SZ
120	2016.HK	香港联交所主板	浙商银行股份有限公司	601916.SH
121	3958.HK	香港联交所主板	东方证券股份有限公司	600958.SH
122	6178.HK	香港联交所主板	光大证券股份有限公司	601788.SH
123	1658.HK	香港联交所主板	中国邮政储蓄银行股份有限公司	601658.SH
124	6099.HK	香港联交所主板	招商证券股份有限公司	600999.SH
125	1635.HK	香港联交所主板	上海大众公用事业(集团)股份有限公司	600635.SH
126	6066.HK	香港联交所主板	中信建投证券股份有限公司	601066.SH
127	2611.HK	香港联交所主板	国泰君安证券股份有限公司	601211.SH
128	1787.HK	香港联交所主板	山东黄金矿业股份有限公司	600547.SH
129	1772.HK	香港联交所主板	江西赣锋锂业股份有限公司	002460.SZ
130	2359.HK	香港联交所主板	无锡药明康德新药开发股份有限公司	603259.SH
131	1877.HK	香港联交所主板	上海君实生物医药科技股份有限公司	688180.SH
132	6185.HK	香港联交所主板	康希诺生物股份公司	688185.SH
133	6806.HK	香港联交所主板	申万宏源集团股份有限公司	000166.SZ
134	1839.HK	香港联交所主板	中集车辆(集团)股份有限公司	301039.SZ
135	3759.HK	香港联交所主板	康龙化成(北京)新药技术股份有限公司	300759.SZ
136	9989.HK	香港联交所主板	深圳市海普瑞药业集团股份有限公司	002399.SZ
137	3347.HK	香港联交所主板	杭州泰格医药科技股份有限公司	300347.SZ
138	9995.HK	香港联交所主板	荣昌生物制药(烟台)股份有限公司	688331.SH
139	6690.HK	香港联交所主板	海尔智家股份有限公司	600690.SH
140	6127.HK	香港联交所主板	北京昭衍新药研究中心股份有限公司	603127.SH
141	6821.HK	香港联交所主板	凯莱英医药集团(天津)股份有限公司	002821.SZ
142	1122.HK	香港联交所主板	庆铃汽车股份有限公司	—
143	1202.HK	香港联交所主板	成都普天电缆股份有限公司	—
144	1133.HK	香港联交所主板	哈尔滨电气股份有限公司	—
145	0576.HK	香港联交所主板	浙江沪杭甬高速公路股份有限公司	—
146	0747.HK	香港联交所主板	沈阳公用发展股份有限公司	—
147	0694.HK	香港联交所主板	北京首都国际机场股份有限公司	—
148	8095.HK	香港联交所创业板	北京北大青鸟环宇科技股份有限公司	—
149	1666.HK	香港联交所主板	北京同仁堂科技发展股份有限公司	—

附录1-6 续表 4 continued

序号 No.	股票代码 Stock Code	上市场所 Listed Exchange	公司全称 Company Name	对应A股代码 Corresponding A Stock Code
150	0696.HK	香港联交所主板	中国民航信息网络股份有限公司	—
151	8045.HK	香港联交所创业板	江苏南大苏富特科技股份有限公司	—
152	8049.HK	香港联交所创业板	吉林省辉南长龙生化药业股份有限公司	—
153	1075.HK	香港联交所主板	首都信息发展股份有限公司	—
154	8106.HK	香港联交所创业板	浙江升华兰德科技股份有限公司	—
155	8189.HK	香港联交所创业板	天津泰达生物医学工程股份有限公司	—
156	0954.HK	香港联交所主板	常茂生物化学工程股份有限公司	—
157	8205.HK	香港联交所创业板	上海交大慧谷信息产业股份有限公司	—
158	2488.HK	香港联交所主板	深圳市元征科技股份有限公司	—
159	8211.HK	香港联交所创业板	浙江永安融通控股股份有限公司	—
160	0357.HK	香港联交所主板	海南美兰国际空港股份有限公司	—
161	2176.HK	香港联交所主板	赛迪顾问股份有限公司	—
162	0980.HK	香港联交所主板	联华超市股份有限公司	—
163	2355.HK	香港联交所主板	宝业集团股份有限公司	—
164	2698.HK	香港联交所主板	魏桥纺织股份有限公司	—
165	2308.HK	香港联交所主板	研祥智能科技股份有限公司	—
166	2357.HK	香港联交所主板	中国航空科技工业股份有限公司	—
167	8227.HK	香港联交所创业板	西安海天天线科技股份有限公司	—
168	2328.HK	香港联交所主板	中国人民财产保险股份有限公司	—
169	8249.HK	香港联交所创业板	浙江瑞远智控科技股份有限公司	—
170	1265.HK	香港联交所主板	天津津燃公用事业股份有限公司	—
171	1066.HK	香港联交所主板	山东威高集团医用高分子制品股份有限公司	—
172	8286.HK	香港联交所创业板	山西长城微光器材股份有限公司	—
173	1708.HK	香港联交所主板	南京三宝科技股份有限公司	—
174	8115.HK	香港联交所创业板	上海青浦消防器材股份有限公司	—
175	0438.HK	香港联交所主板	彩虹集团新能源股份有限公司	—
176	1000.HK	香港联交所主板	北青传媒股份有限公司	—
177	1103.HK	香港联交所主板	上海大生农业金融科技股份有限公司	—
178	2777.HK	香港联交所主板	广州富力地产股份有限公司	—
179	8329.HK	香港联交所创业板	深圳市海王英特龙生物技术股份有限公司	—
180	3399.HK	香港联交所主板	广东粤运交通股份有限公司	—
181	0489.HK	香港联交所主板	东风汽车集团股份有限公司	—
182	3378.HK	香港联交所主板	厦门国际港务股份有限公司	—
183	3330.HK	香港联交所主板	灵宝黄金集团股份有限公司	—
184	1292.HK	香港联交所主板	重庆长安民生物流股份有限公司	—
185	8247.HK	香港联交所创业板	中生北控生物科技股份有限公司	—
186	0840.HK	香港联交所主板	新疆天业节水灌溉股份有限公司	—
187	3323.HK	香港联交所主板	中国建材股份有限公司	—

附录1-6 续表 5 continued

序号 No.	股票代码 Stock Code	上市场所 Listed Exchange	公司全称 Company Name	对应A股代码 Corresponding A Stock Code
188	0814.HK	香港联交所主板	北京京客隆商业集团股份有限公司	—
189	3983.HK	香港联交所主板	中海石油化学股份有限公司	—
190	1818.HK	香港联交所主板	招金矿业股份有限公司	—
191	0552.HK	香港联交所主板	中国通信服务股份有限公司	—
192	3833.HK	香港联交所主板	新疆新鑫矿业股份有限公司	—
193	8348.HK	香港联交所创业板	天津滨海泰达物流集团股份有限公司	—
194	2722.HK	香港联交所主板	重庆机电股份有限公司	—
195	1099.HK	香港联交所主板	国药控股股份有限公司	—
196	1798.HK	香港联交所主板	中国大唐集团新能源股份有限公司	—
197	0579.HK	香港联交所主板	北京京能清洁能源电力股份有限公司	—
198	3948.HK	香港联交所主板	内蒙古伊泰煤炭股份有限公司	—
199	2386.HK	香港联交所主板	中石化炼化工程(集团)股份有限公司	—
200	3698.HK	香港联交所主板	徽商银行股份有限公司	—
201	1359.HK	香港联交所主板	中国信达资产管理股份有限公司	—
202	3332.HK	香港联交所主板	南京中生联合股份有限公司	—
203	3636.HK	香港联交所主板	保利文化集团股份有限公司	—
204	6138.HK	香港联交所主板	哈尔滨银行股份有限公司	—
205	3903.HK	香港联交所主板	瀚华金控股份有限公司	—
206	1588.HK	香港联交所主板	畅捷通信息技术股份有限公司	—
207	1599.HK	香港联交所主板	北京城建设计发展集团股份有限公司	—
208	6188.HK	香港联交所主板	北京迪信通商贸股份有限公司	—
209	1289.HK	香港联交所主板	无锡盛力达科技股份有限公司	—
210	1958.HK	香港联交所主板	北京汽车股份有限公司	—
211	2066.HK	香港联交所主板	盛京银行股份有限公司	—
212	6866.HK	香港联交所主板	佐力科创小额贷款股份有限公司	—
213	8139.HK	香港联交所创业板	浙江长安仁恒科技股份有限公司	—
214	6839.HK	香港联交所主板	云南水务投资股份有限公司	—
215	3396.HK	香港联交所主板	联想控股股份有限公司	—
216	1461.HK	香港联交所主板	中泰期货股份有限公司	—
217	1527.HK	香港联交所主板	浙江天洁环境科技股份有限公司	—
218	1476.HK	香港联交所主板	恒泰证券股份有限公司	—
219	1508.HK	香港联交所主板	中国再保险(集团)股份有限公司	—
220	2799.HK	香港联交所主板	中国华融资产管理股份有限公司	—
221	2120.HK	香港联交所主板	温州康宁医院股份有限公司	—
222	0416.HK	香港联交所主板	锦州银行股份有限公司	—
223	2289.HK	香港联交所主板	创美药业股份有限公司	—
224	1786.HK	香港联交所主板	中国铁建高新装备股份有限公司	—
225	1543.HK	香港联交所主板	广东中盈盛达融资担保投资股份有限公司	—

附录1-6 续表 6 continued

序号 No.	股票代码 Stock Code	上市场所 Listed Exchange	公司全称 Company Name	对应A股代码 Corresponding A Stock Code
226	1558.HK	香港联交所主板	宜昌东阳光长江药业股份有限公司	—
227	1799.HK	香港联交所主板	新特能源股份有限公司	—
228	1459.HK	香港联交所主板	巨匠建设集团股份有限公司	—
229	1578.HK	香港联交所主板	天津银行股份有限公司	—
230	1606.HK	香港联交所主板	国银金融租赁股份有限公司	—
231	1577.HK	香港联交所主板	泉州汇鑫小额贷款股份有限公司	—
232	3689.HK	香港联交所主板	广东康华医疗股份有限公司	—
233	1272.HK	香港联交所主板	大唐环境产业集团股份有限公司	—
234	6189.HK	香港联交所主板	广东爱得威建设(集团)股份有限公司	—
235	1596.HK	香港联交所主板	河北翼辰实业集团股份有限公司	—
236	6122.HK	香港联交所主板	吉林九台农村商业银行股份有限公司	—
237	2281.HK	香港联交所主板	泸州市兴泸水务(集团)股份有限公司	—
238	3768.HK	香港联交所主板	昆明滇池水务股份有限公司	—
239	1915.HK	香港联交所主板	扬州市广陵区泰和农村小额贷款股份有阝	—
240	8452.HK	香港联交所创业板	富银融资租赁(深圳)股份有限公司	—
241	1551.HK	香港联交所主板	广州农村商业银行股份有限公司	—
242	1216.HK	香港联交所主板	中原银行股份有限公司	—
243	6060.HK	香港联交所主板	众安在线财产保险股份有限公司	—
244	6885.HK	香港联交所主板	河南金马能源股份有限公司	—
245	1697.HK	香港联交所主板	山东省国际信托股份有限公司	—
246	1727.HK	香港联交所主板	河北建设集团股份有限公司	—
247	2139.HK	香港联交所主板	甘肃银行股份有限公司	—
248	3319.HK	香港联交所主板	雅生活智慧城市服务股份有限公司	—
249	1671.HK	香港联交所主板	天津天保能源股份有限公司	—
250	1916.HK	香港联交所主板	江西银行股份有限公司	—
251	1749.HK	香港联交所主板	杉杉品牌运营股份有限公司	—
252	1763.HK	香港联交所主板	中国同辐股份有限公司	—
253	6190.HK	香港联交所主板	九江银行股份有限公司	—
254	1576.HK	香港联交所主板	齐鲁高速公路股份有限公司	—
255	0788.HK	香港联交所主板	中国铁塔股份有限公司	—
256	1835.HK	香港联交所主板	上海瑞威资产管理股份有限公司	—
257	1983.HK	香港联交所主板	泸州银行股份有限公司	—
258	1713.HK	香港联交所主板	四川能投发展股份有限公司	—
259	1785.HK	香港联交所主板	成都高速公路股份有限公司	—
260	2718.HK	香港联交所主板	上海东正汽车金融股份有限公司	—
261	1905.HK	香港联交所主板	海通恒信国际融资租赁股份有限公司	—
262	6117.HK	香港联交所主板	日照港裕廊股份有限公司	—

附录1-6 续表 7 continued

序号 No.	股票代码 Stock Code	上市场所 Listed Exchange	公司全称 Company Name	对应A股代码 Corresponding A Stock Code
263	2558.HK	香港联交所主板	晋商银行股份有限公司	—
264	2696.HK	香港联交所主板	上海复宏汉霖生物技术股份有限公司	—
265	1853.HK	香港联交所主板	吉林省春城热力股份有限公司	—
266	1847.HK	香港联交所主板	云南建投绿色高性能混凝土股份有限公司	—
267	2163.HK	香港联交所主板	长沙远大住宅工业集团股份有限公司	—
268	1501.HK	香港联交所主板	上海康德莱医疗器械股份有限公司	—
269	2500.HK	香港联交所主板	杭州启明医疗器械股份有限公司	—
270	6049.HK	香港联交所主板	保利物业服务股份有限公司	—
271	6199.HK	香港联交所主板	贵州银行股份有限公司	—
272	1542.HK	香港联交所主板	台州市水务集团股份有限公司	—
273	1601.HK	香港联交所主板	中关村科技租赁股份有限公司	—
274	1502.HK	香港联交所主板	金融街物业股份有限公司	—
275	9977.HK	香港联交所主板	山东凤祥股份有限公司	—
276	9908.HK	香港联交所主板	嘉兴市燃气集团股份有限公司	—
277	9668.HK	香港联交所主板	渤海银行股份有限公司	—
278	9633.HK	香港联交所主板	农夫山泉股份有限公司	—
279	9677.HK	香港联交所主板	威海市商业银行股份有限公司	—
280	9666.HK	香港联交所主板	金科智慧服务集团股份有限公司	—
281	1379.HK	香港联交所主板	温岭浙江工量刃具交易中心股份有限公司	—
282	2146.HK	香港联交所主板	荣万家生活服务股份有限公司	—
283	2170.HK	香港联交所主板	苏州贝康医疗股份有限公司	—
284	2190.HK	香港联交所主板	归创通桥医疗科技股份有限公司	—
285	6609.HK	香港联交所主板	上海心玮医疗科技股份有限公司	—
286	9889.HK	香港联交所主板	东莞农村商业银行股份有限公司	—
287	2235.HK	香港联交所主板	微泰医疗器械(杭州)股份有限公司	—
288	2252.HK	香港联交所主板	上海微创医疗机器人(集团)股份有限公司	—
289	2251.HK	香港联交所主板	北京鹰瞳科技发展股份有限公司	—
290	2210.HK	香港联交所主板	北京京城佳业物业股份有限公司	—
291	9699.HK	香港联交所主板	杭州顺丰同城实业股份有限公司	—
292	2276.HK	香港联交所主板	上海康耐特光学科技集团股份有限公司	—
293	2185.HK	香港联交所主板	上海百心安生物技术股份有限公司	—
294	HTSC.L	伦敦交易所上海版	华泰证券股份有限公司	—
295	CPIC.L	伦敦交易所上海版	中国太平洋保险(集团)股份有限公司	—
296	CYPC.L	伦敦交易所上海版	中国长江电力股份有限公司	—
297	SDIC.L	伦敦交易所上海版	国投电力控股股份有限公司	
298	690D.F	中欧所D股市场	海尔智家股份有限公司	
299	T14.SG	新加坡交易所主板	天津中新药业集团股份有限公司	—

附录1-7 2021年境内公司境外发行股票情况表

序号 No.	股票代码 Stock Code	公司名称 Company Name	上市地点 Listing Place
1	2146.HK	荣万家	香港主板
2	1211.HK	比亚迪股份	香港主板
3	1212.HK	启明医疗	香港主板
4	1787.HK	山东黄金	香港主板
5	1157.HK	中联重科	香港主板
6	2170.HK	贝康医疗	香港主板
7	6127.HK	昭衍新药	香港主板
8	8095.HK	北大青鸟环宇	香港主板
9	3606.HK	福耀玻璃	香港主板
10	3319.HK	雅生活服务	香港主板
11	1772.HK	赣锋锂业	香港主板
12	3759.HK	康龙化成	香港主板
13	1877.HK	君实生物	香港主板
14	2190.HK	归创通桥	香港主板
15	1799.HK	新特能源	香港主板
16	6609.HK	心玮医疗	香港主板
17	9889.HK	东莞农商行	香港主板
18	2235.HK	微泰医疗	香港主板
19	2252.HK	微创机器人	香港主板
20	1359.HK	中国信达	香港主板
21	2251.HK	鹰瞳科技	香港主板
22	1211.HK	比亚迪股份	香港主板
23	2210.HK	京城佳业	香港主板
24	1551.HK	广州农商银行	香港主板
25	6821.HK	凯莱英	香港主板
26	9699.HK	顺丰同城	香港主板
27	2276.HK	康耐特光学	香港主板
28	2185.HK	百心安	香港主板
29	2799.HK	中国华融	香港主板

数据来源：中国证券监督管理委员会
Source:CSRC

List of Domestic Companies Issued Overseas in 2021

上市时间 Listing Date	发行价格（港元） Issue Price (HKD)	发行数量（百万股） The Number of Issued (million shares)	筹资金额（百万港元） Proceeds Raised through Offering of Shares (million HKD)	发行方式 Issue Mode
2021-01-15	13.46港元	94000000.00	12.65亿港元	IPO
2021-01-28	225.00港元	133000000.00	299.25亿港元	增发
2021-01-29	80.08港元	18042500.00	14.45亿港元	增发
2021-01-29	—	159482759.00	0.00	增发（代价发行）
2021-02-03	5.86港元	193757462.00	11.36亿港元	增发
2021-02-08	27.36港元	73526000.00	20.12亿港元	IPO
2021-02-26	151.00港元	43365600.00	65.48亿港元	IPO
2021-03-30	0.50港元	135744000.00	0.68亿港元	增发
2021-05-10	42.90港元	101126000.00	43.38亿港元	增发
2021-06-04	37.60港元	86666800.00	32.59亿港元	增发
2021-06-21	101.35港元	48044400.00	48.69亿港元	增发
2021-06-21	—	—	3.00亿美元	增发（可转债）
2021-06-23	70.18港元	36549200.00	25.65亿港元	增发
2021-07-05	42.70港元	69000000.00	29.46亿港元	IPO
2021-08-12	16.50港元	62695126.00	10.34亿港元	增发
2021-08-20	171.00港元	6601850.00	11.29亿港元	IPO
2021-09-29	7.92港元	1148091000.00	90.93亿港元	IPO
2021-10-19	30.50港元	65742600.00	20.05亿港元	IPO
2021-11-02	43.20港元	41630000.00	17.98亿港元	IPO
2021-11-04	20.00美元	85000000.00	17.00亿美元	增发（优先股）
2021-11-05	75.10港元	22267200.00	16.72亿港元	IPO
2021-11-08	276.00港元	50000000.00	138.00亿港元	增发（分次发行）
2021-11-10	8.28港元	36667200.00	3.04亿港元	IPO
2021-12-01	7.18港元	305000000.00	21.90亿港元	增发
2021-12-10	388.00港元	18415400.00	71.45亿港元	IPO
2021-12-14	16.42港元	131180800.00	21.54亿港元	IPO
2021-12-16	4.46港元	121600000.00	5.42亿港元	IPO
2021-12-23	21.25港元	23937000.00	5.09亿港元	IPO
2021-12-30	1.25港元	1960784313.00	24.51亿港元	增发

附录1-8　2021年证券公司名录

List of Securities Companies in 2021

序号 No.	公司名称 Company Name	注册资本（亿元） Registered Capital (100 million yuan)	注册地 Place of Registration	2021年分类评级 Category Rating for 2021	从业人员数量（个） Number of Practitioner (unit)	是否具有以下业务资格: Business Qualification Available 融资融券 Margin Requirement Business	转融通 Refinancing Business	全国中小企业股份转让系统主办券商 Broker-dealer Business on NEEQ	股票质押式回购 Pledge-style Repo Business
1	爱建证券有限责任公司	14.00	上海	CCC	951	是	是	是	是
2	安信证券股份有限公司	100.00	深圳	AA	7711	是	是	是	是
3	安信证券资产管理有限公司	10.00	深圳	AA	108	否	否	否	否
4	北京高华证券有限责任公司	10.72	北京	A	239	否	否	否	否
5	渤海汇金证券资产管理有限公司	11.00	深圳	BBB	140	否	否	否	否
6	渤海证券股份有限公司	80.37	天津	BBB	1763	是	是	是	是
7	财达证券股份有限公司	32.45	河北	A	2452	是	是	是	是
8	财通证券股份有限公司	35.89	浙江	A	3793	是	是	是	是
9	财通证券资产管理有限公司	2.00	浙江	A	273	否	否	否	否
10	财信证券股份有限公司	66.98	湖南	BBB	2643	是	是	是	是
11	长城国瑞证券有限公司	33.50	厦门	BBB	596	是	是	是	是
12	长城证券股份有限公司	31.03	深圳	A	3912	是	是	是	是
13	长江证券（上海）资产管理有限公司	23.00	上海	A	145	否	否	否	否
14	长江证券承销保荐有限公司	3.00	上海	A	318	否	否	否	否
15	长江证券股份有限公司	55.29	湖北	A	7392	是	是	是	是
16	川财证券有限责任公司	10.00	四川	C	471	是	是	是	是
17	大和证券（中国）有限责任公司	10.00	北京	-	89	否	否	是	否
18	大通证券股份有限公司	33.00	大连	CCC	1022	是	是	是	是
19	大同证券有限责任公司	7.30	山西	BB	1350	是	是	是	是
20	德邦证券股份有限公司	39.67	上海	B	1261	是	是	是	是
21	德邦证券资产管理有限公司	10.00	上海	B	141	否	否	否	否
22	第一创业证券承销保荐有限责任公司	4.00	北京	BB	189	否	否	是	否
23	第一创业证券股份有限公司	42.02	深圳	BB	2768	是	是	是	是
24	东北证券股份有限公司	23.40	吉林	BBB	2995	是	是	是	是
25	东方财富证券股份有限公司	88.00	西藏	A	2919	是	是	是	是
26	东方证券承销保荐有限公司	8.00	上海	AA	701	否	否	是	否
27	东方证券股份有限公司	69.94	上海	AA	5572	是	是	是	是
28	东莞证券股份有限公司	15.00	广东	A	3671	是	是	是	是
29	东海证券股份有限公司	18.56	江苏	A	2197	是	是	是	是
30	东吴证券股份有限公司	50.08	江苏	A	3148	是	是	是	是
31	东兴证券股份有限公司	32.32	北京	A	2879	是	是	是	是
32	东亚前海证券有限责任公司	15.00	深圳	BB	465	否	否	是	否

注：1.全国中小企业股份转让系统主办券商资格指可开展推荐业务、经纪业务或做市业务的任意一项业务。

2.转融通业务资格指可开展转融资、转融券、代理转融资或代理转融券的任意一项业务。

数据来源：中国证监会、中国证券业协会、全国中小企业股份转让系统、中国证券金融公司

Source: CSRC、SAC 、NEEQ、CSF

附录1-8 续表 1 continued

序号 No.	公司名称 Company Name	注册资本（亿元）Registered Capital (100 million yuan)	注册地 Place of Registration	2021年分类评级 Category Rating for 2021	从业人员数量（个）Number of Practitioner (unit)	是否具有以下业务资格: Business Qualification Available 融资融券 Margin Requirement Business	转融通 Refinancing Business	全国中小企业股份转让系统主办券商 Broker-dealer Business on NEEQ	股票质押式回购 Pledge-style Repo Business
33	东证融汇证券资产管理有限公司	7.00	上海	BBB	84	否	否	否	否
34	方正证券承销保荐有限责任公司	14.00	北京	A	320	否	否	是	是
35	方正证券股份有限公司	82.32	湖南	A	9409	是	是	是	是
36	高盛高华证券有限责任公司	27.86	北京	BBB	100	否	否	否	否
37	光大证券股份有限公司	46.11	上海	AA	6673	是	是	是	是
38	广发证券股份有限公司	76.21	广东	AA	11279	是	是	是	是
39	广发证券资产管理（广东）有限公司	10.00	广东	AA	190	否	否	否	否
40	国盛证券有限责任公司	46.95	江西	CCC	2583	是	是	是	是
41	国盛证券资产管理有限公司	4.00	深圳	CCC	76	否	否	否	否
42	国都证券股份有限公司	58.30	北京	CC	1196	是	是	是	是
43	国海证券股份有限公司	54.45	广西	BBB	3184	是	是	是	是
44	国金证券股份有限公司	30.24	四川	A	3858	是	是	是	是
45	国开证券股份有限公司	95.00	北京	A	472	是	是	是	是
46	国联证券股份有限公司	28.32	江苏	BB	2008	是	是	是	是
47	国融证券股份有限公司	17.83	内蒙古	BB	1828	是	是	是	是
48	国泰君安证券股份有限公司	89.08	上海	AA	10878	是	是	是	是
49	国信证券股份有限公司	96.12	深圳	AA	11223	是	是	是	是
50	国元证券股份有限公司	43.64	安徽	A	4226	是	是	是	是
51	海通证券股份有限公司	130.64	上海	BBB	8918	是	是	是	是
52	恒泰长财证券有限责任公司	2.00	吉林	CCC	171	否	否	是	否
53	恒泰证券股份有限公司	26.05	内蒙古	CCC	3119	是	是	是	是
54	宏信证券有限责任公司	10.00	四川	CCC	1063	是	是	是	是
55	红塔证券股份有限公司	36.33	云南	BB	1322	是	是	是	是
56	华安证券股份有限公司	46.98	安徽	A	3406	是	是	是	是
57	华宝证券股份有限公司	40.00	上海	A	862	是	是	是	是
58	华创证券有限责任公司	92.26	贵州	A	2549	是	是	是	是
59	华福证券有限责任公司	33.00	福建	BB	4409	是	是	是	是
60	华金证券股份有限公司	34.50	上海	BBB	1220	是	是	是	是
61	华林证券股份有限公司	27.00	西藏	A	2330	是	是	是	是
62	华龙证券股份有限公司	63.35	甘肃	BBB	1717	是	是	是	是
63	华融证券股份有限公司	58.41	北京	CCC	2251	是	是	是	是
64	华泰联合证券有限责任公司	9.97	深圳	AA	1029	否	否	是	否
65	华泰证券（上海）资产管理有限公司	26.00	上海	AA	269	否	否	否	否
66	华泰证券股份有限公司	90.77	江苏	AA	7930	是	是	是	是
67	华西证券股份有限公司	26.25	四川	A	4031	是	是	是	是
68	华鑫证券有限责任公司	36.00	深圳	A	2008	是	是	是	是

附录1-8 续表 2 continued

序号 No.	公司名称 Company Name	注册资本（亿元） Registered Capital (100 million yuan)	注册地 Place of Regis-tration	2021年分类评级 Category Rating for 2021	从业人员数量（个） Number of Practi-tioner (unit)	是否具有以下业务资格: Business Qualification Available 融资融券 Margin Require-ment Business	转融通 Refinan-cing Business	全国中小企业股份转让系统主办券商 Broker-dealer Business on NEEQ	股票质押式回购 Pledge-style Repo Business
69	华兴证券有限公司	30.24	上海	BBB	231	否	否	是	否
70	华英证券有限责任公司	2.00	江苏	BB	420	否	否	是	否
71	汇丰前海证券有限责任公司	18.00	深圳	BBB	215	否	否	否	否
72	江海证券有限公司	67.67	黑龙江	CCC	2064	是	是	是	是
73	金通证券有限责任公司	1.35	浙江	AA	6	否	否	否	否
74	金元证券股份有限公司	40.31	海南	BBB	1625	是	是	是	是
75	金圆统一证券有限公司	12.00	厦门	B	199	否	否	是	否
76	九州证券股份有限公司	33.70	青海	BB	2386	是	是	是	是
77	开源证券股份有限公司	46.14	陕西	A	2898	是	是	是	是
78	联储证券有限责任公司	25.73	青岛	BBB	2043	是	是	是	是
79	民生证券股份有限公司	114.56	上海	BB	2896	是	是	是	是
80	摩根大通证券（中国）有限公司	19.99	上海	B	159	否	否	否	否
81	摩根士丹利证券（中国）有限公司	10.20	上海	BBB	151	否	否	否	否
82	南京证券股份有限公司	36.86	江苏	A	2243	是	是	是	是
83	平安证券股份有限公司	138.00	深圳	AA	3831	是	是	是	是
84	瑞信证券（中国）有限公司	10.89	北京	A	192	否	否	否	否
85	瑞银证券有限责任公司	14.90	北京	A	334	是	是	是	否
86	山西证券股份有限公司	35.90	山西	A	2186	是	是	是	是
87	上海东方证券资产管理有限公司	3.00	上海	AA	335	否	否	否	否
88	上海光大证券资产管理有限公司	2.00	上海	AA	195	否	否	否	否
89	上海国泰君安证券资产管理有限公司	20.00	上海	AA	287	否	否	否	否
90	上海海通证券资产管理有限公司	22.00	上海	BBB	190	否	否	否	否
91	上海甬兴证券资产管理有限公司	2.00	上海	BB	35	否	否	否	否
92	上海证券有限责任公司	53.27	上海	AA	1828	是	是	是	是
93	申港证券股份有限公司	4.32	上海	BBB	934	否	否	是	是
94	申万宏源西部证券有限公司	57.00	新疆	AA	919	是	是	是	是
95	申万宏源证券承销保荐有限责任公司	10.00	新疆	AA	624	否	否	是	否
96	申万宏源证券有限公司	535.00	上海	AA	7562	是	是	是	是
97	世纪证券有限责任公司	40.00	深圳	BB	1639	是	是	是	是
98	首创证券股份有限公司	24.60	北京	A	1579	是	是	是	是
99	太平洋证券股份有限公司	68.16	云南	CCC	2218	是	是	是	是
100	天风（上海）证券资产管理有限公司	10.00	上海	A	201	否	否	否	否
101	天风证券股份有限公司	86.66	湖北	A	4065	是	是	是	是
102	万和证券股份有限公司	22.73	海南	B	1658	是	是	是	是
103	万联证券股份有限公司	59.54	广东	BB	2265	是	是	是	是
104	网信证券有限责任公司	5.00	辽宁	D	362	否	否	是	是

附录1-8 续表 3 continued

序号 No.	公司名称 Company Name	注册资本（亿元） Registered Capital (100 million yuan)	注册地 Place of Registration	2021年分类评级 Category Rating for 2021	从业人员数量（个） Number of Practitioner (unit)	是否具有以下业务资格: Business Qualification Available 融资融券 Margin Requirement Business	转融通 Refinancing Business	全国中小企业股份转让系统主办券商 Broker-dealer Business on NEEQ	股票质押式回购 Pledge-style Repo Business
105	五矿证券有限公司	97.98	深圳	A	2017	是	是	是	是
106	西部证券股份有限公司	44.70	陕西	A	2569	是	是	是	是
107	西南证券股份有限公司	66.45	重庆	A	2509	是	是	是	是
108	湘财证券股份有限公司	45.91	湖南	BB	1972	是	是	是	是
109	新时代证券股份有限公司	29.10	北京	CCC	1624	是	是	是	是
110	信达证券股份有限公司	29.19	北京	BBB	2516	是	是	是	是
111	兴业证券股份有限公司	66.97	福建	AA	8923	是	是	是	是
112	兴证证券资产管理有限公司	8.00	福建	AA	153	否	否	否	否
113	星展证券（中国）有限公司	15.00	上海	-	94	否	否	是	否
114	野村东方国际证券有限公司	20.00	上海	B	184	否	否	否	否
115	银河金汇证券资产管理有限公司	10.00	深圳	AA	125	否	否	否	否
116	银泰证券有限责任公司	14.00	深圳	BB	1259	是	是	是	是
117	英大证券有限责任公司	43.36	深圳	BB	1005	是	是	是	是
118	甬兴证券有限公司	20.00	宁波	BB	461	否	否	是	是
119	粤开证券股份有限公司	31.26	广东	BB	2085	是	是	是	是
120	招商证券股份有限公司	86.97	深圳	AA	9003	是	是	是	是
121	招商证券资产管理有限公司	10.00	深圳	AA	136	否	否	否	否
122	浙江浙商证券资产管理有限公司	12.00	浙江	A	152	否	否	否	否
123	浙商证券股份有限公司	38.78	浙江	A	3671	是	是	是	是
124	中德证券有限责任公司	10.00	北京	A	283	否	否	否	否
125	中国国际金融股份有限公司	48.27	北京	AA	4452	是	是	是	是
126	中国银河证券股份有限公司	101.37	北京	AA	9874	是	是	是	是
127	中国中金财富证券有限公司	80.00	深圳	AA	5544	是	是	是	是
128	中航证券有限公司	36.34	江西	A	2404	是	是	是	是
129	中山证券有限责任公司	17.00	深圳	CCC	1995	是	是	是	是
130	中泰证券（上海）资产管理有限公	1.67	上海	A	145	否	否	否	否
131	中泰证券股份有限公司	69.69	山东	A	8220	是	是	是	是
132	中天国富证券有限公司	32.80	贵州	A	818	否	否	是	否
133	中天证券股份有限公司	22.25	辽宁	BBB	892	是	是	是	是
134	中信建投证券股份有限公司	77.57	北京	AA	10386	是	是	是	是
135	中信证券（山东）有限责任公司	24.94	青岛	AA	2710	是	是	是	否
136	中信证券股份有限公司	129.27	深圳	AA	12756	是	是	是	是
137	中信证券华南股份有限公司	50.91	广东	AA	806	是	是	是	是
138	中银国际证券股份有限公司	27.78	上海	A	3751	是	是	是	是
139	中邮证券有限责任公司	50.60	陕西	CCC	1142	是	否	是	是
140	中原证券股份有限公司	46.43	河南	BBB	2626	是	是	是	是

附录1-9 2021年具有外资股业务资格的境外证券经营机构名录
List of Overseas Securities Institutions with Foreign Business Qualification in 2021

序号 No.	公司名称 Company Name	注册地 Place of Registration	资格种类 Qualification Type
1	星展唯高达香港有限公司	香港	经纪商、主承销商
2	ING霸菱证券(香港)有限公司	香港	经纪商、主承销商
3	百德能证券有限公司	香港	经纪商、主承销商
4	宝来证券(香港)有限公司	香港	经纪商、主承销商
5	倍利证券(香港)有限公司	香港	主承销商
6	大福证券有限公司	香港	经纪商、主承销商
7	大和证券住银资本市场(香港)有限公司	香港	经纪商、主承销商
8	德意志证券亚洲有限公司	香港	经纪商、主承销商
9	帝杰亚洲有限公司	香港	经纪商、主承销商
10	东方惠嘉证券有限公司	香港	经纪商、主承销商
11	东亚证券有限公司	香港	经纪商
12	东洋证券亚洲有限公司	香港	经纪商
13	东洋证券株式会社	香港	经纪商、主承销商
14	发展证券香港有限公司	香港	经纪商
15	法国巴黎融资(亚太)有限公司	香港	主承销商
16	法国巴黎证券(亚洲)有限公司	香港	经纪商、主承销商
17	法国兴业证券(香港)有限公司	香港	经纪商、主承销商
18	高盛(亚洲)有限责任公司	香港	经纪商、主承销商
19	东盛证券(经纪)有限公司	香港	经纪商、主承销商
20	广利证券有限公司	香港	经纪商
21	联昌国际(香港)有限公司	香港	经纪商
22	和升国际有限公司	香港	经纪商、主承销商
23	荷银融资亚洲有限公司	香港	主承销商
24	荷银证券亚洲有限公司	香港	经纪商
25	亨泰证券有限公司	香港	经纪商
26	恒生证券有限公司	香港	经纪商
27	汇富证券有限公司	香港	经纪商、主承销商
28	极讯亚太有限公司	香港	经纪商
29	加拿大怡东融资有限公司	香港	主承销商
30	加怡证券经纪有限公司	香港	经纪商
31	嘉诚亚洲有限公司	香港	经纪商、主承销商
32	嘉佳证券有限公司	香港	经纪商
33	永丰金证券(亚洲)有限公司	香港	经纪商、主承销商
34	京华山-国际(香港)有限公司	香港	经纪商、主承销商
35	京华证券国际有限公司	香港	经纪商、主承销商
36	凯基证券亚洲有限公司	香港	经纪商、主承销商

数据来源：中国证券监督管理委员会
Source: CSRC

附录1-9 续表 continued

序号 No.	公司名称 Company Name	注册地 Place of Registration	资格种类 Qualification Type
37	乐金投资证券公司	香港	经纪商、主承销商
38	里昂证券有限公司	香港	经纪商、主承销商
39	摩根士丹利亚洲有限公司	香港	经纪商
40	内藤证券株式会社	香港	经纪商
41	培基证券有限公司	香港	主承销商
42	群益证券(香港)有限公司	香港	经纪商、主承销商
43	软库金汇投资服务有限公司	香港	经纪商、主承销商
44	瑞士信贷(香港)有限公司	香港	经纪商、主承销商
45	三星证券株式会社	香港	经纪商、主承销商
46	顺隆证券行有限公司	香港	经纪商
47	所罗门美邦香港有限公司	香港	经纪商
48	万信证券有限公司	香港	经纪商
49	联昌国际(香港)有限公司	香港	经纪商
50	新鸿基投资服务有限公司	香港	经纪商、主承销商
51	新加坡大华亚洲(香港)有限公司	香港	主承销商
52	新加坡发展亚洲融资有限公司	香港	主承销商
53	新日本证券国际(香港)有限公司	香港	经纪商、主承销商
54	信诚证券有限公司	香港	经纪商
55	野村国际(香港)有限公司	香港	经纪商、主承销商
56	怡富证券有限公司	香港	经纪商、主承销商
57	英明证券有限公司	香港	经纪商
58	元富证券(香港)有限公司	香港	经纪商、主承销商
59	中银国际证券有限公司	香港	经纪商
60	周生生证券有限公司	香港	经纪商
61	大华继显(香港)有限公司	香港	经纪商
62	东海东京证券公司	香港	经纪商
63	中国国际金融香港有限公司	香港	经纪商
64	美林远东有限公司	香港	经纪商
65	敦沛证券有限公司	香港	经纪商
66	瑞银证券亚洲有限公司	香港	经纪商
67	日本日联飞翼证券股份有限公司	香港	经纪商
68	香港上海汇丰银行有限公司	香港	经纪商
69	国泰君安证券(香港)有限公司	香港	经纪商
70	致富证券有限公司	香港	经纪商
71	申银万国证券(香港)有限公司	香港	经纪商
72	国信证券(香港)经纪有限公司	香港	经纪商

附录1-10　2021年公募基金管理人名录
List of Public Fund Management Companies in 2021

序号 No.	公募基金管理人 Public Fund Management Company	注册资本(亿元) Registered Capital (100 million yuan)	注册地 Place of Registration	成立时间 Established Time	员工数量 Number of Employees (unit)	管理基金只数(只) Number of Funds (unit)	管理基金份额(亿份) Fund units (100 million units)	管理基金资产规模(亿元) Fund Asset Value(100 million yuan)
1	安信基金管理有限责任公司	5.06	深圳	2011年12月	228	77	875.45	1081.56
2	百嘉基金管理有限公司	1.00	广东	2021年3月	33	3	29.67	30.04
3	宝盈基金管理有限公司	1.00	深圳	2001年5月	166	55	671.77	828.11
4	北京高华证券有限责任公司	10.72	北京	2004年10月	-	0	0.00	0.00
5	北信瑞丰基金管理有限公司	1.70	北京	2014年3月	106	20	69.52	78.10
6	贝莱德基金管理有限公司	3.00	上海	2021年6月	68	1	63.34	62.48
7	博道基金管理有限公司	1.00	上海	2017年6月	77	20	164.21	240.34
8	博时基金管理有限公司	1.00	深圳	1998年7月	716	307	9188.19	10017.50
9	博远基金管理有限公司	1.00	深圳	2018年12月	39	6	23.24	23.63
10	渤海汇金证券资产管理有限公司	11.00	深圳	2016年5月	141	10	106.53	107.11
11	财通基金管理有限公司	2.00	上海	2011年6月	173	41	483.68	549.37
12	财通证券资产管理有限公司	2.00	浙江	2014年12月	205	40	992.30	1117.30
13	长安基金管理有限公司	2.70	上海	2011年9月	84	22	83.27	105.26
14	长城基金管理有限公司	1.50	深圳	2001年12月	217	79	1897.80	2068.34
15	长盛基金管理有限公司	1.50	深圳	1999年3月	173	70	478.44	550.76
16	长江证券(上海)资产管理有限公司	23.00	上海	2014年9月	146	21	152.21	155.99
17	长信基金管理有限责任公司	1.50	上海	2003年4月	239	81	1056.25	1132.19
18	创金合信基金管理有限公司	1.70	深圳	2014年7月	352	79	688.78	826.57
19	淳厚基金管理有限公司	1.00	上海	2018年11月	57	16	238.91	253.19
20	达诚基金管理有限公司	1.00	上海	2020年4月	36	4	4.49	4.11
21	大成基金管理有限公司	2.00	深圳	1999年4月	315	137	2336.66	2329.46
22	德邦基金管理有限公司	5.90	上海	2012年3月	144	35	326.70	339.99
23	东方阿尔法基金管理有限公司	1.00	深圳	2017年7月	36	5	91.49	140.81
24	东方基金管理股份有限公司	2.00	北京	2004年6月	211	54	460.05	712.57
25	东海基金管理有限责任公司	1.50	上海	2013年2月	87	10	90.29	91.00
26	东吴基金管理有限公司	1.00	上海	2004年8月	102	33	246.56	294.47
27	东兴基金管理有限公司	2.00	北京	2020年9月	68	16	129.20	132.42
28	方正富邦基金管理有限公司	2.00	北京	2011年7月	132	36	450.46	453.33
29	蜂巢基金管理有限公司	1.00	上海	2018年5月	43	16	307.60	313.97
30	富安达基金管理有限公司	28.80	上海	2011年4月	86	18	102.31	111.34
31	富国基金管理有限公司	3.00	上海	1999年4月	620	242	7105.21	8863.82
32	富荣基金管理有限公司	2.00	广东	2016年1月	100	18	196.79	211.84
33	格林基金管理有限公司	1.00	北京	2016年11月	79	15	160.70	163.11
34	工银瑞信基金管理有限公司	2.00	北京	2005年6月	632	203	6823.35	8039.36
35	光大保德信基金管理有限公司	1.60	上海	2004年4月	176	67	859.81	979.28
36	广发基金管理有限公司	1.20	珠海	2003年7月	797	292	9390.82	11164.38
37	国都证券股份有限公司	58.30	北京	2001年12月	57	4	0.88	0.89
38	国海富兰克林基金管理有限公司	2.20	南宁	2004年9月	135	40	528.30	717.42
39	国金基金管理有限公司	2.80	北京	2011年11月	129	26	359.57	363.85
40	国开泰富基金管理有限责任公司	2.00	北京	2013年7月	37	0	0.00	0.00
41	国联安基金管理有限公司	1.50	上海	2003年3月	159	67	835.66	935.18
42	国融基金管理有限公司	1.00	上海	2017年6月	52	7	2.61	2.79
43	国寿安保基金管理有限公司	5.88	上海	2013年10月	246	86	2484.21	2580.69
44	国泰基金管理有限公司	1.10	上海	1998年3月	331	209	4570.08	5310.03
45	国投瑞银基金管理有限公司	1.00	深圳	2002年6月	220	77	1396.48	1635.76
46	海富通基金管理有限公司	1.50	上海	2003年4月	302	92	1332.37	1649.66
47	合煦智远基金管理有限公司	1.00	深圳	2017年8月	30	3	1.64	2.58
48	恒生前海基金管理有限公司	2.00	深圳	2016年7月	66	12	42.93	44.44

数据来源：中国证券监督管理委员会
Source:　CSRC

附录1-10 续表 1 continued

序号 No.	公募基金管理人 Public Fund Management Company	注册资本（亿元）Registered Capital (100 million yuan)	注册地 Place of Registration	成立时间 Established Time	员工数量 Number of Employees (unit)	管理基金只数（只）Number of Funds (unit)	管理基金份额（亿份）Fund units (100 million units)	管理基金资产规模（亿元）Fund Asset Value(100 million yuan)
49	恒越基金管理有限公司	1.00	上海	2017年9月	81	11	86.07	146.97
50	弘毅远方基金管理有限公司	1.00	上海	2018年1月	48	7	12.17	15.71
51	泓德基金管理有限公司	1.20	西藏	2015年3月	124	36	724.29	985.30
52	红塔红土基金管理有限公司	2.00	深圳	2012年6月	61	16	88.84	93.31
53	红土创新基金管理有限公司	1.00	深圳	2014年6月	80	16	95.47	115.99
54	华安基金管理有限公司	1.50	上海	1998年5月	417	188	4760.71	5924.60
55	华宝基金管理有限公司	1.50	上海	2003年2月	285	125	3420.67	3576.52
56	华宸未来基金管理有限公司	2.00	上海	2012年6月	54	3	4.68	4.96
57	华富基金管理有限公司	1.20	上海	2004年3月	148	52	696.09	763.84
58	华融基金管理有限公司	2.00	河北	2019年3月	48	7	51.32	52.59
59	华润元大基金管理有限公司	2.00	深圳	2013年1月	69	15	125.24	141.62
60	华商基金管理有限公司	1.00	北京	2005年9月	183	66	441.47	625.33
61	华泰保兴基金管理有限公司	1.20	上海	2016年7月	91	21	278.76	328.74
62	华泰柏瑞基金管理有限公司	2.00	上海	2004年11月	268	107	1708.81	2444.01
63	华泰证券(上海)资产管理有限公司	26.00	上海	2014年10月	279	21	158.44	164.02
64	华夏基金管理有限公司	2.38	北京	1998年3月	949	294	7920.61	10125.59
65	惠升基金管理有限责任公司	1.20	西藏	2018年9月	62	18	305.02	313.11
66	汇安基金管理有限责任公司	1.00	上海	2016年4月	129	54	425.62	470.92
67	汇丰晋信基金管理有限公司	2.00	上海	2005年10月	175	26	319.05	561.66
68	汇泉基金管理有限公司	1.00	北京	2020年6月	48	2	36.24	36.79
69	汇添富基金管理股份有限公司	1.33	上海	2005年1月	756	222	7641.82	9252.42
70	嘉合基金管理有限公司	1.00	上海	2014年7月	105	21	260.51	265.32
71	嘉实基金管理有限公司	1.50	上海	1999年3月	1063	260	6927.87	8051.17
72	建信基金管理有限责任公司	2.00	北京	2005年9月	517	148	6418.31	6763.02
73	江信基金管理有限公司	1.00	北京	2013年1月	64	9	20.87	24.94
74	交银施罗德基金管理有限公司	2.00	上海	2005年7月	330	107	4314.99	5377.20
75	金信基金管理有限公司	1.00	深圳	2015年7月	54	15	53.88	77.95
76	金鹰基金管理有限公司	2.50	珠海	2002年12月	169	53	503.66	649.87
77	金元顺安基金管理有限公司	1.50	上海	2006年11月	105	17	235.42	251.68
78	景顺长城基金管理有限公司	1.30	深圳	2003年6月	325	135	4192.87	5420.70
79	九泰基金管理有限公司	1.00	北京	2014年7月	151	32	38.57	49.14
80	凯石基金管理有限公司	1.00	上海	2017年5月	50	4	4.68	4.94
81	民生加银基金管理有限公司	2.00	深圳	2008年10月	235	96	1313.14	1345.88
82	明亚基金管理有限责任公司	1.00	深圳	2019年2月	32	1	0.38	0.45
83	摩根士丹利华鑫基金管理有限公司	2.28	深圳	2003年3月	159	34	289.98	359.39
84	南方基金管理股份有限公司	3.00	深圳	1998年3月	815	270	9136.79	10528.61
85	南华基金管理有限公司	1.50	浙江	2016年11月	70	12	89.69	96.92
86	农银汇理基金管理有限公司	2.00	上海	2008年2月	214	67	1596.50	2055.56
87	诺安基金管理有限公司	1.50	深圳	2003年12月	213	62	1025.95	1335.45
88	诺德基金管理有限公司	1.00	上海	2006年5月	143	33	304.23	365.78
89	鹏华基金管理有限公司	1.50	深圳	1998年12月	509	254	7036.78	7652.54
90	鹏扬基金管理有限公司	1.00	上海	2016年7月	216	57	827.80	903.25
91	平安基金管理有限公司	13.00	深圳	2011年1月	347	156	4139.67	4547.55
92	浦银安盛基金管理有限公司	2.00	上海	2007年7月	243	89	2526.99	2653.26
93	前海开源基金管理有限公司	1.20	深圳	2013年1月	245	96	975.92	1587.27
94	融通基金管理有限公司	1.25	深圳	2001年5月	254	83	1095.77	1281.29
95	瑞达基金管理有限公司	1.00	厦门	2020年3月	28	2	3.17	2.90
96	睿远基金管理有限公司	1.00	上海	2018年10月	100	3	373.85	633.37
97	山西证券股份有限公司	35.90	山西	2008年2月	39	11	118.48	124.17
98	上海东方证券资产管理有限公司	3.00	上海	2010年6月	338	64	1718.84	2320.52
99	上海国泰君安证券资产管理有限公司	20.00	上海	2010年8月	294	5	42.26	42.49

附录1-10 续表 2 continued

序号 No.	公募基金管理人 Public Fund Management Company	注册资本(亿元) Registered Capital (100 million yuan)	注册地 Place of Registration	成立时间 Established Time	员工数量 Number of Employees (unit)	管理基金只数(只) Number of Funds (unit)	管理基金份额(亿份) Fund units (100 million units)	管理基金资产规模(亿元) Fund Asset Value(100 million yuan)
100	上投摩根基金管理有限公司	2.50	上海	2004年4月	360	84	1533.86	1857.48
101	上银基金管理有限公司	3.00	上海	2013年8月	131	39	965.78	988.21
102	尚正基金管理有限公司	1.20	深圳	2021年5月	36	1	1.81	1.83
103	申万菱信基金管理有限公司	1.50	上海	2003年12月	191	61	657.11	783.98
104	太平基金管理有限公司	2.27	上海	2013年1月	114	25	559.66	570.74
105	泰达宏利基金管理有限公司	1.80	上海	2002年6月	149	61	467.76	575.39
106	泰康资产管理有限责任公司	10.00	北京	2006年2月	160	60	817.06	989.51
107	泰信基金管理有限公司	2.00	上海	2003年5月	101	28	302.23	333.42
108	天弘基金管理有限公司	1.80	天津	2004年10月	614	143	11132.95	11614.40
109	天治基金管理有限公司	1.60	上海	2003年5月	76	14	54.17	57.26
110	同泰基金管理有限公司	1.00	深圳	2018年10月	51	17	30.49	32.67
111	万家基金管理有限公司	1.00	上海	2002年8月	262	99	2299.86	2632.00
112	西部利得基金管理有限公司	2.00	上海	2010年7月	185	53	775.94	859.41
113	西藏东财基金管理有限公司	2.00	西藏	2018年10月	58	22	43.10	51.01
114	先锋基金管理有限公司	1.00	深圳	2016年5月	51	9	37.83	38.18
115	湘财基金管理有限公司	1.00	上海	2018年7月	84	9	29.39	32.21
116	新华基金管理股份有限公司	1.60	重庆	2004年12月	210	54	617.37	717.41
117	新疆前海联合基金管理有限公司	2.00	新疆	2015年8月	102	33	266.41	297.50
118	新沃基金管理有限公司	10.00	上海	2015年8月	43	6	53.20	54.05
119	鑫元基金管理有限公司	2.00	上海	2013年8月	143	48	675.61	704.32
120	信达澳银基金管理有限公司	1.00	深圳	2006年4月	171	43	523.53	808.63
121	兴华基金管理有限公司	1.00	青岛	2020年9月	36	5	31.88	32.26
122	兴业基金管理有限公司	5.00	福建	2013年4月	231	78	2454.64	2538.21
123	兴银基金管理有限责任公司	1.00	福建	2013年10月	135	41	616.05	627.62
124	兴证全球基金管理有限公司	1.50	上海	2003年9月	296	45	4856.56	5784.26
125	易方达基金管理有限公司	1.20	广东	2001年4月	933	270	13260.51	17016.53
126	易米基金管理有限公司	1.00	上海	2021年7月	42	1	0.11	0.11
127	益民基金管理有限公司	1.00	重庆	2005年12月	45	6	11.19	14.38
128	银河基金管理有限公司	1.50	上海	2002年5月	167	78	898.91	1175.15
129	银华基金管理股份有限公司	2.00	深圳	2001年5月	567	171	4522.55	5163.56
130	英大基金管理有限公司	1.20	北京	2012年8月	106	14	543.76	554.22
131	永赢基金管理有限公司	1.50	宁波	2013年11月	310	91	2299.79	2416.69
132	圆信永丰基金管理有限公司	2.00	厦门	2014年1月	106	28	332.45	434.47
133	招商基金管理有限公司	2.10	深圳	2002年12月	532	219	6607.54	7334.22
134	浙江浙商证券资产管理有限公司	12.00	浙江	2013年4月	155	20	162.59	206.62
135	浙商基金管理有限公司	3.00	浙江	2010年10月	139	43	379.64	450.42
136	中庚基金管理有限公司	2.00	上海	2015年11月	78	5	156.58	245.55
137	中国人保资产管理股份有限公司	12.98	上海	2003年7月	60	20	73.65	77.90
138	中海基金管理有限公司	1.47	上海	2004年3月	129	31	189.64	218.97
139	中航基金管理有限公司	1.00	北京	2016年6月	88	12	233.63	257.01
140	中加基金管理有限公司	3.00	北京	2013年3月	178	62	1125.43	1163.25
141	中金基金管理有限公司	1.00	北京	2014年2月	140	39	726.99	754.69
142	中科沃土基金管理有限公司	2.42	广东	2015年9月	74	8	29.31	33.22
143	中欧基金管理有限公司	1.88	上海	2006年7月	391	104	3936.50	5650.67
144	中融基金管理有限公司	3.00	北京	2013年5月	185	77	1129.83	1183.79
145	中泰证券(上海)资产管理有限公司	1.67	上海	2014年8月	147	12	147.33	174.68
146	中信保诚基金管理有限公司	2.00	上海	2005年8月	194	80	1136.89	1421.36
147	中信建投基金管理有限公司	1.50	北京	2013年9月	153	33	440.93	482.89
148	中银国际证券有限责任公司	27.78	上海	2002年2月	191	38	1160.39	1255.23
149	中银基金管理有限公司	1.00	上海	2004年6月	376	144	3687.89	3980.45
150	中邮创业基金管理股份有限公司	1.00	北京	2006年2月	206	53	506.88	616.51
151	朱雀基金管理有限公司	1.00	陕西	2018年10月	101	7	216.84	294.29

附录1-11　2021年证券投资基金托管人名录
List of Securities Investment Fund Custodians in 2021

序号 No.	托管人名称 Fund Custodian	注册地 Place of Registration	取得托管资格时间 Custody Qualification-obtaining Time	托管基金只数(只) Number of Funds under Custody (unit)	托管基金份额(亿份) Fund Units under Custody (100 million units)	托管基金资产规模(亿元) Fund Asset Value under Custody (100 million yuan)
1	中国工商银行股份有限公司	北京	1998年2月	1338	26937.77	37265.22
2	中国农业银行股份有限公司	北京	1998年5月	696	12389.50	15503.50
3	中国银行股份有限公司	北京	1998年7月	986	18139.08	23246.77
4	中国建设银行股份有限公司	北京	1998年3月	1187	26799.36	33129.72
5	交通银行股份有限公司	上海	1998年7月	619	16268.65	18151.51
6	华夏银行股份有限公司	北京	2005年2月	108	2422.97	2494.93
7	中国光大银行股份有限公司	北京	2002年10月	257	5383.01	5973.98
8	招商银行股份有限公司	深圳	2002年11月	874	15649.58	19447.25
9	中信银行股份有限公司	北京	2004年8月	274	18894.70	19674.41
10	中国民生银行股份有限公司	北京	2004年7月	311	10515.03	10932.73
11	平安银行股份有限公司	深圳	2008年8月	190	5891.32	6260.95
12	兴业银行股份有限公司	福建	2005年4月	531	20235.75	21200.33
13	上海浦东发展银行股份有限公司	上海	2003年9月	342	11510.69	12810.53
14	上海银行股份有限公司	上海	2009年8月	107	2072.80	2171.19
15	北京银行股份有限公司	北京	2008年6月	65	1102.00	1359.17
16	广发银行股份有限公司	广东	2009年5月	48	2681.74	2825.10
17	宁波银行股份有限公司	浙江	2012年11月	100	1770.34	2034.97
18	中国邮政储蓄银行股份有限公司	北京	2009年7月	264	5610.63	6161.52
19	渤海银行股份有限公司	天津	2010年6月	26	458.61	496.07
20	光大证券股份有限公司	上海	2020年6月	10	22.04	23.25
21	浙商银行股份有限公司	浙江	2013年11月	178	2145.16	2219.79
22	徽商银行股份有限公司	安徽	2014年1月	27	665.84	678.40
23	海通证券股份有限公司	上海	2013年12月	15	49.69	63.42
24	恒丰银行股份有限公司	山东	2014年2月	21	331.56	335.72
25	广州农村商业银行股份有限公司	广东	2014年1月	18	272.67	305.77

数据来源：中国证券监督管理委员会
Source: CSRC

附录1-11 续表 continued

序号 No.	托管人名称 Fund Custodian	注册地 Place of Registration	取得托管资格时间 Custody Qualification-obtaining Time	托管基金只数(只) Number of Funds under Custody (unit)	托管基金份额(亿份) Fund Units under Custody (100 million units)	托管基金资产规模(亿元) Fund Asset Value under Custody (100 million yuan)
26	杭州银行股份有限公司	浙江	2014年3月	63	1328.67	1376.57
27	中国证券登记结算有限责任公司	北京	2014年3月	3	857.74	857.74
28	南京银行股份有限公司	江苏	2014年4月	53	897.17	942.03
29	国泰君安证券股份有限公司	上海	2014年5月	47	1266.61	1387.88
30	招商证券股份有限公司	深圳	2014年1月	47	732.67	901.04
31	广发证券股份有限公司	广东	2014年5月	39	228.01	339.29
32	国信证券股份有限公司	深圳	2013年12月	13	136.02	122.95
33	江苏银行股份有限公司	江苏	2014年5月	95	3210.10	3319.64
34	华泰证券股份有限公司	江苏	2014年9月	23	133.99	165.34
35	中国银河证券股份有限公司	北京	2014年6月	32	123.43	139.97
36	中信证券股份有限公司	深圳	2014年10月	46	288.34	378.24
37	兴业证券股份有限公司	福建	2014年11月	8	30.11	38.78
38	中国国际金融股份有限公司	北京	2015年6月	10	16.78	21.68
39	中信建投证券股份有限公司	北京	2015年2月	49	514.05	602.59
40	中国证券金融股份有限公司	北京	2015年6月	0	0.00	0.00
41	恒泰证券股份有限公司	内蒙古	2015年8月	2	10.70	10.88
42	中泰证券股份有限公司	山东	2015年12月	4	1.17	1.25
43	安信证券股份有限公司	深圳	2018年9月	2	3.76	3.98
44	国金证券股份有限公司	成都	2017年6月	2	20.22	22.43
45	长江证券股份有限公司	湖北	2020年12月	0	0.00	0.00
46	东方证券股份有限公司	上海	2018年10月	5	102.18	116.95
47	申万宏源证券有限公司	上海	2019年7月	12	30.55	29.65
48	万联证券股份有限公司	广东	2020年6月	0	0.00	0.00
49	华鑫证券有限责任公司	深圳	2020年6月	1	2.65	2.41
50	国元证券股份有限公司	安徽	2020年9月	0	0.00	0.00
51	华安证券股份有限公司	安徽	2020年7月	0	0.00	0.00
52	渣打银行（中国）有限公司	上海	2018年10月	1	1.52	1.53
53	财通证券股份有限公司	浙江	2020年10月	0	0.00	0.00
54	长城证券股份有限公司	深圳	2020年9月	1	3.38	3.38
55	华福证券有限责任公司	福建	2020年7月	2	80.52	82.05
56	花旗银行（中国）有限公司	上海	2020年8月	—	—	—
57	德意志银行（中国）有限公司	北京	2020年12月	—	—	—
58	浙商证券股份有限公司	浙江	2021年9月	—	—	—

附录1-12 2021年公开募集证券投资基金销售机构名录
List of Public Securities Investment Fund Sales Institutions in 2021

序号 No.	销售机构名称 Sales Institution Name	销售机构类型 Sales Institution Type	取得销售资格时间 Sales Qualification-Obtaining Time	注册地 Place of Registration
1	中国建设银行股份有限公司	全国性商业银行	2001年7月	北京
2	交通银行股份有限公司	全国性商业银行	2001年7月	上海
3	中国工商银行股份有限公司	全国性商业银行	2001年8月	北京
4	中国银行股份有限公司	全国性商业银行	2001年12月	北京
5	中国农业银行股份有限公司	全国性商业银行	2001年12月	北京
6	招商银行股份有限公司	全国性商业银行	2001年12月	广东
7	中信银行股份有限公司	全国性商业银行	2002年1月	北京
8	上海浦东发展银行股份有限公司	全国性商业银行	2002年5月	上海
9	平安银行股份有限公司	全国性商业银行	2002年5月	广东
10	兴业银行股份有限公司	全国性商业银行	2002年8月	福建
11	中国民生银行股份有限公司	全国性商业银行	2002年9月	北京
12	中国光大银行股份有限公司	全国性商业银行	2003年1月	北京
13	华夏银行股份有限公司	全国性商业银行	2004年11月	北京
14	广发银行股份有限公司	全国性商业银行	2005年7月	广东
15	中国邮政储蓄银行股份有限公司	全国性商业银行	2007年6月	北京
16	浙商银行股份有限公司	全国性商业银行	2008年8月	浙江
17	渤海银行股份有限公司	全国性商业银行	2009年10月	天津
18	恒丰银行股份有限公司	全国性商业银行	2014年1月	山东
19	北京银行股份有限公司	城市商业银行	2004年10月	北京
20	上海银行股份有限公司	城市商业银行	2005年1月	上海
21	宁波银行股份有限公司	城市商业银行	2008年2月	浙江
22	青岛银行股份有限公司	城市商业银行	2008年5月	山东
23	徽商银行股份有限公司	城市商业银行	2008年7月	安徽
24	东莞银行股份有限公司	城市商业银行	2008年10月	广东
25	南京银行股份有限公司	城市商业银行	2008年10月	江苏
26	杭州银行股份有限公司	城市商业银行	2009年1月	浙江
27	临商银行股份有限公司	城市商业银行	2009年2月	山东
28	温州银行股份有限公司	城市商业银行	2009年5月	浙江
29	汉口银行股份有限公司	城市商业银行	2009年6月	湖北
30	江苏银行股份有限公司	城市商业银行	2009年9月	江苏
31	洛阳银行股份有限公司	城市商业银行	2010年1月	河南
32	乌鲁木齐银行股份有限公司	城市商业银行	2010年2月	新疆
33	烟台银行股份有限公司	城市商业银行	2010年6月	山东
34	齐商银行股份有限公司	城市商业银行	2010年9月	山东
35	大连银行股份有限公司	城市商业银行	2010年10月	辽宁
36	浙江民泰商业银行股份有限公司	城市商业银行	2010年10月	浙江
37	哈尔滨银行股份有限公司	城市商业银行	2010年10月	黑龙
38	浙江稠州商业银行股份有限公司	城市商业银行	2010年11月	浙江
39	重庆银行股份有限公司	城市商业银行	2010年11月	重庆
40	天津银行股份有限公司	城市商业银行	2011年2月	天津
41	河北银行股份有限公司	城市商业银行	2011年5月	河北
42	嘉兴银行股份有限公司	城市商业银行	2011年6月	浙江
43	广州银行股份有限公司	城市商业银行	2011年7月	广东
44	长沙银行股份有限公司	城市商业银行	2011年9月	湖南
45	西安银行股份有限公司	城市商业银行	2011年9月	陕西

数据来源：中国证券监督管理委员会
Source: CSRC

附录1-12 续表 1 continued

序号 No.	销售机构名称 Sales Institution Name	销售机构类型 Sales Institution Type	取得销售资格时间 Sales Qualification-Obtaining Time	注册地 Place of Registration
46	金华银行股份有限公司	城市商业银行	2011年9月	浙江
47	郑州银行股份有限公司	城市商业银行	2012年4月	河南
48	厦门银行股份有限公司	城市商业银行	2012年5月	福建
49	吉林银行股份有限公司	城市商业银行	2012年10月	吉林
50	珠海华润银行股份有限公司	城市商业银行	2012年12月	广东
51	苏州银行股份有限公司	城市商业银行	2012年12月	江苏
52	威海市商业银行股份有限公司	城市商业银行	2013年2月	山东
53	四川天府银行股份有限公司	城市商业银行	2013年2月	四川
54	长安银行股份有限公司	城市商业银行	2013年6月	陕西
55	晋商银行股份有限公司	城市商业银行	2013年8月	山西
56	富滇银行股份有限公司	城市商业银行	2013年8月	云南
57	昆仑银行股份有限公司	城市商业银行	2013年9月	新疆
58	日照银行股份有限公司	城市商业银行	2013年11月	山东
59	福建海峡银行股份有限公司	城市商业银行	2013年12月	福建
60	潍坊银行股份有限公司	城市商业银行	2013年12月	山东
61	江西银行股份有限公司	城市商业银行	2013年12月	江西
62	绍兴银行股份有限公司	城市商业银行	2013年12月	浙江
63	广东华兴银行股份有限公司	城市商业银行	2014年4月	广东
64	成都银行股份有限公司	城市商业银行	2014年7月	四川
65	泉州银行股份有限公司	城市商业银行	2014年8月	福建
66	龙江银行股份有限公司	城市商业银行	2014年8月	黑龙
67	浙江泰隆商业银行股份有限公司	城市商业银行	2014年10月	浙江
68	兰州银行股份有限公司	城市商业银行	2014年11月	甘肃
69	锦州银行股份有限公司	城市商业银行	2015年1月	辽宁
70	辽阳银行股份有限公司	城市商业银行	2015年2月	辽宁
71	长城华西银行股份有限公司	城市商业银行	2015年3月	四川
72	华融湘江银行股份有限公司	城市商业银行	2015年4月	湖南
73	盛京银行股份有限公司	城市商业银行	2015年5月	辽宁
74	贵阳银行股份有限公司	城市商业银行	2015年5月	贵州
75	深圳前海微众银行股份有限公司	城市商业银行	2015年7月	广东
76	广东南粤银行股份有限公司	城市商业银行	2015年8月	广东
77	晋城银行股份有限公司	城市商业银行	2015年8月	山西
78	桂林银行股份有限公司	城市商业银行	2015年8月	广西
79	德州银行股份有限公司	城市商业银行	2015年10月	山东
80	中原银行股份有限公司	城市商业银行	2015年10月	河南
81	浙江网商银行股份有限公司	城市商业银行	2015年11月	浙江
82	焦作中旅银行股份有限公司	城市商业银行	2016年1月	河南
83	云南红塔银行股份有限公司	城市商业银行	2016年1月	云南
84	宁夏银行股份有限公司	城市商业银行	2016年3月	宁夏
85	青海银行股份有限公司	城市商业银行	2019年5月	青海
86	湖北银行股份有限公司	城市商业银行	2016年5月	湖北
87	厦门国际银行股份有限公司	城市商业银行	2016年6月	福建
88	营口银行股份有限公司	城市商业银行	2016年7月	辽宁
89	内蒙古银行股份有限公司	城市商业银行	2016年7月	内蒙
90	贵州银行股份有限公司	城市商业银行	2016年8月	贵州
91	丹东银行股份有限公司	城市商业银行	2016年9月	辽宁
92	阜新银行股份有限公司	城市商业银行	2016年9月	辽宁
93	九江银行股份有限公司	城市商业银行	2016年10月	江西

附录1-12 续表 2 continued

序号 No.	销售机构名称 Sales Institution Name	销售机构类型 Sales Institution Type	取得销售资格时间 Sales Qualification-Obtaining Time	注册地 Place of Registration
94	晋中银行股份有限公司	城市商业银行	2016年12月	山西
95	唐山银行股份有限公司	城市商业银行	2016年12月	河北
96	赣州银行股份有限公司	城市商业银行	2017年11月	江西
97	上饶银行股份有限公司	城市商业银行	2017年12月	江西
98	海南银行股份有限公司	城市商业银行	2020年4月	海南
99	中信百信银行股份有限公司	城市商业银行	2020年6月	北京
100	蒙商银行股份有限公司	城市商业银行	2021年5月	内蒙
101	上海农村商业银行股份有限公司	农村商业银行	2008年2月	上海
102	北京农村商业银行股份有限公司	农村商业银行	2008年4月	北京
103	江苏张家港农村商业银行股份有限公司	农村商业银行	2009年12月	江苏
104	深圳农村商业银行股份有限公司	农村商业银行	2010年1月	广东
105	东莞农村商业银行股份有限公司	农村商业银行	2011年2月	广东
106	江苏常熟农村商业银行股份有限公司	农村商业银行	2011年7月	江苏
107	广东顺德农村商业银行股份有限公司	农村商业银行	2011年8月	广东
108	重庆农村商业银行股份有限公司	农村商业银行	2011年8月	重庆
109	江苏江南农村商业银行股份有限公司	农村商业银行	2011年9月	江苏
110	江苏江阴农村商业银行股份有限公司	农村商业银行	2011年9月	江苏
111	江苏苏州农村商业银行股份有限公司	农村商业银行	2011年9月	江苏
112	江苏昆山农村商业银行股份有限公司	农村商业银行	2011年10月	江苏
113	广州农村商业银行股份有限公司	农村商业银行	2012年7月	广东
114	成都农村商业银行股份有限公司	农村商业银行	2012年9月	四川
115	杭州联合农村商业银行股份有限公司	农村商业银行	2013年2月	浙江
116	无锡农村商业银行股份有限公司	农村商业银行	2013年11月	江苏
117	浙江绍兴瑞丰农村商业银行股份有限公司	农村商业银行	2014年1月	浙江
118	浙江温州龙湾农村商业银行股份有限公司	农村商业银行	2014年2月	浙江
119	广东南海农村商业银行股份有限公司	农村商业银行	2014年3月	广东
120	天津农村商业银行股份有限公司	农村商业银行	2014年7月	天津
121	长春农村商业银行股份有限公司	农村商业银行	2014年10月	吉林
122	浙江温州鹿城农村商业银行股份有限公司	农村商业银行	2015年1月	浙江
123	浙江乐清农村商业银行股份有限公司	农村商业银行	2015年5月	浙江
124	宁波慈溪农村商业银行股份有限公司	农村商业银行	2015年6月	浙江
125	浙江临海农村商业银行股份有限公司	农村商业银行	2015年7月	浙江
126	天津滨海农村商业银行股份有限公司	农村商业银行	2015年7月	天津
127	佛山农村商业银行股份有限公司	农村商业银行	2015年9月	广东
128	青岛农村商业银行股份有限公司	农村商业银行	2015年9月	山东
129	吉林九台农村商业银行股份有限公司	农村商业银行	2015年10月	吉林
130	江苏紫金农村商业银行股份有限公司	农村商业银行	2015年11月	江苏
131	浙江义乌农村商业银行股份有限公司	农村商业银行	2015年11月	浙江
132	浙江新昌农村商业银行股份有限公司	农村商业银行	2015年11月	浙江
133	浙江杭州余杭农村商业银行股份有限公司	农村商业银行	2016年2月	浙江
134	浙江瑞安农村商业银行股份有限公司	农村商业银行	2016年2月	浙江
135	武汉农村商业银行股份有限公司	农村商业银行	2016年5月	湖北
136	浙江德清农村商业银行股份有限公司	农村商业银行	2016年6月	浙江
137	浙江富阳农村商业银行股份有限公司	农村商业银行	2016年7月	浙江
138	浙江温州瓯海农村商业银行股份有限公司	农村商业银行	2016年8月	浙江
139	福建漳州农村商业银行股份有限公司	农村商业银行	2016年9月	福建
140	浙江萧山农村商业银行股份有限公司	农村商业银行	2016年9月	浙江
141	福建石狮农村商业银行股份有限公司	农村商业银行	2017年1月	福建

附录1-12 续表 3 continued

序号 No.	销售机构名称 Sales Institution Name	销售机构类型 Sales Institution Type	取得销售资格时间 Sales Qualification-Obtaining Time	注册地 Place of Registration
142	宁波鄞州农村商业银行股份有限公司	农村商业银行	2017年4月	浙江
143	渣打银行（中国）有限公司	在华外资法人银行	2013年6月	上海
144	大华银行（中国）有限公司	在华外资法人银行	2013年6月	上海
145	花旗银行（中国）有限公司	在华外资法人银行	2013年6月	上海
146	东亚银行（中国）有限公司	在华外资法人银行	2013年6月	上海
147	星展银行（中国）有限公司	在华外资法人银行	2013年6月	上海
148	汇丰银行（中国）有限公司	在华外资法人银行	2013年6月	上海
149	南洋商业银行（中国）有限公司	在华外资法人银行	2013年6月	上海
150	恒生银行（中国）有限公司	在华外资法人银行	2013年7月	上海
151	摩根大通银行（中国）有限公司	在华外资法人银行	2013年9月	北京
152	华侨永亨银行（中国）有限公司	在华外资法人银行	2013年10月	上海
153	华商银行	在华外资法人银行	2016年9月	广东
154	瑞士银行（中国）有限公司	在华外资法人银行	2018年1月	北京
155	国泰君安证券股份有限公司	证券公司	2002年7月	上海
156	广发证券股份有限公司	证券公司	2002年8月	广东
157	国信证券股份有限公司	证券公司	2002年8月	广东
158	招商证券股份有限公司	证券公司	2002年8月	广东
159	中信证券股份有限公司	证券公司	2002年8月	广东
160	海通证券股份有限公司	证券公司	2002年10月	上海
161	民生证券股份有限公司	证券公司	2003年1月	上海
162	华龙证券股份有限公司	证券公司	2003年1月	甘肃
163	西南证券股份有限公司	证券公司	2003年1月	重庆
164	大同证券有限责任公司	证券公司	2003年1月	山西
165	山西证券股份有限公司	证券公司	2003年1月	山西
166	国元证券股份有限公司	证券公司	2003年2月	安徽
167	兴业证券股份有限公司	证券公司	2003年2月	福建
168	万联证券股份有限公司	证券公司	2003年2月	广东
169	华泰证券股份有限公司	证券公司	2003年2月	江苏
170	长江证券股份有限公司	证券公司	2003年2月	湖北
171	渤海证券股份有限公司	证券公司	2003年2月	天津
172	中信证券（山东）有限责任公司	证券公司	2003年2月	山东
173	中信证券华南股份有限公司	证券公司	2003年2月	广东
174	湘财证券股份有限公司	证券公司	2003年3月	湖南
175	东吴证券股份有限公司	证券公司	2003年12月	江苏
176	东方证券股份有限公司	证券公司	2004年4月	上海
177	光大证券股份有限公司	证券公司	2004年4月	上海
178	上海证券有限责任公司	证券公司	2004年5月	上海
179	国联证券股份有限公司	证券公司	2004年6月	江苏
180	浙商证券股份有限公司	证券公司	2004年6月	浙江
181	东北证券股份有限公司	证券公司	2004年7月	吉林
182	华安证券股份有限公司	证券公司	2004年8月	安徽
183	南京证券股份有限公司	证券公司	2004年8月	江苏
184	平安证券股份有限公司	证券公司	2004年8月	广东
185	长城证券股份有限公司	证券公司	2004年8月	广东
186	东莞证券股份有限公司	证券公司	2004年9月	广东
187	财信证券有限责任公司	证券公司	2004年9月	湖南
188	东海证券股份有限公司	证券公司	2004年9月	江苏
189	国海证券股份有限公司	证券公司	2004年9月	广西

附录1-12 续表 4 continued

序号 No.	销售机构名称 Sales Institution Name	销售机构类型 Sales Institution Type	取得销售资格时间 Sales Qualification-Obtaining Time	注册地 Place of Registration
190	中原证券股份有限公司	证券公司	2004年10月	河南
191	中银国际证券股份有限公司	证券公司	2004年11月	上海
192	国都证券股份有限公司	证券公司	2004年11月	北京
193	新时代证券股份有限公司	证券公司	2004年11月	北京
194	中泰证券股份有限公司	证券公司	2004年11月	山东
195	恒泰证券股份有限公司	证券公司	2004年11月	内蒙
196	华西证券股份有限公司	证券公司	2004年11月	四川
197	国盛证券有限责任公司	证券公司	2004年11月	江西
198	中国国际金融股份有限公司	证券公司	2004年12月	北京
199	华福证券有限责任公司	证券公司	2005年1月	福建
200	德邦证券股份有限公司	证券公司	2005年2月	上海
201	世纪证券有限责任公司	证券公司	2005年2月	广东
202	第一创业证券股份有限公司	证券公司	2005年3月	广东
203	中航证券有限公司	证券公司	2005年4月	江西
204	西部证券股份有限公司	证券公司	2005年4月	陕西
205	金元证券股份有限公司	证券公司	2005年4月	海南
206	中信建投证券股份有限公司	证券公司	2005年12月	北京
207	财通证券股份有限公司	证券公司	2006年7月	浙江
208	安信证券股份有限公司	证券公司	2007年4月	广东
209	中国银河证券股份有限公司	证券公司	2007年5月	北京
210	华鑫证券有限责任公司	证券公司	2008年1月	广东
211	瑞银证券有限责任公司	证券公司	2008年2月	北京
212	国金证券股份有限公司	证券公司	2008年3月	四川
213	中国中金财富证券有限公司	证券公司	2008年3月	广东
214	中山证券有限责任公司	证券公司	2008年3月	广东
215	红塔证券股份有限公司	证券公司	2008年3月	云南
216	国融证券股份有限公司	证券公司	2008年5月	内蒙
217	东方财富证券股份有限公司	证券公司	2008年5月	西藏
218	粤开证券股份有限公司	证券公司	2008年6月	广东
219	方正证券股份有限公司	证券公司	2008年6月	湖南
220	江海证券有限公司	证券公司	2008年8月	黑龙
221	银泰证券有限责任公司	证券公司	2008年12月	广东
222	华宝证券股份有限公司	证券公司	2009年1月	上海
223	爱建证券有限责任公司	证券公司	2009年1月	上海
224	长城国瑞证券有限公司	证券公司	2009年1月	福建
225	英大证券有限责任公司	证券公司	2009年3月	广东
226	信达证券股份有限公司	证券公司	2009年7月	北京
227	东兴证券股份有限公司	证券公司	2009年7月	北京
228	华融证券股份有限公司	证券公司	2009年9月	北京
229	大通证券股份有限公司	证券公司	2009年12月	辽宁
230	财达证券股份有限公司	证券公司	2009年12月	河北
231	中天证券股份有限公司	证券公司	2010年1月	辽宁
232	五矿证券有限公司	证券公司	2010年4月	广东
233	北京高华证券有限责任公司	证券公司	2010年5月	北京
234	华创证券有限责任公司	证券公司	2010年6月	贵州
235	恒泰长财证券有限责任公司	证券公司	2010年8月	吉林
236	万和证券股份有限公司	证券公司	2010年9月	海南

附录1-12 续表 5 continued

序号 No.	销售机构名称 Sales Institution Name	销售机构类型 Sales Institution Type	取得销售资格时间 Sales Qualification-Obtaining Time	注册地 Place of Registration
237	中邮证券有限责任公司	证券公司	2010年11月	陕西
238	首创证券股份有限公司	证券公司	2011年2月	北京
239	国开证券股份有限公司	证券公司	2011年5月	北京
240	太平洋证券股份有限公司	证券公司	2012年11月	云南
241	开源证券股份有限公司	证券公司	2012年12月	陕西
242	网信证券有限责任公司	证券公司	2013年2月	辽宁
243	天风证券股份有限公司	证券公司	2013年4月	湖北
244	宏信证券有限责任公司	证券公司	2013年6月	四川
245	川财证券有限责任公司	证券公司	2014年1月	四川
246	申万宏源西部证券有限公司	证券公司	2015年1月	新疆
247	申万宏源证券有限公司	证券公司	2002年10月	上海
248	华金证券股份有限公司	证券公司	2013年8月	上海
249	华林证券股份有限公司	证券公司	2004年11月	西藏
250	九州证券股份有限公司	证券公司	2008年8月	青海
251	联储证券有限责任公司	证券公司	2015年11月	山东
252	甬兴证券股份有限公司	证券公司	2020年1月	浙江
253	中信建投期货有限公司	期货公司	2013年9月	重庆
254	中国国际期货股份有限公司	期货公司	2013年11月	北京
255	兴证期货有限公司	期货公司	2014年7月	福建
256	海通期货股份有限公司	期货公司	2014年8月	上海
257	中州期货有限公司	期货公司	2014年11月	山东
258	中信期货有限公司	期货公司	2014年11月	广东
259	安粮期货股份有限公司	期货公司	2015年1月	安徽
260	物产中大期货有限公司	期货公司	2015年1月	浙江
261	申银万国期货有限公司	期货公司	2015年2月	上海
262	广发期货有限公司	期货公司	2015年2月	广东
263	徽商期货有限责任公司	期货公司	2015年3月	安徽
264	上海东证期货有限公司	期货公司	2015年5月	上海
265	东海期货有限责任公司	期货公司	2015年7月	江苏
266	中投天琪期货有限公司	期货公司	2015年8月	广东
267	银河期货有限公司	期货公司	2015年10月	北京
268	南华期货股份有限公司	期货公司	2016年2月	浙江
269	永安期货股份有限公司	期货公司	2016年3月	浙江
270	弘业期货股份有限公司	期货公司	2016年4月	江苏
271	华泰期货有限公司	期货公司	2016年8月	广东
272	大有期货有限公司	期货公司	2016年8月	湖南
273	华融融达期货股份有限公司	期货公司	2016年8月	河南
274	长江期货股份有限公司	期货公司	2016年9月	湖北
275	中衍期货有限公司	期货公司	2016年11月	北京
276	和合期货有限公司	期货公司	2016年12月	山西
277	光大期货有限公司	期货公司	2017年1月	上海
278	新纪元期货股份有限公司	期货公司	2017年1月	江苏
279	西部期货有限公司	期货公司	2017年3月	陕西
280	宏源期货有限公司	期货公司	2019年11月	北京
281	方正中期期货有限公司	期货公司	2019年11月	北京
282	泰康保险集团股份有限公司	保险公司	2014年1月	北京
283	阳光人寿保险股份有限公司	保险公司	2014年6月	海南

附录1-12 续表 6 continued

序号 No.	销售机构名称 Sales Institution Name	销售机构类型 Sales Institution Type	取得销售资格时间 Sales Qualification-Obtaining Time	注册地 Place of Registration
284	中国平安人寿保险股份有限公司	保险公司	2014年7月	广东
285	中宏人寿保险有限公司	保险公司	2014年12月	上海
286	中国人寿保股份有限公司	保险公司	2015年3月	北京
287	华瑞保险销售有限公司	保险代理公司和保险经纪公司	2014年11月	上海
288	玄元保险代理有限公司	保险代理公司和保险经纪公司	2014年12月	上海
289	和谐保险销售有限公司	保险代理公司和保险经纪公司	2015年9月	北京
290	永鑫保险销售服务有限公司	保险代理公司和保险经纪公司	2015年10月	上海
291	方德保险代理有限公司	保险代理公司和保险经纪公司	2016年2月	北京
292	天相投资顾问有限公司	证券投资咨询机构	2004年7月	北京
293	鼎信汇金（北京）投资管理有限公司	证券投资咨询机构	2012年5月	北京
294	江苏金百临投资咨询股份有限公司	证券投资咨询机构	2012年5月	江苏
295	和讯信息科技有限公司	证券投资咨询机构	2012年6月	北京
296	深圳市新兰德证券投资咨询有限公司	证券投资咨询机构	2012年9月	广东
297	厦门市鑫鼎盛控股有限公司	证券投资咨询机构	2013年2月	福建
298	江苏天鼎证券投资咨询有限公司	证券投资咨询机构	2016年6月	江苏
299	和信证券投资咨询股份有限公司	证券投资咨询机构	2016年8月	河南
300	财咨道信息技术有限公司	证券投资咨询机构	2016年9月	辽宁
301	诺亚正行基金销售有限公司	独立基金销售机构	2012年2月	上海
302	上海天天基金销售有限公司	独立基金销售机构	2012年2月	上海
303	深圳众禄基金销售股份有限公司	独立基金销售机构	2012年2月	广东
304	上海好买基金销售有限公司	独立基金销售机构	2012年2月	上海
305	上海长量基金销售有限公司	独立基金销售机构	2012年4月	上海
306	蚂蚁（杭州）基金销售有限公司	独立基金销售机构	2012年4月	浙江
307	浙江同花顺基金销售有限公司	独立基金销售机构	2012年4月	浙江
308	北京展恒基金销售股份有限公司	独立基金销售机构	2012年6月	北京
309	上海利得基金销售有限公司	独立基金销售机构	2012年8月	上海
310	天津市润泽基金销售有限公司	独立基金销售机构	2012年10月	天津
311	北京中期时代基金销售有限公司	独立基金销售机构	2012年11月	北京
312	北京创金启富基金销售有限公司	独立基金销售机构	2012年12月	北京
313	浙江金观诚基金销售有限公司	独立基金销售机构	2012年12月	浙江
314	浦领基金销售有限公司	独立基金销售机构	2013年2月	北京
315	北京中天嘉华基金销售有限公司	独立基金销售机构	2013年2月	北京
316	北京增财基金销售有限公司	独立基金销售机构	2013年2月	北京
317	宜信普泽（北京）基金销售有限公司	独立基金销售机构	2013年2月	北京
318	泛华普益基金销售有限公司	独立基金销售机构	2013年2月	四川
319	深圳腾元基金销售有限公司	独立基金销售机构	2013年3月	广东
320	通华财富（上海）基金销售有限公司	独立基金销售机构	2013年6月	上海
321	北京恒天明泽基金销售有限公司	独立基金销售机构	2013年8月	北京
322	北京晟视天下基金销售有限公司	独立基金销售机构	2013年9月	北京
323	深圳宜投基金销售有限公司	独立基金销售机构	2013年9月	广东
324	深圳前海汇联基金销售有限公司	独立基金销售机构	2013年9月	广东
325	北京钱景基金销售有限公司	独立基金销售机构	2013年11月	北京
326	北京植信基金销售有限公司	独立基金销售机构	2013年12月	北京
327	一路财富（北京）基金销售有限公司	独立基金销售机构	2013年12月	北京
328	海银基金销售有限公司	独立基金销售机构	2014年1月	上海
329	上海久富财富基金销售有限公司	独立基金销售机构	2014年1月	上海
330	成都华羿恒信基金销售有限公司	独立基金销售机构	2014年1月	四川

附录1-12　续表 7　continued

序号 No.	销售机构名称 Sales Institution Name	销售机构类型 Sales Institution Type	取得销售资格时间 Sales Qualification-Obtaining Time	注册地 Place of Registration
331	上海财咖啡基金销售有限公司	独立基金销售机构	2014年3月	上海
332	上海大智慧基金销售有限公司	独立基金销售机构	2014年3月	上海
333	北京唐鼎耀华基金销售有限公司	独立基金销售机构	2014年3月	北京
334	北京新浪仓石基金销售有限公司	独立基金销售机构	2014年3月	北京
335	北京加和基金销售有限公司	独立基金销售机构	2014年4月	北京
336	北京辉腾汇富基金销售有限公司	独立基金销售机构	2014年4月	北京
337	济安财富（北京）基金销售有限公司	独立基金销售机构	2014年5月	北京
338	佳泓（北京）基金销售有限公司	独立基金销售机构	2014年8月	北京
339	扬州国信嘉利基金销售有限公司	独立基金销售机构	2014年9月	江苏
340	深圳市锦安基金销售有限公司	独立基金销售机构	2014年9月	广东
341	上海联泰基金销售有限公司	独立基金销售机构	2014年10月	上海
342	上海钜派钰茂基金销售有限公司	独立基金销售机构	2014年11月	上海
343	上海汇付基金销售有限公司	独立基金销售机构	2014年12月	上海
344	泰诚财富基金销售（大连）有限公司	独立基金销售机构	2014年12月	辽宁
345	北京坤元基金销售有限公司	独立基金销售机构	2014年12月	北京
346	泰信财富基金销售有限公司	独立基金销售机构	2014年12月	北京
347	江西正融基金销售有限公司	独立基金销售机构	2014年12月	江西
348	深圳市金海九州基金销售有限公司	独立基金销售机构	2014年12月	广东
349	北京富国大通基金销售有限公司	独立基金销售机构	2015年1月	北京
350	北京微动利基金销售有限公司	独立基金销售机构	2015年2月	北京
351	上海基煜基金销售有限公司	独立基金销售机构	2015年3月	上海
352	利和财富（上海）基金销售有限公司	独立基金销售机构	2015年4月	上海
353	上海景谷基金销售有限公司	独立基金销售机构	2015年5月	上海
354	上海尚善基金销售有限公司	独立基金销售机构	2015年6月	上海
355	上海凯石财富基金销售有限公司	独立基金销售机构	2015年7月	上海
356	上海中正达广基金销售有限公司	独立基金销售机构	2015年7月	上海
357	上海攀赢基金销售有限公司	独立基金销售机构	2015年7月	上海
358	北京恒宇天泽基金销售有限公司	独立基金销售机构	2015年7月	北京
359	北京虹点基金销售有限公司	独立基金销售机构	2015年7月	北京
360	上海陆金所基金销售有限公司	独立基金销售机构	2015年8月	上海
361	珠海盈米基金销售有限公司	独立基金销售机构	2015年8月	广东
362	和耕传承基金销售有限公司	独立基金销售机构	2015年8月	河南
363	深圳安见基金销售有限公司	独立基金销售机构	2015年8月	广东
364	深圳新华信通基金销售有限公司	独立基金销售机构	2015年8月	广东
365	武汉市伯嘉基金销售有限公司	独立基金销售机构	2015年8月	湖北
366	深圳富济基金销售有限公司	独立基金销售机构	2015年9月	广东
367	成都万华源基金销售有限责任公司	独立基金销售机构	2015年9月	四川
368	中证金牛（北京）投资咨询有限公司	独立基金销售机构	2015年10月	北京
369	北京懒猫基金销售有限公司	独立基金销售机构	2015年10月	北京
370	南京途牛基金销售有限公司	独立基金销售机构	2015年10月	江苏
371	上海爱建基金销售有限公司	独立基金销售机构	2015年11月	上海
372	北京电盈基金销售有限公司	独立基金销售机构	2015年11月	北京
373	大连网金基金销售有限公司	独立基金销售机构	2015年12月	辽宁
374	尚智逢源（北京）基金销售有限公司	独立基金销售机构	2015年12月	北京
375	京东肯特瑞基金销售有限公司	独立基金销售机构	2015年12月	北京
376	深圳秋实惠智基金销售有限公司	独立基金销售机构	2015年12月	广东
377	深圳市小牛基金销售有限公司	独立基金销售机构	2015年12月	广东

附录1-12 续表 8 continued

序号 No.	销售机构名称 Sales Institution Name	销售机构类型 Sales Institution Type	取得销售资格时间 Sales Qualification-Obtaining Time	注册地 Place of Registration
378	中民财富基金销售（上海）有限公司	独立基金销售机构	2016年1月	上海
379	北京雪球基金销售有限公司	独立基金销售机构	2016年1月	北京
380	奕丰基金销售有限公司	独立基金销售机构	2016年1月	广东
381	上海云湾基金销售有限公司	独立基金销售机构	2016年2月	上海
382	乾道基金销售有限公司	独立基金销售机构	2016年3月	北京
383	北京格上富信基金销售有限公司	独立基金销售机构	2016年2月	北京
384	深圳市金斧子基金销售有限公司	独立基金销售机构	2016年2月	广东
385	深圳市前海排排网基金销售有限责任公司	独立基金销售机构	2016年2月	广东
386	深圳前海财厚基金销售有限公司	独立基金销售机构	2016年2月	广东
387	深圳前海凯恩斯基金销售有限公司	独立基金销售机构	2016年2月	广东
388	深圳市华融基金销售有限公司	独立基金销售机构	2016年2月	广东
389	北京汇成基金销售有限公司	独立基金销售机构	2016年3月	北京
390	北京广源达信基金销售有限公司	独立基金销售机构	2016年3月	北京
391	南京苏宁基金销售有限公司	独立基金销售机构	2016年3月	江苏
392	深圳信诚基金销售有限公司	独立基金销售机构	2016年3月	广东
393	深圳盈信基金销售有限公司	独立基金销售机构	2016年4月	广东
394	上海万得基金销售有限公司	独立基金销售机构	2016年5月	上海
395	天津国美基金销售有限公司	独立基金销售机构	2016年6月	天津
396	杭州科地瑞富基金销售有限公司	独立基金销售机构	2016年6月	浙江
397	众惠基金销售有限公司	独立基金销售机构	2016年7月	贵州
398	上海有鱼基金销售有限公司	独立基金销售机构	2016年8月	上海
399	上海挖财基金销售有限公司	独立基金销售机构	2016年8月	上海
400	凤凰金信（海口）基金销售有限公司	独立基金销售机构	2016年8月	海南
401	江苏汇林保大基金销售有限公司	独立基金销售机构	2016年9月	江苏
402	大河财富基金销售有限公司	独立基金销售机构	2016年10月	贵州
403	嘉晟瑞信(天津)基金销售有限公司	独立基金销售机构	2016年10月	天津
404	喜鹊财富基金销售有限公司	独立基金销售机构	2016年12月	西藏
405	贵州省贵文文化基金销售有限公司	独立基金销售机构	2016年12月	贵州
406	河南安存基金销售有限公司	独立基金销售机构	2016年12月	河南
407	资舟基金销售有限公司	独立基金销售机构	2017年1月	辽宁
408	洪泰财富（青岛）基金销售有限责任公司	独立基金销售机构	2017年1月	山东
409	青岛乐弘基金销售有限公司	独立基金销售机构	2017年1月	山东
410	上海陆享基金销售有限公司	独立基金销售机构	2017年4月	上海
411	民商基金销售（上海）有限公司	独立基金销售机构	2017年10月	上海
412	腾安基金销售（深圳）有限公司	独立基金销售机构	2018年1月	广东
413	北京度小满基金销售有限公司	独立基金销售机构	2018年8月	北京
414	青岛意才基金销售有限公司	独立基金销售机构	2019年10月	山东
415	嘉实财富管理有限公司	基金公司销售子公司	2012年12月	上海
416	上海国金理益财富基金销售有限公司	基金公司销售子公司	2013年11月	上海
417	上海中欧财富基金销售有限公司	基金公司销售子公司	2015年7月	上海
418	九泰基金销售（北京）有限公司	基金公司销售子公司	2015年8月	北京
419	上海华夏财富投资管理有限公司	基金公司销售子公司	2015年11月	上海
420	万家财富基金销售（天津）有限公司	基金公司销售子公司	2015年12月	天津

附录1-13 2021年合格境外投资者(QFII、RQFII)名录
List of QFII、RQFII in 2021

序号 No.	QFII、RQFII名称 Name	取得资格时间 Qualification-obtaining Time
1	瑞士银行	2003年5月23日
2	野村证券株式会社	2003年5月23日
3	摩根士丹利国际股份有限公司	2003年6月5日
4	花旗环球金融有限公司	2003年6月5日
5	高盛公司	2003年7月4日
6	德意志银行	2003年7月30日
7	香港上海汇丰银行有限公司	2003年8月4日
8	摩根大通银行	2003年9月30日
9	瑞士信贷（香港）有限公司	2003年10月24日
10	渣打银行（香港）有限公司	2003年12月11日
11	日兴资产管理有限公司	2003年12月11日
12	美林国际	2004年4月30日
13	恒生银行有限公司	2004年5月10日
14	大和证券株式会社	2004年5月10日
15	比尔及梅林达盖茨信托基金会	2004年7月19日
16	景顺资产管理有限公司	2004年8月4日
17	法国兴业银行	2004年9月2日
18	巴克莱银行	2004年9月15日
19	德国商业银行	2004年9月27日
20	法国巴黎银行	2004年9月29日
21	加拿大鲍尔公司	2004年10月15日
22	东方汇理银行	2004年10月15日
23	高盛国际资产管理公司	2005年5月9日
24	马丁可利投资管理有限公司	2005年10月25日
25	新加坡政府投资有限公司	2005年10月25日
26	柏瑞投资有限责任公司	2005年11月14日
27	淡马锡富敦投资有限公司	2005年11月15日
28	JF资产管理有限公司	2005年12月28日
29	日本第一生命保险株式会社	2005年12月28日
30	星展银行有限公司	2006年2月13日
31	安保资本投资有限公司	2006年4月10日
32	加拿大丰业银行	2006年4月10日
33	比联金融产品英国有限公司	2006年4月10日
34	爱德蒙得洛希尔（法国）	2006年4月10日
35	耶鲁大学	2006年4月14日
36	摩根士丹利投资管理公司	2006年7月7日
37	瀚亚投资（香港）有限公司	2006年7月7日
38	斯坦福大学	2006年8月5日
39	大华银行有限公司	2006年8月5日
40	施罗德投资管理有限公司	2006年8月29日
41	汇丰环球投资管理（香港）有限公司	2006年9月5日
42	瑞穗证券株式会社	2006年9月5日
43	三井住友德思资产管理株式会社	2006年9月25日
44	瑞银资产管理（新加坡）有限公司	2006年9月25日

数据来源：中国证券监督管理委员会
Source: CSRC

附录1-13 续表 1 continued

序号 No.	QFII、RQFII名称 Name	取得资格时间 Qualification-obtaining Time
45	挪威中央银行	2006年10月24日
46	百达资产管理有限公司	2006年10月25日
47	哥伦比亚大学	2008年3月12日
48	荷宝基金管理公司	2008年5月5日
49	道富环球投资管理亚洲有限公司	2008年5月16日
50	比利时联合资产管理有限公司	2008年6月2日
51	铂金投资管理有限公司	2008年6月2日
52	未来资产基金管理公司	2008年7月25日
53	安达国际控股有限公司	2008年8月5日
54	魁北克储蓄投资集团	2008年8月22日
55	哈佛大学	2008年8月22日
56	三星资产运用株式会社	2008年8月25日
57	联博有限公司	2008年8月28日
58	华侨银行有限公司	2008年8月28日
59	首源投资（英国）有限公司	2008年9月11日
60	大和资产管理株式会社	2008年9月11日
61	普信投资公司	2008年9月12日
62	壳牌资产管理有限公司	2008年9月12日
63	瑞士信贷银行股份有限公司	2008年10月14日
64	大华资产管理有限公司	2008年11月28日
65	阿布达比投资局	2008年12月3日
66	安联环球投资有限公司	2008年12月16日
67	资本国际公司	2008年12月18日
68	三菱日联摩根士丹利证券股份有限公司	2008年12月29日
69	韩华资产运用株式会社	2009年2月5日
70	韩国产业银行	2009年4月23日
71	韩国友利银行股份有限公司	2009年5月4日
72	马来西亚国家银行	2009年5月19日
73	邓普顿投资顾问有限公司	2009年6月5日
74	东亚联丰投资管理有限公司	2009年6月18日
75	三井住友信托银行股份有限公司	2009年6月26日
76	韩国投资信托运用株式会社	2009年7月21日
77	霸菱资产管理有限公司	2009年8月6日
78	安石投资管理有限公司	2009年9月14日
79	纽约梅隆资产管理国际有限公司	2009年11月6日
80	宏利投资管理（香港）有限公司	2009年11月20日
81	野村资产管理株式会社	2009年11月23日
82	友利资产运用株式会社	2009年12月11日
83	加拿大皇家银行	2009年12月23日
84	英杰华投资集团全球服务有限公司	2009年12月28日
85	顶峰资产管理有限公司	2010年4月20日
86	法国欧菲资产管理公司	2010年5月21日
87	安本亚洲有限公司	2010年7月6日
88	KB资产运用	2010年8月9日
89	富达基金（香港）有限公司	2010年9月1日
90	香港金融管理局	2010年10月27日
91	富邦证券投资信托股份有限公司	2010年10月29日

附录1-13 续表 2 continued

序号 No.	QFII、RQFII名称 Name	取得资格时间 Qualification-obtaining Time
92	群益证券投资信托股份有限公司	2010年10月29日
93	蒙特利尔银行投资公司	2010年12月6日
94	瑞士宝盛银行	2010年12月14日
95	科提比资产运用株式会社	2010年12月28日
96	领先资产管理	2011年2月16日
97	元大证券投资信托股份有限公司	2011年3月4日
98	忠利保险有限公司	2011年3月18日
99	西班牙对外银行有限公司	2011年5月6日
100	国泰证券投资信托股份有限公司	2011年6月9日
101	复华证券投资信托股份有限公司	2011年6月9日
102	亢简资产管理公司	2011年6月24日
103	贝莱德机构信托公司	2011年7月14日
104	东方汇理资产管理香港有限公司	2011年7月14日
105	GMO有限责任公司	2011年8月9日
106	新加坡金融管理局	2011年10月8日
107	中国人寿保险股份有限公司（台湾）	2011年10月26日
108	新光人寿保险股份有限公司	2011年10月26日
109	普林斯顿大学	2011年11月25日
110	泛达公司	2011年12月9日
111	加拿大年金计划投资委员会	2011年12月9日
112	瀚博环球投资公司	2011年12月13日
113	安耐德合伙人有限公司	2011年12月13日
114	泰国银行	2011年12月16日
115	博时基金（国际）有限公司	2011年12月21日
116	大成国际资产管理有限公司	2011年12月21日
117	华安资产管理（香港）有限公司	2011年12月21日
118	科威特政府投资局	2011年12月21日
119	北美信托环球投资公司	2011年12月21日
120	台湾人寿保险股份有限公司	2011年12月21日
121	韩国银行	2011年12月21日
122	海富通资产管理（香港）有限公司	2011年12月21日
123	华夏基金（香港）有限公司	2011年12月21日
124	汇添富资产管理（香港）有限公司	2011年12月21日
125	嘉实国际资产管理有限公司	2011年12月21日
126	南方东英资产管理有限公司	2011年12月21日
127	易方达资产管理（香港）有限公司	2011年12月21日
128	中国国际金融（香港）有限公司	2011年12月22日
129	国信证券（香港）金融控股有限公司	2011年12月22日
130	光大证券金融控股有限公司	2011年12月22日
131	华泰金融控股（香港）有限公司	2011年12月22日
132	国泰君安金融控股有限公司	2011年12月22日
133	海通国际控股有限公司	2011年12月22日
134	广发控股（香港）有限公司	2011年12月22日
135	招商证券国际有限公司	2011年12月22日
136	申万宏源（国际）集团有限公司	2011年12月22日
137	中信证券国际有限公司	2011年12月22日
138	安信国际金融控股有限公司	2011年12月22日

附录1-13 续表 3 continued

序号 No.	QFII、RQFII名称 Name	取得资格时间 Qualification-obtaining Time
139	国元国际控股有限公司	2011年12月22日
140	安大略省教师养老金计划委员会	2011年12月22日
141	罗素投资爱尔兰有限公司	2011年12月28日
142	韩国投资公司	2011年12月28日
143	迈世勒资产管理有限责任公司	2011年12月31日
144	华宜资产运用有限公司	2011年12月31日
145	国民年金公团（韩国）	2012年1月5日
146	新韩法国巴黎资产运用株式会社	2012年1月5日
147	三商美邦人寿保险股份有限公司	2012年1月30日
148	保德信证券投资信托股份有限公司	2012年1月31日
149	信安环球投资有限公司	2012年1月31日
150	全球人寿保险股份有限公司	2012年2月3日
151	大众信托基金有限公司	2012年2月3日
152	明治安田资产管理有限公司	2012年2月27日
153	国泰人寿保险股份有限公司	2012年2月28日
154	三井住友银行株式会社	2012年2月28日
155	富邦人寿保险股份有限公司	2012年3月1日
156	友邦保险有限公司	2012年3月5日
157	纽伯格伯曼欧洲有限公司	2012年3月5日
158	马来西亚国库控股公司	2012年3月7日
159	资本研究与管理公司	2012年3月9日
160	日本东京海上资产管理株式会社	2012年3月14日
161	韩亚金融投资株式会社	2012年3月29日
162	兴元资产管理有限公司	2012年3月30日
163	伦敦市投资管理有限公司	2012年3月30日
164	摩根资产管理（英国）有限公司	2012年3月30日
165	冈三资产管理股份有限公司	2012年3月30日
166	预知投资管理公司	2012年4月18日
167	东部资产运用株式会社	2012年4月20日
168	瀚森全球投资有限公司	2012年4月28日
169	欧利盛资产管理有限公司	2012年5月2日
170	中银国际英国保诚资产管理有限公司	2012年5月3日
171	富敦资金管理有限公司	2012年5月4日
172	利安资金管理公司	2012年5月7日
173	忠利银行基金管理卢森堡有限责任公司	2012年5月23日
174	威廉博莱公司	2012年5月24日
175	天达资产管理有限公司	2012年5月28日
176	安智投资管理亚太（香港）有限公司	2012年6月4日
177	三菱日联国际资产管理公司	2012年6月4日
178	中银集团人寿保险有限公司	2012年7月12日
179	霍尔资本有限公司	2012年8月6日
180	得克萨斯大学体系董事会	2012年8月6日
181	南山人寿保险股份有限公司	2012年8月6日
182	工银瑞信资产管理（国际）有限公司	2012年8月7日
183	广发国际资产管理有限公司	2012年8月7日
184	SUVA瑞士国家工伤保险机构	2012年8月13日
185	不列颠哥伦比亚省投资管理公司	2012年8月17日

附录1-13 续表 4 continued

序号 No.	QFII、RQFII名称 Name	取得资格时间 Qualification-obtaining Time
186	惠理基金管理香港有限公司	2012年8月21日
187	安大略退休金管理委员会	2012年8月29日
188	教会养老基金	2012年8月31日
189	麦格理银行有限公司	2012年9月4日
190	海通国际资产管理（香港）有限公司	2012年9月20日
191	IDG资本管理（香港）有限公司	2012年9月20日
192	瑞典第二国家养老金	2012年9月20日
193	杜克大学	2012年9月24日
194	卡塔尔控股有限责任公司	2012年9月25日
195	瑞士盈丰银行股份有限公司	2012年9月26日
196	贝莱德资产管理北亚有限公司	2012年10月26日
197	海拓投资管理公司	2012年10月26日
198	奥博医疗顾问有限公司	2012年10月26日
199	上投摩根资产管理（香港）有限公司	2012年10月26日
200	新思路投资有限公司	2012年10月26日
201	摩根证券投资信托股份有限公司	2012年11月5日
202	全球保险集团美国投资管理有限公司	2012年11月5日
203	鼎晖投资咨询新加坡有限公司	2012年11月7日
204	瑞典北欧斯安银行有限公司	2012年11月12日
205	道明资产管理公司	2012年11月21日
206	统一证券投资信托股份有限公司	2012年11月21日
207	毕盛资产管理有限公司	2012年11月27日
208	中信里昂资产管理有限公司	2012年12月11日
209	太平洋投资策略有限公司	2012年12月11日
210	HHLR管理有限公司	2012年12月11日
211	永丰证券投资信托股份有限公司	2012年12月13日
212	富国资产管理（香港）有限公司	2012年12月17日
213	宜思投资管理有限责任公司	2013年1月7日
214	第一金证券投资信托股份有限公司	2013年1月24日
215	瑞银资产管理（香港）有限公司	2013年1月24日
216	太平洋投资管理公司亚洲私营有限公司	2013年1月24日
217	EJS投资管理有限公司	2013年1月31日
218	国泰君安资产管理（亚洲）有限公司	2013年2月21日
219	诺安基金（香港）有限公司	2013年2月22日
220	招商证券资产管理（香港）有限公司	2013年2月22日
221	泰康资产管理（香港）有限公司	2013年2月22日
222	国民证券株式会社	2013年3月22日
223	工银资管（全球）有限公司	2013年3月25日
224	建银国际资产管理有限公司	2013年3月25日
225	Azimut投资股份有限公司	2013年4月11日
226	亚洲资本再保险集团私人有限公司	2013年4月11日
227	兴证（香港）金融控股有限公司	2013年4月25日
228	台新证券投资信托股份有限公司	2013年4月27日
229	汇丰中华证券投资信托股份有限公司	2013年5月10日
230	农银国际资产管理有限公司	2013年5月15日
231	太平资产管理（香港）有限公司	2013年5月15日
232	东吴证券（国际）金融控股有限公司	2013年5月16日

附录1-13 续表 5 continued

序号 No.	QFII、RQFII名称 Name	取得资格时间 Qualification-obtaining Time
233	中国国际金融香港资产管理有限公司	2013年5月16日
234	东方金融控股（香港）有限公司	2013年5月23日
235	中国光大资产管理有限公司	2013年5月30日
236	恒生投资管理有限公司	2013年6月4日
237	兆丰国际证券投资信托股份有限公司	2013年6月4日
238	法国巴黎投资管理亚洲有限公司	2013年6月19日
239	圣母大学	2013年6月19日
240	横华国际资产管理有限公司	2013年7月15日
241	长江证券控股（香港）有限公司	2013年7月15日
242	纽堡亚洲	2013年7月15日
243	华南永昌证券投资信托股份有限公司	2013年7月15日
244	景林资产管理香港有限公司	2013年7月15日
245	中银香港资产管理有限公司	2013年7月15日
246	中国平安资产管理（香港）有限公司	2013年7月19日
247	信达国际资产管理有限公司	2013年7月19日
248	弘收投资管理（香港）有限公司	2013年7月19日
249	东亚银行有限公司	2013年8月15日
250	永丰金资产管理（亚洲）有限公司	2013年8月15日
251	交银国际资产管理有限公司	2013年8月20日
252	中国东方国际资产管理有限公司	2013年8月20日
253	中国信托人寿保险股份有限公司	2013年8月20日
254	凯思博投资管理（香港）有限公司	2013年8月20日
255	富邦产物保险股份有限公司	2013年8月26日
256	欧特咨询有限公司	2013年8月26日
257	盛树投资管理有限公司	2013年8月26日
258	柏瑞投资香港有限公司	2013年9月26日
259	创兴银行有限公司	2013年9月26日
260	梅奥诊所	2013年9月29日
261	国信证券（香港）资产管理有限公司	2013年9月29日
262	政府养老基金（泰国）	2013年10月24日
263	CSAM资产管理有限公司	2013年10月30日
264	摩根资产管理（亚太）有限公司	2013年10月30日
265	未来资产环球投资（香港）有限公司	2013年10月30日
266	香港沪光国际投资管理有限公司	2013年10月30日
267	中信建投（国际）金融控股有限公司	2013年10月30日
268	狮诚控股国际私人有限公司	2013年10月30日
269	中国人寿富兰克林资产管理有限公司	2013年10月30日
270	瑞银韩亚资产运用株式会社	2013年10月31日
271	国泰世华商业银行股份有限公司	2013年11月7日
272	立陶宛银行	2013年11月23日
273	富兰克林华美证券投资信托股份有限公司	2013年11月23日
274	中国信托商业银行股份有限公司	2013年11月23日
275	国金证券（香港）有限公司	2013年12月6日
276	中国银河国际金融控股有限公司	2013年12月11日
277	永隆资产管理有限公司	2013年12月30日
278	华宝资产管理（香港）有限公司	2014年1月20日
279	易亚投资管理有限公司	2014年1月20日

附录1-13 续表 6 continued

序号 No.	QFII、RQFII名称 Name	取得资格时间 Qualification-obtaining Time
280	华盛顿大学	2014年1月23日
281	澳门金融管理局	2014年1月27日
282	史帝夫尼可洛司股份有限公司	2014年1月27日
283	职总英康保险合作社有限公司	2014年1月27日
284	Invesco PowerShares资产管理有限公司	2014年1月27日
285	瑞士再保险私人有限公司	2014年1月27日
286	Nordea投资管理公司	2014年1月27日
287	嘉理资产管理有限公司	2014年3月6日
288	施罗德投资管理（香港）有限公司	2014年3月6日
289	街口证券投资信托股份有限公司	2014年3月11日
290	喀斯喀特有限责任公司	2014年3月11日
291	铭基国际投资公司	2014年3月12日
292	奥本海默基金公司	2014年3月19日
293	越秀资产管理有限公司	2014年3月26日
294	润晖投资管理香港有限公司	2014年3月27日
295	高观投资有限公司	2014年4月8日
296	赤子之心资本亚洲有限公司	2014年4月15日
297	招商资产（香港）有限公司	2014年5月21日
298	日兴资产管理亚洲有限公司	2014年5月21日
299	辉立资本管理（香港）有限公司	2014年6月3日
300	台新国际商业银行股份有限公司	2014年6月3日
301	长盛基金（香港）有限公司	2014年6月12日
302	贝莱德顾问（英国）有限公司	2014年6月13日
303	汇丰环球资产管理（英国）有限公司	2014年6月16日
304	花旗集团基金管理有限公司	2014年6月16日
305	中泰金融国际有限公司	2014年6月27日
306	三星资产运用（香港）有限公司	2014年6月30日
307	爱斯普乐基金管理公司	2014年7月24日
308	新华资产管理（香港）有限公司	2014年7月24日
309	彭博家族基金会	2014年7月25日
310	元富证券（香港）有限公司	2014年7月28日
311	石溪集团	2014年7月28日
312	国泰君安基金管理有限公司	2014年8月11日
313	财通国际资产管理有限公司	2014年8月12日
314	联博香港有限公司	2014年8月12日
315	元大宝来证券（香港）有限公司	2014年8月15日
316	安本亚洲有限公司	2014年8月15日
317	法国巴黎投资管理	2014年8月27日
318	晋达英国有限公司	2014年8月28日
319	凯敏雅克资产管理公司	2014年9月19日
320	麻省理工学院	2014年9月19日
321	万金全球香港有限公司	2014年9月22日
322	高盛国际	2014年9月22日
323	安盛基金管理有限公司	2014年10月8日
324	融通国际资产管理有限公司	2014年10月8日
325	上海商业银行有限公司	2014年10月13日
326	中诚国际资本有限公司	2014年10月31日

附录1-13 续表 7 continued

序号 No.	QFII、RQFII名称 Name	取得资格时间 Qualification-obtaining Time
327	亨茂资产管理有限公司	2014年11月19日
328	赛德堡资本（英国）有限公司	2014年11月19日
329	霸菱资产管理（亚洲）有限公司	2014年11月25日
330	信安环球投资（香港）有限公司	2014年11月25日
331	施罗德投资管理（新加坡）有限公司	2014年12月1日
332	未来资产环球投资有限公司	2014年12月4日
333	威灵顿投资管理国际有限公司	2014年12月10日
334	加拿大丰业亚洲有限公司	2014年12月12日
335	摩根资产管理（新加坡）有限公司	2014年12月24日
336	NH-AMUNDI资产管理有限公司	2014年12月26日
337	富舜资产管理（香港）有限公司	2014年12月26日
338	申万宏源投资管理（亚洲）有限公司	2014年12月30日
339	宾夕法尼亚大学校董会	2015年1月5日
340	广发资产管理（香港）有限公司	2015年1月7日
341	路伯迈新加坡有限公司	2015年1月22日
342	TRUSTON资产管理有限公司	2015年1月22日
343	大信资产运用株式会社	2015年1月22日
344	麦盛资产管理（亚洲）有限公司	2015年1月22日
345	景顺投资管理有限公司	2015年2月6日
346	MY Asset投资管理有限公司	2015年2月6日
347	德意志资产及财富管理投资有限公司	2015年2月6日
348	新韩金融投资公司	2015年2月16日
349	兴国资产管理公司	2015年2月16日
350	英杰华投资亚洲私人有限公司	2015年2月17日
351	中国建设银行（伦敦）有限公司	2015年2月17日
352	达杰资金管理有限公司	2015年2月27日
353	玉山商业银行股份有限公司	2015年2月27日
354	KKR新加坡有限公司	2015年3月2日
355	领航投资澳洲有限公司	2015年3月2日
356	兴元投资管理有限公司	2015年3月6日
357	未来资产证券 株式会社	2015年3月25日
358	加利福尼亚大学校董会	2015年3月25日
359	信诚资产管理（新加坡）有限公司	2015年3月31日
360	三星生命保险（株）	2015年3月31日
361	教保安盛资产运用（株）	2015年4月2日
362	迈睿思资产管理有限公司	2015年4月8日
363	安联环球投资新加坡有限公司	2015年4月8日
364	方圆基金管理（香港）有限公司	2015年4月8日
365	三星证券株式会社	2015年4月17日
366	GAM国际管理有限公司	2015年4月17日
367	华宜资产运用株式会社	2015年5月6日
368	嘉实国际资产管理（英国）有限公司	2015年5月6日
369	文莱投资局	2015年5月7日
370	台湾银行股份有限公司	2015年5月20日
371	淡水泉（香港）投资管理有限公司	2015年5月20日
372	安联证券投资信托股份有限公司	2015年5月21日
373	瑞士再保险股份有限公司	2015年6月2日

附录1-13 续表 8 continued

序号 No.	QFII、RQFII名称 Name	取得资格时间 Qualification-obtaining Time
374	安信资产管理（香港）有限公司	2015年6月2日
375	日盛证券投资信托股份有限公司	2015年6月2日
376	蓝海资产管理公司	2015年6月26日
377	KB资产运用有限公司	2015年6月29日
378	CI投资管理公司	2015年6月29日
379	泛亚投资管理有限公司	2015年6月29日
380	元大证券株式会社	2015年7月28日
381	大信证券（株）	2015年7月28日
382	UBI资产管理公司	2015年7月28日
383	韩国投资证券株式会社	2015年8月10日
384	IBK投资证券株式会社	2015年8月10日
385	三星火灾海上保险公司	2015年8月31日
386	东方汇理资产管理新加坡有限公司	2015年8月31日
387	Multi Asset基金管理公司	2015年8月31日
388	忠诚保险有限公司	2015年8月31日
389	东方汇理资产管理	2015年9月17日
390	Kiwoom投资资产管理有限公司	2015年9月23日
391	现代投资公司（株）	2015年10月9日
392	摯信投资顾问（香港）有限公司	2015年10月12日
393	中国工商银行（欧洲）有限公司	2015年11月2日
394	瀚亚证券投资信托股份有限公司	2015年11月2日
395	中国银行（卢森堡）有限公司	2015年11月3日
396	柏瑞证券投资信托股份有限公司	2015年11月24日
397	广发国际资产管理（英国）有限公司	2015年12月10日
398	保宁资产有限公司	2016年1月13日
399	贝莱德（新加坡）有限公司	2016年1月25日
400	野村资产管理德国有限公司	2016年2月1日
401	法国工商信贷银行有限公司	2016年2月22日
402	忠利投资卢森堡有限公司	2016年2月22日
403	OCTO资产管理公司	2016年2月26日
404	Avanda投资管理私人有限公司	2016年3月15日
405	瀚亚投资（新加坡）有限公司	2016年3月17日
406	国泰全球投资管理有限公司	2016年3月17日
407	广发金融交易（英国）有限公司	2016年4月1日
408	安盛投资管理有限公司（巴黎）	2016年4月1日
409	辉立资金管理有限公司	2016年4月26日
410	第一商业银行股份有限公司	2016年5月3日
411	迈达思基金管理有限公司	2016年5月6日
412	富达投资管理（新加坡）有限公司	2016年6月6日
413	爱德蒙得洛希尔资产管理（法国）有限公司	2016年6月8日
414	荷宝卢森堡股份有限公司	2016年6月8日
415	海汇通资产管理有限公司	2016年7月19日
416	元大证券股份有限公司	2016年7月19日
417	工银国际资产管理有限公司	2016年7月19日
418	有进投资证券公司	2016年8月12日
419	中国光大证券资产管理有限公司	2016年8月12日
420	株式会社新韩银行	2016年8月22日

附录1-13 续表 9 continued

序号 No.	QFII、RQFII名称 Name	取得资格时间 Qualification-obtaining Time
421	领航集团有限公司	2016年9月1日
422	开泰基金管理有限公司	2016年9月9日
423	中邮创业国际资产管理有限公司	2016年9月9日
424	摩根大通证券股份有限公司	2016年9月28日
425	罗素投资管理（澳大利亚）有限公司	2016年10月27日
426	贝莱德基金顾问公司	2016年11月25日
427	Lemanik资产管理股份有限公司	2016年11月25日
428	东方汇理资产管理（卢森堡）公司	2016年12月20日
429	招银国际资产管理有限公司	2017年1月5日
430	中加国际资产管理有限公司	2017年1月10日
431	信安资产管理有限公司	2017年1月18日
432	Aware养老金私人有限公司	2017年1月18日
433	海通银行	2017年2月13日
434	范达投资有限公司	2017年2月23日
435	兴证国际资产管理有限公司	2017年6月19日
436	申万宏源新加坡私人有限公司	2017年7月27日
437	Acadian资产管理有限责任公司	2017年7月27日
438	山证国际资产管理有限公司	2017年8月14日
439	新加坡联盟投资管理有限公司	2017年8月18日
440	WisdomTree资产管理	2017年10月16日
441	荷兰汇盈资产管理公司	2017年11月28日
442	海克利尔国际投资有限责任公司	2018年1月8日
443	美国桥水投资公司	2018年5月25日
444	道富环球投资爱尔兰有限公司	2018年5月31日
445	道富环球投资信托公司	2018年5月31日
446	道富环球投资资产管理有限公司	2018年5月31日
447	道富环球投资有限公司	2018年5月31日
448	富善国际资产管理（香港）有限公司	2018年7月16日
449	WisdomTree管理有限公司	2018年8月15日
450	中泰国际资产管理有限公司	2018年8月15日
451	耀之国际资产管理有限公司	2018年9月6日
452	三井住友银行股份有限公司	2018年9月30日
453	银华国际资本管理公司	2018年10月8日
454	中国人保香港资产管理有限公司	2018年10月12日
455	中邮国际（英国）有限公司	2018年10月23日
456	瑞士嘉盛银行有限公司	2018年11月20日
457	东吴中新资产管理（亚洲）有限公司	2018年12月3日
458	雪湖资本（香港）有限公司	2018年12月14日
459	富达管理及研究公司有限责任公司	2018年12月18日
460	盘谷资产管理有限公司	2019年2月15日
461	柏瑞投资爱尔兰有限公司	2019年2月26日
462	思达资本（香港）有限公司	2019年2月27日
463	国际货币基金组织	2019年3月5日
464	野村新加坡有限公司	2019年3月12日
465	乐瑞资产管理（香港）有限公司	2019年4月17日
466	时和资产管理有限公司	2019年4月17日
467	三菱日联银行股份有限公司	2019年4月23日

附录1-13 续表 10 continued

序号 No.	QFII、RQFII名称 Name	取得资格时间 Qualification-obtaining Time
468	新分享资产管理有限公司	2019年4月28日
469	国际金融公司	2019年7月1日
470	泰京资产管理股份有限公司	2019年7月3日
471	远信资本投资管理有限公司	2019年7月17日
472	方正资产管理（香港）有限公司	2019年8月19日
473	新永安国际资产管理有限公司	2019年8月22日
474	马歇尔 · 伟世有限责任公司	2019年8月22日
475	熵一资产管理有限公司	2019年11月8日
476	思佰益资产管理株式会社	2019年11月14日
477	同方证券有限公司	2019年11月26日
478	范德堡大学	2019年11月26日
479	高都管理有限责任公司	2019年12月17日
480	复星恒利证券有限公司	2019年12月31日
481	喜马拉雅资本管理公司	2020年2月12日
482	易亚阿尔法投资管理有限公司	2020年2月25日
483	绿洲管理（香港）	2020年3月25日
484	金涌资本管理有限公司	2020年4月1日
485	Join Asset国际资产运用株式会社	2020年4月1日
486	三井住友信托资产管理股份有限公司	2020年4月1日
487	华德国际资产管理有限公司	2020年4月7日
488	基斯克威尔资产管理公司	2020年4月13日
489	WT资产管理有限公司	2020年5月7日
490	Baillie Gifford Overseas Limited	2020年5月11日
491	首源投资（香港）有限公司	2020年5月13日
492	亚升资本私人有限公司	2020年5月13日
493	C.M. 资本顾问公司	2020年5月13日
494	建行证券有限公司	2020年6月2日
495	简街香港有限公司	2020年6月2日
496	九天管理（香港）有限公司	2020年8月13日
497	浦银国际投资管理有限公司	2020年8月27日
498	AHL有限责任合伙	2020年8月27日
499	格盛投资管理有限责任公司	2020年8月27日
500	普信国际	2020年9月7日
501	晋达北美公司	2020年9月10日
502	弘业国际资产管理有限公司	2020年9月27日
503	立方科研资产管理有限公司	2020年9月28日
504	L&R资本有限公司	2020年10月10日
505	琅润资本管理有限公司	2020年10月10日
506	元盛资产管理有限公司	2020年10月15日
507	HardingLoevner有限合伙	2020年11月16日
508	瑞达国际资产管理（香港）有限公司	2020年11月16日
509	昊青咨询管理有限公司	2020年11月16日
510	LAV环球管理有限公司	2020年11月16日
511	三星风险投资株式会社	2020年11月16日
512	澳帝桦澳大利亚有限公司	2020年11月16日
513	克而瑞证券有限公司	2020年11月16日
514	开域资本（新加坡）有限公司	2020年11月16日

附录1-13 续表 11 continued

序号 No.	QFII、RQFII名称 Name	取得资格时间 Qualification-obtaining Time
515	博裕资本投资管理有限公司	2020年11月16日
516	ArtisanPartners有限合伙	2020年11月16日
517	西北投资管理（香港）有限公司	2020年11月16日
518	璞林资本（香港）有限公司	2020年11月16日
519	布洛德峰投资顾问有限公司	2020年11月16日
520	金信期盈证券（香港）有限公司	2020年11月17日
521	联威投资有限公司	2020年11月17日
522	瑞士经纬投资有限公司	2020年11月17日
523	嘉谟证券有限公司	2020年11月23日
524	瑞明资本有限公司	2020年11月23日
525	智睿投资顾问有限公司	2020年11月25日
526	未来资产证券（香港）有限公司	2020年12月3日
527	中国银行（新西兰）有限公司	2020年12月3日
528	民银资产管理有限公司	2020年12月7日
529	美国华平有限公司	2020年12月7日
530	平证资产管理（香港）有限公司	2020年12月7日
531	维世资产管理（香港）有限公司	2020年12月10日
532	巨柏资产管理（香港）有限公司	2020年12月15日
533	雅典娜私人有限公司	2020年12月15日
534	建信资产管理（香港）有限公司	2020年12月15日
535	中信信惠国际资本（香港）有限公司	2020年12月15日
536	德弘美元基金管理公司	2020年12月14日
537	彬元资本有限公司	2020年12月14日
538	中欧基金国际有限公司	2020年12月14日
539	凯雷毛里求斯CIS投资管理公司	2020年12月14日
540	BFAM合伙（香港）有限公司	2020年12月14日
541	幻方资本管理（香港）有限公司	2020年12月14日
542	红杉资本投资管理有限公司	2020年12月14日
543	伟华电子有限公司	2020年12月14日
544	山河资本管理香港咨询有限公司	2020年12月14日
545	Systematica投资有限公司	2020年12月14日
546	太盟亚洲资本有限公司	2020年12月14日
547	华乐资本有限公司	2020年12月14日
548	淘金者证券（香港）有限公司	2020年12月14日
549	美国金瑞基金管理有限公司	2020年12月14日
550	隆奥资产管理（欧洲）有限公司	2020年12月25日
551	高谛安资本新加坡私人有限公司	2020年12月25日
552	裕丰资产管理有限公司	2021年1月5日
553	Bradesco资产管理有限公司	2021年1月5日
554	光银国际资产管理有限公司	2021年1月5日
555	香港资产管理有限公司	2021年1月15日
556	富德资产管理（香港）有限公司	2021年1月15日
557	保德信投资管理定量解决方案有限责任公司	2021年1月26日
558	东兴证券（香港）资产管理公司	2021年1月26日
559	永安国富资产管理（香港）有限公司	2021年2月3日
560	泓策投资管理有限公司	2021年2月9日
561	海纳亚太有限公司	2021年2月9日

附录1-13　续表 12　continued

序号 No.	QFII、RQFII名称 Name	取得资格时间 Qualification-obtaining Time
562	新光证券投资信托股份有限公司	2021年2月10日
563	HRTC有限公司	2021年2月10日
564	瀚诺有限公司	2021年2月10日
565	才华资本管理有限公司	2021年2月10日
566	德骥资本管理公司	2021年2月10日
567	泰仁资本有限公司	2021年2月10日
568	锐联资产管理有限公司	2021年2月10日
569	千禧新加坡资产管理有限公司	2021年2月25日
570	建峻实业投资	2021年3月4日
571	皮尔亨特公司	2021年3月4日
572	阶乘管理有限公司	2021年3月16日
573	金锝资产管理（香港）有限公司	2021年3月16日
574	迈普斯资本管理有限公司	2021年3月16日
575	长龙投资管理有限公司	2021年3月16日
576	睿亚资产管理有限公司	2021年3月16日
577	Oberweis资产管理公司	2021年3月16日
578	中泰国际资产管理（新加坡）有限公司	2021年3月18日
579	长廊资产管理有限公司	2021年3月18日
580	凯华投资香港有限公司	2021年3月17日
581	胜利证券有限公司	2021年3月22日
582	AROHI 资产管理有限公司	2021年3月26日
583	晨曦投资管理有限公司	2021年3月31日
584	时富资产管理有限公司	2021年4月2日
585	方瀛研究与投资（香港）有限公司	2021年4月12日
586	云栖资本有限公司	2021年4月20日
587	中环资产投资有限公司	2021年4月20日
588	永丰金证券股份有限公司	2021年4月20日
589	腾新投资有限公司	2021年4月20日
590	衍盛中国（香港）有限公司	2021年4月20日
591	柏基公司	2021年4月30日
592	鸿昇证券有限公司	2021年4月30日
593	黑石另类投资方案有限责任公司	2021年5月14日
594	DNCA金融	2021年5月14日
595	中国通海资产管理有限公司	2021年5月19日
596	Eclipse 期货（香港）有限公司	2021年5月19日
597	上信（香港）控股有限公司	2021年5月21日
598	BPC有限公司	2021年5月26日
599	汇讯家族资产管理公司	2021年5月28日
600	GLP Capital Investment 4 (HK) Limited	2021年5月6日
601	尚川实业有限公司	2021年6月28日
602	东英投资管理有限公司	2021年6月17日
603	保银资产管理有限公司	2021年6月16日
604	WCM投资管理有限责任公司	2021年6月17日
605	迈凯希金融公司	2021年6月11日
606	安联环球投资亚太有限公司	2021年6月10日
607	Al Mehwar商业投资有限责任公司	2021年6月16日
608	元库证券有限公司	2021年6月17日

附录1-13 续表 13 continued

序号 No.	QFII、RQFII名称 Name	取得资格时间 Qualification-obtaining Time
609	Quaero资本有限责任合伙	2021年6月18日
610	沛达投资管理有限公司	2021年6月24日
611	鲍尔太平投资管理有限公司	2021年6月28日
612	De Tiger资本有限公司	2021年6月24日
613	大岩资本香港有限公司	2021年6月24日
614	磊亚投资顾问有限公司	2021年6月4日
615	DTL量化投资管理有限公司	2021年7月5日
616	佰利资产管理有限合伙	2021年7月5日
617	台中银证券投资信托股份有限公司	2021年7月5日
618	源峰基金管理有限公司	2021年7月5日
619	清池资本（香港）有限公司	2021年7月5日
620	鼎亚资本（新加坡）私人有限公司	2021年7月5日
621	涛合研究资本新加坡有限公司	2021年7月19日
622	天元资本有限公司	2021年7月21日
623	KENSHO控股有限公司	2021年7月22日
624	邮政银行资产管理公司	2021年7月26日
625	凯基国际（香港）有限公司	2021年7月28日
626	赛格资产管理有限公司	2021年7月28日
627	中国银河国际资产管理（香港）有限公司	2021年8月11日
628	社会保险总局	2021年8月19日
629	科威特投资办公室	2021年8月24日
630	淡明资本私人有限公司	2021年8月25日
631	Timefolio资产管理新加坡私人投资有限公司	2021年9月17日
632	启行资本管理新加坡私人有限公司	2021年9月2日
633	贝恩资本（新加坡）有限公司	2021年9月2日
634	无极资本管理有限公司	2021年9月17日
635	立格资本投资有限公司	2021年9月2日
636	腾跃基金	2021年9月17日
637	海德资产管理有限公司	2021年9月3日
638	中达资产管理有限公司	2021年9月2日
639	文渊资本管理有限公司	2021年9月17日
640	LMR Partners有限公司	2021年9月2日
641	贝克兄弟顾问有限合伙	2021年9月3日
642	天风国际资产管理有限公司	2021年9月17日
643	路博迈投资顾问有限责任公司	2021年9月17日
644	法拉龙资本投资有限责任公司	2021年9月15日
645	威廉欧奈尔全球投资顾问公司	2021年9月24日
646	丰晟资本管理有限公司	2021年9月24日
647	弘源资本有限公司	2021年10月14日
648	国联证券国际资产管理有限公司	2021年10月28日
649	中信证券国际资本管理有限公司	2021年10月15日
650	元库资产管理有限公司	2021年10月28日
651	黑石另类资产管理有限合伙	2021年10月25日
652	首源投资（新加坡）	2021年10月26日
653	塔菲石资本管理有限公司	2021年11月1日
654	好买香港有限公司	2021年11月1日
655	华普资本有限公司	2021年11月1日
656	第一上海证券有限公司	2021年11月1日
657	公共投资基金	2021年11月5日
658	Weiss 资产管理有限合伙	2021年11月11日
659	横华国际资产管理（新加坡）有限公司	2021年11月9日
660	信银（香港）资本有限公司	2021年11月26日
661	橡树资本管理有限公司	2021年11月26日
662	扬帆资本（新加坡）私人有限公司	2021年11月29日
663	六福资产管理（香港）有限公司	2021年12月14日
664	迈德瑞资产管理有限公司	2021年12月14日
665	中国信托证券投资信托股份有限公司	2021年12月21日
666	信安证券投资股份有限公司	2021年12月1日
667	中国资本投资管理有限公司	2021年12月6日
668	加皇环球资产管理（亚洲）有限公司	2021年12月2日
669	盛富德战略顾问（新加坡）有限公司	2021年12月14日
670	安本香港有限公司	2021年12月23日

附录1-14　2021年期货公司名录

序号 No.	公司名称 Company Name	注册资本（亿元） Registered Capital (100 million yuan)	注册地 Place of Registration	成立时间 Established Time
1	中信期货有限公司	56.00	深圳	1993-03-30
2	国泰君安期货有限公司	40.00	上海	2000-04-06
3	招商期货有限公司	35.98	深圳	1993-01-04
4	上海东证期货有限公司	28.00	上海	1995-12-08
5	五矿期货有限公司	27.15	深圳	1993-04-21
6	银河期货有限公司	23.00	北京	2006-12-25
7	国信期货有限责任公司	20.00	上海	1995-05-04
8	广发期货有限公司	19.00	广东	1993-03-23
9	国投安信期货有限公司	18.86	上海	1993-04-23
10	华融融达期货股份有限公司	18.30	河南	1993-04-08
11	广州期货股份有限公司	16.50	广东	2003-08-22
12	华泰期货有限公司	16.09	广东	1994-03-28
13	光大期货有限公司	15.00	上海	1993-04-08
14	申银万国期货有限公司	14.42	上海	1993-01-07
15	永安期货股份有限公司	14.56	浙江	1992-09-07
16	海通期货股份有限公司	13.02	上海	1993-03-18
17	上海中期期货股份有限公司	12.00	上海	1995-09-19
18	兴证期货有限公司	12.00	福建	1995-12-14
19	中电投先融期货股份有限公司	10.10	重庆	1995-08-23
20	方正中期期货有限公司	10.05	北京	2005-08-09
21	鲁证期货股份有限公司	10.02	山东	1995-06-05
22	海证期货有限公司	10.00	上海	1995-12-14
23	浙商期货有限公司	10.00	浙江	1995-09-07
24	中国国际期货股份有限公司	10.00	北京	1995-10-30
25	宏源期货有限公司	10.00	北京	1995-05-02
26	山东港信期货有限公司	10.00	青岛	2021-02-22
27	红塔期货有限责任公司	10.00	云南	1993-04-13
28	中信建投期货有限公司	10.00	重庆	1993-03-16
29	大地期货有限公司	9.98	浙江	1995-09-05
30	建信期货有限责任公司	9.36	上海	1993-04-26
31	弘业期货股份有限公司	9.07	江苏	1995-07-31
32	九州期货有限公司	3.76	北京	1993-04-18
33	西南期货有限公司	8.50	重庆	1995-06-26
34	中粮期货有限公司	8.46	北京	1996-03-01
35	混沌天成期货股份有限公司	8.10	深圳	1995-01-03
36	格林大华期货有限公司	10.00	北京	1993-02-28

数据来源：中国证券监督管理委员会
Source: CSRC

List of Futures Companies in 2021

员工数量（个）Number of Practitioner (unit)	2021年分类评级 Category Rating for 2021	是否具有以下业务资格: Business Qualification Available			
		金融期货经纪业务资格 Qualification for Financial Futures Brokerage Business	期货投资咨询业务资格 Qualification for Futures Investment Consulting Business	资产管理业务资格 Qualification for Asset Management Business	风险管理业务试点备案 Qualification for Futures Risk Management Business
1455	AA	是	是	是	是
729	AA	是	是	是	是
162	A	是	是	是	是
691	AA	是	是	是	是
380	AA	是	是	是	是
695	AA	是	是	是	是
297	A	是	是	是	是
474	AA	是	是	是	是
363	AA	是	是	是	是
283	A	是	是	是	是
256	BBB	是	是	是	是
680	AA	是	是	是	是
579	AA	是	是	是	是
458	AA	是	是	是	是
867	AA	是	是	是	是
659	A	是	是	是	是
241	A	是	是	是	是
311	A	是	否	是	是
108	BBB	是	是	是	是
682	AA	是	是	是	是
484	A	是	是	是	是
217	BBB	是	是	是	是
468	AA	是	是	是	是
239	BBB	是	是	是	是
392	A	是	是	是	是
39	/	否	否	否	否
172	BB	是	是	是	是
565	AA	是	是	是	是
233	BBB	是	是	是	是
275	A	是	是	是	是
569	A	是	是	是	是
56	CC	是	是	是	否
139	BB	是	是	是	是
358	AA	是	是	是	是
149	BBB	是	是	是	是
326	BBB	是	是	是	是

附录1-14 续表 1

序号 No.	公司名称 Company Name	注册资本（亿元） Registered Capital (100 million yuan)	注册地 Place of Registration	成立时间 Established Time
37	广州金控期货有限公司	8.00	广东	2003-06-13
38	摩根大通期货有限公司	7.75	广东	1996-05-27
39	东吴期货有限公司	7.70	上海	1993-03-18
40	上海浙石期货经纪有限公司	7.00	上海	1995-05-19
41	东海期货有限责任公司	6.67	江苏	1995-02-25
42	平安期货有限公司	7.22	深圳	1996-04-10
43	金瑞期货股份有限公司	6.12	深圳	1996-03-18
44	南华期货股份有限公司	6.10	浙江	1996-05-28
45	国元期货有限公司	6.10	北京	1996-04-17
46	宝城期货有限责任公司	6.00	浙江	1993-03-27
47	物产中大期货有限公司	6.00	浙江	1993-09-18
48	首创京都期货有限公司	6.00	北京	1993-03-06
49	江西瑞奇期货有限公司	6.00	江西	1993-04-10
50	华西期货有限责任公司	6.00	四川	1993-03-20
51	华金期货有限公司	6.00	天津	1995-06-26
52	山金期货有限公司	6.00	天津	1992-11-24
53	长江期货股份有限公司	5.88	湖北	1996-07-24
54	大有期货有限公司	5.80	湖南	2003-12-19
55	深圳市中金岭南期货有限公司	5.60	深圳	1993-03-19
56	国贸期货有限公司	5.30	厦门	1995-12-07
57	天风期货股份有限公司	5.24	上海	1996-03-29
58	东兴期货有限责任公司	5.18	上海	1995-10-23
59	锦泰期货有限公司	5.07	江苏	1995-09-28
60	中融汇信期货有限公司	5.00	上海	1995-12-14
61	渤海期货股份有限公司	5.00	上海	1996-01-12
62	海航期货股份有限公司	5.00	深圳	1993-02-22
63	国海良时期货有限公司	5.00	浙江	1996-05-22
64	信达期货有限公司	6.00	浙江	1995-10-05
65	创元期货股份有限公司	5.00	江苏	1995-02-25
66	宁证期货有限责任公司	5.00	江苏	1995-05-18
67	安粮期货股份有限公司	5.00	安徽	1996-07-09
68	华安期货有限责任公司	5.00	安徽	1995-05-15
69	英大期货有限公司	6.58	北京	1996-04-17
70	恒力期货有限公司	5.00	大连	1996-03-21
71	华龙期货股份有限公司	5.00	甘肃	1992-11-12
72	兴业期货有限公司	5.00	宁波	1993-03-22
73	西部期货有限公司	8.00	陕西	1993-03-29
74	财达期货有限公司	5.00	天津	1996-03-01
75	长安期货有限公司	4.93	陕西	1993-04-06

continued

员工数量（个） Number of Practitioner (unit)	2021年分类评级 Category Rating for 2021	是否具有以下业务资格：Business Qualification Available 金融期货经纪业务资格 Qualification for Financial Futures Brokerage Business	期货投资咨询业务资格 Qualification for Futures Investment Consulting Business	资产管理业务资格 Qualification for Asset Management Business	风险管理业务试点备案 Qualification for Futures Risk Management Business
146	B	是	是	是	是
32	BBB	是	否	否	否
299	A	是	是	是	是
46	BB	是	否	是	否
296	A	是	是	是	是
112	A	是	是	是	是
200	BBB	是	是	是	是
607	AA	是	是	是	是
248	BBB	是	是	是	是
210	BBB	是	是	是	是
295	BB	是	是	是	是
64	BB	是	否	是	否
190	B	是	否	否	是
98	BBB	是	是	是	是
128	BB	是	是	是	是
126	BB	是	是	是	是
280	A	是	是	是	是
196	BBB	是	是	是	是
55	BB	是	否	是	否
290	A	是	是	是	是
186	B	是	是	否	是
138	BB	是	是	是	是
135	BBB	是	是	是	是
189	BB	是	是	是	是
162	A	是	是	是	是
95	BB	是	是	是	否
327	BBB	是	是	是	是
242	BBB	是	是	是	否
263	BBB	是	是	是	是
147	BB	是	是	是	否
248	BBB	是	是	是	是
306	A	是	是	是	是
154	BBB	是	是	是	是
111	BB	是	是	是	否
94	BB	是	是	是	是
150	A	是	是	是	是
182	B	是	是	是	是
154	CC	是	是	是	是
165	BB	是	是	是	是

附录1-14　续表 2

序号 No.	公司名称 Company Name	注册资本（亿元） Registered Capital (100 million yuan)	注册地 Place of Registration	成立时间 Established Time
76	财信期货有限公司	7.50	湖南	2005-08-01
77	东航期货有限责任公司	4.50	上海	1995-02-11
78	国联期货股份有限公司	4.50	江苏	1993-04-30
79	瑞达期货股份有限公司	4.45	厦门	1993-03-24
80	徽商期货有限责任公司	4.10	安徽	1996-02-14
81	一德期货有限公司	4.50	天津	1995-07-10
82	和合期货有限公司	3.90	山西	1993-04-22
83	华联期货有限公司	3.76	广东	1993-04-10
84	新纪元期货股份有限公司	3.75	江苏	1995-03-15
85	和融期货有限责任公司	3.73	天津	2001-04-24
86	华闻期货有限公司	3.70	上海	1995-07-31
87	国富期货有限公司	3.65	上海	1992-12-16
88	民生期货有限公司	3.61	北京	1996-01-29
89	新湖期货股份有限公司	3.60	上海	1995-10-23
90	中银国际期货有限责任公司	3.50	上海	2008-01-21
91	中金期货有限公司	3.50	青海	2004-07-22
92	中原期货股份有限公司	3.30	河南	1993-04-18
93	迈科期货股份有限公司	3.28	陕西	1993-12-20
94	瑞银期货有限责任公司	4.20	上海	1995-07-10
95	华融期货有限责任公司	3.20	海南	1993-09-22
96	倍特期货有限公司	3.20	四川	1993-02-08
97	上海东方财富期货有限公司	3.60	上海	1995-05-15
98	铜冠金源期货有限公司	3.00	上海	1992-11-30
99	中投天琪期货有限公司	4.00	深圳	2009-11-12
100	神华期货有限公司	3.00	深圳	1995-01-06
101	盛达期货有限公司	3.00	浙江	2003-07-07
102	道通期货经纪有限公司	3.00	江苏	1995-09-10
103	美尔雅期货有限公司	3.00	湖北	1995-05-15
104	国金期货有限责任公司	3.00	四川	1993-07-28
105	云财富期货有限公司	4.50	新疆	1993-05-29
106	云晨期货有限责任公司	3.00	云南	2002-03-07
107	福能期货股份有限公司	3.00	福建	1995-05-18
108	华鑫期货有限公司	2.90	上海	1992-12-23
109	中航期货有限公司	2.80	深圳	1993-04-07
110	中钢期货有限公司	2.80	北京	1996-07-10
111	江海汇鑫期货有限公司	2.80	辽宁	1995-05-02
112	中州期货有限公司	2.70	山东	1995-09-21
113	浙江新世纪期货有限公司	2.50	浙江	1993-09-18

continued

员工数量（个） Number of Practitioner (unit)	2021年分类评级 Category Rating for 2021	是否具有以下业务资格: Business Qualification Available			
		金融期货经纪业务资格 Qualification for Financial Futures Brokerage Business	期货投资咨询业务资格 Qualification for Futures Investment Consulting Business	资产管理业务资格 Qualification for Asset Management Business	风险管理业务试点备案 Qualification for Futures Risk Management Business
183	BBB	是	是	是	是
117	BBB	是	是	是	是
297	BBB	是	是	是	是
496	AA	是	是	是	是
475	A	是	是	是	是
357	BBB	是	是	是	否
181	D	是	是	是	是
167	BBB	是	是	是	是
141	D	是	是	是	是
61	BB	是	否	否	否
321	B	是	是	是	是
76	B	是	是	是	是
163	BB	是	是	是	是
396	A	是	是	是	是
127	A	是	是	是	否
47	A	是	否	是	否
184	BB	是	是	是	是
161	BB	是	是	是	是
23	BB	是	否	否	否
74	CC	是	否	是	是
143	BB	是	是	是	是
154	BBB	是	否	否	否
81	BB	是	是	是	否
106	BB	是	是	是	是
66	B	是	是	否	否
66	BB	是	否	是	否
92	B	是	是	是	是
323	BBB	是	是	是	是
176	BBB	是	是	是	否
95	BB	是	是	否	否
68	CCC	是	否	否	是
214	BB	是	是	是	是
135	CCC	是	是	是	否
103	BB	是	是	是	否
103	BB	是	是	是	否
105	BB	是	是	是	否
180	B	是	是	是	否
199	BB	是	是	是	否

附录1-14　续表 3

序号 No.	公司名称 Company Name	注册资本（亿元） Registered Capital (100 million yuan)	注册地 Place of Registration	成立时间 Established Time
114	中衍期货有限公司	2.50	北京	1996-03-29
115	恒银期货有限公司	2.47	河北	1995-09-21
116	金石期货有限公司	2.40	新疆	1995-03-31
117	国盛期货有限责任公司	2.23	上海	1995-07-01
118	乾坤期货有限公司	2.01	深圳	1993-11-05
119	国都期货有限公司	2.00	北京	1992-09-24
120	北京首创期货有限责任公司	2.00	北京	1996-01-12
121	津投期货经纪有限公司	2.00	天津	2004-05-31
122	中财期货有限公司	1.90	上海	1995-02-25
123	冠通期货股份有限公司	1.90	北京	1996-12-03
124	中天期货有限责任公司	1.86	北京	1997-01-16
125	金信期货有限公司	1.80	上海	1995-10-23
126	鑫鼎盛期货有限公司	1.80	福建	1995-10-04
127	天鸿期货经纪有限公司	1.71	上海	1996-06-13
128	第一创业期货有限责任公司	1.70	北京	1993-03-31
129	东方汇金期货有限公司	1.53	吉林	2004-12-28
130	上海大陆期货有限公司	1.50	上海	1993-04-21
131	金元期货股份有限公司	1.50	海南	1991-12-03
132	天富期货有限公司	1.50	吉林	1996-04-17
133	长城期货股份有限公司	1.47	广东	1996-04-10
134	中辉期货有限公司	1.43	上海	1993-12-04
135	晟鑫期货经纪有限公司	1.42	山西	1995-11-22
136	上海东亚期货有限公司	1.40	上海	1993-04-17
137	先锋期货有限公司	1.36	深圳	1993-03-26
138	恒泰期货股份有限公司	1.25	上海	1992-12-20
139	通惠期货有限公司	1.25	上海	1995-10-30
140	大越期货股份有限公司	1.20	浙江	1995-09-14
141	新晟期货有限公司	1.20	广东	1996-01-18
142	大通期货经纪有限公司	1.12	黑龙江	1996-03-01
143	招金期货有限公司	1.05	山东	1993-04-09
144	金鹏期货经纪有限公司	1.01	北京	1991-05-15
145	前海期货有限公司	1.06	深圳	1995-07-07
146	华创期货有限责任公司	1.00	重庆	1995-08-23
147	永商期货有限公司	0.60	黑龙江	1996-02-12
148	江苏东华期货有限公司	0.50	江苏	1993-10-19
149	上海东方期货经纪有限责任公司	0.45	上海	1993-04-14
150	山西三立期货经纪有限公司	0.45	山西	1993-12-20

continued

员工数量（个）Number of Practitioner (unit)	2021年分类评级 Category Rating for 2021	是否具有以下业务资格: Business Qualification Available			
		金融期货经纪业务资格 Qualification for Financial Futures Brokerage Business	期货投资咨询业务资格 Qualification for Futures Investment Consulting Business	资产管理业务资格 Qualification for Asset Management Business	风险管理业务试点备案 Qualification for Futures Risk Management Business
118	BB	是	是	是	是
104	BBB	是	是	否	否
110	BB	是	是	是	否
96	B	是	否	否	否
31	BB	是	否	否	否
76	B	是	是	是	否
217	BBB	是	是	是	否
73	B	是	是	否	否
297	BB	是	是	是	是
124	BB	是	是	是	否
111	BB	是	是	否	否
120	C	是	是	是	否
70	B	是	否	是	否
31	CCC	是	否	否	否
38	BB	是	是	是	否
98	D	是	否	是	否
140	BBB	是	是	是	否
99	BB	是	是	是	否
81	B	是	是	是	否
75	CCC	是	否	否	否
351	BBB	是	是	是	否
76	B	是	否	否	否
198	B	是	是	是	否
166	BB	是	是	是	否
95	B	是	是	是	否
34	CCC	是	是	是	否
136	B	是	是	是	否
118	B	是	是	是	否
26	D	是	否	是	否
166	B	是	是	是	否
54	BBB	是	是	是	否
102	C	是	是	否	否
103	BBB	是	是	是	否
20	B	是	否	否	否
117	B	是	否	是	否
22	D	否	否	否	否
91	BBB	是	否	否	否

附录1-15　2021年证券投资咨询机构名录
List of Securities Investment Consulting Institutions in 2021

序号 No.	机构名称 Company Name	注册地 Place of Registration
1	鼎信汇金（北京）投资管理有限公司	北京
2	和讯信息科技有限公司	北京
3	北京指南针科技发展股份有限公司	北京
4	北京中富金石咨询有限公司	北京
5	盈亚证券投资咨询有限公司	湖南
6	北京博星证券投资顾问有限公司	北京
7	北京东方高圣投资顾问有限公司	北京
8	北京海问咨询有限公司	北京
9	北京金美林投资顾问有限公司	北京
10	北京股商证券投资咨询有限公司	北京
11	上海益学投资咨询有限公司	上海
12	北京中方信富投资管理咨询有限公司	北京
13	上海中和应泰财务顾问有限公司	上海
14	北京中资北方投资顾问有限公司	北京
15	北京首证投资顾问有限公司	北京
16	北京和众汇富科技股份有限公司	北京
17	北京天相财富管理顾问有限公司	北京
18	辽宁弘历投资咨询有限公司	辽宁
19	沈阳麟龙投资顾问有限公司	辽宁
20	四川省钱坤证券投资咨询有限公司	四川
21	成都汇阳投资顾问有限公司	四川
22	四川大决策证券投资顾问有限公司	四川
23	杭州顶点财经网络传媒有限公司	浙江
24	浙江同花顺云软件有限公司	浙江
25	广州市万隆证券咨询顾问有限公司	广东
26	上海汇正财经顾问有限公司	上海
27	广州越声理财咨询有限公司	广东
28	广东科德投资顾问有限公司	广东
29	广东博众证券投资咨询有限公司	广东
30	广州广证恒生证券研究所有限公司	广东
31	湖南金证投资咨询顾问有限公司	湖南
32	湖南巨景证券投资顾问有限公司	湖南
33	广州经传多赢投资咨询有限公司	广东
34	深圳市国诚投资咨询有限公司	深圳
35	深圳市珞珈投资咨询有限公司	深圳
36	深圳市启富证券投资顾问有限公司	深圳
37	深圳市中证投资资讯有限公司	深圳
38	深圳市尊悦证券资讯有限公司	深圳
39	深圳德讯证券顾问有限公司	深圳
40	深圳怀新企业投资顾问股份有限公司	深圳
41	深圳市中广资本管理有限公司	深圳

数据来源：中国证券监督管理委员会
Source: CSRC

附录1-15 续表 continued

序号 No.	机构名称 Company Name	注册地 Place of Registration
42	民众证券投资咨询有限公司	山西
43	深圳市新兰德证券投资咨询有限公司	深圳
44	上海东方财富证券投资咨询有限公司	上海
45	上海海能证券投资顾问有限公司	上海
46	深圳市优品投资顾问有限公司	深圳
47	上海凯石证券投资咨询有限公司	上海
48	利多星（上海）投资管理有限公司	上海
49	上海荣正投资咨询股份有限公司	上海
50	上海森洋投资咨询有限公司	上海
51	上海证券之星综合研究有限公司	上海
52	上海申银万国证券研究所有限公司	上海
53	上海世基投资顾问有限公司	上海
54	上海新兰德证券投资咨询顾问有限公司	上海
55	江苏百瑞赢证券咨询有限公司	江苏
56	上海亚商投资顾问有限公司	上海
57	益盟股份有限公司	上海
58	上海智蚁理财顾问有限公司	上海
59	上海证券通投资资讯科技有限公司	上海
60	陕西巨丰投资资讯有限责任公司	陕西
61	联合信用投资咨询有限公司	天津
62	北部资产经营股份有限公司	北京
63	大连华讯投资股份有限公司	大连
64	海南港澳资讯产业股份有限公司	海南
65	海顺证券投资咨询有限公司	宁波
66	重庆东金投资顾问有限公司	重庆
67	和信证券投资咨询股份有限公司	河南
68	云南约牛证券投资咨询有限公司	云南
69	安徽华安新兴证券投资咨询有限责任公司	安徽
70	安徽大时代证券投资咨询有限公司	安徽
71	青岛大摩证券投资有限公司	青岛
72	河北源达信息技术股份有限公司	河北
73	山东神光咨询服务有限责任公司	山东
74	山东阿牛智投资本管理有限公司	山东
75	江苏金百临投资咨询股份有限公司	江苏
76	江苏天鼎证券投资咨询有限公司	江苏
77	厦门市鑫鼎盛控股有限公司	厦门
78	上海九方云智能科技有限公司	上海
79	杭州高能投资咨询有限公司	浙江
80	武汉中证通投资咨询有限公司	湖北
81	福建天信投资咨询顾问股份有限公司	福建
82	福建中讯证券研究有限责任公司	福建
83	黑龙江省容维证券数据程序化有限公司	黑龙江

附录1-16 2021年区域性股权市场运营机构名录
Participants of Regional Stock Market in 2021

序号 No.	名称 Company Name	注册地 Place of Registration	注册资本(亿元) Registered Capital (100 million yuan)	营业收入(亿元) Revenue (100 million yuan)
1	北京股权交易中心有限公司	北京	4.00	0.11
2	上海股权托管交易中心股份有限公司	上海	2.68	0.67
3	天津滨海柜台交易市场股份公司	天津	2.20	0.13
4	重庆股份转让中心有限责任公司	重庆	1.56	1.03
5	浙江省股权交易中心有限公司	浙江	1.00	0.22
6	宁波股权交易中心有限公司	宁波	0.80	0.13
7	广东股权交易中心股份有限公司	广东	3.11	0.58
8	深圳前海股权交易中心有限公司	深圳	5.00	0.61
9	齐鲁股权交易中心有限公司	山东	2.25	0.61
10	青岛蓝海股权交易中心有限责任公司	青岛	1.00	0.21
11	武汉股权托管交易中心有限公司	湖北	1.00	0.20
12	湖南股权交易所有限公司	湖南	1.00	0.17
13	安徽省股权托管交易中心有限责任公司	安徽	2.00	0.58
14	辽宁股权交易中心股份有限公司	辽宁	1.00	0.17
15	大连股权交易中心股份有限公司	大连	0.50	0.01
16	天府（四川）联合股权交易中心股份有限公司	四川	1.00	0.22
17	广西北部湾股权交易所股份有限公司	广西	2.20	0.15
18	甘肃股权交易中心股份有限公司	甘肃	4.38	0.17
19	青海股权交易中心有限公司	青海	2.36	0.30
20	新疆股权交易中心有限公司	新疆	1.10	0.04
21	河北股权交易所股份有限公司	河北	0.45	0.30
22	山西股权交易中心有限公司	山西	1.00	0.24
23	陕西股权交易中心股份有限公司	西安	1.20	0.05
24	海峡股权交易中心（福建）有限公司	福建	2.10	0.25
25	厦门两岸股权交易中心有限公司	厦门	0.90	0.03
26	吉林省股权交易所股份有限公司	吉林	1.00	0.03
27	内蒙古股权交易中心股份有限公司	内蒙古	1.94	0.15
28	贵州股权交易中心有限公司	贵州	1.00	1.13
29	江苏股权交易中心有限责任公司	江苏	2.00	1.13
30	海南股权交易中心有限责任公司	海南	0.50	0.07
31	宁夏股权托管交易中心（有限公司）	宁夏	0.60	0.07
32	哈尔滨股权交易中心有限责任公司	黑龙江	1.00	0.05
33	中原股权交易中心股份有限公司	河南	3.50	1.66
34	江西联合股权交易中心股份有限公司	江西	2.21	0.48
35	云南省股权交易中心有限公司	云南	1.00	0.01

数据来源：中国证券监督管理委员会
Source: CSRC

附录1-17　2021年外资证券经营机构驻华代表处名录

List of Chinese Representative Offices of Foreign Securities Institutions in 2021

序号 No.	机构名称 Company Name	所在地 Location
1	德国商业银行股份有限公司（证券业务）北京代表处	北京
2	法国巴黎资本（亚洲）有限公司北京代表处	北京
3	高盛（中国）有限责任公司北京代表处	北京
4	韩国三星证券公司北京代表处	北京
5	韩国投资证券株式会社北京代表处	北京
6	韩国未来资产证券股份有限公司北京代表处	北京
7	花旗环球金融中国有限公司北京代表处	北京
8	交银国际控股有限公司北京代表处	北京
9	京华山一国际（香港）有限公司北京代表处	北京
10	美国富瑞金融集团北京代表处	北京
11	美国科本资本市场公司北京代表处	北京
12	美林国际有限公司北京代表处	北京
13	蒙特利尔银行利时证券公司北京代表处	北京
14	日本大和证券株式会社北京代表处	北京
15	日本摩乃科斯证券股份有限公司 北京代表处	北京
16	日本瑞穗证券股份有限公司北京代表处	北京
17	日本三井住友信托银行股份有限公司(证券业务)北京代表处	北京
18	日本野村证券株式会社北京代表处	北京
19	瑞士信贷（香港）有限公司北京代表处	北京
20	三菱日联证券控股股份有限公司 北京代表处	北京
21	台湾元大证券股份有限公司北京代表处	北京
22	香港第一上海融资有限公司北京代表处	北京
23	香港摩根大通证券（亚太）有限公司北京代表处	北京
24	香港上海汇丰银行有限公司（证券业务）北京代表处	北京
25	中银国际控股有限公司北京代表处	北京
26	德意志银行股份有限公司(证券业务)北京代表处	北京
27	摩根士丹利亚洲有限公司北京代表处	北京
28	香港致富证券有限公司北京代表处	北京
29	日本盛华日兴证券株式会社北京代表处	北京
30	宏富投资管理有限公司北京代表处	北京
31	邓普顿国际股份有限公司北京代表处	北京
32	信安环球投资有限公司北京代表处	北京
33	香港摩根资产管理（亚太）有限公司北京代表处	北京
34	富达基金（香港）有限公司北京代表处	北京
35	法国法盛投资管理公司北京代表处	北京
36	新加坡摩根士丹利投资管理公司北京代表处	北京
37	领航投资香港有限公司北京代表处	北京
38	加拿大迈凯希金融公司北京代表处	北京
39	美国桥水投资公司北京代表处	北京
40	野村证券株式会社上海代表处	上海

数据来源：中国证券监督管理委员会
Source: CSRC

附录1-17　续表　continued

序号 No.	机构名称 Company Name	所在地 Location
41	法国巴黎资本（亚洲）有限公司上海代表处	上海
42	美国美林国际有限公司上海代表处	上海
43	中信里昂证券有限公司上海代表处	上海
44	高盛（中国）有限责任公司上海代表处	上海
45	韩国农协投资证券公司上海代表处	上海
46	群益国际控股有限公司上海代表处	上海
47	韩国国民证券公司上海代表处	上海
48	永丰金证券（亚洲）有限公司上海代表处	上海
49	日盛嘉富证券国际有限公司上海代表处	上海
50	凯基证券亚洲有限公司上海代表处	上海
51	海通国际证券有限公司上海代表处	上海
52	香港上海汇丰银行有限公司（证券业务）上海代表处	上海
53	内藤证券公司上海代表处	上海
54	法国兴业证券（香港）有限公司上海代表处	上海
55	台湾元大证券股份有限公司上海代表处	上海
56	瑞士信贷（香港）有限公司上海代表处	上海
57	日本瑞穗证券股份有限公司上海代表处	上海
58	日本三井住友德思资产管理股份有限公司上海代表处	上海
59	冈三证券股份有限公司上海代表处	上海
60	麦格理证券（澳大利亚）股份有限公司上海代表处	上海
61	致富证券有限公司上海代表处	上海
62	东洋证券股份有限公司上海代表处	上海
63	韩国新韩金融投资股份有限公司上海代表处	上海
64	蓝泽证券股份有限公司上海代表处	上海
65	韩国爱思开证券股份有限公司上海代表处	上海
66	华南永昌综合证券股份有限公司上海代表处	上海
67	韩国未来资产证券股份有限公司上海代表处	上海
68	韩国投资信托运用株式会社上海代表处	上海
69	坤信国际证券有限公司上海代表处	上海
70	富兰克林华美证券投资信托股份有限公司上海代表处	上海
71	马来西亚城市信贷投资银行有限公司上海代表处	上海
72	新加坡萨默塞特资本管理有限公司上海代表处	上海
73	台湾地区大庆证券股份有限公司上海代表处	上海
74	香港致富证券有限公司深圳代表处	深圳
75	韩国韩亚金融投资株式会社深圳代表处	深圳
76	元大证券(香港)有限公司深圳代表处	深圳
77	香港中国泛海证券有限公司沈阳代表处	沈阳
78	台湾统一综合证券股份有限公司厦门代表处	厦门

附录1-18 2021年境外证券交易所驻华代表处名录
List of Chinese Representative Offices of Foreign Exchanges in 2021

序号 No.	中文名称 Chinese Name	英文名称 English Name	代表处名称 Office Name	代表处所在地 Location
1	香港交易及结算所有限公司北京代表处	Hong Kong Exchanges and Clearing Limited Beijing Representative Office	香港交易及结算所有限公司北京代表处	北京
2	美国纽约证券交易所有限责任公司北京代表处	New York Stock Exchange LLC Beijing Representative Office	美国纽约证券交易所有限责任公司北京代表处	北京
3	美国纳斯达克股票市场有限责任公司北京代表处	Nasdaq Stock Market, LLC. Beijing Representative Office	美国纳斯达克股票市场有限责任公司北京代表处	北京
4	日本东京证券交易所株式会社北京代表处	Tokyo Stock Exchange, Inc. Beijing Representative Office	日本东京证券交易所株式会社北京代表处	北京
5	韩国交易所北京代表处	KOREAEXCHANGE, INC. BEIJING REPRESENTATIVE OFFICE	韩国交易所北京代表处	北京
6	新加坡交易所有限公司北京代表处	Singapore Exchange Limited Beijing Representative Office	新加坡交易所有限公司北京代表处	北京
7	伦敦证券交易所有限责任公司北京代表处	London Stock Exchange Plc Beijing Representative Office	伦敦证券交易所有限责任公司北京代表处	北京
8	德国德意志交易所股份有限公司北京代表处	Deutsche Boerse AG Beijing Representative Office	德国德意志交易所股份有限公司北京代表处	北京
9	巴西证券期货交易所上海代表处	B3 S.A.Shanghai Representative Office	巴西证券期货交易所上海代表处	上海
10	美国纽约商品交易所股份有限公司北京代表处	New York Mercantile Exchange Co.,Ltd. Beijing Representative Office	美国纽约商品交易所股份有限公司北京代表处	北京
11	美国芝加哥期货交易所股份有限公司北京代表处	Chicago board of Trade Co.,Ltd. Beijing Representative Office	美国芝加哥期货交易所股份有限公司北京代表处	北京
12	美国纽约商业交易所股份有限公司北京代表处	COMEX Co.,Ltd. Beijing Representative Office	美国纽约商业交易所股份有限公司北京代表处	北京
13	美国芝加哥商业交易所股份有限公司北京代表处	Chicago Mercantile Exchange Co.,Ltd. Beijing Representative Office	美国芝加哥商业交易所股份有限公司北京代表处	北京

数据来源：中国证券监督管理委员会
Source: CSRC

附录1-19　沪深交易所市场证券登记存管情况

Depository Securities Statistics of Shanghai & Shenzhen Stock Exchange Market

年份 Year	登记存管证券只数(只) Number of Securities in Deposit (unit)				
	股票 Stock	权证 Warrants	债券现货(不含资产证券化产品) Bond(Asset Backed Securities Not Included)	基金 Fund	资产证券化产品 Asset Backed Securities
2005	1468	7	162	68	4
2006	1532	27	179	79	27
2007	1637	14	179	71	20
2008	1713	17	200	71	17
2009	1775	12	352	91	10
2010	2160	4	462	146	4
2011	2432	0	640	226	6
2012	2579	0	1170	330	15
2013	2575	0	2034	436	26
2014	2697	0	3007	516	119
2015	2911	0	4088	750	795
2016	3150	0	6995	778	2132
2017	3570	0	8288	804	2787
2018	3669	0	9351	917	3407
2019	3861	0	11257	1014	4653
2020	4239	0	14739	1016	5998
2021	4696	0	18099	1169	6431

注：1.登记存管证券包括A股、B股、权证、国债、地方债、政策性金融债、企业债、公司债、可转债、分离式可转债、中小企业私募债、封闭式基金、ETF、LOF、实时申赎货币基金、公募基础设施基金（REITs）和资产证券化产品，不包括开放式基金和债券回购。

2.登记存管证券只数中，包括已在中国结算办理发行登记但尚未在交易所上市的证券和已从交易所退市但尚未在中国结算办理退市登记的证券；总市值计算中，纯B股上市公司的非流通股暂未纳入计算。

3.非限售市值按期末收盘价计算。

4.B股市值以国家外汇管理局上周五公布的汇率中间价换算成人民币。

5.表中数据为沪深两市合计数。

6.登记存管证券只数不包括存管面值为零的证券。

数据来源：中国证券登记结算公司

Source：CSDC

附录1-19 续表 1 continued

年份 Year	登记存管证券总市值(亿元) Market Capitalization of Depository Securities(100 million yuan)				
	股票 Stock	权证 Warrants	债券现货（不含资产证券化产品）Bond(Asset Backed Securities Not Included)	基金 Fund	资产证券化产品 Asset Backed Securities
2005	32448.52	60.62	4796.24	608.64	58.08
2006	90294.17	329.37	3499.79	1424.70	163.63
2007	327970.22	494.10	3169.92	4356.91	109.39
2008	121778.98	174.50	4365.83	816.80	82.10
2009	244783.34	209.27	4698.97	1784.06	42.24
2010	266492.22	14.51	6300.53	1965.20	10.68
2011	215223.68	0.00	8252.59	1821.49	8.72
2012	230554.55	0.00	11882.23	2662.00	32.33
2013	239584.89	0.00	19542.91	2873.61	64.52
2014	374481.66	0.00	26667.00	4381.27	307.12
2015	532001.64	0.00	40016.03	7027.27	1423.98
2016	508759.22	0.00	70984.64	5804.87	4226.04
2017	568204.05	0.00	83035.95	4616.80	7482.43
2018	435066.16	0.00	91066.07	6014.39	11627.46
2019	593341.27	0.00	107604.49	8229.29	15331.21
2020	797385.72	0.00	137749.42	12089.67	20248.59
2021	915847.44	0.00	161365.95	15345.79	21404.37

附录1-19 续表 2 continued

年份 Year	登记存管证券非限售市值(亿元) Negotiable Market Capitalization of Depository Securities(100 million yuan)			
	股票 Stock	权证 Warrants	基金 Fund	资产证券化产品 Asset Backed Securities
2005	14702.47	60.61	603.99	58.08
2006	87034.97	281.19	1413.46	162.58
2007	325326.79	477.73	4330.98	108.40
2008	121115.56	171.86	812.62	81.17
2009	151879.52	2537.70	1777.42	41.32
2010	196097.02	2342.79	1958.95	9.75
2011	166975.06	0.00	1817.36	8.00
2012	184256.53	0.00	2657.84	32.33
2013	206303.34	0.00	2870.00	64.52
2014	326384.35	0.00	4380.25	307.12
2015	439028.12	0.00	7025.96	1423.98
2016	410049.21	0.00	5804.06	4226.04
2017	465444.49	0.00	4616.80	7482.43
2018	366374.18	0.00	6014.39	11627.46
2019	500768.51	0.00	8229.29	15331.21
2020	669915.04	0.00	12089.67	20248.59
2021	781864.80	0.00	15054.12	21404.37

附录1-20 2021年上海证券交易所收费标准
Shanghai Stock Exchange Charging Standard in 2021

业务类别 Business Lines		收费项目 Charging Item	收费标准 Fee Standard	收费对象 Fee Standard
交易	人民币普通股票（A股）竞价交易	经手费	成交金额的 0.00487%（双向）	会员等交上交所
		证管费	成交金额的0.002%（双向）	会员等交中国证监会（上交所代收）
		印花税	成交金额的0.1%（出让方单向）	投资者交税务机关（上交所代收）
	人民币特种股票（B股）竞价交易	经手费	成交金额的 0.00487%（双向）	会员等交上交所
		证管费	成交金额的0.002%（双向）	会员等交中国证监会（上交所代收）
	存托凭证竞价交易	经手费	成交金额的 0.00487%（双向）	会员等交上交所
	科创板存托凭证竞价交易	印花税	成交金额的0.1%（出让方单向）	投资者交税务机关（上交所代收）
	可交换公司债券换股交易	经手费	成交金额的 0.00487%（双向）	会员等交上交所
	股份协议转让	经手费	同二级市场竞价交易经手费，双向收取，单向每笔最低50元、最高10万元	协议双方交上交所
		印花税	A股、优先股、科创板存托凭证：同同品种竞价交易	投资者交税务机关（上交所代收）
	优先股竞价交易	经手费	成交金额的0.0001%（双向）	会员等交上交所
		证管费	成交金额的0.002%（双向）	会员等交中国证监会（上交所代收）
		印花税	成交金额的0.1%（出让方单向）	投资者交税务机关（上交所代收）
	债券现券及资产支持证券竞价、报价、询价、回售和协议交易	经手费	成交金额的0.0001%（双向），单笔最高不超过100元	会员等交上交所
	可转换公司债券竞价、报价、询价、回售和协议交易	经手费	成交金额的0.0001%（双向），单笔最高不超过100元	会员等交上交所
	国债预发行	经手费	参照国债现券交易的收费标准执行	会员等交上交所
	信用保护工具	经手费	按成交名义本金金额的0.00015%收取（双向），单笔最高不超过200元	会员等交上交所
	资产管理计划份额转让	经手费	按转让金额的0.00009%向转让双方收取转让经手费，单笔最高不超过100元	会员等交上交所
	基金（封闭式基金、ETF、LOF）竞价交易	经手费	成交金额的 0.004%（双向）	会员等交上交所
	基础设施公募REITs竞价	经手费	成交金额的 0.0045%（双向）	基金管理人交上交所
	基础设施公募REITs报价、询价、指定对手方和协议交易	经手费	相对于竞价市场同品种费率下浮 50%（双向）	

注：1.本表收费标准为价税合计数。

2.本表所称“股票”包括主板股票、科创板股票。

数据来源：上海证券交易所

Source:SSE

附录1-20 续表 1 continued

业务类别 Business Lines			收费项目 Charging Item	收费标准 Fee Standard	收费对象 Fee Standard
交易	期权		经手费	合约标的为股票的，每张3元；合约标的为交易所交易基金的，每张1.3元	期权经营机构等交上交所
	债券质押式三方回购		经手费	一天期按成交金额的0.00005%收取（双向），其他期限按成交金额的0.00015%收取（双向），单笔最高不超过200元	会员等交上交所
	通用质押式回购		经手费	一天期按成交金额的0.00005%收取（双向），其他期限按成交金额的0.00015%收取（双向），单笔最高不超过100元	会员等交上交所
	债券质押式协议回购		经手费	一天期按成交金额的0.00005%收取（双向），其他期限按成交金额的0.00015%收取（双向），单笔最高不超过200元	会员等交上交所
	质押式报价回购		经手费	一天期按成交金额的0.00005%向证券公司单向收取，其他期限按成交金额的0.00015%向证券公司单向收取，单笔单向最高不超过200元	会员等交上交所
	股票质押式回购		经手费	按每笔初始交易金额的0.001%向融入方单向收取，起点5元人民币，最高不超过100元人民币	会员等交上交所
	约定购回式证券交易		经手费	按现有股票、基金或债券现券交易收费标准在初始交易及购回交易中收取	会员等交上交所
	大宗交易（含大宗专场）	人民币普通股票（A股）	经手费	相对于竞价市场同品种费率下浮30%	会员等交上交所
			证管费	同同品种竞价交易	会员等交中国证监会（上交所代收）
			印花税	同同品种竞价交易	投资者交税务机关（上交所代收）
		人民币特种股票（B股）	经手费	相对于竞价市场同品种费率下浮30%	会员等交上交所
			证管费	同同品种竞价交易	会员等交中国证监会（上交所代收）
		存托凭证	经手费	相对于竞价市场同品种费率下浮30%	会员等交上交所
		科创板存托凭证	印花税	同同品种竞价交易	投资者交税务机关（上交所代收）
		优先股	经手费	成交金额的0.0001%的90%，最高不超过100元/笔(双向)	会员等交上交所
			证管费	同同品种竞价交易	会员等交中国证监会（上交所代收）
			印花税	同同品种竞价交易	投资者交税务机关（上交所代收）
		基金（封闭式基金、ETF、LOF）	经手费	相对于竞价市场同品种费率下浮 50%（双向）	会员等交上交所
		基础设施公募REITs	经手费	相对于竞价市场同品种费率下浮 50%（双向）	基金管理人交上交所

附录1-20 续表 2 continued

业务类别 Business Lines		收费项目 Charging Item	收费标准 Fee Standard	收费对象 Fee Standard
上市	主板人民币普通股票（A股）、人民币特种股票（B股）、存托凭证	上市初费	普通股总股本（总份数）≤2亿的，7万元	上市公司交上交所
			2亿＜总股本（总份数）≤4亿的，10万元	
			4亿＜总股本（总份数）≤6亿的，12.5万元	
			6亿＜总股本（总份数）≤8亿的，15万元	
			总股本（总份数）＞8亿的，17.5万元	
		上市年费	上年末普通股总股本（总份数）≤2亿的，2.5万元/年	上市公司交上交所
			2亿＜总股本（总份数）≤4亿的，4万元/年	
			4亿＜总股本（总份数）≤6亿的，5万元/年	
			6亿＜总股本（总份数）≤8亿的，6万元/年	
			总股本（总份数）＞8亿的，7.5万元/年	
			上市不足1年的，按实际上市月份计算，上市当月为1个月	
	科创板人民币普通股票、存托凭证	上市初费	普通股总股本（总份数）≤2亿的，3.5万元	上市公司交上交所
			2亿＜总股本（总份数）≤4亿的，5万元	
			4亿＜总股本（总份数）≤6亿的，6.25万元	
			6亿＜总股本（总份数）≤8亿的，7.5万元	
			总股本（总份数）＞8亿的，8.75万元	
		上市年费	上年末普通股总股本（总份数）≤2亿的，1.25万元/年	上市公司交上交所
			2亿＜总股本（总份数）≤4亿的，2万元/年	
			4亿＜总股本（总份数）≤6亿的，2.5万元/年	
			6亿＜总股本（总份数）≤8亿的，3万元/年	
			总股本（总份数）＞8亿的，3.75万元/年	
			上市不足1年的，按实际上市月份计算，上市当月为1个月	
	基金（封闭式基金、ETF、LOF）	上市初费	3万元	基金管理人交上交所
		上市年费	6万元/年	基金管理人交上交所
	基础设施公募REITs	上市初费	3万元，同一REITs代码扩募不再收取上市初费	基金管理人交上交所
		上市年费	6万元/年，同一REITs代码，扩募前与扩募后每年合并收取一次上市年费	基金管理人交上交所

附录1-20 续表 3 continued

业务类别 Business Lines		收费项目 Charging Item	收费标准 Fee Standard	收费对象 Fee Standard
上市	债券及资产支持证券	上市初费	上市（挂牌）总额的0.01%，最低收取5000元，最高不超过2万元,发行人已有股票或债券在本所上市的免收	发行人交上交所
		上市年费	上市总额的0.0005%，最低收取1000元，单个发行人不超过1万元,发行人为本所上市公司的免收	发行人交上交所
			上市不足1年的，按实际上市月份计算，上市当月为1个月	
交易单元		使用费	会员等机构拥有的每个席位可抵免一个交易单元的使用费；对超出其席位数量的部分，本所收取每个交易单元每年4.5万元的交易单元使用费	会员等交上交所
其他业务		收费项目、标准、收取方式等按照相关业务规定执行。		

附录1-20 续表 4 continued

业务类别 Business Lines	收费项目 Charging Item	收费标准 Fee Standard	收费对象 Fee Standard	备注 Remarks
交易单元	流量费	(该机构所用交易单元的年交易类申报笔数总和-3万笔/年 × 持有席位数）× 0.10 元+（该机构所用交易单元的年非交易类申报笔数总和-3万笔/年 × 持有席位数） × 0.01元		
		暂免:		
		1.各交易参与人参与债券现券及回购交易的流量费（2010年12月1日起）；		
		2.货币ETF、债券ETF的交易单元流量费;		
		3.期权经营机构流量费;		
		4.基金做市商为提供流动性服务产生的交易单元流量费（2019年12月31日起）		
其他业务	费用项目、标准、收取方式按照相关业务规定执行			

附录1-21　2021年深圳证券交易所收费标准

Shenzhen Stock Exchange Charging Standard in 2021

收费对象 Charge Members	收费项目 Charging Item	收费标的 Charging Object	收费标准 Fee Standard	备注 Remarks
投资者	证券交易经手费	A股	按成交额双边收取0.0487‰	1.大宗交易收费：A股大宗交易按标准费率下浮30%收取；B股、基金大宗交易按标准费率下浮50%收取。2.约定购回式证券交易参照相应品种大宗交易收费标准执行。3.债券ETF、货币ETF暂免收取证券交易经手费。4.资产管理计划份额转让暂免收取转让经手费。5.自2022年7月1日起至2025年6月30日免收债券（不含可转债）及资产支持证券的交易经手费。
		B股		
		基金	按成交额双边收取0.04‰	
		优先股	试点期间按普通股标准的80%收取	
		权证	按成交额双边收取0.045‰	
		国债现货/地方债	成交金额在100万元以下（含）每笔收0.1元；成交金额在100万元以上每笔收10元。	
		企业债/公司债现货		
		资产支持证券		
		政策性金融债/铁道债		
		债券通用质押式回购/债券质押式协议回购/	暂免收取	
		债券质押式三方回购		
		股票质押式回购	按每笔初始交易质押标的证券面值1‰收取，最高不超过100元。	
		可转换公司债/可交换公司债	按成交金额双边收取0.04‰	
		质押式报价回购	暂免收取	
		股票期权合约	每张股票期权合约收取交易经手费1.3元	股票期权试点初期暂免收取卖出开仓交易（含备兑开仓）的相应交易经手费
	证券交易监管费	A股	按成交额双边收取0.02‰	代中国证监会收取
		B股		
		优先股		

注：收费标准为2022年7月公布的最新版本。

数据来源：深圳证券交易所

Source:SZSE

附录1-21 续表 1 continued

收费对象 Charge Members	收费项目 Charging Item	收费标的 Charging Object	收费标准 Fee Standard	备注 Remarks
发行人	上市初费	A股/B股	总股本2亿以下（含），30万元；总股本2亿至4亿（含），45万元；总股本4亿至6亿（含），55万元；总股本6亿至8亿（含），60万元；总股本8亿以上，65万元。	1.自2021年6月1日起，本所暂免收取总股本8亿股（含）以下的上市公司上市初费；总股本8亿股以上的上市公司上市初费，本所在此标准上减半取整后再减半收取，即17.5万元；创业板再减半收取，即8.75万元。总股本为A、B股合计。
		优先股	试点期间按普通股标准的80%收取	
		基金	3万元	1.暂免收取ETF上市初费 2.免收2022年度基金上市初费
		权证	20万元	
		企业债/公司债	暂免收取	
		可转换公司债/可交换公司债	暂免收取	
		资产支持证券	暂免收取	
	上市年费	A股/B股	总股本2亿以下（含），5万元；总股本2亿至4亿（含），8万元；总股本4亿至6亿（含），10万元；总股本6亿至8亿（含），12万元；总股本8亿以上，15万元。	1.自2021年6月1日起，本所暂免收取总股本8亿股（含）以下的上市公司上市年费；总股本8亿股以上的上市公司上市年费，本所在此标准上减半收取，即7.5万元；创业板再减半收取，即3.75万元。总股本为A、B股合计。
		优先股	试点期间按普通股标准的80%收取	
		基金	6万元	1.自2020年1月1日起，暂免收取ETF上市年费 2.免收2022年度基金上市年费
		企业债/公司债	暂免收取	
		可转换公司债/可交换公司债	暂免收取	
		资产支持证券	暂免收取	
会员	席位费	席位	普通60万元/个，特别席位20万元/个。	
	会员管理费用	交易单元	1. 交易单元使用费：对会员使用超出交费席位（指已交席位初费的席位）数量以外的交易单元，每年收取30000元/个的交易单元使用费。	

附录1-21　续表 2　continued

收费对象 Charge Members	收费项目 Charging Item	收费标的 Charging Object	收费标准 Fee Standard	备注 Remarks
会员	会员管理费用	交易单元	2. 流速费：对会员使用超出交费席位（指已交席位初费的席位）数量以外的流速，每年收取9600元/份的流速费。每份流速为50笔/秒。	2014年7月1日起，由深圳证券通信公司收取。
			3. 流量费：每笔交易类申报（指买入、卖出、撤单申报）收取0.1元，每笔非交易类申报（指除买入、卖出、撤单以外的申报）收取0.01元。	1.2014年7月1日起，本所与深圳证券通信公司按6:4比例分别收取；2.会员每个席位每年享有的交易类、非交易类免费申报笔数均为3万笔；3.债券ETF、货币ETF免收交易单元流量费；4.暂免收取流动性服务商为上市基金提供流动性服务产生的交易单元流量费；5.暂免收取期权业务相关的交易单元流量费。6.自2022年7月1日起至2025年6月30日免收债券（不含可转债）及资产支持证券流量费。

附录1-22　2021年北京证券交易所收费标准

Beijing Stock Exchange Charging Standard in 2021

收费对象 Charge Members	收费项目 Charging Item	收费标的 Charging Object	收费标准 Fee Standard	备注 Remarks
上市公司	上市初费	普通股	总股本2000万股（含）以下，3万元;	1.已在全国股转系统缴纳挂牌初费的，暂免收取上市初费。 2.暂免收取注册地在内蒙古、广西、西藏、宁夏和新疆5个民族自治地区的上市公司上市初费。 3.暂免收取注册在贫困地区的上市公司上市初费。 4.暂免收取注册地在湖北省的上市公司上市初费至2022年12月31日（含）。
			总股本2000-5000万股（含），5万元;	
			总股本5000万-1亿股（含），8万元;	
			总股本1亿股以上，10万元。	
		优先股	按普通股标准收取。	
		可转换公司债券	暂免收取。	
	上市年费	普通股	总股本2000万股（含）以下，2万元;	1.暂免收取注册地在内蒙古、广西、西藏、宁夏和新疆5个民族自治地区的上市公司上市年费。 2.暂免收取注册地在湖北省的上市公司上市年费至2022年12月31日（含）。
			总股本2000-5000万股（含），3万元;	
			总股本5000万-1亿股（含），4万元;	
			总股本1亿股以上，5万元。	
		优先股	按普通股标准收取。	
		可转换公司债券	暂免收取。	
投资者	交易经手费	普通股	按成交金额的0.5‰双边收取。	
		优先股		
		股份协议转让	按成交金额的0.5‰双边收取，单向每笔最高10万元。无成交金额或者每股成交金额低于每股面值的，以转让股份总面值计算收取。	
		可转换公司债券	按普通股经手费标准减半收取。	
会员	交易单元费	交易单元	交易单元开设初费：50万元，在首次申请开通交易单元时收取，以后增设交易单元不再收取。	1.北交所和全国股转系统共用交易单元，已在全国股转系统开通首个交易单元的交易参与人无需交纳交易单元开设初费。新开设首个交易单元的，交易单元开设初费由北交所和全国股转公司各收取25万元；仅申请北交所首个交易单元或全国股转系统首个交易单元的，交易单元开设初费由北交所或全国股转公司按标准单独收取。 2.交易单元使用费、流速费、流量费由北交所和全国股转公司按交易类申报笔数比例收取。
			1.交易单元使用费：每个交易单元每年3万元。	
			2.流速费：总流速超出其享有的免费标准流速之和的部分，按每个标准流速每年5000元收取。	
			3.流量费：每年流量费总额=（交易参与人所属各交易单元的年交易类申报笔数总和-该交易参与人享有的年交易类免费申报笔数）×0.15元/笔+（交易参与人所属各交易单元的年非交易类申报笔数总和-该交易参与人享有的年非交易类免费申报笔数）×0.01元/笔。其中：1.交易类申报包括买申报、卖申报和撤销申报；非交易类申报指除交易类申报外的其他申报，包括新股申购申报、可转债转股和回售申报等。2.每个交易单元享有的年免费申报笔数为交易类、非交易类申报各5000笔。3.计算的流量费总额不足2000元的，按2000元收取。	

数据来源：北京证券交易所

Source:BJSE

附录1-23 2021年全国中小企业股份转让系统收费标准

NEEQ Charging Standard in 2021

收费对象 Charge Members	收费项目 Charging Item	收费标准 Fee Standard	备注 Remarks
挂牌公司	挂牌初费	总股本2000万股（含）以下，30000元； 总股本2000-5000万股（含），50000元； 总股本5000万-1亿股（含），80000元； 总股本1亿股以上，100000元。	1.自2015年1月1日起暂免征收注册地在内蒙古、广西、西藏、宁夏和新疆5个民族自治地区的挂牌公司挂牌初费。 2.自2017年1月1日起暂免征收注册在贫困地区的挂牌公司的挂牌初费。 3.两网公司及退市公司股票暂免征收。 4.暂免收取2020年至2022年注册地在湖北省的挂牌公司挂牌初费。
	挂牌年费	总股本2000万股（含）以下，20000元； 总股本2000-5000万股（含），30000元； 总股本5000万-1亿股（含），40000元； 总股本1亿股以上，50000元。	1.自2015年1月1日起暂免征收注册地在内蒙古、广西、西藏、宁夏和新疆5个民族自治地区的挂牌公司挂牌年费。 2.两网公司及退市公司股票暂免征收。 3.暂免收取2020年至2022年注册地在湖北省的挂牌公司挂牌年费。
投资者	转让经手费	挂牌公司股票，成交金额的0.5‰双边收取； 两网及退市公司A股，成交金额的0.6‰双边收取； 两网及退市公司B股，成交金额的0.8‰双边收取。	
主办券商	交易单元费	1、交易单元开设初费：50万元，在首次申请开通交易单元时收取，以后增设交易单元不再收取； 2、交易单元使用费：每个交易单元每年3万元； 3、流速费：总流速超出其享有的免费标准流速之和的部分，按每个标准流速每年人民币5000元交纳； 4、流量费：转让参与人每年流量费总额＝（转让参与人所属各交易单元的年交易类申报笔数总和-该转让参与人享受的年交易类免费申报笔数）×每笔交易类申报收费单价＋（转让参与人所属各交易单元的年非交易类申报笔数总和-该转让参与人享有的年非交易类免费申报笔数）×每笔非交易类申报收费单价。其中：每个交易单元享受的年免费申报笔数为交易类申报、非交易类申报各5000笔；每笔交易类申报收费单价为 0.15元，每笔非交易类申报收费单价为0.01元。计算的流量费每年不足2000元的，按2000元计。	1.北交所和全国股转系统共用交易单元，已在全国股转系统开通首个交易单元的交易参与人无需交纳交易单元开设初费。新开设首个交易单元的，交易单元开设初费由北交所和全国股转公司各收取25万元；仅申请北交所首个交易单元或全国股转系统首个交易单元的，交易单元开设初费由北交所或全国股转公司按标准单独收取。 2.交易单元使用费、流速费、流量费由北交所和全国股转公司按交易类申报笔数比例收取。

数据来源：全国中小企业股份转让系统

Source:NEEQ

附录1-24　2021年从事证券服务业务的会计师事务所名录

序号 No	名称 Name	所在辖区 Jurisdiction	分所数量 Number of Branch	合伙人人数 Number of Partners
1	安徽华明会计师事务所(普通合伙)	安徽证监局	0	2
2	安永华明会计师事务所（特殊普通合伙）	北京证监局	23	203
3	北京大地泰华会计师事务所（特殊普通合伙）	北京证监局	2	18
4	北京东审会计师事务所（特殊普通合伙）	北京证监局	0	15
5	北京国富会计师事务所（特殊普通合伙）	北京证监局	17	47
6	北京精勤会计师事务所（普通合伙）	北京证监局	0	2
7	北京兴昌华会计师事务所（普通合伙）	北京证监局	0	2
8	北京兴华会计师事务所（特殊普通合伙）	北京证监局	30	85
9	北京兴荣华会计师事务所（普通合伙）	北京证监局	0	2
10	北京中名国成会计师事务所（特殊普通合伙）	北京证监局	8	29
11	北京中天恒会计师事务所(特殊普通合伙)	北京证监局	13	28
12	北京中天华茂会计师事务所（普通合伙）	北京证监局	0	3
13	毕马威华振会计师事务所（特殊普通合伙）	北京证监局	20	199
14	重庆康华会计师事务所（特殊普通合伙）	重庆证监局	5	19
15	大华会计师事务所（特殊普通合伙）	北京证监局	30	264
16	大信会计师事务所（特殊普通合伙）	北京证监局	32	156
17	德勤华永会计师事务所（特殊普通合伙）	上海证监局	15	220
18	公证天业会计师事务所（特殊普通合伙）	江苏证监局	15	49
19	广东诚安信会计师事务所（特殊普通合伙）	广东证监局	5	19
20	广东亨安会计师事务所（普通合伙）	广东证监局	0	3
21	广东立信会计师事务所（普通合伙）	广东证监局	0	2
22	广东岭南智华会计师事务所（特殊普通合伙）	广东证监局	0	15
23	广东司农会计师事务所（特殊普通合伙）	广东证监局	0	17
24	广东正中珠江会计师事务所（特殊普通合伙）	广东证监局	3	27
25	广东中天粤会计师事务所（特殊普通合伙）	广东证监局	3	18
26	广东中职信会计师事务所（特殊普通合伙）	广东证监局	4	17
27	和信会计师事务所（特殊普通合伙）	山东证监局	11	37
28	湖南楚才会计师事务所（普通合伙）	湖南证监局	0	4
29	湖南建业会计师事务所（特殊普通合伙）	湖南证监局	3	18
30	华兴会计师事务所（特殊普通合伙）	福建证监局	9	59
31	嘉兴知联中佳会计师事务所（普通合伙）	浙江证监局	0	2
32	利安达会计师事务所（特殊普通合伙）	北京证监局	27	45
33	立信会计师事务所（特殊普通合伙）	上海证监局	31	252
34	立信中联会计师事务所（特殊普通合伙）	天津证监局	14	43

数据来源：中国证监会
Source: CSRC

List of Accounting Firms Engaged in Securities Services in 2021

注册会计师人数 Number of Certified Public Accountants	年末净资产(万元) Year-end Net Asset (10 thousand yuan)	收入总额 (万元) Total Income (10 thousand yuan)	审计业务收入 (万元) Income from Engagement (10 thousand yuan)	证券业务收入 (万元) Securities Revenue (10 thousand yuan)	上市公司客户家数 Number of Customers of Listed Companies
11	244.38	628.77	628.77	5.66	0
1604	40170.21	549041.13	528180.28	227042.67	119
100	4376.51	28846.60	6451.38	37.06	0
60	-85.90	3157.39	1707.75	6.30	0
208	2243.48	21384.54	15241.82	343.80	0
4	23.98	154.25	151.12	0.00	0
28	415.99	2663.21	2663.21	91.32	3
440	8388.53	83828.46	62404.11	5364.58	22
4	17.88	387.87	79.21	0.00	0
103	2951.16	18652.93	12784.05	1126.60	0
140	9947.26	26181.87	25570.53	0.00	0
7	346.00	1019.98	905.89	80.00	1
977	53929.64	409364.45	382284.64	82973.66	72
80	590.18	8004.77	7457.34	70.00	3
1490	32897.79	307107.04	275105.65	123612.01	444
1042	17287.80	186317.76	163576.89	63541.57	196
1131	62540.30	415920.00	326736.16	71399.90	61
318	7091.05	34957.32	28535.07	17426.03	62
121	1653.54	14815.90	7455.89	79.71	1
11	497.62	403.96	6.93	0.99	1
7	-308.39	191.70	90.98	0.00	0
80	1264.23	7305.57	4139.65	0.00	0
95	342.42	4292.19	3698.74	1293.77	19
39	-2126.75	2184.73	1787.56	397.17	2
118	3101.23	12977.85	8883.80	11.32	0
94	3255.99	14150.14	10025.69	280.25	1
263	3269.11	29642.08	22540.93	11337.11	50
12	277.70	1436.01	1202.31	11.32	0
68	1228.15	5428.11	3473.03	105.56	0
304	4924.33	41456.22	35645.99	21593.37	76
13	201.96	1400.43	1338.26	9.43	0
376	3955.77	41239.24	32351.12	8364.82	28
2196	16901.98	452323.40	397822.43	156463.44	640
255	8202.97	32425.91	25930.68	12016.77	29

附录1-24　续表1

序号 No	名称 Name	所在辖区 Jurisdiction	分所数量 Number of Branch	合伙人人数 Number of Partners
35	南通万隆会计师事务所（普通合伙）	江苏证监局	0	2
36	鹏盛会计师事务所（特殊普通合伙）	深圳证监局	37	70
37	普华永道中天会计师事务所（特殊普通合伙）	上海证监局	23	262
38	容诚会计师事务所（特殊普通合伙）	北京证监局	16	160
39	瑞华会计师事务所（特殊普通合伙）	北京证监局	0	20
40	山东舜天信诚会计师事务所（特殊普通合伙）	山东证监局	15	19
41	上海浦江会计师事务所（普通合伙）	上海证监局	1	6
42	上海友道会计师事务所(普通合伙)	上海证监局	0	2
43	上海孜荣会计师事务所（普通合伙）	上海证监局	0	2
44	上会会计师事务所（特殊普通合伙）	上海证监局	22	74
45	深圳皇嘉会计师事务所（普通合伙）	深圳证监局	0	5
46	深圳久安会计师事务所（特殊普通合伙）	深圳证监局	0	6
47	深圳联创立信会计师事务所（普通合伙）	深圳证监局	0	2
48	深圳堂堂会计师事务所	深圳证监局	0	4
49	深圳旭泰会计师事务所（普通合伙）	深圳证监局	0	3
50	深圳永信瑞和会计师事务所（特殊普通合伙）	深圳证监局	9	20
51	四川德文会计师事务所（特殊普通合伙）	四川证监局	0	15
52	四川华信（集团）会计师事务所（特殊普通合伙）	四川证监局	4	54
53	苏亚金诚会计师事务所（特殊普通合伙）	江苏证监局	9	46
54	唐山市新正会计师事务所（普通合伙）	河北证监局	0	2
55	天衡会计师事务所（特殊普通合伙）	江苏证监局	18	80
56	天健会计师事务所（特殊普通合伙）	浙江证监局	14	210
57	天圆全会计师事务所（特殊普通合伙）	北京证监局	9	39
58	天职国际会计师事务所（特殊普通合伙）	北京证监局	25	71
59	希格玛会计师事务所（特殊普通合伙）	陕西证监局	11	52
60	新联谊会计师事务所（特殊普通合伙）	山东证监局	9	30
61	信永中和会计师事务所（特殊普通合伙）	北京证监局	27	236
62	亚太（集团）会计师事务所（特殊普通合伙）	北京证监局	35	126
63	永拓会计师事务所（特殊普通合伙）	北京证监局	28	104
64	尤尼泰振青会计师事务所（特殊普通合伙）	青岛证监局	21	42
65	浙江天平会计师事务所（特殊普通合伙）	浙江证监局	6	27
66	浙江至诚会计师事务所（特殊普通合伙）	浙江证监局	2	23
67	致同会计师事务所（特殊普通合伙）	北京证监局	26	205
68	中汇会计师事务所（特殊普通合伙）	浙江证监局	11	88
69	中勤万信会计师事务所（特殊普通合伙）	北京证监局	16	65

continued

注册会计师人数 Number of Certified Public Accountants	年末净资产(万元) Year-end Net Asset (10 thousand yuan)	收入总额(万元) Total Income (10 thousand yuan)	审计业务收入(万元) Income from Engagement (10 thousand yuan)	证券业务收入(万元) Securities Revenue (10 thousand yuan)	上市公司客户家数 Number of Customers of Listed Companies
19	99.88	1201.86	1083.27	81.60	0
344	1492.74	21528.44	9298.10	1183.63	3
1404	166357.29	682543.20	636996.60	318131.51	108
1134	24301.02	233952.70	223306.40	94730.69	321
26	276.47	7106.53	3989.57	129.68	0
114	-32.76	4623.99	2892.37	0.00	0
55	1104.69	3613.06	1698.79	0.00	0
7	88.24	497.03	408.39	0.00	0
5	44.79	101.46	49.09	8.42	0
441	3665.18	62011.06	36263.56	15520.59	55
33	-1087.49	3810.82	2886.53	62.74	0
19	215.41	1012.11	928.56	653.77	2
12	415.82	1861.80	685.98	23.58	1
10	-28.04	609.69	604.26	474.97	0
17	-64.34	1211.50	924.25	138.68	2
133	988.56	3820.32	3229.95	28.30	0
59	221.17	3588.93	2160.22	0.00	0
129	1300.00	19399.63	19399.63	13317.81	44
330	8482.49	40910.87	32763.35	10484.49	33
7	121.77	237.10	206.08	0.00	0
378	5144.15	65622.84	58493.62	19376.19	87
1900	43370.66	350089.74	324123.58	190145.27	604
194	2681.26	16217.76	12605.27	2458.39	9
943	49716.02	267122.27	211050.69	94056.16	218
243	12178.92	45394.69	35326.17	11973.25	34
149	5060.86	27570.67	13577.55	10.00	0
1455	15707.37	367411.28	268966.72	85392.96	358
561	4121.37	98142.57	69459.29	44848.14	55
367	3324.85	37568.00	31909.00	14756.00	34
194	382.86	8822.69	5957.79	254.70	3
103	798.58	9127.58	6463.45	28.30	1
80	1879.93	6982.13	5666.90	214.50	0
1152	12612.68	253328.30	192535.08	62312.32	231
554	10655.46	100339.44	83687.58	48284.72	136
359	2793.22	40731.27	35270.52	7882.19	30

附录1-24 续表2

序号 No	名称 Name	所在辖区 Jurisdiction	分所数量 Number of Branch	合伙人人数 Number of Partners
70	中瑞诚会计师事务所（特殊普通合伙）	北京证监局	23	27
71	中审华会计师事务所（特殊普通合伙）	天津证监局	21	103
72	中审亚太会计师事务所（特殊普通合伙）	北京证监局	26	60
73	中审众环会计师事务所（特殊普通合伙）	湖北证监局	37	199
74	中天运会计师事务所（特殊普通合伙）	北京证监局	26	70
75	中喜会计师事务所（特殊普通合伙）	北京证监局	25	76
76	中兴财光华会计师事务所（特殊普通合伙）	北京证监局	35	157
77	中兴华会计师事务所（特殊普通合伙）	北京证监局	34	146
78	中证天通会计师事务所（特殊普通合伙）	北京证监局	17	44
79	中准会计师事务所（特殊普通合伙）	北京证监局	15	44
80	众华会计师事务所（特殊普通合伙）	上海证监局	10	43

continued

注册会计师人数 Number of Certified Public Accountants	年末净资产(万元) Year-end Net Asset (10 thousand yuan)	收入总额 (万元) Total Income (10 thousand yuan)	审计业务收入 (万元) Income from Engagement (10 thousand yuan)	证券业务收入 (万元) Securities Revenue (10 thousand yuan)	上市公司客户家数 Number of Customers of Listed Companies
203	1776.04	26551.52	17568.22	27.50	1
536	13991.55	83218.86	62470.67	14280.21	27
403	3067.63	58951.01	51572.64	18520.88	37
1292	9786.57	216939.17	185443.49	49646.66	180
490	9790.78	74727.13	50779.15	16714.98	51
355	3946.42	31278.76	27829.49	9515.39	41
796	13132.78	129658.56	112561.09	38705.95	77
793	28518.28	167856.22	128069.83	37671.32	16
242	2067.87	34376.31	23955.27	3219.43	16
262	2075.75	20047.69	16377.99	3571.23	17
327	4757.48	52141.28	41855.89	16331.13	75

附录1-25　2021年从事证券服务业务的资产评估机构名录

序号 No	名称 Name	所在辖区 Jurisdiction	分支机构数量 Number of Branch
1	安徽华安资产评估事务所有限公司	安徽证监局	0
2	安徽建工房地产土地资产评估有限公司	安徽证监局	0
3	安徽中联国信资产评估有限责任公司	安徽证监局	2
4	安徽中信房地产土地资产价格评估有限公司	安徽证监局	0
5	安永资产评估（上海）有限公司	上海证监局	3
6	北京北方亚事资产评估事务所（特殊普通合伙）	北京证监局	34
7	北京晟明资产评估有限公司	北京证监局	2
8	北京大地资产评估事务所有限公司	北京证监局	1
9	北京戴德梁行房地产土地资产评估有限公司	北京证监局	1
10	北京德祥资产评估有限责任公司	北京证监局	5
11	北京东审资产评估有限责任公司	北京证监局	0
12	北京富川房地产土地资产评估有限公司	北京证监局	0
13	北京高力国际房地产评估有限公司	北京证监局	0
14	北京公信资产评估有限公司	北京证监局	0
15	北京国融兴华资产评估有限责任公司	北京证监局	17
16	北京国友大正资产评估有限公司	北京证监局	0
17	北京合佳资产评估有限公司	北京证监局	0
18	北京华鉴资产评估有限公司	北京证监局	0
19	北京华亚正信资产评估有限公司	北京证监局	18
20	北京华源龙泰房地产土地资产评估有限公司	北京证监局	2
21	北京金开房地产土地资产评估有限公司	北京证监局	2
22	北京仁达房地产土地资产评估有限公司	北京证监局	9
23	北京市金利安房地产咨询评估有限责任公司	北京证监局	0
24	北京天健兴业资产评估有限公司	北京证监局	16
25	北京天圆开资产评估有限公司	北京证监局	2
26	北京同仁和资产评估有限责任公司	北京证监局	0
27	北京信诚资产评估有限责任公司	北京证监局	0
28	北京兴华资产评估有限公司	北京证监局	0
29	北京亚超资产评估有限公司	北京证监局	10
30	北京亚太联华资产评估有限公司	北京证监局	9
31	北京志海资产评估有限公司	北京证监局	0
32	北京中盛行房地产土地评估有限公司	北京证监局	0
33	北京中锋资产评估有限责任公司	北京证监局	3
34	北京中和谊资产评估有限公司	北京证监局	3
35	北京中金浩资产评估有限责任公司	北京证监局	0
36	北京中科华资产评估有限公司	北京证监局	0
37	北京中林资产评估有限公司	北京证监局	4
38	北京中评正信资产评估有限公司	北京证监局	1
39	北京中企华资产评估有限责任公司	北京证监局	22
40	北京中天创意资产评估有限公司	北京证监局	0
41	北京中天和资产评估有限公司	北京证监局	3
42	北京中天衡平国际资产评估有限公司	北京证监局	1
43	北京中天华资产评估有限责任公司	北京证监局	7
44	北京中同华资产评估有限公司	北京证监局	18
45	北京中曦评估咨询有限公司	北京证监局	0
46	北京中泽建信资产评估有限责任公司	北京证监局	0
47	北京中致成国际资产评估有限公司	北京证监局	2
48	北京卓信大华资产评估有限公司	北京证监局	12

数据来源：中国证监会
Source: CSRC

List of Appraisal Agency in Securities Service Business in 2021

资产评估师人数 Number of Asset Appraisers	年末净资产(万元) Year-end Net Asset (10 thousand yuan)	收入总额(万元) Total Income (10 thousand yuan)	资产评估业务收入(万元) Income from Asset Appraisal Business (10 thousand yuan)	证券业务收入(万元) Securities Revenue (10 thousand yuan)
20	120.20	652.62	652.62	0
11	841.45	1317.81	78.52	0
32	331.45	1805.06	1773.43	564.39
10	980.51	1838.61	32.94	0
40	885.68	4901.21	4901.21	30
195	10411.56	25171.79	25171.79	3597.98
32	1121.89	3296.91	1671.74	52.97
30	1048.23	3333.14	3285.51	17.73
31	-134.79	1146.77	1146.77	23.4
29	399.01	208.71	208.71	29
14	602.19	1953.71	1773.60	10.6
12	286.19	980.75	980.75	7.5
4	2192.91	3719.03	256.63	14.78
24	1017.12	3381.72	3381.72	132
178	3896.03	20465.91	20465.91	2562.96
33	3037.47	5461.24	5384.91	322.92
10	131.49	876.89	424.15	31.13
13	103.10	311.28	311.28	88.12
140	2404.38	15133.37	14025.36	2533.93
19	435.37	6252.13	470.15	44.19
29	793.85	1739.37	1739.37	146.72
27	6433.40	20555.65	14188.26	603.97
8	1825.43	8315.86	414.64	21
184	13774.25	28588.40	27577.11	3927.59
58	386.22	2225.97	1737.04	537.53
14	529.49	474.40	418.51	5
13	337.23	610.09	610.09	0
12	101.21	314.33	314.33	30
108	900.25	6710.98	6458.56	2377.32
56	388.56	6067.97	6067.97	951.5
10	15.17	220.92	220.92	142.03
2	223.00	915.00	12.20	0
52	213.33	4372.45	4372.45	771.8
43	534.15	1689.45	1397.75	291.7
20	1667.30	4804.23	2580.77	216.5
36	201.24	631.72	631.72	435
44	-197.72	8119.93	8098.37	818.08
13	333.14	2069.22	990.42	62.55
327	12515.99	37654.00	37654.00	7565.89
8	113.76	375.12	375.12	55.68
55	2613.64	5791.81	5791.81	709.53
25	958.27	759.96	759.96	80.2
94	1179.59	11535.10	11535.10	130.1
169	1450.29	20469.78	19861.02	5252.22
8	77.18	195.29	195.29	0.2
10	68.22	231.00	229.20	1.8
33	613.57	5622.72	5622.72	40.4
78	2951.62	13910.89	12211.51	2483.37

附录1-25　续表 1

序号 No	名称 Name	所在辖区 Jurisdiction	分支机构数量 Number of Branch
49	毕马威资产评估（上海）有限公司	上海证监局	0
50	重庆华康资产评估土地房地产估价有限责任公司	重庆证监局	0
51	重庆坤元资产评估有限公司	重庆证监局	0
52	德永致信（上海）资产评估有限责任公司	上海证监局	0
53	福建华成房地产土地资产评估有限公司	福建证监局	4
54	福建建友资产评估土地房地产估价有限责任公司	福建证监局	2
55	福建金诺土地房地产资产评估有限公司	福建证监局	0
56	福建中兴资产评估房地产土地估价有限责任公司	福建证监局	4
57	格律（上海）资产评估有限公司	上海证监局	2
58	广东财兴资产评估土地房地产估价有限公司	广东证监局	0
59	广东谷值资产评估有限公司	广东证监局	0
60	广东惠正资产评估与房地产土地估价有限公司	广东证监局	1
61	广东均正房地产与土地估价有限公司	广东证监局	1
62	广东联信资产评估土地房地产估价有限公司	广东证监局	0
63	广东中广信资产评估有限公司	广东证监局	3
64	广东卓越土地房地产评估咨询有限公司	广东证监局	0
65	广州业勤资产评估土地房地产估价有限公司	广东证监局	0
66	贵州黔元房地产资产评估事务所有限公司	贵州证监局	1
67	国宏信价格评估集团有限公司	北京证监局	1
68	国众联资产评估土地房地产估价有限公司	深圳证监局	22
69	国专正华（北京）资产评估有限责任公司	北京证监局	0
70	海南瑞衡资产评估土地房地产估价有限公司	海南证监局	0
71	杭州禄诚资产评估有限公司	浙江证监局	0
72	和汛资产评估有限公司	安徽证监局	0
73	河北立千资产评估有限责任公司	河北证监局	0
74	湖北华审资产评估土地房地产估价有限公司	湖北证监局	1
75	湖北永业行资产评估咨询有限公司	湖北证监局	4
76	湖北众联资产评估有限公司	湖北证监局	1
77	汇誉中证资产评估（北京）有限公司	北京证监局	0
78	吉林仲谋资产评估有限责任公司	吉林证监局	0
79	嘉瑞国际资产评估有限公司	北京证监局	3
80	嘉兴求真房地产资产评估有限公司	浙江证监局	0
81	江苏大正房地产土地造价资产咨询评估有限公司	江苏证监局	7
82	江苏华盛资产评估有限公司	江苏证监局	0
83	江苏华信资产评估有限公司	江苏证监局	12
84	江苏经纬资产评估房地产土地估价有限公司	江苏证监局	0
85	江苏普信资产评估房地产土地估价有限公司	江苏证监局	0
86	江苏天地恒安房地产土地资产评估有限公司	江苏证监局	0
87	江苏天健华辰资产评估有限公司	江苏证监局	0
88	江苏天圣房地产土地资产评估测绘有限公司	江苏证监局	3
89	江苏五星资产评估有限责任公司	江苏证监局	0
90	江苏象仁土地房地产资产评估有限公司	江苏证监局	5
91	江苏鑫洋土地房地产评估有限公司	江苏证监局	0
92	江苏中恒土地房地产资产评估咨询有限公司	江苏证监局	0
93	江苏中企华中天资产评估有限公司	江苏证监局	4
94	金证（上海）资产评估有限公司	上海证监局	2
95	开元资产评估有限公司	北京证监局	8
96	坤信国际资产评估（山东）集团有限公司	山东证监局	14

continued

资产评估师人数 Number of Asset Appraisers	年末净资产(万元) Year-end Net Asset (10 thousand yuan)	收入总额(万元) Total Income (10 thousand yuan)	资产评估业务收入(万元) Income from Asset Appraisal Business (10 thousand yuan)	证券业务收入(万元) Securities Revenue (10 thousand yuan)
20	1196.45	2630.56	1105.25	15
50	691.46	5431.77	5431.77	989.57
31	424.08	2024.51	1665.30	0
8	194.79	102.16	81.50	21.7
21	156.48	1073.16	347.79	38.8
26	317.54	1772.03	797.49	9.9
9	1269.34	532.52	301.53	5.15
50	1003.55	5032.14	3997.87	730.22
16	258.22	1016.19	557.85	153.11
16	1030.65	2637.51	1735.00	54
9	161.66	352.05	236.56	0
38	900.09	4665.46	2454.79	4.2
12	478.45	783.5	63.47	0
56	982.48	4481.30	3655.70	1296.7
50	573.38	2226.90	2226.90	1098.28
16	988.39	4949.51	364.00	0
46	1017.85	4850.87	3533.14	3.75
11	295.74	304.84	304.84	34
13	699.79	896.03	91.26	25
152	6412.00	30824.00	26107.00	4717
6	34.00	125.00	125.00	21.78
11	498.83	868.05	614.14	32.4
8	40.18	423.42	244.59	0
12	218.91	1463.57	1463.57	3.5
15	289.33	809.73	809.70	224.41
12	138.96	854.46	854.46	0
22	1675.42	2607.80	2085.61	14
48	707.01	3814.89	3813.00	1247.38
8	90.96	679.60	385.64	173.79
14	149.92	848.72	848.72	3.77
27	153.62	1001.30	381.59	68.11
10	381.93	562.33	161.18	5
5	270.34	286.91	0.80	0
9	251.74	470.33	470.33	0
85	2170.00	10834.00	10834.00	1260
9	375.22	1242.27	628.70	0
8	1108.57	1676.52	470.30	62.8
13	1164.77	2222.12	884.54	3
29	885.96	4128.05	4128.05	1480.9
6	538.80	1291.73	76.36	9.8
19	475.95	919.54	919.54	120
20	825.31	3109.65	417.10	22
5	509.30	2542.01	452.18	0.3
5	123.43	440.78	207.93	0
81	3936.06	7517.72	7517.72	2187.76
29	1216.23	2462.98	2462.98	1673.74
93	777.32	10593.48	10568.17	1704.4
18	-46.36	545.67	381.21	59.91

附录1-25 续表 2

序号 No	名称 Name	所在辖区 Jurisdiction	分支机构数量 Number of Branch
97	坤元资产评估有限公司	浙江证监局	7
98	蓝策亚洲（北京）资产评估有限公司	北京证监局	0
99	丽水经济资产评估有限公司	浙江证监局	0
100	联合中和土地房地产资产评估有限公司	福建证监局	8
101	连城资产评估有限公司	北京证监局	0
102	辽宁房信房地产土地资产评估有限公司	辽宁证监局	0
103	辽宁隆丰土地房地产与资产评估有限公司	辽宁证监局	0
104	辽宁元正资产评估有限公司	大连证监局	1
105	辽宁中恒信土地房地产资产评估有限公司	大连证监局	1
106	辽宁中联资产评估有限责任公司	辽宁证监局	1
107	辽宁众华资产评估有限公司	大连证监局	1
108	南京长城土地房地产资产评估造价咨询有限公司	江苏证监局	4
109	内蒙古兴鼎资产评估有限责任公司	内蒙古证监局	0
110	朴谷（北京）资产评估有限公司	北京证监局	0
111	青岛德铭资产评估有限公司	青岛证监局	0
112	青岛天和资产评估有限责任公司	青岛证监局	1
113	青岛仲勋资产评估事务所（普通合伙）	青岛证监局	1
114	厦门大成方华资产评估土地房地产估价有限公司	厦门证监局	0
115	厦门嘉学资产评估房地产估价有限公司	厦门证监局	8
116	厦门均和房地产土地评估咨询有限公司	厦门证监局	0
117	厦门明正资产评估土地房地产估价有限公司	厦门证监局	0
118	厦门乾元资产评估与房地产估价有限责任公司	厦门证监局	1
119	厦门银兴资产评估土地房地产评估有限公司	厦门证监局	0
120	山东久丰土地房地产资产评估咨询有限公司	山东证监局	1
121	山东正源和信资产评估有限公司	山东证监局	6
122	山东智帮资产评估有限公司	山东证监局	1
123	山东中评恒信资产评估有限公司	山东证监局	0
124	山东中新土地房地产资产评估有限公司	山东证监局	1
125	山西中新资产评估有限公司	山西证监局	0
126	陕西正德信资产评估有限公司	陕西证监局	0
127	上海财瑞资产评估有限公司	上海证监局	0
128	上海城乡资产评估有限责任公司	上海证监局	0
129	上海德勤资产评估有限公司	上海证监局	2
130	上海东洲资产评估有限公司	上海证监局	16
131	上海集联资产评估有限公司	上海证监局	0
132	上海加策资产评估有限公司	上海证监局	1
133	上海科东资产评估有限公司	上海证监局	0
134	上海立信资产评估有限公司	上海证监局	7
135	上海美评资产评估有限公司	上海证监局	0
136	上海申威资产评估有限公司	上海证监局	5
137	上海众华资产评估有限公司	上海证监局	2
138	深圳长基资产评估房地产土地估价有限公司	深圳证监局	1
139	深圳道衡美评国际资产评估有限公司	深圳证监局	2
140	深圳国艺珠宝艺术品资产评估有限公司	深圳证监局	1
141	深圳君瑞资产评估所（特殊普通合伙）	深圳证监局	0
142	深圳立信资产评估房地产估价有限公司	深圳证监局	0
143	深圳市国策资产评估有限公司	深圳证监局	0
144	深圳市国房土地房地产资产评估咨询有限公司	深圳证监局	2

continued

资产评估师人数 Number of Asset Appraisers	年末净资产(万元) Year-end Net Asset (10 thousand yuan)	收入总额(万元) Total Income (10 thousand yuan)	资产评估业务收入(万元) Income from Asset Appraisal Business (10 thousand yuan)	证券业务收入(万元) Securities Revenue (10 thousand yuan)
131	3898.45	12995.13	12995.13	5108.02
5	484.52	459.32	301.87	0
13	157.10	998.57	998.57	5
65	850.34	5510.78	3506.77	1300.05
12	1115.86	1774.17	1768.51	9
16	232.21	296.36	296.36	1.67
12	390.31	862.11	247.70	4.76
44	415.42	1160.08	1160.08	68.02
15	827.74	2480.52	632.90	0
38	1586.38	6017.52	6017.52	23.46
38	749.00	2417.00	1333.00	385
30	1373.33	8393.06	1613.51	29.43
7	178.13	1522.57	1229.69	33.7
8	15.91	119.80	0.00	0
11	166.98	514.03	514.03	0
40	473.71	1573.59	1461.42	282.79
12	-10.19	158.14	158.14	25.74
11	638.97	1399.68	21.67	2.83
73	1636.09	8003.36	4212.69	1029.65
15	744.63	2107.56	297.93	43.68
19	90.94	249.13	163.25	58.41
22	-142.96	1720.82	629.66	43.49
16	359.48	1502.18	163.07	3.4
18	651.55	2963.39	374.09	0
51	653.18	4324.42	4324.42	841.56
5	45.90	522.51	522.51	9.7
17	970.73	2953.39	2953.39	273.96
42	1238.55	2967.46	2967.46	11
16	198.87	588.45	588.45	10
18	420.55	2281.60	2281.60	15.38
39	885.94	4003.11	2531.46	522.41
18	109.07	834.29	834.29	16.9
30	6515.54	14988.99	1747.03	22.45
123	3755.00	36161.00	36091.00	9509
14	956.84	2954.03	2954.03	6.6
13	214.00	609.00	609.00	32
9	70.09	41.58	41.58	0
102	4097.00	32176.53	15980.38	2524.73
10	41.30	812.08	242.61	8
43	2313.02	8105.50	8105.50	1315.13
50	244.19	6315.97	5808.80	2512.3
7	1595.74	1775.27	1188.58	415.65
36	1173.10	799.21	799.21	63.76
8	3529.04	668.05	529.06	223.11
4	132.18	309.21	179.41	129.8
9	213.40	381.25	65.69	42.36
16	153.76	2075.86	2075.86	7
26	1427.94	7856.63	340.44	7.9

附录1-25 续表 3

序号 No	名称 Name	所在辖区 Jurisdiction	分支机构数量 Number of Branch
145	深圳市国潼联土地房地产资产评估顾问有限公司	深圳证监局	0
146	深圳市国誉资产评估房地产土地估价顾问有限公司	深圳证监局	0
147	深圳市鹏晨房地产土地资产评估有限公司	深圳证监局	0
148	深圳市鹏信资产评估土地房地产估价有限公司	深圳证监局	20
149	深圳市世联资产房地产土地评估有限公司	深圳证监局	0
150	深圳市同致诚德明资产评估有限公司	深圳证监局	0
151	深圳市中诚达资产房地产土地评估有限公司	深圳证监局	0
152	深圳市中项资产评估房地产土地估价有限公司	深圳证监局	0
153	深圳亿通资产评估房地产土地估价有限公司	深圳证监局	2
154	深圳中科华资产评估有限公司	深圳证监局	0
155	深圳中联资产评估有限公司	深圳证监局	2
156	深圳中企华土地房地产资产评估有限公司	深圳证监局	0
157	深圳中为资产评估房地产土地估价事务所（有限合伙）	深圳证监局	0
158	深圳中洲资产评估有限公司	深圳证监局	0
159	四川大友房地产土地资产评估有限公司	四川证监局	1
160	四川华坤房地产土地资产评估有限公司	四川证监局	0
161	四川金利房地产土地资产评估有限公司	四川证监局	0
162	四川蓉域资产评估有限公司	四川证监局	0
163	四川天健华衡资产评估有限公司	四川证监局	0
164	四川维诚资产评估事务所	四川证监局	1
165	四川中天华成房地产土地资产评估有限公司	四川证监局	0
166	四川中天华资产评估有限公司	四川证监局	0
167	天昊国际房地产土地资产评估集团有限公司	山东证监局	8
168	天津广誉资产评估有限公司	天津证监局	0
169	天津华夏金信资产评估有限公司	天津证监局	2
170	天津中联资产评估有限责任公司	天津证监局	4
171	天源资产评估有限公司	浙江证监局	4
172	同致信德（北京）资产评估有限公司	北京证监局	12
173	桐乡市方联资产评估事务所	浙江证监局	0
174	万邦资产评估有限公司	宁波证监局	1
175	万隆(上海)资产评估有限公司	上海证监局	13
176	沃克森（北京）国际资产评估有限公司	北京证监局	12
177	无锡桥一资产评估事务所（有限合伙）	江苏证监局	0
178	新疆天合资产评估有限责任公司	新疆证监局	0
179	新兰特房地产资产评估有限公司	陕西证监局	2
180	亚太鹏盛房地产土地资产评估有限公司	深圳证监局	7
181	亚泰兴华（北京）资产评估有限公司	北京证监局	0
182	银信(宁波)资产评估有限公司	宁波证监局	1
183	银信资产评估有限公司	上海证监局	15
184	宇威国际资产评估（深圳）有限公司	深圳证监局	0
185	云南中联房地产土地资产评估有限公司	云南证监局	0
186	浙江中衡房地产土地资产评估咨询有限公司	浙江证监局	3

continued

资产评估师人数 Number of Asset Appraisers	年末净资产(万元) Year-end Net Asset (10 thousand yuan)	收入总额(万元) Total Income (10 thousand yuan)	资产评估业务收入(万元) Income from Asset Appraisal Business (10 thousand yuan)	证券业务收入(万元) Securities Revenue (10 thousand yuan)
9	1204.30	652.32	652.32	1.5
14	659.65	2306.81	108.84	35
10	1025.71	427.89	258.99	0
141	2567.25	40716.44	4209.27	2103.25
35	3066.49	3747.45	1237.73	76.02
10	290.11	1056.88	908.43	148.45
11	-211.52	533.82	213.00	6
13	1288.00	1396.00	488.00	8
11	232.26	599.83	843.32	143.26
13	291.27	345.32	345.32	11.26
26	-48.59	4449.46	4449.46	760.6
14	114.85	1034.44	969.44	65
8	-289.27	295.89	229.56	66.33
12	-10.67	709.03	709.03	52.2
10	560.35	3667.08	485.00	28.5
8	215.65	710.02	35.65	10.29
9	258.11	833.13	51.65	18.32
8	19.90	335.85	335.85	6.5
54	1568.50	3495.72	3495.72	534.34
19	77.48	617.59	617.59	36.95
6	300.22	526.45	215.82	1.2
12	374.94	737.98	737.98	0
30	4805.21	0.00	3501.84	16.04
22	795.77	1010.07	1010.07	4.25
79	489.87	2827.66	2278.41	433.17
49	2066.96	3143.87	3143.87	719
68	2157.53	6534.22	5282.84	1660.89
82	593.73	5785.72	5785.72	1389.34
5	257.72	569.00	569.00	16.4
43	1246.88	3101.93	3101.93	730.53
70	1433.41	8475.34	8281.56	2863.98
131	926.54	25087.23	23106.29	3314.16
3	-29.61	236.65	236.65	0
22	1725.31	2874.45	2462.19	43
26	3392.42	3899.31	2160.68	44.34
31	-45.65	1337.98	367.19	95.43
11	5.87	531.77	531.77	48.3
19	550.98	1807.71	1807.71	0
236	5331.43	35879.77	33142.04	9224.78
12	60.88	550.34	517.47	143.28
10	72.99	532.17	532.17	0
13	359.12	1199.81	128.66	43.86

附录1-25　续表 4

序号 No	名称 Name	所在辖区 Jurisdiction	分支机构数量 Number of Branch
187	浙江中企华资产评估有限公司	浙江证监局	1
188	正衡房地产资产评估有限公司	陕西证监局	21
189	智和财信房地产资产评估有限公司	四川证监局	0
190	中盛华资产评估有限公司	新疆证监局	1
191	中盛评估咨询有限公司	江苏证监局	1
192	中达致远房地产资产评估（武汉）有限公司	湖北证监局	5
193	中都国脉（北京）资产评估有限公司	北京证监局	1
194	中发国际资产评估有限公司	北京证监局	0
195	中和资产评估有限公司	北京证监局	13
196	中恒誉资产评估有限公司	北京证监局	0
197	中环松德（北京）资产评估有限公司	北京证监局	0
198	中京民信(北京)资产评估有限公司	北京证监局	2
199	中立资产评估（北京）有限公司	北京证监局	0
200	中联（福建）资产评估土地房地产估价有限责任公司	福建证监局	1
201	中联国际评估咨询有限公司	广东证监局	4
202	中联天道土地房地产资产评估有限公司	上海证监局	0
203	中联资产评估集团（青岛）有限公司	青岛证监局	0
204	中联资产评估集团（陕西）有限公司	陕西证监局	0
205	中联资产评估集团（浙江）有限公司	浙江证监局	1
206	中联资产评估集团广西有限公司	广西证监局	0
207	中联资产评估集团山东有限公司	山东证监局	7
208	中联资产评估集团有限公司	北京证监局	25
209	中联资产评估新疆有限公司	新疆证监局	0
210	中铭国际资产评估（北京）有限责任公司	北京证监局	13
211	中瑞国际房地产土地资产评估有限公司	北京证监局	3
212	中瑞世联资产评估集团有限公司	北京证监局	11
213	中水致远资产评估有限公司	北京证监局	17
214	中天成土地房地产资产评估（北京）有限公司	北京证监局	6
215	中通诚（天津）房地产土地资产评估有限公司	天津证监局	0
216	中通诚资产评估有限公司	北京证监局	10
217	中同华（广州）资产评估有限公司	广东证监局	0
218	中同华资产评估（上海）有限公司	上海证监局	0
219	中威正信（北京）资产评估有限公司	北京证监局	16
220	中兴华咨（北京）房地产评估工程咨询有限公司	北京证监局	0
221	中资资产评估有限公司	北京证监局	2

continued

资产评估师人数 Number of Asset Appraisers	年末净资产(万元) Year-end Net Asset (10 thousand yuan)	收入总额(万元) Total Income (10 thousand yuan)	资产评估业务收入(万元) Income from Asset Appraisal Business (10 thousand yuan)	证券业务收入(万元) Securities Revenue (10 thousand yuan)
29	356.00	2260.00	2260.00	418
55	2524.87	8035.29	8035.29	740.95
29	276.57	2376.32	1587.92	9.2
42	1109.98	2526.19	2485.11	217.45
15	203.04	495.71	443.35	31.13
9	830.55	1547.55	752.72	0
12	518.00	2853.00	2853.00	0
38	846.99	2515.83	2515.83	34.91
132	11322.36	26374.51	18035.80	567.78
14	767.90	342.90	342.90	188.68
13	575.28	1857.97	1849.97	8
56	2310.58	6258.39	6258.39	2023.13
8	-121.74	140.96	85.30	20
11	329.62	649.02	206.74	13.18
51	901.54	6922.13	6471.13	1732
12	197.65	892.52	892.52	314.95
21	264.67	1400.76	1400.76	24.9
31	934.73	3202.89	3202.89	98.83
24	666.70	5531.16	5531.16	814.12
31	301.45	1796.69	1434.92	4.2
31	451.90	4155.62	4151.82	3.8
226	14890.05	53729.00	44157.00	12433
8	122.16	714.83	714.83	8
108	462.57	8571.43	8571.43	2215.58
47	3384.08	14309.72	571.41	46
127	5094.26	35486.12	10884.05	1516.41
171	2482.83	21378.37	21378.37	3591.73
17	768.06	986.18	580.89	0
24	843.82	2526.04	1768.00	0
87	6428.14	9682.72	9682.72	1777.94
8	-2.38	111.81	111.81	27.72
12	110.63	680.71	501.65	86.32
75	494.84	5481.48	5481.48	1403.91
14	524.74	2988.60	225.70	6.13
46	3390.00	3918.00	3918.00	380.91

后　记

Postscript

在年鉴的编写过程中，我们得到了中国证监会领导的关心和指导，得到了会内外有关单位的大力支持和配合。他们是：中国证监会发行监管部、非上市公众公司监管部、市场监管二部、证券基金机构监管部、上市公司监管部、期货监管部、会计部、国际合作部、债券监管部、中国人民银行调查统计司、上海证券交易所、深圳证券交易所、北京证券交易所、上海期货交易所、郑州商品交易所、大连商品交易所、中国金融期货交易所、中国证券登记结算公司、中国证券投资者保护基金有限责任公司、中国证券金融股份有限公司、中国期货市场监控中心有限责任公司、全国中小企业股份转让系统有限责任公司、中国证券业协会、中国期货业协会、中国基金业协会、中证指数有限责任公司。中国统计出版社在年鉴的编辑、出版及发行过程中给予了大力的支持。在此，我们对上述单位表示衷心的感谢！

参与年鉴数据提供及核对的人员有：

毛士锋　程泽源　刘秀毓　王　尚　刘洪波　李思颖　潘明阳　刘思颖　常　嵘
韩嘉予　王元斌　冯　津　马　珊　陈　刚　孙艺博　冉砥中　黄建山　翟继斌
许建军　赵永刚　敖　雯　朱　立　张　乐　邱显宏　梁宇星　鲍佳毅　张津硕
丁晓红　李少杰　王澍雨　唐　兵　王　玮　常鑫鑫　和冲宇　冯　靖　戴秀红
张韶闻　杨　欢　侯开元　乐淑奇　张　倩　阳　洪　陈　笑　杨　珂　傅雨杨
徐仕达　奚荣建　贾昆鹏　关婉怡

《中国证券期货统计年鉴》编委会

2022 年 9 月